高职高专应用型规划教材

汽车电气设备构造与维修

主编　刘文国
副主编　张士江　郭法宽

電子工業出版社
Publishing House of Electronics Industry
北京·BEIJING

内容简介

本书按照能力教育体系的要求，以模块式教学方式为主，介绍了现代汽车电气设备的结构、原理、性能、使用、检测和有关实践操作技能。全书共10章，内容包括电源系统、起动系统、照明与信号、仪表与报警系统、辅助电气系统、汽车空调系统、防盗技术、安全气囊、车载网络系统、全车电路。本书以国内常用汽车电气设备为研究对象，并及时介绍了一些国内外汽车电气新技术，内容新颖，浅显易懂。

本书适合高职高专汽车运用与维修、汽车检测与维修、汽车电子技术等相关专业师生使用，也可供从事汽车运输管理、汽车维修管理的工程技术人员，以及汽车电工、汽车维修工、汽车驾驶员等阅读和参考。

图书在版编目(CIP)数据

汽车电气设备构造与维修/刘文国主编. —北京：电子工业出版社，2009.8
高职高专应用型规划教材
ISBN 978-7-121-09034-9

Ⅰ. 汽… Ⅱ. 刘… Ⅲ. ①汽车－电气设备－构造－高等学校：技术学校－教材②汽车－电气设备－车辆修理－高等学校：技术学校－教材 Ⅳ. U472.41

中国版本图书馆CIP数据核字(2009)第095925号

责任编辑：蔡 蔡　　特约编辑：尹杰康
印　　刷：北京市顺义兴华印刷厂
装　　订：三河市双峰印刷装订有限公司
出版发行：电子工业出版社
　　　　　北京市海淀区万寿路173信箱　邮编100036
开　　本：787×1 092　1/16　印张：21.25　字数：544千字
印　　次：2009年8月第1次印刷
印　　数：4000册　定价：34.00元

凡所购买电子工业出版社图书有缺损问题，请向购买书店调换。若书店售缺，请与本社发行部联系，联系及邮购电话：(010)88254888。
质量投诉请发邮件至zlts@phei.com.cn，盗版侵权举报请发邮件至dbqq@phei.com.cn。
服务热线：(010)88258888。

前言

汽车发展给人类生活以及整个世界都带来了巨大的变化，汽车电气设备已成为汽车上越来越重要的组成部分。汽车电气设备结构是否合理、性能是否优良、技术状况是否正常，对汽车的动力性、经济性、安全性、可靠性、舒适性和排放水平有着越来越重要的影响。随着人们对汽车在高速、灵活、专用、可靠、自动、安全、经济、排放等方面要求的提高，加之电子工业特别是大规模集成电路和计算机技术的飞速发展，汽车电气设备发生了巨大的变化，各个系统在结构方面向轻量化、小型化方向发展，在性能方面向免维护（或少维护）、长寿命、高可靠性方向发展。机电一体化、高性能、智能化已成为汽车电气设备的发展趋势。

为适应汽车电子技术的发展和现代职业教育的要求，本教材在编写过程中始终遵循以下原则：

1. 教材内容与生产实际相吻合

教材以汽车维修电工岗位的实际任务，分析维修人员所需要的知识、能力与素质，构建教学内容，精选典型性、针对性强的训练项目，真正做到了教学内容的“管用、够用、适用”。

2. 教材理论与实践结合紧密，突出技能培养

教材体现以技能训练为主线、相关知识为支撑的编写思路，结合模块教学的实际，每章节中均有技能实训项目，切实落实“是什么，怎么做”的教学指导思想，突出了实践性和可操作性。

3. 教材通俗易懂，图文并茂，形式生动活泼，有利于激发学生的学习兴趣。

4. 教材专业适应性强，适用面广。

本教材由山东交通职业学院刘文国副教授任主编，山东交通运输学院张士江副教授、山东省商业职业学院郭法宽高级工程师任副主编，参加本教材编写的人员还有山东交通职业学院于晓英、马丽、王志远、孙春玲、刘小莉、宋美玉、唐毅等老师。

本教材在编写过程中参阅了许多国内外公开出版与发表的教材和文献，在此表示感谢。限于作者经历及水平，内容难以覆盖全国各地的实际情况，也难免有不妥和错误之处，恳请读者提出宝贵意见。

编者

2009.5

目　录

绪 论

汽车的发展给人类生活以及整个世界都带来了巨大的变化，汽车电气设备已成为汽车上越来越重要的组成部分。汽车电气设备结构是否合理、性能是否优良、技术状况是否正常，对汽车的动力性、经济性、安全性、可靠性、舒适性和排放水平有着越来越重要的影响。随着人们对汽车在高速、灵活、专用、可靠、自动、安全、经济、排放等方面要求的提高，加之电子工业特别是大规模集成电路和计算机技术的飞速发展，汽车电气设备发生了巨大的变化，各个系统在结构方面向轻量化、小型化方向发展，在性能方面向免维护（或少维护）、长寿命、高可靠性方向发展。机电一体化、高性能、智能化已成为汽车电气设备的发展趋势。

0.1 汽车电气设备的发展状况

汽车自问世以来，在很长一段时间内其技术发展主要表现为机械设备的更新换代，20 世纪 50 年代以后，随着电子技术的发展、社会的需求、相关法规的推动，汽车电子技术的运用与发展代表了汽车技术发展的主流和趋势。

汽车电气设备主要经历了 3 个迅速发展阶段。

在汽车发展的最初阶段，汽车上除点火系以外几乎没有电气设备。点火系也只是采用磁电机点火方式，汽车的安全性无法得到保证，直到美国通用汽车公司在 1910 年发明了蓄电池点火系和电气起动系统，才使汽车在安全性和操纵性方面有了明显的改善，汽车电气设备从此进入了第一个迅速发展阶段。到第一次世界大战时期，充电系、起动系、照明装置、仪表和信号装置等系统已经基本成形，电气设备发展成为直接影响汽车性能的不可分割的重要组成部分。

汽车电气设备的第二个迅速发展阶段是 20 世纪 60 年代初期至 70 年代末期，其主要特征是电子装置代替机械部件。由于点火系对汽油机的动力性、经济性、可靠性和排放水平等有直接影响，所以，在整个电气系统中变化较快，也反映着各种先进技术在汽车上的应用水平。针对蓄电池点火系的不足，1960 年，美国福特汽车公司率先开始将晶体管开关电路应用于点火系，形成了半晶体管点火系。半晶体管点火系虽然没有在根本上解决分电器触点产生的问题，但是毕竟使人们认识到晶体管在减少分电器的故障、改善点火系的工作性能方面有着巨大的潜能，激发了人们对传统分电器进行改造的决心，去掉了触点和凸轮。1960 年，二极管整流技术将交流电变为直流电，交流发电机得到广泛应用，减小了发电机的质量和体积，提高了发电机的可靠性。之后，电子式电压调节器逐步替代了传统的触点式电压调节器，使发电机输出的电压更加稳定，并大大减小了维护的工作量。1966 年，美国汽车公司开始推广使用摩托罗拉公司生产的晶体管电压调节器。1969 年开始，美国通用汽车公司和福特汽车公司开始将集成电路调节器装到发电机上。1973 年前后，美国三大汽车制造厂开始广泛使用完全由晶体管控制的点火系——普通电子点火系，它不但改善了发动机的动力性、经济性，还大大提高了发动机工作的可靠性，减少了发动机的有害物排放量。

汽车电气设备的第三个迅速发展阶段是 20 世纪 70 年代末，主要特征是微机开始在汽车上获得应用，并实现了对诸多功能的集中控制。主要表现在三个方面：一是部分电气设备实现微机控制；二是发动机和底盘上的许多机械部分实现微机控制；三是微机控制新设备不断出现。

在传统电气方面主要表现为：人们对汽车性能的要求越来越高，各国对汽车排放限制也越来越严，普通电子点火系的不足逐渐显示出来。普通电子点火系的离心提前和真空提前角只能根据发动机的转速高低和进气管真空度的变化在一定范围内对点火提前角进行调节，并且这种调节只能保证发动机在某一特定转速或工况下提供最佳点火提前角，其工作特性和工作范围难以满足汽车发动机在各种工况和条件下对点火提前角的要求。在 20 世纪 70 年代后期，随着大规模集成电路和超大规模集成电路的迅速发展，微机在汽车点火控制方面得到了应用，美国通用汽车公司于 1977 年率先实现了用微机控制点火提前角，揭开了计算机在汽车上应用的序幕。现在微机控制点火系几乎成为现代轿车汽油发动机的基本组成部分。交流发电机除了励磁二极管和整流二极管的数量增加、结构更加优化外，在其他方面变化不大，但功率却由几百瓦提高到 1 千瓦以上，并且随着用电设备的增多和功率的提高有继续提高的趋势。调节器在经历了由外接电磁振动式向晶体管式调节器、集成电路式调节器的转变后，目前已基本完成了向内装集成电路式调节器的转变，并将逐步消失，转而利用微机实现调节器的功用，即呈现“由大到小，由小到无”的变化过程。蓄电池的发展也非常迅速，干荷式铅蓄电池、免维护蓄电池已成为轿车蓄电池的主流，并且正向综合了免维护和少维护优点的混合型蓄电池、用胶状物质的隔板代替液态电解液的复合型蓄电池和采用双电池系统的智慧型蓄电池方面发展。减速起动机的出现，使轿车的起动变得更加小巧玲珑而功率十足。随着材料和工艺技术的进步，起动机的工作可靠性越来越高，仪表和报警装置取得了突破性进展，显示信息已经不仅仅局限于车速、里程、冷却液温度、机油压力、燃油量等内容，而且正向全面反映汽车工况和行驶状态的方向发展，如瞬时耗油量、平均耗油量、平均车速、行驶里程、续驶里程、车内温度等参数，驾驶员可以根据需要随时调出显示。监视和报警的信息主要有燃油温度、冷却液温度、机油压力、充电、尾灯、前照灯、排气温度、制动液储量、制动器工作情况、车门未关严等，当出现不正常现象或自诊断系统测出有故障时，立即由声光报警。显示方式由依靠电磁作用工作的机械指针转变为多种不同的显示方式，可以用一组数字分时显示不同的参数，使仪表板显示得到简化，并且数字显示提供了设计上的灵活性，给仪表板内室的布置与各传感器之间的连接带来方便。在发动机和底盘方面，许多不可调节的机械部分实现了微机控制，出现了电控燃油喷射系统、可变配气正时系统、进气增压和废气再循环系统、电子防抱死制动系统、驱动防滑控制系统、主动悬架系统和微机控制四轮转向系统等。微机控制新设备，如安全气囊、自动空调系统和通信装置等也不断出现。

汽车电气设备的发展极大提高了汽车的动力性、经济性、安全性、可靠性和舒适性，降低了排放水平，给人类带来了巨大的经济效益和社会效益。

0.2 汽车电气设备的组成

现代汽车电气设备的种类和数量都很多，但总的来说，可以分为三大部分，即电源、用电设备和全车电路及配电装置。

0.2.1 电源

汽车电源包括蓄电池、发电机及调节器。蓄电池的作用是当发动机不工作时向起动机及其他用电设备供电。发动机起动后，发电机作为电源向用电设备供电，同时也给蓄电池充电。调节器的作用是在发电机工作时，保持其输出电压的稳定。

0.2.2 用电设备

1. 起动系统

起动系统主要包括起动机及其控制电路，其作用是用于起动发动机。

2. 点火系统

点火系统用来产生电火花，点燃汽油机中的可燃混合气，主要包括点火线圈、点火器、分电器、火花塞等。

3. 照明系统

照明系统包括车外和车内的照明灯具，它提供车辆安全行驶的必要照明。

4. 信号装置

信号装置包括音响信号和灯光信号两类，提供行车所必需的信号。

5. 仪表及报警装置

此装置用来监测发动机及汽车的工作情况，使驾驶员能够通过仪表、报警装置及时监视发动机和汽车运行的各种参数及异常情况，确保汽车正常运行。它包括车速里程表、发动机转速表、水温表、燃油表、电压（电流）表、机油压力表、气压表和各种报警灯等。

6. 辅助电气设备

辅助电气设备包括风窗电动刮水器、风窗洗涤器、空调系统、汽车视听设备、车窗玻璃电动升降器、电动坐椅、电动天窗、电动后视镜等，车用辅助电气设备有日益增多的趋势，主要向舒适、娱乐、安全保障等方面发展。车辆的豪华程度越高，辅助电气设备就越多。

7. 汽车电子控制系统

汽车电子控制系统主要是指利用微机控制的各个系统。

发动机的微机控制主要有汽油喷射发动机集中控制系统和电控柴油喷射系统，用于实现发动机的低油耗、低污染，提高汽车的动力性、经济性。

底盘上电子控制系统用于提高汽车的舒适性、安全性和动力性等，主要有电控自动变速器、电控悬架、制动防抱死/防滑控制系统（ABS/ASR）、电控动力转向、牵引力控制、巡航控制等。

车身电子控制技术包括汽车安全、舒适性控制和信息通信系统，主要有安全气囊、安全带、中央防盗门锁、全自动空调、多功能电动坐椅、多媒体界面、电动车窗和满足多种用电设备需求的新型电源管理系统，还有导航系统、车载网络系统、状态监测与故障诊断系统等。

总之，随着汽车电子技术的不断发展，将有越来越多的电子设备应用在汽车上，以提高汽车的安全性、舒适性和方便性。

0.2.3 全车电路及配电装置

全车电路及配电装置包括中央接线盒、保险装置、继电器、电气线束及插接件、电路开关等，它们使全车电路构成一个统一的整体。

由于现代汽车所采用的电控系统越来越多，所占的比例也越来越大，且汽车电控系统往往自成系统，将电子控制与机械装置相结合，形成了较为典型的机电一体化系统，因此，本教材重点涉及传统汽车电气设备中的电子控制装置及电路，不涉及诸如电控燃油喷射、电子点火系、电控自动变速器、制动防抱死系统等，这些微机控制系统将在发动机和底盘的教材中予以介绍。

0.3 汽车电气设备的基本特点

汽车电气设备与普通电气设备相比有如下特点。

0.3.1 两个电源

各用电设备均与蓄电池、发电机并联。发电机为主电源，可提供汽车运行时各用电设备的用电；蓄电池为辅助电源，主要供起动时的用电。

0.3.2 低压直流电

蓄电池作为汽车上的电源之一，始终是直流电，主要用于发动机起动时为起动机供电，当蓄电池放电完后必须由直流电源对其进行充电，因此，汽车上的发电机也必须输出直流电。

汽车电气系统的额定电压一般为直流 12V 和 24V 两种。目前汽车上普遍采用 12V 电源，重型柴油机多采用 24V 电源。

随着汽车上电气设备的增多，电气负荷越来越大，要求汽车上采用能量大、体积小的电源。目前，已有汽车公司在研究使用 36V、42V 新型电源的课题。从效率的角度考虑，使用 42V 电压系统，有利于减小电流，减小能量损耗，并且能够减小所需电子设备的体积，节省空间。

0.3.3 并联双线或单线

汽车上的用电设备采用并联电路以保证各支路的电气设备相互独立控制。用电设备与电源的连接一般为两条导线：公共的火线和公共的零线。

单线连接是指汽车上的用电设备的正极均采用导线相互连接且与蓄电池的正极相连，而所有负极直接或间接通过导线与车身金属部分连接，则汽车车身的金属机体作为一条公共的导线，从而达到节约导线、电气线路简单、安装维修方便的目的。

双线制是现代轿车为了保证电子控制系统工作的可靠性，要求线路的搭铁良好，而对电气部件采用专门的搭铁线来连接。

0.3.4 负极搭铁

汽车车身的金属机体作为公共的导线，在接线时电源的某极必须与金属机体相连，这样的连接称为搭铁。对于直流电来说，电系的正极或负极均可作为搭铁极，但按照国际通行的做法和我国国家标准 GB 2261—71《汽车、拖拉机用电设备技术条件》的规定，汽车电气系统为负极搭铁。负极搭铁能减少蓄电池电缆铜端子在车架车身连接处的电化学腐蚀，提高搭铁可靠性。

0.4 本课程的性质、任务和重要性

本教材是以“汽车构造”、“电工学”等为基础，同时又与自动化技术、计算机技术有着密切联系的一门专业课。它是汽车运用技术、汽车电子技术等专业的一门重要的、实践性很强的专业课程，同时也是学好汽车运用技术、汽车电子技术等其他专业课程必要的基础。其主要任务是讲解汽车电气设备的结构、基本工作原理、使用与维修、检测与调试、故障诊断与排除等方面的内容，为进一步学习和应用新知识、新技术打好基础。学生通过本课程的学习，应能够正确使用汽车电气设备维修中常用的工具、设备和仪器；掌握汽车电气设备的结构、原理、使用和维修；读懂汽车电路图，学会用电路图分析汽车电路的基本工作情况；能根据具体电路进行汽车电气设备常见故障的诊断与排除；能独立地完成常用汽车电气设备的拆装与检修。

第1章

电　源　系

知识目标	能力目标
• 掌握铅酸蓄电池的结构与工作过程，了解蓄电池的类型及型号； • 掌握蓄电池的充、放电特性及充电方法； • 掌握交流发电机的构造、主要部件的作用及工作原理； • 了解发电机充电指示灯的作用及控制方法； • 了解调节器的作用和原理。	• 能正确完成蓄电池技术状况的检查和维护； • 能正确完成蓄电池的充电作业； • 能正确完成交流发电机的拆装、整机检测及解体后主要部件的检测； • 能完成电源系的日常维护作业； • 能诊断并排除电源系常见故障； • 能正确分析常见车型电源系的电路图。

汽车电气设备所使用的电源是直流电源，它来自蓄电池或发电机。由蓄电池、发电机、调节器、充电状态指示装置、开关和导线等连接而成的电气系统称为电源系统（简称电源系），如图 1-1 所示。

电源系统内蓄电池和发电机是并联工作的。在发动机正常工作时，由发电机向用电设备供电并向蓄电池充电；起动时，蓄电池向起动机供电。由于发电机是由发动机通过传动带驱动旋转的，当发动机转速变化时，发电机输出电压也会变化。为满足汽车用电设备及蓄电池充电恒定电压的要求，电源系统内均设置电压调节器，以保证发电机输出的电压稳定在一定范围内，防止因电压起伏过大而烧毁用电设备。充电状态指示装置指示蓄电池的充放电状况。电源系的工作过程如图 1-2 所示。

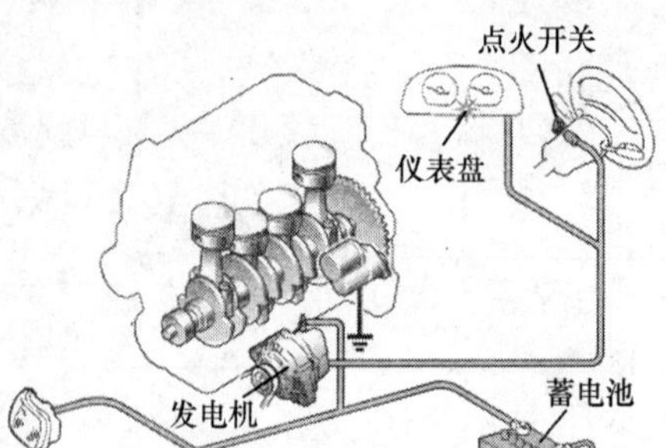

图 1-1　电源系的组成

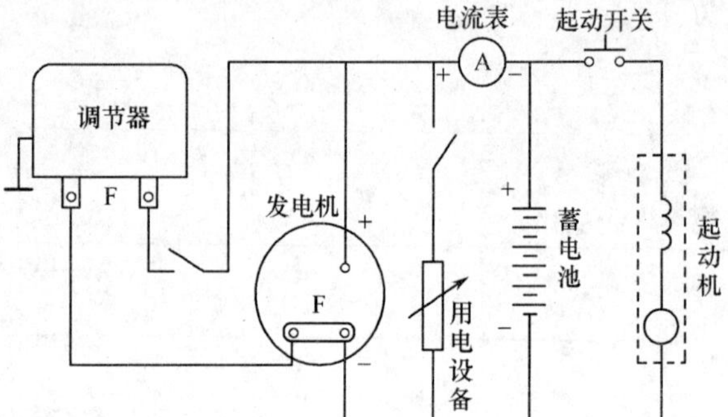

图 1-2　电源系的工作过程

目前汽车上的电源系统可分为 12V 电系和 24V 电系，且普遍采用交流发电机与电子调节器。按电子调节器的安装方式不同，电源系统的布置形式可分为分离式和整体式两种。

图 1-3 所示为电子调节器与交流发电机分离安装时，电源系统的组成与线路连接关系。

如图 1-3（a）所示电源系统线路中，电压调节器只有调节发电机输出电压一项功能，并

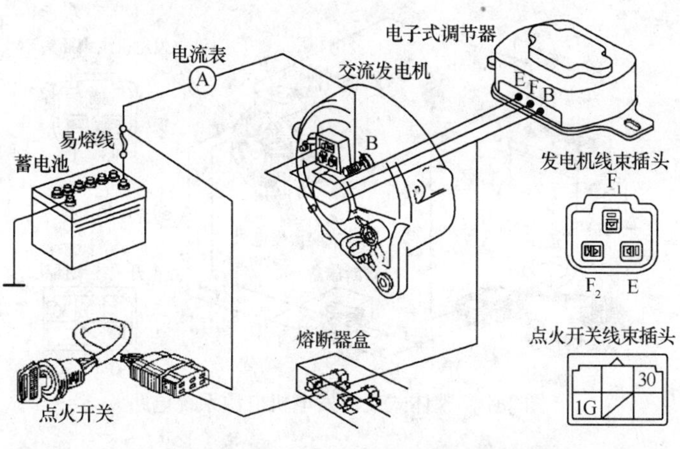

（a）调节器与发电机分离安装时的电源系统电路

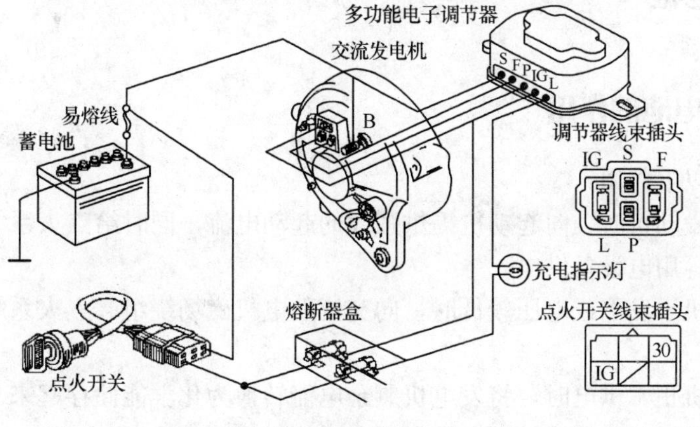

（b）多功能调节器与发电机分离安装时的电源系统电路

图 1-3　电子调节器与交流发电机分离安装时，电源系统的组成与线路连接关系

采用电流表指示蓄电池的充放电状态。电流表需安装在组合仪表盘上，且需要较大空间，因此，这种布置形式适用于电源系统结构简单，并有足够安装空间的载货汽车。

如图 1-3（b）所示电源系统线路中，电压调节器具有调节发电机输出电压和控制充电指示灯指示蓄电池充放电状态的功能。充电指示灯可安装在组合仪表盘上，且占用空间较小，因此，这种布置形式既适用于载货汽车，也适用于结构紧凑的小轿车。

调节器与发电机分离时，由于两者之间需用导线连接，所以其系统的故障率较高。但当系统发生故障时，能够就车诊断出故障发生的部位，只需更换故障部件即可继续行驶。

如图 1-4 所示为整体式交流发电机（电子调节器与发电机组合成整体）的电源系统电路。

整体式交流发电机电源系统的显著特点是：交流发电机与电压调节器之间不再使用导线连接，系统线路大大简化，故障率大大降低。但是系统发生故障时不能迅速就车诊断出故障发生的部件。

近几年，随着人们对汽车乘坐舒适性、燃油经济性、排放环保性要求的日益提高，新的电气装置在汽车上得到广泛应用，汽车电子附件所占的比例大幅度提高，如各种电控系统（电控喷射、电控自动变速器、电控悬架）、巡航控制、车载计算机网络等。一些电磁或电动执行器也逐渐取代了液压传动和气压传动执行器，从而大大增加了电气系统的负荷，这就要求汽车的电源系统能提供更高的电能。

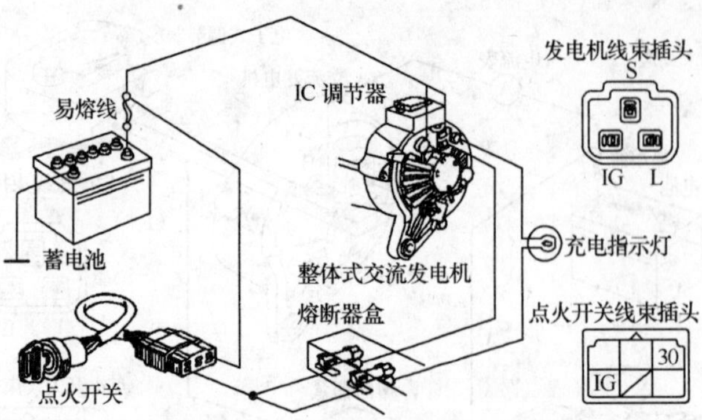

图 1-4　整体式交流发电机电源系统电路

1.1　蓄电池

1.1.1　蓄电池的作用

蓄电池具有以下作用：

(1) 在起动发动机时，向起动机提供强大的起动电流，同时给点火系统、电子燃油喷射系统、仪表系统等用电设备供电。

(2) 当发电机不发电或电压较低时，向交流发电机磁场绕组、点火系统以及其他用电设备供电。

(3) 当发电机正常供电时，将发电机剩余电能转换为化学能储存起来。

(4) 当发电机过载时，协助发电机向用电系统供电。

(5) 稳定电源电压、保护电子设备。蓄电池相当于一只大容量电容器，不仅能保持供电系的电压稳定，而且还能吸收电路中出现的瞬时过电压，防止损坏电子设备。

1.1.2　蓄电池的基本结构

蓄电池主要由极板、隔板、壳体、联条、电解液、极桩等组成，如图 1-5 所示。额定电压 12V 的蓄电池由六个单格串联而成，每个单格电池的电压为 2V。

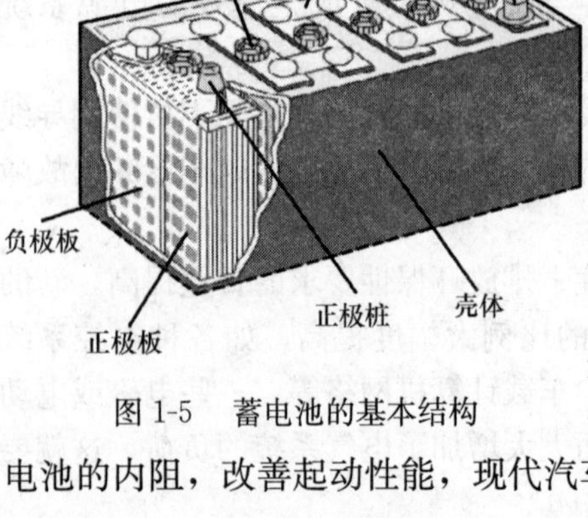

图 1-5　蓄电池的基本结构

1. 极板

极板是蓄电池的核心部件，蓄电池的充放电过程是由极板上的活性物质与电解液的电化学反应来实现的。极板分正极板和负极板两种。

极板由栅架及铅膏涂料组成，其形状如图 1-6 所示。

栅架的作用是固结活性物质，它通常由铅锑合金烧铸而成。为延长蓄电池的使用寿命，目前多采用铅—低锑合金栅架或铅—钙—锡合金栅架。为降低蓄电池的内阻，改善起动性能，现代汽车蓄电池普遍采用放射型栅架，如图 1-7 所示。其优点

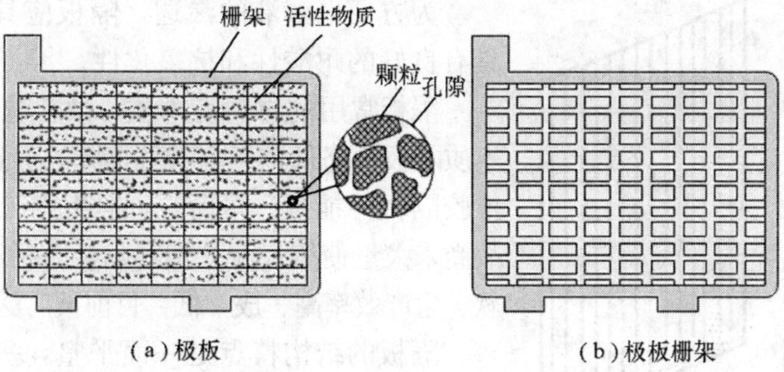

图 1-6　极板的形状

是栅架强度高，构架轻，单格极板数多，放电能力强。

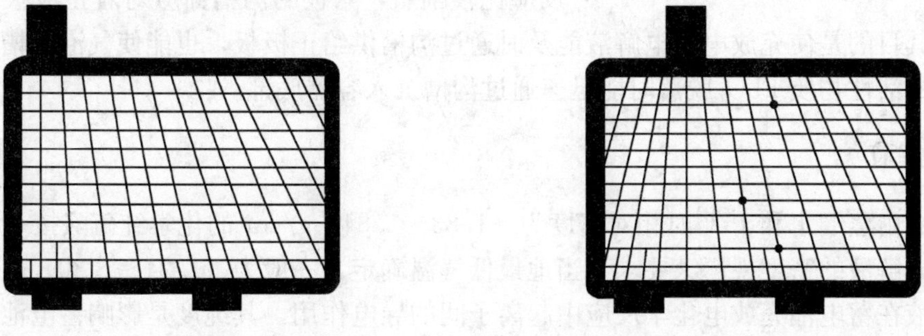

图 1-7　放射性栅架

正极板上的活性物质为二氧化铅（PbO_2），呈深褐色；负极板上的活性物质为海绵状纯铅（Pb），呈青灰色。

一片正极板和一片负极板浸入电解液中，可得到 2V 左右的电动势。为增大蓄电池容量，常将多片正、负极板分别并联组成正、负极板组，如图 1-8 所示。

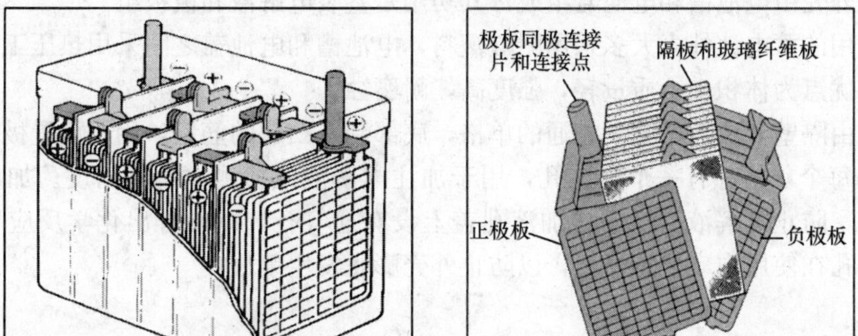

图 1-8　极板组

正极板的强度较低，所以在单格电池中，负极板总片数比正极板多一片，从而使每一片正极板都处于两片负极板之间，保持其放电均匀，且防止变形。

2. 隔板

为减少蓄电池的内阻和体积，正、负极板安装时应尽量靠近。为避免正、负极板彼此接触而造成短路，在正、负极板之间装上隔板。隔板的作用是将正、负极板隔离，防止两极板短路。

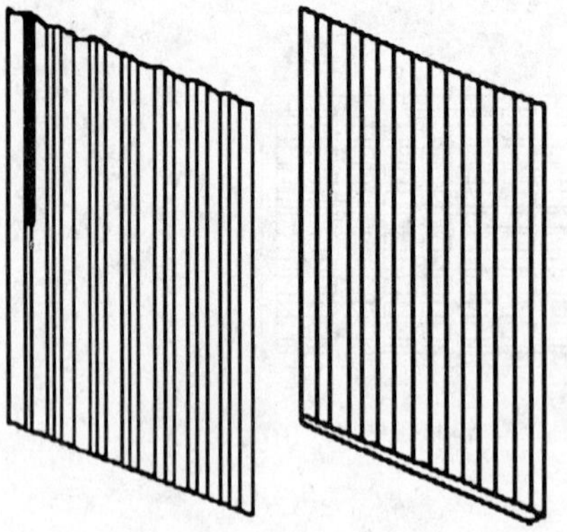

图 1-9 隔板

为方便电解液的渗透，隔板应具有多孔性，还应具有良好的耐酸性和抗氧化性。

隔板常用的材料有木质、微孔橡胶和微孔塑料等。木质隔板价格低，但耐酸性能差，已逐渐被淘汰；微孔橡胶隔板性能好，寿命长，但生产工艺复杂、成本高，故尚未大量使用；微孔塑料隔板孔径小、孔率高、薄而软、生产效率高、成本低，目前被广泛采用。

隔板的结构特点是一面平整，一面有沟槽，如图 1-9 所示。

在使用中注意：正极板在充、放电过程中的化学反应比较剧烈，隔板的沟槽面应对着正极板，且与底部垂直，其目的是使充放电时电解液能及时通过沟槽供给正极板，也能使气泡沿槽上升，当正极板上的活性物质 PbO_2脱落时能迅速通过沟槽沉入容器底部。

3. 电解液

电解液由蒸馏水和 15℃时相对密度为（1.83～1.84）g/cm³的化学纯硫酸按一定比例配制而成。电解液的密度视厂家要求与当地最低气温确定，一般为（1.24～1.30）g/cm³。

电解液在蓄电池充放电化学反应中起离子间的导电作用，其纯度是影响蓄电池电气性能和使用寿命的重要因素。因此，蓄电池电解液必须符合专业标准 ZBK 84003—1989《铅酸蓄电池用电解液》的规定。工业硫酸和普通水中含铜、铁等杂质较多，会加速蓄电池自放电，不能用于蓄电池。

4. 外壳

蓄电池外壳由电池槽和电池盖组成。其功用是盛装电解液和极板组。

目前使用的蓄电池外壳大多采用耐酸塑料，电池槽和电池盖之间采用热压工艺黏合为整体结构，其优点为体积小，质量轻，强度高，耐腐蚀。

电池槽由隔壁分成六个互不相通的单格，底部制有凸起的筋条，用于放置极板组，如图 1-10 所示。每个单格都有一个加液孔，用于加注电解液或检测电解液密度。加液孔用螺塞或盖板密封，防止电解液外溢。在加液孔盖上设有通气孔，以便排出化学反应所放出的气体。该通气孔在使用中应保持畅通，以防止外壳膨胀发生事故。

5. 联条

蓄电池各单格电池之间采用联条串联连接。联条用铅锑合金制成，有外露式（联条露在蓄电池盖的上面）、跨接式（联条埋在盖下，连接部分跨在单格电池的中间间隔上）和对焊式（在蓄电池中间隔壁上打孔，使极板组横条直接穿过中间隔壁而将单格电池互相连接起来）三种，图 1-11 所示为对焊式连接结构。

6. 接线柱

蓄电池首、尾两极板组的横板上焊有接线柱，接线柱的形状有圆锥式、L 形和侧置式三种，如图 1-12 所示。

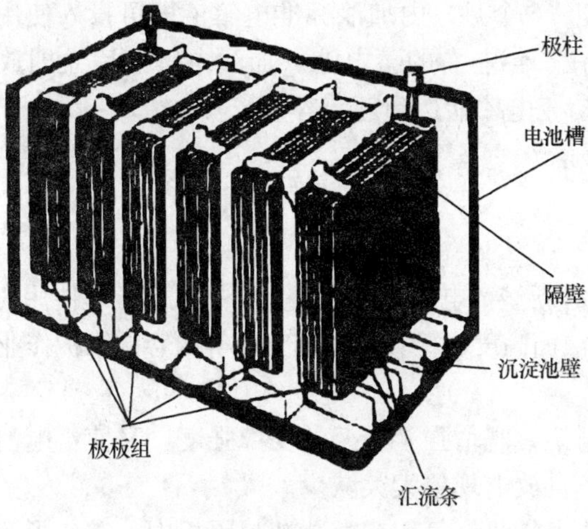

图 1-10 蓄电池的单格

图 1-11 对焊式连接结构

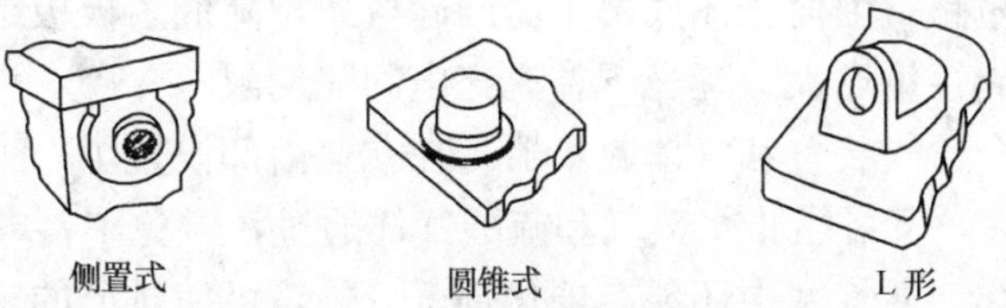

图 1-12 蓄电池接线柱外形

接线柱分为正接线柱和负接线柱。为了便于区分，正接线柱通常直径较粗，且用“+”或符号“P”表示，表面常涂红色油漆；负接线柱通常直径较细，且用“−”或符号“N”表示，表面可涂成蓝色或不涂颜色。

1.1.3 蓄电池的类型

蓄电池可分为碱性蓄电池和酸性蓄电池两大类。汽车上一般采用铅酸蓄电池，其电解液为稀硫酸。根据加工工艺的不同，车用铅酸蓄电池可分为普通型蓄电池、干荷电蓄电池、湿荷电蓄电池、少维护蓄电池和免维护蓄电池五种。

1. 干荷电蓄电池

干荷电蓄电池全称为干式荷电铅酸蓄电池，其极板在完全干燥状态下能够长期（一般为 2 年）保存其在化学过程中所得到的电量，在规定的保存期内，如需使用，只需加注符合规定密度的电解液，静置 30min 即可使用，不需进行初充电，是应急的理想电源。

干荷电蓄电池之所以具有干荷电性能，是因在其负极板的铅膏中加入了如松香、油酸、硬脂酸、有机聚合物等抗氧化剂，在海绵状铅表面形成一层保护膜，可防止活性物质与空气接触，而且在极板化成过程中经过一次深放电或反复充、放电循环处理，使之在极板的深层也形成海绵状铅。

对储存期超过规定期的干荷电蓄电池，因极板的活性物有部分氧化，使用前应进行补充充电，充电时间为（5～10）h。

2. 湿荷电蓄电池

湿荷电蓄电池全称为湿式荷电铅酸蓄电池，其极板在湿润状态下能较长时间保存在制造过程中所得的电荷。湿荷电蓄电池在存放期（6 个月）内加注标准电解液即可投入使用，其首次放电量可达额定容量的 80%。存放期在一年左右的蓄电池，加注电解液后立即放电可达额定容量的 50%，但首次使用应先进行初充电才能达到额定容量。

湿荷电蓄电池适用于不需长期存放的场合。

3. 免维护蓄电池

免维护蓄电池是现代汽车广泛使用的一种新型蓄电池，其含义是：在汽车合理使用时，无须对蓄电池进行如加注蒸馏水、检查电解液液面高度、检查电解液密度等内容的维护作业。

（1）免维护蓄电池的结构特点

①采用铅钙合金或低锑合金制作极板栅架，既增强了栅架的支撑强度，又使蓄电池在充放电过程中减少了氢、氧析出量和耗水量，自放电现象大大减少。

②采用袋式聚氯乙烯隔板，将正极板装入袋式聚氯乙烯微孔塑料隔板中，避免了活性物质脱落，可防止极板短路，因而壳体底部不需凸起棱条，降低了极板组的位置，增大了壳体上部的空间，电解液储存量增大，延长了补充充电间隔期限。

③采用了新型安全通气装置和气体收集器。在孔盖内部设置了一个氧化铝过滤器，它既可使 H_2 和 O_2 顺利溢去，又可阻止水蒸气和硫酸气体通过，避免了蓄电池内的酸气与外部火花直接接触而发生爆炸。通气塞中还装有催化剂——钯，可使排出的氢离子和氧离子结合成水再回至蓄电池中。在壳体内装有集气室，当水蒸气和硫酸气体进入集气室后，将其冷却成液体再流回电解液，大大减少了电解液的损失。蓄电池顶部也比较清洁、干燥，因而减少了极柱的腐蚀。

④内装电解液相对密度计，通过相对密度计可判断出蓄电池的技术状况，如图 1-13 所示。如果相对密度计顶部的圆点呈绿色，说明蓄电池荷电充足；如果圆点模糊或呈浅绿色，说明蓄电池存电不足；如果圆点呈淡黄色，说明电解液液面低于密度计，此时蓄电池再充电也无济于事，必须更换蓄电池，同时应检查发电机充电电压是否过高。

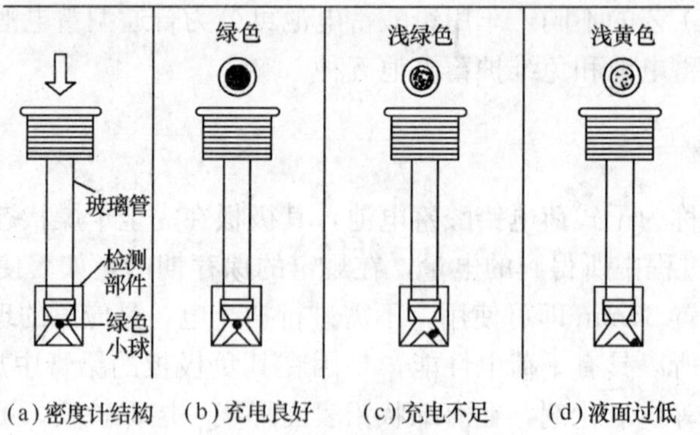

图 1-13　内装式密度计结构及技术状况

（2）免维护蓄电池的优点。免维护蓄电池在结构和材料方面进行了改进，它与普通蓄电池相比具有如下优点：

①使用过程中不需要加注蒸馏水。

②自放电少，可储存 2 年以上。

③耐过充电性能好，在相同充电电压和温度下，过充电电流小。充足电时，电流接近于零

(普通蓄电池充足电时，始终保持 1.1A 的电流)，因而减少了免维护蓄电池内电解液的消耗。

④使用寿命长，一般可用 4 年左右，为普通蓄电池的 2 倍多。

⑤具有较高的冷起动放电率。

1.1.4　蓄电池的型号

按机械工业部标准 JB 2599—1985《铅蓄电池产品型号编制方法》规定，铅蓄电池的型号由三部分组成，各部分之间用破折号分开，型号内容及排列情况如图 1-14 所示。

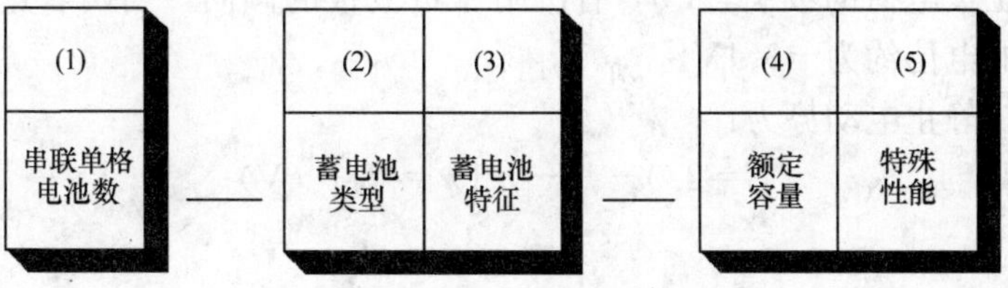

图 1-14　蓄电池型号内容及排列

如型号 6——QA——60 代表额定电压 12V、额定容量 60A・h 的起动型干荷电铅蓄电池。

蓄电池型号含义见表 1-1。

表 1-1　蓄电池型号含义

第一部分	第二部分		第三部分	
串联的单格电池数	蓄电池的类型	蓄电池的特征	蓄电池的额定容量	蓄电池的特殊性能
用阿拉伯数字表示	用大写的汉语拼音字母表示，如： Q——起动用铅蓄电池； N——内燃机车用蓄电池； M——摩托车用蓄电池	用大写的汉语拼音字母表示，如： A——干荷电铅蓄电池； H——湿荷电铅蓄电池； W——免维护铅蓄电池； B——薄型极板； 无字母——普通铅蓄电池	20h 放电率的额定容量，单位为 A・h，单位略去不写	用大写的汉语拼音字母表示，如： G——高起动率； D——低温性能好； S——塑料槽蓄电池

1.1.5　蓄电池的工作过程

蓄电池的工作过程是化学能与电能的转换过程，放电时将化学能转换为电能供用电设备使用；充电时将电能转化为化学能储存起来。在充足电状态下，蓄电池的正极是二氧化铅 (PbO_2)，负极是海绵状铅 (Pb)。电解液是纯净硫酸的水溶液。完全放电后，两个极板上均变成硫酸铅。蓄电池在充放电过程中的化学反应是可逆的。

1. 电动势的建立

蓄电池的电动势是正、负极板浸入电解液后产生的，其反应过程如图 1-15 所示。

在正极板处，少量的 PbO_2 溶入电解液，与水生成 Pb ($HO)_4$ 再分离成四价铅离子 Pb^{4+}

和氢氧根离子（OH）⁻，即：

$$PbO_2+2H_2O \rightarrow Pb(HO)_4$$

$$Pb(HO)_4 = Pb^{4+}+4(OH)^-$$

电解液中的 Pb^{4+} 有沉附于正极板的倾向，使正极板相对于电解液具有正电位，同时，由于正负电荷的吸引，正极板上的 Pb^{4+} 有与电解液中的 $(OH)^-$ 结合生成 $Pb(HO)_4$ 的倾向，当达到平衡时，正极板的电位约为＋2.0V。

在负极板处，一方面 Pb 有溶于电解液的倾向，在电解液中生成 Pb^{2+}，使极板带负电，另一方面，由于正负电荷的吸引，Pb^{2+} 有沉附于负极板的倾向，当两者达到平衡时，负极板相对于电解液的电位约为－0.1V。

动态平衡时，静止电动势为：

$$E=2.0-(-0.1)=2.1\ (V)$$

2. 放电过程

蓄电池的放电过程是化学能转化为电能的过程，如图 1-16 所示。

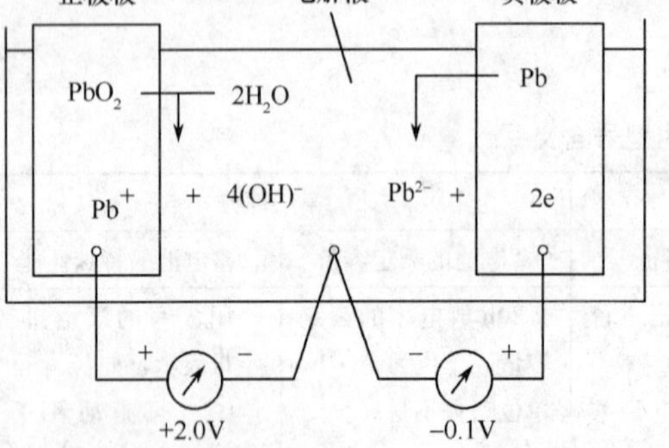

图 1-15 蓄电池电动势的建立（反应过程）

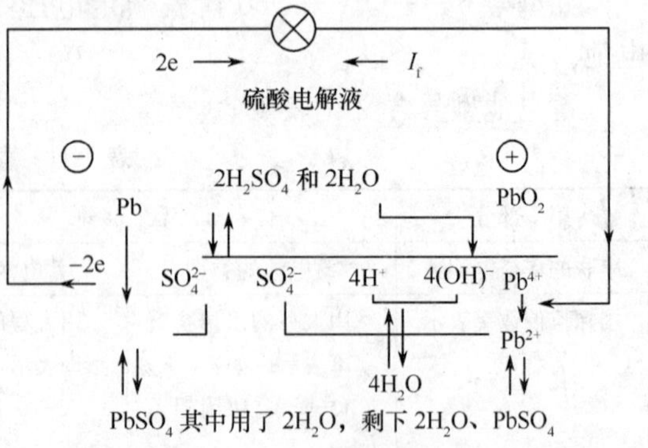

图 1-16 蓄电池的放电过程

当蓄电池与外电路接通后，由于电动势的存在，电路内产生放电电流 I_f，即电子 e 从负极板流向正极板，将 Pb^{4+} 转化为 Pb^{2+}，而 Pb^{2+} 与电解液中的硫酸根离子 SO_4^{2-} 结合成 $PbSO_4$ 并沉附在正极板上，即：

$$Pb^{4+}+2e \rightarrow Pb^{2+}$$

$$Pb^{2+}+SO_4^{2-} \rightarrow PbSO_4$$

在负极板处，失去电子（2e）的 Pb 变为 Pb^{2+}，与电解液中的 SO_4^{2-} 结合成 $PbSO_4$ 并沉附在负极板上，即：

$$Pb-2e \rightarrow Pb^{2+}$$

$$Pb^{2+}+SO_4^{2-} \rightarrow PbSO_4$$

在电解液中，H_2SO_4 失去 SO_4^{2-} 而余下氢离子 H^+，氢离子 H^+ 与 OH^- 结合生成 H_2O，即：

$$2H^++2OH^- \rightarrow 2H_2O$$

可做出以下结论：在放电过程中，极板上的活性物质与电解液中的硫酸逐渐转化为硫酸铅；正极板上得到电子，其电位逐渐降低，负极板上的电子不断流出其电位逐渐升高，两极板间的电位差逐渐减小；电解液中的硫酸根离子逐渐减少，水不断增多，结果使得电解液的密度不断下降。

从理论上讲，放电过程可一直进行到极板上的所有活性物质全部被耗尽为止，但由于生

成的 $PbSO_4$ 沉附于极板表面，阻碍了电解液渗透到极板活性物质内部中去，因此所谓完全放电事实上只有 20%～30%的活性物质转变成硫酸铅。要提高活性物质的利用率，就必须增大活性物质与电解液之间的接触面积。

3. 充电过程

将电能转化为蓄电池化学能的过程称为充电过程，它是放电反应的逆过程，如图 1-17 所示。

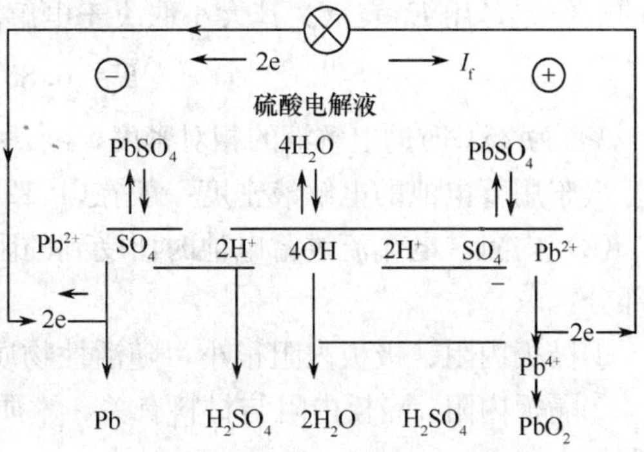

图 1-17　蓄电池的充电过程

蓄电池充电时，正负极板与直流电源相连，当充电电源的端电压高于蓄电池的电动势时，在电场的作用下，充电电流 I_e 以与放电电流相反的方向流动，使正极电位升高，负极电位下降，正负极板处的平衡被打破。在正极板处的 Pb^{2+} 失去两个电子变为 Pb^{4+}，再与电解液中水解产生的 OH^- 结合生成 Pb（OH)$_4$，又被分解成 PbO_2 和 H_2O，PbO_2 沉附在正极板上，即：

$$Pb^{2+}-2e \rightarrow Pb^{4+}$$

$$Pb^{4+}+4OH^- \rightarrow Pb(OH)_4$$

$$Pb(OH)_4 \rightarrow PbO_2+2H_2O$$

Pb^{2+} 得到两个电子变成 Pb 沉附到负极板上，极板附近的 SO_4^{2-} 与电解液中的 H^+ 结合生成 H_2SO_4，即：

$$Pb^{2+}+2e \rightarrow Pb$$

$$2H^+ + SO_4^{2-} \rightarrow H_2SO_4$$

可得出以下结论：在充电过程中，正负极板上的 $PbSO_4$ 逐步恢复为 PbO_2 和 Pb；电解液内 H_2SO_4 的生成和水的减少，使电解液的相对密度逐渐上升；充电一直进行到极板上的活性物质完全恢复到放电前的状态。

在充电过程中，当单格蓄电池的端电压达到 2.4V 左右时，$PbSO_4$ 已基本恢复为 PbO_2 和 Pb，此时，充电电流引起水的分解。正极板附近的 O^{2-} 失去两个电子变成 O_2 从电解液中溢出，负极板附近的 $2H^+$ 得到两个电子变成 H_2 从电解液溢出。随着充电时间增长，产生的氢气和氧气增多，就会呈现所谓的“沸腾”现象。

由于氢离子在极板上与电子的结合速度比较缓慢，因此，在靠近负极板处会积存较多的正离子“H^+”，使极板与溶液之间产生附加电位差（称为氢过电位，约 0.33V），端电压急剧升高到 2.7V 左右，此时如果继续对蓄电池进行充电，则称为过充电。在蓄电池过充电时，由于极板内部产生大量气泡会形成局部压力而加速活性物质脱落，使极板过早损坏，因此应尽量避免长时间过量充电。

1.1.6　蓄电池的充、放电特性

蓄电池的工作特性包括充电特性和放电特性，与蓄电池工作特性有关的技术参数有蓄电池的静止电动势、内阻、端电压及电解液的相对密度。

1. 静止电动势、内阻、端电压

（1）静止电动势。在静止状态下（即不充电、不放电的情况下），蓄电池两极板间所具有的电位差，用 E_j 表示。其大小取决于电解液的相对密度和温度，用经验公式表示如下：

$$E_j = 0.85 + \rho_{25℃} \quad (V)$$

$\rho_{25℃}$ 为 25℃时的电解液的相对密度，$\rho_{25℃} = \rho T + 0.0007\ (T-25)$。

汽车用蓄电池的电解液密度一般在(1.12～1.30)g/cm³之间，因此 E_j=(1.97～2.15)V。

（2）内阻。电流流过蓄电池时所受到的阻力称为蓄电池的内阻。蓄电池的内阻包括以下几部分：

①极板内阻。极板内阻很小，随活性物质的变化而变化，充电时变小，放电时变大。

②隔板内阻。隔板内阻与材料有关，木质隔板多孔性差，其电阻比微孔橡胶和塑料隔板的电阻大。

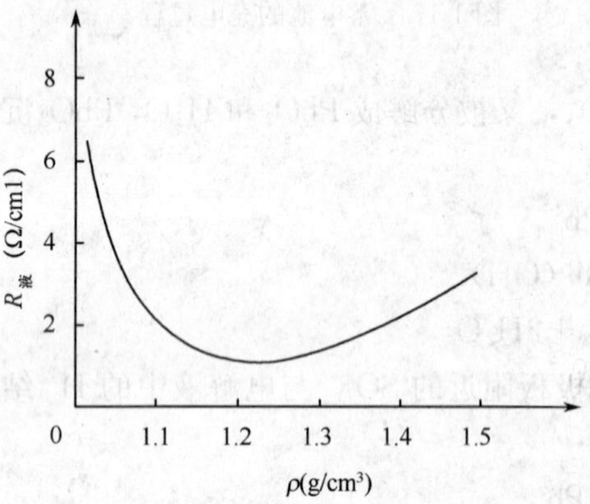

图 1-18 电解液内阻与相对密度的关系

③电解液内阻。电解液内阻与其温度、相对密度有关。当电解液的温度升高时，其内阻下降。电解液内阻与相对密度的关系如图 1-18 所示，由图可知，电解液相对密度为 1.2 时，其内阻最小，因为此密度的电解液，硫酸离解为离子的数量最多，同时电解液的黏度也比较小。相对密度过高和过低都会减少离子的数量。相对密度过高时，不仅离子数量减少，而且电解液黏度会增大，因而内阻增大。

由此可知，适当降低电解液相对密度和提高温度（如冬季对蓄电池保温），对降低蓄电池的内阻、提高起动性能十分有利。

（3）端电压。蓄电池在无负载状况下测得的电压即为端电压。其计算公式为：

$$U_f = E - I_f R$$

式中，U_f为放电时蓄电池的端电压；E 为蓄电池的电动势；I_f为放电电流；R 为蓄电池内阻。

$$U_c = E - I_c R$$

式中，U_c为充电时蓄电池的端电压；E 为蓄电池的电动势；I_c为充电电流；R 为蓄电池内阻。

2. 放电特性

蓄电池的放电特性是指蓄电池在恒定电流放电状态下，端电压 U_f、电解液相对密度$\rho_{25℃}$随放电时间变化的规律。

图 1-19 所示为 6—QA—60 蓄电池以 3A 电流进行放电时测得的放电特性曲线。

由图可知：

（1）$\rho_{25℃}$ 按直线规律下降。这是因为在恒流放电时，放电电流为定值，则化学反应速度不变，单位时间消耗的硫酸则不变。在一般情况下，电解液相对密度每下降 0.04，蓄电池放电约 25%。

（2）蓄电池放电可分成三个阶段，即开始放电阶段、相对稳定阶段和迅速下降阶段。

①开始放电阶段。放电开始时，极板空隙内的硫酸迅速消耗，电解液密度迅速下降，浓差极化显著增大，端电压从 2.14V 迅速下降到 2.1V。

②相对稳定阶段。端电压由 2.0V 下降到 1.85V，基本呈直线规律缓慢下降。随着极板孔隙内电解液密度的迅速下降，孔内外的密度差不断增大，硫酸向孔隙内扩散的速度也随之加快，放电电流得以维持。当空隙内消耗硫酸的速度与孔外向孔内补充硫酸的速度达到动态平衡时，孔内外的密度差基本保持不变，这时孔内电解液密度将随孔外电解液密度一起缓慢下降，所以端电压按直线规律缓慢下降。

③端电压迅速下降阶段。端电压由 1.85V 迅速下降到 1.75V。放电接近终了时，孔隙外的电解液密度大大下降，难以维持足够的密度差，离子扩散速度下降，浓差极化显著增大；与此同时，极板表面硫酸铅增多，孔隙堵塞使活性物质 PbO_2 和 Pb 的反应面积减小；此外，放电时间越长，硫酸铅越多，内阻越大，欧姆极化越显著。因此，放电临近终了时，由于浓差极化、电化学极化和欧姆极化都显著增大，蓄电池的端电压迅速下降。

蓄电池放电终了的特征为：

a. 单格电池电压降到放电终止电压（单格电池终止电压和放电电流有关）。

b. 电解液密度降到最小终止值。

3. 充电特性

蓄电池充电特性是指蓄电池在恒定电流充电状态下，电解液相对密度$\rho_{25℃}$、蓄电池端电压 U_c 随充电时间变化的规律。

图 1-20 所示为 6—QA—60 蓄电池以 3A 进行恒电流充电时测得的充电特性曲线。

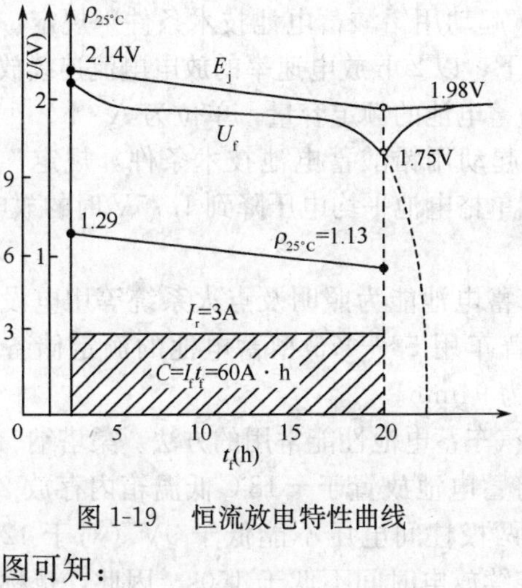

图 1-19　恒流放电特性曲线

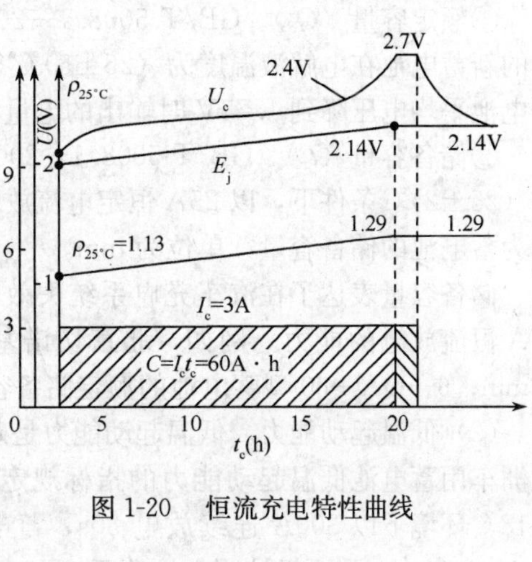

图 1-20　恒流充电特性曲线

由图可知：

（1）$\rho_{25℃}$ 按直线规律上升。这是因为在恒流充电时，充电电流定值，则化学反应速度不变，单位时间消耗生成的硫酸量不变。

（2）蓄电池的充电过程可分为以下几个阶段：

①开始充电阶段。开始充电时，极板空隙内迅速生成硫酸，空隙中的电解液密度迅速增大，浓差极化增大，端电压迅速上升。

②稳定上升阶段。当空隙内生成硫酸的速度与向外扩散的速度达到动态平衡时，端电压

便随整个容器内电解液密度的变化而缓慢上升。当端电压达到 2.4V 左右时，电解液中开始冒气泡。此现象说明蓄电池已基本充足电，极板上的活性物质已基本转化为二氧化铅和铅，部分充电电流已用于电解水，产生了氢气和氧气，所以电解液冒气泡。

③充电末期。继续充电时，电解水的电流增大，产生的氢气和氧气增多，电化学极化显著增大，端电压迅速上升，直到电压上升到 2.7V 左右且稳定不变，电解液中有大量气泡，形成“沸腾”现象为止。此时电解液密度不再变化。

④充电停止后。此时端电压逐渐下降至静止电动势。蓄电池充电终了的特征为：

a. 端电压和电解液密度上升到最大值（2.7V）且在 2h 内不再上升。

b. 电解液中剧烈冒气泡，呈“沸腾”现象。

1.1.7 蓄电池的性能

1. 性能指标

（1）容量。蓄电池的容量是反映蓄电池对外供电能力、衡量蓄电池质量优劣以及选用蓄电池的重要指标。容量大，可提供的电能多，供电能力就越大；容量越小，供电能力就越小。

蓄电池的容量是指在规定的放电条件（放电电流、放电温度和终止电压）下，蓄电池能够输出的电量，用 C 表示。当恒流放电时，蓄电池的容量等于放电电流与放电时间之积，即：

$$C=I_f \cdot t_f$$

式中，C 为蓄电池容量；I_f 为放电电流（A）；t_f 为放电持续时间（h）。

目前，汽车用蓄电池容量的表示方法有额定容量和储备容量两种。由于蓄电池容量与放电电流、电解液温度、放电终止电压和放电持续时间有关，所以，蓄电池出厂时规定的额定容量或储备容量都是在一定的电解液温度、一定的放电电流和一定的终止电压下测得的。

①额定容量（Q_e）。GB/T 5008.1—2005《起动用铅酸蓄电池技术条件》规定：将充足电的新蓄电池在电解液温度为（25±5)℃条件下，以 20h 放电速率的放电电流连续放电至单格电池平均电压降到 1.75V 时输出的电量称为蓄电池的额定容量，单位为 A·h。

②储备容量（t_r）。GB/T 5008.1—2005《起动用铅酸蓄电池技术条件》规定：蓄电池在（25±2)℃条件下，以 25A 恒定电流放电到单格电池平均电压降到 1.75V 时的放电时间，称为蓄电池的储备容量，单位为 min。

储备容量表达了在汽车充电系统失效时，蓄电池能为照明及点火系统等用电设备提供 25A 恒流放电的能力。例如，北京切诺基吉普车用 58—475 型蓄电池的额定储备容量为 82min；6—QA—60 型蓄电池的额定储备容量为 94min。

（2）低温起动能力。低温起动能力是确定汽车蓄电池性能常用的方法。桑塔纳、奥迪等欧洲车用蓄电池低温起动能力的指标规定：将蓄电池放置于－18℃低温箱内存放 24h，在－18℃环境下以 300A 连续放电 30s，蓄电池两极柱间电压不能低于 9V（对于 12V 蓄电池），一直放电到两极柱间电压等于 6V 时，连续放电时间不低于 150s。因此，也称它为低温放电容量。

我国 GB/T 5008.1—2005 与 GB/T 5008.2—2005 标准中规定：在上面相同试验条件下，以 250A 连续放电 30s，蓄电池极间电压不得低于 8.4V。

2. 影响蓄电池性能的因素

蓄电池容量与很多因素有关，归纳起来分为两类：一类与生产工艺及产品结构有关，如活性物质的数量、极板的厚薄、活性物质的孔率等；另一类是使用条件，如放电电流、电解液温度和电解液的相对密度等。

（1）结构因素。蓄电池极板的表面积越大，极板片数越多，参加反应的活性物质就越多，容量就越大；极板越薄，活性物质的多孔性越好，电解液向极板内部的渗透越容易，活性物质利用率就越高，输出容量也就越大。

（2）使用因素。

①放电电流。实验表明：放电电流越大，则电压下降越快，放电至终止电压的时间越短，因此容量越小。图1-21所示为6—Q—135型蓄电池在不同放电电流情况下的放电特性。

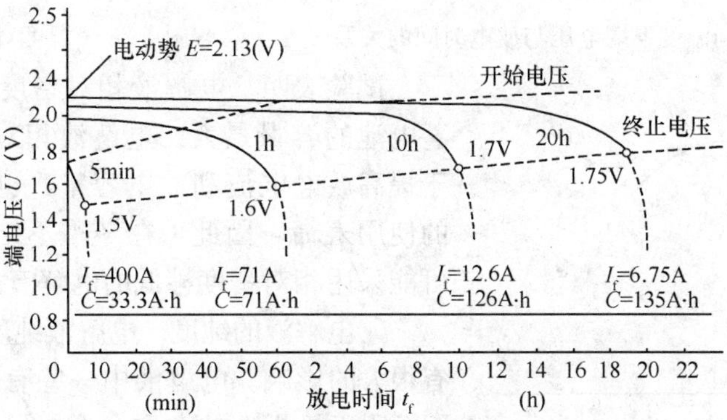

图1-21　不同放电电流时的放电特性

由图可见，放电电流越大，电压下降越快，越容易出现放电“终了”现象，蓄电池的容量也越小。其主要原因是蓄电池放电时，极板上生成的硫酸铅的摩尔体积为二氧化铅的1.92倍，为海绵状铅的2.68倍。因此，在大电流放电时，极板表面活性物质的孔隙会很快被生成的硫酸铅堵塞，极板内层的活性物质不能参加化学反应，由此导致了蓄电池端电压迅速下降，缩短了放电时间，蓄电池的容量也减小。

因此在起动发动机时，必须严格控制起动时间，每次起动时间不得超过5s，且连续2次起动的时间间隔应不少于15s。

②电解液温度。电解液温度降低，其黏度增加，渗透能力减弱，同时，电解液电阻增大，内部压降增大，端电压在上述两因素影响下迅速降低，蓄电池的容量减小。图1-22所示为6—Q—75型蓄电池电解液温度分别为＋30℃和－18℃的情况下，以225A电流放电时的端电压与放电时间的关系。图1-23所示为6—Q—75型蓄电池以225A电流放电时，不同温度对容量的影响。

因此，在冬季起动时，蓄电池的端电压会下降很快，往往导致点火困难，难以起动，应注重蓄电池的保温工作。

电解液温度升高时，电解液渗透能力增强，电阻减小，电化学反应增强，电池容量有所上升。但电解液温度超过40℃以后，正、负极板易拱曲变形，同时会诱发蓄电池自放电。在炎热环境下工作的蓄电池一般应确保良好的通风条件。

③电解液的相对密度。图1-24所示为电解液相对密度与蓄电池容量的关系，适当提高电解液的密度，电解液的渗透能力增强，参加反应的活性物质增多，从而提高了蓄电池的电动势和容量。但电解液相对密度过大时，由于电解液的黏度增大使浸透速度降低，内阻增大，反而使蓄电池容量降低。

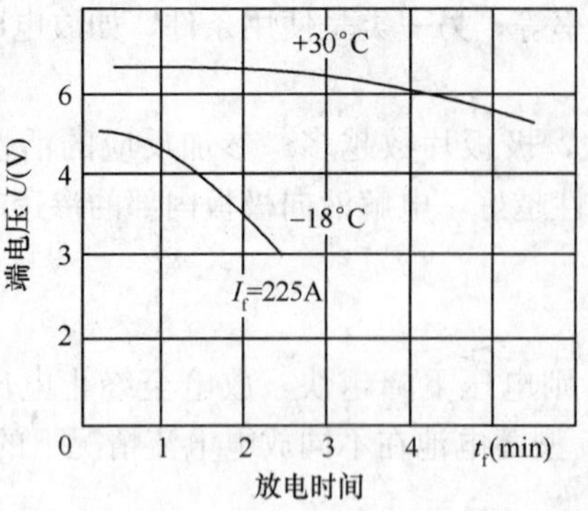

图 1-22 不同温度下端电压与放电时间的关系

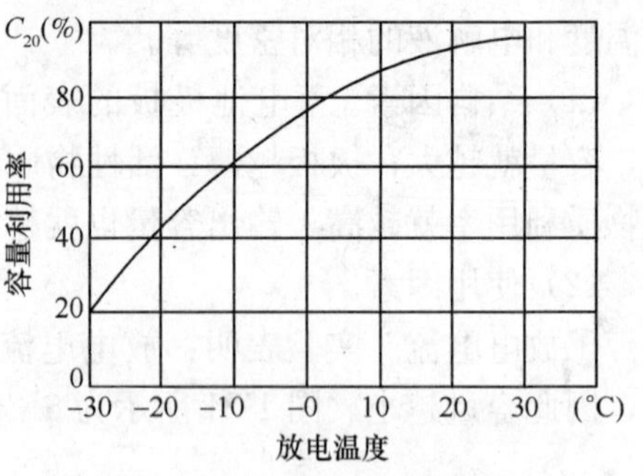

图 1-23 温度对容量的影响

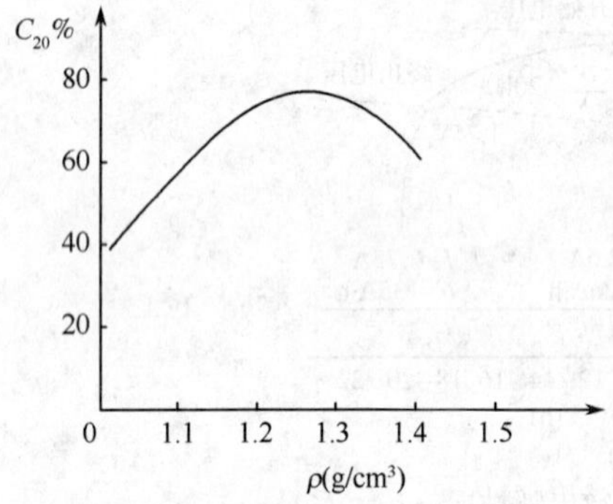

图 1-24 电解液相对密度与容量的关系

试验表明，电解液相对密度约为 1.23g/cm³ 时，蓄电池的容量最大。电解液相对密度稍低时，有利于提高放电电流和放电容量，也有利于延长蓄电池的使用寿命，因此，在冬季不结冰的前提下，应尽可能采用相对密度稍低的电解液。

④电解液的纯度。电解液纯度对蓄电池的容量也有很大的影响。电解液中一些有害杂质会腐蚀栅架，而沉附于极板上的杂质会形成局部电池产生自放电。例如电解液中含有 1% 的铁，蓄电池在一昼夜内就会放完电，因此电解液应用化学纯硫酸和蒸馏水配制。

1.1.8 蓄电池的充电

蓄电池是一种能量转换装置，将充电电源的电能转换为蓄电池化学能的过程称为充电。为使蓄电池保持一定容量和延长蓄电池的使用寿命，必须对蓄电池进行充电。

1. 充电方法

蓄电池的充电应根据不同情况选择适当的方法，并正确使用充电设备，才能提高工作效率，延长蓄电池及充电设备的寿命。蓄电池的充电方法通常有定电流充电、定电压充电和快速脉冲充电。

(1) 定电流充电法。在充电过程中，使充电电流保持恒定的充电方法称为定电流充电法。定电流充电电路和充电特性如图 1-25 所示。

由 $I_c=(U_c-E)/R$ 可知，在充电过程中，随着蓄电池电动势的升高，必须相应提高充电电压，才能保持充电电流的恒定。在充电的第一阶段，用较大的电流进行定电流充电，当单格电池电压上升到 2.4V 时，电解液中开始出现较多的气泡，这时应将充电电流减小一半转入第二阶段定电流充电，直至蓄电池完全充足电。由于第二阶段充电电流较小，既可减小极板活性物质的脱落，又能保证蓄电池完全充足电。

定电流充电法的优点是：充电电流具有较大的适应性，可以任意选择充电电流的大小。当不同容量的蓄电池串联在一起充电时，可按容量最小者选择电流，当小容量蓄电池充足电后，可将此蓄电池及时去除，再继续给大容量蓄电池充电。

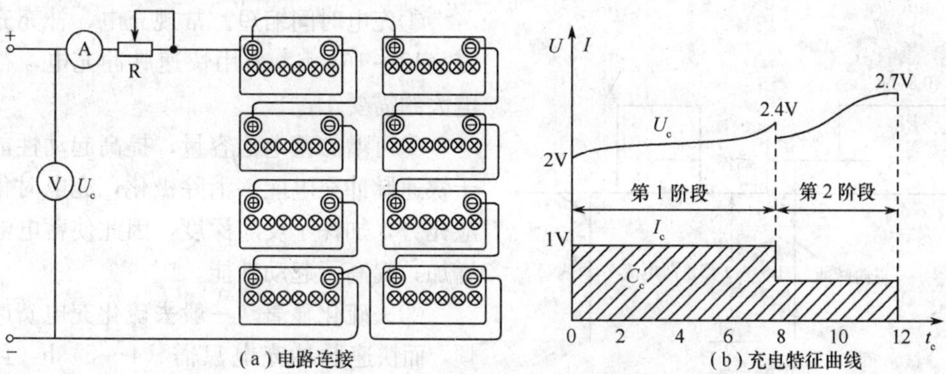

(a)电路连接 (b)充电特征曲线

图1-25 定电流充电电路及其特性曲线

定电流充电有利于延长蓄电池的使用寿命，该方法适用于初充电、补充充电和去硫化充电等。其缺点是充电时间长，且需要经常调节充电电流。

(2) 定电压充电法。在充电过程中，将充电电压始终保持恒定的充电方法称为定电压充电法。目前汽车上的电源系统及许多充电设备均采用此法。

在定电压充电过程中，蓄电池的电动势 E 与充电电流 I_c 的关系如图1-26所示。

在充电初期，由于蓄电池的电动势较低，充电电压与电动势的差值较大，充电电流较大，电动势上升也较快；随着充电时间增长，充电电压与电动势之差值逐渐减小，充电电流随之减小；当电动势升至充电电压时，充电电压与电动势之差为零，充电电流也减小到零，充电将自动停止。

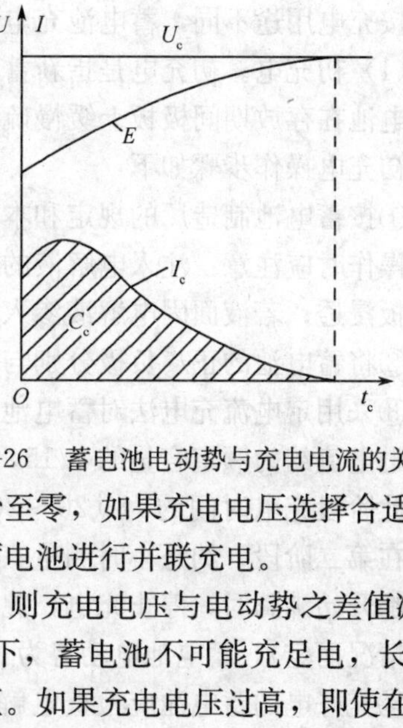

图1-26 蓄电池电动势与充电电流的关系

定电压充电法的优点是：充电效率高，充电(4～5) h即可获得蓄电池80%以上的容量，大大缩短了充电时间；充电电流能随电动势的增大而逐渐减少至零，如果充电电压选择合适，不会发生过充电；此外，定电压充电法可对多对同电压的蓄电池进行并联充电。

采用定电压充电法充电时，如果充电电压选择过低，则充电电压与电动势之差值减小，只需较短时间就可出现充电电流为零的现象，在此情况下，蓄电池不可能充足电，长此以往，导致蓄电池长期亏电而产生硫化，使用寿命大大缩短。如果充电电压过高，即使在蓄电池充足电后，也还有一定充电电流继续充电，其结果导致过量充电。因此，应用定电压充电法充电时，其充电电压一般为每单格电池大约需2.5V，即12V电池需要的充电电压约为15V。

(3) 快速脉冲充电法。快速脉冲充电的电流波形如图1-27所示。其特点是先用0.8～1倍额定容量的大电流进行定电流充电，使蓄电池在短时间内充电至额定容量的50%～60%。当蓄电池单格电压升到2.4V时，由控制电路控制，开始进行脉冲充电，即先停止充电(25～40) ms（称前停充），接着再放电或反充电，使蓄电池反向通过一个较大的脉冲电流[脉冲深度为充电电流的1～3倍，脉冲宽度为（100～150） ms]，然后再停止充电25ms（称后停充）。以后的充电一直按正脉冲充电⟶前停充⟶负脉冲瞬间放电⟶后停充⟶正脉冲充电的循环过程进行，直至充足。

快速脉冲充电的特点如下：

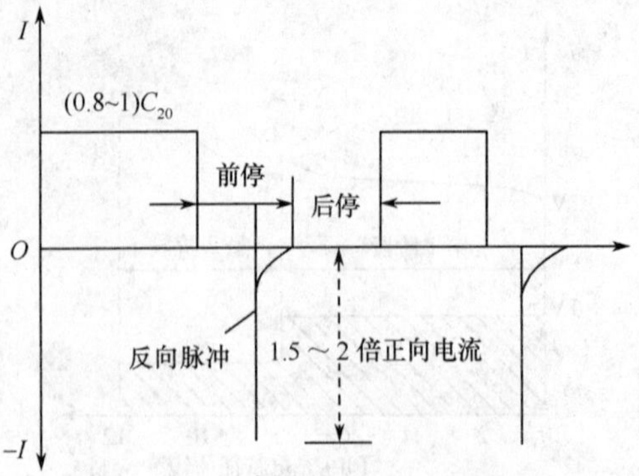

图 1-27　快速脉冲充电的电流波形

①充电时间缩短。常规充电，补充充电约需（13～16）h，采用快速脉冲充电，补充充电大约需要 1h。

②可增加蓄电池容量，提高起动性能。由于快速脉冲充电能够消除极化，充电时化学反应充分，加深了反应深度，因此使蓄电池容量增加，提高了起动性能。

③去硫化显著。一般去硫化充电费时且麻烦，而快速脉冲充电只需（4～5）h，且效果良好。

④出气率高。采用快速脉冲充电，蓄电池析出气体的总量虽然减小，但其出气率高，只是对极板活性物质的冲刷力强，活性物质易脱落，蓄电池的使用寿命受到一定的影响。

2. 充电工艺

按充电用途不同，蓄电池充电工艺可分为初充电、补充充电、去硫化充电等。

（1）初充电。初充电是指新蓄电池或更换极板的蓄电池在使用前的首次充电，目的是恢复蓄电池在存放期间极板上缓慢硫化和自放电而失去的电量。

初充电操作步骤如下：

①按蓄电池制造厂的规定和本地区的气温条件，加注一定密度的电解液。

操作时应注意：注入电解液的温度不能超过 30℃，加入电解液后应静置（4～6）h，以使极板浸透；若液面因电解液渗入极板而下降，则应补充到高出极板上沿 15mm。

②将蓄电池的正、负极分别与充电机的正、负极相连。

③采用定电流充电法对蓄电池进行充电时，充电过程通常分为两个阶段进行。在第一阶段充电电流约为额定容量的 1/15，充至电解液开始冒气泡，单格电压达 2.4V 时，将电流减半，此阶段充电时间约为（20～30）h。然后将充电电流减小一半，转入第二阶段进行充电。在第二阶段，约每小时测量三次电解液密度和电压，直到它们不再上升，且待所有的电解槽都开始沸腾时，停止充电，此时充足电的电解液密度应为（1.24～1.28）g/cm^3（具体应视情况而定），蓄电池电动势为（15.6～16.2）V。

④充好电的蓄电池应检查电解液的密度，如不符合规定，应用蒸馏水或 1.4g/cm^3 稀硫酸将其调整到规定值，调整后，再充电 2h，直至电解液的密度符合规定为止，然后调整液面高度至规定位置。

⑤充电完毕后，将蓄电池加液孔盖拧紧，并清洁其表面，即可待用。

（2）补充充电。在汽车上使用的蓄电池，经常有充电不足的现象发生，若发现有下列现象之一，应对蓄电池放电程度进行检查，以便进行补充充电。

①电解液相对密度下降至 1.20g/cm^3 以下（用密度汁测量）。

②单格电池电压下降至 1.75V 以下。

③灯光暗淡，起动无力，喇叭沙哑。

④冬季放电超过额定容量的 25%，夏季放电超过额定容量的 50%。

补充充电的操作步骤如下：

①清洁蓄电池，将液面高度调整至高出隔板或护网 15mm 位置或与蓄电池壳体上的上

平面线平齐。当液面过低时，只需补充蒸馏水。

②选择补充充电电流：第一阶段充电电流为 $Q_e/10$；第二阶段充电电流为 $Q_e/20$。

蓄电池的容量不同，充电电流大小也不相同。同一充电支路中各串联蓄电池的容量不同时，应按容量最小者选择充电电流。当小容量蓄电池充足电后，应随即摘除，再继续给大容量蓄电池充电，这样既能保证各蓄电池都能充足电，又能避免小容量蓄电池过量充电。

③连接蓄电池时，先连接串联支路，再将各支路并联连接，最后将蓄电池充电支路的正极与充电机正极相连，将充电支路的负极与充电机负极相接。

在操作中应注意：若需补充充电的蓄电池数目较多，可根据充电设备的额定电压和额定电流选择一定数量的蓄电池同时充电。

根据充电机的额定电流和第一阶段充电电流确定蓄电池并联支路数：$i=I_R/I_C$。

I_R为充电设备的额定电流；I_C为蓄电池第一阶段的充电电流。

根据充电机的额定电压U_R和单格蓄电池充足电时的电压（为了保证蓄电池充足电，单格电压按 2.75V 计算），确定每条充电支路上串联蓄电池的只数：$m=U_R/2.75\times6=U_R/16.5$。

当一条充电支路中串联蓄电池的只数大于 m 时，由于充电机电压不足，蓄电池不能充足电。当有两条或两条以上并联支路同时充电时，各支路串联蓄电池的单格电池总数必须相等，否则会导致串联单格电池总数少的蓄电池过量充电。

④接通充电电路进行充电。在充电过程中，每隔（2～3）h 应测量一次蓄电池的充电电压、电解液的相对密度和温度。当单格电压达到 2.4V 时，应及时转入第二阶段充电，直到充足电为止。当电解液温度上升到 40℃时，应将充电电流减半。当温度继续升高到 45℃时，应暂停充电，待温度降到低于 40℃后，方可继续充电。

⑤充电结束 30min 后测量电解液的相对密度值，如果不符合规定要求，应进行调整。相对密度偏低时应补充密度为 1.40g/cm³ 的稀硫酸；反之应补充蒸馏水。

调整电解液的相对密度之后，需再充电 2h，然后再次检查电解液的相对密度是否符合规定。各单格电池之间的相对密度之差不得超过 0.01。

(3) 循环锻炼充电。蓄电池在使用过程中经常处于部分放电的状态，参加化学反应的活性物质有限，为迫使相当于额定容量的活性物质都能参加工作，以避免活性物质由于长期不参与化学反应而收缩，每隔一段时间（如 3 个月）应对蓄电池进行一次循环锻炼充电。充电方法是先用补充充电法将蓄电池充足电，然后以 20h 放电率放完电，再用补充充电法充足电。

(4) 去硫化充电。铅蓄电池发生硫化故障后，其内电阻将显著增大，充电时温度升高也较快。硫化程度较轻时可以用去硫化充电法消除硫化，硫化严重的铅蓄电池只能报废。

去硫化充电的工艺如下：

①倒出电解液，加入蒸馏水冲洗两次后，再加入蒸馏水；

②用初充电的电流进行充电，当密度上升到 1.15g/cm³时，倒出电解液，再加蒸馏水继续充电，直至密度不再上升；

③再以 20h 放电率放电，放电至蓄电池电压降到 1.75V 时，再进行上述充电过程。反复进行，直至输出容量达到额定容量的 80% 以上，即可使用。

实训一　电源系的组成

1. 器材设备准备

东风雪铁龙爱里舍轿车。

2. 注意事项

（1）在操作过程中，要严格遵守操作规范，发动机运转时严禁用手触摸发电机等运转部件。

（2）起动发动机时，一定要观察发动机上是否有工具、仪表等。

（3）不得随意拆卸车辆上的部件。

3. 操作步骤

图 1-28 所示为东风雪铁龙爱里舍轿车电源系、起动系主要元件及线束。电源系主要由蓄电池、发电机、充电指示灯等组成。

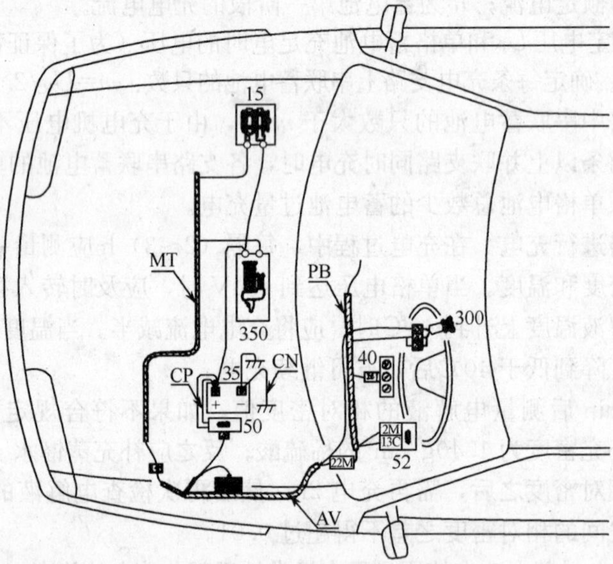

15—发电机；35—蓄电池；40—仪表盘；50—电源盒；52—座舱熔断器盒；300—点火开关；350—起动机

图 1-28　东风雪铁龙爱里舍轿车电源系、起动系的组成

（1）学生在学习了本实训的相关知识后，在教师的指导下，观察东风雪铁龙爱里舍轿车的蓄电池、发电机及充电指示灯的安装位置。

（2）根据图示绘出电源系各部件的连接关系。

（3）由指导教师演示点火开关处于"ON"位置，在发动机不转情况下，充电指示灯的状态；然后起动发动机，且怠速以上运转时充电指示灯的状态。

实训二　蓄电池的就车拆装

1. 器材设备准备

能正常工作的车辆、常用拆装工具、万用表、试灯等。

2. 注意事项

（1）在发动机运转状态下，严禁拆卸蓄电池。

（2）拆卸蓄电池时应使用专用的工具，尽量不要用手直接触摸蓄电池有酸液的部位。

3. 实施步骤

从汽车上拆卸蓄电池时，可按下述程序进行：

（1）将点火开关置于“断开（OFF）”位置；

（2）拆下蓄电池固定夹板的固定螺栓，取下固定夹板；

（3）拧松蓄电池正、负极柱上的电缆接头固紧螺栓，取下电缆。

在操作时应注意：拆卸蓄电池时，应先拆卸负极电缆，后拆卸正极电缆，以避免扳手搭铁导致蓄电池短路放电；拆卸电缆时，若发现蓄电池接线柱螺栓锈蚀难以取出，切莫用锤或钳敲打，以免极柱断裂、极板活性物质脱落，可用热水冲洗后，拧开螺栓，再用夹头拉力器将电池夹头取下，如图 1-29 所示。

若车辆安装故障自诊断功能的电脑系统，在拆蓄电池电缆前，应先确认故障代码，或在点烟器上插上专用辅助电源，并将点火开关的“ACC”挡接通。

（4）从汽车上取下蓄电池。取下蓄电池时应小心轻放，尽量用蓄电池提把提取，如图 1-30 所示。

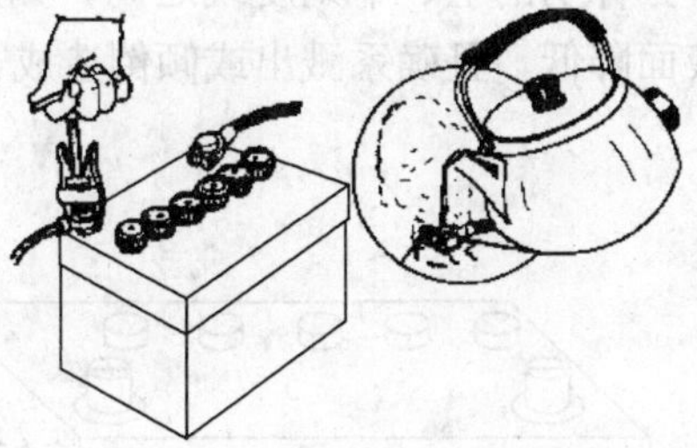

图 1-29　取下蓄电池的夹头

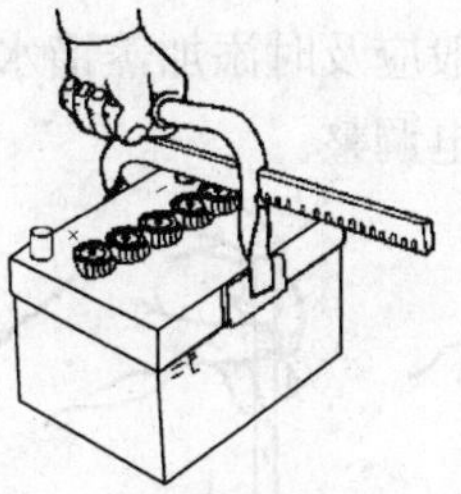

图 1-30　用蓄电池提把取下电池

（5）检查蓄电池壳体上有无裂纹和电解液渗漏痕迹，发现裂纹和渗漏应更换蓄电池。

将蓄电池安装到汽车上时，应按下述步骤进行：

（1）检查蓄电池型号、规格是否适合该型汽车使用；

（2）检查电解液的相对密度和液面高度是否符合技术要求，否则应予调整；

（3）按照蓄电池正、负极柱和正、负电缆端子的相对位置，将蓄电池安放到固定架上；

（4）用细砂纸或专用清洁器清洁蓄电池的接线柱及连接接线柱夹头，如图 1-31 所示；在螺栓、螺母的螺纹上涂凡士林或润滑脂，以防氧化生锈；将正、负电缆端子分别与正、负极接线柱连接；

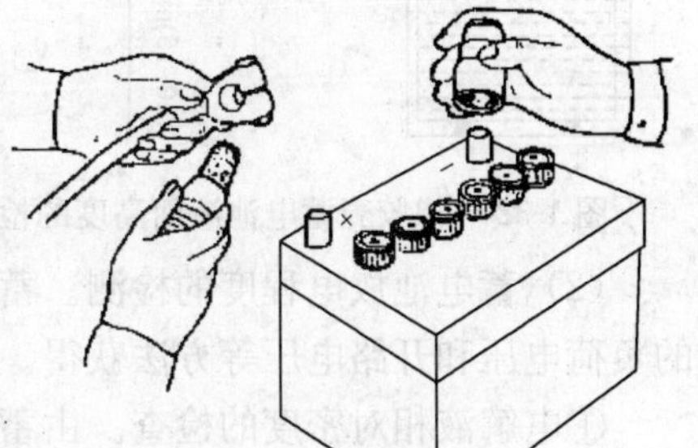

图 1-31　清洁蓄电池接线柱

（5）在正、负极接线柱及其电缆端子上涂抹一层润滑脂，以防极柱和端子氧化腐蚀；

（6）安装固定夹板，拧紧夹板固定螺栓。

实训三　蓄电池技术状况的检测

1. 器材设备准备

不同容量、电压、放电程度的蓄电池若干，万用表，电解液密度计，温度计，高率放电计，玻璃棒，玻璃管，盛水容器。

2. 注意事项

在操作过程中，要严格执行操作规范，特别要注意的是检测电解液密度时，不要将电解液密度计的橡胶吸管提得过高，避免电解液外漏。

3. 实施步骤

(1) 电解液液面高度的检查。电解液液面高度必须符合规定要求，液面过高，电解液容易溢出；液面过低，露出液面部分的极板不能参加化学反应，蓄电池的容量就会降低。

使用干荷电式蓄电池的轿车，每行驶(7.5×10^3)km，使用免维护蓄电池的轿车，每行驶(3×10^4)km，应检查蓄电池的液面高度。

橡胶壳蓄电池电解液液面高度的检查方法如图 1-32 所示。将玻璃管插入单格电池中，与防护板接触，用拇指堵住管上口，然后提出液面，观测管内液体高度，该高度即高出极板的液面高度，应为（10～15）mm。

塑料外壳蓄电池呈半透明状，液面应在厂方标明的上、下刻度线之间，如图 1-33 所示。若电解液不足，一般应及时添加蒸馏水，若液面降低，且确系溅出或倾倒造成，应补加相对密度的电解液并充电调整。

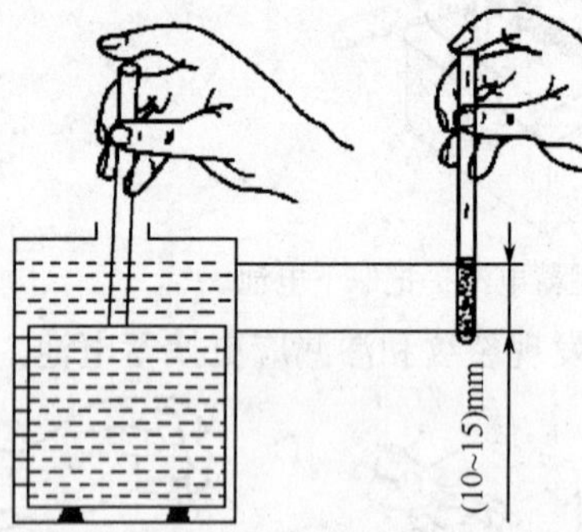

图 1-32 橡胶壳蓄电池液面高度的检查

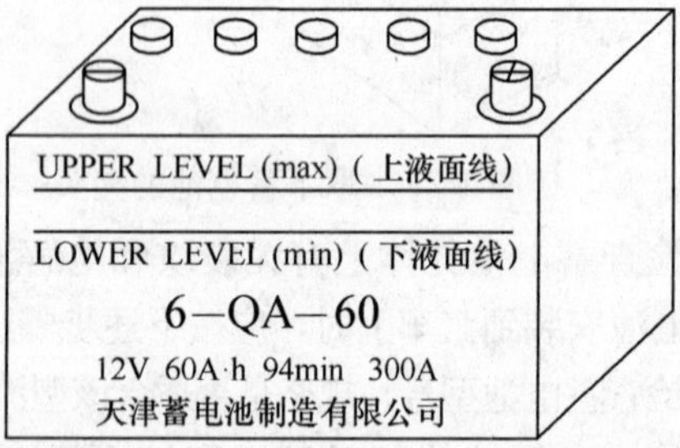

图 1-33 塑料外壳蓄电池液面高度的检查

(2) 蓄电池放电程度的检测。蓄电池的放电程度可通过测量电解液的相对密度、蓄电池的负荷电压和开路电压等方法获得。

①电解液相对密度的检查。由蓄电池定电流放电特性可知，电解液的相对密度与放电时间成直线规律下降，因此，蓄电池的放电程度可通过检测电解液的相对密度进行换算。实践证明，当蓄电池从充足电到放电终了时，其电解液的相对密度下降约 0.16，因此，电解液的相对密度每下降 0.04，相当于蓄电池放电约 25%。冬季，当放电程度超过 25%，夏季，放电程度超过 50%（密度下降 0.08）时，就应对蓄电池进行补充充电。

用电解液相对密度计检测电解液相对密度的方法如图 1-34 所示。先用拇指适当挤压橡皮球，再将密度计的吸管插入电解液中，然后慢慢放松拇指，使电解液吸入玻璃管中，吸入玻璃管中的电解液数量以使管中的浮子浮起为宜，此时，电解液液面与浮子相交的刻度即为电解液的实际密度。

电解液相对密度的大小与温度密切相关，因此，在测量电解液相对密度时，须同时测量电解液的温度，以便利用相对密度的计算公式将不同温度时测得的密度值换算成标准温度（25℃）时的相对密度值。

对于设置有内装式密度计的免维护蓄电池，可通过观察密度计的不同状态检测蓄电池电解液的密度（如前所述）。

②蓄电池负荷电压的检测。蓄电池的技术状况可用高率放电计进行检测，检测原理是利用蓄电池向检测仪的电阻放电，通过测量放电电阻两端的电压高低来判断蓄电池的技术状况。

图 1-35 所示为蓄电池检测器。检测器主要由放电电阻、电压表、检测手柄、金属支架以及正负电极组成。中部电压表的刻度盘上标示有（0～20）V 电压值和红、黄、绿（从左到右）三段刻线，检测时，若表针指在红、黄、绿刻线范围内分别表示蓄电池技术状况“有故障”、“良好”和“很好”。

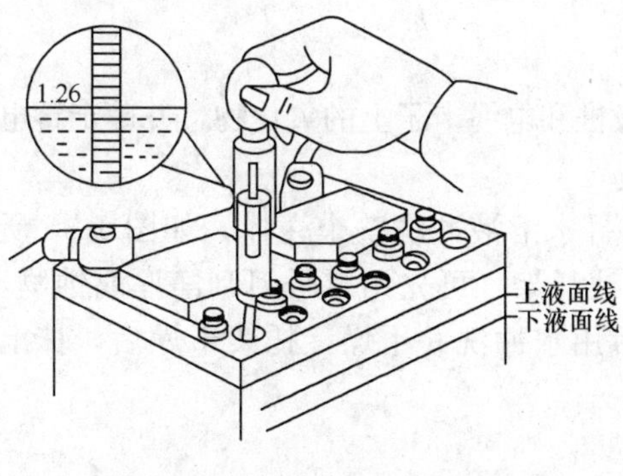

图 1-34　检测电解液相对密度

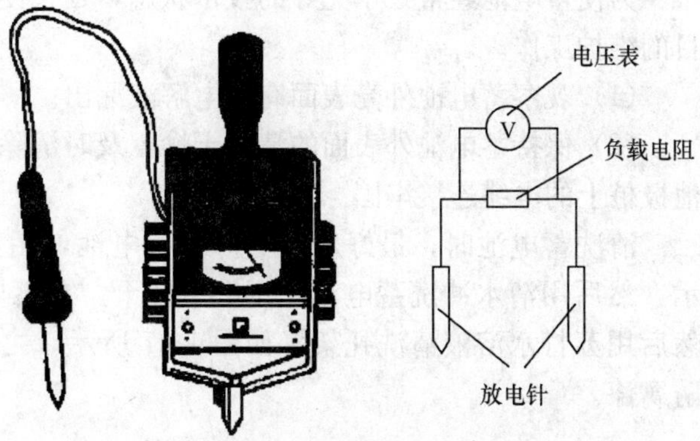

图 1-35　蓄电池检测器

检测器的使用方法为：将检测器上端的负极测针插到蓄电池负极接线柱上，再将用导线连接的正极测针插到蓄电池的正极接线柱上，此时蓄电池会通过放电电阻放电，表针指示蓄电池的技术状况和放电端电压，迅速读取指示数值，取下针状电极停止放电。蓄电池端电压与放电程度见表 1-2。

③蓄电池开路电压的检测。检测蓄电池的开路电压可判断蓄电池的放电程度。就车检测蓄电池的开路电压时，应切断所有负载，待蓄电池的电压稳定后方能进行检测。对补充充电结束后的蓄电池至少等待 10min，或者接通远光照明灯 30s，以消除“表面充电”现象。

将数字式万用表跨接在蓄电池两极，跨接时应注意极性，开路电压的读数要精确到 0.1V。开路电压的检测结果与充电状态的关系见表 1-3。

表 1-2　12V 高率放电计测量蓄电池的放电程度

内容	≤60A·h	≥60A·h
时间	20s	
电压（V）	<9 故障 9～11 较好 >11 好	<9.5 故障 9.5～11.5 较好 >11.5 好

表 1-3　开路电压的检测结果与充电状态的关系

开路电压（V）	充电状态（%）
12.6 以上	100
12.5～12.6	76～99
12.3～12.4	51～75
12.1～12.2	26～50
11.7～12.0	0～25
11.7 以下	0

如果该汽车上有时钟、存储式收音机和多个 ECU 等，在测量开路电压之前应视情况脱开蓄电池负极电缆。

实训四　蓄电池的正确使用与维护

1. 器材设备准备

不同容量、电压、放电程度的蓄电池若干，万用表，电解液密度计，温度计，高率放电计，玻璃棒，玻璃管，盛水容器。

2. 注意事项

（1）在操作过程中，要严格执行操作规范，不得向蓄电池中添加自来水等。

（2）清洁蓄电池时，注意蓄电池两极柱间不能短路。

3. 实施步骤

为使蓄电池经常处于完好的技术状态，延长使用寿命，对使用中的蓄电池需进行下列项目的维护工作。

（1）观察蓄电池外壳表面有无电解液漏出。

（2）保持蓄电池外表面的清洁干燥，及时清除极桩和电缆卡子上的氧化物，并确定蓄电池极桩上的电缆连接牢固。

清洗蓄电池时，最好从车上拆下蓄电池，用苏打水溶液冲洗整个壳体，如图 1-36 所示，然后用清水冲洗蓄电池并用纸巾擦干。对蓄电池托架，可先用腻子刀刮净厚腐蚀物，然后用苏打水溶液清洗托架，如图 1-37 所示，之后用水冲洗并干燥，托架干燥后，抹上防腐漆。

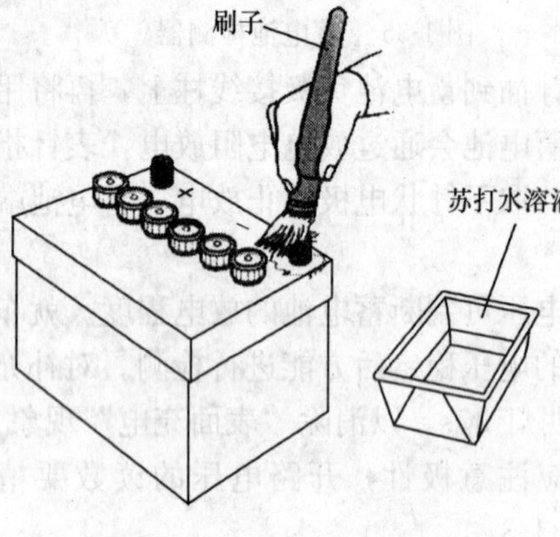

图 1-36 蓄电池的清洁

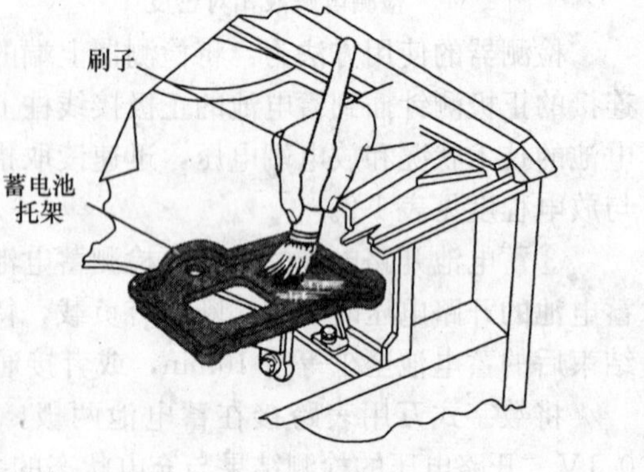

图 1-37 蓄电池托架的清洁

对极桩和电缆卡子，可先用苏打水溶液清洗，再用专用清洁工具进行清洁，如图 1-38 所示，清洗后，在电缆卡子上涂上凡士林或润滑油以防止腐蚀。

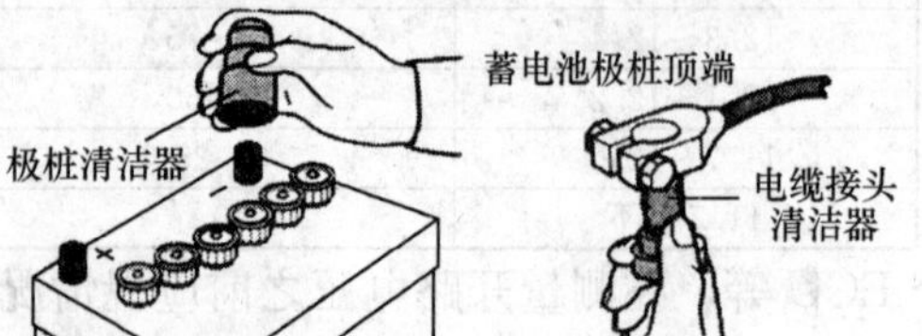

图 1-38 极桩和电缆卡子的清洁

注意在清洗蓄电池之前，要拧紧加液孔盖，防止苏打水进入蓄电池内部。

（3）保持加液孔盖上通气孔的畅通，定期疏通。

（4）定期检查并调整电解液液面高度，液面不足时，应补加蒸馏水。

（5）汽车每行驶 1 000km 或夏季行驶 5～6 天，冬季行驶 10～15 天，应用密度计或高率放电计检查一次蓄电池的放电程度，当冬季放电超过 25%，夏季放电超过 50%时，应及时将蓄电池从车上拆下进行补充充电。

（6）根据季节和地区的变化及时调整电解液的密度。冬季可加入适量的密度为1.40g/cm^{3}的电解液，以调高电解液的密度（一般比夏季高0.02g/cm^3～0.04g/cm^{3}为宜）。

（7）冬季向蓄电池内补加蒸馏水时，必须在蓄电池充电前进行，以免水和电解液混合不均而引起结冰。

（8）在冬季，蓄电池应经常保持在充足电的状态，以防电解液密度降低而结冰，引起外壳破裂、极板弯曲和活性物质脱落等故障。

实训五　蓄电池的充电

1. 器材设备准备

不同容量、电压、放电程度的蓄电池若干，万用表，电解液密度计，温度计，高率放电计，玻璃棒，玻璃管，盛水容器，多功能充电机，充电连接导线。

2. 注意事项

（1）在操作过程中，要严格遵守充电方法的操作规范，及时检查并记录各单格电池的电解液密度和端电压。

（2）不得向蓄电池中添加自来水等代替蒸馏水。

（3）蓄电池大电流放电和添加蒸馏水后，不得马上测量密度。

（4）充电时，应旋开出气孔盖，使产生的气体能顺利溢出，不得在附近吸烟、使用明火或制造火花，以免发生事故。

（5）处于寒冷天气的蓄电池在充电之前，需检查电解液是否结冰，不可对结冰的蓄电池进行充电，否则会引起爆炸。

（6）在充电过程中应注意测量电解液的温度，当温度超过40℃时，应将电流减半，如温度继续升高到45℃时，应停止充电，待冷却至35℃以下时再充电，可采用风冷或水冷的方法来降温。

（7）充电室要安装通风设备，在充电过程中，通风设备应不停地工作，以排出有害气体，避免爆炸危险及损害操作人员的健康。

（8）充电完成后，凡沾有电解液的器具应立即用清水冲洗干净，放回指定位置。

3. 实施步骤

（1）充电方法的选择。蓄电池充电方法有定电流充电、定电压充电和快速脉冲充电。

需要初充电的蓄电池通常选用定电流充电方法，需要补充充电的蓄电池应根据需充电蓄电池的技术状况、数量以及充电设备的不同选择充电方法。当需充电的蓄电池容量不同，技术状况差异较大时，可选用定电压充电法，而对于容量接近、技术状况相近的蓄电池可选用定电流充电方法。

（2）充电规范的选择。对于初充电的蓄电池，第一阶段电流约额定容量的1/15，充至电解液开始冒气泡，单格电压达2.4V时，将电流减半。

对于补充充电的蓄电池，第一阶段充电电流为$Q_e/10$，第二阶段充电电流为$Q_e/20$。

（3）充电步骤。对于初充电的普通蓄电池，按制造厂的规定和本地区的气温条件，加注规定密度的电解液，静置（4～6）h，液面高度应高出极板上沿 15mm；将蓄电池的正、负极分别与充电机的正、负极相连；按初充电规范选择充电电流，并连续进行充电。

对于补充充电的蓄电池，首先进行蓄电池的清洁，检查液面高度，若液面高度不足，则应用蒸馏水将液面高度调整至标准高度；将充电机和蓄电池之间进行正确的连接，选择补充充电电流；接通充电电路进行充电。

在充电过程中，每隔（2～3）h 应测量一次蓄电池的充电电压、电解液的相对密度和温度。当单格电压达到 2.4V 时，应及时转入第二阶段充电，直到充足电为止。

充电结束 30min 后测量电解液的相对密度值，如果不符合规定要求，应进行调整。相对密度偏低时应补充适量密度为 1.40g/cm³ 的稀硫酸，反之应补充蒸馏水。

实训六　蓄电池常见故障的诊断与排除

1. 器材设备准备

不同容量、不同放电程度或不同故障的蓄电池，万用表，电解液密度计，温度计，高率放电计，玻璃棒，玻璃管，盛水容器。

2. 注意事项

（1）在操作过程中，要严格遵守蓄电池的使用规范。

（2）蓄电池大电流放电和添加蒸馏水后，不得马上测量密度。

（3）工作任务完成后，凡沾有电解液的器具应立即用清水冲洗干净，放回指定位置。

3. 实施步骤

为了延长蓄电池的使用寿命，在使用中应特别注意以下几点：

（1）保持蓄电池表面清洁，及时清除蓄电池表面的酸液。

（2）经常疏通通气孔。

（3）正确使用起动机。每次起动时间不得超过（3～5）s，如果一次未能起动发动机，应休息 15s 以上时间再进行第二次起动，连续三次起动不成功时，应查明原因，排除故障后再进行起动。冬季冷车起动之前，应先给发动机加入热水，并将发动机空摇数转，以减小起动阻力和起动电流，减少蓄电池的亏损。

（4）定期补充充电。蓄电池在使用过程中，发电机对其充电的电压是按基本充足电的电压 2.4V 来选择确定的，为了防止蓄电池的极板硫化而缩短使用寿命，装车用的蓄电池每使用两个月须进行一次补充充电。如果蓄电池加注电解液后存放备用或安装在汽车上而汽车停放不用时，每间隔一个月时间须进行一次补充充电。

（5）安装固定牢靠。蓄电池在汽车上必须固定牢靠，防止汽车行驶时震动受损。搬运蓄电池时应轻搬轻放，不得在地面上拖曳。

（6）使用过程中的蓄电池应及时检查电解液的液面高度和密度。

蓄电池在正常使用时，其寿命可达 2 年以上，若使用不当，会出现各种故障，造成蓄电池的过早报废。蓄电池外部的常见故障有壳体破裂、壳体震动、接线柱腐蚀、联条断裂等，如图 1-39 所示。常见的内部故障有极板硫化、活性物质脱落、自放电等。蓄电池外部故障容易被察觉，现象比较明显，可通过修补、除污、紧固等方法进行修复，而内部故障则不易被察觉，只有在使用或充电时才出现一定症状，一旦产生就不易排除，因此在使用中应以预防为主，尽量避免产生内部故障。

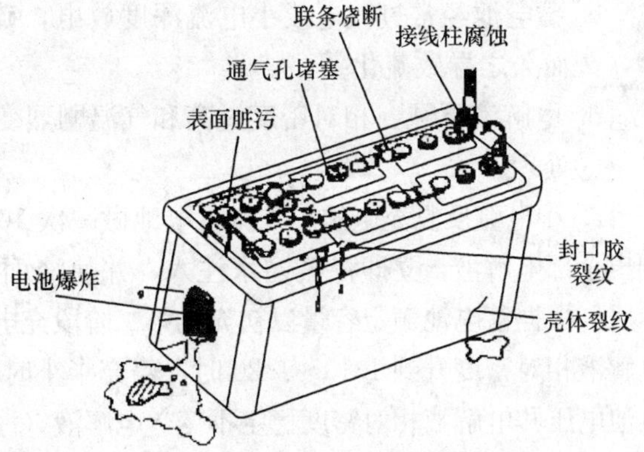

图 1-39　蓄电池外部常见故障

下面介绍几种常见的内部故障。

(1) 蓄电池自放电。蓄电池在无负载状态下，电量自行消失的现象称为自放电(俗称“逃电”)。

①故障现象。若充足电的蓄电池放置 30 天不用，平均每昼夜放电量超过 2% 的额定容量，属于故障性自行放电。

②故障原因。

a. 电解液不纯，含铅以外的其他金属杂质过多，这些金属微粒在电解液中与正、负极板形成封闭型微电池而放电。

b. 蓄电池顶部不清洁并存有电解液，造成正负接柱之间短路，导致自放电。外露式联条的蓄电池自行放电最为严重。

c. 蓄电池内部正、负极板短路，如隔板破裂、极板拱曲变形、活性物质严重脱落、极板组装时不慎落入铅渣等。

③处理方法。产生自放电后，可将电池完全放电，倒出电解液，取出极板组，抽出隔板，用蒸馏水冲洗之后重新组装，加入新的电解液。

④预防措施。预防自放电的措施有：配制电解液用的硫酸及蒸馏水必须符合规定；配制电解液所用器皿必须是耐酸材料制作的；配好的电解液应妥善保管，严防掉入赃物；加液螺塞要盖好，保持蓄电池外表面清洁干净。

(2) 极板硫化。在蓄电池的极板上生成一层白色粗晶粒状的硫酸铅，在正常情况下不能转化为二氧化铅和海绵状铅，这种现象称为“硫酸硬化”，简称硫化。粗晶粒硫酸铅导电性能极差，且由于晶粒粗，体积大，会堵塞活性物质的缝隙，阻碍电解液的渗透，使蓄电池的内阻明显增大。

①故障现象。起动机起动时输出电流很小，电解液损耗快；充电时，单格电压上升快，电解液密度上升慢，而温度上升快，过早出现“沸腾”现象，造成充足电的假象；刚刚充足的蓄电池接上负载后，放电不久就放完电了；汽车运行时，电流表指针很快达到零位。

②故障原因。

a. 蓄电池长期充电不足或放电后未及时充电，当昼夜温度发生变化时，硫酸铅发生再结晶现象。

b. 电解液液面过低，极板露出部分与空气接触发生氧化，由于液面上下波动，氧化的极板时干时湿而发生了再结晶，产生硫化。

c. 蓄电池经常过放电或小电流深度放电，硫酸铅深入到极板内层，充电时又得不到恢复，久而久之导致硫化。

d. 电解液不纯、相对密度过高和气温剧烈变化等都是促使硫化形成的外部原因。

③处理方法。

a. 小电流反复充电法。先将蓄电池做一次 10h 的率放电，当电压降到 1.7V 时停止放电，倒出全部电解液，立即将蒸馏水注入，并使液面高出极板 30mm 左右，静放 30min～80min；然后，根据蓄电池额定容量以初充电第二阶段充电电流值的一半充电，当单格电压升到 2.5V、电解液相对密度升到 1.10～1.20 时，停充半小时；再将充电电流减小一半继续充电，充到蓄电池电压和电解液相对密度稳定不变，电解液（注入的蒸馏水）冒出大量气泡时停止充电，改用 0.02 倍 10h 率电流值放电 20h；再用上次充电电流值充电，如此昼夜连续进行，直到硫化基本排除后，停止充电，并倒出全部电解液，重新加入密度合适的电解液，用补充充电法将蓄电池充足电使用。

b. 碱水疗法。此法适用于硫化较为严重、容量损失已超过一半的蓄电池，操作方法是：将蓄电池放电后打开蓄电池盖，取出极板组，抽掉隔板，放入浓度为 5% 的碱水中浸泡 10min～15min；然后用软毛刷洗掉白点后取出，再用蒸馏水反复冲洗，插入隔板；组装完毕后，蓄电池内注入蒸馏水，以小电流充电法反复充、放电数次，倒出蒸馏水；最后加入密度合适的电解液，按初充电方法充足电使用。

④预防措施。

a. 保持电解液液面高度，不得将极板裸露。

b. 不得将半放电状态的蓄电池长期搁置，在不用或少用蓄电池的季节要注意给蓄电池补充充电，使蓄电池经常保持在完全充电状态。

c. 不得将蓄电池长期在室外放置。

d. 暂时不用的蓄电池应按正确的储存方法进行处理。

e. 电解液的相对密度必须符合要求，不能过高或过低。

(3) 活性物质脱落。活性物质脱落主要指正极板上的活性物质脱落。

①故障现象。电解液混浊并呈褐色，蓄电池充电时，有褐色物质自底部上升，电压上升过快，“沸腾”现象过早出现，电解液相对密度上升缓慢；放电时，电压下降过快，容量下降。

②故障原因。

a. 充电电流过大且长时间过充电，使活性物质脱落。

b. 大电流放电，尤其是低温大电流放电，迅速生成硫酸铅，体积严重膨胀，极板拱曲变形，使活性物质脱落。

c. 蓄电池极板组松动，汽车行驶时颠簸震动，加速了活性物质的脱落。

③预防措施：避免大电流长时间充、放电或过充电；安装搬运蓄电池时应轻搬轻放，避免震动冲击；蓄电池在汽车上的安装应牢固可靠。

1.2 交流发电机

发电机作为汽车运行中的主要电源，担负着向起动系统之外所有用电设备供电和向蓄电池充电的任务。目前汽车上一般采用三相同步交流发电机，它是利用硅二极管将其定子绕组中所感应的三相交流电整流为直流电，因此也称为硅整流交流发电机。

1.2.1　交流发电机的工作原理

文流发电机由定子、转子及整流器等组成。发电机三相定子绕组按一定规律分布在发电机的定子槽中，彼此相差 120°电角度，转子是产生旋转磁场的部件，如图 1-40 所示。

当转子旋转时，磁场交替地在定子铁芯中间穿过，形成一个旋转的磁场，它与固定不动的三相定子绕组之间产生相对运动，在三相定子绕组中产生了三相交流电动势，各电动势的频率相同，幅值相等，相位角相差 120°。转子磁极呈马嘴形，可使三相定子绕组感应的电动势近似于正弦曲线的形状，如图 1-41 所示。

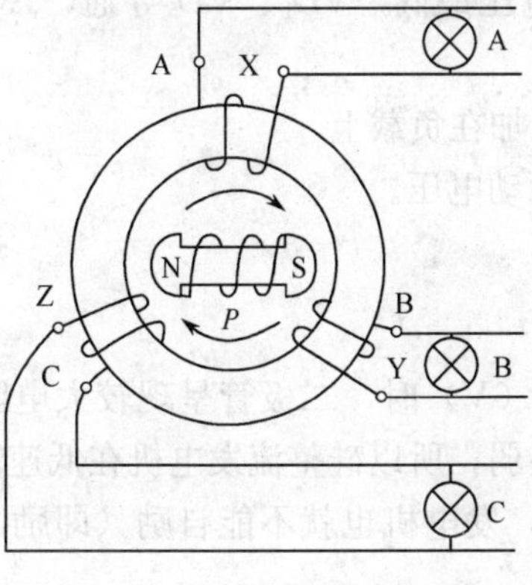

图 1-40　发电机发电基本结构

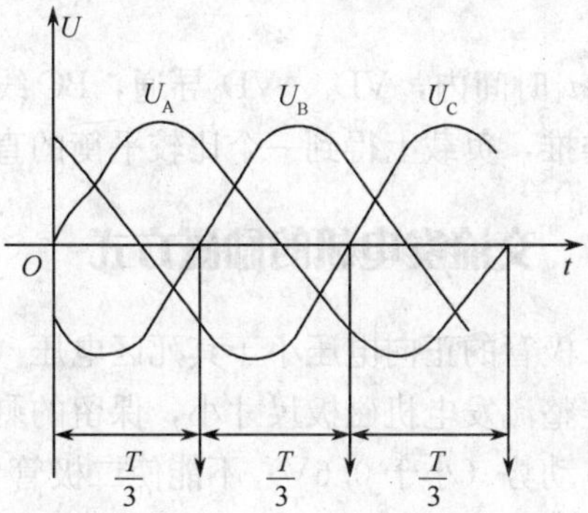

图 1-41　发电机三相交流电动势波形

交流发电机每相绕组的电动势有效值 E 与发电机结构常数 C、转子转速 n 及磁通量 Φ 成正比，即 $E=Cn\Phi$。

1.2.2　交流发电机的整流原理

交流发电机定子的三相绕组中感应产生的是交流电，而汽车上用的是直流电。将交流电变为直流电是通过六只二极管组成的三相桥式整流电路完成的，如图 1-42 所示。

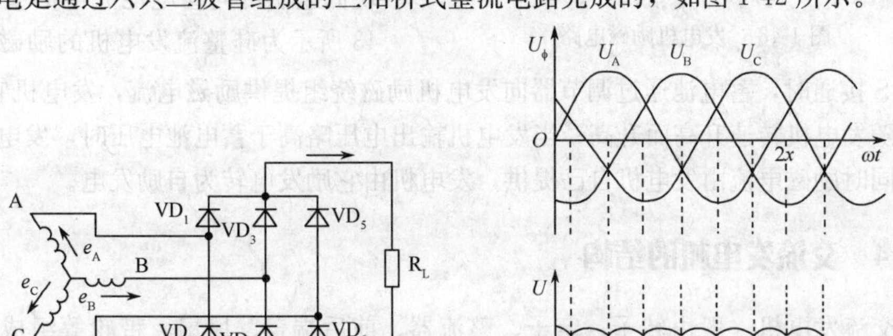

图 1-42　三相桥式整流电路及电压波形

二极管具有单向导电性，当给二极管加上正向电压时，二极管导通，当给二极管加上反向电压时，二极管截止。在三相桥式整流电路中，VD_1、VD_3、VD_5的负极连在一起，在某一瞬间，正极电位最高的二极管导通；VD_2、VD_4、VD_6的正极连在一起，在某一瞬间，负极电位最低的二极管导通；同时导通的二极管总是两个，正极连在一起及负极连在一起的二极管各一个。

根据上述原则，得出整流电路的整流过程如下：

在 $t=0$ 时，$U_A=0$，U_B为负值，U_C为正值，此时二极管 VD_4、VD_5处于正向电压作用下而导通，电流从 C 相出发，经 VD_5、负载、VD_4回到 B 相构成回路，由于二极管内阻很小，所以 BC 线电压加在负载上。

在 $t_1 \sim t_2$时间内，A 相电压最高，而 B 相电压最低，VD_1、VD_4处于正向电压导通，AB 线电压加在负载上。

在 $t_2 \sim t_3$时间内，A 相电压仍最高，而 C 相电压最低，VD_1、VD_5导通，AC 线电压加在负载上。

在 $t_3 \sim t_4$时间内，VD_3、VD_6导通，BC 线电压加在负载上。

依次类推，负载上得到一个比较平衡的直流脉动电压。

1.2.3 交流发电机的励磁方式

当硅二极管的正向电压小于其死区电压（约 0.6V）时，二极管呈现较大电阻而不能导通，加上硅整流发电机磁极尺寸小，保留的剩磁很弱，所以硅整流发电机在低速时，仅靠剩磁产生的电动势（小于 0.6V）不能使二极管导通，发电机也就不能自励（即励磁电流由发电机自己供给）发电。

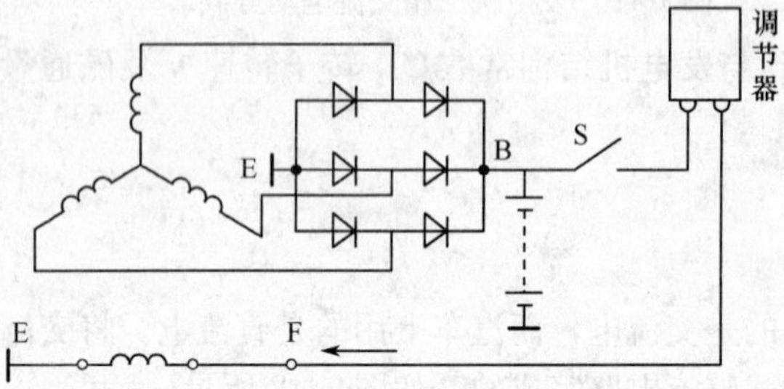

图 1-43 发电机励磁电路

硅整流发电机低速不能发电，也就不能及时供给蓄电池电流。为了克服这一缺点，在发电机低速运转、电压低于蓄电池电压时，采用它励方式，由蓄电池提供励磁电流，此时，发电机具有较强的磁场，输出电压迅速提高，从而实现低速便可向蓄电池充电的要求。图 1-43 所示为硅整流发电机的励磁电路，当点火开关 S 接通时，蓄电池通过调节器向发电机励磁绕组提供励磁电流，发电机它励发电，输出电压随发电机转速升高而升高；当发电机输出电压略高于蓄电池电压时，发电机向蓄电池充电，同时励磁电流由发电机自己提供，发电机由它励发电转为自励发电。

1.2.4 交流发电机的结构

普通交流发电机一般由转子、定子、整流器、前后端盖、风扇、带轮等组成。图 1-44 所示为 JF132 型 6 管普通交流发电机解体图。

1. 转子

转子的功用是产生磁场，它主要由爪极、磁轭、励磁绕组、滑环、转子轴等组成，如图 1-45、图 1-46 所示。

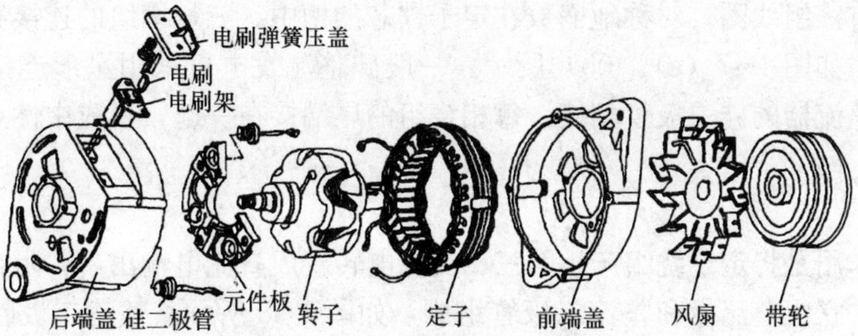

图 1-44　JF132 型交流发电机解体图

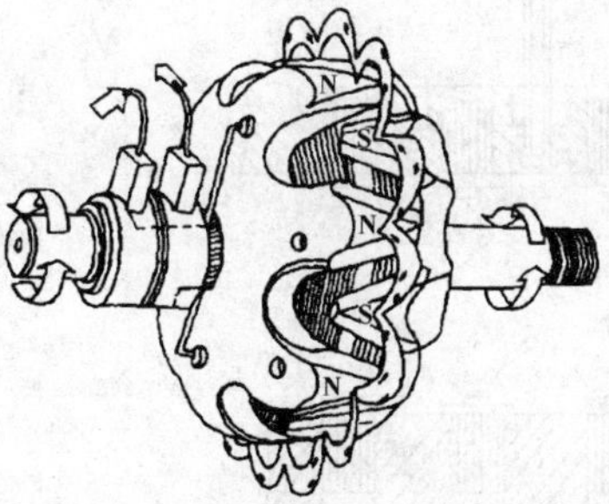

图 1-45　交流发电机的转子总成

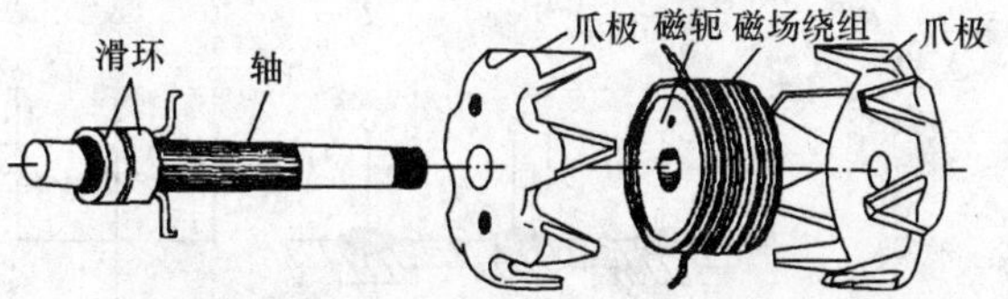

图 1-46　交流发电机的转子总成分解图

转子轴上压装着两块爪极，爪极被加工成鸟嘴形状，爪极空腔内装有励磁绕组和磁轭。

滑环由两个彼此绝缘的铜环组成，压装在转子轴上并与轴绝缘，两个滑环分别与励磁绕组的两端相连。两个电刷装在与端盖绝缘的电刷架内，通过弹簧力使其与滑环保持接触。

发电机工作时，两电刷与直流电源连通，通过两滑环为励磁绕组通入直流电，励磁绕组中有电流通过即产生轴向磁通，使爪极一块被磁化为 N 极，另一块被磁化为 S 极，从而形成六对（或八对）相互交错的磁极。当转子转动时，就形成了旋转的磁场。

2. 定子

定子的功用是产生和输出交流电，它被安装在转子的外面，和发电机的前后端盖固定在一起，当转子在其内部转动时，引起定子绕组中磁通变化，定子绕组中就产生交变的感应电动势。

定子由定子铁芯和定子绕组（线圈）组成，如图 1-47 所示。

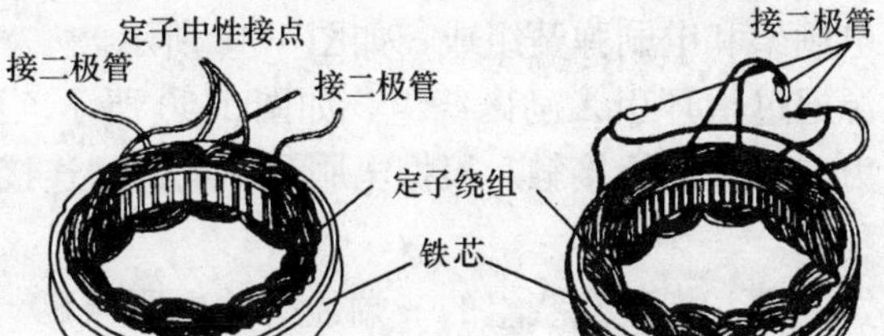

(a) 定子绕组星形连接　(b) 定子绕组三角形连接

图 1-47　交流发电机定子总成及连接方式

定子铁芯坐椅由内圈带槽、互相绝缘的硅钢片叠成。

定子绕组有三组线圈，对称地嵌放在定子铁芯的槽中。三相绕组的连接有星形接法和三角形接法两种，如图 1-47（a）、（b）所示。一般硅整流发电机采用星形连接，即每相绕组的首端分别与整流器的硅二极管相接，每相绕组的尾端接在一起，形成中性点（N）。

3. 整流器

整流器的作用是将定子绕组产生的三相交流电转变成直流电输出，并阻止蓄电池的电流向发电机倒流，它由整流板和整流二极管组成，如图 1-48 所示。整流二极管分为正极管和负极管两种，引出电极为正极的称为正极管，引出电极为负极的称为负极管。

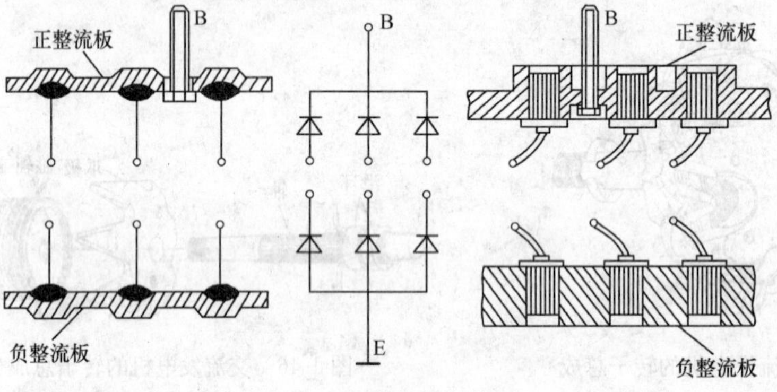

图 1-48　交流发电机整流器安装示意图

整流二极管分别压装（或焊装）在相互绝缘的两块板上，三只正极管装在其中的一块板上，称为正极板（带有输出端螺栓），三只负极管安装在另一块板上，称为负极板，负极板和发电机外壳直接相连（搭铁），也可以将发电机的后盖直接作为负极板。

4. 端盖及电刷组件

端盖分两部分（前端盖和后端盖），起支撑转子、定子、整流器和电刷组件的作用，它一般用非导磁性材料铝合金铸造，一是可有效地防止漏磁，二是散热性能好。汽车上使用的发电机的前后端盖上通常设有通风口，当传动带轮和风扇一起旋转时，空气高速流经发电机内部进行冷却。后端盖上装有电刷组件。

电刷组件由电刷、电刷架和电刷弹簧组成，如图 1-49 所示。

电刷的作用是将电源通过滑环引入励磁绕组，如图 1-50 所示。两个电刷分别装在电刷架的孔内，借助弹簧压力与滑环保持接触。根据电刷和外电路的连接形式不同，发电机分为内搭铁形和外搭铁形两种。

（1）内搭铁形交流发电机。指励磁绕组的一端经搭铁电刷（E）引出后和后端盖直接相连（直接搭铁）的发电机，如图 1-51（a）所示。

（2）外搭铁形交流发电机。指励磁绕组的两端（F_1 和 F_2）均和端盖绝缘的发电机，如图 1-51（b）所示。

5. 传动带轮及风扇

交流发电机的前端装有带轮和风扇，由发动机通过传动带驱动发电机的转子轴和风扇一起旋转。

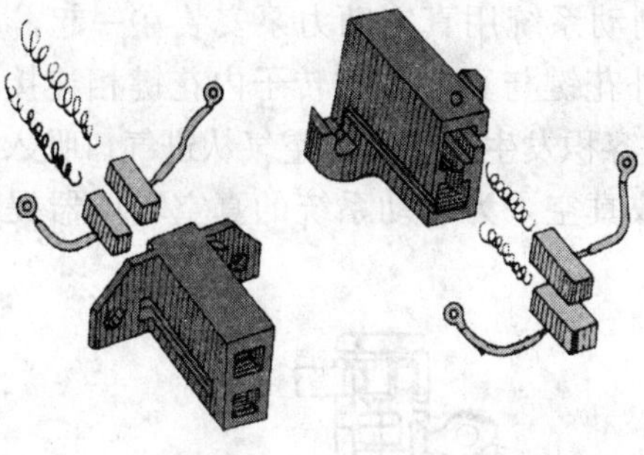

(a)　　　(b)

图 1-49　电刷组件

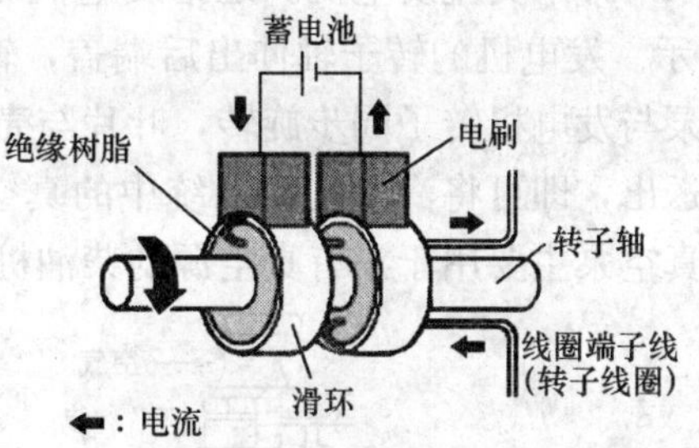

电刷和集流环原理

图 1-50　电刷与滑环原理

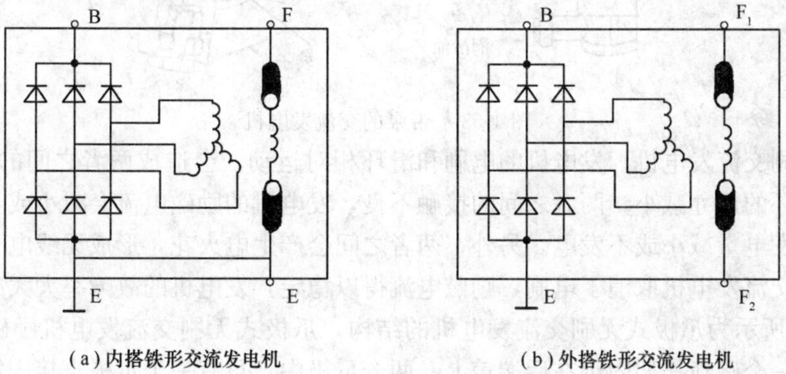

(a) 内搭铁形交流发电机　　(b) 外搭铁形交流发电机

图 1-51　交流发电机

带轮通常用铸铁或铝合金制成，分单槽和双槽两种，利用半圆键装在风扇外侧的主轴上，再用弹簧垫片和螺母紧固。发动机工作时通过皮带带动带轮转动，并传给发电机，如图 1-52 所示。

图 1-52　发电机带轮

发电机工作时，定子绕组和励磁绕组中都会有热量产生，温度过高会烧坏导线的绝缘导致发电机不能正常工作，所以为发电机散热是必须的，为了提高散热能力，发电机装有风扇。

风扇一般用 1.5mm 厚的钢板冲制或用铝合金压铸而成，并用半圆键装在前端盖外侧的转轴上。

1.2.5　交流发电机的类型

1. 按总体结构分

车用交流发电机按总体结构可分为普通交流发电机、整体式交流发电机、带泵交流发电机、无刷交流发电机和永磁交流发电机。

(1) 普通交流发电机。普通交流发电机既无特殊装置，也无特殊功能，使用时需要配装电压调节器，如东风 EQ1090 型载货汽车选用的 JFl32 型交流发电机及解放 CA1091 型载货汽车选用的 JFl552A 型交流发电机。

(2) 整体式交流发电机。指发电机和调节器制成一个整体的发电机，如一汽奥迪 A4、LX 桑塔纳轿车选用的 JFZl813Z 型交流发电机。

（3）带泵交流发电机。是指发电机与汽车制动系统用真空助力泵安装在一起，如图 1-53 所示。发电机的转子轴伸出后端盖，轴上的外花键与真空泵的转子内花键相连接，驱动真空泵与发电机转子同步旋转，叶片与壳体间的容积发生变化，将空气从进气口吸入并从排气口送出，即可将汽车制动系统中的真空筒抽成真空，为制动系统的真空增压器提供真空源。真空泵主要用于没有真空源的柴油机。

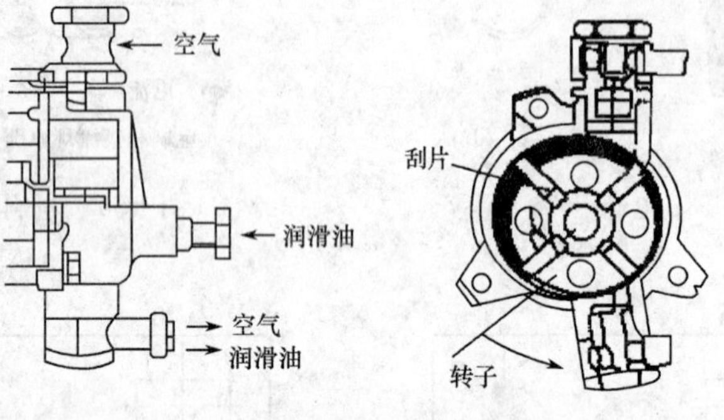

图 1-53　带泵的交流发电机

（4）无刷交流发电机。发电机的电刷和滑环相对运动，会造成两者之间的磨损和脏污，使电刷、滑环的尺寸减小，两者之间的接触不良，发电机的励磁电流会减小或不稳定，由此引起发电机发电量减小或不发电。另外，两者之间会产生电火花，形成无线电干扰。

无刷式交流发电机取消了电刷，励磁电流得以稳定，发电机的故障率大大减少。

图 1-54 所示为爪极式无刷交流发电机的结构，爪极式无刷交流发电机励磁绕组是静止的，它通过一个磁轭托架固定在后端盖上。两个爪极中，只有一个爪极直接固定在电机转子轴上，另一爪极则用非导磁材料焊接在前一爪极上，当转子旋转时，一个爪极带动另一爪极一起在定子内转动，当励磁绕组中有直流电通过时，爪极被磁化，就形成了旋转磁场。

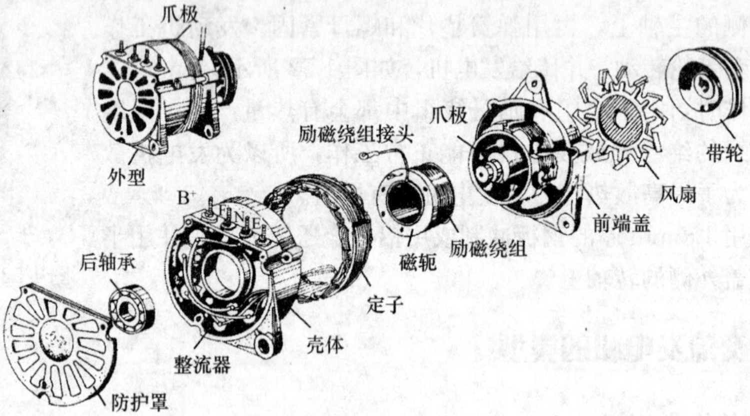

图 1-54　爪极式无刷交流发电机的结构

爪极式无刷交流发电机的优点是结构简单、维护方便、工作可靠，不存在电刷与滑环接触不良导致的发电不稳或不发电故障；缺点是爪极间焊接工艺困难，且由于磁路中间隙较大，发电机输出相同功率时需加大励磁电流。

（5）永磁交流发电机。永磁交流发电机与普通交流发电机的不同之处是转子部分以永磁铁产生旋转磁场，不仅去掉了滑环和电刷，而且不需要磁场绕组和爪极，结构简单，使用寿命长。

由于转子为永磁结构，产生的旋转磁场强度是不变的、不可调的，因此，不能采用调节励磁电流的方式来调节发电机的输出电压。为解决调压问题，可采用电压调节器与三相半控桥式整流相配合的办法，使发电机输出电压不随转速大幅度变化而变化。

永磁式交流发电机的优点是体积小、重量轻、结构简单、维护方便、使用寿命长、冷却效果好、传动比大，发动机低速时发电机充电性能好，无励磁损耗，效率可提高 10% 以上。

2. 按整流器的二极管数量分

车用交流发电机的整流器分别设置有 6 个二极管、8 个二极管、9 个二极管和 11 个二极管。

(1) 6 管交流发电机。6 管交流发电机的 6 个二极管用于组成桥式整流器，将发电机定子绕组产生的三相交流电转变成直流电，如 JFl32 型、JF1552A 型交流发电机。

(2) 8 管交流发电机。8 管交流发电机的整流器由 8 个硅二极管组成。其中 6 个硅二极管组成三相全波整流电路，另 2 个二极管接在发电机的中性点与“+”（输出端）和“—”（搭铁）之间，如图 1-55 所示，在电路中将中性点电压和三相绕组并联输出，实践证明这样可提高发电机功率 10%～15%。

交流发电机的中性点电压为发电机输出电压的一半，这是按发电机输出电压的平均值而言的。实际上中性点电压的瞬时值是一个三次谐波，其波峰有时可能大于三相绕组的最高值，此时，中性点正极管 VD_7 导通，其他三个正极管截止，由 VD_7 供给外电路高电压；同理，波谷也可能小于三相绕组的最低值，此时，中性点负极管 VD_8 导通，参与对外输出，由此提高了发电机的对外输出能力，提高了发电机的输出功率。

(3) 9 管交流发电机。图 1-56 所示为日立公司生产的 LR160—708 型整体式外搭铁型 9 管交流发电机电路，此发电机除了有 6 个硅二极管进行全波整流外，还有 3 个功率较小的二极管，专门用来供给发电机励磁电流，所以又称励磁二极管。

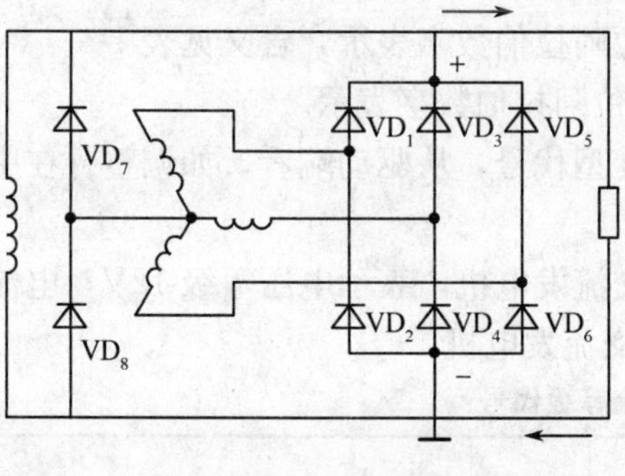

图 1-55　具有中性点二极管的整流电路

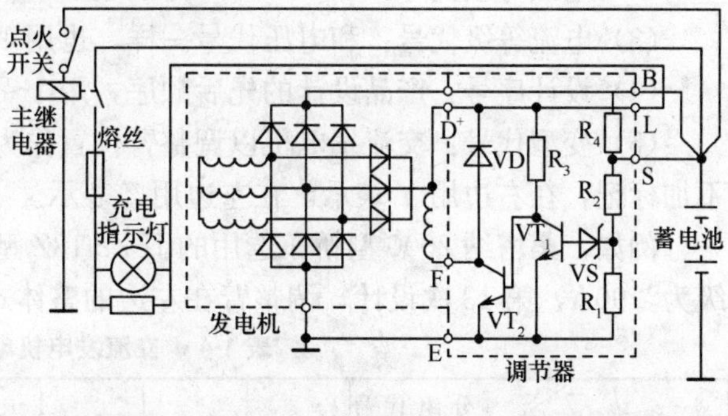

图 1-56　LR160—708 型 9 管交流发电机电路

(4) 11 管交流发电机。如图 1-57 所示，11 管交流发电机的整流器由 8 只大功率硅整流二极管和 3 只小功率磁场二极管组成，8 只整流管（其中 6 只接三相绕组，2 只接中性点）组成全波桥式整流电路对外负载输出，3 只小功率磁场二极管与 3 只大功率负极管也组成三相全波桥式整流电路，为发电机磁场供电和控制充电指示灯电路。

1.2.6　交流发电机的型号

根据中华人民共和国汽车行业标准 QC/T 73—93《汽车电气设备产品型号编制方法》

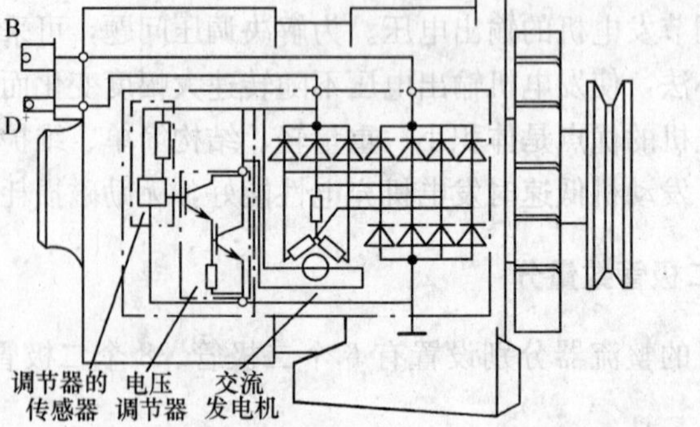

图 1-57 桑塔纳轿车用整体式外搭铁型 11 管交流发电机

的规定，汽车交流发电机型号组成如下：

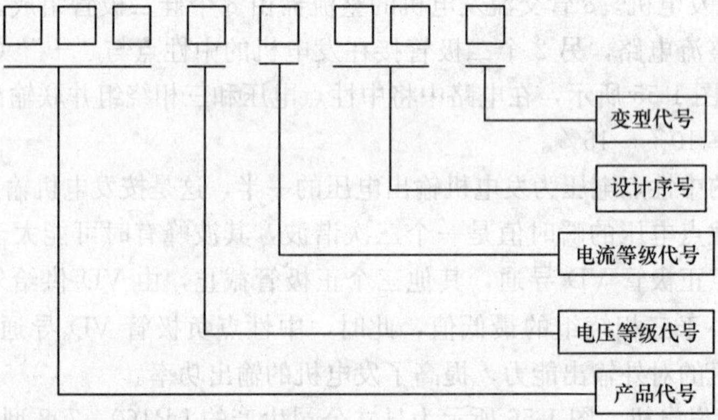

（1）产品代号：JF、JFZ、JFB 和 JFW 分别表示交流发电机、整体式交流发电机、带泵交流发电机和无刷交流发电机。

（2）电压等级代号：以 1、2、6 分别表示 12V、24V 和 6V。

（3）电流等级代号：和电压代号一样，也用 1 位阿拉伯数字表示，含义见表 1-4。

（4）设计序号：产品设计的先后顺序，用 1～2 位阿拉伯数字表示。

（5）变型代号：交流发电机以调整臂位置作为变型代号，从驱动端看，如调整臂在中间不加标记，在右边用 Y 表示，在左边用 Z 表示。

例如，桑塔纳 2000 型轿车选用的 JFZl913Z 型交流发电机，表示电压等级 12V，电流等级为≥90A，第 13 次设计，调整臂在左边的整体式交流发电机。

表 1-4 交流发电机电流等级代号

分组代号 / 电流等级（A） / 产品	1	2	3	4	5	6	7	8	9
交流发电机 整体交流发电机 带泵交流发电机 无刷交流发电机 永磁交流发电机	19	20～29	30～39	40～49	50～59	60～69	70～79	80～89	≥90

1.2.7　工作特性与性能指标

1. 发电机的工作特性

汽车发动机的转速从怠速到最高转速的变化范围比较大，由它带动旋转的发电机转速也相应在较大范围内变化。研究发电机的工作特性，应以转速为基准来分析各有关参数之间的关系。

交流发电机的工作特性是指发电机经整流后输出的直流电压、电流和转速之间的关系，它包括输出特性、空载特性和外特性。

（1）空载特性。指交流发电机空载时电压与转速的关系，即 $I=0$，$U=f(n)$。空载特性可以判断发电机低速充电性能的好坏，同时也可以看出发电机的输出电压是随着发电机的转速升高而增高的，如图 1-58（a）所示。

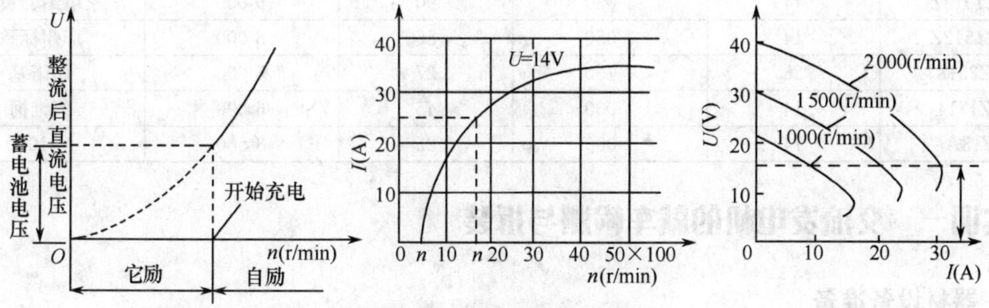

（a）发电机空载特征　（b）交流发电机的输出特征　（c）发电机外特征

图 1-58　发电机的工作特性

（2）输出特性。输出特性也称负载特性，是指输出电压保持一定（12V 发电机为 14V，24V 发电机为 28V）时，输出电流与转速之间的关系，即 $U=$常数、$I=f(n)$ 的曲线，如图 1-58（b）所示。

从曲线中可以看出，当转速达到一定值后，发电机的输出电流几乎不再增加，这是由于随着定子绕组中感应电动势的增加，定子绕组的阻抗也随转速的升高而增加，同时，当负载电流增大时，电枢反应的增强会使转子磁场减弱，定子绕组中的感应电动势也会下降，因此，当发电机转速达到一定值后，其输出电流几乎不变，该电流称为发电机最大输出电流或限流值。由于交流发电机具有这种自我保护作用，故一般不需设置限流器。

（3）外特性。是指当发电机的转速一定时，输出电压与输出电流的关系，即 $n=C$，$U=f(I)$，如图 1-58（c）所示。由外特性曲线可以看出，当发电机的转速变化时，其端电压有较大的变化；当发电机的转速恒定时，由于输出电流的变化对端电压有很大影响，因此，要使输出电流稳定，必须配用电压调节器。高速运转时，当发电机突然失去负载，端电压会急剧升高，车用电气设备中的电子元件有被击穿的危险。

2. 发电机的性能指标

（1）额定电压。交流发电机的输出电压受电压调节器控制，一般比较稳定，只是在发动机起动阶段略有变化。在正常情况下，发动机达到怠速转速时，发电机的输出电压应能达到一个稳定值，这个电压值称为发电机的额定电压（12V 系统的发电机额定电压为 14V，24V

系统的发电机额定电压为28V)。

(2) 空载转速。交流发电机空载能够达到额定电压时的初始转速值定为空载转速。空载转速在发电机出厂时通过试验确定，列入产品说明书。空载转速是汽车设计时选择发动机和发电机速比的主要依据，也是发电机使用过程中性能是否下降的评价指标之一。

(3) 额定电流和额定转速。交流发电机受结构、转速等条件的限制，对外输出电流的能力是有限的，为了评价发电机对外输出电流的能力，将发电机输出最大电流的2/3定为发电机的额定电流，达到额定电流时的转速定为额定转速。发电机出厂时，通过试验确定额定转速和额定电流，并列入产品说明书，发电机的额定转速和额定电流是评价发电机性能的重要指标。

几种国产交流发电机的主要性能指标见表1-5。

表1-5 几种国产交流发电机的主要性能指标

交流发电机型号	额定电压（V）	空载转速（r/min）	额定电流（A）	额定转速（r/min）	使用车型
JFZ1913Z	14	1 050	90	6 000	桑塔纳、奥迪
JFZ1512Z	14	1 050	55	6 000	广州标致
JFZ2518	28	1 150	27	5 000	切诺基
JFZ1714	14	1 000	45	6 000	依维柯
JF13A	14	1 000	25	3 500	NJ1060

实训一 交流发电机的就车检测与拆装

1. 器材设备准备

能正常运行的车辆四台，万用表，钢板尺，常用拆装工具。

2. 注意事项

(1) 拆装发电机时，应按照工艺要求进行。

(2) 拆解的零件要按照规范清洗并顺序摆放，对有问题的零件、拆解复杂部位的顺序、连接方法应有记录。

(3) 禁止用兆欧表（摇表）或220V交流电检查发电机的绝缘情况，否则会使二极管击穿而损坏。

3. 实施步骤

(1) 传动带松紧度检查。硅整流发电机一般由发动机曲轴皮带轮用传动带带动旋转，传动带过松易使发电机发电量减小，过紧易使传动带早期疲劳损坏，加速发电机轴承磨损。图1-59所示为东风雪铁龙TU5JP4发动机的发电机传动带松紧度的检查。

将张紧力检查仪安装在皮带上，拧紧发电机皮带松紧度调整螺栓2，使皮带张紧力达到(102±3)个单位，拆下工具，通过曲轴皮带轮转动发动机（2～4）圈。重新检查皮带松紧度，必要时重复上述过程。待皮带松紧度合格，旋紧锁紧螺栓1。

某些车型发电机皮带松紧度的检查方法是：在发电机传动皮带轮和风扇传动带轮中间用(30～50) N力按下传动带，传动带挠度应为（10～15）mm。若传动带过松，应松开发电机前端盖与撑杆的锁紧螺栓，向外扳动发电机进行调整，待松紧度合适后，重新旋紧锁紧螺栓，如图1-60所示。

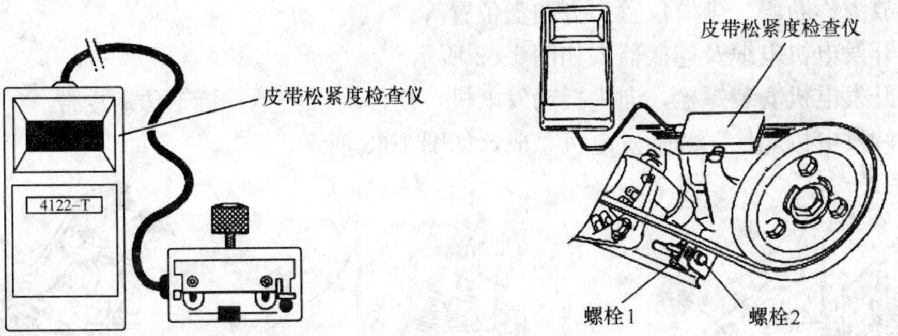

图 1-59　发电机传动带松紧度的检查

当发电机位置调节到最外极限或传动带底部有磨光印痕、传动带有老化裂痕时，应及时换用同规格型号传动带。若传动带为 V 形带应两根同时更换。

(2) 检查发电机工作时有无噪声。若发电机的轴承破损、轴弯曲，运转时会发出异常噪声。检查时，可逐渐提高发电机转速，同时监听发电机有无异常噪声，若有噪声则应检修发电机。若传动带在运转时有异响，则应检查曲轴皮带轮、发电机皮带轮等是否在同一旋转平面内以及传动带是否良好。

(3) 检查发电机的导线连接。发电机各接线柱上的导线连接要可靠，特别是与蓄电池之间的连接应无氧化物且无松动。采用插接器连接的，其插座与线束插头的连接必须锁紧，不得有松动现象。

(4) 发电机“B”接线柱的输出测试。发动机熄火后，拆下蓄电池搭铁电缆接头，从硅整流发电机“电枢”“B”接线往上拆下原有导线，将（0～40）A 电流表串接在拆下的引线接头与“电枢”接线柱之间，并将电压表正极接“电枢”接线柱，负极与发动机机体相连；切断汽车上所有电器开关；装复蓄电池搭铁电缆接头，起动发动机，使发动机在略高于 1 000r/min转速下工作，此时电压应为规定值；接通汽车主要用电设备（如前照灯远光、暖风机、空调、刮水器等），使发电机处于满载转速下工作，测试发电机的输出电压和电流是否符合规定，若发电机达到额定电压时的转速超过发电机的满载转速，或者在发电机满载转速下，其输出电流过小，则表示充电系统有故障。

就车拆卸交流发电机时，拆卸的步骤如下：

①脱开蓄电池负极（—）端子电缆，如图 1-61 所示。

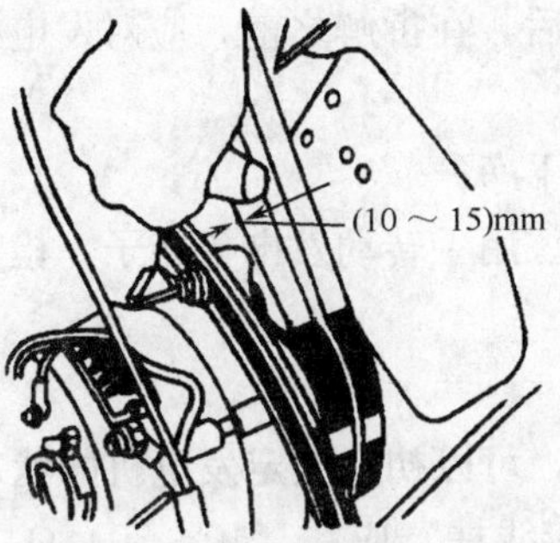

图 1-60　发电机皮带的检查

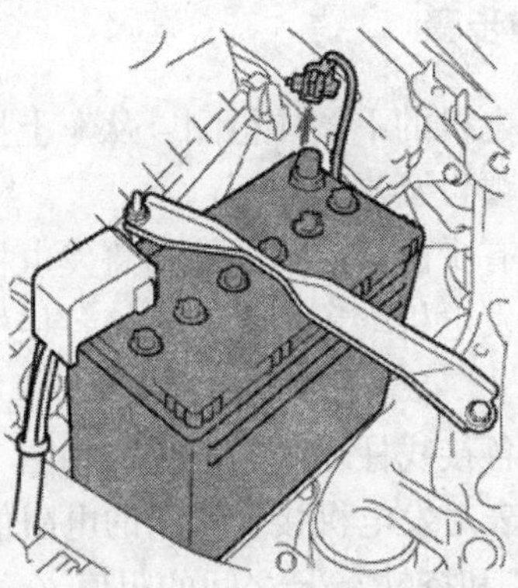

图 1-61　脱开蓄电池负极

注意在断开蓄电池负极（—）电缆之前，应对车辆上电控单元内保存的故障信息作一个记录，如故障诊断码、坐椅位置、方向盘位置等。

②脱开发电机电缆及连接器，如图 1-62 所示。

③松开发电机安装螺栓，向内扳动发电机，使传动带松弛，拆下传动皮带。

④拆卸发电机螺栓，卸下发电机总成，如图 1-63 所示。

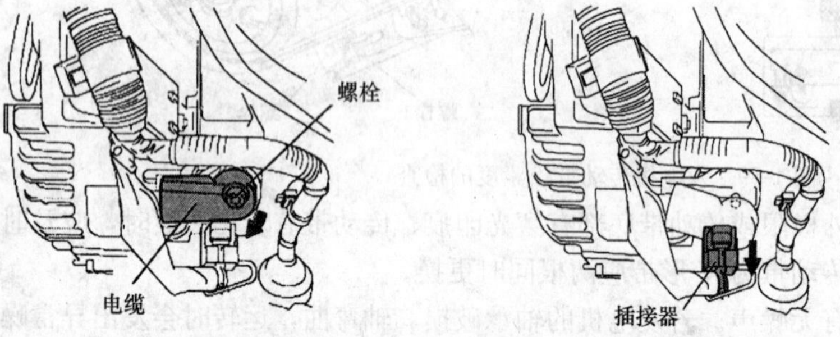

图 1-62 脱开发电机电缆和连接器

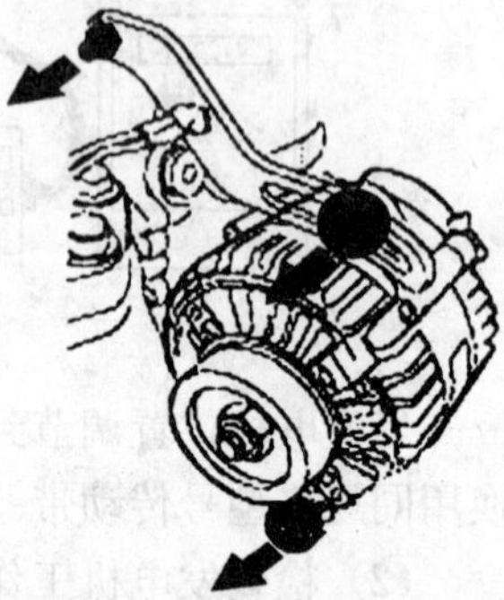

图 1-63 拆卸发电机螺栓

实训二 交流发电机的拆装与检测

1. 器材设备准备

发电机 10 台，万用表 10 块，轴承拉器 10 套，有关拆装工具 10 套，凡士林、砂纸、弹簧秤、游标卡尺或钢板尺、油盆、毛刷各 10 套，适量清洗剂、润滑脂及连接导线。

2. 注意事项

(1) 拆装发电机时，应按照工艺要求进行。

(2) 拆解的零件要按照规范清洗并顺序摆放，对有问题的零件、拆解复杂部位的顺序、连接方法应有记录。

(3) 禁止用兆欧表（摇表）或 220V 交流电检查发电机的绝缘情况，否则会使二极管击穿而损坏。

(4) 清洗发电机部件时要小心清洗擦拭，绝缘部分严禁用汽油浸泡。

3. 实施步骤

(1) 发电机的不解体检测。从车上拆下发电机后，在拆解之前，应对发电机进行不解体检测，检测项目及步骤如下：

①用蘸有少许清洗剂的抹布将发电机表面擦拭干净；

②检查发电机端盖有无破裂，各接柱有无松动。用手转动发电机转子，检查转动是否灵活自如；

③测量各接线柱之间的电阻，如图 1-64 所示。

用万用表对发电机接线柱间的电阻值进行测量，可以初步判定发电机的状态。发电机的输出端子 B^+ 和搭铁端 E 之间的阻值（壳体或搭铁接线柱）应在（40～50）Ω 之间，若电阻值在 10Ω 左右，说明有个别二极管已短路；若电阻值接近零或等于零，说明正极管、负极管均有击穿、短路故障。

测量发电机正电刷 F 接线柱和负电刷 E 之间的阻值，可以判断发电机的励磁绕组是否有故障。若电阻值超过规定值，一般是电刷与滑环接触不良引起的；若电阻值小于规定值，则表明励磁绕组有匝间短路或搭铁故障；若电阻为零，说明两滑环之间有短路或“F”接线柱有搭铁故障。

常用发电机各接线柱间电阻值见表 1-6。

表 1-6　常用发电机各接线柱间电阻值

发电机型号	“F”与“E”间电阻（Ω）	“B”与“E”间电阻（Ω）		“N”与“E”或“B”间电阻（Ω）	
		正向	反向	正向	反向
JF11、13、15、21、132N	4～7	40～50	≥10k	10～15	≥10k
JWF14（无刷）	3.5～3.8	40～50	≥10k	10～15	≥10k
夏利 JFZ1542	2.8～3.0	40～50	≥10k	10～15	≥10k
桑塔纳 JFZ1913	2.8～3.0	65～80	≥10k	10～15	≥10k

（2）交流发电机的分解。交流发电机的结构有所不同，分解操作过程中应根据其结构不同作相应调整。发电机分解的步骤如下：

①拆下电刷及电刷架（外装式）紧固螺钉，取下电刷架总成，如图 1-65 所示。

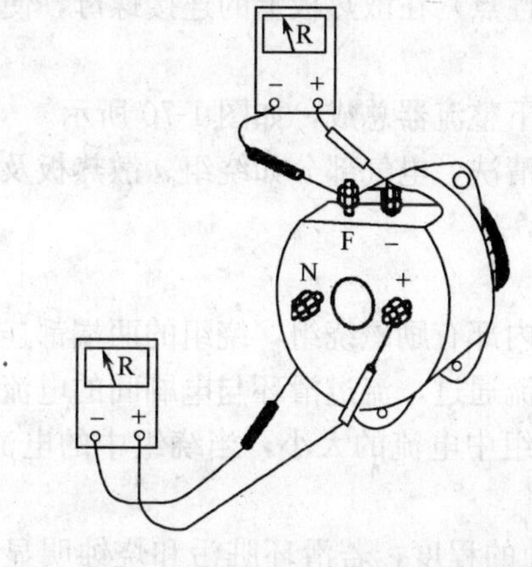

图 1-64　各接线柱之间电阻的测量

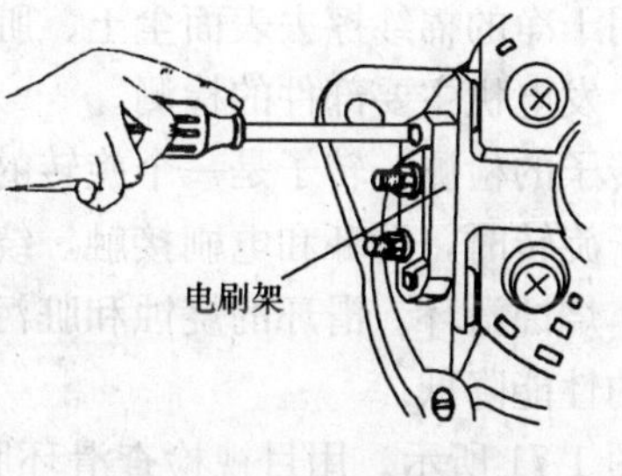

图 1-65　电刷架的拆解

②在前后端盖上做好记号，拆下连接前后端盖的紧固螺栓，如图 1-66 所示。将其分解为转子与前端盖连接、定子与后端盖连接两大部分。注意不能单独将后端盖分离下来，否则会扯断定子绕组与整流器的连接线（即三相定子绕组端头）。

③将转子夹紧在台虎钳上，拆下皮带轮紧固螺母后，可依次取下带轮、风扇、半圆键、定位套，如图 1-67 所示。

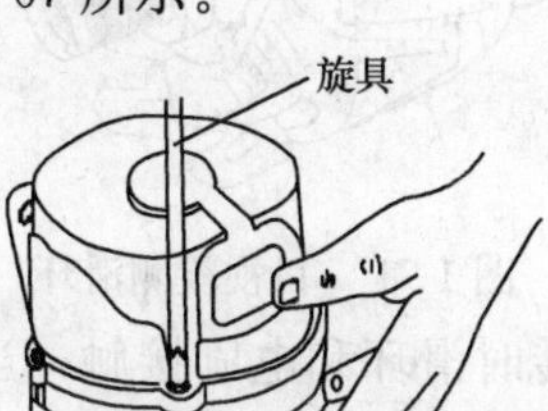

图 1-66　前、后端盖的分解

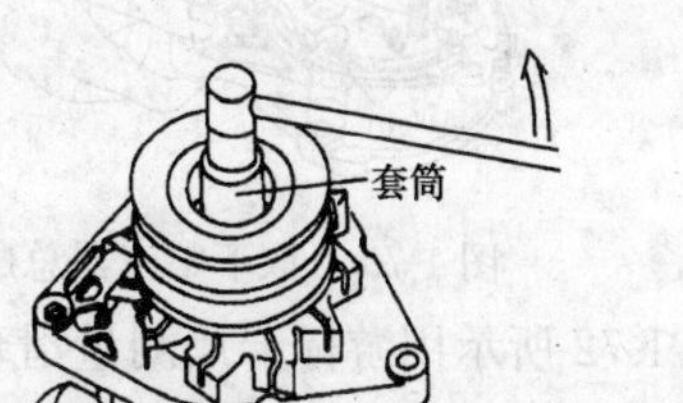

图 1-67　皮带轮的分解

④将前端盖与转子分离，若该部件装配过紧，可用拉器拉开或用木锤轻轻敲，使之分离，如图 1-68 所示。注意铝合金端盖容易变形，因此拆卸时应均匀用力。

⑤拆掉如图 1-69 所示的后端盖上的三个螺钉，将防护罩取下。

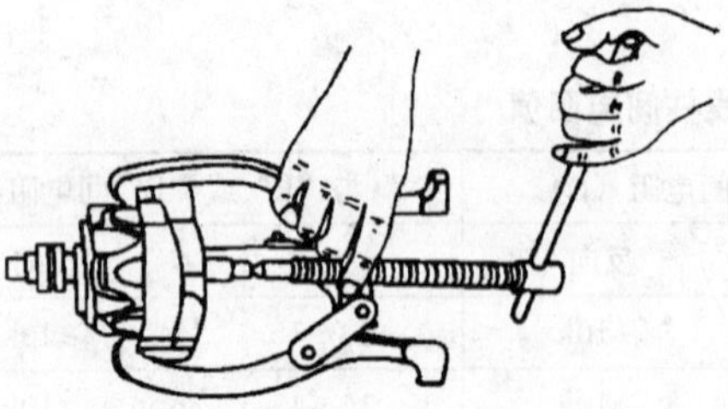

图 1-68 前端盖的分解

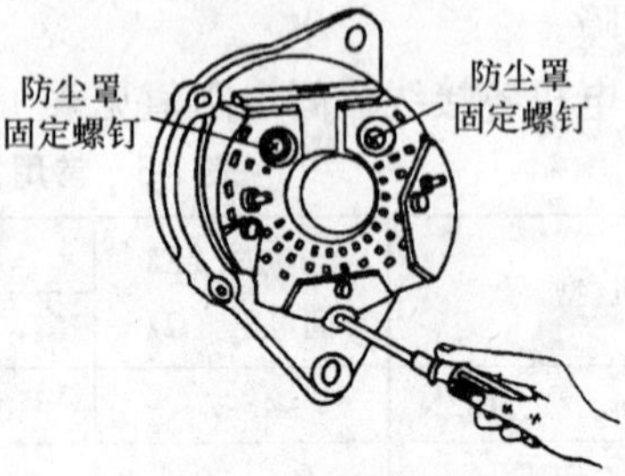

图 1-69 后端盖的分解

对于整体式发电机，先拆下“B”端子上的固定螺母并取下绝缘套管；再拆下后防尘盖上的三个带垫片的固定螺母，取下后防尘盖；然后拆下电刷组件上的两个固定螺钉和调节器的三个固定螺钉，取下电刷组件和 IC 调节器总成；最后拧下整流器二极管与定子绕组的引线端子的连接螺钉，取下整体式整流器总成。

拆下定子上四个接线端（三相绕组首端及中性点）在散热板上的连接螺母，使定子与后端盖分离。

⑥拆下后端盖上紧固整流器总成的螺钉，取下整流器总成，如图 1-70 所示。

⑦零部件清洗。机械部分可用煤油或清洗液清洗，电气部分如绕组、散热板及全封闭轴承等宜用干净的棉纱擦去表面尘土、脏污。

（3）发电机主要部件的检测。

①转子的检测。转子是一个旋转的电磁体，内部有励磁绕组，绕组的两端都连接到滑环上。转子旋转时，滑环和电刷接触，绕组中有电流通过，流过滑环与电刷间的电流会引起接触火花，烧蚀滑环。滑环的烧蚀和脏污会影响绕组中电流的大小，当绕组中的电流减小时，发电机的性能降低。

如图 1-71 所示。用目视检查滑环脏污或烧蚀的程度，若滑环脏污和烧蚀明显，应更换转子总成。

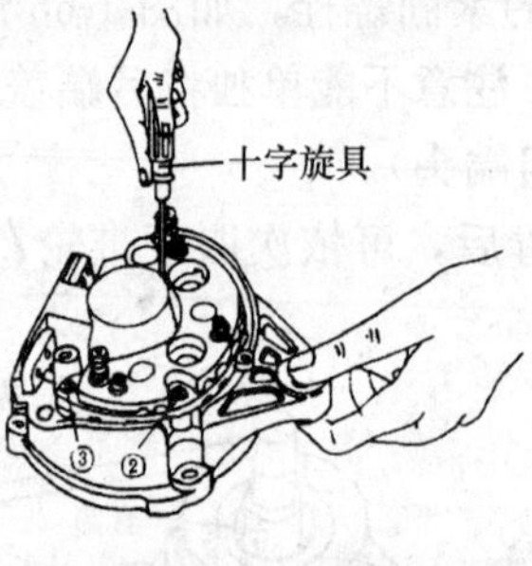

图 1-70 取下整流器总成

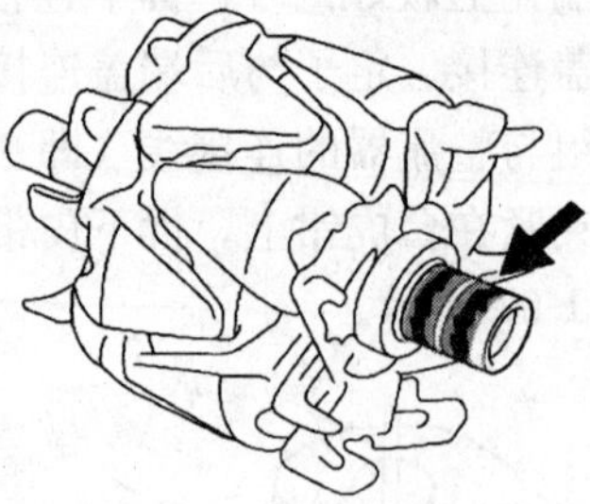

图 1-71 目视检测滑环

如图 1-72 所示用游标卡尺测量滑环的外径。旋转时滑环和电刷接触，当滑环的外径小于规定值时，滑环和电刷之间的接触不良，影响励磁电流的稳定，降低发电机的发电能力。若滑环厚度不小于 2mm 应更换转子。

如图 1-73 所示用万用表检查两滑环之间电阻值，可以检测绕组的断路和短路。一般 12V 的硅整流发电机绕组电阻为(3.0～6.0)Ω，24V 的硅整流发电机绕组电阻为（15.0～

21.0）Ω（具体视发电机的型号而定）。若阻值小于规定值，说明线圈短路；若阻值无穷大，则线圈断路。若断路发生在绕组的端头焊接处时，可用电烙铁重新焊接予以排除；若断路、短路故障无法排除，则应更换转子。

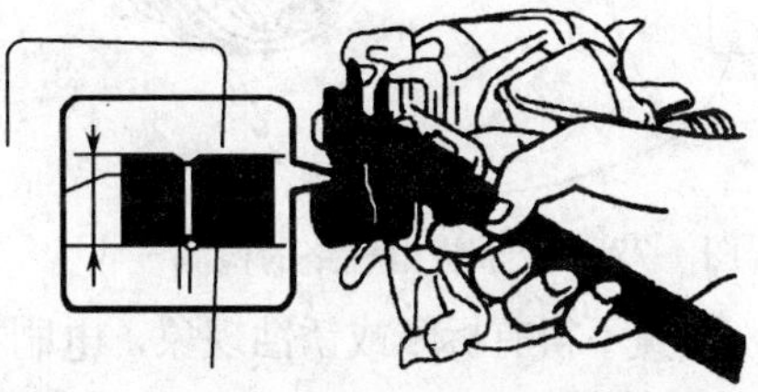

图 1-72　测量滑环外径

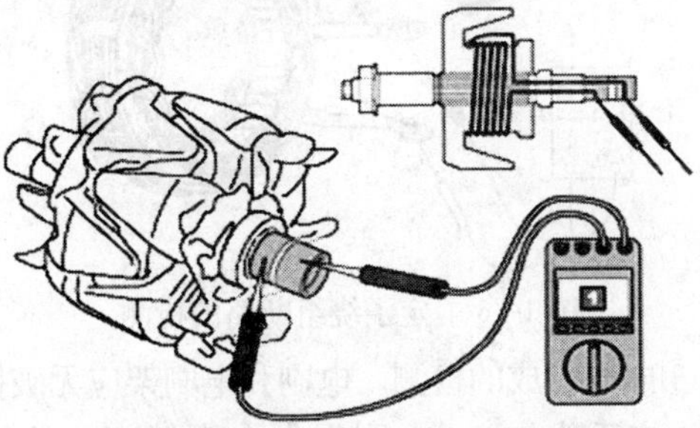

图 1-73　检查滑环之间的电阻值

如图 1-74 所示，将万用表拨到 R×10kΩ 挡，一表笔接在一个滑环上，另一表笔接在爪极或转子轴上，若万用表指示无穷大，说明其绝缘良好；若万用表指示电阻值较小，则说明其绝缘性不好，应检修或更换。

转子轴的弯曲会造成转子与定子之间间隙过小而摩擦或碰撞，若发现发电机运转时阻力过大或有异响，应检查转子轴是否有弯曲。

转子轴弯曲度的检查可在车床上或 V 形铁块上用百分表检测，如图 1-75 所示。其弯曲度不超过 0.05mm（和径向圆跳动公差不超过 0.1mm），否则应更换转子总成。爪极在转子轴上应固定牢靠，间距相等。

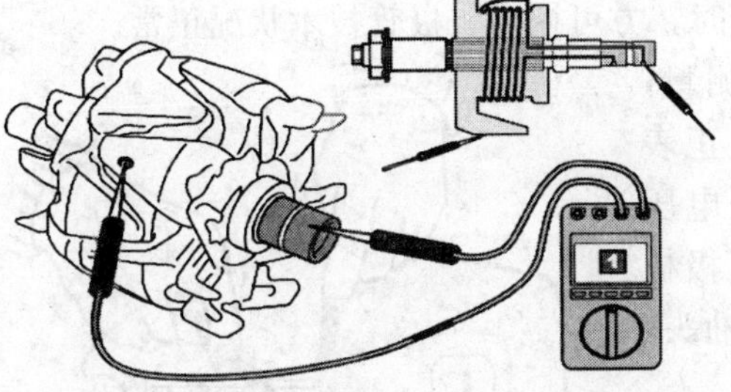

图 1-74　检查滑环与转子的绝缘

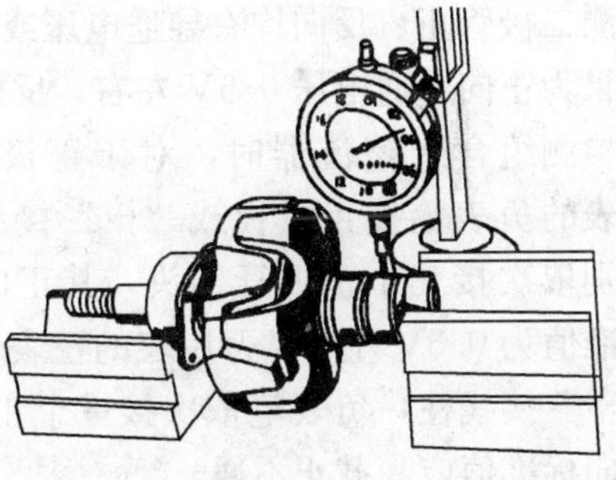

图 1-75　转子轴弯曲的检查

②定子的检测。如图 1-76 所示，用万用表检测定子绕组是否断路。将万用表拨至 R×1Ω 挡，两支表笔分别检测定子绕组各相的电阻值，其阻值应小于 1Ω。如果阻值为无穷大，说明定子绕组断路，应更换。

进行定子绕组短路的检测时，首先目测绕组漆包线状况，若漆包线变成焦糊色或绝缘漆严重脱皮，说明定子绕组有短路故障，应更换。

用万用表检测绕组的短路故障如图 1-77 所示。将万用表拨至 R×10kΩ 挡，一支表笔接定子铁芯，另一表笔接定子绕组的任意一个引出端，万用表应不导通。

若万用表导通，说明定子绕组有短路故障，应更换定子。

用万用表检测定子绕组匝间短路故障时，须将三相绕组与整流器元件分开，并将中性点脱焊分离。若万用表指示 10kΩ 以上，说明绕组匝间绝缘良好；若万用表指示电阻值较小，则说明其绝缘性不好，有匝间短路故障，应检修或更换定子总成。

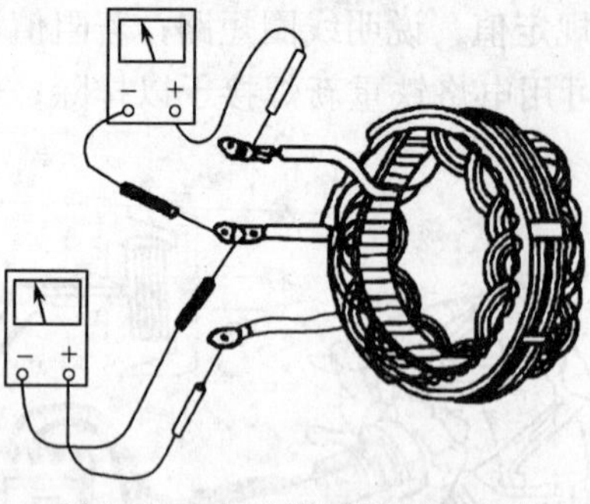

图 1-76 定子绕组断路的检测

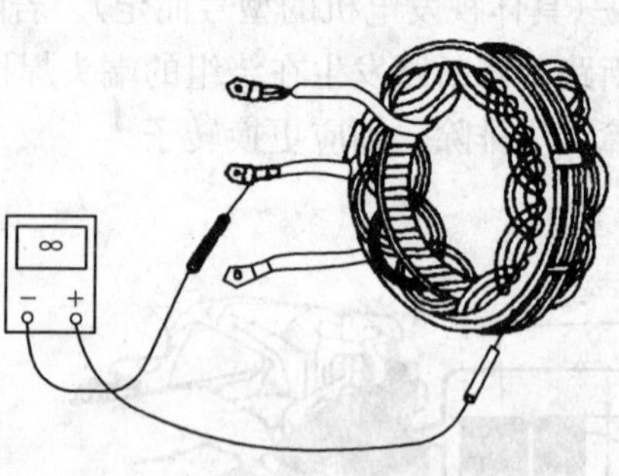

图 1-77 定子绕组短路的检测

③电刷总成的检测。电刷和电刷架应无破损或裂纹，弹簧不得有拆断或锈蚀现象，电刷在电刷架中应活动自如。电刷露出电刷架部分的长度应超出原长的 1/2，如图 1-78 所示，否则应更换。

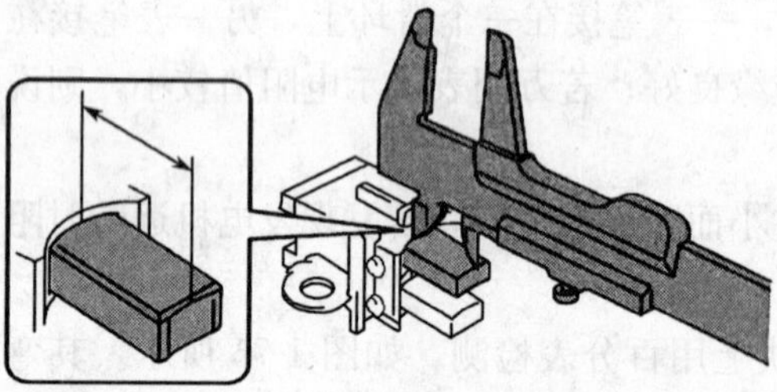

图 1-78 电刷长度的检测

电刷弹簧压力应符合标准，用（3.4±0.2）N 的力压缩电刷与弹簧，其露在电刷架以外的电刷长度应为（1.4～1.6）mm。弹簧压力过小应更换。

④整流器的检测。用数字万用表的二极管测试功能挡可测量二极管的工作状况。若所测二极管正、反向电压值大于标准值或指示截止，说明二极管有接触不良或断路故障；若所测二极管正、反向均有导通电压或蜂鸣器鸣响，则说明二极管有短路击穿故障；只有测得结果为正向导通电压 0.5V 左右，反向截止时，方可视为二极管技术状况正常。

检测组合式整流器时，对于正极管的测量，万用表的负表笔接正极板或“+”接线柱，正表笔分别依次接三个正极管抽头，其正向导通电压的标准值为 0.5V 左右；万用表的正表笔接正极板或“+”接线柱，负表笔依次接三个正极管抽头，其反向标准值应为截止不通。

对于负极管的测量，万用表的正表笔接负极板，负表笔分别依次接触三个正极管抽头，其正向导通电压的标准值为 0.5V 左右；万用表的负表笔接负极板，正表笔依次接触三个正极管抽头，其反向标准值应为截止不通。组合整流器的检测如图 1-79 所示。

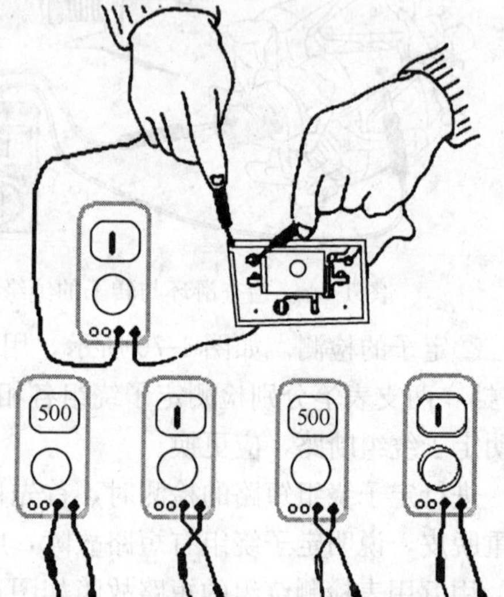

图 1-79 组合式整流器的检测

整体结构整流器的整流板，正、负二极管全部焊装在一起，不可分解，如图 1-80 所示。检测正极管时，将万用表的黑表笔接“B”，红表笔依次接“P_1”、“P_2”、“P_3”、“P_4”，均应导通；交换两表笔后再测量，均应为无穷大，否则有正二极管损坏，需更换整流器总成。

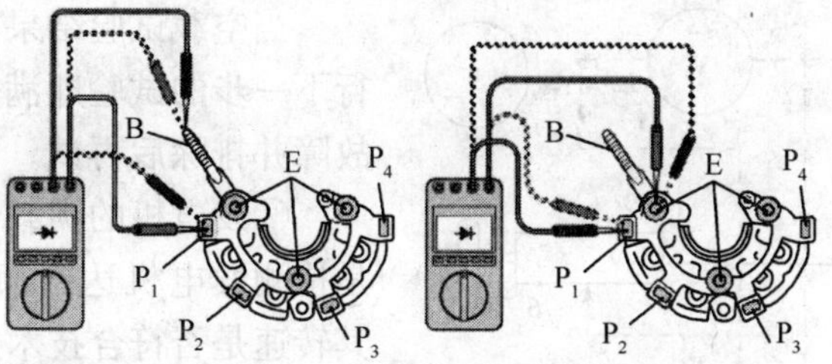

图 1-80 整体结构整流器的检测

检测负极管时将万用表的红表笔接“E”，黑表笔依次接“P_1”、“P_2”、“P_3”、“P_4”，均应导通；交换两表笔后再测，均应为无穷大，否则有负二极管损坏，需更换整流器总成。

（4）发电机的组装。

①按照拆卸时相反的顺序进行发电机的组装。

②在紧固各部螺栓螺母时，要按照其正确顺序和扭矩进行。

③组装后端盖元件时，应保证后端盖与元件板、“B”接线柱、“F”接线柱、“N”接线柱有良好的绝缘（用万用表检查）。

④组装后其转子轴应转动自如，无松旷或碰擦卡滞现象。

（5）发电机性能试验。

①发电机的空载试验。空载试验的目的是检测发电机达到额定电压时的转速是否符合技术要求，以确定发电机的机械状况和电路的基本技术状况。

空载试验的步骤如下：

a. 将发电机紧固在电气万能实验台的龙门夹具上，调整升降夹具，使发电机与调速电机主轴同心，如图 1-81 所示。选用合适的六角套筒、橡皮接头将发电机与调速电机连接好，将发电机夹紧，注意不要用力过大，以免发电机变形。用手转动电动机，观察电动机与发电机是否同心，若发现阻力过大，可进一步调整龙门架的高度，直至发电机转子转动灵活，锁紧手轮。

b. 按图 1-82 所示连接好电路。

c. 用附件 F5 连接插座 40、41（此时试验台的蓄电池为负极搭铁）。

d. 将附件 F4 一端接插座 39，另一端两接头分别接发电机的 B、F 接线柱，用附件 F5 连接 35、37 插座，由试验台的蓄电池为发电机提供磁场它激电流。

e. 将调速电机转换开关和转速表量程控制开关均拨至低速位置，顺时针转动电动机调速手轮，使监视孔内的箭头向右偏移，观察转速表所指示的发电机转速，当转速升至（700～800）r/min 时，拔下附件 F5，此时发电机转为自激空载状态。

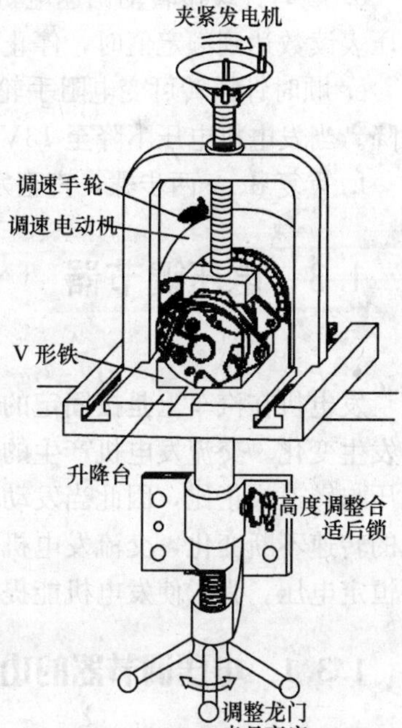

图 1-81 发电机的固定

f. 续转动手轮，使转速缓慢上升，当电压达到额定值 14V 时，停止升速，并使电压稳定在 14V，记下此时的转速值。

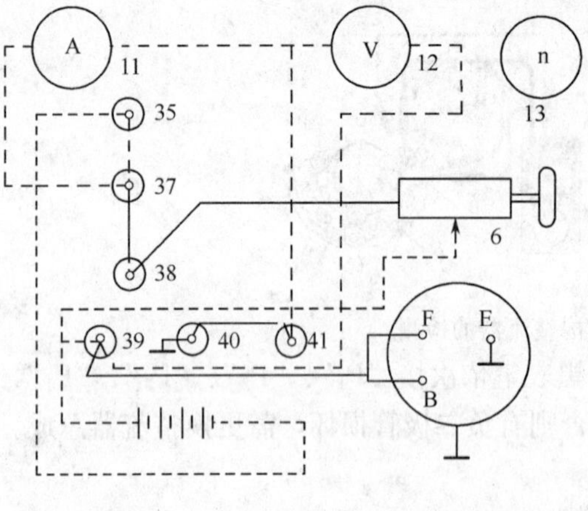

图 1-82 发电机的空载、满载试验接线图

当空载试验结果符合技术规定时，可进行下一步的试验即满载试验，否则，应查找故障并排除后再试。

②发电机的满载试验。满载试验的目的是检测发电机达到额定输出电流和电压时，其转速是否符合技术要求，以确定发电机的总体技术性能。

安装发电机及线路连接同空载试验步骤，其他试验步骤如下：

a. 将可变电阻手轮逆时针转到底，此时负载电阻值为最大值。

b. 旋转调速电动转换开关至高速挡位置，并将转速表量程开关相应拨至高速挡位置（0～5 000 转/分）。顺时针转动电动机调速手轮，电动机转速逐渐上升。

c. 当转速升至(700～800)r/min 时，用附件将 35、37 暂时短接，进行它激。同时观察电流表，当电流表指针由“0”向右偏转指示 2A 充电电流时，先将 37、38 两插座用附件连接起来，再将 35、37 插孔中的附件拨下，此时发电机转为自激发电机状态，并向负载（可变电阻）供电。

d. 顺时针缓慢转动调速电机手轮，使电动机转速逐渐升高。同时观察电压表指针，当电压表读数达到额定值时，停止升速。

e. 顺时针摇转可变电阻手轮，使负载电阻减小，负载电流增大，发电机输出电压随之下降。当发电机电压下降至 13V 时，停止摇转可变电阻手轮。

f. 重复 d、e 两步骤，直至发电机电压、电流均达到额定值，记录此时转速表的数值。

1.3 电压调节器

发电机在汽车上是按固定的传动比由发动机经传动带驱动旋转的，其转速会在很大范围内发生变化。交流发电机产生的相电动势的有效值为 $E=C_1 n\Phi$，由此可知，发电机输出电压压与转速成正比，因此当发动机转速变化时，发电机的输出电压也会随之变化。由于发动机的转速不断变化，交流发电机转速很难保持不变，而汽车用电设备用电和蓄电池充电时需要恒定电压。为了使发电机能提供固定不变的电压，必须采用调节器来控制电压。

1.3.1 电压调节器的功用

电压调节器的功用是在发电机转速和发电机上的负载发生变化时自动控制发电机电压，使其保持恒定，防止发电机电压过高而烧坏用电设备和导致蓄电池过量充电，同时也防止发电机电压过低而导致用电设备工作失常和蓄电池充电不足。

1.3.2 电压调节器的基本原理

交流发电机的相感应电动势为 $E_\Phi=C_1 n\Phi$，即感应电动势 E_Φ 与发电机转速 n 和磁通 Φ

成正比；发电机的空载电压 $U=E_{\Phi}=C_1 n\Phi$。发电机在汽车上是按固定的传动比驱动旋转的，其转速 n 随发动机转速变化而在很大范围内变化，如果要在转速 n 变化时维持发电机电压恒定，就必须相应的改变磁极磁通 Φ。磁极磁通 Φ 取决于磁场电流的大小，因此，在发电机转速变化时，只要自动调节磁场电流，就能使发电机电压保持恒定。电压调节器就是利用自动调节磁场电流使磁极磁通改变这一原理来调节发电机电压的。

在一个电路中调节电流的方法大致有三种：一是通过更改电路中的电压，二是更改电路中的电阻值，三是控制电路的通与断。电磁振动式电压调节器是通过触点开闭，改变磁场电路电阻的方法来调节磁场电流的；电子式电压调节器是利用功率管的开关特性，通过磁场电流的通与断来调节磁场电流的。

电压调节器除了具有调节磁场电流的功能外，还应具有感知发电机电压变化的装置，即先要感知发电机电压的变化，才能根据这个变化来决定如何调节磁场电流。在电磁振动式电压调节器中，感知发电机电压变化的元件是线圈；在电子式电压调节器中，感知发电机电压变化的元件是稳压管。

1.3.3　调节器的类型

调节器按结构不同可分电磁（触点）振动式电压调节器和电子式电压调节器。

电子式电压调节器按结构形式可分为晶体管式调节器（利用分立电子元件组成的调节器，如解放 CA1091 型载货汽车采用的 JFT106 型调节器）和集成电路式调节器（利用集成电路组成的调节器，如北京切诺基 BJ2021、奥迪 100 和桑塔纳 LX 轿车采用的调节器）；按安装方式可分为外装式（与发电机分开安装的调节器，如 JFT106 型调节器）和内装式（安装在发电机内的调节器，一般为集成电路式调节器，如北京切诺基、桑塔纳 LX 轿车采用的调节器）调节器；按搭铁形式又可分为内搭铁式（与内搭铁式交流发电机配套工作的电子调节器，如 JFT126A 调节器）和外搭铁式（与外搭铁式交流发电机配套工作的电子调节器，如 JFT106 调节器）调节器。

随着微机在汽车上应用范围的扩大，目前已有利用微机控制的电压调节器，它能更好地将发电机输出的电压稳定在规定范围内。

1.3.4　电磁振动式电压调节器

图 1-83 所示为电磁振动式电压调节器的基本工作原理。

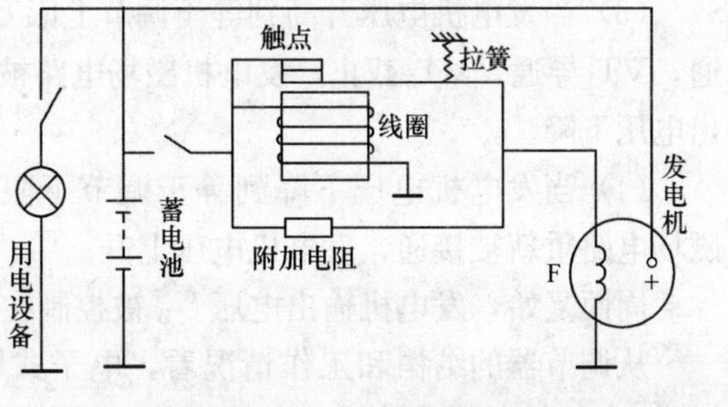

图 1-83　电磁振动式调节器基本工作原理

由图可知：当发电机电压较低时，线圈电流小，铁芯吸力小，克服不了拉簧拉力，触点闭合，励磁电流通过触点，电流较大，使电压上升；当发电机电压升高到一定值时，线圈电流增大，铁芯吸力增大，克服了拉簧拉力，使触点打开，励磁电流流过电阻，电流减小，磁场减弱，电压降低；发电机电压下降后，电磁铁吸力减弱，触点又在拉簧的作用下闭合，励磁电流又增大，使电压上升，如此反复，使发电机的电压维持在一个稳定值。由于电磁振动式调节器的性能较差，可靠性不高，目前已基本被淘汰。

1.3.5 电子电压调节器

电子电压调节器具有调节电压精度高、无电火花产生、质量轻、体积小、寿命长、可靠性高、电波干扰小等优点。目前交流发电机均采用电子电压调节器。

1. 晶体管电压调节器的工作原理

图 1-84 所示为电子电压调节器的工作原理图。由图可知：

(1) 点火开关 SW 刚接通时，发动机不转，发电机不发电，蓄电池电压加在分压器 R_1、R_2上，此时因 U_{R1} 较低不能使稳压管 VS 反向击穿，VT_1截止，VT_1截止使得 VT_2 导通，发电机磁场电路接通，此时由蓄电池供给磁场电流。随着发动机的起动，发电机转速升高，电压上升。

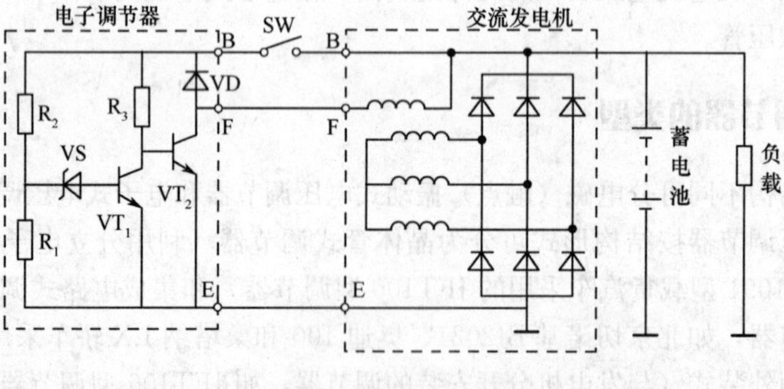

图 1-84 晶体管电子电压调节器基本工作原理

(2) 当发电机电压升高到大于蓄电池电压时，发电机自励发电并开始向蓄电池充电。如果此时发电机输出电压 U_B小于调节器调节上限 U_{B2}，VT_1继续截止，VT_2继续导通，但此时的磁场电流由发电机供给，发电机电压随转速升高迅速升高。

(3) 当发电机电压升高到等于调节上限 U_{B2}时，调节器对电压的调节开始。此时 VS 导通，VT_1导通，VT_2截止，发电机磁场电路被切断，由于磁场被断路，磁通下降，发电机输出电压下降。

(4) 当发电机电压下降到等于调节下限 U_{B1} 时，VS 截止，VT_1 截止，VT_2 重新导通，磁场电路重新被接通，发电机电压上升。

周而复始，发电机输出电压 U_B 被控制在一定范围内。

从调节器的结构和工作情况看，电子式电压调节器有三个接线柱，即“B”、“F”和“E”，在接线时不能接错。电子式电压调节器的接线方式根据发电机和调节器的形式有所不同，图 1-85 所示为发电机和调节器的两种接线方式。

图 1-85（a）为磁场线圈内搭铁式，调节器装在发电机与点火开关之间，发电机励磁绕组有一端搭铁。图 1-85（b）为外搭铁式，调节器装在发电机励磁绕组与搭铁之间，发电机励磁绕组无搭铁端，调节器控制励磁绕组搭铁。

2. 集成电路（IC）电压调节器

集成电路调节器除具有晶体管调节器的优点外，还具有体积小、重量轻、耐高温性能

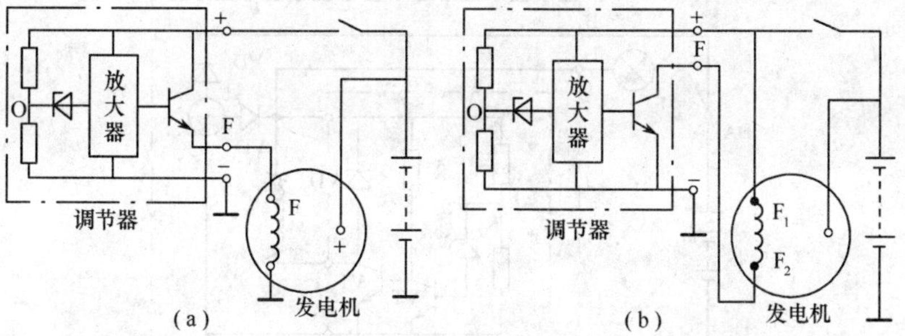

图 1-85　发电机和调节器的两种接线方式

好、更加耐振、使用寿命长等优点，它可直接装在发电机内部或壳体上，成为整体式交流发电机的一个零件，从而省去调节器和发电机之间的导线，减小了线路损失和线路故障，调节器的精度可达±0.3V，工作温度可达 130℃以上。

集成电路调节器可分为全集成电路调节器和混合集成电路调节器两类，前者是将二极管、三极管、电阻、电容等电子元件同时制作在一块硅基片上；后者是用厚膜或薄膜电阻与集成的单片机芯片或分立元件组装而成。其基本工作原理与晶体管调节器一样，都是利用晶体三极管的开关特性控制发电机磁场电流来达到稳定发电机输出电压的目的。它也有内搭铁和外搭铁之分，外搭铁使用的较多。

(1) 集成电路电压调节器的电压检测方法。集成电路电压调节器采用的电压取样方法分为蓄电池电压检测法和发电机电压检测法。蓄电池电压检测法的检测点“*P*”测量的是蓄电池端电压的变化，其值与蓄电池端电压成正比，检测电路如图 1-86 所示。发电机电压检测法的检测点“*P*”测量的是发电机励磁二极管输出电压的变化，即发电机的端电压变化，其值与发电机端电压成正比，检测电路如图 1-87 所示。

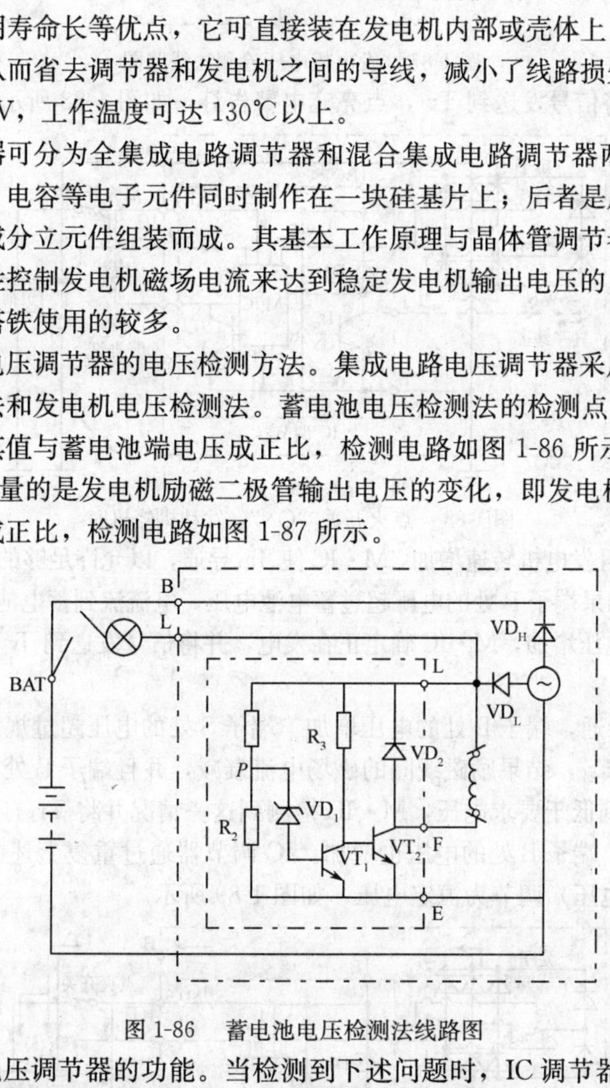

图 1-86　蓄电池电压检测法线路图

(2) 集成电路电压调节器的功能。当检测到下述问题时，IC 调节器通过亮起放电警告灯发出警告：励磁线圈开路或短路；端子 S 脱开；端子 B 脱开；过电压（由于端子 F 和 E 之间短路使蓄电池电压上升）。

(3) 集成电路电压调节器的输出控制（正常工作过程）。当点火开关为“ON”，发动机停机时，蓄电池电压施加在 IG 端子上。作为结果，微处理器 M・IC 线路被触发，Tr_1 导通，励磁线圈允许电流通过。但在此情况下发电机并未发电，端子 P 处的电压为 0V，M・IC 检

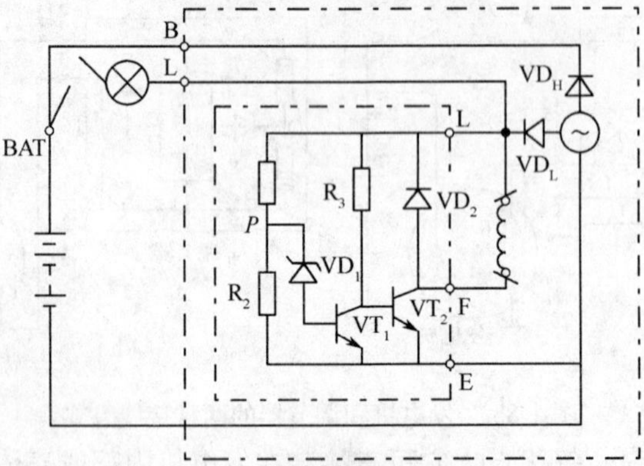

图 1-87 发电机电压检测法线路图

测到这一情况，并将信号发送到 Tr_2，点亮充电警告灯，如图 1-88 所示。

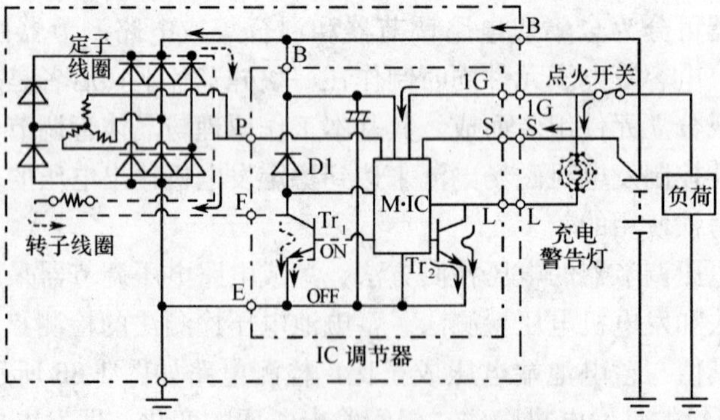

图 1-88 点火开关“ON”，发动机停机时

发动机起动并且发电机转速增加，M · IC 使 Tr_1 导通，以允许足够的磁场电流流过，发电电压升高。此时，如果端子 B 处的电压超过蓄电池电压，电流流到蓄电池充电并且给电气设备供电。端子 P 处的电压增加，M · IC 确定正在发电，并将信号发送到 Tr_2，将充电警告指示灯关掉。

如果 Tr_1 继续导通，端子 B 处的电压增加。端子 S 处的电压超过规定电压时，M · IC 检测到此情况并关掉 Tr_1，结果励磁线圈的磁场电流衰减，并且端子 B 处的电压降低。如果端子 S 处的电压降低到低于要求电压，M · IC 检测到这一情况并将 Tr_1 打开到“ON”，励磁线圈的磁场电流增加，端子 B 处的电压也增加。IC 调节器通过重复上述的操作将端子 S 处的电压（蓄电池端子电压）调节为恒定电压，如图 1-89 所示。

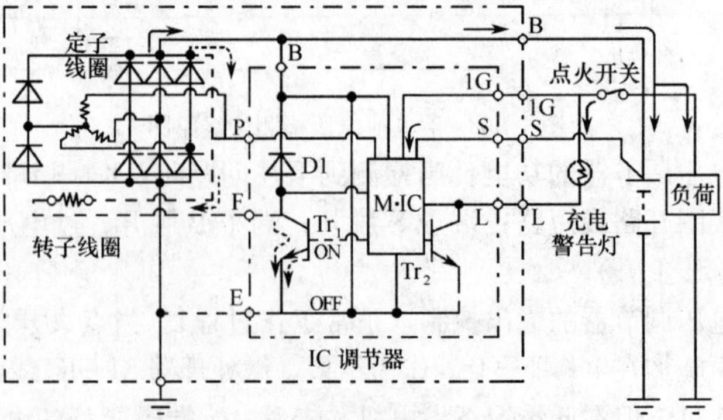

图 1-89 发动机发电且正常工作时

1.3.6　调节器的型号

根据《汽车电气设备产品型号编制方法》（QC/T 73—93）规定，调节器型号含义如下：

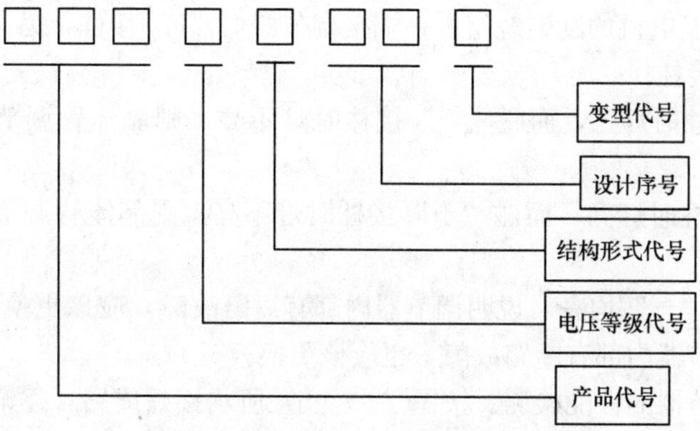

（1）产品代号：有“FT”和“FTD”两种，分别表示电磁振动式调节器和电子调节器。

（2）电压等级代号：与交流发电机相同，以 1、2、6 分别表示 12V、24V 和 6V。

（3）结构形式代号：用 1 位阿拉伯数字表示，见表 1-7。

表 1-7　调节器的结构形式代号

结构形式代号	1	2	3	4	5
电磁振动式调节器	单联式	双联式	三联式		
电子调节器				晶体管式	集成电路式

（4）设计序号：产品设计的先后次序，用 1～2 位阿拉伯数字表示。

（5）变型代号：以汉语拼音大写字母 A、B、C…顺序表示（不能用 0 和 1）。

例如：FT126C 表示 12V 双联电磁振动式调节器，第六次设计，第三次变型；FD122 表示 12V 集成电路式调节器，第二次设计。

实训　电压调节器的检测

1. 器材设备准备

（1）不同类型的电压调节器 40 只（每组 10 只）。

（2）直流可调电源 8 台、试灯 8 只（每组 1 套）。

（3）汽车电气万能试验台 2 台，相关手用工具 2 套。

2. 注意事项

（1）用直流可调电源测试调节器时，接线一定要准确，调节电压不要过高。

（2）在使用电气万能试验台时，应先插好试验台后面的直流电源插销 F_2，再接通交流电源。试验完毕，先断开交流电源，再拔下直流电源插销。确保安全用电。

（3）夹装发电机时，应使发电机轴线与调速电机轴线同心，夹装一定要牢固。

3. 实施步骤

（1）晶体管调节器类型的判别。晶体管调节器分为“外搭铁调节器”和“内搭铁调节器”两种，一般均有“+”、“-”、“F”三个接线柱，使用前应先确定其搭铁类型，判别方法如下：

a. 将晶体管调节器的“+”、“-”分别接可调直流电源的“正”、“负”极，将电压调到12V，如图1-90（a）所示；

b. 用试灯代替发电机的励磁绕组，一端接调节器的“F”接柱，另一端分别去碰调节器的“+”或“-”接柱；

c. 碰“+”接柱时灯亮，而碰“-”接柱时灯不亮，则晶体管调节器为“外搭铁调节器”；

d. 碰“-”接柱时灯亮，而碰“+”接柱时灯不亮，则晶体管调节器为“内搭铁调节器”；

e. 碰“+”或“-”均亮，说明调节器内部有短路故障，应该更换；碰“+”或“-”均不亮时，说明调节器内部有断路故障，也应该更换。

（2）晶体管调节器的性能检测。按图1-90（b）所示接好线路，逐渐调高直流电压，当电压调整到3.5V左右时，试灯开始发亮，到接近14V时最亮；继续升高电压，灯泡由亮转灭，再继续升高电压，灯泡也不亮；逐渐降低直流电压，当电压下降至刚刚小于14V时，灯泡又亮起，说明调节器性能良好；若升高电压后试灯常亮，表明调节器内部短路；若升高电压后试灯始终不亮，表明调节器内部断路。

（3）IC集成电路电压调节器的性能检测

①三接柱式集成电路电压调节器的检测。按图1-91所示电路连接好线路，在调节器B与E接柱间接一只（1～16）V的可调直流电源，B与F接柱间接一12V、4W的直流灯泡试灯2（替代发电机的励磁绕组），L与IG之间接一12V、4W的直流灯泡试灯1（代替充电指示灯），在B与IG之间接一开关K_1，当开关K_1闭合时，试灯1、2应亮。

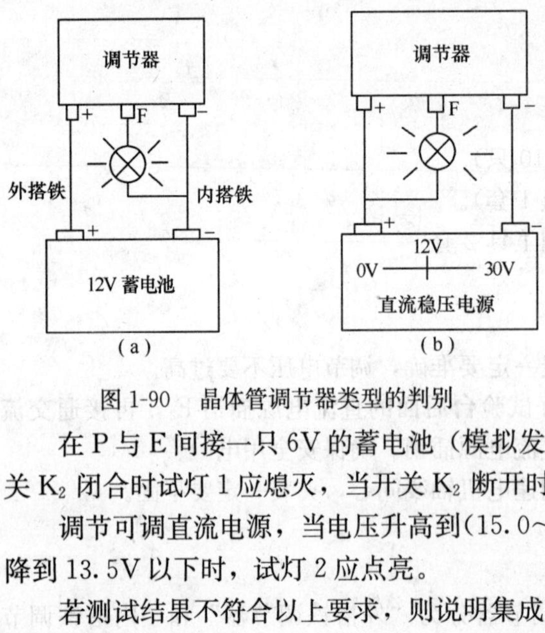

图1-90 晶体管调节器类型的判别

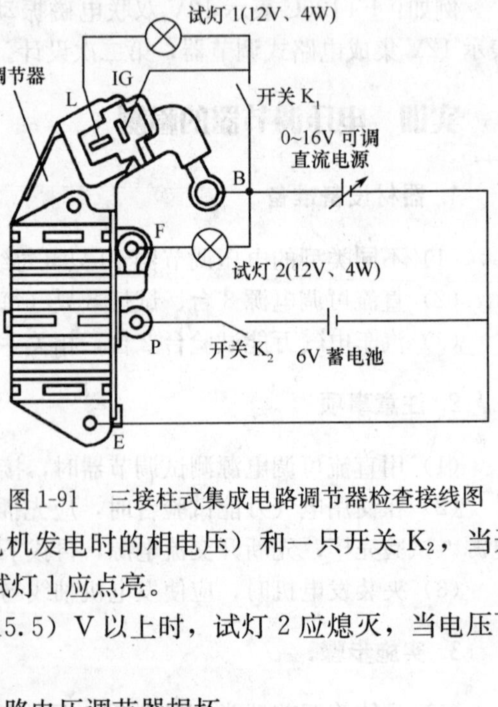

图1-91 三接柱式集成电路调节器检查接线图

在P与E间接一只6V的蓄电池（模拟发电机发电时的相电压）和一只开关K_2，当开关K_2闭合时试灯1应熄灭，当开关K_2断开时试灯1应点亮。

调节可调直流电源，当电压升高到(15.0～15.5）V以上时，试灯2应熄灭，当电压下降到13.5V以下时，试灯2应点亮。

若测试结果不符合以上要求，则说明集成电路电压调节器损坏。

②四接柱式集成电路电压调节器的检测。按图 1-92 所示连接好线路，在调节器 B、S 与 E 接柱间各接一只（1～16）V 的可调直流电源，B 与 F 接柱间接一只 12V、4W 的直流灯泡试灯 2（替代发电机的励磁绕组），L 与 IG 之间接一 12V、4W 的直流灯泡试灯 1（代替充电指示灯），在 B 与 IG 之间接一开关 K_1，当开关 K_1 闭合时，试灯 1、2 应亮。

在 P 与 E 间接一只 6V 的蓄电池（模拟发电机发电时的相电压）和一只开关 K_2，当开关 K_2 闭合时试灯 1 应熄灭，当开关 K_2 断开时试灯 1 应点亮。

调节可调直流电源 1，当电压升高到（15.0～15.5）V 以上时，试灯 2 应熄灭，当电压下降到 13.5V 以下时，试灯 2 应点亮。

调节可调直流电源 2，当电压下降到 13.5V 以下时，试灯 1 应点亮。

若测试结果不符合以上要求，则说明集成电路电压调节器损坏。

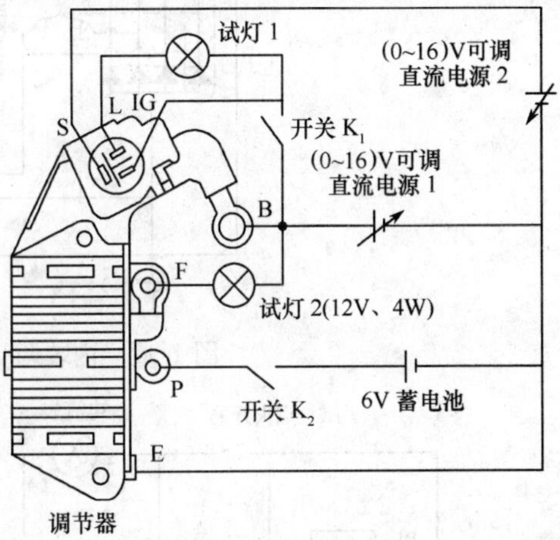

图 1-92 四接柱式集成电路调节器检查接线图

1.4 电源系统电路

汽车充电系统电路包括蓄电池、交流发电机、调节器、电流表、放电警告灯及放电警告灯继电器等。

汽车电源系统电路有内装调节器和外装调节器两种形式。内装调节器的电源系电路也有两种形式，一种是三接柱式，如图 1-93 所示，另一种是四接柱式，如图 1-94 所示。

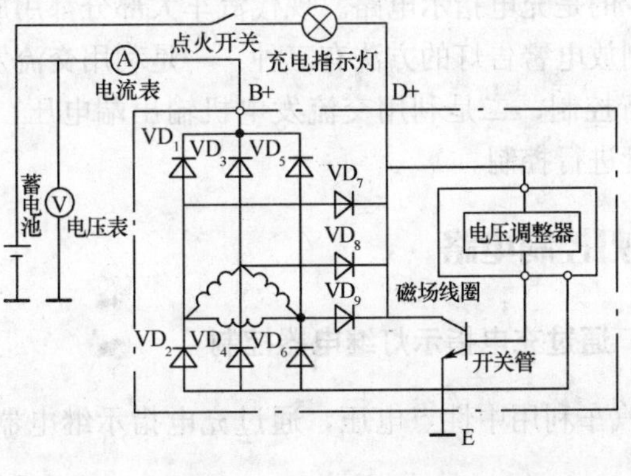

图 1-93 内装调节器三接柱式电源系电路图

外装式调节器的电源系电路也有两种形式，一种是内搭铁交流发电机与内搭铁调节器配合使用的电路，另一种是外搭铁发电机与外搭铁调节器配合使用的电路，如图 1-95 所示。

由图可知，电源系电路不论采取何种形式，都可以将其分为两部分：一部分是主电路，另一部分是控制电路。

主电路是交流发电机对蓄电池进行充电的电路，其电路连接从蓄电池正极⟶熔断器⟶电流表⟶发电机的输出端。

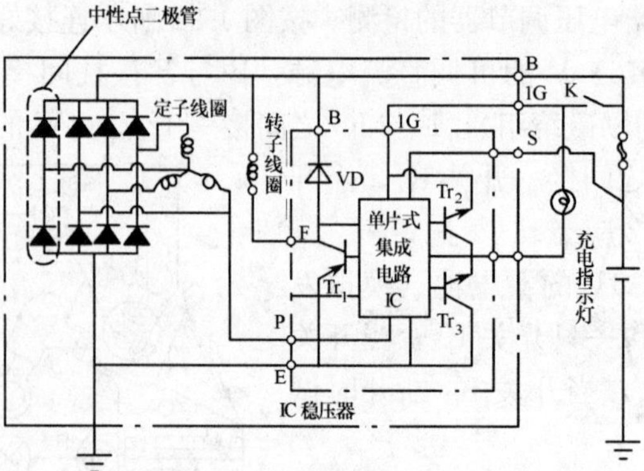

图 1-94 内装调节器四接柱式电源系电路图

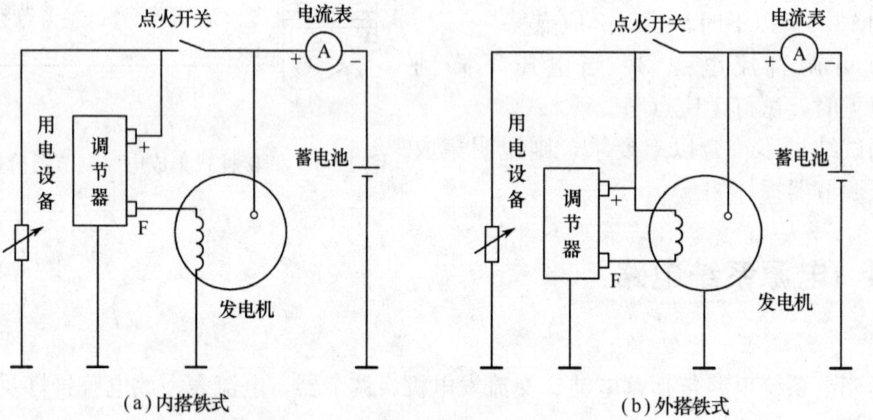

图 1-95 两种调节器外装式电源系电路图

控制电路是指为交流发电机励磁绕组提供励磁电流的电路，电路由点火开关控制。

电源系电路不可缺少的是充电指示电路。现代汽车大部分都用放电警告灯来表示充电系统的工作情况，常用控制放电警告灯的方法有三种：一是利用交流发电机中性点电压，通过继电器或电子控制器进行控制；二是利用交流发电机输出端电压，通过电子控制器进行控制；三是利用磁场二极管进行控制。

1.4.1 放电警告灯控制电路

1. 利用中性点电压，通过充电指示灯继电器控制

图 1-96 所示为丰田汽车利用中性点电压，通过充电指示继电器控制的放电警告灯控制电路，其工作过程如下：

刚接通点火开关 SW 时，电流从蓄电池正极──→充电指示灯──→充电指示灯继电器的常闭触点 K_1──→搭铁──→蓄电池负极形成回路，充电指示灯发亮，同时，蓄电池电流还经熔断器、电压调节器的常闭触点 K_3，向交流发电机的磁场绕组励磁。

当交流发电机输出电压随转速升高达到充电电压时，在中性点电压作用下，充电指示继电器的常闭触点 K_1 被线圈 L_1 产生的电磁吸力吸开，K_2 闭合，充电指示灯被短路而熄灭，这表示交流发电机工作正常。

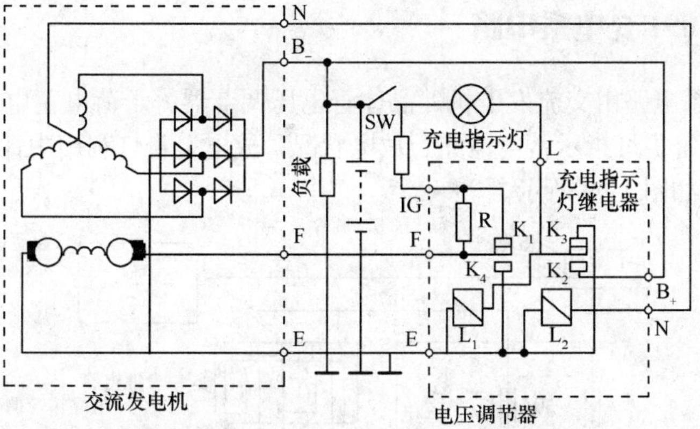

图 1-96　充电指示继电器控制的放电警告灯控制电路

2. 利用三相绕组的一相火线控制

图 1-97 所示为天津大发微型车充电指示灯控制电路。只需在 N 端接一个指示灯，当交流发电机工作正常时，充电指示灯亮，表示充电；若充电指示灯突然熄灭，则表示充电系统有故障。

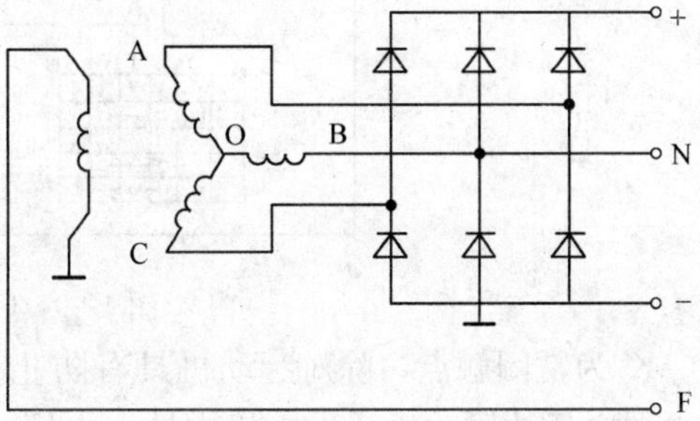

图 1-97　天津大发微型半充电指示灯控制电路

3. 利用磁场二极管控制

图 1-98 所示为利用磁场二极管控制放电警告灯电路图。其工作过程如下：

接通点火开关，电流经蓄电池“+”极⟶点火开关 S⟶放电警告灯 HL⟶调节器火线接线柱“+”⟶磁场接线柱“F”⟶发电机励磁绕组⟶搭铁⟶蓄电池“−”极，放电警告灯亮，表示不充电。

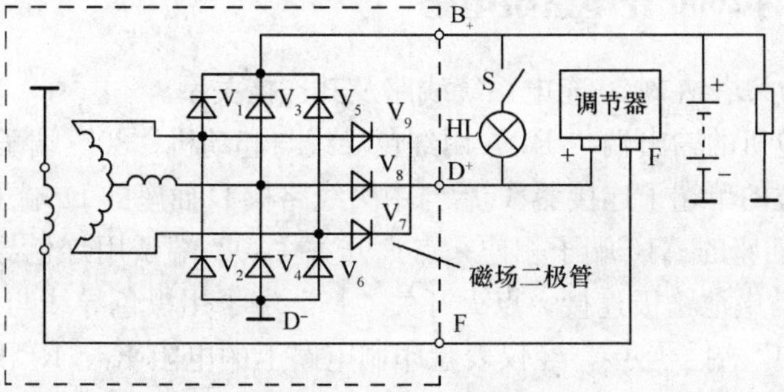

图 1-98　利用磁场二极管控制放电警告灯电路

放电警告灯受蓄电池电压和励磁二极管输出端电压“D_+”的差值所控制，当发动机起动后，随发电机转速的升高，D_+ 处电压升高，放电警告灯两端的电位差减小，充电指示灯会自动变暗直至熄灭，此后，“B_+”与“D_+”等电位（都高于蓄电池电动势），放电警告灯一直熄灭，表示发电机对蓄电池充电。

1.4.2 CA1091 充电系电路

CA1091 充电系电路由交流发电机、晶体管电压调节器、干荷电蓄电池等组成。此电路利用电流表及放电警告灯指示蓄电池充、放电状况，放电警告灯利用中性点电压，通过起动组合继电器控制，如图 1-99 所示。

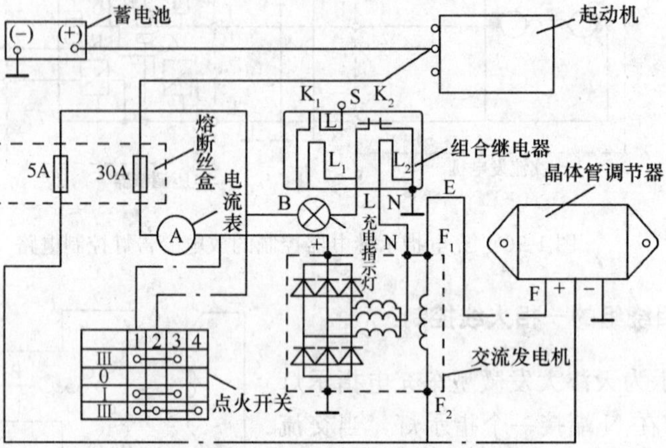

图 1-99 CA1091 充电系电路

K_2为常闭触点，除对起动机具有防止误起动外，还用来控制放电警告灯亮、灭；L_2为继电器电压线圈，承受发电机中性点电压。

放电警告灯电路回路为：蓄电池“+”极⟶起动机“电源”接线柱⟶30A 保险丝⟶电流表⟶点火开关⟶放电警告灯⟶继电器“L”接线柱⟶常闭触点 K_2⟶搭铁⟶蓄电池“−”极。

发电机磁场绕组电路回路为：蓄电池“+”极⟶起动机“电源”接线柱⟶30A 保险丝⟶电流表⟶点火开关⟶5A 保险丝⟶发电机“F_2”接线柱⟶磁场绕组⟶发电机“F_1”接线柱⟶调节器“F”接线柱⟶搭铁⟶蓄电池“−”极。

1.4.3 桑塔纳 2000 充电系统电路

图 1-100 所示为桑塔纳 2000 充电系统线路及其连接关系。

整体式交流发电机的输出端“B_+”用红色导线与起动机“30”端子连接；“D+”用蓝色导线经蓄电池旁边的单端子连接器 T_1后与中央线路板 D 插座的 D_4端子连接，再经中央线路板内部线路与 A 插座的 A16 端子相连；点火开关“30”端子用红色导线经中央线路板上的单端子插座 P 与蓄电池正极连接；点火开关“15”端子用黑色导线与仪表盘左下方“14”端子黑色插座的“14”端子连接，经仪表盘印刷电路上的电阻 R_1、R_2和放电警告灯（R_2和放电警告灯串联后再与 R_1并联）和二极管接回到“14”端子黑色插座“12”端子，再用蓝色导线与中央线路板 A 插座的“A16”端子连接。

由图可知，放电警告灯及发电机磁场绕组线路回路为：

蓄电池正极端子⟶中央线路板单端子插座“P”端子⟶中央线路板内部线路⟶中央线路板单端子插座“P”端子⟶点火开关“30”端子⟶点火开关⟶点火开关“15”端子⟶组合仪表盘下方“14”端子连接器的“14”端子⟶电阻 R_2和放电警告灯（发光二

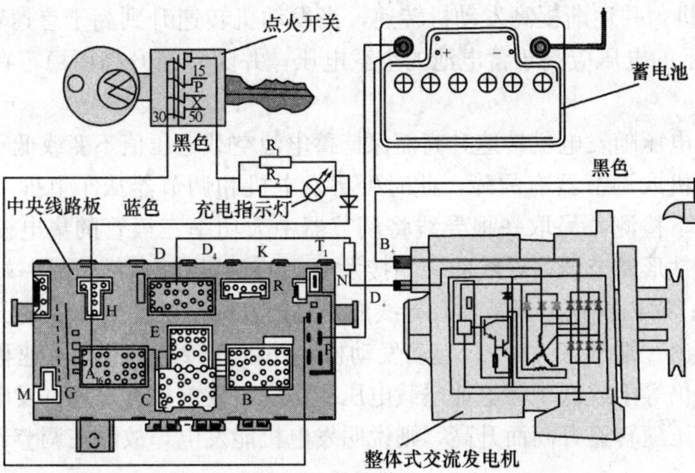

图 1-100　桑塔纳 2000 充电系统电路

极管）⟶二极管⟶中央线路板“A16”端子⟶中央线路板内部线路⟶中央线路板“D_4”端子⟶单端子连接器 T_1（蓄电池旁边）⟶交流发电机“D_+”端子⟶发电机的磁场统组⟶电子调节器功率管⟶搭铁⟶蓄电池负极。

实训一　不充电故障的诊断与排除

1. 器材设备准备

能正常运转的实训轿车若干辆，试灯若干，万用表、常用工具若干。

2. 注意事项

（1）发电机运转时，不能用试火的方法检查发电机是否发电。

（2）发电机与蓄电池之间的连接要牢靠，如突然断开，会产生过电压损坏发电机或调节器的电子元件。

（3）当发现发电机或调节器有故障，需要从车上拆下来检修时，首先关断点火开关及一切用电设备，拆下蓄电池负极电缆线，再拆卸发电机上的导线接头。

（4）一旦发现交流发电机或调节器有故障，应立即检修及时排除故障。

3. 实施步骤

（1）故障现象

①放电警告灯诊断。起动并预热发动机后，将转速控制在 1 200r/min 左右运转 10min，关闭点火开关使发动机停止运转；再接通点火开关，观察放电警告灯是否发亮，若放电警告灯发亮，则再次起动发动机，并逐渐升高发动机转速（即逐渐加大油门），当发动机转速升高到 600r/min～800r/min（发电机转速升高到 1 200r/min～2 000r/min）时，放电警告灯自动熄灭，说明放电警告灯线路正常，发电机能够发电。若放电警告灯不能熄灭，说明放电警告灯线路、充电系有故障。

②电压表诊断。关闭点火开关，将直流电压表的正极接发电机“输出”端子（“B”），负极搭铁，记下此时电压表指示的电压，该电压即为蓄电池的空载电压，正常值为（12.0～

12.6）V；起动发动机，并逐渐提高发动机转速，当发动机转速升到高于怠速转速（800 r/min）时，电压表指示的电压应高于蓄电池的空载电压，并随转速升高而稳定在某一调节电压值不变。

若电压表指示的电压随发电机转速升高而保持蓄电池空载电压值不变或低于蓄电池空载电压值，则说明发电机或调节器有故障，此时可将发电机和调节器从车上拆下分别进行检测，也可继续进行以下检测。另取一根导线将调节器中大功率三极管的集电极与发射极短接，方法是：对外搭铁形调节器，导线的一端接发电机的磁场“F”端，另一端接发电机的“搭铁”端子（“E”）；对内搭铁形调节器，导线的一端接发电机的“磁场”端子（“F”），另一端接发电机的“输出”端子（“B”）；起动发动机，并将其转速升到比怠速稍高，观察电压表指示的电压，若仍等于或低于蓄电池空载电压，则说明发电机有故障（发电机不发电）；若此时电压表指示电压随转速升高而升高，则说明发电机能发电，故障在调节器。

（2）故障原因

①发电机皮带断裂或过松。

②充电线路或磁场线路的接线断开或短路。

③磁场绕组断路、匝间短路或搭铁。

④定子绕组断路、匝间短路或搭铁。

⑤电刷与滑环接触不良。

⑥整流二极管断路或被击穿。

⑦调节器调整不当或有故障。

（3）故障诊断步骤与方法

①检查发电机皮带的状况。用手指压下发电机皮带的中部，检查发电机皮带的松紧度，若下压量过大，说明发电机皮带过松，应调整。检查发电机皮带是否破裂、表面是否有油污。

②检查充电线路和磁场线路的各导线和接头有无断裂或松脱，发电机的接线是否正确。

③打开点火开关，但不要起动发动机，将试灯的一端接在发电机磁场接线柱上，另一端搭铁，观察试灯是否亮。若试灯不亮，说明磁场线路或调节器有故障，应逐段检查线路是否断路；若试灯亮，则拆下发电机“电枢”接线柱上的导线并悬空，用试灯将其一端接在发电机“电枢”接线柱上，另一端搭铁，若试灯不亮或灯光发红，说明故障在发电机。

④若发电机有故障，可通过检查发电机各接线柱之间的电阻值粗略判断故障所在。测量前，拆下发电机各接线柱上的导线，将万用表置于 R×1Ω 挡，测量各接线柱间的电阻值，其阻值应符合规定，若不符合规定，应对发电机进行拆检。

实训二　充电电流过小故障诊断与排除

1. 器材设备准备

能正常运转的实训轿车若干辆，试灯若干，万用表、常用工具若干。

2. 实施步骤

（1）故障现象

①蓄电池在亏电情况下，发动机中速以上运转时，电流表指示充电电流过小。

②蓄电池经常存电不足。

③打开大灯，灯光暗淡，按电喇叭声音小。

(2) 故障原因

①发电机皮带打滑。

②蓄电池“+”极至发电机电枢接柱间的线路接触不良。

③发电机的磁场线路接触不良。

④电刷与滑环接触不良。

⑤电枢绕组局部短路或断路。

⑥个别二极管断路或击穿。

⑦电压调节器工作不良。

(3) 故障诊断步骤与方法

①外观检查。首先检查发电机皮带是否过松，若过松应先进行调整，在调整过程中如果出现调整装置已调整到极限状况时，应更换皮带；若发电机皮带松紧度合适，则进一步检查发电机皮带表面是否有油污、破裂；再检查线路各导线接头是否接触不良或锈蚀脏污。

②拆下发电机上接线柱的导线，检查发电机各接线柱之间的电阻值粗略判断故障所在。将万用表置于R×1Ω挡，测量各接线柱间的电阻值，其阻值应符合规定，若不符合规定，应对发电机进行拆检。

③短接电压调节器上的“+”和“F”（内搭铁式）或“F”和“−”端子，起动发动机，并逐渐提高转速，发电机输出电压应随其转速的升高而增大，若电压指示值无变化，说明故障在发电机。拆下电压调节器做进一步检查。

实训三 充电电流不稳故障诊断与排除

1. 器材设备准备

能正常运转的实训轿车若干辆，试灯若干，万用表、常用工具若干。

2. 实施步骤

(1) 故障现象。发动机机正常运转时，汽车上的电流表指示充电，但指针总是左右摆动，忽大忽小。

(2) 故障原因。

①发电机皮带过松、跳动或带轮失圆。

②发电机内部接线松动、接触不良。

③发电机电刷磨损过甚或卡滞，电刷弹簧弹力减退或折断，滑环脏污或失圆。

④调节器工作不良，磁场线接触不良。

(3) 故障诊断步骤与方法。

①检查发电机皮带是否过松，跳动或带轮失圆。

②拆下发电机“F”接线柱上的导线，试灯的两端分别接“B_+”和“F”接柱（对于外搭铁发电机还应将“E”端子搭铁），起动发动机，逐渐提高发动机转速，观察试灯的亮度，若试灯亮度不随发动机转速的升高而增加或亮度增加不明显，说明发电机内部有故障，需检查或更换发电机；若试灯的亮度随发动机转速的升高而增强，说明发电机工作正常，故障则可能为电压调节器或线路接触不良。

小结

1. 蓄电池

(1) 蓄电池是一种既能将化学能转化为电能，也能将电能转化为化学能的可逆低压直流电源。

(2) 蓄电池在发动机起动时供电，在发动机停止或怠速运转时也供电。每当出现供电需求超出发电机输出时，蓄电池也参与供电。蓄电池可以缓和电气系统中的浪涌电压。

(3) 蓄电池主要由极板、隔板、电解液和外壳组成。蓄电池正极板上的活性物质是二氧化铅，负极板上的活性物质是海绵状纯铅。电解液由蒸馏水和化学纯硫酸组成，其相对密度为（1.24～1.30）g/cm^3。

(4) 蓄电池放电终了的特征是单格电压降低到最低允许值，电解液密度下降到最低允许值。充电终了的特征是单格电压上升到最大值，电解液密度上升到最大允许值，电解液呈沸腾状。

(5) 蓄电池的容量单位为安培小时（A·h），常用的容量有额定容量和起动容量。

(6) 影响蓄电池容量的因素有放电电流、电解液密度和电解液的温度。

(7) 接通起动机的时间不要超过5s，两次起动之间的间隔为15s以上。

(8) 如果能确认蓄电池的电解液没有泄漏，在电解液不足时，应补加蒸馏水。

(9) 蓄电池的充电方法有定电流充电、定电压充电和快速充电。充电种类有初充电、补充充电和去硫化充电。

(10) 蓄电池技术状况的检查主要包括电解液液面高度的检查、电解液密度的检查、端电压检查等。

2. 发电机及调节器

(1) 交流发电机由转子、定子、整流器、端盖及电刷总成等部分组成。

(2) 交流发电机的转子为一旋转磁场，磁力线与定子绕组之间产生相对运动，产生交流电动势，然后通过三相桥式整流电路，将交流电转化为直流电，供给汽车上的用电设备。

(3) 交流发电机的特性有空载特性、输出特性和外特性，其中以输出特性最为重要。

(4) 交流发电机的检测包括整体检测和主要部件的检测。整体检测包括各接线柱间电阻值的检测、试验台动态试验。部件检测包括转子总成、定子总成、整流器、电刷总成的检测。

(5) 交流发电机转速及负载在很大范围内变化，均可引起发电机的输出电压发生较大变化，因此，交流发电机必须配备电压调节器，使其输出电压保持稳定。

(6) 晶体管电压调节器是利用晶体管的开关特性，来控制发电机的磁场电流，使发电机的输出电压保持恒定。

(7) 集成电路电压调节器将所有的二极管、晶体管的管芯都集成在一块基片上，实现了调节器的小型化，并将其装在发电机内部，减少了外部线路，缩小了整个电源系统的体积。

(8) 电压调节器有内搭铁和外搭铁的区别，必须与发电机匹配使用。在某种特殊情况下，电压调节器与交流发电机的内外搭铁形式不能匹配时，可以临时替代使用，但其线路连接也应做相应的改动。

(9) 交流发电机电源系常见的故障有不充电、充电电流过小、充电电流不稳等。

习 题 1

一、选择题

1. 蓄电池与发电机两者之间在汽车上的连接方法是（ ）。

A. 串联连接 B. 并联连接 C. 各自独立 D. 以上都不对

2. 蓄电池充足电时，正极板上的活性物质是（ ）。

A. 硫酸 B. 纯铅 C. 二氧化铅 D. 硫酸铅

3. 蓄电池在汽车上的主要作用是（ ）。

A. 用来充电 B. 用来吸收发动机的过电压，保护电子元件

C. 用来给起动机供电，起动发动机 D. 做备用电源

4. 蓄电池使用的电解液密度是（ ）。

A. 越大越好 B. 越小越好 C. 密度没有要求，而纯度有要求

D. 在保证不结冰的前提下，密度适当偏小

5. 蓄电池在使用过程中，要注意检查液面高度，其标准高度是（ ）。

A. 与极板组平行 B. 比极板组略低 C. 没有严格要求，可高可低

D. 比极板组高 15mm。

6. 下列说法哪个是错误的（ ）。

A. 干荷蓄电池在使用之前不需要初充电 B. 普通蓄电池的轻微自放电是正常的现象

C. 免维护蓄电池在使用中不需补加蒸馏水 D. 选择蓄电池时，主要是按照汽车的瓶架，根据蓄电池的外型尺寸来选

7. 九管发电机中，多增加的三个二极管的作用是（ ）。

A. 提高发电机的功率 B. 引出中性点接线柱 C. 用来控制充电指示灯

D. 用来调节输出电压，使输出电压保持恒定

8. 交流发电机的转子中有一个线圈绕组，其作用是（ ）。

A. 产生磁场，且磁场的大小可调 B. 产生磁场，且磁场的大小恒定

C. 产生交流电 D. 产生直流电

9. 对于采用星形连接的交流发电机三相绕组来说，下面哪种说法是错误的（ ）。

A. 一定是对称绕组 B. 一定是用来产生交流电的 C. 每相绕组的首端连接一个炭刷

D. 一定是末端连接在一起

10. 当一辆解放汽车行驶时，充电指示灯亮，说明（ ）。

A. 发电机有故障 B. 调节器有故障 C. 充电线路有故障 D. 不一定

二、判断题

1. 现代汽车大多采用铅酸蓄电池。 （ ）

2. 交流发电机与蓄电池并联工作。 （ ）

3. 在一个单格蓄电池中，负极板的片数总比正极板多一片。（ ）
4. 将蓄电池正负极板各插入一片到电解液中，即可获得 12V 的电动势。（ ）
5. 在放电过程中，正负极板的上的活性物质都转变为硫酸铅。（ ）
6. 在放电过程中，蓄电池的放电电流越大，其容量就越大。（ ）
7. 在定电压充电过程中，其充电电流也是定值。（ ）
8. 免维护蓄电池在使用过程中不需补加蒸馏水。（ ）
9. 蓄电池主要包括极板、隔板、电解液和外壳等。（ ）
10. 蓄电池可以缓和电气系统中的冲击电压。（ ）
11. 蓄电池正极板上的活性物质是二氧化铅，负极板上的活性物质是海绵状纯铅。（ ）
12. 蓄电池极板硫化的原因主要是长期充电不足，电解液不足。（ ）
13. 如果将蓄电池的极性接反，有可能将发电机的磁场绕组烧毁。（ ）
14. 为了防止冬天结冰，蓄电池电解液的密度越高越好。（ ）
15. 交流发电机中硅整流器中的正极管的负极为发电机的正极。（ ）
16. 交流发电机中性点 N 的输出电压为发电机电压的一半。（ ）
17. 三相桥式整流电路中，每个二极管导通的时间占整个周期的 1/2。（ ）
18. 内搭铁电子调节器和外搭铁调节器可以互换使用。（ ）
19. 交流发电机的激磁方法为：先它激，后自激。（ ）
20. 检查发电机的励磁电路和发电机本身，查不出不充电故障的具体部位。（ ）

三、问答题

1. 蓄电池按其结构特点可分为哪两大类？
2. 汽车上装有哪两个直流低压电源？
3. 蓄电池在汽车哪四种情况下放出或充入电能？
4. 蓄电池由哪几部分组成？简述各自的作用。
5. 蓄电池的负极板组中的负极板为什么比正极板组中的正极板多 1 片？
6. 简述 8 管式、9 管式、11 管式交流发电机的结构特点异同。
7. 如何判断交流发电机与调节器的搭铁类型？
8. 交流发电机及调节器使用维修中的注意事项有哪些？
9. 交流发电机和调节器的检查与测试的内容包括哪些？如何进行？

四、应会题

1. 在讨论蓄电池电极桩的连接时，技师甲说，脱开蓄电池电缆时，始终要先拆下负极电缆；技师乙说，连接蓄电池电缆时，始终要先连接负极电缆。谁正确？（ ）

A. 甲正确 B. 乙正确 C. 两人均正确 D. 两人均不正确

2. 一位顾客早晨起动汽车时蓄电池总是没电，当一次跨接蓄电池起动后，该车整天的起动都没问题，技师甲说，起动机起动电流太大；技师乙说，或许杂物箱灯一直亮着。谁正确？（ ）

A. 甲正确 B. 乙正确 C. 两人均正确 D. 两人均不正确

3. 已检测了蓄电池的相对密度，所有的单格电池校正后的读数均为 1.200，技师甲说，

在进一步检测前，蓄电池需要补充充电；技师乙说，蓄电池被硫化，需要更换。谁正确？（　）

A. 甲正确　B. 乙正确　C. 两人均正确　D. 两人均不正确

4. 在讨论蓄电池充电问题时，技师甲说，在蓄电池充电时将电压表跨接在两电极桩间，保持读到的充电率略低于15V；技师乙说，为了防止损坏交流发电机和计算机，对车上的蓄电池进行快速充电时应脱开蓄电池负极电缆。谁正确？（　）

A. 甲正确　B. 乙正确　C. 两人均正确　D. 两人均不正确

5. 在讨论蓄电池的泄漏检测时，技师甲说，蓄电池的泄漏检测，常用来确定加负载时电池能否提供起动电流和电压；技师乙说，在进行蓄电池的泄漏检测时0.05V的电压表读数是可以接受的。谁正确？（　）

A. 甲正确　B. 乙正确　C. 两人均正确　D. 两人均不正确

6. 在讨论开路检测时，技师甲说，在进行开路电压检测之前必须让蓄电池稳定；技师乙说，12.4V的检测结果是可以接受的。谁正确？（　）

A. 甲正确　B. 乙正确　C. 两人均正确　D. 两人均不正确

7. 一只免维护蓄电池的容量检测没有通过，技师甲说，如果电压恢复到12.45V，该蓄电池仍然是好的；技师乙说，如果电压值没有恢复到12.4V，对蓄电池补充充电然后重复容量检测。谁正确？（　）

A. 甲正确　B. 乙正确　C. 两人均正确　D. 两人均不正确

8. 在讨论3min充电试验时，技师甲说，如果电压表指示出略低于15.5V，此蓄电池必须更换；技师乙说，如果电压表读数高于15.5V，该蓄电池是好的。谁正确？（　）

A. 甲正确　B. 乙正确　C. 两人均正确　D. 两人均不正确

9. 在跨接起动一辆汽车时，观察到冒烟，然后发动机搭铁电缆燃烧起来，技师甲说，这种事故的发生是由于两辆车接触了；技师乙说，这是由于把负极跨接电缆接到了“爬窝”汽车的发动机搭铁上引起的。谁正确？（　）

A. 甲正确　B. 乙正确　C. 两人均正确　D. 两人均不正确

10. 在电解液中发现了冰结晶，技师甲说，这表明此蓄电池被放电了；技师乙说，此蓄电池可能被跨接过。谁正确？（　）

A. 甲正确　B. 乙正确　C. 两人均正确　D. 两人均不正确

11. 在讨论充电系统时，技师甲说，检测充电系统之前，必须首先检查蓄电池；技师乙说，蓄电池的充电状态不影响充电系统检测。谁正确？（　）

A. 甲正确　B. 乙正确　C. 两人均正确　D. 两人均不正确

12. 在讨论交流发电机噪声故障时，技师甲说，松动的传动带会产生噪声；技师乙说，哼叫噪声是由于短路的二极管引起的。谁正确？（　）

A. 甲正确　B. 乙正确　C. 两人均正确　D. 两人均不正确

13. 技师甲说，空载/加载的电压输出检测用来快速判断充电系统是否工作正常；技师乙说，第一步要进行充电系统的目测检查和预检查。谁正确？（　）

A. 甲正确　B. 乙正确　C. 两人均正确　D. 两人均不正确

14. 在讨论输出电压的检测结果时，技师甲说，如果充电电压太高，则传动带松了或打滑；技师乙说，如果充电电压太低，故障可能是电压调节器励磁绕组搭铁（满激磁）。谁正确？（　）

A. 甲正确　B. 乙正确　C. 两人均正确　D. 两人均不正确

15. 在讨论电压降检测时，技师甲说，整个系统电压降应小于 0.7V；技师乙说，搭铁回路电压降应小于 0. 2V。谁正确？（　）

A. 甲正确　B. 乙正确　C. 两人均正确　D. 两人均不正确

16. 技师甲说，励磁电流检测能确定励磁绕组可达到的电流；技师乙说，当进行励磁电流检测时，打滑的传动带会导致低的读数。谁正确？（　）

A. 甲正确　B. 乙正确　C. 两人均正确　D. 两人均不正确

17. 技师甲说，满励磁的意思是全部蓄电池电流恒定地激励励磁绕组；技师乙说，如果充电系统通过了输出检测，才能进行满励磁检测。谁正确？（　）

A. 甲正确　B. 乙正确　C. 两人均正确　D. 两人均不正确

18. 技师甲说，如果将调节器旁路进行满励磁，其输出低于规定值，则调节器是出问题的原因；技师乙说，满励磁检测能查出问题出在交流发电机还是出在调节器。谁正确？（　）

A. 甲正确　B. 乙正确　C. 两人均正确　D. 两人均不正确

19. 技师甲说，所有的交流发电机都有一种满励磁和旁路调节器的方法；技师乙说，许多进口的和国产的交流发电机必须解体才能确认充电系统故障的原因。谁正确？（　）

A. 甲正确　B. 乙正确　C. 两人均正确　D. 两人均不正确

20. 在讨论充电系统时，技师甲说，打算检测充电系统之前，必须首先检查蓄电池；技师乙说，蓄电池的充电状态不影响充电系统检测。谁正确？（　）

A. 甲正确　B. 乙正确　C. 两人均正确　D. 两人均不正确

第 2 章

汽车起动系统

知识目标	能力目标
• 正确描述起动机的组成、结构，各部件间的相互关系； • 掌握起动机的工作过程； • 了解减速起动机的结构及工作过程。	• 能正确完成起动机的就车更换； • 能正确完成起动机的拆装、主要部件的检测及总成性能检测； • 能正确分析起动系电路； • 能进行起动系常见故障的诊断与排除。

2.1 起动系概述

2.1.1 起动系的功用

汽车起动系为内燃机的曲轴提供转矩，使发动机达到必需的起动转速，并进入自行运转状态。

2.1.2 起动系的起动方式

常用的汽车发动机起动方式有人力起动、电力起动、辅助汽油机起动三种，见表 2-1。

表 2-1 常用汽车发动机起动方式

起动方式	起动过程	特点	应用
人力起动	将起动手摇柄端头的横销嵌入发动机曲轴前端的起动爪内，以人力转动曲轴	操作简单，但不方便、不安全	目前仅用于农用车及在部分汽车上作为后备起动方式
电力起动	以电动机作为机械动力。当电动机轴上的齿轮与发动机飞轮周缘的齿圈啮合时，动力就传到飞轮和曲轴，使之旋转，起动发动机	操作轻便、起动迅速可靠、重复起动能力强，可远距离控制	现代汽车发动机广泛采用
辅助汽油机起动		体积大、结构复杂	大型柴油发动机的起动

2.1.3 起动系的基本要求

对起动系的基本要求如下：

（1）起动机的额定功率应与发动机起动所必需的功率相匹配，以保证起动机产生的电磁力矩大于发动机起动时的阻力矩，带动发动机以高于最低起动转速运转。

（2）蓄电池的容量必须与起动机的功率相匹配，以保证为起动机提供足够大的起动电流和必要的持续时间。起动电路的连接要可靠，起动主电路导线电阻和接触电阻要尽可能小，一般应在 0.01Ω 以下，因此，起动主电路的导线截面积比普通导线截面积大得多，并且连接非常牢固、可靠。

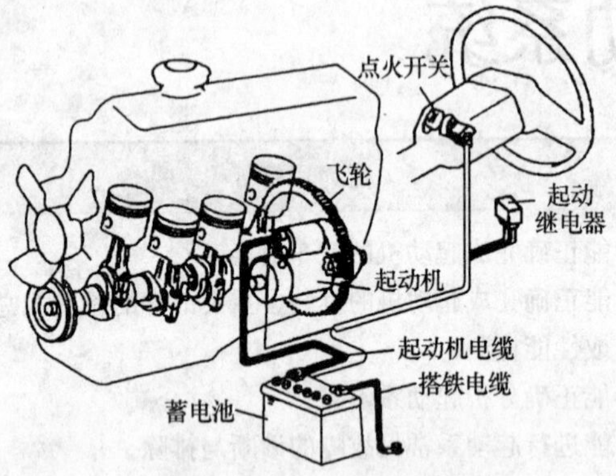

图 2-1 电力起动系统

（3）发动机起动后，起动机小齿轮自动与发动机飞轮退出啮合或滑转，防止发动机带动起动机运转。

2.1.4 电力起动系统的组成

电力起动系统主要由蓄电池、起动机、起动继电器、点火开关等部件组成，如图 2-1 所示。起动机在点火开关及起动继电器的控制下通电转动，并带动发动机齿轮齿圈使曲轴转动，起动发动机。为增大转矩，便于起动，起动机与曲轴的传动比为：汽油机一般 13～17，柴油机一般8～10。起动机驱动齿轮的齿数一般为 5～13 齿。

2.2 起动机

起动机（俗称“马达”）通常由直流电动机、传动机构和操纵机构三部分组成，如图 2-2 所示。

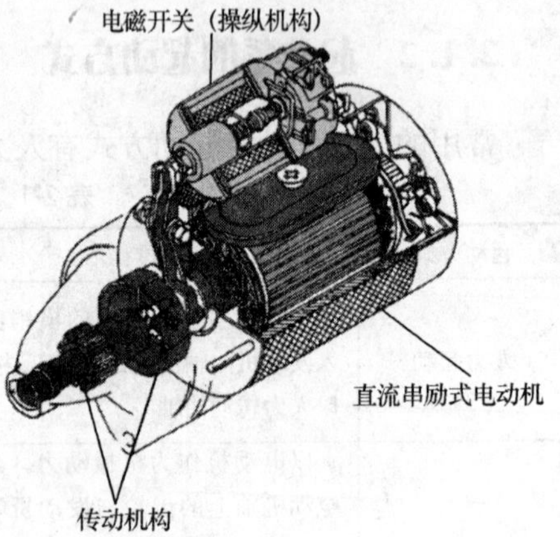

图 2-2 起动机的结构

直流电动机是将电能转换为机械能的装置，其功用是产生发动机起动时所需要的电磁转矩。

传动机构由单向离合器与驱动齿轮、拨叉等组成，其作用是在起动发动机时使驱动齿轮与飞轮齿圈相啮合，将起动机的转矩传递给发动机曲轴；在发动机起动后又能使驱动齿轮与飞轮自动脱离，在它们脱离过程中，发动机飞轮反拖驱动齿轮时，单向离合器使其形成空转，避免了飞轮带动起动机轴旋转。

操纵机构主要是指起动机的电磁开关，用来接通或断开电动机与蓄电池之间的电路。

2.2.1 直流电动机

直流电动机是将电能转化为机械能的装置，其功用是将蓄电池输入的电能转换为机械能，产生发动机起动时所需要的电磁转矩。

直流电动机主要由电枢（转子）、磁极（定子）、换向器和电刷等主要部件构成，如图 2-3 所示。

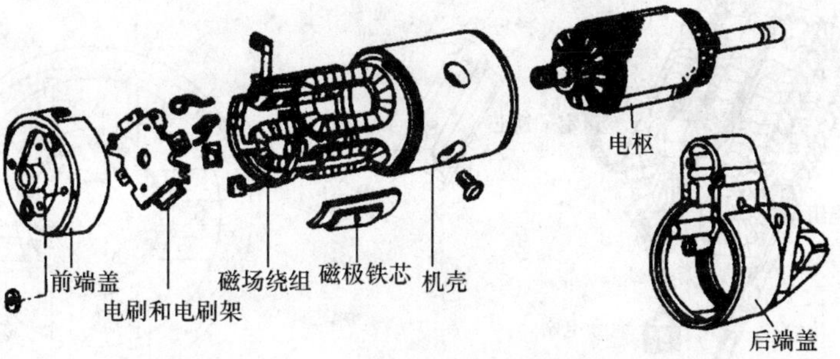

图 2-3　直流电动机的结构

1. 电枢

电枢是直流电动机的转动部分，又称转子，其作用是产生电磁转矩，主要由铁芯、电枢绕组、电枢轴和换向器组成，如图 2-4 所示。

铁芯由硅钢片叠压而成，内以花键固装在电枢轴上。铁芯外围均匀排列绕线线槽，用以放置电枢绕组。为了获得足够大的转矩，通过电枢绕组的电流较大［汽油机为（200～600）A；柴油机可达 1 000A］，因此，电枢绕组采用较粗的矩形裸铜漆包线绕制成型绕组。在铁芯线槽口两侧，用轧纹将电枢绕组挤紧以免转子作高速旋转时由于惯性作用将绕组甩出。电枢绕组的端头均匀地焊在换向片上。为防止绕组短路，在铜线与铜线之间及铜线与铁芯之间用性能良好的绝缘纸隔开。

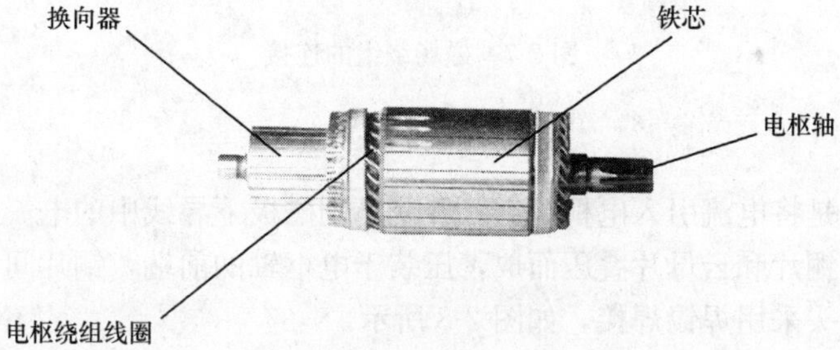

图 2-4　电枢的结构

2. 磁极

磁极又称定子，其功用是产生磁场，主要由励磁绕组、磁极和壳体组成，如图 2-5 所示。

磁极用低碳钢制成极掌形状，并用埋头螺钉紧固在机壳上。磁极一般为四个，相对交错安装在电机的壳体内，电枢与磁极形成的磁通回路如图 2-6 所示，低碳钢板制成的机壳也是磁路的一部分。

励磁绕组由扁铜带（矩形截面）绕制而成，其匝数一般为 6～10 匝，扁铜带之间用绝缘纸绝缘，并用白布带以半叠包扎法包好后浸上绝缘漆烘干而成。

励磁绕组的四个线圈有的是相互串联后再与电枢绕组串联（称为串联式），有的则是两两相串后再并联，再与电枢绕组串联（称混联式），如图 2-7 所示。

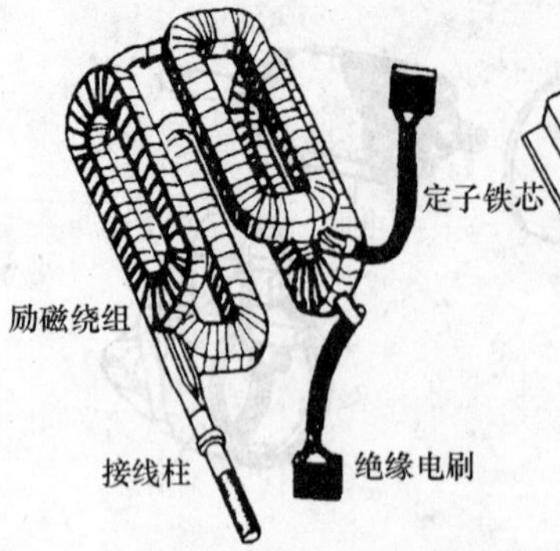

图 2-5 磁极的结构

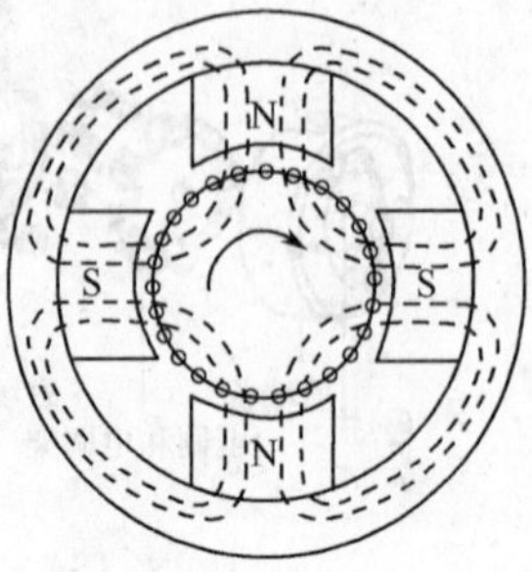

图 2-6 磁通回路

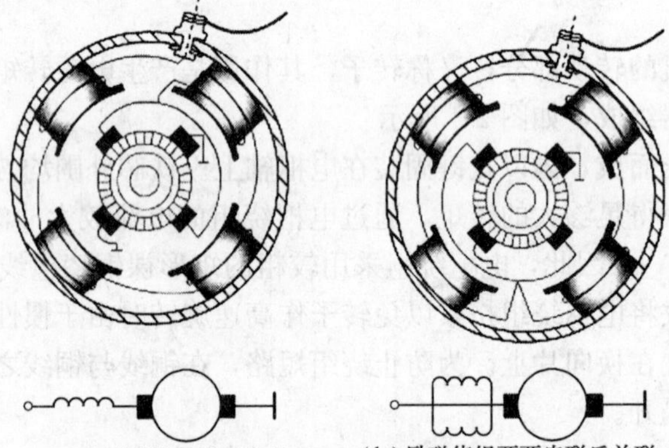

图 2-7 磁场绕组的连接

3. 换向器

换向器的功用是将电流引入电枢绕组，并使不同磁极下导线中的电流方向保持不变。

换向器一般由铜片和云母片叠压而成，压装于电枢轴的前端，铜片间、铜片与轴之间相互绝缘，铜片与线头采用焊锡焊接，如图 2-8 所示。

图 2-8 换向器的结构

高速型起动机转子上的换向器用塑料取代云母，换向片与线头采用了银铜硬钎焊，耐高速又耐高温。

考虑到云母的耐磨性较好，当换向片磨损后，云母片就会凸起，影响电刷与换向片的接触，因此，有些微型汽车使用的起动机铜片之间的云母片规定割低（0.5～0.8）mm，但大多数起动机的云母片与换向片齐平。

4. 端盖与电刷组件

端盖一般用浇铸或冲压法制成，电刷端盖内装有四个电刷架、电刷及电刷弹簧，如图 2-9 所示，其中两个搭铁电刷利用与端盖相通的电刷架搭铁，另外两个电刷的电刷架则与端盖绝缘，绝缘电刷引线与励磁绕组的一个端头相连接。

电刷弹簧压在电刷上，其作用是保证电刷与换向器接触良好。电刷通常用铜粉（80%～90%）和石墨粉压制而成，以减小电阻并提高耐磨性。

驱动端盖上有拨叉座和驱动齿轮行程调整螺钉，还有支撑拨叉的轴销孔，为了避免电枢轴弯曲变形，一些起动机中装有中间支撑板。端盖及中间支撑板上的轴承多用青铜石墨轴承或铁基含油轴承，轴承采用滑动式（俗称“铜套”），以承受起动机工作时的冲击性负荷，有些减速型起动机采用球轴承。

两端盖与机壳靠两个较长的穿心连接螺栓将起动机组装成一个整体。端盖与机壳间接合面上一般制有安装记号。

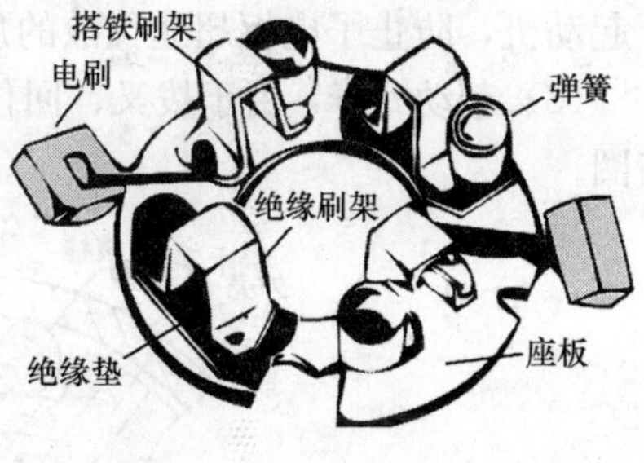

图 2-9　电刷架总成

2.2.2　传动机构

传动机构的作用是：在发动机起动过程中，使起动机的驱动齿轮与发动机飞轮齿圈相啮合，将直流电动机产生的转矩传递给发动机飞轮齿圈，发动机曲轴转动；发动机起动后，飞轮齿圈与驱动齿轮自动打滑脱离。

传动机构一般由驱动齿轮、单向离合器、拨叉、啮合弹簧等组成。单向离合器有滚柱式、摩擦片式、弹簧式等几种类型。

滚柱式单向离合器是最常用的，下面就以滚柱式单向离合器为例，介绍其结构和工作原理。

如图 2-10 所示，滚柱式单向离合器的驱动齿轮与外壳制成一体，外壳内装有十字块和四套滚柱、压帽和弹簧。十字块与花键套筒固连，与外壳相互扣合密封。

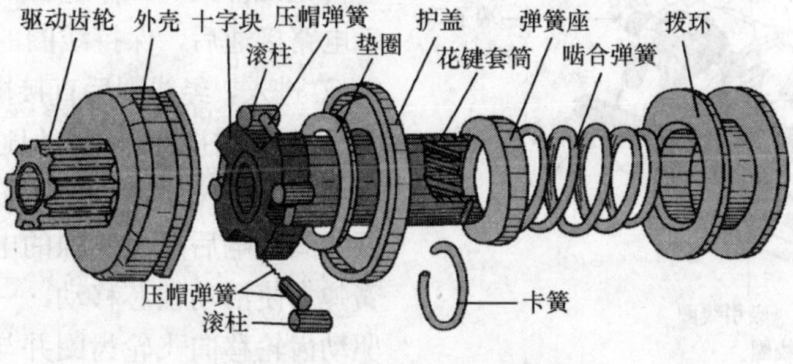

图 2-10　滚柱式单向离合器

花键套筒的外面装有啮合弹簧及衬圈，末端安装着拨环与卡圈。整个离合器总成套装在电动机轴的花键部位上，可作轴向移动和随轴转动。在外壳与十字块之间，形成四个宽窄不等的楔形槽，槽内分别装有一套滚柱、压帽及弹簧。滚柱的直径略大于楔形槽窄端，略小于楔形槽的宽端。

传动机构的工作过程如下：

（1）发动机起动时，经拨叉将离合器沿花键推出，驱动齿轮啮入发动机飞轮齿圈。起动机电枢的转矩经套筒带动十字块旋转，滚柱滚入楔形槽窄端，将十字块与外壳卡紧，于是电动机电枢的转矩可由十字块经外壳传递给驱动齿轮，从而达到驱动发动机飞轮齿圈旋转、起动发动机的目的，如图 2-11（a）所示。

（2）发动机起动后，飞轮齿圈的转速会高于驱动齿轮，而带动驱动齿轮旋转，当转速超过电枢转速时，滚柱滚入宽端，外壳与十字块之间不能传递力矩，发动机的力矩就不会传递至起动机，防止了电枢超速飞散的危险，如图 2-11（b）所示。

（3）起动完毕，由于拨叉、回位弹簧的作用，经拨环使离合器退回，驱动齿轮脱离飞轮齿圈。

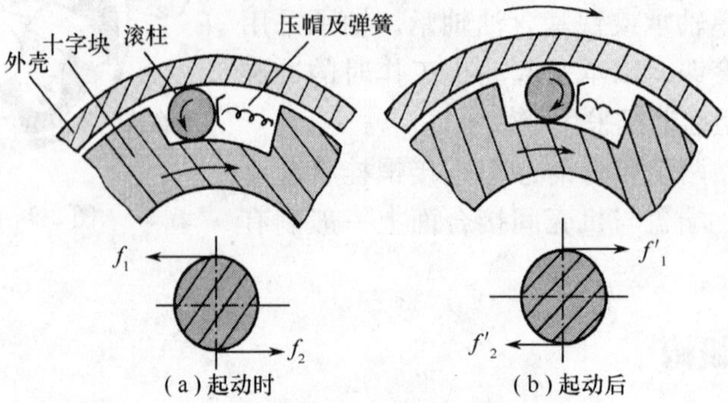

图 2-11　滚柱的受力及作用示意图

2.2.3　操纵机构

起动机的操纵机构主要用来接通或断开电动机与蓄电池之间的电路，控制驱动齿轮与飞轮齿圈的啮合与分离。在现代汽车上，起动机的操纵机构均采用电磁式控制方式，主要是利用电磁开关的电磁力操纵拨叉，使驱动齿轮与飞轮啮合或分离。

图 2-12 所示为电磁开关的结构。电磁开关主要由吸引线圈、保持线圈、回位弹簧、活动铁芯，接触片等组成。端子 C 通过点火开关接电源；端子 30 直接接电源。

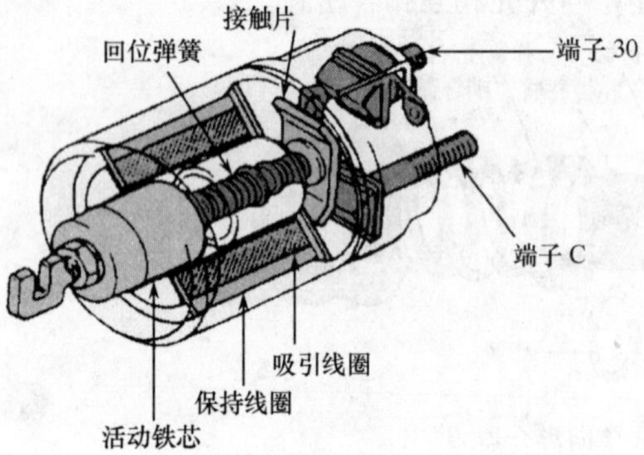

图 2-12　电磁开关的结构

电磁开关的工作过程如图 2-13 所示。当起动电路接通后，保持线圈的电流经起动机接线柱 50 进入，经线圈后直接搭铁；吸引线圈的电流也经接线柱 50 进入，但通过线圈后未直接搭铁，而是进入电动机的励磁线圈和电枢后搭铁。两线圈通电后产生较强的电磁力，克服回位弹簧弹力使活动铁芯移动，一方面通过拨叉带动驱动齿轮移向飞轮齿圈并与之啮合，另一方面推动接触片移向接线柱 50 和 C 的触点，在驱动齿轮与飞轮齿圈进入啮合后，接触片将两个主触点接通，使电动机通电运转。在驱动齿轮进入啮合之前，由于经过吸引线圈的电流经过了电动机，所以电动机在这个电流的作用下会产生缓慢旋转，以便驱动齿轮与飞轮齿圈进入啮合。两个主接线柱触点接通之后，蓄电池的电流直接通过主触点和接触片进入电动机，使电动机进入正常运转，此时通过吸引线圈的电路被短路，因此，吸引线圈中无电流通过，主触点接通的位置靠保持线圈来保持。发动机起动后，切断起动电路，保持线圈断电，在弹簧的作用下，活动铁芯回位，切断了电动机的电路，同时也使驱动齿轮与飞轮齿圈脱离啮合。

2.2.4　减速起动机

为增大起动机的输出力矩，减小起动机的体积和重量，在起动机的传动机构与电枢轴间安装了一套齿轮减速装置，即减速起动机。齿轮减速装置主要有平行轴外啮合减速齿轮装置

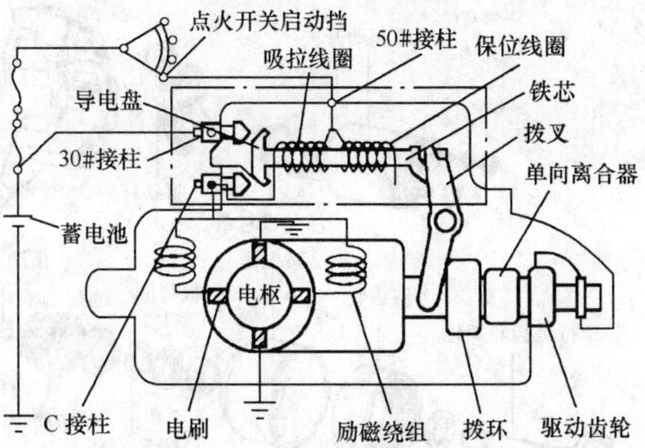

图 2-13　电磁开关工作过程

和行星齿轮减速装置两种形式。

1. 平行轴式减速起动机

如图 2-14 所示，平行轴式减速起动机主要包括电动机、平行轴减速装置、传动机构和控制装置。

图 2-15 所示为减速装置中齿轮的啮合关系及单向离合器的结构。

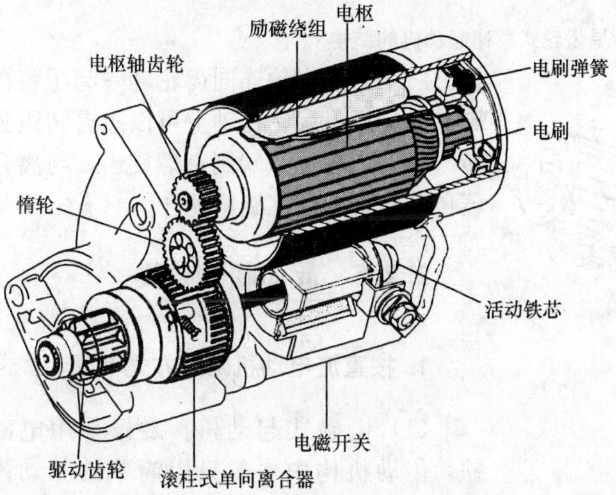

图 2-14　平行轴式减速起动机的构造

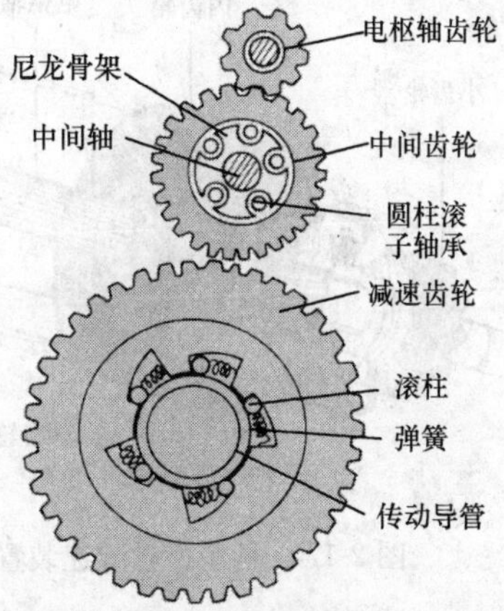

图 2-15　减速装置中齿轮的啮合关系

减速齿轮内壳制成楔形空腔，传动导管装入时，将空腔分割成五个楔形腔室，腔室内放置滚柱和弹簧，不传递动力时，滚柱滚向楔形腔室宽端；传递动力时，由滚柱将传动导管和减速齿轮卡紧成一体。

采用平行轴外啮合减速齿轮装置传动比较大，输出力矩也较大。

2. 行星齿轮式减速起动机

如图 2-16 所示为行星齿轮减速起动机的结构。

如图 2-17 所示，行星齿轮减速装置中有三个行星轮，一个太阳轮（电枢轴齿轮）及一个固定的内齿圈。

内齿圈固定不动，行星齿轮支架是一个具有一定厚度的圆盘，圆盘和驱动齿轮轴制成一

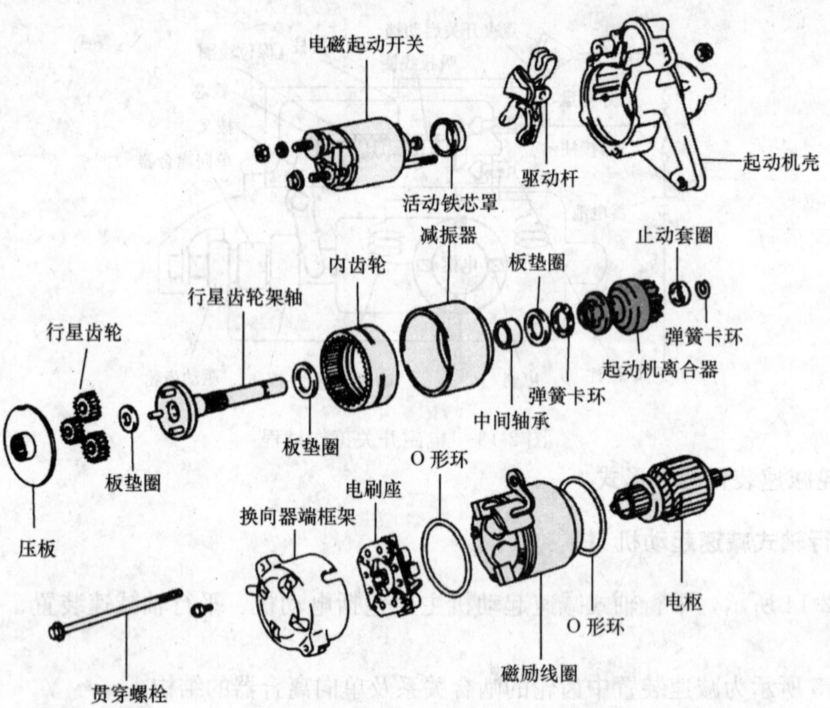

图 2-16 行星齿轮式减速起动机的结构

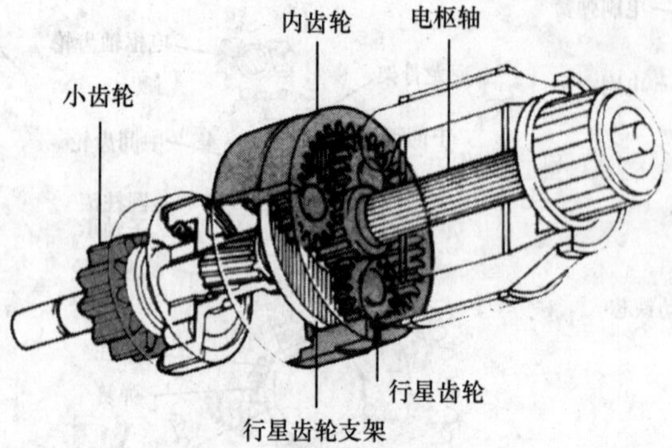

图 2-17 行星齿轮减速装置结构

体。三个行星齿轮连同齿轮轴一起压装在圆盘上，行星齿轮在轴上可以边自转边公转。驱动齿轮轴一端制有螺旋齿，与离合器传动导管内的螺旋槽配合。

2.2.5 起动机的分类

1. 按直流电动机励磁方式不同

（1）电磁式起动机。磁极采用电磁铁，传动机构中一般只由简单的驱动齿轮、单向离合器和拨叉等组成，无特殊结构和装置。

（2）永磁式起动机。磁极用永磁材料制成，取消了磁场线圈，可以使结构简化，体积小、质量轻。

2. 按啮合机构不同

（1）电磁强制啮合式起动机。靠电磁力拉动杠杆强制小齿轮啮入飞轮齿圈。此类机构结构简单、动作可靠、操作方便，被现代汽车所采用。

（2）电枢移动式起动机。靠起动机磁极的吸力，使电枢沿轴向移动而使小齿轮啮入飞轮齿圈，起动后再由回位弹簧使电枢回位，让驱动齿轮退出飞轮齿圈。此类啮合机构多用于柴油发动机上。

（3）齿轮移动式起动机。靠电磁开关推动安装在电枢轴孔内的啮合杆，而使小齿轮啮入飞轮齿圈。

（4）惯性啮合式起动机。起动机旋转时，啮合小齿轮靠惯性力自动啮入飞轮齿圈；起动后，小齿轮又借惯性力自动与飞轮齿圈脱离。

3. 按传动机构有无减速装置

（1）非减速起动机。在起动机的电枢与驱动齿轮间未装有减速齿轮。

（2）减速起动机。减速起动机的结构特点是在电枢和驱动齿轮之间装有一级减速齿轮，其优点是：可采用小型高速低转矩的电动机，使起动机的体积和质量减小，便于安装；提高了起动机的转矩，有利于发动机的起动；电枢轴较短，不易弯曲；减速齿轮的结构简单、效率高，具有良好的机械性能。

2.2.6　起动机型号

根据中华人民共和国行业标准 QC/T 73—1993《汽车电气设备产品型号编制方法》的规定，起动机型号由五部分组成。国产起动机的型号见表 2-2。

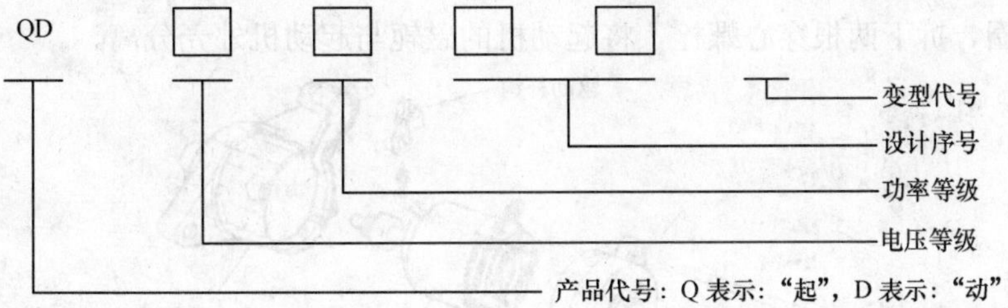

QDJ 表示减速起动机；QDY 表示永磁起动机（包括永磁减速起动机），J、Y 分别表示"减"、"永"。电压等级为 1～12V 和 2～24V。

表 2-2　国产起动机的型号

功率等级代号	1	2	3	4	5	6	7	8	9
功率（kW）	＜1	1～2	2～3	3～4	4～5	5～6	6～7	7～8	＞8

实训一　起动机拆装

1. 器材设备准备

起动机若干台，常用拆装工具若干套。

2. 注意事项

（1）在起动机拆装过程中必须按规定的步骤和操作规程进行，不得硬撬硬拆。

（2）拆下的零部件要按先后顺序摆放好，以免组装时出现差错和遗漏。

3. 实施步骤

（1）起动机的解体。起动机结构的不同，解体的步骤、方法也不相同，进行解体操作时应注意其不同点。起动机解体的步骤如下：

①拆卸电磁开关总成。如图 2-18 所示，拆卸电磁开关总成时，先拆下引线 1，再拆下电磁开关的固定螺柱，向上拉起开关的顶端，从驱动杆中取出柱塞钩，取下电磁开关。

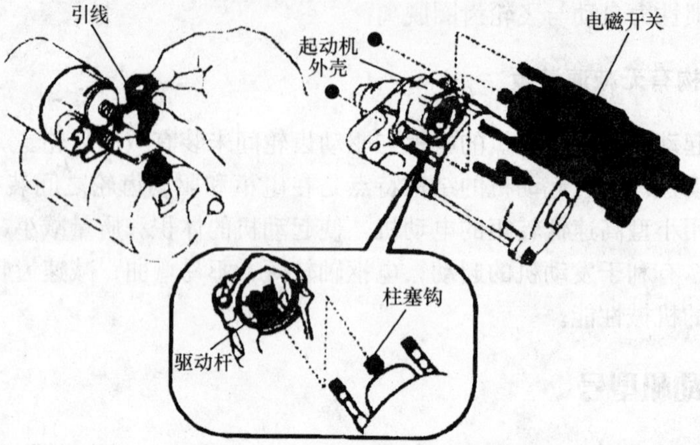

图 2-18 拆卸电磁开关总成

②拆卸起动机磁轭总成。如图 2-19 所示，拆下后盖外侧轴承盖，取下锁止垫圈、调整垫片及密封圈，拆下两根穿心螺栓，将起动机的磁轭与起动机外壳分离。

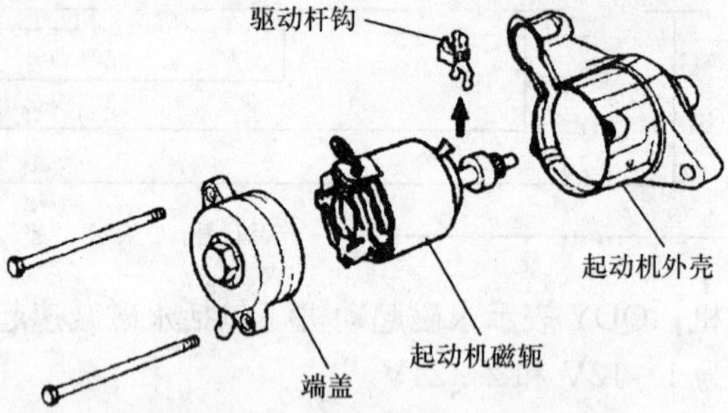

图 2-19 拆卸起动机磁轭总成

③拆卸起动机的电刷弹簧。如图 2-20 所示，用台钳将电枢轴固定在两块铝板或布之间，拆下挡板卡销及挡板。用平头螺丝刀（或其他工具）压住弹簧，拆下电刷，如图 2-21 所示。

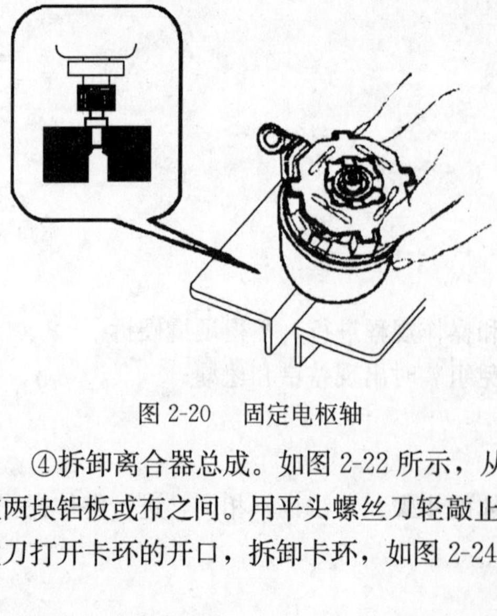

图 2-20 固定电枢轴

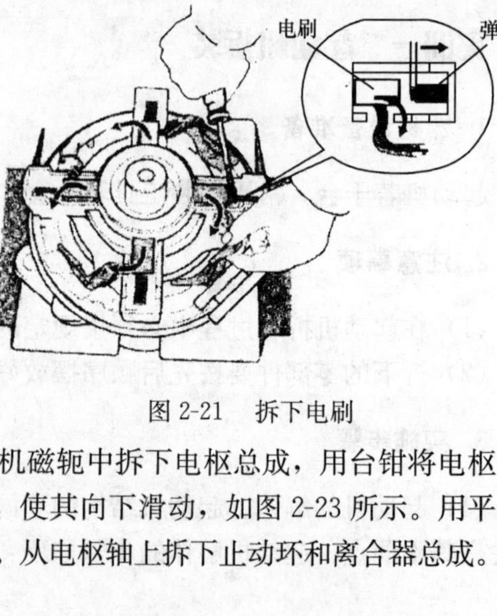

图 2-21 拆下电刷

④拆卸离合器总成。如图 2-22 所示，从起动机磁轭中拆下电枢总成，用台钳将电枢固定在两块铝板或布之间。用平头螺丝刀轻敲止动环，使其向下滑动，如图 2-23 所示。用平头螺丝刀打开卡环的开口，拆卸卡环，如图 2-24 所示。从电枢轴上拆下止动环和离合器总成。

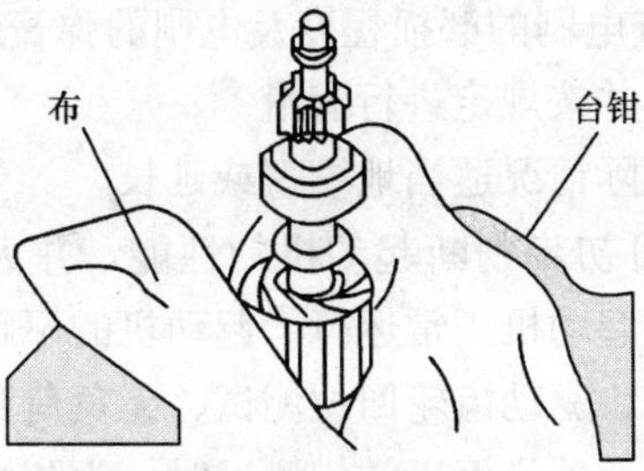

图 2-22　固定电枢

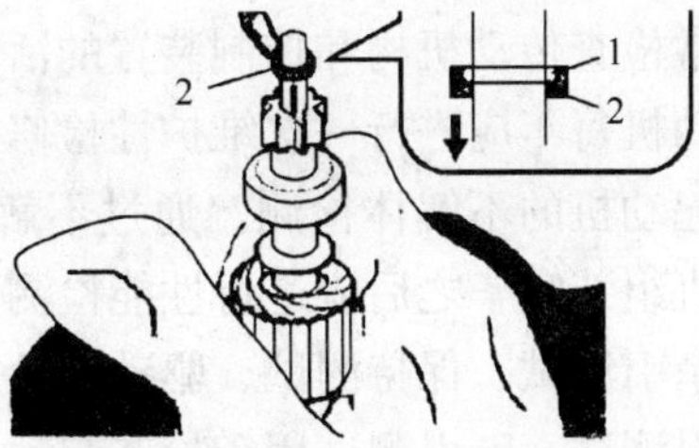

图 2-23　敲开止动环

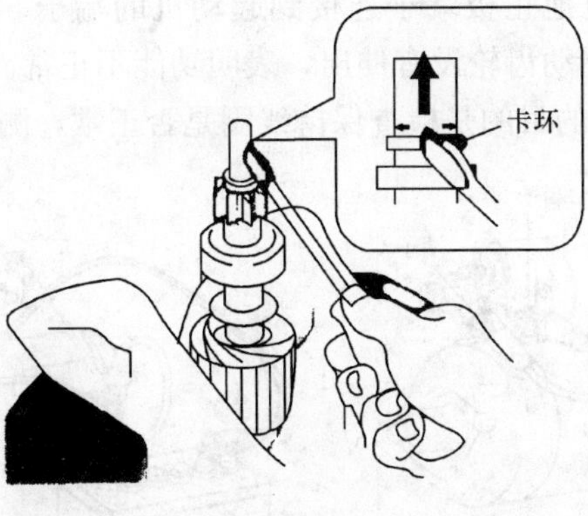

图 2-24　拆下卡环

(2) 起动机的组装。起动机的组装可按分解的相反顺序进行，应注意的是：安装时，衬套中应涂上润滑脂；用止推垫圈调整驱动齿轮的轴向间隙，其标准值为（0.3～1.5）mm。

实训二　起动机的维护与检测

1. 器材设备准备

起动机若干台，常用拆装工具若干套，以及万用表、游标卡尺、百分表、V 形铁、弹簧秤、厚薄规、砂纸、锯片等。

2. 注意事项

(1) 做励磁绕组和电枢绕组的短路检查时，动作要快，时间要短，以免被其烧毁。

(2) 蓄电池的电压应与被测起动机的额定电压相同，蓄电池的容量应与被测起动机的功率相匹配，而且必须采用技术状况良好的充足电的蓄电池。

(3) 起动机与蓄电池之间的连接导线截面积要足够大，导线长度要短，其电压降不得超过（0.2～0.3）V，电路中所有的接线柱应保持清洁和连接牢固。

3. 实施步骤

(1) 起动机维护要点。

①经常检查起动电路各导线连接是否良好，绝缘是否良好。

②起动机机体和各部件应经常保持清洁干躁。汽车每行驶 3 000km 后应检查并清洁换向器。

③汽车每行驶（5 000～6 000）km 后，应检查电刷的磨损程度及电刷的弹簧弹力。

④经常检查传动机构和控制装置的活动部件，并按规定进行润滑。

⑤起动机每年应进行一次维护性检修，可视实际情况适当地缩短或延长。

（2）起动机的不解体检测。通过不解体检测可初步判断起动机的性能，并大致找出故障。起动机组装完毕之后应进行性能检测，以保证起动机正常运行。起动机的不解体检测项目主要有牵引测试、保持测试、驱动齿轮间隙测量、驱动齿轮回位测试、无负荷测试等。

①牵引测试。牵引测试用于检查起动机的电磁开关是否正常。测试时，为防止起动机的转动，可先把励磁线圈的引线断开，将蓄电池的负极端子连接到起动机的壳体上，并与起动机的端子 C 连接，再将蓄电池正极端子连接到起动机的端子 50 上，此时驱动齿轮应能伸出，如图 2-25 所示。如果驱动齿轮没有伸出，表明功能不正常。

②保持测试。保持测试的目的是检查保持线圈是否正常，测试方法如图 2-26 所示。

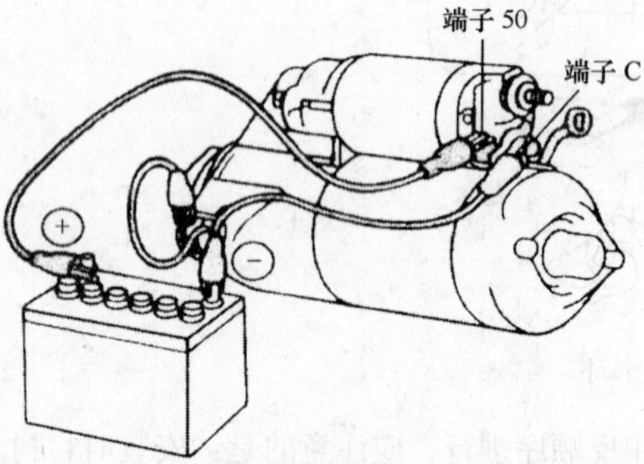

图 2-25 牵引测试

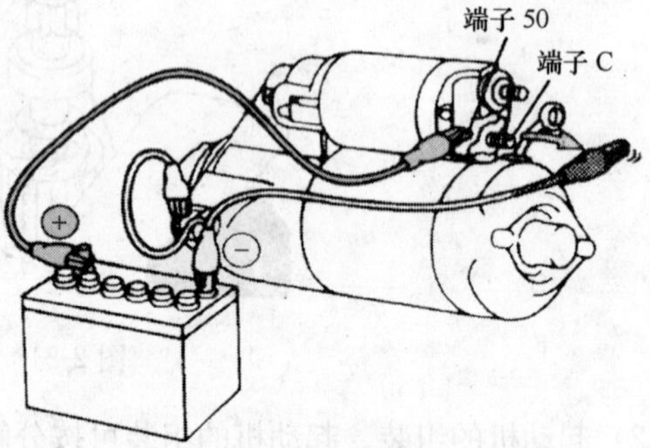

图 2-26 保持测试

牵引测试之后，当小齿轮伸出时，从端子 C 上断开测试引线，检查驱动齿轮是否保持在伸出状态，否则表明保持线圈损坏或接地不正确。

③驱动齿轮间隙的检查。在保持测试状态下，测量小齿轮和止动环之间的间隙，如图 2-27 所示。测量时先把驱动齿轮推向电枢方向，消除间隙后测驱动齿轮端和止动套圈间的间隙，并和标准值进行比较。

④驱动齿轮回位测试。保持测试后，从起动机壳体上断开蓄电池的负极电缆，如图 2-28 所示，驱动齿轮能迅速返回原始位置即为正常。

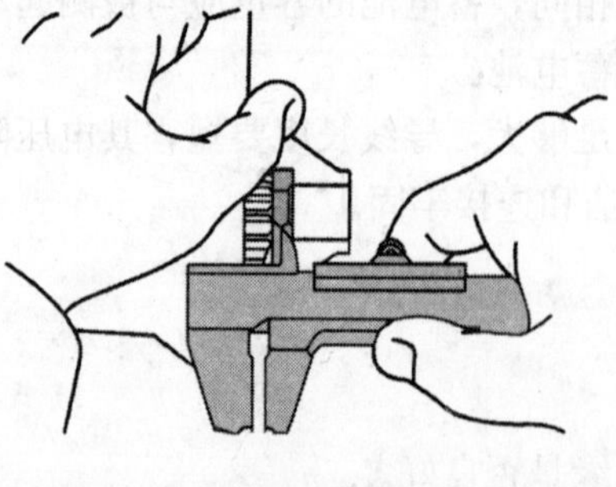

图 2-27 驱动齿轮间隙的测量

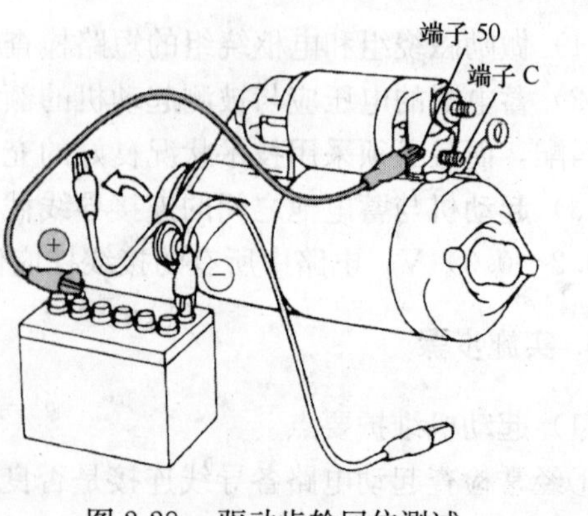

图 2-28 驱动齿轮回位测试

⑤无负荷测试。无负荷测试用于检查起动机电磁开关的触点及换向器和电刷之间的接触

状况，测试方法如图 2-29 所示。用台钳固定住夹在铝板之间的起动机，将测试仪连接在蓄电池正极和起动机端子 30 之间，再将其连接到起动机的端子 30 和端子 50 上，蓄电池的负极端子与起动机的壳体相连接后，起动机转动。起动机应平稳运转，同时驱动齿轮应移出。读取安培表的数值，应符合标准值（一般低于 50A）。断开端子 50 后，起动机应立即停止转动，同时驱动齿轮缩回。

（3）起动机解体后的检测。起动机解体后，应用直观和借助于器材对各零部件（或小总成）进行全面的检验，以鉴定其技术状况是否良好，主要检测内容如下：

①换向器的检测。直观检测换向器工作表面，若有轻微烧蚀、拉毛或脏污现象，可用“00”号砂纸打磨（不得用金钢砂修磨），若烧蚀严重应用车床车削修整。

如图 2-30 所示，用百分表检测换向器的径向跳动量。换向器的径向跳动量过大，会造成换向器与电刷的接触不良，出现起动机无法运转或运转无力故障。换向器的径向跳动量不应超过 0.03mm，新的标准规定为 0.02mm。

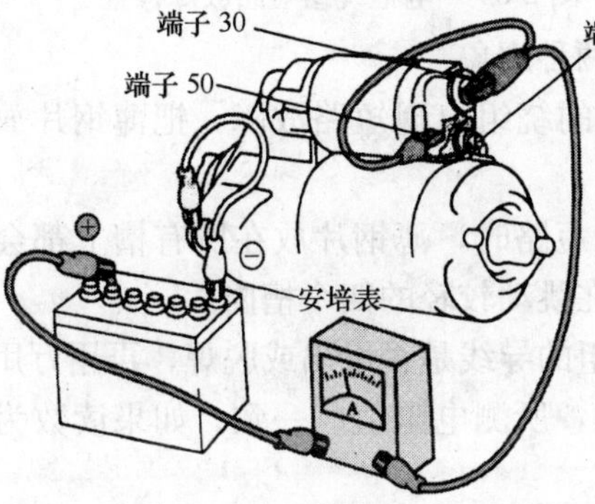

图 2-29　起动机的无负荷测试

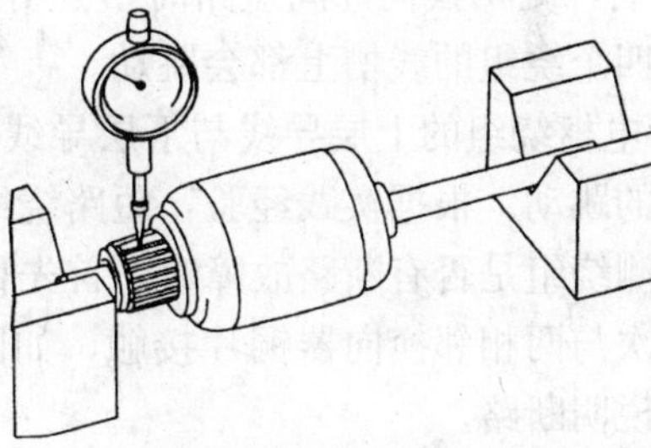

图 2-30　换向器弯曲检验

换向器在转动时与电刷接触，如果换向器磨损超过允许范围，则与电刷的接触性能变差，会造成起动机运转无力。如图 2-31 所示，用游标卡尺检测换向器的直径，并与标准值进行比较，若测得的直径小于最小值应更换电枢。

若换向器的绝缘片深度过小，换向器转动时会引起电刷跳动而与换向器接触不良，起动机运转无力。绝缘片的深度应为（0.5～0.8）mm，如图 2-32 所示。

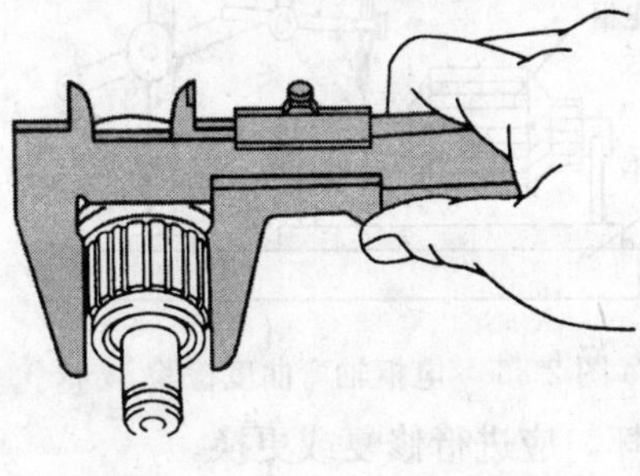

图 2-31　检测换向器的直径

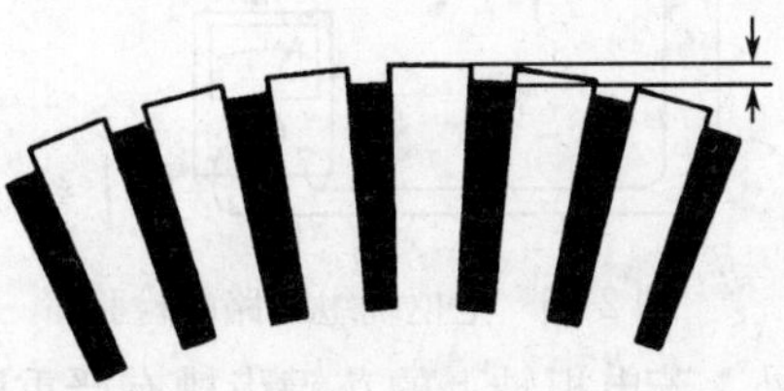

图 2-32　换向器绝缘片的深度

②电枢绕组的检测。电枢绕组的常见故障有绕组短路、断路、搭铁和线头脱焊。线头脱焊比较直观，通过观察即可发现。

如图 2-33 所示，检测电枢绕组的搭铁故障时，可用万用表 10kΩ 挡分别测量电枢各换向片与电枢轴之间的电阻值。若万用表的读数接近于零，说明电枢绕组有搭铁故障。

如图 2-34 所示，检测绕组的短路故障时，将电枢放在电器万能试验台电枢检验仪的 V

形槽上，接通开关，并把薄钢片放在电枢铁芯上方的线槽上，同时转动电枢，在每个槽上依次试验。若薄钢片在某槽上发生跳动，则表示该槽内的绕组有短路故障。

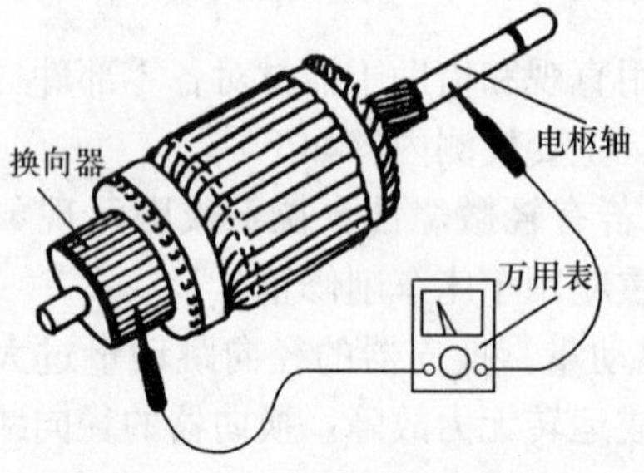

图 2-33 电枢绕组搭铁故障检查

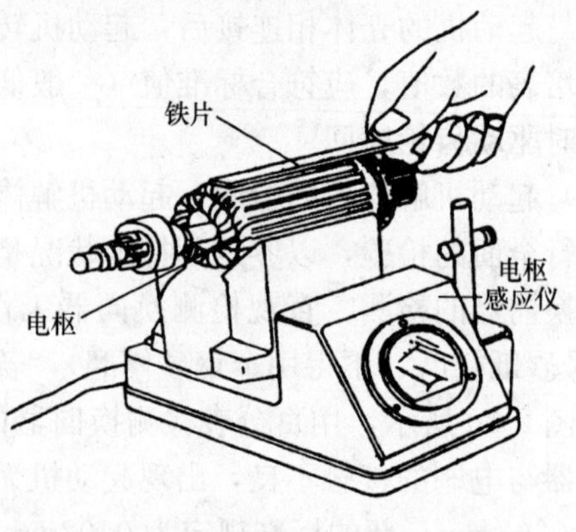

图 2-34 电枢绕组短路故障检查

在进行电枢绕组短路故障检测时，应注意下面两种现象：

a. 若一处两换向片间短路时，会引起四个槽内的绕组出现短路故障，把薄钢片放在被短路的四个绕组的线槽上都会跳动。

b. 电枢绕组的上层导线与下层导线之间有一处短路时，薄钢片放在所有槽上都会有不同程度的跳动。根据实践经验，短路绕组一般出现在跳动较轻的四个槽内。

检测绕组是否有断路故障时，首先目测电枢绕组的导线是否甩出或脱焊，再用万用表两触针依次与两相邻换向器铜片接触，如图 2-35 所示，所测电阻值应一致。如果读数为无穷大，则说明断路。

若电枢绕组有搭铁、短路或断路时，应更换电枢总成。

检查电枢轴是否存在弯曲故障时，如图 2-36 所示，将电枢轴放在偏摆仪上，用百分表检查电枢轴的跳动量，若铁芯表面摆差超过 0.15mm 或中间轴颈摆差大于 0.05mm 时，说明电枢轴弯曲严重，应进行更换。

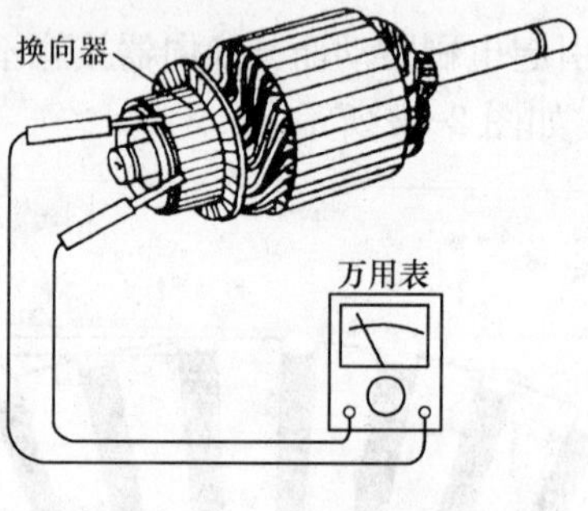

图 2-35 电枢绕组断路的检验

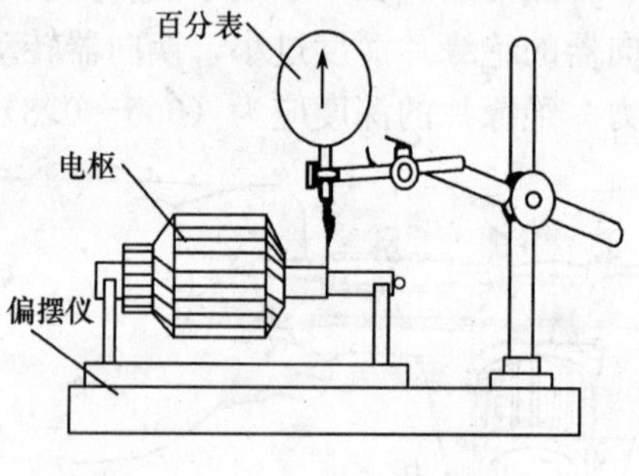

图 2-36 电枢轴弯曲度检验

此外，若电枢轴上的花键齿槽有严重磨损或损坏，应进行修复或更换。

③定子总成。首先从外部检查励磁绕组是否有烧焦或断路处，若外部检查未发现问题，可用万用表 R×1Ω 挡检查绕组是否断路，如图 2-37 所示。两表笔分别接触起动机外壳引线（输入接线柱）与绕组绝缘电刷接头，若测得的电阻值为无穷大，说明绕组断路，应予以检查或更换。

用万用表 R×100kΩ 挡检查绕组的正极与壳体之间的电阻（如图 2-38 所示），电阻值应为无穷大，否则，说明绕组与壳体短路，应予以检查或更换。

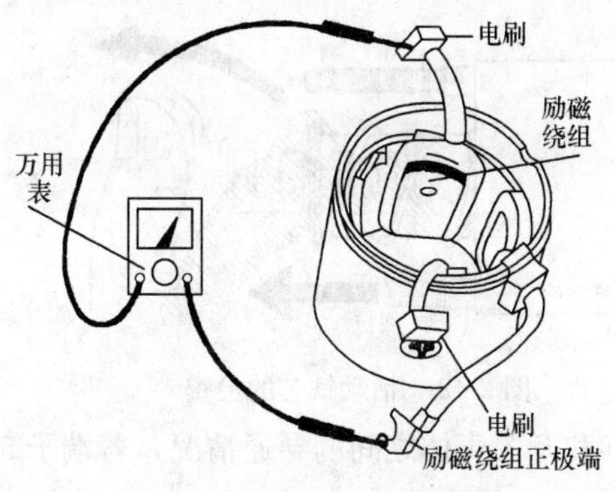

图 2-37 励磁绕组断路检查

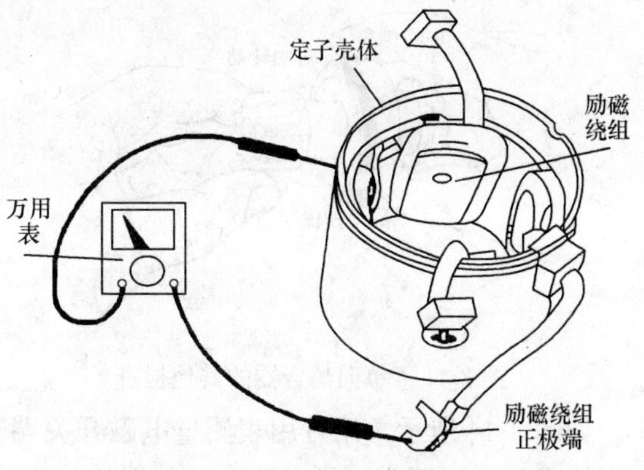

图 2-38 励磁绕组搭铁检查

④电刷及电刷架。电刷被弹簧压在换向器上，如果电刷磨损过大，弹簧的张力下降，电刷与换向器的接触性能变差，导致起动机运转无力甚至无法起动。电刷的高度一般不应低于标准的 2/3，电刷的接触面积不应少于 75%，并且要求电刷在电刷架内无卡滞现象。

检测电刷的长度时，应将电刷清洁并用游标卡尺测量电刷的中部，如图 2-39 所示。

用万用表的欧姆挡或试灯法可检查绝缘电刷架的绝缘性。最后用弹簧秤测电刷弹簧的弹力，若不符合要求应予以更换或修理。

⑤单向离合器的检测。如图 2-40 所示，将单向离合器总成装到电枢轴上，用手握住电枢轴，当转动单向离合器外座圈时，离合器总成能沿电枢轴自如滑动。

图 2-39 电刷的检查

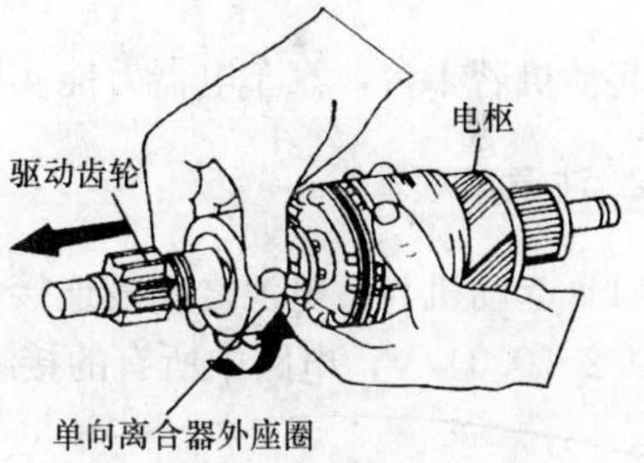

图 2-40 单向离合器的检查

如图 2-41 所示，检查驱动齿轮和花键及飞轮齿圈有无磨损或损坏，在确保驱动齿轮无损坏的情况下，握住单向离合器总成外座圈，转动驱动齿轮，能自由顺向转动，反转时应锁住，否则应更换单向离合器。

⑥电磁开关的检测。电磁开关的常见故障有吸引线圈和保持线圈断路、短路和搭铁，接触盘及触点表面烧蚀等。线圈是否断路、搭铁可用万用表欧姆挡通过测量电阻来检查。如果电磁开关的接触盘及触点表面烧蚀轻微，可以用锉刀或砂布修整，回位弹簧过弱应予以更换。

如图 2-42 所示，用拇指按住电磁开关的活动铁芯，松开手指后，铁芯应能顺畅地返回原位。

如图 2-43 所示，用万用表测量电磁开关端子 50 和端子 C 之间的导通情况，若两端子导通正常，则电磁开关的吸引线圈正常。

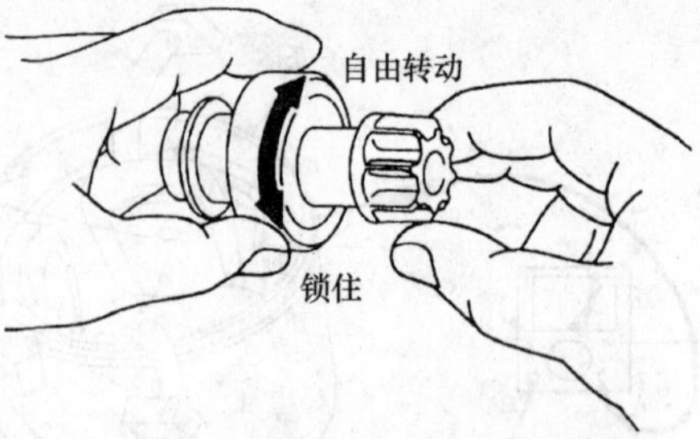

图 2-41 单向离合器的其他检查

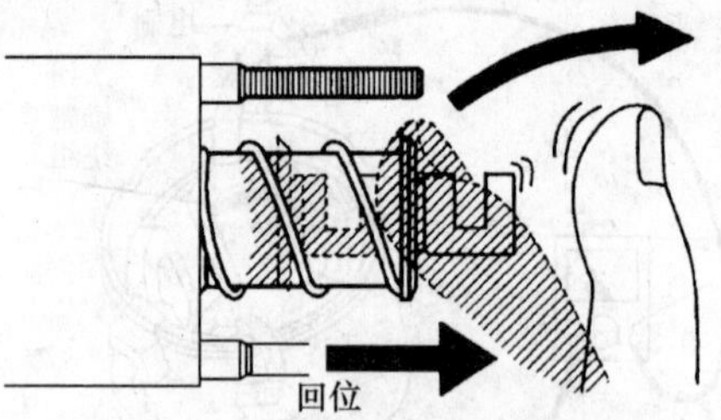

图 2-42 活动铁芯的检查

如图 2-44 所示，用万用表测量电磁开关端子 50 和开关壳体之间的导通情况，若端子 50 与壳体之间导通正常，则电磁开关的保持线圈正常。

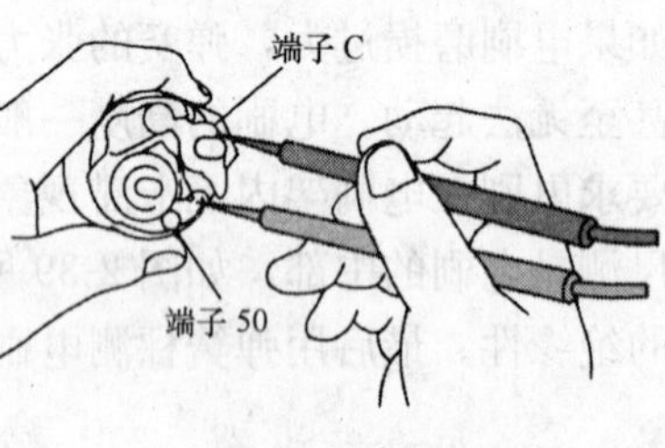

图 2-43 吸引线圈的开路检查

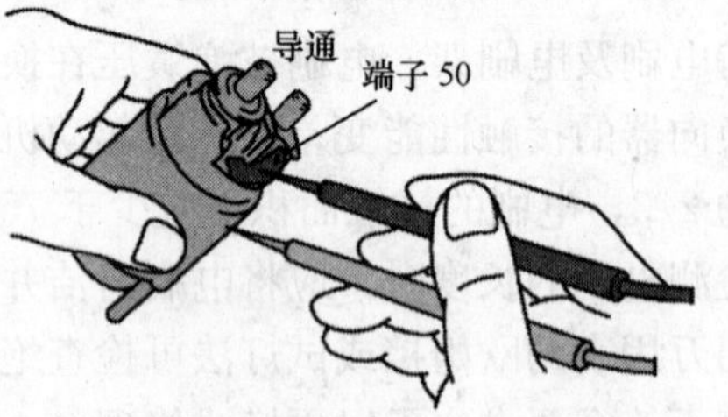

图 2-44 保持线圈的开路检查

实训三 起动机的性能试验

1. 器材设备准备

起动机若干台，汽车电器万能实验台，相关手用工具。

2. 注意事项

（1）起动机与蓄电池之间的连接导线截面积要足够大，导线长度要短，其电压降不得超过（0.2～0.3）V，电路中所有的接线柱保持清洁和连接牢固。

（2）空载试验的时间不得超过 1min，以免起动机过热而烧坏。

（3）做全制动试验时，制动夹具必须夹牢固，身体避开弹簧秤的夹具，以保证人身安全。

（4）全制动试验时，每次接通电路的时间不得超过 5s。

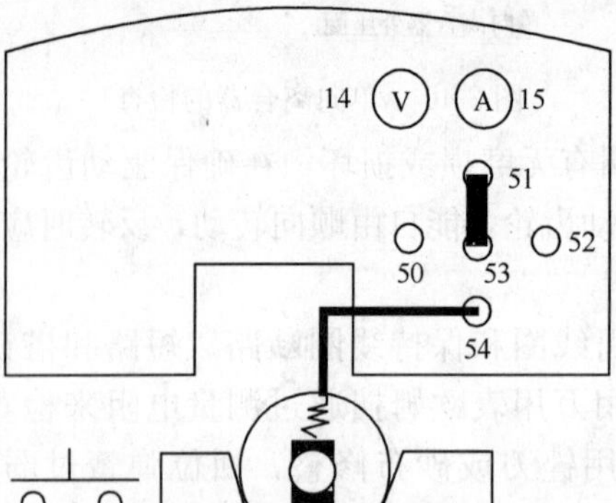

图 2-45 起动机空载试验

3. 实施步骤

起动机装复后，必须进行空载试验和全制动试验，以此来检测起动机性能是否良好。

（1）空载试验。空载试验是检测发起动机空转时所消耗的电流、电压和转速，以判断起动机内部电路和机械是否存在故障，试验方法如下所述：

①将待试验起动机夹紧在电器万能试验台上的专用夹具上，其位置应使接线柱便于接线。

②如图 2-45 所示，将附件 F_1 一端插入 54 插孔，另一端与起动机主接线柱相连接；将附件 F_2 插入 53 和 51 号插孔（12V）。

表 2-3　常用车型起动机的主要技术数据

型号	规格		空载特性			全制动特性			电刷弹簧压力	适用车型
	电压 V	功率 kW	电压 ≮V	电流 ≯A	转速 ≮r/mih	电压 ≮V	电流 ≯A	扭矩≮ N·m	N	
QD124	12	1.47	12	90	5 000	8	650	2.94	7.8～12.7	东风 EQ1091
QD124A	12	1.47	12	90	5 000	8	650	2.94	7.8～12.7	解放 CA1091
321	12	1.1	12	100	5 000	8	525	15.7	11.7～14.7	北京 BJ212
308B	12	1.32	12	75	5 000	8	600	25.46	11.7～14.7	跃进 NJ130
QD27	24	8.08	24	120	6 000	12	1 700	142.1		五十铃 TD
QD50M	24	5.15	24	90	6 000	10	900	58.8	11.7～14.7	日野 KM400
QD50C	24	5.15	24	90	6 000	10	900	58.8	11.7～16.6	日野 TE220
ST614	24	5.15	24	80	6 500		900	58.8	11.7～17.6	黄河 JN150
ST187	24	4.46	24	60	5 600	10	600	47.04	14.7	太脱拉 111

③按下按钮 56，接通起动机电路，起动机空载运转（每次试验不应超过 1min），起动机运转应均匀、电刷无火花，且内部无机械碰擦声。读出试验台上的电流表 15 和电压表 14 的空载电流和电压值，同时用转速表测量空载转速。将测得的结果与表 2-3 中的标准值进行比较，即可判断出起动机有无机械故障和电路故障。

在试验过程中，若测得电流超过标准值，而转速低于标准值，机械方面的故障可能是电枢轴与轴承的装配间隙过小、电枢与磁极碰擦、各轴承同轴度误差过大或电枢轴弯曲等；电路方面故障可能是电枢绕组和励磁绕组有局部短路或搭铁故障等。若测得的电流和转速均低于标准值（蓄电池电压正常），其故障原因主要是：外电路导线接触不良；电刷与换向器接触不良（烧蚀、油污、磨损不均、长度不足、弹簧压力不足等）；起动机内部导线接触不良；电磁开关触点接触不良等。若测得电流与转速都低于标准值的同时，电压表的读数也低于标准值时，主要是由于蓄电池亏电或电源线接触不良造成的。

（2）全制动试验。全制动试验是检测起动机全制动时，产生的扭矩与消耗的电流与电压，目的是进一步检测起动机内部电路的基本技术状况，检验单向离合器是否打滑。其检测方法如下：

①用制动连杆上的夹头夹紧驱动齿轮上的三个轮齿，如图 2-46 所示。

②按图 2-45 所示连接试验线路。

③按下试验台上的按钮 56（每次不超过 5s），迅速从电压表 14 和电流表 15 上分别读出电压值和电流值，同时从弹簧秤上读出转矩值。将测得的电压、电流和转矩与表 2-3 中的标准值进行比较，通过分析即可判断出起动机是否有故障。

若测得的电流大，电压低，转矩小，证明电枢绕组或励磁绕组有局部短路或搭铁故障；若测得的电流和转矩均小，而电压比标准高，其故障包括外电路接触不良、电刷与换向器接触不良或电磁开关触点接触不良等；若测得的电流和转矩均小，电压也较低，则说明电源线接触不良或蓄电池亏电。如果在全制动试验过程中，起动机电枢仍能转动，则证明单向离合器打滑，失去了传递扭矩的能力。

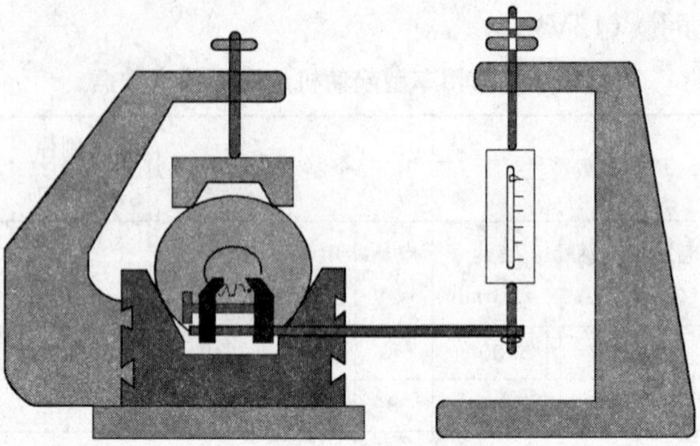

图 2-46　起动机全制动试验

2.3　起动系控制电路

起动系的控制电路指除起动机本身电路以外的起动系电路。控制电路随车型的不同有所不同，大体上可以分为无起动继电器的控制电路、有起动机继电器的控制电路和带有保护继电器的控制电路。下面介绍几种典型的控制电路。

2.3.1　无起动继电器的控制电路

如图 2-47 所示，当点火开关位于起动挡时，接通了两条回路，实现两个动作。回路 1 为：蓄电池“+”⟶点火开关“ST”⟶端子 50⟶吸引线圈⟶端子 C⟶励磁线圈⟶电枢⟶搭铁；回路 2 为：蓄电池“+”⟶点火开关“ST”⟶端子 50⟶保持线圈⟶搭铁。实现的动作 1 是：流经吸引线圈和励磁线圈的电流使电机转动，但由于电流较小，电动机低速运转。实现的动作 2 是：流经吸引线圈和保持线圈的电流使两线圈产生的磁场吸引可动铁芯向右运动，克服回位弹簧的作用力，拉动拨叉向右运动，拨叉使离合器的小齿轮向右移动，与飞轮的齿圈啮合，此过程中电动机的转速低，电枢轴上的螺纹使小齿轮边转动边轴向移动，保证了与飞轮之间平顺啮合。

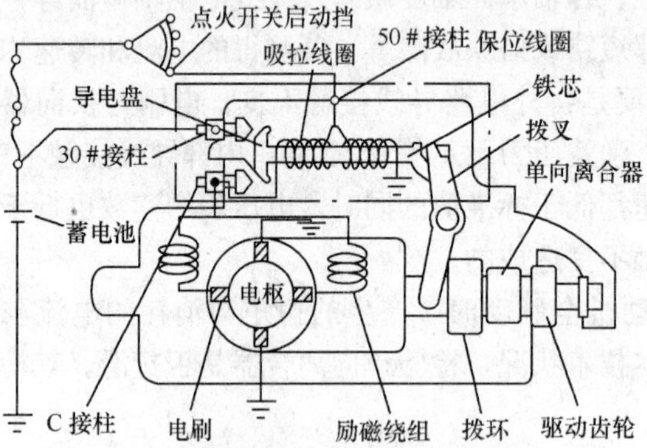

图 2-47　无起动继电器的控制电路

当小齿轮和飞轮齿圈完全啮合以后，与可动铁芯连在一起的接触片向左运动，与端子 30 及端子 C 接触，接通了主开关，通过起动机的电流增大，电动机的转速升高，而电枢轴上的螺纹使小齿轮和飞轮齿圈更加牢固地啮合，此时吸引线圈两端的电压相等，无电流通过，保持线圈产生的磁场力使活动铁芯保持在原位不动。此时的电流方向分别为：蓄电池

“+”⟶点火开关起动开关⟶端子 50⟶保持线圈⟶搭铁；蓄电池“+”⟶端子 30⟶导电盘⟶端子 C⟶励磁线圈⟶电枢绕组⟶搭铁。

发动机起动以后，点火开关从“START”挡回到“ON”挡，切断了端子 50 上的电压，这时，接触片和端子 30 及端子 C 仍保持接触，电路中的电流为：蓄电池“+”⟶端子 30⟶导电盘⟶端子 C⟶吸引线圈⟶保持线圈⟶搭铁，同时电流还经过端子 C⟶励磁线圈⟶电枢⟶搭铁。由于此时吸引线圈和保持线圈的电流方向相反，产生的磁场力相互抵消，在复位弹簧的作用下，活动铁芯向左运动，使得小齿轮与飞轮齿圈脱离，同时，接触片和两个端子断开，切断电动机中的电流，整个起动过程结束。

2.3.2　带起动继电器的控制电路

设置起动继电器的目的是减小流过点火开关的电流，防止点火开关烧损。图 2-48 所示为带起动继电器控制电磁开关的起动系控制电路，起动继电器上有四个接线柱分别标有起动机、电池、搭铁和点火开关，点火开关与搭铁接线柱之间是继电器的电磁线圈，起动机和电池接线柱之间是继电器的触点。接线时，“点火开关”接线柱接点火开关的起动挡，“电池”接线柱接电源，“搭铁”接线柱直接搭铁，“起动机”接线柱接起动机电磁开关上起动机接线柱。

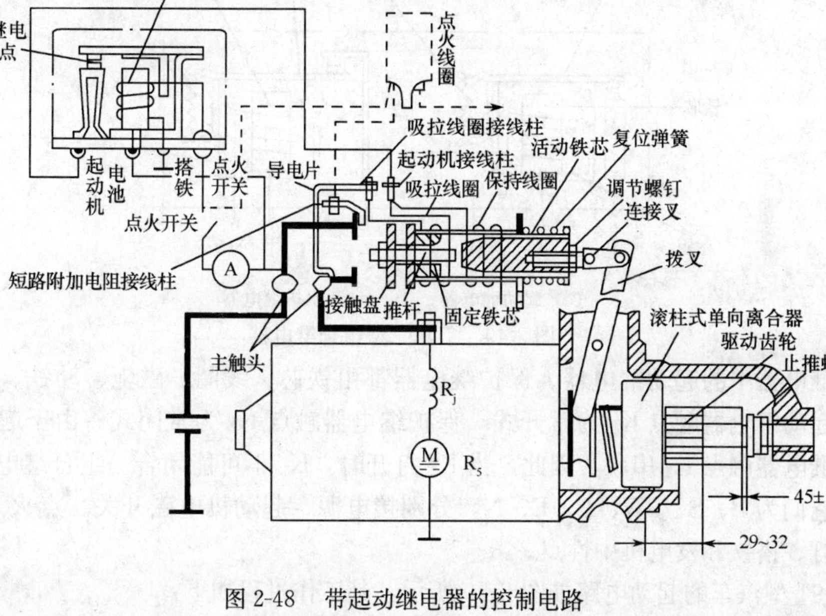

图 2-48　带起动继电器的控制电路

发动机起动时，将点火开关旋至起动挡，起动继电器的电磁线圈通电，电流路径为：蓄电池“+”⟶主触头⟶点火开关起动挡⟶起动继电器线圈⟶搭铁⟶蓄电池负极，继电器触点闭合，将电磁开关电路接通。电磁开关的电流路径为：蓄电池“+”⟶主触头⟶继电器磁轭⟶继电器触点⟶起动机接线柱⟶保持线圈⟶搭铁⟶蓄电池负极；同时电流由电磁开关接线柱经吸拉线圈⟶导电片⟶主触头⟶励磁线圈⟶电枢绕组⟶搭铁⟶蓄电池负极。保持线圈和吸拉线圈的电流方向相同，产生的电磁吸力将活动铁芯吸入，在起动机缓慢转动下，拨叉将离合器推出，使驱动齿轮柔和地啮入飞轮齿环。

当驱动齿轮啮合约一半时，活动铁芯顶动推杆使接触盘将起动机的主触点接通，起动机在短接点火线圈附加电阻的条件下运转，此时的电流路径为：蓄电池“+”⟶主触头⟶接触盘⟶主触点⟶励磁绕组⟶电枢⟶搭铁⟶蓄电池负极。较大的起动电流流经励磁绕组和电枢绕组，起动机产生较大的转矩。

当发动机起动后，单向离合器打滑，松开点火开关钥匙即自动回到点火挡位，起动继电器线圈断电，触点断开，使电磁开关的两个线圈串联，吸拉线圈充过反向电流，加速了电磁力的消失，其电流路径为：蓄电池“+”⟶主触头⟶接触盘⟶主触点⟶吸拉线圈⟶起动机接线柱⟶保持线圈⟶搭铁⟶蓄电池负极。由于电磁开关的电磁力迅速消失，活动铁芯和推杆在回位弹簧的作用下返回，接触盘离开主触点，切断了起动电源，起动机停止转动。

2.3.3 带保护继电器的控制电路

为防止发动机起动以后起动电路再次接通，一些起动电路中还安装了带有保护功能的组合式继电器，下面以 CA1090 型汽车起动系电路为例，介绍其作用和工作过程。

CA1090 型汽车起动系安装了 JD171 型组合继电器，如图 2-49 所示。它由两部分构成，一部分是起动继电器，其作用与前述起动继电器的作用相同；另一部分是保护继电器，它的作用是与起动继电器配合，使起动电路具有自动保护功能，另外还控制充电指示灯。

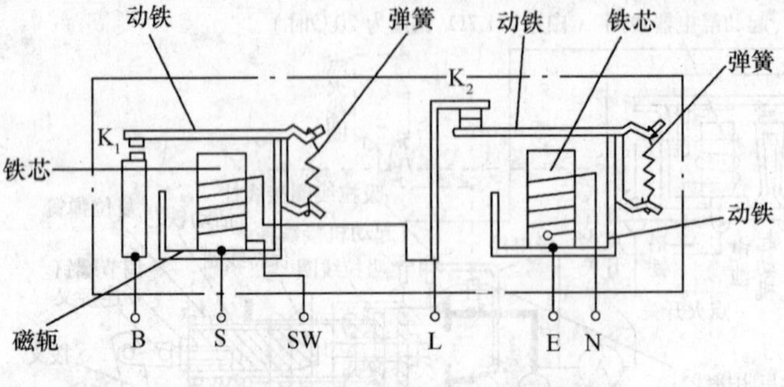

(a) 起动继电器　(b) 保护继电器

图 2-49　JD171 型组合继电器

组合继电器中的起动继电器、保护继电器都由铁芯、线圈、磁轭、动铁、弹簧触点组成，其中起动继电器触点 K_1 为常开式，保护继电器触点 K_2 为常闭式。由于起动继电器线圈与保护继电器触点 K_2 串联，因此，当 K_2 打开时，K_1 不可能闭合。组合继电器共有六个接线柱，它们为 B、S、SW、L、E、N，分别接电源、起动机电磁开关、点火开关起动挡、充电指示灯、搭铁和发电机中性点。

CA1091 型汽车的起动电路如图 2-50 所示，其工作过程如下：

(1) 当点火开关 3 置于起动挡（Ⅱ挡）时，起动继电器线圈通电，电流回路为：蓄电池正极⟶熔断器⟶电流表⟶点火开关起动触点Ⅱ⟶点火开关接线柱 4 ⟶起动继电器线圈⟶保护继电器常闭触点⟶搭铁⟶蓄电池负极。

起动继电器线圈通电使起动继电器的常开触点闭合，接通了起动机电磁开关电路，使起动机进入起动状态。

(2) 发动机起动后，松开点火开关，钥匙自动返回点火挡（Ⅰ挡），起动继电器触点断开，切断了起动机电磁开关电路，电磁开关复位，起动机停止工作。

(3) 发动机起动后，如果点火开关未能及时返回Ⅰ挡，此时组合继电器中保护继电器线

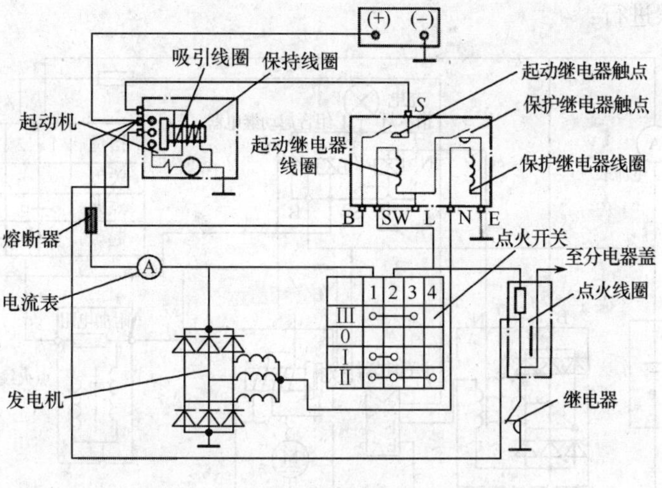

图 2-50　CA1091 型汽车起动系电路

圈由于承受交流发电机中性点的电压，使常闭触点断开，自动切断了起动继电器线圈的电路，触点断开，使起动机电磁开关断电，起动机便自动停止工作。发动机起动后，由于触点的断开，也切断了充电指示灯的搭铁电路，充电指示灯熄灭。

(4) 在发动机运行时，如果误将点火开关置于起动挡，由于在此控制电路中，保护继电器的线圈总加有交流发电机中性点电压，常闭触点处于断开状态，起动继电器线圈不能通电，起动机电磁开关不能动作，避免了发动机在运行中使起动机的驱动齿轮进入与飞轮齿圈的啮合而产生的冲击，起到了保护作用。

有的汽车起动继电器线圈通过防盗系统搭铁，发动机起动时，只有防盗系统发出起动信号后，继电器线圈才能搭铁，如果防盗系统没有收到起动信号，则继电器线圈中无电流，起动机就不能工作，实现了防盗功能。

实训一　起动系电路检测

1. 器材设备准备

实训用轿车若干辆，万用表若干块，试灯若干个，常用工具若干套。

2. 注意事项

(1) 在起动系电路连接过程中，应保证节点的接触良好；起动机与蓄电池之间的连接导线截面积要足够大，导线长度要短，其电压降不得超过（0.2～0.3）V；电路中所有的接线柱保持清洁和连接牢固。

(2) 电路应经仔细检查并确认正确后，再将蓄电极负极电缆连接到位。

(3) 做励磁绕组和电枢绕组的短路故障检查时，动作要快，时间要短。

(4) 蓄电池的电压应与被测起动机的额定电压相同，蓄电池的容量应与被测起动机的功率相匹配，而且必须采用技术状况良好的充足电的蓄电池。

3. 实施步骤

(1) 起动系电路连接。图 2-51 所示为东风 EQ1091 起动系电路。进行起动系电路连接时，可按以下步骤进行：

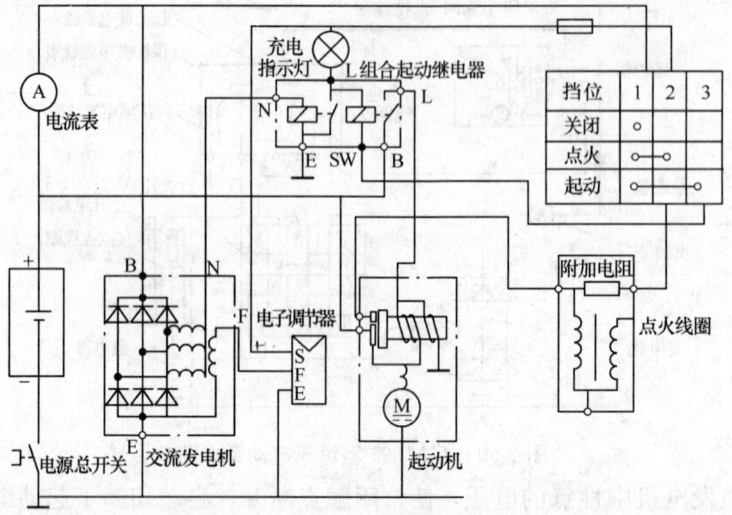

图 2-51 东风 EQ1091 起动系电路

①控制电路。电流路径为：蓄电池正极⟶电流表⟶点火开关接线柱 1⟶点火开关接线柱 3⟶组合继电器 SW 接线柱⟶起动继电器线圈⟶保护继电器常闭触点⟶搭铁⟶电源总开关⟶蓄电池负极。

起动继电器触点闭合后，电流路径为：蓄电池正极⟶起动继电器 B 接线柱⟶触点⟶起动继电器 S 接线柱⟶电磁开关线圈。

②主回路：电流路径为：蓄电池“+”⟶主触头⟶接触盘⟶主触点⟶励磁绕组⟶电枢⟶搭铁⟶蓄电池负极。

③保护电路。发动机起动后，保护继电器线圈承受交流发电机中性点的电压，触点断开，自动切断了起动继电器线圈的电路。

(2) 起动系电路的检测。检测起动系电路时，用万用表采用逐点搭铁检测法可确认断路部位，采用依次拆断法可确认短路部位。检测程序可从前到后，也可从后到前，或从中间向两边依次选择各个节点进行，应主要分两个线路进行检测：一是控制电路，主要检测线路的通断情况；二是起动机供电线路，重点检测线路节点的电压降情况，各节点连接处的电压降不得大于 0.2V。

实训二 起动系常见故障的诊断与排除

1. 器材设备准备

实训用轿车若干辆，万用表若干块，试灯若干个，常用工具若干套。

2. 注意事项

(1) 起动发动机时，应将变速杆置于空挡并踩下离合器踏板，严禁挂挡起动来移动车辆。

(2) 发动机起动后，必须立即切断起动机控制电路，使起动机停止工作。

(3) 发动机工作时，严禁将起动机投入工作。

3. 实施步骤

(1) 起动机不转。

①故障现象：将点火开关置于起动挡，起动机不转。

②故障原因：

a. 蓄电池存电不足，或连接导线断路、松动、接触不良。

b. 起动机电磁开关主触点烧蚀，吸引线圈、保持线圈断路。

c. 起动机电枢绕组断路或严重短路。

d. 起动机电枢轴弯曲变形，电枢轴与铜套装配过紧，电枢铁芯与磁极擦碰。

e. 换向器烧蚀严重，电刷磨损过甚，电刷在刷架内卡死或电刷弹簧老化失弹。

③故障诊断。遇此故障，可首先按喇叭或开大灯试验，如果喇叭不响，大灯灯光暗淡，多半是由于蓄电池放电过多，存电不足，或连接导线断路、松动或接触不良所引起，可按此思路进行查找。如果喇叭声音正常，大灯灯光明亮，可按下述步骤进行查找：用起子短接起动机电源接柱与电磁开关主触点接柱，若起动机运转，表明起动机正常；可用导线跨接电源接柱与吸引线圈、保持线圈接柱试验。若起动机运转正常，表明起动机控制电路有故障；若起动机不运转，但电磁开关动作，应检查电磁开关接通时机是否准确，主触点是否烧蚀或接触不良。

若起动机不运转，电磁开关也不动作，而且无火花出现，应检查电磁开关吸引线圈、保持线圈是否断路；若起动机不运转，电磁开关也不动作，但有火花出现，应检查电磁开关吸引线圈是否有断路，活动铁芯是否卡死，吸引线圈、保持线圈接柱是否搭铁；若起动机不运转，电磁开关不停地往复运动，则应检查保持线圈是否断路。

用起子短接起动机电源接柱与电磁开关触点接柱，若起动机不转并且有强烈火花出现，应检查电枢轴是否因装配过紧而卡死，电枢绕组是否有搭铁短路之处，绝缘电刷是否因绝缘破损而搭铁；用起子短接起动机电源接柱与电磁开关主触点接柱，若起动机不转而又无火花出现，则应检查电枢绕组有无断路之处，电刷是否在刷架中卡死而不能与换向器接触。

(2) 起动机运转无力。

①故障现象：将起动机开关置于起动挡，起动机运转缓慢无力，起动发动机困难。

②故障原因：

a. 蓄电池存电不足，或连接导线松动、接触不良。

b. 起动机电磁开关主触点烧蚀、接触不良，或电刷与换向器接触不良。

c. 起动机电枢绕组局部短路或搭铁。

d. 起动机电枢轴与铜套装配过紧或松旷。

③故障诊断。首先按喇叭试验，如果喇叭不响，应检查蓄电池是否存电不足，连接导线有否松动或有接触不良之处，如果蓄电池存电充足，连接导线未发现有松动或接触不良之处，可起动发动机，开大灯试验，若大灯灯光显著变暗，应检查电枢是否弯曲变形，电枢轴与铜套是否装配过紧，电枢绕组是否有局部短路或搭铁之处；若大灯灯光变化不大，应检查电刷与换向器是否接触不良，主触点有否烧蚀、接触不良，以及起动电源接柱导线是否松动或接触不良。

(3) 起动机运转不停。

①故障现象：发动机起动后，起动机发出尖叫声，起动机被发动机反拖高速旋转不停，

或者发动机起动后经过很长时间，起动机才能停转。

②故障原因：

a. 起动机单向离合器卡死。

b. 起动机活动铁芯回位弹簧老化失弹或折断。

c. 起动机安装位置失准，齿侧间隙过小，啮合后难以分开。

d. 电磁开关主触点烧结，不能分开。

③故障诊断。遇此故障，应立即断开点火开关，如果发动机立即熄火，应检查单向离合器是否卡死，起动机安装位置是否正确，齿侧间隙是否过小，回位弹簧是否有老化失弹或折断；如果断开点火开关后，发动机仍反拖起动机高速旋转，应迅速切断电源总开关，检查起动机电磁开关主触点是否烧结在一起，不能分开。

（4）起动机空转。

①故障现象：将起动开关置于起动挡，驱动齿轮不能与飞轮齿圈啮合带动曲轴旋转，起动机空转。

②故障原因：

a. 起动机单向离合器打滑或损坏。

b. 起动机驱动齿轮拨叉严重变形或折断，啮合弹簧老化失弹或折断。

c. 起动机主触点接通时机过早，或起动机固定螺栓松动。

③故障诊断。这种故障一般有两种情况：一种是起动机空转转速很高，并可听到高速转动时发出的“嗡嗡”声，但是发动机不转，这时，应检查单向离合器是否打滑或损坏；另一种是起动机空转时伴随有齿轮的撞击声，发动机也不转，这时，应检查啮合弹簧是否老化失弹或折断，起动机主触点接通时机是否过早以及起动。

小结

（1）起动机由串励直流电动机、传动机构和操纵机构三部分组成。

（2）起动机按操纵机构可分为直接操纵式和电磁操纵式；按传动机构的啮合方式可分为惯性啮合式起动机、强制啮合式起动机、电枢移动式起动机、减速式起动机，而减速式起动机又分为外啮合式、内啮合式和行星齿轮式啮合式。

（3）串励式直流电动机由电枢、磁极、换向器等主要部件组成。

（4）起动机由于其轻载或空载转速高，容易造成“飞散”事故，故对于功率较大的串励直流电动机，不允许在轻载或空载下长时间运行。

（5）起动机的传动机构由单向离合器和减速机构组成。单向离合器具有防止起动机被飞轮反拖作用。

（6）起动机每次起动时间不超过 5s，再次起动时应停止 2min。如果有连续第三次起动，应在检查与排除故障的基础上停歇 15min 以后进行。

（7）发动机起动后，必须立即切断起动机控制电路。

（8）起动机的性能可通过空载试验和全制动试验来检验。

（9）起动机常见的故障有起动机不运转、起动机运转无力、起动机异响等。

习　题　2

一、选择题

1. 直流串励式起动机中的“串励”是指（　　）。

A. 吸引线圈和保持线圈串联连接　B. 励磁绕组和电枢绕组串联连接　C. 吸引线圈和电枢绕组串联连接

2. 下列不属于起动机控制装置作用的是（　　）。

A. 使活动铁芯移动，带动拨叉，使驱动齿轮和飞轮啮合或脱离

B. 使活动铁芯移动，带动接触盘，使起动机的两个主接线柱接触或分开

C. 产生电磁力，使起动机旋转

3. 永磁式起动机中用永久磁铁代替常规起动机的（　　）。

A. 电枢绕组　B. 励磁绕组　C. 电磁开关中的两个线圈

4. 起动机的磁力开关工作时，是（　　）。

A. 先接通主电路后使小齿轮与飞轮啮合

B. 先使小齿轮与飞轮啮合，然后接通主电路

C. 接通主电路和小齿轮与飞轮啮合同时进行　D. 没有先后的要求

5. 起动机在起动瞬间，则（　　）。

A. 转速最大　B. 转矩最大　C. 反电动势最大　D. 功率最大

6. 起动机在起动过程中，是（　　）。

A. 先接通起动电源，然后让起动机驱动齿轮与发动机飞轮齿圈正确接合

B. 先让起动机驱动齿轮与发动机飞轮齿圈正确接合，然后接通起动电源

C. 在接通起动电源的同时，让起动机驱动齿轮与发动机飞轮齿圈正确接合

D. 以上都不对

二、判断题

1. 起动机转速越高，则流过起动机的电流越大。（　）

2. 常规起动机中，吸引线圈、励磁绕组及电枢绕组是串联连接。（　）

3. 起动机中的传动装置只能单向传递力矩。（　）

4. 在起动机起动的过程中，吸引线图和保持线圈中一直有电流通过。（　）

5. 起动机驱动齿轮与飞轮不啮合并有撞击声，是由于起动开关闭合过晚的缘故。（　）

6. 起动机开关断开而停止工作时，继电器的触点张开，保持线圈的电路便改道，经吸拉线圈、电磁开关回到蓄电池的正极。（　）

7. 起动机励磁线圈和起动机外壳之间是导通的。（　）

8. 用万用表检查电刷架时，两个正电刷架和外壳之间应该绝缘。（　）

9. 起动机电枢装配过紧可能会造成起动机运转无力。（　）

10. 减速起动机中的减速装置可以起到降速增扭的作用。（　）

三、问答题

1. 直流电动机由哪几个部分组成？各起什么作用？

2. 起动机传动装置由哪些部件组成？其中滚柱式单向离合器是如何工作的？

3. 电磁操纵强制啮合式起动机的主电路接通后，吸拉、保持线圈中的电流方向有何变化？为什么？

4. 简述带起动机继电器的起动控制电路的工作过程。

5. 复合继电器控制电路为何对起动机具有保护作用。

四、应会题

1. 技术员A说点火开关是起动系统的一部分；技术员B说点火开关是起动电机的一部分。他们谁正确？（ ）

A. 技术员A　　B. 技术员B

C. 技术员A和技术员B都对　　D. 技术员A和B都不对

2. 技术员A说起动线圈驱动一个柱塞使超越离合器啮合；技术员B说起动线圈的两个线圈称为吸拉线圈和保持线圈。谁说得对？（ ）

A. 技术员A　　B. 技术员B

C. 技术员A和技术员B都对　　D. 技术员A和B都不对

3. 完成下列任务：

（1）领取能够用于下述测试的车辆。记录该车辆的型号和年代。

（2）根据修理车辆生产商的手册，制定拆解和更换起动机的步骤。

（3）拆卸和更换起动机时使用的工具和设备有哪些？

（4）列出你分解、清洗和检查起动电机的步骤。

（5）根据所修理车辆生产商的手册，进行起动机主要零件的测试。结果记录如下：

序号	起动机零件	所使用的设备	测试结果
1			
2			
3			
4			
5			
6			

（6）进行起动机测试台试验时的步骤和注意事项是什么？

第3章

照明与信号系统

知识目标	能力目标
• 掌握汽车灯系的组成和作用； • 正确描述前照灯的分类、组成、结构、基本要求和前照灯电路； • 正确描述前照灯的防眩目措施； • 正确描述转向信号灯及其他信号灯的电路及基本工作过程。	• 能正确完成前照灯的检测及调整作业； • 能诊断并排除前照灯常见故障； • 按照电路图能正确完成信号灯电路的故障诊断与排除。

3.1 概述

为保证汽车行驶的安全性，减少交通事故的发生，汽车上均装有多种照明设备和灯光信号装置，俗称灯系，如图 3-1 所示。

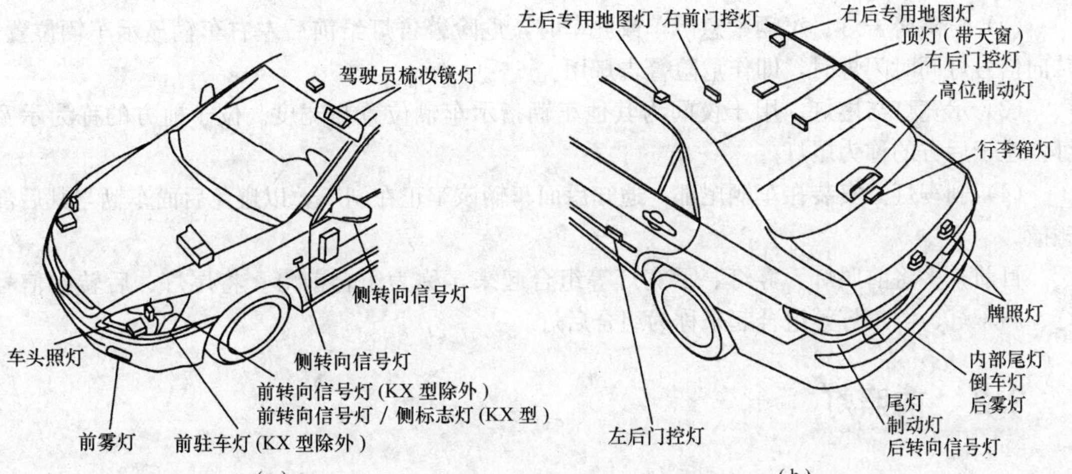

（a）　　　　　　　　（b）

图 3-1　汽车照明与信号系统

汽车灯系可分为照明和标识信号两部分。

3.1.1 照明灯

汽车上的照明灯分为室外照明和室内照明。

（1）前照灯。俗称大灯，装在汽车头部的两侧，用于夜间或在光线昏暗路面上汽车行驶时的照明，有两灯制和四灯制之分。

（2）雾灯。安装在车头和车尾，装于车头的雾灯位置比前照灯稍低，用于雨雾天气行车的道路照明，称为前雾灯；车尾的雾灯称为后雾灯，主要用于雾天高速行驶的汽车向后方车辆或行人提供本车的位置信息。雾灯的光色为黄色或橙色（黄色光波较长，透雾性能好）。

（3）牌照灯。装于汽车尾部牌照的上方，用于夜间照亮尾部车牌，当尾灯点亮时，牌照灯也点亮。

（4）倒车灯。安装于车辆尾部，给司机提供额外照明，使其能在夜间倒车时看清车的后面。同时也警告后面车辆，该车司机想要倒车或正在倒车。当点火开关接通、变速器换至倒挡时，倒车灯点亮。

（5）仪表灯。安装在汽车仪表盘上，用于夜间照亮仪表盘，以便于驾驶员能迅速获取行车信息并进行正确操作。尾灯点亮时，仪表灯也同时点亮。有些车还加装了灯光控制变阻器，使驾驶员能调整仪表灯的亮度。

（6）顶灯。用于车内照明，但必须不致使司机眩目。有的车辆顶灯兼做门灯用，当车门关闭不严时灯亮，提醒驾驶员注意。通常客车车内顶灯都位于驾驶室中部，使车内灯光分布均匀。

为便于夜间检修，在发动机罩内还装有发动机罩下灯，有的车辆上还设有工作灯插座并配带导线及移动式灯具。

3.1.2 灯光信号装置

（1）转向信号灯。安装在车辆两端以及前翼子板上，汽车转弯时发出明暗交替的闪光信号，以表明汽车向前后左右车辆表明司机正在转弯或改换车道。转向信号灯每分钟闪烁60～120次。

（2）危险警告灯。车辆紧急停车或驻车时，危险警告灯给前后左右车辆显示车辆位置。转向信号灯同时闪烁时，即作危险警告灯用。

（3）示宽灯与尾灯。用于夜间为其他车辆指示车辆位置与宽度。位于前方的称为示宽灯，位于后方的称为尾灯。

（4）刹车灯。安装在车辆尾部，通知后面车辆该车正在刹车，以避免后面车辆与其后部碰撞。

目前，多将前照灯、雾灯、示宽灯等组合起来，称为组合前灯；将尾灯、后转向信号灯、刹车灯、倒车灯等组合起来称为组合后灯。

3.2 前照灯

3.2.1 前照灯的基本要求

汽车前照灯的照明效果直接影响着夜间交通安全，世界各国交通管理部门多以法律的形式规定了前照灯的照明标准，其基本要求如下：

（1）前照灯应能保证车前有明亮而又均匀的照明，使驾驶员能够看清车前100米内路面上的物体。随着现代汽车行驶速度的不断提高，对前照灯的要求也越来越高，现代高速汽车前照灯的照明距离应达到（200～250）米。

（2）前照灯应防止眩目，以避免夜间两车相会时，使对方驾驶员眩目而造成交通事故。

3.2.2　前照灯的组成

前照灯由反射镜、配光镜和灯泡三部分组成，如图 3-2 所示。

1. 灯泡

汽车前照灯的灯泡有充气灯泡、卤钨灯泡和新型高压放电氙灯等。

(1) 充气灯泡。其灯丝用钨丝制成（钨的熔点高、发光强），由于钨丝受热后会蒸发，会缩短灯泡的使用寿命，制造时，要先从玻璃泡内抽出空气，再充以约 86％的氩和约 1.4％的氮的混合惰性气体。在充气灯泡内，惰性气体受热后膨胀会产生较大的压力，可减少钨的蒸发，故能提高灯丝的温度，增强发光效率，从而延长灯泡的使用寿命。

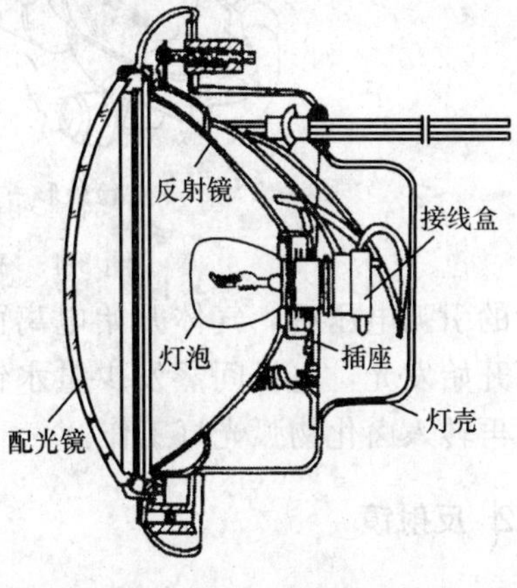

图 3-2　前照灯的组成

为了缩小灯丝的尺寸，常把灯丝制成紧密的螺旋状，这对聚合平行光束是有利的，白炽灯泡的结构如图 3-3（a）所示。

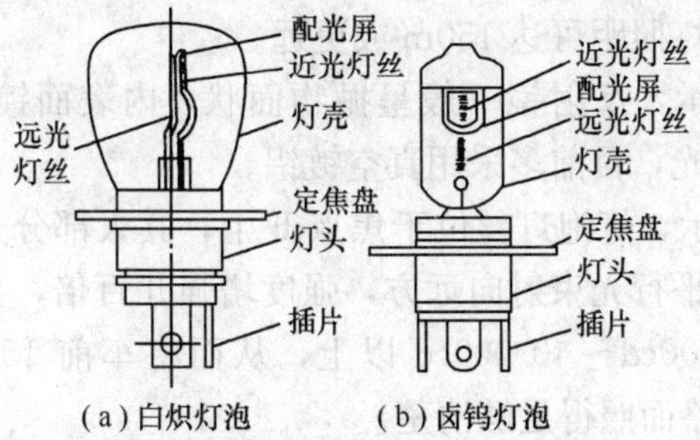

图 3-3　前照灯的灯泡

(2) 卤钨灯泡。虽然白炽灯泡的灯丝周围抽成真空并充满了惰性气体，但是灯丝的钨仍然要蒸发，使灯丝损耗，而蒸发出来的钨沉积在灯泡上，使灯泡发黑。近年来，国内外已使用了一种新型的电光源——卤钨灯泡（即在灯泡内所充惰性气体中渗入某种卤族元素），其结构如图 3-3（b）所示。卤族元素（简称卤素）是指碘、溴、氯、氟等元素。

卤钨灯泡是利用卤钨再生循环反应的原理制成的。卤钨再生循环的基本过程是：从灯丝上蒸发出来的气态钨与卤素反应生成了一种挥发性的卤化钨，它扩散到灯丝附近的高温区又受热分解，使钨重新回到灯丝上，被释放出来的卤素继续扩散参与下一次循环反应，如此周而复始地循环下去，因而防止了钨的蒸发和灯泡的黑化现象。

卤钨灯泡尺寸小，泡壳用耐高温、机械强度较高的石英玻璃或硬玻璃制成，充入压力较高的惰性气体，因工作温度高，灯内的工作气压比其他灯泡大很多，钨的蒸发也受到更为有力的抑制。在相同功率下，卤钨灯的亮度为白炽灯的 1.5 倍，寿命长 2～3 倍。

现在使用的卤素一般为碘或溴，相应的灯泡称为碘钨灯泡或溴钨灯泡。我国目前生产的是溴钨灯泡。

(3) 高压放电氙灯。高压放电氙灯的组件系统由弧光灯组件、电子控制器、升压器三部分组成。图 3-4 所示为灯泡的外形及原理图。

高压放电氙灯的发光和日光灯非常相似，亮度是卤钨灯泡的 3 倍左右，使用寿命是卤钨灯泡的 5 倍。高压放电氙灯克服了传统灯泡的缺陷，几万伏的高压使得其光亮强度增加，完全满足了汽车夜间高速行驶的需要。这种灯的灯泡里没有灯丝，取而代之的是装在石英管内的两个电极，管内充有氮气及微量金属元素（或金属卤化物），在电极上加数

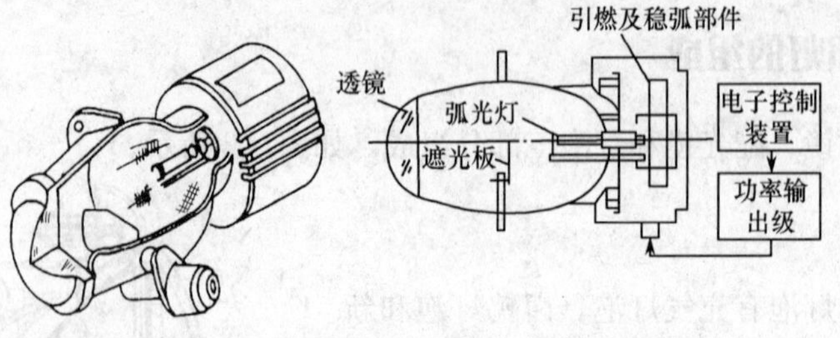

(a)外形 (b)原理示意图

图 3-4 高压放电氙灯外形及原理示意图

万伏的引弧电压后，气体开始电离而导电，气体原子即处于激发状态，电子发生能级跃迁而开始发光，电极间蒸发少量水银蒸气，光源立即引起水银蒸气弧光放电，待温度上升后再转入卤化物弧光灯工作。

2. 反射镜

反射镜的作用是最大限度地将灯泡发出的光线聚合成强光束，以增加照射距离。

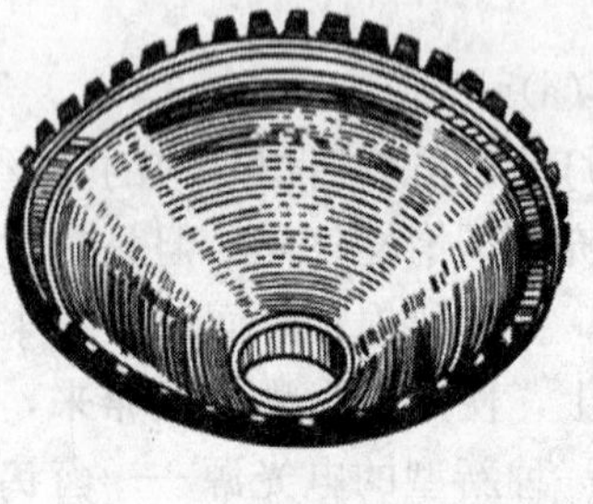

图 3-5 半封闭式前照灯的反射镜

前照灯灯泡功率仅 40W～60W，灯丝发出的光度有限，如无反射镜，只能照清汽车灯前 6m 左右的路面，有了反射镜之后，使前照灯照距可达 150m 或更远。

如图 3-5 所示，反射镜一般呈抛物面状，内表面镀铬、铝或银，然后抛光，目前多采用真空镀铝。

如图 3-6 所示，灯泡灯丝位于焦点 F 上，其大部分光线经反射后，成为平行光束射向远方，强度增强几百倍，甚至上千倍，达 20 000cd～40 000cd 以上，从而将车前 150m，甚至 400m 内的路面照得足够清楚。

3. 配光镜

配光镜又称为散光玻璃，装于反射镜之前，是很多块特殊棱镜和透镜的组合，其作用是将反射镜反射出的平行光束进行折射，使车前路面和路缘都有良好而均匀的照明，如图 3-7 所示。近年来开始使用的塑料配光镜特点是重量轻，耐冲击性能好。

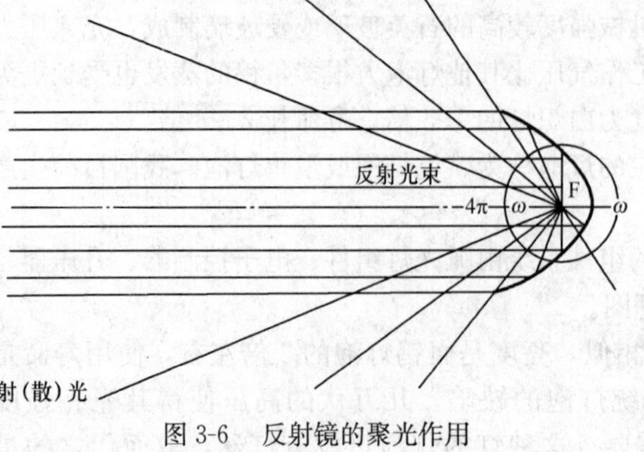

图 3-6 反射镜的聚光作用

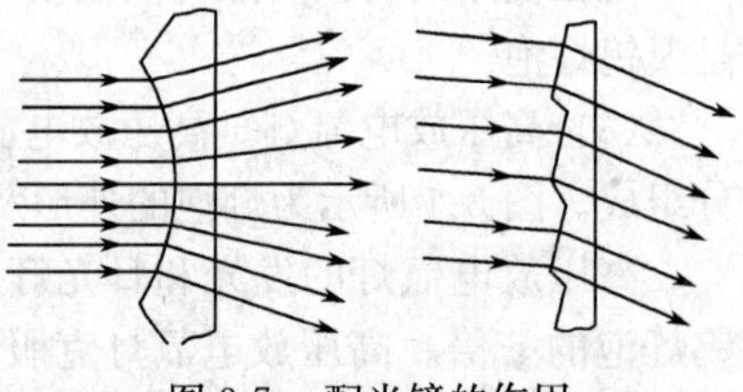

图 3-7 配光镜的作用

3.2.3　前照灯的防眩目措施

前照灯能明亮而均匀地照清车前 150m 甚至 400m 以内的路面，保证了车辆的夜间行驶，但前照灯射出的强光会使迎面来车的驾驶员眩目。所谓“眩目”是指人的眼睛突然被强光照射时，由于视神经受刺激而失去对眼睛的控制，本能地闭上眼睛，或只能看到亮光而看不见暗处物体的生理现象。

为了避免前照灯的眩目作用，在汽车上一般采用双丝灯泡的前照灯，灯泡的一根灯丝为“远光”，另一根为“近光”。当夜间行驶无迎面来车时，可使用远光灯丝，使前照灯光束射向远方，便于提高车速。当两车相遇时，使用近光灯丝，使光束倾向路面，车前 50m 内的路面也照得十分清晰，从而避免迎面来车驾驶员的眩目。我国交通法规规定，夜间会车时，须在距对面来车 150m 以外互闭远光灯，改用防眩目近光灯。

国内外生产的双丝灯泡的前照灯，按近光的配光不同，分为对称形和非对称形两种不同的配光形式。

1. 对称形配光

远光灯丝功率较大（45W～60W），位于反射镜的焦点位置，射出的光线远而亮；近光灯丝功率较小（22W～55W），位于反射镜焦点的上方并稍向右偏斜，由于其光线弱，且经反射镜反射后光线大部分向下倾斜，从而减少了对迎面来车驾驶员的眩目作用，如图 3-8 所示。

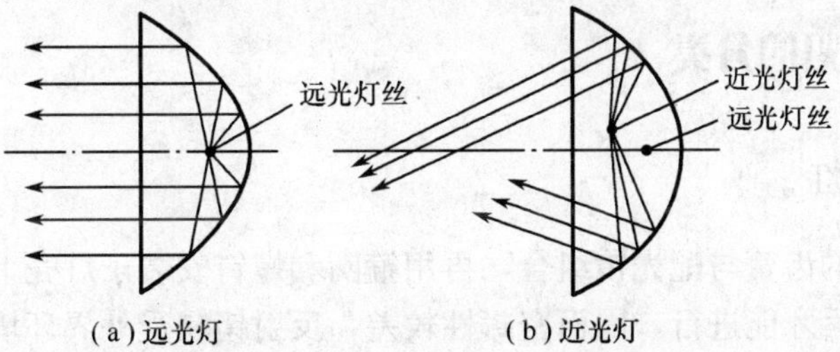

图 3-8　双丝灯泡的远、近光束

2. 非对称形配光

远光灯丝位于反射镜的焦点处，近光灯丝则位于焦点前方且稍高出光学轴线，其下方装有金属遮光罩，如图 3-9 所示。

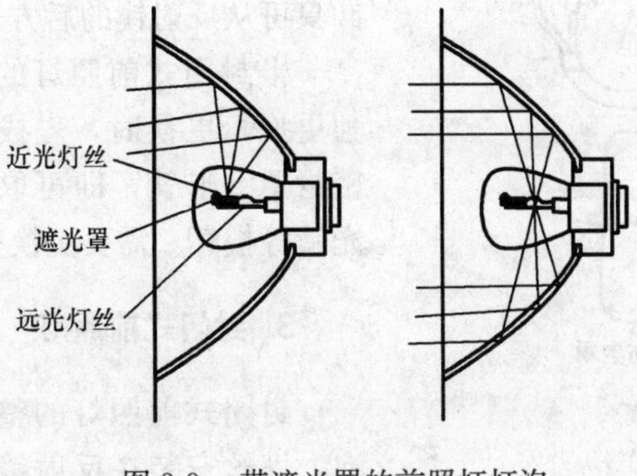

图 3-9　带遮光罩的前照灯灯泡

由于近光灯丝射向反射镜上部的光线反射后倾向路面，而遮光罩挡住了灯丝射向反射镜下半部的光线，故没有向上反射能引起眩目的光线。

遮光罩在安装时偏转一定的角度，使其近光的光形分布不对称而形成一条明显的明暗截止线。若明暗截止线呈Z形，称为Z形配光。不仅可以避免迎面来车的驾驶员的眩目，还可以防止迎面而来的行人和非机动车使用者的眩目，保证了汽车夜间行驶的安全。各种配光光形如图3-10所示。

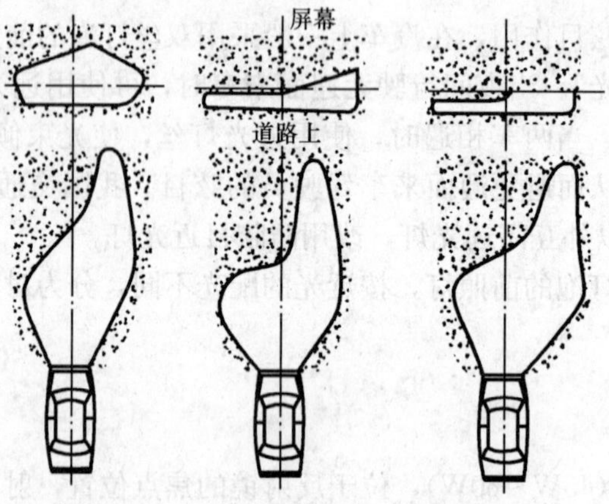

(a)标准型　(b)非标准型　(c)Z形

图3-10　前照灯的配光形式

3.2.4 前照灯的分类

1. 可拆式前照灯

其反射镜边缘的齿簧与配光镜组合，再用箍圈和螺钉安装于灯壳上，灯泡的拆装必须将全部光学组件取出后才能进行，因而密封性较差，反射镜易受外界环境气候的影响而污染变黑，严重降低照明效果，目前已趋淘汰。

2. 半封闭式前照灯

图3-11所示为半封闭式前照灯的结构，配光镜是靠卷曲反射镜周沿的牙齿而紧固在反射镜上，两者之间垫有橡皮密封圈，其灯泡拆卸只可从反射镜的后方进行。

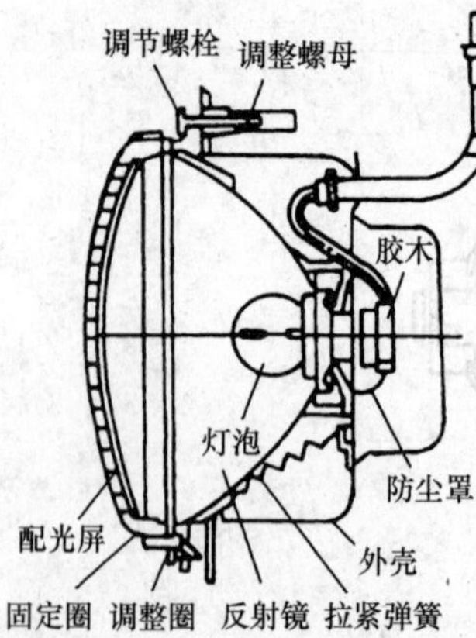

图3-11　半封闭式前照灯的结构

半封闭式前照灯的优点是内部灯泡可以单独更换，更换时，先拔下灯泡上的插座，取下密封罩、卡簧，即可取下灯泡。若前照灯的配光镜等损坏，需要更换整个前照灯。

3. 封闭式前照灯

封闭式前照灯的整个总成本身就是一个灯泡，灯丝安装在反射镜前面，配光镜则与反射镜焊接在一起，如图3-12所示。更换时，先拔下灯脚与线束连接的插座，然后拆下灯圈，即可取下灯芯，如图 3-13 所示。安装灯芯时，应注意配光镜上的标记（箭头或字符），不应出现倒置或偏斜现象。

封闭式前照灯完全避免了反射镜的污染，但价格较高。

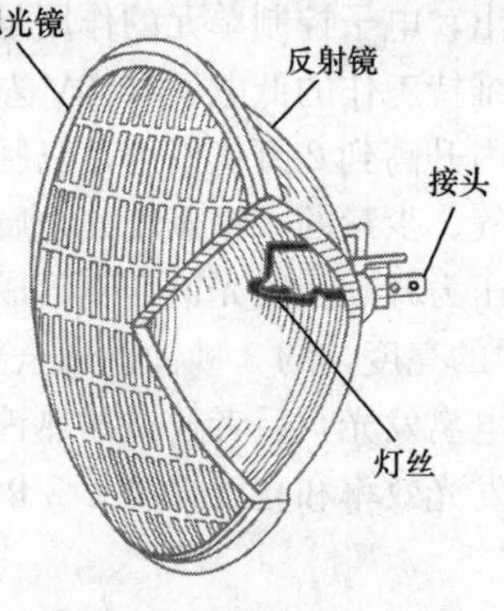

图 3-12　封闭式前照灯的结构

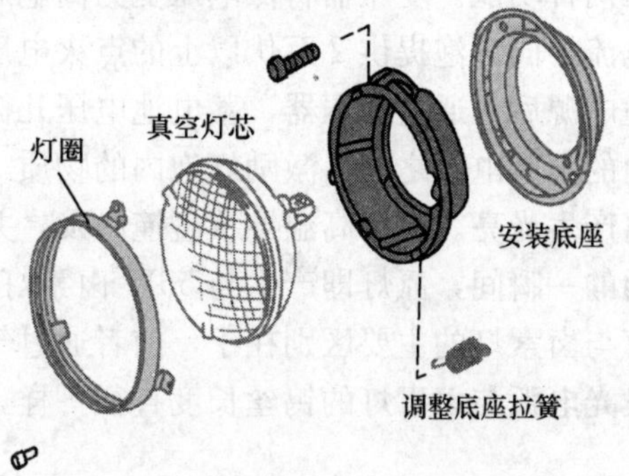

图 3-13　封闭式前照灯的更换

4. 投射式前照灯

投射式前照灯采用了凸形配光镜，反射镜为椭圆形，结构如图 3-14 所示。

投射式前照灯的反射镜呈椭圆形状，有两个焦点，在第一个焦点处放置灯泡，光束经反射后聚至第二个焦点上。凸形配光镜的焦点与第二焦点相重合，灯泡发出的光被反射镜聚成第二焦点，再通过配光镜将聚集的光投射到远方。在第二焦点附近设有遮光板，可用于遮住投向上半部分的光，形成明暗分明的配光。这种配光特性可适用于前照灯近、远光灯，也可用做雾灯。

采用投射式前照灯，可利用的光束增多，若将反射镜做成扁长断面，很多光束便可横向扩散，不仅结构紧凑，而且经济实用。

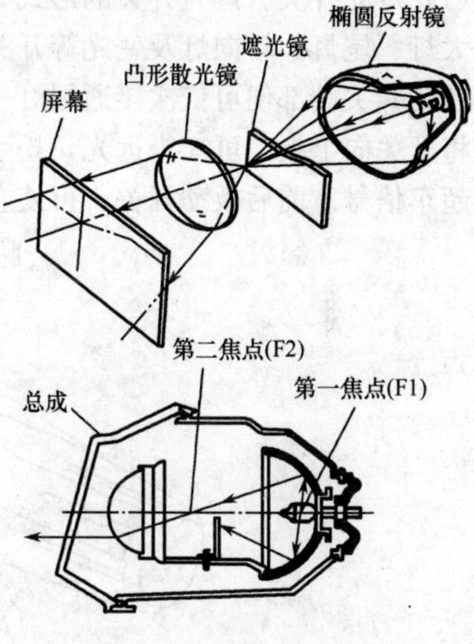

图 3-14　投射式前照灯的结构

5. 高压放电氙灯

氙灯是一种含有氙气的新型前大灯，又称高强度放电灯或气体放电灯，结构如图 3-15 所示。

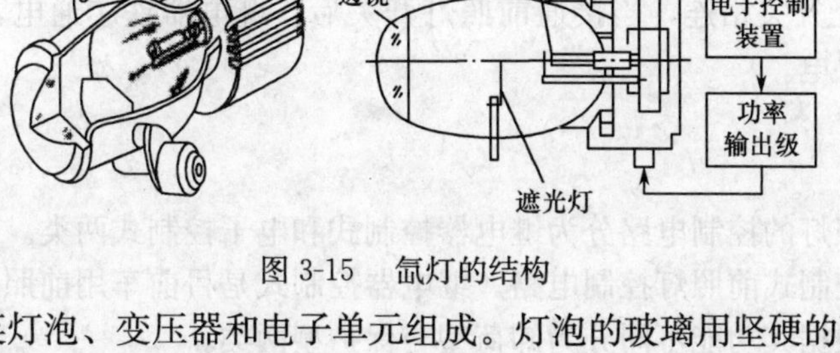

图 3-15　氙灯的结构

氙灯由小型石英灯泡、变压器和电子单元组成。灯泡的玻璃用坚硬的耐高温、高压的石英玻璃（二氧化硅）做成，灯内充入高压氙气，缩短灯被点亮的时间，灯的发光颜色由充入灯泡内的氙气、水银蒸气和少量金属卤化物所决定。

电子控制器系统是一个独立的系统，包括变压器和电子控制单元，具有产生点火电压和工作电压两种功能。变压器将低电压变为高电压输出，电子控制单元的作用是限制氙灯灯泡的工作电流，向灯泡提供2万伏以上的点火电压和维持工作的低电压（80V左右）。

接通电源后，通过变压器，蓄电池电压几微秒内升高到2万伏以上，以脉冲形式加在石英灯泡内的金属电极之间，激励灯泡内的物质（氙气、少量的水银蒸气、金属卤化物）在电弧中电离产生光亮。由于高温导致碰撞激发，并随压力升高使线光谱变宽形成带光谱，在灯开关接通的一瞬间，氙灯即产生与55W卤素灯一样的亮度，约3秒钟达到全部光通量。

氙灯与卤素灯的主要区别在于，前者通过气体电离发光，后者通过加热钨丝发光。虽然氙灯的发光电弧与卤素灯的钨丝长度直径一样，但发光效率和亮度提高了2倍。

3.2.5 前照灯控制电路

1. 组成

前照灯控制电路主要由灯光开关、变光开关、大灯继电器及前照灯组成。

（1）灯光开关。灯光开关的形式有拉钮式、旋转式和组合式等，现代汽车上应用较多的是将大灯、尾灯、转向灯及变光等开关等制成一体的组合式开关，如图3-16所示。

转动开关端部便可依次接通尾灯（包括位灯）和大灯，将开关向下压，便由近光变为远光，将开关向上扳，可变为远光，松手后开关自动弹回近光位置，此位置用来作为夜间行车时的超车信号。前后扳动开关，可使左右转向灯工作。

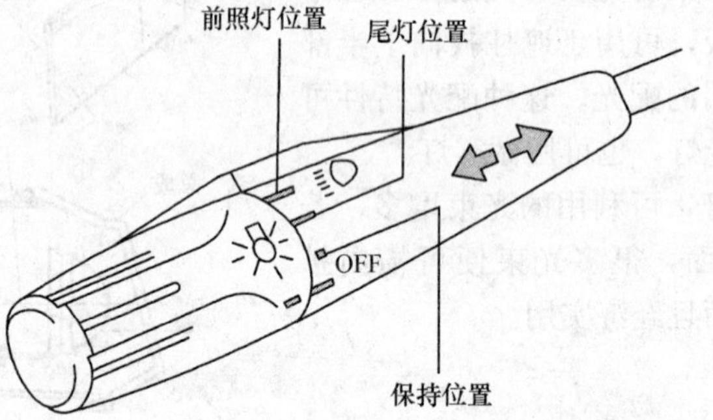

图3-16　组合式开关

（2）大灯继电器。前照灯的工作电流较大，特别是四灯制前照灯，若用车灯开关直接控制前照灯，车灯开关易烧坏，因此在电路中设有灯光继电器。图3-17所示为触点常开式前照灯继电器的结构和引线端子，端子SW与大灯开关相连，端子E接地，端子B与电源相连，端子L与变光开关相连，当接通前照灯开关后，继电器铁芯通电，触电闭合，通过变光开关向前照灯供电。

2. 工作过程

现代汽车前照灯的控制电路分为继电器控制式和电子控制式两类。

（1）继电器控制式前照灯控制电路。继电器控制式是目前车用前照灯最典型、应用最广泛的控制方式，根据其功能不同分为卸荷型与保护型两类。

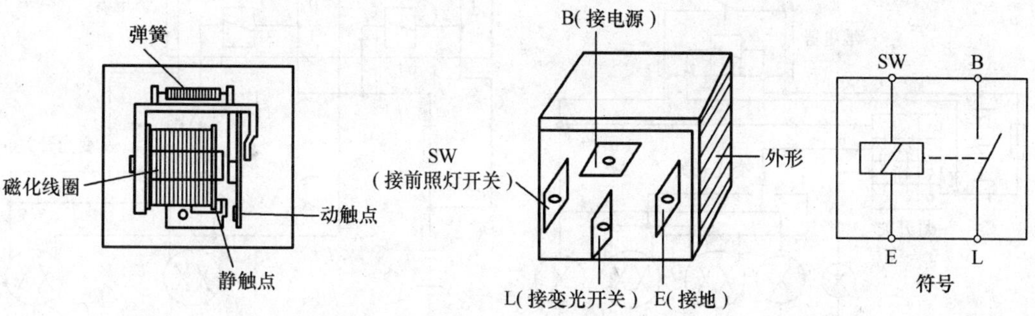

图 3-17　触点常开式前照灯继电器

①卸荷型前照灯控制电路。卸荷是指用灯开关控制继电器线圈电路，再用继电器常开触点控制前照灯的电源电路。

单组继电器控制方式的车型如 EQ1092、CA1092 等，其基本电路如图 3-18 所示，电路特点是：灯开关串联在电源与继电器之间，继电器控制变光开关的电源电路。

组合继电器控制式前照灯电路如图 3-19 所示，电路特点是：前照灯电源直接由蓄电池供给，灯开关（用于分别控制组合继电器两组线圈电路）串联在电源与组合继电器之间，组合继电器控制前照灯电路的搭铁；其中继电器Ⅰ控制前照灯的远光电路的搭铁，继电器Ⅱ控制前照灯的近光电路的搭铁。

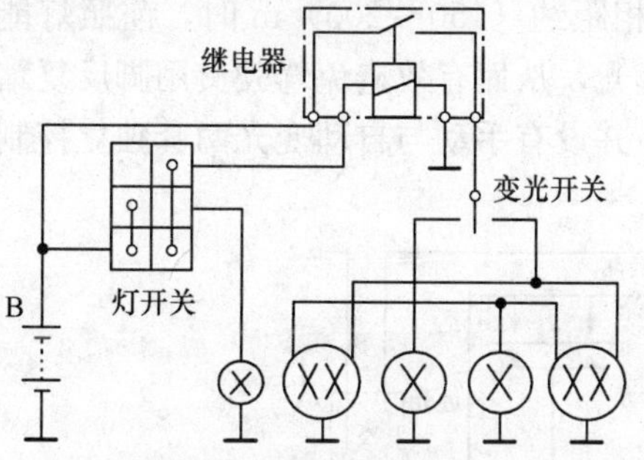

图 3-18　卸荷型单组继电器控制式前照灯控制电路

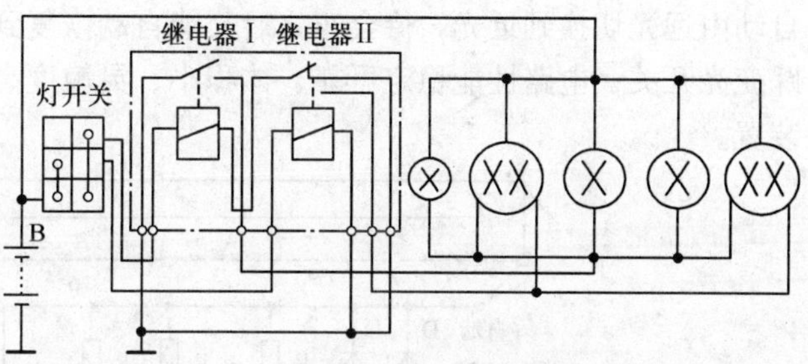

图 3-19　卸荷型组合继电器控制式前照灯电路

②保护型前照灯控制电路。保护型前照灯控制电路是指在电源电路、熔断器、小灯或主前照灯等正常工作时，用于起保护作用的继电器不起作用；在电源电路短路、熔断器断开、小灯或主前照灯的电源搭铁或短路时，用于起保护作用的继电器起作用并自动接通辅助前照灯或前照灯的远光电路，以保证行车安全。

单组继电器控制式前照灯电路的特点是：灯开关（用于控制继电器线圈电路，可减少灯开关的负载，从而保护灯开关）串联在电源与变光开关之间，辅助前照灯的电源由继电器和灯开关共同控制，辅助前照灯在正常工作时由灯开关控制，在熔断器断开、小灯或主前照灯的电源搭铁或短路等异常情况时，由继电器控制。如图 3-20 所示。

组合继电器控制式前照灯电路的特点是：组合继电器串联在电源与变光开关之间，灯开关用于控制组合继电器Ⅱ中线圈电路的搭铁，组合继电器Ⅰ中的线圈用于在电源电路短路、熔断器断开时自动接通前照灯的远光电路（前照灯异常工作电路）。如图 3-21 所示。

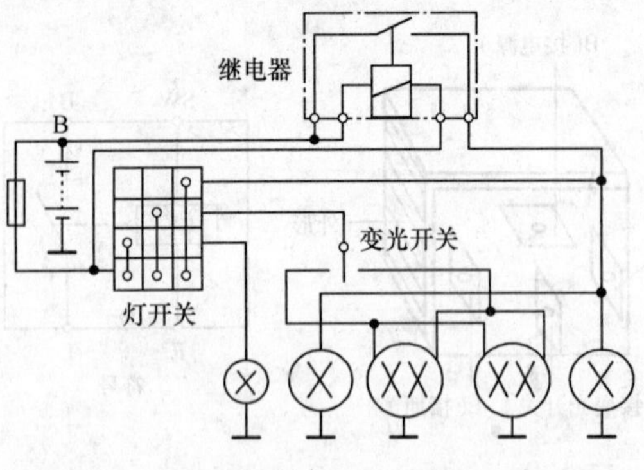

图 3-20 保护型单组继电器控制前照灯电路

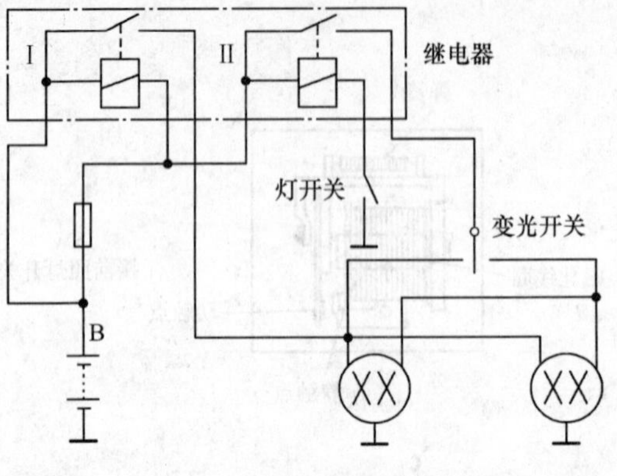

图 3-21 保护型组合继电器控制式前照灯电路

（2）电子控制式前照灯电路。电子控制式前照灯电路能对前照灯的远光与近光进行自动控制，根据所需实现功能，其电子控制方式有前照灯会车自动变光器、前照灯光强度自动减弱器、前照灯关闭自动延时器等。在现代汽车中广泛采用前照灯会车自动变光器。

①前照灯会车自动变光器。前照灯会车自动变光器是一种在夜间行车且在本车与对面来车交会过程中，能自动将前照灯的远光变为近光，或由近光变为远光的电子控制装置，根据接收光敏器件不同，分为具有光敏电阻的自动变光器电路、具有光敏二极管的自动变光器电路和具有光敏三极管的自动变光器电路三类。

图 3-22 所示为具有光敏二极管的前照灯自动变光器电路，该装置仍保留有原脚踏式机械变光开关，电路特点是：汽车夜间行驶至两车会车相距约（150～200）m 时，前照灯能自动由远光切换到近光，待会车之后又能自动恢复到远光，从而有效避免驾驶员用脚反复踏踩变光开关；电路性能稳定可靠、体积小、灵敏度高，并设有手动与自动变光两套独立控制装置。

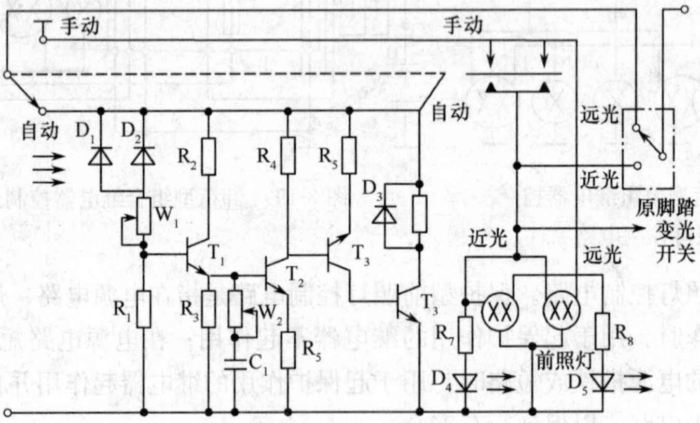

图 3-22 具有光敏二极管的前照灯自动变光器电路

②自动点亮系统。

图 3-23 所示为前照灯自动点亮系统的控制电路。当前照灯开关位于 AUTO 位置时，由安装在仪表板上方的光传感器检测周围的光线强度自动控制前照灯点亮。电路工作过程如下所述。

车门在关闭状态下，点火开关处于 ON 状态时，触发器控制晶体管 VT_1 导通，为灯光自动控制器提供电源。

当周围环境的亮度比夜幕检测电路的熄灯照度 E_2（约 5501x）及夜间检测电路的熄灯照度 E_4（约 2001x）更亮时，夜幕检测电路与夜间检测电路都输出低电平，晶体管 VT_2 和 VT_3 截止，所有灯都不工作。

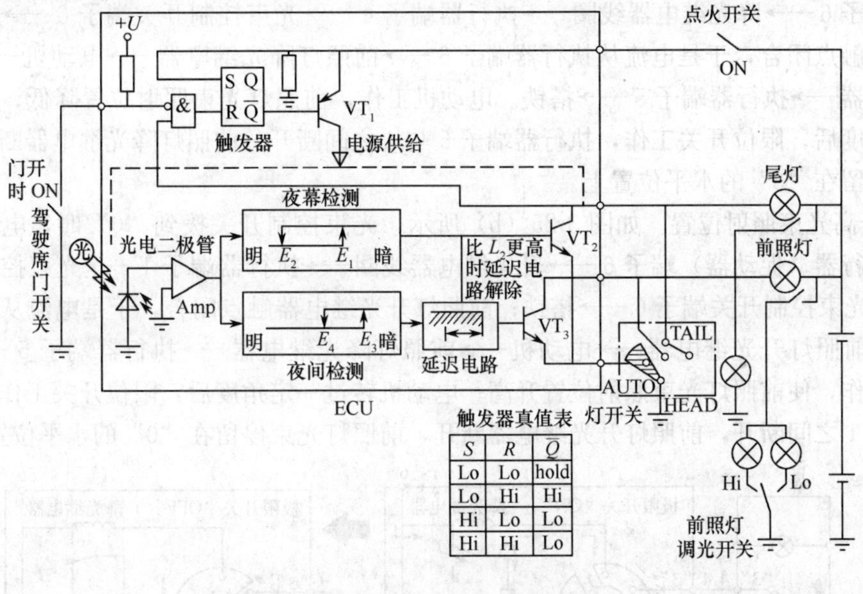

触发器真值表

S	R	Q
Lo	Lo	hold
Lo	Hi	Hi
Hi	Lo	Lo
Hi	Hi	Lo

图 3-23　前照灯自动点亮系统控制电路

当周围环境的亮度比夜幕检测电路的点灯照度 E_1（约 1301x）暗时，夜幕检测电路输出高电平，使 VT_2 导通，点亮尾灯；当变成更暗的状态，达到夜间点灯电路的点灯照度 E_3（约 501x）以下时，夜间检测电路输出高电平，此时，延迟电路也输出高电压，使晶体管 VT_3 导通，前照灯继电器动作，点亮前照灯。

在前照灯点亮时，由于路灯等原因使得周围环境变为明亮的情况下，夜间检测电路的输出变为低电平，但在延迟电路的作用下，在时间 T 期间，VT_3 仍保持导通状态，前照灯不熄灭；在周围的亮度比夜幕检测电路的熄灯照度 E_2 更亮的情况时（如白天汽车从隧道驶出来），夜幕检测电路输出低电平，则解除延迟电路，尾灯和前照灯都立即熄灭。

点火开关断开，触发器 S 端子断电处于低电平，但触发器由 $+U$ 供电，VT_2 仍处于导通状态，由于触发器 R 端子上也是低电平，不能改变触发器输出端 Q 的状态。在此状态下打开车门时，触发器 R 端子上就变成高电平，Q 端子的输出会反转成为高电平，向电路供应电源的晶体管 VT_1 截止，VT_2 及 VT_3 也截止，所有灯都熄灭。

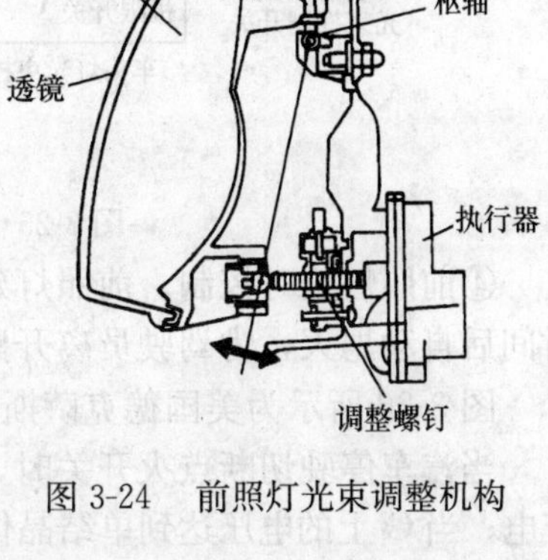

图 3-24　前照灯光束调整机构

③前照灯光束调整控制。当车辆的载荷发生变化时，前照灯光束的照射位置也随之发生变化，因而不能适当地照亮前方路面。前照灯光束调整机构由执行器、调整螺钉及枢轴等组成，如图 3-24 所示。

执行器由电动机和齿轮机构组成，在进行光束轴调整时，执行器驱动调整螺钉正反向旋转，使调整螺钉左右移动并带动前照灯以枢轴为中心摆动，实现前照灯光束的调整。

前照灯光束调整的控制电路如图 3-25 所示，其工作过程如下：

a. 降低光束照射位置。

如图 3-25（a）所示，当光束控制开关拨到“3”时，电流从车头灯光束控制执行器（促动器）端子 6 ⟶降光继电器线圈⟶执行器端子 4 ⟶光束控制开关端子 6 ⟶搭铁；降光继电器触点闭合，于是电流从执行器端子 6 ⟶前照灯降光继电器⟶电动机⟶前照灯升光继电器⟶执行器端子 5 ⟶搭铁。电动机工作，前照灯光束照射位置降低；电动机转过一定角度后，限位开关工作，执行器端子 6 与 4 之间断开，前照灯降光继电器断开，前照灯光束停留在“3”的水平位置上。

b. 升高光束照射位置。如图 3-25（b）所示，光束控制开关拨到“0”时，电流从灯光束控制执行器（促动器）端子 6 ⟶升光继电器线圈⟶执行器端子 1 ⟶光束控制开关端于 1 ⟶光束控制开关端子 6 ⟶搭铁；前照灯升光继电器触点闭合，于是电流从执行器端子 6 ⟶前照灯升光继电器⟶电动机⟶前照灯降光继电器⟶执行器端子 5 ⟶搭铁，电动机工作，使前照灯光束照射位置升高；电动机转过一定角度后，限位开关工作，执行器端子 6 与 1 之间断开，前照灯升光继电器断开，前照灯光束停留在“0”的水平位置上。

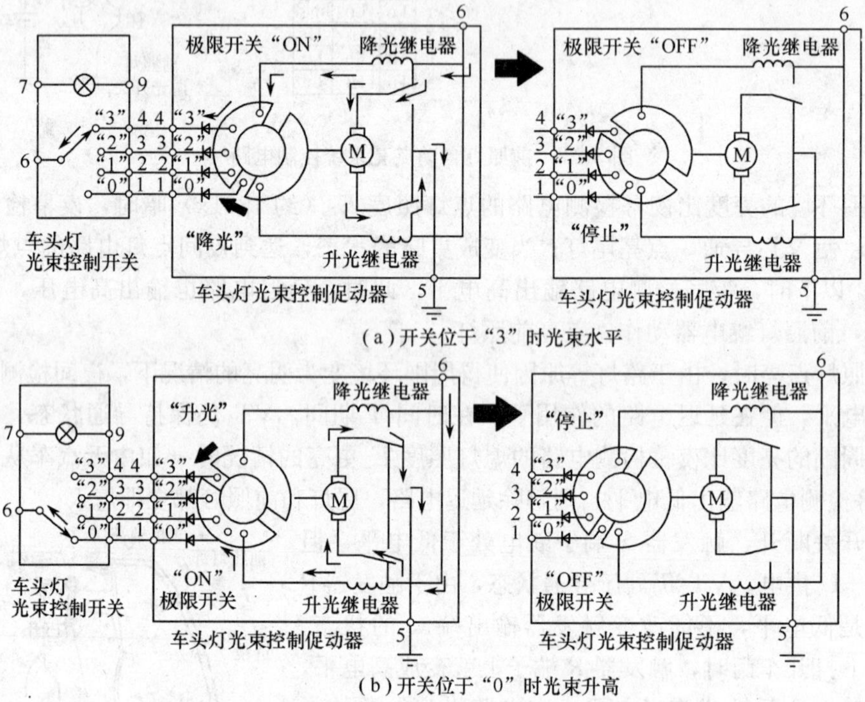

(b) 开关位于“0”时光束升高

图 3-25　前照灯光束调整控制电路及工作过程

④前照灯延时控制。前照灯延时控制电路可使前照灯在电路被切断后，仍继续照明一段时间后自动熄灭，为驾驶员离开黑暗的停车场所提供照明。

图 3-26 所示为美国德克萨斯仪表公司研制的前照灯延时控制电路，其工作原理如下：

当汽车停驶切断点火开关时，晶体管 VT_1 处于截止状态，此时电容 C_1 立即经 R_3、R_4 开始充电；当 C_1 上的电压达到单结晶体管 VT_2 的导通电压时，C_1 则通过晶体管 VT_2 发射极、基极和电阻 R_7 放电，于是在 R_7 上产生一个电压脉冲，使晶体管 VT_3 瞬时导通，消除了加在晶闸管 VT 上的正向电压，使晶闸管 VT 截止；随后，V_3 很快恢复截止，晶闸管还来不及导通，前照灯继电就失电而使其触点 K′打开，将前照灯电路切断，实现自动延时关灯的功能。

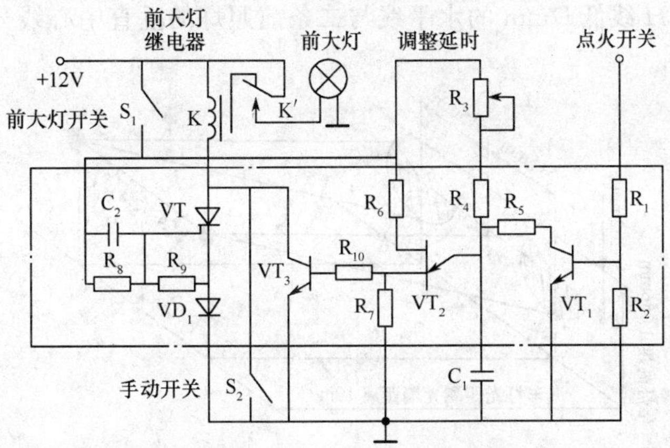

图 3-26　前照灯延时控制电路

实训一　前照灯的检验与调整

1. 器材设备准备

实训车辆、灯光检验仪，常用工具等。

2. 注意事项

（1）使用前照灯检验仪时，应按操作规程进行操作。

（2）调整前照灯光束照射位置时，应参阅具体检测车型的维修手册。

3. 实施步骤

前照灯应有足够的发光强度和正确的照射方向，但前照灯在使用过程中，会因灯泡老化、反射镜变暗、照射位置不正确而使前照灯的发光强度不足或照射位置不正确，影响汽车行驶速度和行车安全，因此必须对前照灯进行检测和调整。

（1）技术标准和要求。我国汽车前照灯检测与调整的有关标准规定，双光束灯以调整近光束为主，对于单光束灯，以调整远光光束为主。前照灯的近光光束照射位置为：前照灯在距离屏幕 10m 处，光束明暗截止线转角或中点的高度应为 $0.6H$～$0.8H$（H 为前照灯基准中心高度，下同），其水平方向位置向左向右偏差均不得超过 100mm。四灯制前照灯其远光单光束灯的调整，要求在屏幕上光束中心离地高度为 $0.85H$～$0.90H$，水平位置要求左灯向左偏不得大于 100 mm，向右偏不得大于 170mm；右灯向左或向右偏均不得大于 170mm。

前照灯的发光强度规定为：对于新车，两灯制的为 15 000cd，四灯制的为 12 000 cd。对于在用车，两灯制的为 12 000 cd，四灯制的为 10 000 cd。

（2）检测方法与步骤。前照灯检测的方法有屏幕检测法和前照灯检验仪法。

①屏幕检验法。屏幕检验法的检测方法如下：

a. 将汽车停在水平地面上，并且按规定充足轮胎气压，从车上卸下所有负载（只允许一名驾驶员乘座）；

b. 距汽车前照灯 10m 处（不同车型有不同的规定）设一屏幕（或利用白墙），在屏幕上画两条垂线（垂线通过各前照灯的中心）和一条水平线 H（与前照灯的离地高度相等）；

c. 再画一条比 H 线低 Dmm 的水平线与二条前照灯的垂直中心线分别相交于 a、b 两点，如图 3-27 所示；

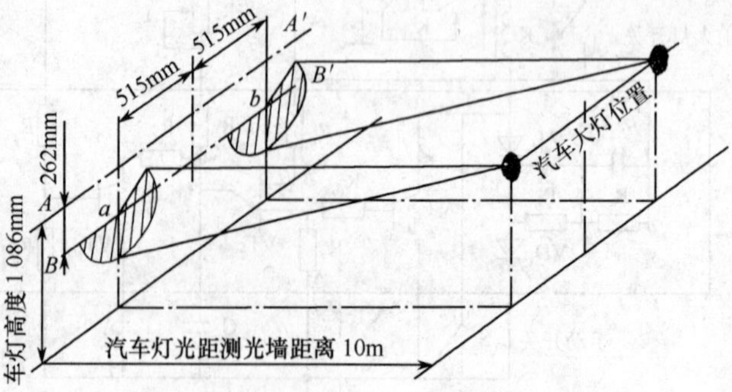

图 3-27 屏幕检验法检测前照灯

d. 起动发动机，使之以 2 000 转/分的转速旋转；

e. 先将一只灯遮住，检查另一只前照灯的光束是否对准 a 点或 b 点（光照中心）；

f. 若不符合规定，则应进行调整，调整时，先遮住右侧的前照灯，调整左侧的前照灯，使其射出的光束中心对准屏幕上的前照灯光中心，然后以同样的方法调整右侧前照灯。

此方法只能检测前照灯光束的照射位置，不能检测前照灯的照射强度，所以，只能在无检测仪器的情况下使用。

②仪器检测法。仪器检测法不仅能检测前照灯的光束位置，还能检测前照灯的发光强度。按测量方法的不同，检测仪可分为聚光式、屏幕式、投影式、自动追踪光轴式和全自动式等，各类仪器使用方法虽各不相同，但检测原理大同小异。一般均采用能把吸收光能变成电流的光电池作为传感器，按照前照灯主光束照射光电池产生电流的大小和比例，来测量前照灯发光强度和光轴偏斜量。

如图 3-28 所示，测量前照灯发光强度的电路由光度计、可变电阻和光电池等组成，按规定的距离使前照灯照射光电池，光电池便按受光强度的大小产生相应的光电流，使光度计指针摆动，指示出前照灯的发光强度。

图 3-29 所示为测量前照灯光轴偏斜量的电路，由两对光电池组成，左右一对光电池 $S_{左}$、$S_{右}$上接有左右偏斜指示计，用于检测光束中心的左右偏斜量；上下一对光电池 $S_{上}$、$S_{下}$上接有上下偏斜指示计，用于检测光束中心的上下偏斜量。当光电池受到前照灯光束照射时，如果光束照射方向偏斜，分别使光电池的受光面不一致，因而产生的电流大小也不一致。光电池产生的电流差值分别使上下偏斜指示计及左右偏斜指示计的指针摆动，从而检测出光轴的偏斜方向和偏斜量。

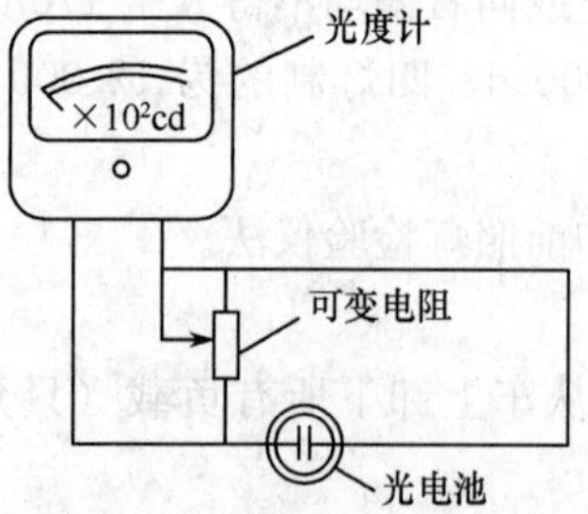

图 3-28 发光强度检测原理图

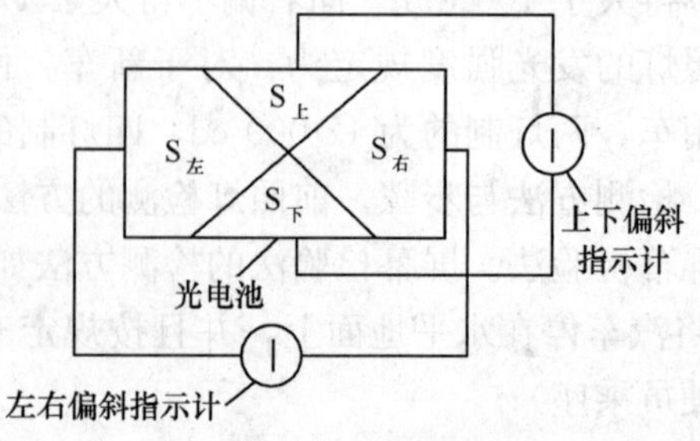

图 3-29 光轴偏斜量检测原理图

图 3-30 所示为光轴无偏斜时的情况，这时上下偏斜指示计的指针和左右偏斜指示计的指针均垂直向下，即处于零位。

图 3-31 所示为光轴有偏斜时的情况，这时上下偏斜指示计的指针向“下”方向偏斜，左右偏斜指示计的指针向“左”方向偏斜。

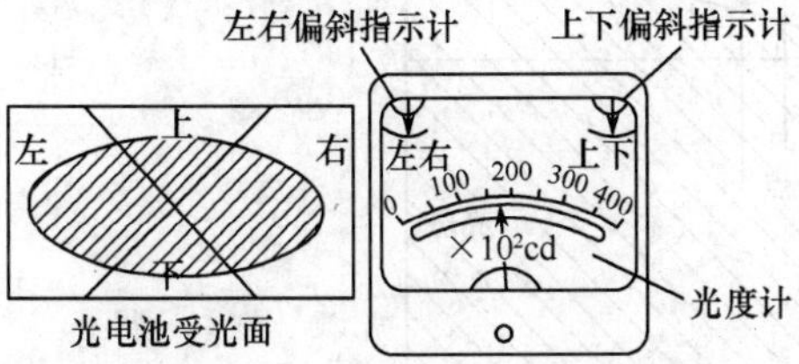

图 3-30 光轴无偏斜时的情况

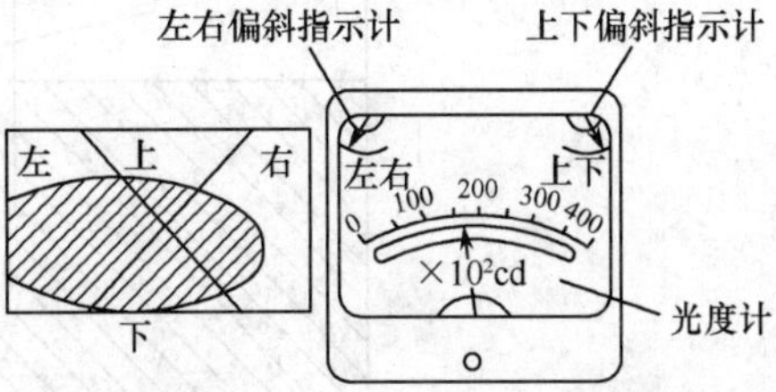

图 3-31 光轴有偏斜时的情况

通过适当的调节机构，调整光电池的位置，使 $S_{左}$、$S_{右}$ 和 $S_{上}$、$S_{下}$ 每对光电池受到的光照度相同，此时每对光电池输出的电流相等，两偏斜指示计的指针均指向零位，其调节量反映了光束中心的偏斜量。当偏斜指示计指针处于零位时，光电池受到的光照最强，四块光电池所输出电流之和表明了前照灯的发光强度。

图 3-32 所示为 QD－2 前照灯检测仪光度指示装置图。检测前，先移动检验仪，调整仪器前透镜面与被测车辆的前照灯之间的距离为 30cm 左右，调整仪器箱高度使之与被测车辆前照灯的中心安装高度一致，用对正器观察仪器与车辆的相对位置。移动仪器对准被测车辆用微焦距调节旋钮调节至最清晰位置，将检验仪移至任一前照灯前。

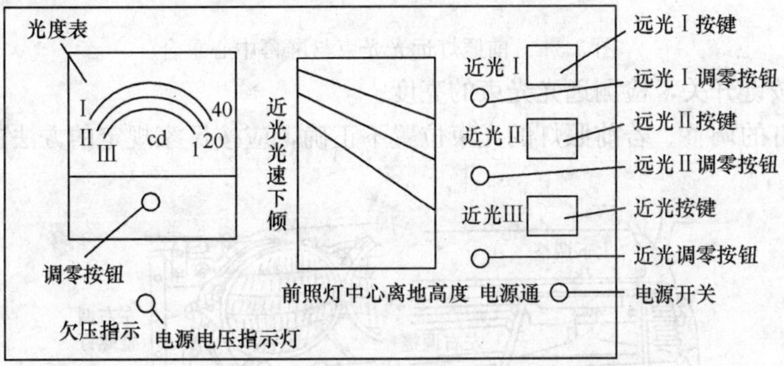

图 3-32 QD－2 前照灯检测仪光度指示装置图

检测前照灯近光光束时，可打开前照灯的近光灯，调整光束通过透镜射到仪器的屏幕上，由观察窗口目视，转动光束照射方向选择指示旋钮使光斑明暗截止线左端呈水平的部分与屏幕上的实线重合，如图 3-33 所示。此时光束照射方向选择指示旋钮上的读数即为前照灯照射到距离为 10m 的屏幕上光束的下倾值，单位为 cm。

光束的左右偏移量以近光光斑明暗截止线的转角点与仪器屏幕上的 V－V 线不重合性直接读数，单位为 cm。若明暗截止线的转角点落在左边 10 的刻线上，则表示车辆前照灯照射到距离为 10m 的屏幕上时，光束中心的左偏值为 10cm。

按下检测仪器上的近光按键开关，直接从光度计上可读取近光暗区的最大光度，其值不应小于 625 cd。

变换前照灯为远光光束，远光光束照射到屏幕上最亮部分的中心应与屏幕上的圆孔重合，如图 3-34 所示。其偏移值可直接从屏幕上读出。

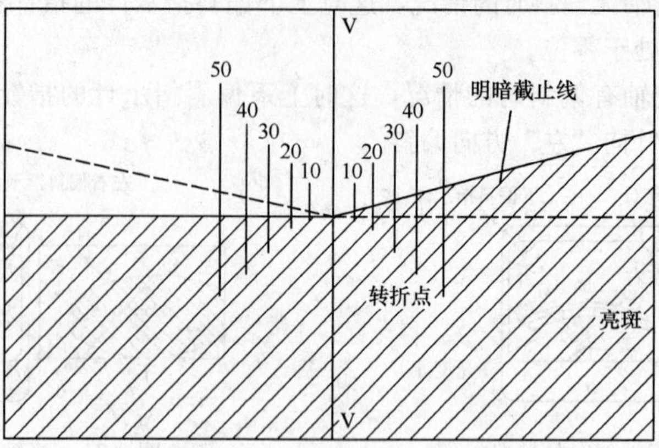

图 3-33 前照灯近光光束与明暗截止线重合

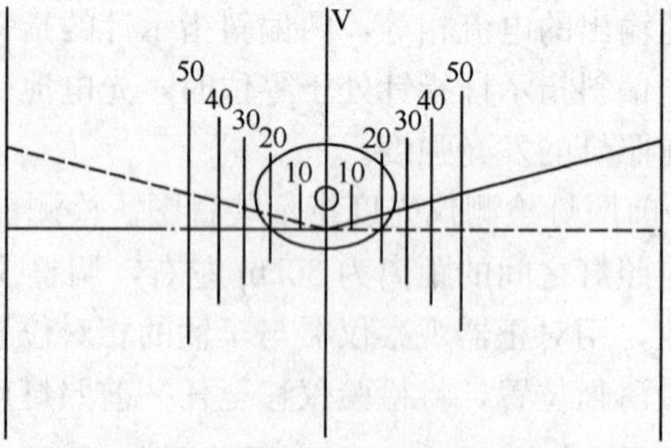

图 3-34 前照灯远光光束与屏幕中心重合

按下远光按键开关，检测远光光束的亮度。

（3）前照灯的调整。若前照灯的光束位置不正确，应按厂家规定的方法进行调整，如图 3-35 所示。

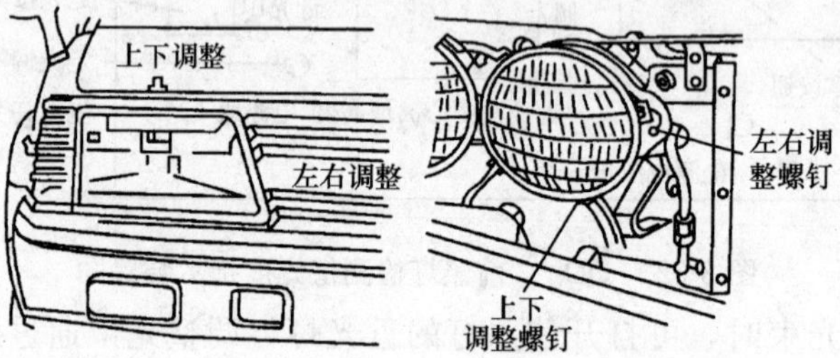

图 3-35 前照灯的调整

实训二 前照灯常见故障的诊断

1. 器材设备准备

实训车辆、万用表、试灯、常用工具等。

2. 注意事项

调整前照灯光束照射位置时，应参阅具体检测车型的维修手册。

3. 实施步骤

图 3-36 所示为捷达轿车前照灯的工作电路。

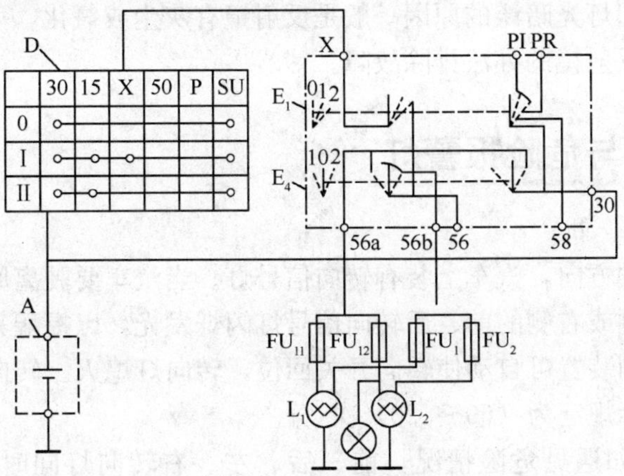

A—蓄电池；D—点火开关；E_1—灯光开关；E_4—变光/超车开关；

FU_1、FU_2、FU_{11}、FU_{12}—熔断器；L_1—左前照灯；L_2—右前照灯

图 3-36　捷达轿车前照灯工作电路

（1）前照灯远近光不全。

①故障现象：当车灯开关处于 2 挡位置时，用变光开关变换远近光，只有远光或近光灯亮。

②故障原因

a. 变光开关损坏。

b. 远近光中的一个导线断路。

c. 双灯丝灯泡中某灯丝烧断。

③故障诊断与排除。此故障点经常为变光开关——熔断器——灯泡双灯丝线路之间断路。可先检查熔断器是否断路，若断路应更换新的熔断器；若熔断器良好，可直接在变光开关处将电源接线柱与不亮的远光或近光接线柱相连试验，若灯亮，则为变光开关损坏，应更换变光开关，若灯不亮，则说明故障在变光开关以后的线路中或灯泡灯丝；先检查灯泡灯丝是否断路，若灯丝断路，应更换灯泡，若灯泡正常，则可直接在灯座插接器上为其供电，若灯亮，则为导线断路或插接器接触不良。

（2）左右前照灯的亮度不同。

①故障现象：接通前照灯开关，不论是远光还是近光，总有一侧灯较暗。

②故障原因：

a. 灯光暗淡一侧的前照灯搭铁不良。

b. 灯光暗淡一侧的前照灯插接器松动或锈蚀，接触电阻过大。

c. 灯光暗淡一侧的前照灯反射镜积有灰尘或氧化。

d. 左右两侧灯泡的功率不同。

③故障诊断与排除。首先检查左右两侧灯泡的功率是否相同，可采用互换左右灯泡的办法进行判断。在灯泡功率相同的情况下，用一根导线一端连接搭铁点，另一端与灯光暗淡的灯泡搭铁接线柱相连，若灯光恢复正常，则表明该灯搭铁不良。

若灯泡单丝发光微弱，常为连接该灯泡灯丝的插头松动或锈蚀致使接触电阻过大，可用电源短接法迅速判明故障部位。

灯泡搭铁不良时，灯光暗淡的灯泡两根灯丝在远光或近光均同时发出微弱灯光，若发现灯泡亮度正常，则引起灯光暗淡的原因一般是反射镜有灰尘或氧化，可通过消除灰尘（用压缩空气吹净）或更换反射镜的办法排除故障。

3.3 转向灯与危险报警灯

为指示车辆的行驶方向，汽车上装有转向信号灯。当汽车要驶离原方向，需接通左侧或右侧转向信号灯，左侧或右侧的前、后转向信号灯闪烁发光，以提醒其他车的驾驶员；转向后，回转方向盘，控制装置可自动使转向开关回位，转向灯熄灭。转向信号装置一般应具有一定的频闪，我国国标规定为（60～120）次/分。

汽车在行驶中，如遇见危险情况，前、后、左、右转向灯同时发出闪光，作为危险警报信号。

转向信号装置一般由转向开关、转向信号灯、转向指示灯和闪光器等组成，其中闪光器是主要器件。

3.3.1 闪光器

闪光器是使转向信号灯按一定时间间隔闪烁的器件，目前使用的闪光器主要有电热式、电容式、电子式。电子式闪光器具有性能稳定、可靠性高、寿命长的特点，已获得广泛应用。

电子闪光器可分为触点式（带继电器）和无触点式（不带继电器），不带继电器的电子闪光器又称为全电子闪光器。

1. 触点式电子闪光器

图 3-37 所示为带继电器触点式晶体管闪光器的电路。当汽车向右转弯时，转向开关 S 接通右转向灯，主线路为蓄电池“＋”极⟶电源开关 SW⟶接线柱 B⟶R_1⟶继电器 J 的触点⟶接线柱 S⟶转向开关⟶转向灯及转向指示灯（左或右）⟶搭铁⟶蓄电池“－”极，转向灯亮。

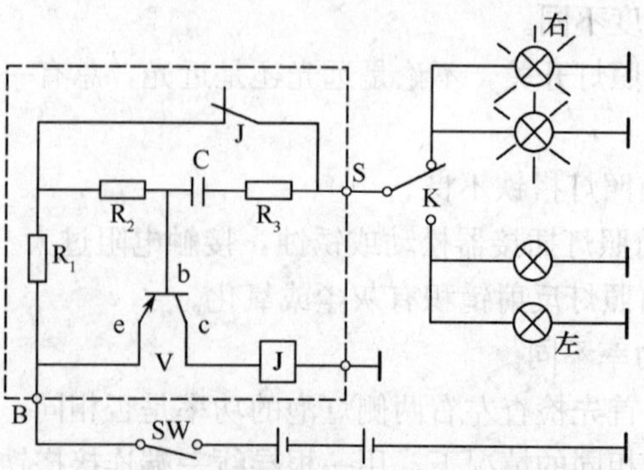

图 3-37 带继电器触点式晶体管闪光器电路

同时，R_1上的电压降使三极管导通产生集电极电流。集电极电流通过继电器J的线圈，使继电器常闭触头立即断开，右转向信号灯熄灭。

三极管导通的同时，基极电流向电容器C充电。充电电路为：蓄电池正极⟶电源开关SW——接线柱B⟶三极管的发射极e、基极b⟶电容器⟶电阻R_3⟶接线柱S⟶转向灯开关K⟶右转向信号灯⟶搭铁⟶蓄电池负极。在充电过程中，随着电容器电荷的积累，充电电流逐渐减小，三极管的集电极电流也随之减小，当此电流不足以维持衔铁的吸合而释放时，继电器J的常闭触点又重新闭合，转向信号灯再次发亮，这时电容器C通过电阻R_2、继电器J的常闭触点、电阻R_3放电。放电电流在R_2上产生的电压降为三极管提供反向偏压，加速了三极管的截止，使继电器J的常闭触点迅速断开。当放电电流接近零时，R_1上的电压降又为三极管提供正向偏压使其导通。因此，电容器C不断地充电和放电，三极管也就不断地导通与截止，控制继电器的触点反复地闭合、断开，使转向信号灯发出闪光。

2. 无触点式电子闪光器

无触点式电子闪光器又称全电子式闪光器，即把触点式闪光器中的继电器去掉，采用大功率晶体管来取代原来的继电器，如图3-38所示。它是利用电容器充放电延时的特性，控制晶体管VT_3的导通和截止，来达到闪光的目的。

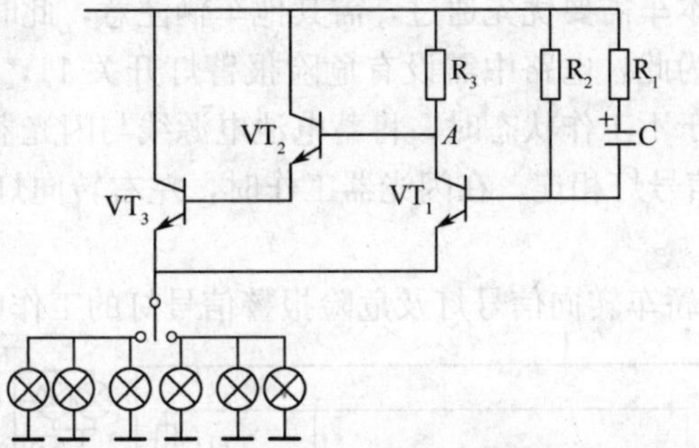

图3-38 无触点式晶体管闪光器电路

接通转向开关后，晶体管VT_1的基极电流由两路提供，一路经电阻R_2，另一路经R_1和C，使VT_1导通，VT_1导通时，则VT_2、VT_3组成的复合管处于截止状态。由于VT_1的导通电流很小，仅60mA左右，故转向信号灯暗。与此同时，电源对电容器C充电，随着电容C两端的电压升高，充电电流减小，VT_1的基极电流减小，使VT_1由导通变为截止。这时A点电位升高，当电位达到1.4V时，VT_2、VT_3导通，于是转向信号灯亮，此时电容器C通过R_1、R_2放电，放电时间为灯亮时间。电容C放完电，接着又充电，VT_1再次导通使VT_2、VT_3截止，转向信号灯又熄灭，电容C的充电时间为灯灭的时间。如此反复，使转向信号灯发出闪光。改变R_1、R_2的电阻值和电容C的大小以及VT_1的β值，即可改变闪光频率。

3.3.2 转向信号灯与危险报警灯控制电路

图3-39所示为转向信号灯与危险报警灯的一般控制电路，电路特点可归纳如下：

（1）转向灯7、8（或9、10）与转向灯开关6及转向闪光器5经危险报警灯开关4的常闭触点与点火开关2串联，即转向信号灯是在点火开关处于工作挡时使用。

（2）危险报警灯的使用场合主要是本车有故障不能行驶，或本车有索引其他车的任务，

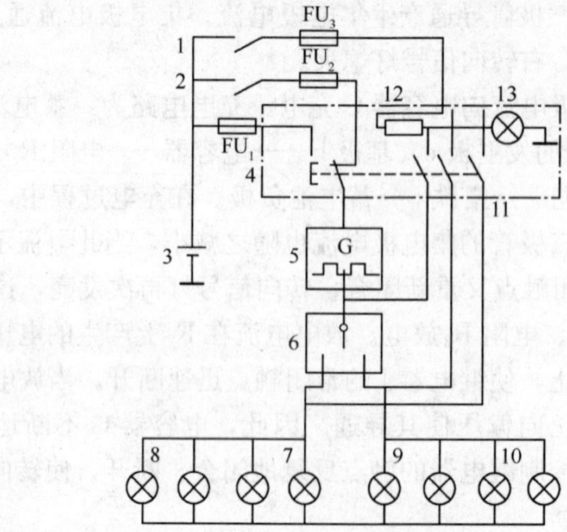

1—照明灯开关；2—点火开关；3—蓄电池；4—危险报警灯；5—转向闪光继电器；6—转向灯开关；
7—左转向信号灯；8—左转向指示灯；9—右转向信号灯；10—右转向信号指示灯；
11—危险报警灯开关；12—降压电阻；13—危险报警指示灯

图 3-39 转向信号灯与危险报警灯工作电路

需要其他车辆注意，或本车需要优先通过，需其他车辆注意，此时，本车可以在发动机不工作时使用危险报警灯。为此，电路中需设有危险报警灯开关 11，此开关为一个多触点联动开关，它在点火开关处于不工作状态时，将蓄电池电源线与闪光器及灯泡相连，并将闪光器 5 的输出端与左右转向信号灯相连。在闪光器工作时，左右转向灯及指示灯同时闪光发出危险信号。

图 3-40 所示为捷达轿车转向信号灯及危险报警信号灯的工作电路。

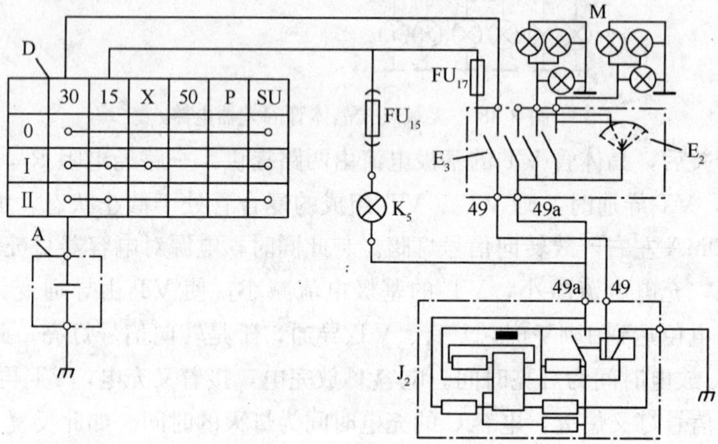

A—蓄电池；D—点火开关；E3—危险报警灯开关；E2—转向灯开关；
FU15、FU17 —熔断器；M—转向灯泡；K5—转向指示灯；J2—闪光器

图 3-40 捷达轿车转向信号灯与危险报警灯工作电路

点火开关处于I挡时，如果车辆向左转弯行驶，将转向灯开关 E_2 手柄向下扳动，则左侧转向灯电路的工作电流由蓄电池（＋）经点火开关触点 30 与 15 至熔断器 FU_{17}，经危险报警灯开关 E_3 的常闭触点、闪光器触点 49 和 49a、转向灯开关 E_2 的触点、左侧转向灯搭铁至蓄电池（—），左侧转向灯闪亮；车辆向右转向时，工作电流在转向开关处发生改变，变为向右转向灯

供电。

转向指示灯的工作电路为：蓄电池（+）、点火开关触点 30 与 15 ⟶熔断器 FU_{15}⟶转向指示灯 K_5⟶转向灯开关 E_2的触点 49a ⟶转向灯开关⟶左侧或右侧转向灯⟶搭铁⟶蓄电池（−），转向指示灯亮。由于转向指示灯的工作电流较小，此时转向灯并不亮，当闪光器的触点闭合后，转向灯亮。此时，转向指示灯 K_5 两端的电位相等，转向指示灯熄灭。因此，转向指示灯与转向信号灯的频闪状态相反。

当汽车发生故障或紧急情况时，打开报警灯信号开关，此时危险报警灯电路的电流由蓄电池（+）经危险报警灯开关直接至闪光器 49 触点，再由闪光器 49a 触点经危险报警开关至所有的转向灯，再流回蓄电池（−），形成回路，所有转向灯闪亮，同时，转向指示灯也进入工作状态。

实训一　闪光继电器的检测

1. 器材设备准备

各类型闪光继电器，(50～60) W 试灯，12V 直流稳压电源，计时电子秒表，常用工具等。

2. 实施步骤

转向灯的闪光频率一般为（60～120）次/分，是由闪光继电器控制工作的。检测闪光器的性能是否良好，应对闪光继电器的频率值进行测定，其测定方法是：

（1）按图 3-41 所示正确接线，接通转向开关，同时按下计时电子秒表，记下 1 min 内转向灯的闪光频率。

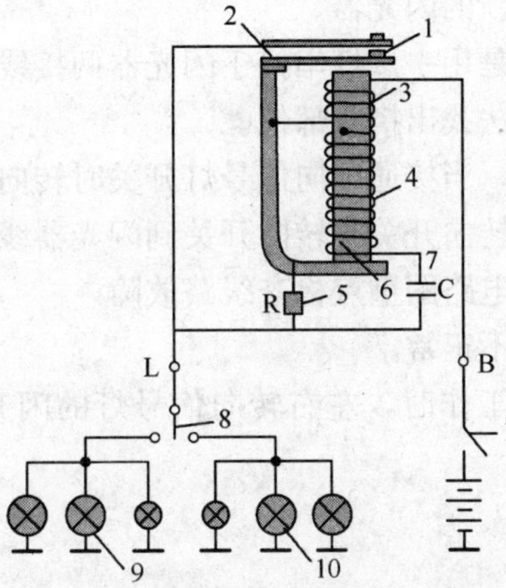

1—触点；2—弹簧片；3—串联线圈；4—并联线圈；5—灭弧电阻；6—铁芯；
7—电解电容器；8—转向灯开关；9—左转向信号灯及指示灯；10—右转向信号灯及指示灯；11—电源开关

图 3-41　转向信号与危险报警灯工作电路

（2）若闪光频率低于或高于规定值，对于电容式闪光继电器和电子式闪光继电器可打开闪光继电器的外壳，改变充电电容的数值进行调整。

实训二　转向信号装置故障的诊断与排除

1. 器材设备准备

实训车辆、万用表、试灯、常用工具等。

2. 实施步骤

（1）转向信号灯不工作。

①故障现象：打开点火开关，接通转向信号灯开关，转向信号灯均不亮。

②故障原因：

a. 熔断器熔断、电源线路断路或灯系中有短路。

b. 闪光继电器损坏。

c. 转向信号开关损坏。

③故障诊断与排除。

a. 检查熔断器是否熔断，若熔断，可在断路的熔断器两端串上一只试灯，再将转向信号开关的输入导线拆下，此时熔断器上串联的试灯被点亮，则为熔断器至转向信号灯开关一段线路中有搭铁故障，可采用断路法逐段找出搭铁部位。

b. 上述检查中若熔断器未断，则应检查线路中是否有断路故障。此时应注意的是，有时某一边转向信号灯线路搭铁，闪光器被烧坏，造成线路断路的现象，而实际上是线路搭铁故障。因此，检查线路是否断路时，应先短接闪光器的两个接线柱，接通转向信号灯开关，若转向信号灯亮，则为闪光器损坏，应更换；若出现一边转向信号灯亮而另一边不但不亮，且当短接上述两接线柱时出现强火花，则表明不亮的一边转向信号灯线路中某处搭铁。必须先排除线路搭铁故障，再换上新的闪光器。

排除线路搭铁故障的方法是用一试灯串接于闪光器两接线柱上，将转向信号开关拨至有搭铁故障的一边，再采用断路法找出搭铁部位。

若短接闪光器两接线柱后，当接通转向信号灯开关时转向信号灯全不亮，而接通危险报警灯开关时转向灯全亮，说明转向开关或转向开关到闪光器线路段有故障；如果接通危险报警开关时转向灯仍不亮，应按电路图重点检查线路故障。

（2）转向信号灯闪光频率不正常。

①故障现象：转向信号灯工作时，左右转向信号灯的闪光频率不一致或闪光频率均不正常。

②故障原因：

a. 导线接触不良。

b. 灯泡功率选用不当或某一边有光泡损坏。

c. 闪光器故障。

③故障诊断与排除。首先检查闪光器、转向信号灯开关接线柱上的导线是否松动，灯泡功率是否与规定相符，左右转向灯灯泡功率是否相同。若灯泡功率均符合规定，则应检查是否有灯泡损坏。

若左右转向信号灯频率都高于或低于规定值，一般为闪光器故障，应更换新件。

3.4　制动与倒车信号

3.4.1　制动信号装置

制动信号灯安装在车辆尾部，警示后面车辆该车正在制动，以避免后面车辆与其后部相撞。

制动信号灯由制动开关控制，按控制的方式不同可分为气压式、液压式和机械式三种。

图 3-42 所示为气压式制动信号灯开关的结构，一般安装于制动管路中，制动时，制动压缩空气推动橡皮膜片上拱，使触点闭合，接通制动灯电路。

图 3-43 所示为液压式制动信号灯开关的结构，一般安装于制动管路中，当踩下制动踏板时，制动系中的油液压力增大，膜片向上拱曲，克服弹簧的作用力使动触片接通接线柱，制动信号灯通电发亮；松开制动踏板，油液压力下降，动触片在弹簧的作用下复位，制动信号灯熄灭。

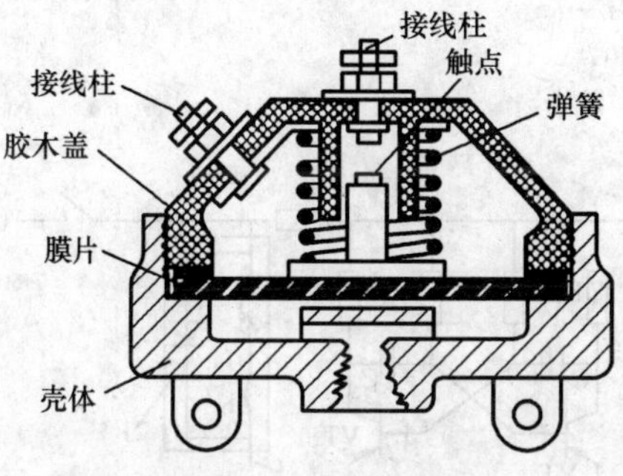

图 3-42　气压式制动信号灯开关

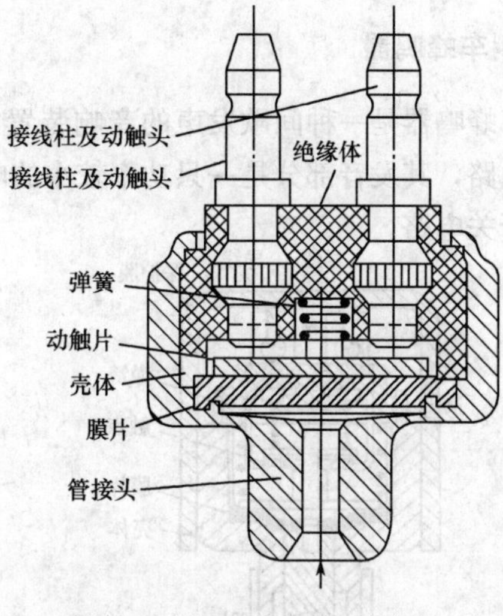

图 3-43　液压式制动信号灯开关

图 3-44 所示为制动踏板联动的机械行程开关，一般安装于制动踏板下方，当踩下制动踏板时，制动开关内的活动触点便将两接柱接通，使制动灯点亮；当松开踏板后，断开制动灯电路。

3.4.2　倒车信号装置

汽车倒车时，为了警告车后的行人和驾驶员，也为了给司机提供额外照明，使其能够在夜间倒车时看清车的后部，在汽车的后部常装有倒车灯、倒车蜂鸣器或语音倒车报警器，由装在变速器盖上的倒车开关自动控制。

1. 倒车开关

倒车开关的结构如图 3-45 所示。当把变速杆拨到倒车挡时，由于倒车开关中的钢球被松开，在弹簧的作用下，触点闭合，于是倒车灯、倒车蜂鸣器或语音倒车报警器便与

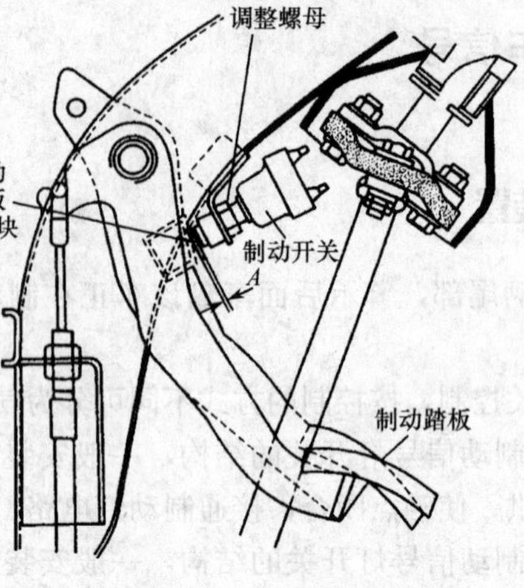

图 3-44 制动踏板直接联动的机械行程开关

电源接通，使倒车灯发亮，蜂鸣器发出断续的鸣叫声，语音倒车报警器发出“请注意，倒车”的声音。

2. 倒车蜂鸣器

倒车蜂鸣器是一种间歇发声的音响装置，图 3-46 所示为 CA1090 型汽车装用的倒车蜂鸣器的电路，其发音部分是一只功率较小的电喇叭，控制电路是一个由无稳态电路和反相器组成的开关电路。

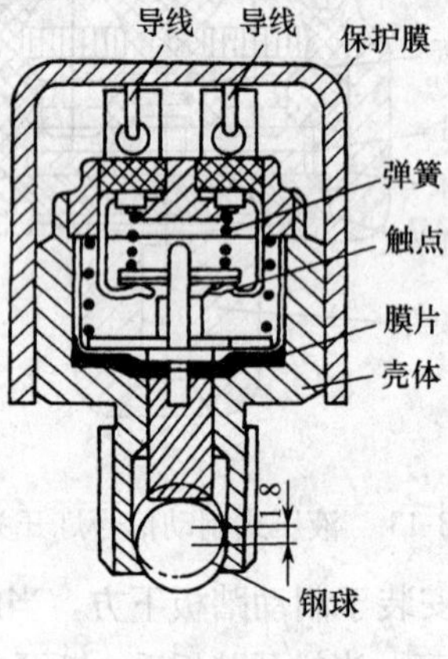

图 3-45 倒车开关

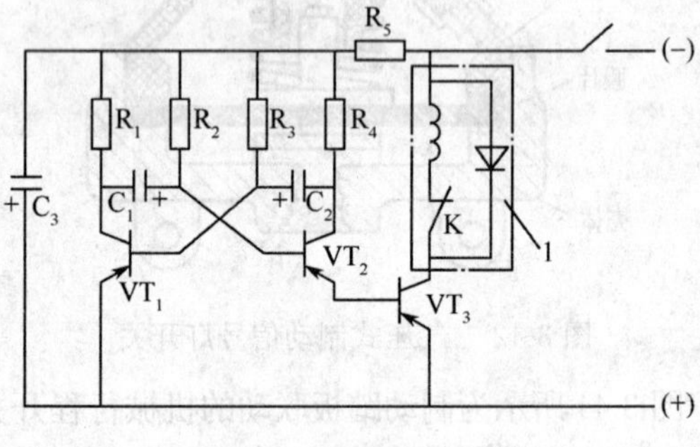

图 3-46 倒车蜂鸣器电路

晶体管 VT_1、VT_2组成一个无稳态电路（也叫多谐振荡器），由于 VT_1和 VT_2之间采用电容器耦合，因而 VT_1与 VT_2只有两个暂时的稳定状态，或 VT_1导通、VT_2截止，或 VT_1截止、VT_2导通，这两个状态周期地自动翻转。VT_3在电路中起开关作用，它与 VT_2直接耦合，VT_2的发射极电流就是 VT_3的基极电流，当 VT_2导通时，VT_3基极有足够大的基极电流，电流便从电源（+）极，经 VT_3蜂鸣器的常闭触点 K、线圈流回电源“−”极。线圈通电后，线圈中的铁芯磁化，吸动衔铁，带动膜片变形，产生声音。当 VT_2截止时，VT_3无基极电流也截止，于是线圈断电，铁芯退磁，衔铁与膜片回位。如此周而复始，VT_3按照无稳态电路的翻转频率不断地导通、截止，从而使得倒车蜂鸣器发出间歇性的鸣叫。

3. 语音倒车报警器

当汽车倒车时，语音倒车报警器能重复发出“请注意，倒车”的声音，以此提醒过往行人避开车辆而确保车辆安全倒车。

语音倒车报警器的电路如图 3-47 所示。电路由存储语音信号的集成电路 HFC5209、功放集成电路 LM386N、稳压管 VD 等组成，为防止电源电压接反，在电源的输入端设置了由四个二极管组成的桥式整流电路。

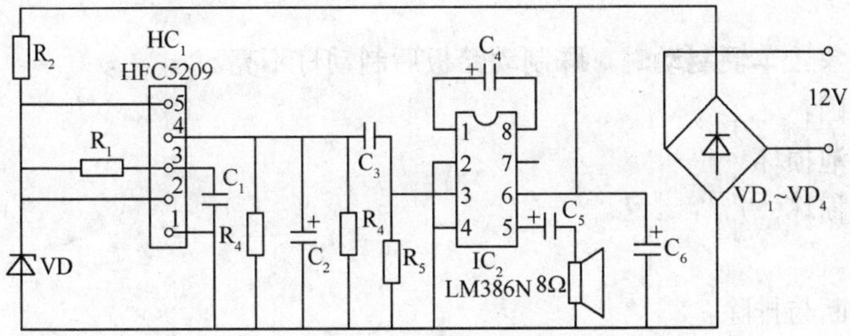

图 3-47　语音倒车报警器

当汽车挂入倒车挡时，倒车开关接通电源，电源便由四个二极管（VD_1～VD_4）组成的桥式整流电路输入存储语音信号的集成电路，集成电路的输出端便输出一定幅度的语音信号电压，此语音信号电压经电路消除杂音，改善音质，并耦合到集成放大电路 LM386N 的输入端，经 LM386N 功率放大后，通过喇叭输出，即可发出清晰的“请注意，倒车”的声音。

这种语音倒车报警器体积小，价格低廉，声音清晰，正在得到广泛使用。

4. 倒车雷达装置

倒车雷达装置在倒车时起辅助报警功能，使倒车更加安全。

当驾驶员挂入倒挡后，倒车雷达侦测器进入自我检测，当自我检测通过后，就开始检测汽车后部障碍物，如风神Ⅱ号轿车的倒车雷达装置，在汽车后部 50cm 处检测到物体表面为 $25cm^2$ 以上的障碍物，就会发出报警声，以提醒驾驶员注意。

倒车雷达装置由倒车雷达侦测器、控制器、蜂鸣器等组成。倒车雷达侦测器安装在车辆后部保险杠上，如图 3-48 所示。它向汽车后部发射超声波，并接收反射回来的超声波。控制器接收从侦测器传来的信号，经计算判断障碍物离车尾的距离，若达到报警位置，就传送信号给蜂鸣器。

倒车雷达装置是利用声纳原理工作的，如图 3-49 所示。发射的超声波频率达到 40kHz，当超声波遇到障碍物时，会有反射波产生，被传感器接收后，控制器就会利用发射波与反射

图 3-48　倒车雷达装置安装位置

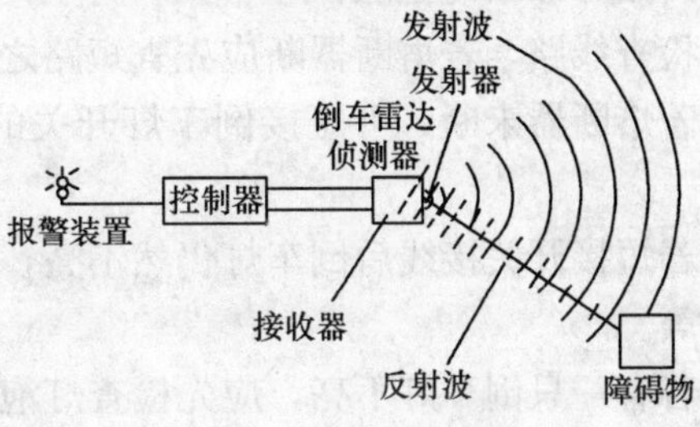

图 3-49　倒车雷达装置的工作原理

波计算出障碍物与雷达发射器之间的距离，并据此采取相应的报警提示。

实训一 制动信号装置故障诊断与排除

1. 器材设备准备

实训车辆、万用表、试灯、常用工具等。

2. 实施步骤

（1）故障现象：车辆制动时，踩制动踏板后制动灯不亮。
（2）故障原因：
①制动灯灯泡损坏。
②制动开关损坏。
③线路故障。
（3）故障诊断与排除：
①检查线路，若熔断器断应先查短路之处。
②若熔断器未断，可短接制动开关的两根接线，若制动灯亮，说明制动开关损坏，应检修或更换。
③若短接开关接线后制动灯仍然不亮，检查灯泡是否烧坏，灯座接触是否不良，搭铁是否良好等。
④若有一只制动灯不亮，应先检查灯泡是否烧坏。

实训二 倒车信号装置故障诊断与排除

1. 器材设备准备

实训车辆、万用表、试灯、常用工具等。

2. 实施步骤

（1）故障现象：倒车时倒车灯不亮。
（2）故障原因：
①倒车灯泡损坏。
②倒车灯开关损坏。
③线路故障。
（3）故障诊断与排除：
①检查线路，若熔断器断应先查短路之处。
②若熔断器未断，可短接倒车灯开关的两根接线，若灯亮，说明开关损坏，应检修或更换。
③若短接开关接线后倒车灯仍然不亮，检查灯泡是否烧坏，灯座是否接触不良，搭铁是否不良等。
④若有一只倒车灯不亮，应先检查灯泡是否烧坏。

3.5 电喇叭

汽车上喇叭的作用是用来警告行人和其他车辆，以引起他们注意，保证行车安全。

3.5.1 类型

汽车上的喇叭类型较多，分类方法不同，其类型也不同，常用的分类方法及类型有：

（1）按发音动力不同可分为气喇叭、电喇叭。气喇叭是利用气流使金属膜片振动产生音响，外形一般为筒形，多用在具有空气制动装置的重型载重汽车上。电喇叭是利用电磁力使金属膜片振动产生音响，其声音悦耳，广泛使用于各种类型的汽车上。

电喇叭按有无触点可分为普通电喇叭和电子电喇叭。普通电喇叭是靠触点的闭合和断开，控制电磁线圈激励膜片振动而产生音响的；电子电喇叭中无触点，是利用晶体管电路激励膜片振动产生音响的。在中小型汽车上，由于安装的位置限制，多采用螺旋形和盆形电喇叭。盆形电喇叭具有体积小、重量轻、指向好、噪声小等优点。

（2）汽车上的喇叭按外形不同可分为螺旋形、筒形和盆形喇叭。

（3）按音频高低不同可分为高音和低音喇叭。

3.5.2 普通电喇叭

1. 筒形、螺旋形电喇叭

图3-50所示为筒形、螺旋形电喇叭的结构。其中膜片和共鸣板借中心杆与衔铁、调整螺母、锁紧螺母联成一体。

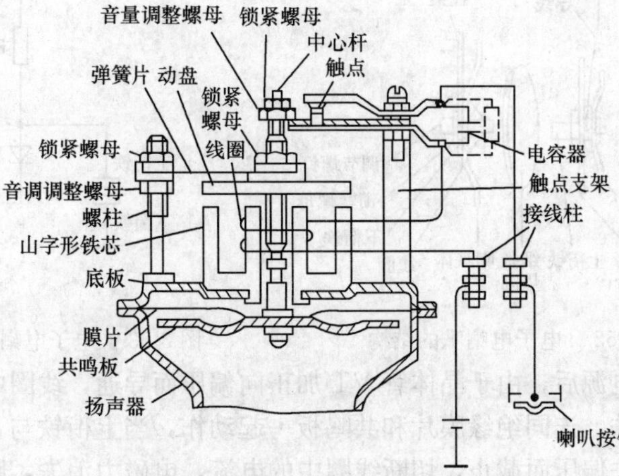

图3-50 筒形、螺旋形电喇叭的结构

其工作过程是：当按下按钮时，电流由蓄电池正极⟶线圈⟶触点⟶按钮⟶搭铁⟶蓄电池负极。当电流通过线圈时，产生电磁吸力，吸下衔铁，中心杆上的调整螺母压下活动触点臂，使触点分开而切断电路，此时线圈电流中断，电磁吸力消失，在弹簧片和膜片的弹力作用下，衔铁又返回原位，触点闭合，电路重又接通。

此后，上述过程反复进行，膜片不断振动，从而发出一定音调的音波，由扬声筒 1 加强后传出。共鸣板与膜片刚性连接，在振动时发出陪音，使声音更加悦耳。为了减小触点火花，保护触点，在触点间并联了一个电容器（或消弧电阻）。

2. 盆形电喇叭

图 3-51 所示为盆形电喇叭的结构。

其结构特点是：电磁铁采用螺管式结构，铁芯上绕有线圈，上、下铁芯间的气隙在线圈中间，能产生较大的吸力。它无扬声筒，而是将上铁芯、膜片和共鸣板固装在中心轴上。当电路接通时，线圈产生吸力，上铁芯被吸下与下铁芯碰撞，产生较低的基本频率，并激励与膜片一体的共鸣板产生共鸣，从而发出比基本频率强得多，且分布又比较集中的谐音。

为了保护触点，在触点之间，同样也并联了一只电容器（或消弧电阻）。

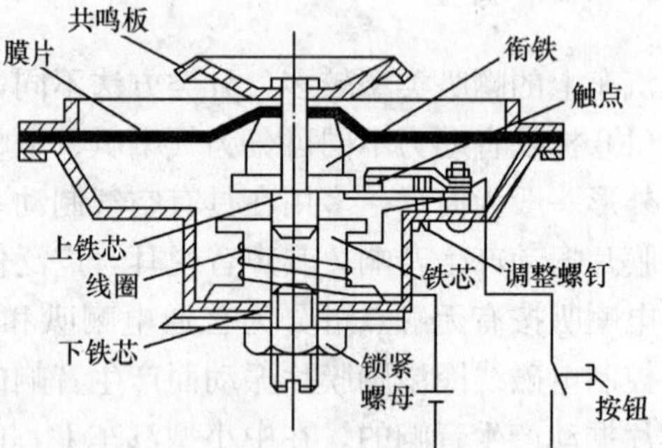

图 3-51 盆形电喇叭的结构

3.5.3 电子电喇叭

普通电喇叭由于触点易烧蚀、氧化，影响电喇叭的工作可靠性，故障率高。而电子电喇叭无触点，它利用晶体管控制电路来激励膜片振动产生声响。

图 3-52 所示为电子电喇叭的结构，电路原理如图 3-53 所示。

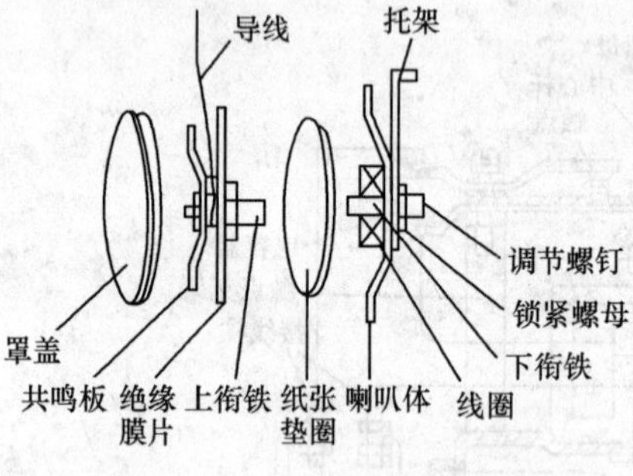

图 3-52 电子电喇叭的结构

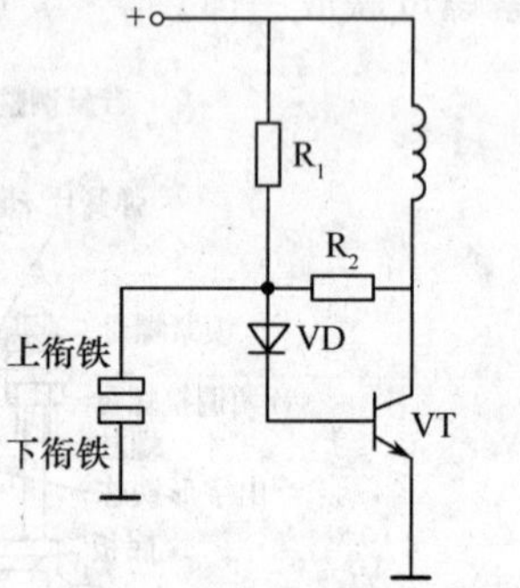

图 3-53 电子电喇叭电路原理

当喇叭电路接通电源后，由于晶体管 VT 加正向偏压而导通，线圈中便有电流通过，产生电磁力，吸引上衔铁，连同绝缘膜片和共鸣板一起动作，当上衔铁与下衔铁接触而直接搭铁时，晶体管 VT 失去偏压而截止，切断线圈中的电流，电磁力消失，膜片与共鸣板在弹力作用下复位，上、下衔铁又恢复为断开状态，晶体管 VT 重又导通，如此周而复始地动作，膜片不断振动便发出响声。

3.5.4 喇叭继电器

为了得到更加悦耳的声音，在汽车上常装有两个不同音调（高、低音）的喇叭，其中高音喇叭膜片厚，扬声筒短，低音喇叭则相反。有的车甚至用三个（高、中、低）不同音调的喇叭。

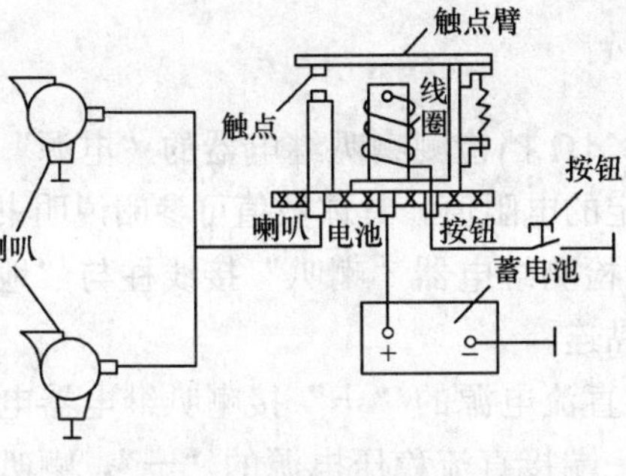

图 3-54　喇叭继电器

当汽车装用双喇叭时，消耗电流较大（15A～20A），用按钮直接控制时，按钮容易烧坏。采用继电器可实现小电流流过按钮，大电流流过继电器触点的控制效果。继电器的构造和接线方法如图 3-54 所示，当按下按钮时，蓄电池电流便流经线圈（因线圈电阻很大，流过线圈及按钮的电流不大），产生电磁吸力，吸下触点臂，触点闭合接通了喇叭电路。因喇叭的大电流不再经过按钮，从而保护了喇叭按钮。当松开按钮时，线圈内电流被切断，磁力消失，触点在弹簧力作用下打开，即可切断喇叭电路，使喇叭停止发音。

实训一　电喇叭的调整

1. 器材设备准备

盆形电喇叭、万用表、直流稳压电源、塞尺、常用工具等。

2. 实施步骤

不同形式的电喇叭其构造不完全相同，调整方法也不一致，但其原理是基本相同的。

喇叭的调整包括音调和音量的调整。

（1）喇叭音调的调整。减小衔铁与铁芯间的间隙，可以提高音调。调整音调时，可先旋松锁紧螺母（如图 3-50 所示），再旋松调整螺母，并转动衔铁，减小衔铁与铁芯间的间隙；反之增大间隙。衔铁与铁芯的间隙一般为 0.5mm～1.5mm，间隙过小会发生碰撞，过大则会吸不动衔铁。调整铁芯时要平整，铁芯与衔铁四周的间隙要均匀，否则会产生杂音。

盆形电喇叭的调整方法是先松开锁紧螺母，再旋转下铁芯，改变其上、下铁芯间间隙。

（2）喇叭音量的调整。电喇叭音量的大小与通过喇叭线圈中的电流大小有关。需增大音量时，可先松开锁紧螺母（如图 3-50 所示），再旋松调整螺母，使触点的压力增大。

如图 3-51 所示喇叭音量的调整是通过旋转调整螺钉来改变触点的接触压力，来改变音量的大小的。

喇叭的固定方法对其发音影响极大。为了使喇叭的声音正常，喇叭不能做刚性的装接，而应固定在缓冲支架上，即在喇叭与固定支架之间装有片状弹簧或橡皮垫。

实训二　喇叭继电器的检测

1. 仪器设备准备

喇叭继电器、试灯、万用表、12V 直流稳压电源、导线、常用工具等。

2. 实施步骤

（1）继电器的静态检测

①检测继电器磁化线圈的电阻。用万用表 R×1Ω 挡检测喇叭继电器的“电源”接线柱与“地”接线柱之间的电阻，正常情况下应有一定的电阻值，具体数值可参阅说明书。

②检测继电器的触点。用万用表 R×10kΩ 挡检测继电器“喇叭”接线柱与“地”接线柱之间的电阻，正常值应为无穷大，否则为触点黏连。

（2）继电器的动态检测。如图 3-54 所示，将直流电源的“+”接喇叭继电器电池接线柱，试灯一端接喇叭继电器“喇叭”接线柱，另一端接直流稳压电源的“－”，喇叭继电器的“按钮”接线柱接直流稳压电源的“－”。

接通直流稳压电源开关，观察试灯是否亮，若亮，说明喇叭继电器正常，否则说明喇叭继电器存在故障。

实训三　喇叭信号故障的诊断与排除

1. 仪器设备准备

实训车辆、万用表、试灯、导线、常用工具等。

2. 实施步骤

（1）故障现象：按动喇叭按钮，喇叭不响。

（2）故障原因

①喇叭损坏。

②熔断器烧断。

③喇叭继电器损坏。

④喇叭按钮故障。

⑤线路故障。

（3）故障诊断与排除

①按喇叭按钮时，听喇叭继电器是否吸动，若吸动，可短接继电器两主电路接线柱，若喇叭响，说明电喇叭正常，故障在继电器，一般为继电器的触点断路。

②若喇叭继电器不能吸动，应检查熔断器是否烧断，若烧断，应先查短路之处。

③如熔断器未断，应逐段检查继电器电源线路和继电器励磁线圈到按钮之间的电路。

小结

（1）汽车照明系统包括前照灯、雾灯、仪表灯、顶灯、牌照灯、工作灯等。

（2）前照灯主要由灯泡、反射镜和配光镜三部分组成。

（3）汽车灯光信号装置主要有转向灯、危险报警灯、示宽灯、尾灯、制动灯和倒车灯等。

（4）汽车的转向信号装置包括闪光器、转向开关、转向灯和转向指示灯等。转向信号灯应具有一定的频闪，国标中规定为（60～120）次/分，频闪由闪光器控制。

（5）制动灯信号由制动信号灯开关控制，是与汽车制动系同步工作的。

（6）倒车信号装置的作用是提醒车后行人和汽车驾驶员注意，在夜间还具一定的照明作用。

（7）汽车电喇叭工作消耗的电流较大，用按钮直按控制时，按钮容易烧坏，故常采用继电器控制。

（8）汽车照明系统的常见故障有前照灯的远近光均不亮、前照灯一侧不亮。诊断时应根据不同的故障现象采取不同的诊断方法。

（9）汽车信号装置常见的故障有转向信号和危险报警灯故障、喇叭不响故障等。

习　题　3

一、选择题

1. 前照灯灯泡的功率一般为（　　）。

A.（20～40）W　　B.（40～60）W　　C.（60～80）W　　D.（80～100）W

2. 对汽车大灯照明的要求，下列说法哪种是正确的（　　）。

A. 有防眩目装置　　B. 照亮前方 100m 以上

C. 灯泡亮度随外界环境自动调节　　D. 灯泡是卤钨灯泡

3. 下列哪种说法是错误的（　　）。

A. 前照灯的光束是可调的　　B. 前照灯需要防水

C. 远光灯的功率比近光灯的功率大　　D. 前照灯的灯泡是不能单独更换的

4. 当转向开关打到某一侧时，该侧转向灯亮而不闪，故障可能是（　　）。

A. 闪光继电器坏　　B. 该侧的灯泡环

C. 转向开关有故障　　D. 该侧灯泡的搭铁不好

5. 当转向开关打到左右两侧时，转向灯均不亮，检查故障时应首先做的是（　　）。

A. 检查继电器　　B. 检查熔断器

C. 检查转向开关　　D. 按下紧急报警开关观看转向灯是否亮，以此来判断闪光继电器

6. 灯光继电器常见的故障是（　　）。

A. 触点烧蚀　　B. 触点间隙不当　　C. 触点松动　　D. 触点氧化

二、判断题

1. 汽车前照灯反射镜的作用是将光源的光线聚集成强光束。（　　）

2. 前照灯的近光灯丝位于反射镜的焦点上，远光灯丝位于焦点的前方。（　　）

3. 安装继电器的目的是为了保护灯开关或喇叭按钮。（　　）

4. 电喇叭的音调大小取决于通过喇叭线圈中的电流大小。（　　）

5. 电喇叭的音量可通过调整喇叭触点的接触压力改变其大小。（　　）

三、问答题

1. 汽车照明系统由哪几部分组成？各部分的作用是什么？

2. 对前照灯的基本要求是什么？

3. 前照灯防眩目的与措施有哪些？

4. 汽车前照灯常见故障及原因有哪些？

5. 汽车转向信号系统有哪些常见的故障？其原因是什么？

6. 说明盆形电喇叭的工作原理及调整方法。

四、应会题

1. 在讨论变光开关时，技师甲说，所有的变光开关都安装在地板上；技师乙说，变光开关可以并入组合开关中。谁正确？（ ）

A. 甲正确 B. 乙正确 C. 两人均正确 D. 两人均不正确

2. 顾客反映前照灯超常亮不得不经常更换灯泡，技师甲说，可能是由于交流发电机输出电压过高而引起的；技师乙说，可能是电路中额外的电压降造成的。谁正确？（ ）

A. 甲正确 B. 乙正确 C. 两人均正确 D，两人均不正确

3. 汽车的转向信号只在左转向时工作，技师甲说，闪光器坏了；技师乙说，熔丝熔断了。谁正确？（ ）

A. 甲正确 B. 乙正确 C. 两人均正确 D. 两人均不正确

4. 在讨论仪表板灯的诊断时，技师甲说，仪表板灯的电源由灯光开关和变阻器提供；技师乙说，印制电路板是可修的。谁正确？（ ）

A. 甲正确 B. 乙正确 C. 两人均正确 D. 两人均不正确

5. 在讨论半封闭式前照灯灯泡的更换时，技师甲说，必须小心，不要用手指触摸灯泡外壳；技师乙说，不要对灯泡通电，除非已将它装配在灯插座中。谁正确？（ ）

A. 甲正确 B. 乙正确 C. 两人均正确 D. 两人均不正确

6. 技师甲说，如果电路中只有一个灯泡不工作，最快捷的检查方法就是用一个已知是好的灯泡替换它；技师乙说，从最容易查找的地方着手诊断。谁正确？（ ）

A. 甲正确 B. 乙正确 C. 两人均正确 D. 两人均不正确

7. 在讨论汽车自动灯光系统功能的检测结果时，技师甲说，当盖住光电管，将点火开关转到 RUN 挡时，前照灯应发亮 10s；技师乙说，当发亮的灯照在光电管上时，通过设定的延迟时间后前照灯应熄灭。谁正确？（ ）

A. 甲正确 B. 乙正确 C. 两人均正确 D. 两人均不正确

8. 技师甲说，自动灯光系统的故障原因可能是灯光开关的失效；技师乙说，故障可能在点火开关。谁正确？（ ）

A. 甲正确 B. 乙正确 C. 两人均正确 D. 两人均不正确

第 4 章

仪表与报警系统

知识目标	能力目标
• 正确描述仪表与报警系统的组成、电路及工作过程； • 正确描述仪表传感器的结构及工作过程； • 正确描述各警告指示装置的结构及工作过程； • 简述电子仪表的组成及工作过程。	• 正确完成汽车仪表与报警系统的日常维护作业； • 正确完成汽车仪表及报警系统常见故障的诊断作业。

4.1 概述

为使驾驶员随时掌握车辆的各种状况，并及时发现和排除潜在的故障，在驾驶员座位前方的仪表板上装有各种测量仪表，如发动机冷却液温度表、燃油表、发动机转速表等。图 4-1 所示为桑塔纳 2000 型车用组合仪表。

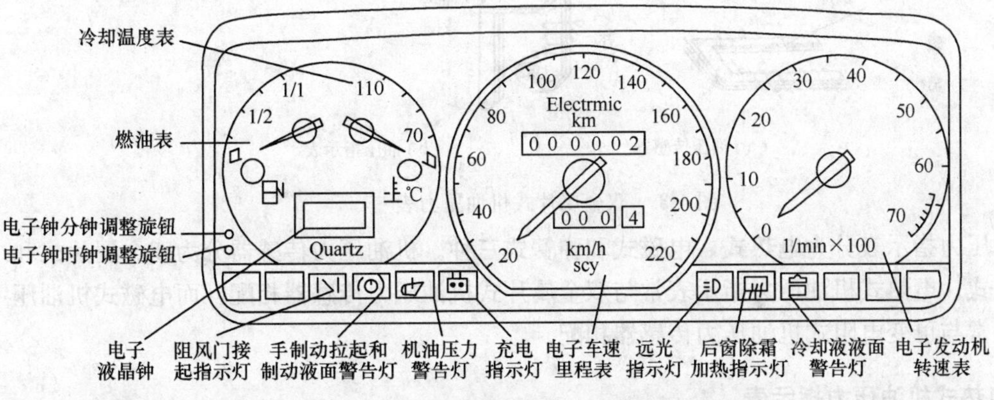

图 4-1　桑塔纳 2000 型轿车用组合仪表

对仪表的要求除结构简单、工作可靠、耐震、抗冲击性好外，仪表的示数还必须准确，在电源电压波动时所引起的变化应尽可能小，且不随周围温度的变化而变化。

传统仪表已不能满足现代汽车的数据信息显示要求，电子式组合仪表逐渐成为汽车仪表发展的主流，它相对于传统仪表具有易于辨认、精确度高、可靠性好及显示模式自由化等特点，能够利用各种传感器传来的信号并根据这些信号进行计算，以确定车辆的行驶速度、发动机转速、发动机冷却液温度、燃油量及车辆其他情况的测量数据，并将这些数据以数字或条形图形式显示出来。如图 4-2 所示。

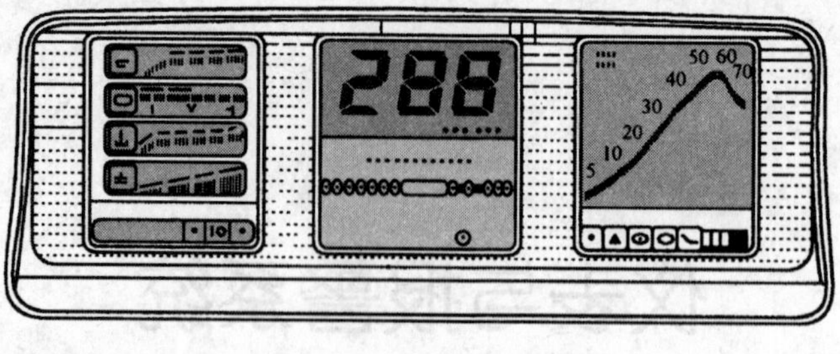

图 4-2 电子式组合仪表

4.2 汽车仪表

4.2.1 机油压力表及传感器

机油压力表用于指示发动机润滑系统的机油压力，由装在发动机主油道上的油压传感器和仪表板上的机油压力指示表组成，如图 4-3 所示。

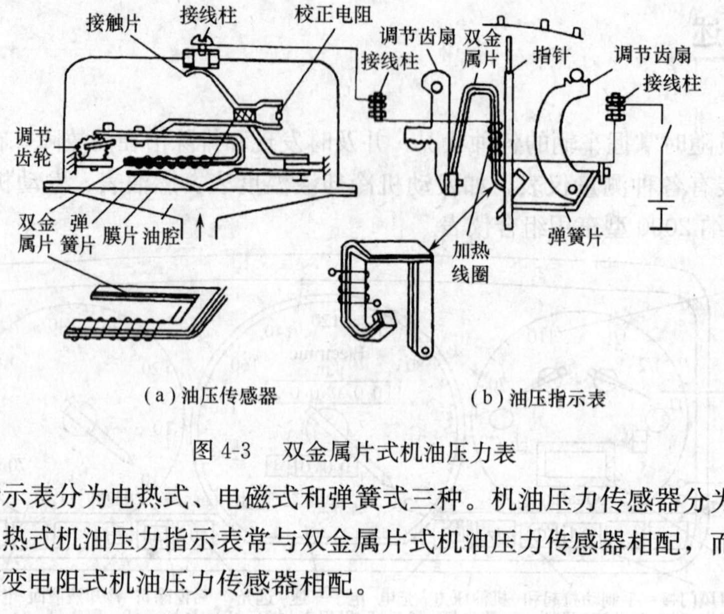

(a) 油压传感器　　(b) 油压指示表

图 4-3 双金属片式机油压力表

机油压力指示表分为电热式、电磁式和弹簧式三种。机油压力传感器分为双金属片式和可变电阻式。电热式机油压力指示表常与双金属片式机油压力传感器相配，而电磁式机油压力指示表常与可变电阻式机油压力传感器相配。

1. 电热式机油压力指示表

油压传感器装在发动机主油道上，膜片中心顶着弯曲的弹簧片，一端焊有触点，另一端通过壳体搭铁。双金属片上绕有加热电阻丝，它一端与双金属片的触点相连，另一端则通过接触片、接线柱与油压指示表相连。校正电阻与加热电阻丝并联。

油压指示表中的双金属片，一端固定在调节齿扇上，另一端与指针相连，其上绕有加热线圈。

双金属片是由两种热膨胀系数不同的金属做成（如锌和钢）。加热线圈受热后由于膨胀系数不同，双金属片产生弯曲变形，机油压力表正是利用此原理工作的。

电热式机油压力表的工作过程是：

(1) 接通电源开关，电流即流过双金属片上的加热线圈，双金属片受热变形，流过线圈的平均电流小、时间短，双金属片变形小；反之，则双金属片变形大。

(2) 当发动机油道中的油压较低时，传感器膜片几乎不变形，此时作用在传感器触点上的压力小，加热线圈中虽只有小电流通过，但只要温度略升，双金属片稍有弯曲就会使触点分开，切断电路；随后双金属片冷却伸直，触点又闭合，线圈重新有电流通过，但很快触点又分开，如此反复循环。

(3 在油压较低时，有较小的电流通过加热线圈，而温度略有升高触点就会分开，故触点打开的时间长，闭合时间短，变化频率也低。同样，通过油压表加热线圈平均电流值也很小，使油压表内双金属片变形不大，指针只略微向右摆偏，指示低油压。

(4) 当发动机油道内的油压升高时，膜片向上拱曲，传感器触点之间的压力增大，双金属片向上弯曲。加热线圈通过较长时间的电流，双金属片有较大的变形才能使触点分开，而且分开后稍一冷却就会很快闭合，故触点打开的时间短，闭合的时间长，变化频率增大，电流增大。因此，机油压力表内双金属片变形大，指针右偏多，指示高油压。

为使油压的指示值不受外界温度的影响，双金属片制成“Ⅱ”字形，其上绕有加热线圈的一边称为工作臂；另一边称为补偿臂。当外界温度变化时，工作臂的附加变形被补偿臂的相应变形所补偿，所指示值保持不变。在安装传感器时，必须使传感器壳上的箭头向上，不应偏出±30°位置，使工作臂产生的热气上升时，不致对补偿臂产生影响，造成误差。

发动机低速运转时，机油压力不应小于 0.15MPa，发动机高速运转时，机油压力不应超过 0.5MPa。正常压力应为 0.2Mpa～0.4Mpa。

2. 电磁式机油压力表

图 4-4 所示为电磁式机油压力表与可变电阻式机油压力传感器的结构。

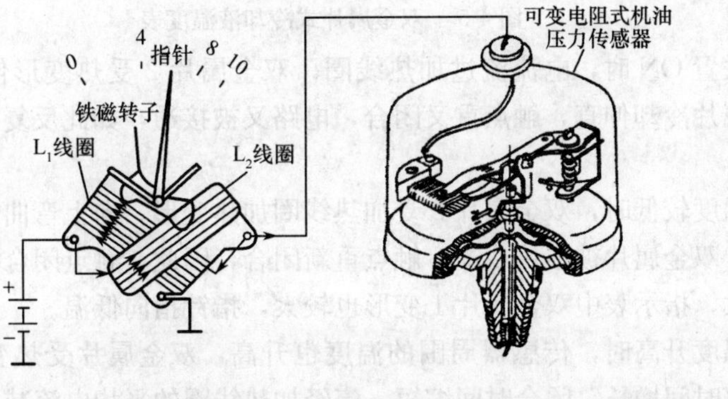

图 4-4　电磁式机油压力表与可变电阻式机油压力传感器

其工作过程是：当油压降低时，传感器的电阻值增大，线圈 L_1 中的电流减小，线圈 L_2 中的电流增大，转子带动指针随合成磁场的方向逆时针转动，指向低油压；当油压升高时，传感器的电阻值减小，线圈 L_1 中的电流增大，线圈 L_2 中的电流减小，转子带动指针随合成磁场的方向顺时针转动，指向高油压。

4.2.2 冷却液温度表及传感器

冷却液温度表用来指示发动机冷却液的工作温度，以防因冷却液温度过高而使发动机过热。它由装在水套上的温度传感器和装在仪表板上的温度表组成。

冷却液温度表可分为电热式、电磁式和动磁式三种，冷却液温度传感器可分为双金属片式和热敏电阻式两种。

电热式冷却液温度表常与双金属片式传感器、热敏电阻式传感器相配，而电磁式冷却液温度表常与热敏电阻式传感器相配。

1. 双金属片式冷却液温度表

如图 4-5 所示，双金属片式冷却液温度表由传感器和指示表组成。指示表的构造和工作原理与油压表相同，只是刻度值不一样。冷却液温度传感器是一个密封的套筒，内装有条形双金属片 2，其上绕有加热线圈，一端与触点相接，另一端通过接触片、接线柱与水温表加热线圈串联。

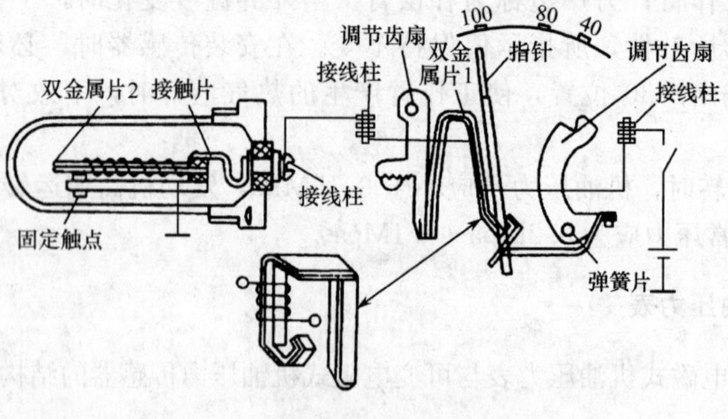

图 4-5 双金属片式冷却液温度表

当点火开关置 ON 时，电流流过加热线圈，双金属片 2 受热变形使触点分离，切断电路；随后双金属片冷却伸直，触点重又闭合，电路又被接通，如此反复，在电路中形成一脉冲电流。

当冷却液温度较低时，双金属片 2 受加热线圈加热变形，向上弯曲使触点分开，由于冷却液温度较低，双金属片被很快冷却，触点重新闭合，因此，触点闭合时间长，流经加热线圈的平均电流大，指示表中双金属片 1 变形也较大，指针指向低温。

当冷却液温度升高时，传感器周围的温度也升高，双金属片受热变形后，冷却速度降慢，则触点分离时间增长，闭合时间缩短，流经加热线圈的平均电流减小，双金属片 1 变形减小，指针偏转小，指示较高温度。

2. 电磁式水温表

图 4-6 所示为电磁式冷却液温度表的工作原理，其等效电路如图 4-7 所示。

温度传感器内装有负温度系数的热敏电阻，其阻值随温度的升高而减小。指示表内有两个线圈，L_2 与传感器串联，L_1 与传感器并联。两个线圈中间装有指针可转动的衔铁。串联电阻 R 用来限制流经线圈 L_2 的电流。当水温低时，热敏电阻阻值大，流经 L_1 线圈与 L_2 线圈电流大小相差不多，但 L_1 匝数多，产生磁场强，吸引衔铁使指针偏向 0°C；当水温增高时，热敏电阻阻值减小，分流作用增强，流经 L_1 的电流减小，磁力减弱，衔铁被 L_2 吸引，指针向右偏转指向较高温度。

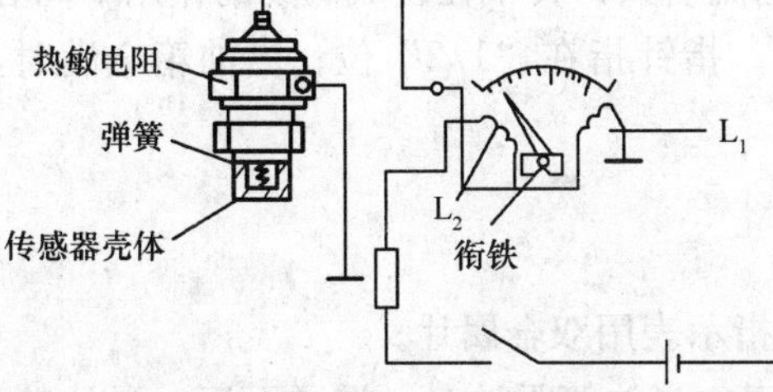

图 4-6　电磁式冷却液温度表工作原理

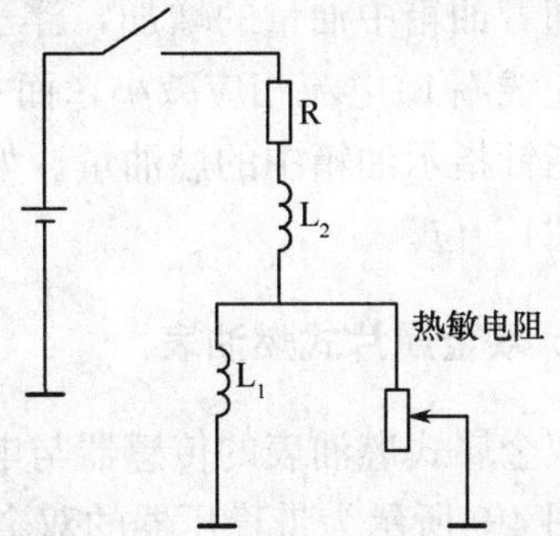

图 4-7　电磁式冷却液温度表等效电路

检查电磁式冷却液温度表和传感器时，可拆下传感器上的接线，测量传感器输入端与搭铁之的电阻，若室温下热敏电阻的阻值为 100Ω 左右，表明传感器良好；另用一阻值为(80～100)Ω 的电阻代替传感器直接搭铁，当接通电源时，如果冷却液温度表的表针指示在60℃～70℃之间，则表明冷却液温度表正常。

4.2.3　燃油表及传感器

燃油表用于指示燃油箱内燃油的储存量，由装在燃油箱内的传感器和装在仪表板上的燃油指示表组成。传感器均为可变电阻式，指示表有电磁式、双金属片式以及动磁式三种。

1. 电磁式燃油表

图 4-8 所示为电磁式燃油表结构与工作原理。

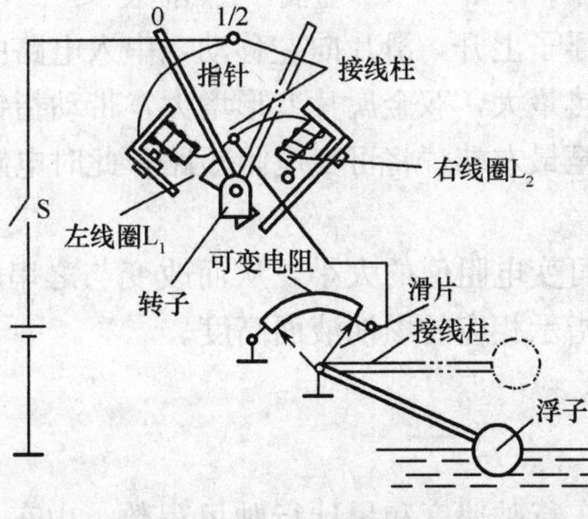

图 4-8　电磁式燃油表

传感器由可变电阻滑片和浮子组成，当燃油箱内油位变化时，浮子带动滑片移动，L_2 与可变电阻并联，L_1 与可变电阻串联。

当点火开关置 ON 时，电流由蓄电池正极⟶点火开关 S⟶燃油表接线柱⟶左线圈 L_1⟶接线柱⟶右线圈 L_2⟶搭铁⟶蓄电池负极；同时电流由接线柱⟶传感器接线柱⟶可变电阻⟶滑片⟶搭铁⟶蓄电池负极。左线圈 L_1 和右线圈 L_2 形成合成磁场，转子就在合成磁场的作用下转动，使指针指在某一刻度上。

当油箱无油时，浮子下沉，可变电阻上的滑片移至最右端，可变电阻被短路，右线圈L_2也被短路，左线圈L_1的电流达到最大值，产生的电磁吸力最强，吸引转子，使指针停在最左面的“0”位上。

随着油箱中油量的增加，浮子上浮，带动滑片沿可变电阻滑动。可变电阻部分接入电路，左线圈L_1电流相应减小，而右线圈L_2中电流增大，转子在合成磁场的作用下向右偏转，带动指针指示油箱中的燃油量。如果油箱半满，指针指在“1/2”位；当油箱全满时，指针指在“1”位。

2. 双金属片式燃油表

双金属式燃油表的传感器与电磁式相同，指示表用双金属片。

图 4-9 所示为带稳压器的双金属片式燃油表。当油箱无油时，浮子下沉，滑片处于可变电阻的最右端，传感器的电阻全部串入电路中，此时电路中电流最小，燃油表加热线圈发热量小，双金属片变形小，带动指针指在“0”位。

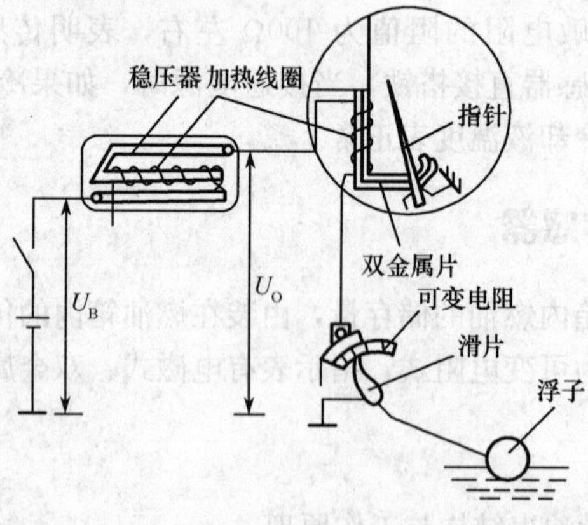

图 4-9 双金属片式燃油表

当油箱内油量增加时，浮子上升，滑片向左移动，串入电路中的电阻减小，电路中的电流增大，燃油表加热线圈发热量大，双金属片变形增大，带动指针向右偏转。

当油箱充满时，滑片移至最左端，将可变电阻短路，此时电路中电流最大，指针偏到最右边，指在“1”处。

油面高低的变化可改变可变电阻值的大小，从而改变与之串联的加热线圈的电流大小，使双金属片变形推动指针，指示相应的燃油液面高度。

4.2.4 车速里程表

车速里程表用于指示汽车行驶速度和累计行驶里程数，由车速表和里程表两部分组成，它有磁感应式和电子式两种。

1. 磁感应式车速里程表

图 4-10 所示为常用磁感应式车速里程表的结构。车速里程表的传动线路如图 4-11 所示。

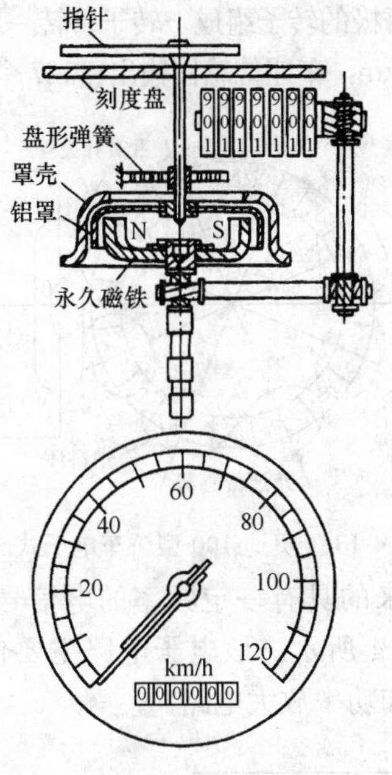

图 4-10　磁感应式车速里程表

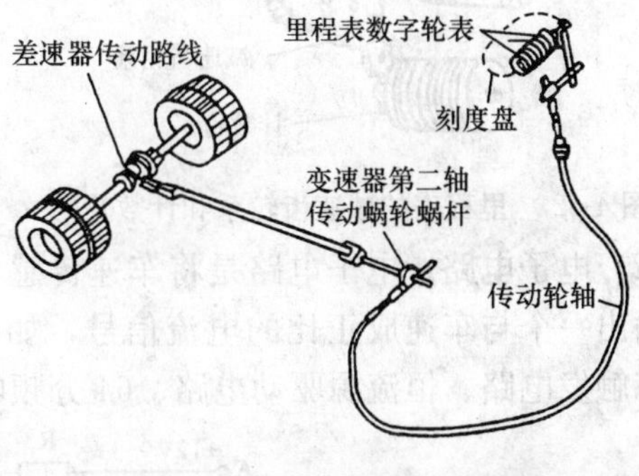

图 4-11　车速里程表传动线路

车速里程表的主动轴由变速器输出轴的传动蜗杆经软轴驱动。车速表是由与主动轴紧固在一起的永久磁铁，带有轴与指针的铝罩，罩壳和紧固在车速里程表外壳上的刻度盘等组成。

车速表的工作过程是：汽车静止时，铝罩在游丝的作用下，车速表指针位于刻度盘的零位。当汽车行驶时，主动轴带着永久磁铁旋转，永久磁铁的磁力线在铝罩上引起涡流，涡流产生一个磁场，旋转的永久磁铁磁场与铝罩磁场相互作用产生转矩，克服游丝的弹力，使铝罩朝永久磁铁转动的方向旋转，与游丝相平衡，于是铝罩带动指针转过一个与主动轴转速大小成比例的角度，即比例于汽车行驶速度的角度，指针便在刻度盘上指示相应的车速。车速越高，永久磁铁旋转越快，铝罩上的涡流也就越大，因而转矩越大，使铝罩带着指针偏转的角度越大，因此指针在刻度盘上指示的车速也就越高。

里程表由三对蜗轮蜗杆、中间齿轮、单程里程计数轮、总里程计数轮及复零机构等组成。

汽车行驶时，软轴带动主动轴，并由主动轴经三对蜗轮蜗杆驱动里程表最右边的第一数字轮（第一数字轮上所刻的数字为 1/10km）。每两个相邻的数字轮之间，又通过本身的内齿和进位数字轮传动齿轮，形成 1/10 的传动比，即当第一数字轮转动一周，数字由 9 翻转到 0 时，便使相邻的左面第二数字轮转动 1/10 周，成十进位递增。这样，汽车行驶时，即可累计出其行驶里程数。

图 4-12 所示为里程表的减速轮系和计数轮。车速表上还有单程里程表复位杆，只要按一下复位杆，单程里程表的四个数字均复位为零。

2. 电子式车速里程表

电子车速里程表被广泛地应用于现代汽车上，它主要由车速传感器、电子电路、车速表和里程表四部分组成。图 4-13 所示为奥迪 100 型轿车的电子式车速里程表。

（1）车速传感器。车速传感器由变速器驱动，其作用是产生正比于汽车行驶速度的电信号。

如图 4-13 所示，它由一个舌簧开关和一个含有四对磁极的转子组成。转子每转一周，舌簧开关中的触点闭合 8 次，产生 8 个脉冲信号，汽车每行驶 1km，车速传感器输出 4 127 个脉冲。

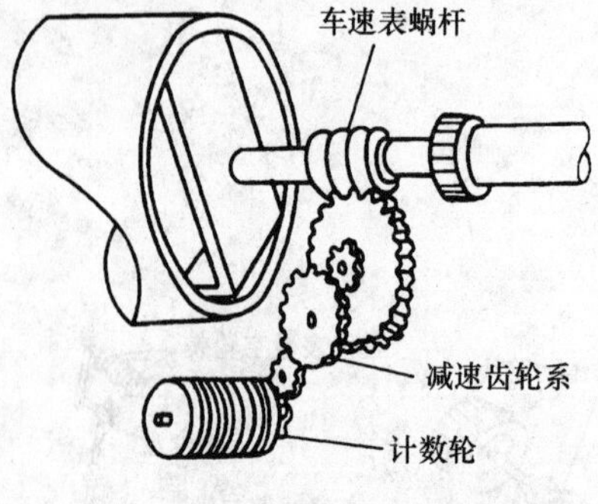

图 4-12 里程表的减速齿轮系和计数轮

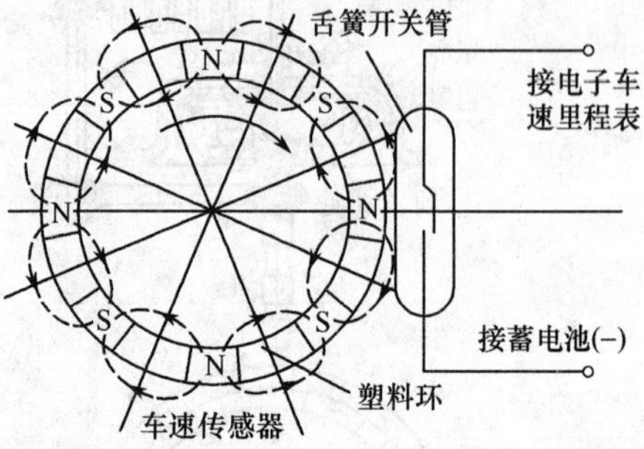

图 4-13 奥迪 100 型轿车电子式车速里程表

（2）电子电路。电子电路是将车速传感器送来的具有一定频率的电信号，经整形、触发，输出一个与车速成正比的电流信号，如图 4-14 所示。该电子电路主要包括稳压电路、单稳态触发电路、恒流源驱动电路、64 分频电路和功率放大电路。

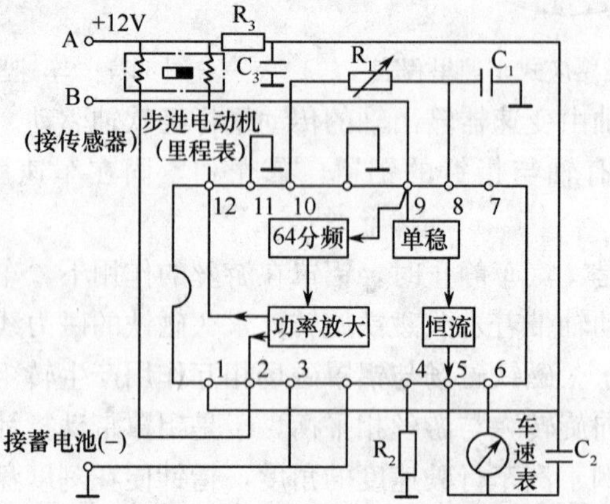

图 4-14 电子车速里程表的电子电路

（3）车速表。车速表实际上是一个磁电式电流表，当汽车以不同车速行驶时，从电子电路接线端 6 输出的与车速成正比的电流信号便驱动车速表指针偏转，指示相应的车速。车速表刻度盘上 50km/h～130km/h 的区域用红色标志，表示经济车速区域。

（4）里程表。里程表由一个步进电动机及六位数字的十进位齿轮计数器组成。步进电动机是一种利用电磁铁的作用原理将脉冲信号转换为线位移或角位移的电动机。车速传感器输出的频率引号，经 64 分频后，再经功率放大器放大到具有足够的功率，驱动步进电动机，带动六位数字的十进位齿轮计数器工作，从而积累行驶的里程。

4.2.5 转速表

为了检查并监视发动机的工作状况，更好地掌握换挡时机，大多数汽车均安装发动机转速表。发动机转速表用于指示发动机的运转速度。

电子式转速表因具有结构简单、指示准确、安装方便等优点而被广泛应用。

电子式转速表获取转速信号的方式有两种，一种是取自点火系初级电路的脉冲电压；另一种是取自安装在发动机飞轮壳上的转速传感器。

转速表的电路类型很多，现主要介绍以下两种。

1. 电容充放电式转速表

图 4-15 所示是利用电容器充放电脉冲式电子转速表电路。

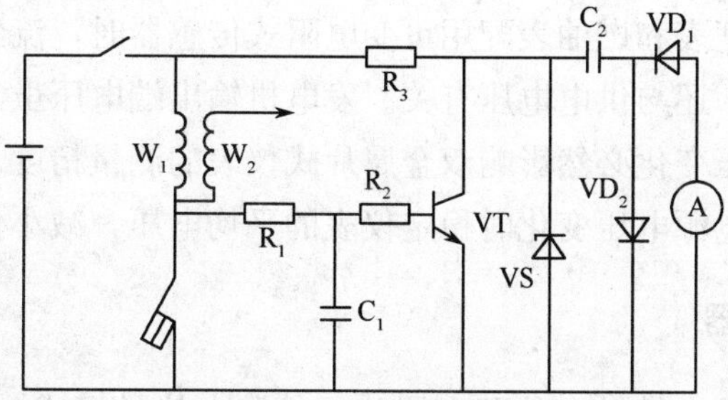

图 4-15　电容充放电脉冲式转速表电路图

其工作原理如下：

当触点闭合时，晶体管 VT 无偏压而处于截止状态，电容 C_2 被充电，充电电路为：蓄电池正极⟶R_3⟶C_2⟶VD_2⟶蓄电池负极。

当触点分开时，晶体管的基极得正电位而导通，此时 C_2 便通过导通的三极管 VT、电流表 A 和 VD_1 构成放电回路，从而驱动电流表。

当初级电路导通时，三极管 VT 截止，电容 C_2 被充电，充电电流由蓄电池正极⟶点火开关⟶电阻 R_3⟶电容 C_2⟶二极管 VD_2⟶蓄电池负极；当初级电路截止时，三极管 VT 导通，电容器 C_2 放电，放电电流通过三极管 VT⟶电流表⟶二极管 VD_1。

当发动机工作时，点火系初级电路不停地导通与截止，电容 C_2 不停地充放电。因为初级电路通断的次数与发动机转速成正比，所以电流表中电流平均值与发动机转速成正比，从而可用电流平均值标定发动机的转速。

稳压管 VS 起稳压作用，使 C_2 再次充电电压不变，以提高测量精度。

2. 电磁感应式转速表

电磁感应式转速表由装在飞轮壳上的转速传感器和装在仪表板上的转速表表头（包括电子线路）组成。图 4-16 所示为磁感应式转速传感器的结构图，它由永久磁铁、感应线圈、心轴、外壳等组成。

当飞轮转动时，齿顶与齿底不断地通过心轴，空气隙的大小发生周期性变化，使穿过心轴的磁通也随之发生周期性的变化，于是在感应线圈中感应出交变电动势。该交变电动势的频率与心轴中磁通变化的频率成正比，也与通过心轴端面的飞轮齿数成正比。

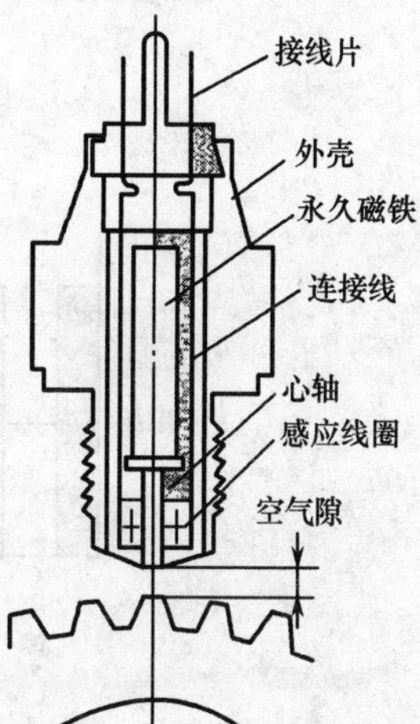

图 4-16　磁感应式转速传感器

磁感应式转速传感器输出的近似正弦波频率信号加在转速表线路，经电路处理后，输出具有一定的幅值和宽度的矩形波，用来驱动毫安表。

由于输入的信号频率与通过心轴的飞轮齿数成正

比，信号的频率和幅值与发动机转速成正比，当转速升高时频率升高，幅值增大，使通过毫安表中的平均电流增大，则指针摆动角度也相应增大，于是转速表指示的转速就高。

4.2.6 仪表稳压器

双金属片式冷却温度表和燃油表配用可变电阻式传感器时，流经加热线圈的电流除与可变电阻值的大小有关外，还与供电电压有关。发电机输出端电压虽经调节器调整，但仍受负载电流的影响。电源电压变化必然影响双金属片式仪表的测量精度。

稳压器的作用是当电源电压变化时稳定仪表的平均电压，减小仪表的指示误差。

1. 电热式仪表稳压器

电热式仪表稳压器是由带触点的双金属片元件和电热丝组成，其工作过程如图 4-17 所示，当电流经过稳压器中触点及双金属片元件，再流至燃油表和水温表时，电热丝使双金属片发热弯曲，触点随之断开，电流停止流向燃油表和水温表，同时，电流也不会再流过稳压器电热丝。当电流停止流过电热丝时，双金属片元件冷却，触点再次接通。如果蓄电池电压低，流过发热丝的电流量小，双金属片元件的加热速度也会减慢，触点就会推迟断开，也就是说，触点要长时间接通。反之，如果蓄电池电压高，电流量也大，使触点的接通时间变得很短。通过这种方法，即使在蓄电池电压波动时，电流量也保持在实际上恒定的水平，如图 4-18 所示。

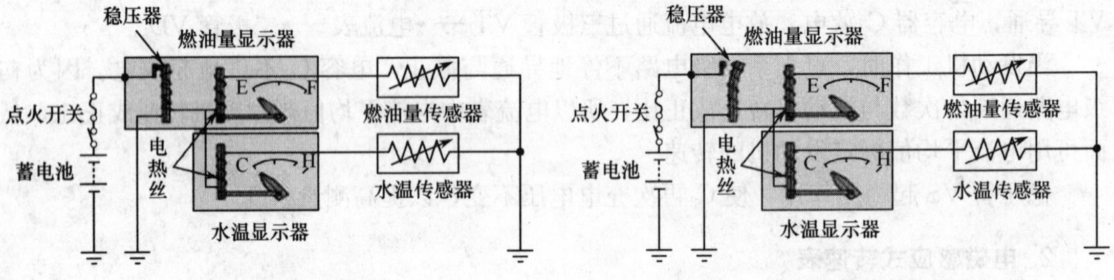

(a) 稳压器各触点闭合　　(b) 稳压器各触点断开

图 4-17　电热式仪表稳压器的工作过程

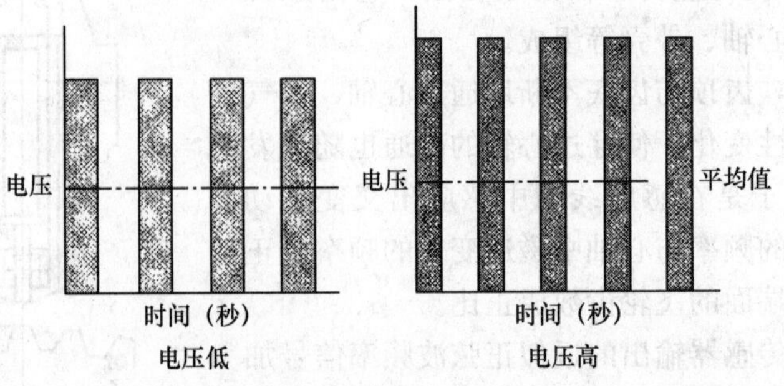

电压低　　电压高

图 4-18　稳压器的工作原理

电热式仪表稳压器在使用中应注意以下几点：

（1）安装仪表稳压器时，两接线柱的接线不得接错。

（2）凡使用仪表稳压器的燃油表及冷却液温度表，不允许直接与电源相连接。

2. 电子式仪表稳压器

桑塔纳、奥迪轿车仪表板采用了专用的三端式电子式仪表稳压器，其结构如图 4-19 所示。图中 A 脚为输出脚，“－”脚为搭铁脚，E 脚为电源输入端。稳压器的输出电压为（9.5～10.5）V。

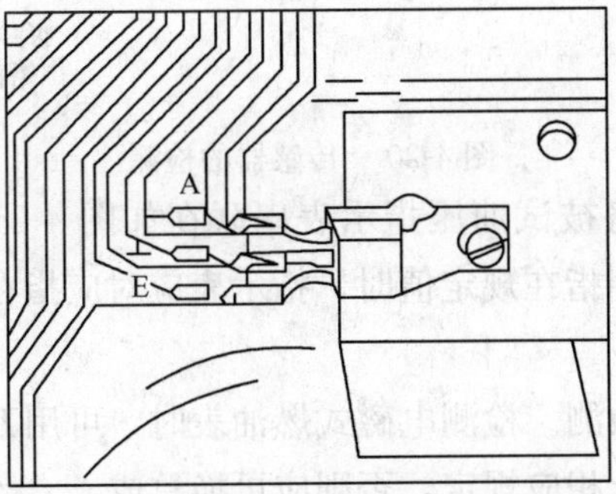

图 4-19　电子式仪表稳压器

采用三端式电子式仪表稳压器可简化仪表结构，降低仪表成本，提高稳压精度，延长仪表寿命。

实训一　仪表及传感器检测

1. 器材设备准备

各式机油压力表，冷却液温度表，燃油表及传感器，万用表，常用工具。

2. 注意事项

拆卸仪表板时应首先切断电源，然后按拆卸顺序进行拆卸，应特别注意拆卸时不能敲打、震动，以防损坏元器件。

3. 实施步骤

（1）机油压力表及传感器的检测。

①用万用表分别测定指示表和传感器的电阻值，并做好记录。

②传感器的检测。如图 4-20 所示，接通开关，摇转手柄改变电压，当标准油压指示表的压力与标准油压表的压力对应相同时，则被试传感器工作正常，否则应予以调整或更换。

调整机油压力传感器时，可在传感器和指示表之间串入电流表。若油压为“0”压力时，传感器输出电流过大或过小，应烫开被试传感器的调整孔，拨动调整齿扇进行调整；当油压为高压时，若输出电流较规定值偏低，应更换传感器的校正电阻；若在任何压力下电流均超过规定值，而调整齿扇无效时，则应更换传感器。

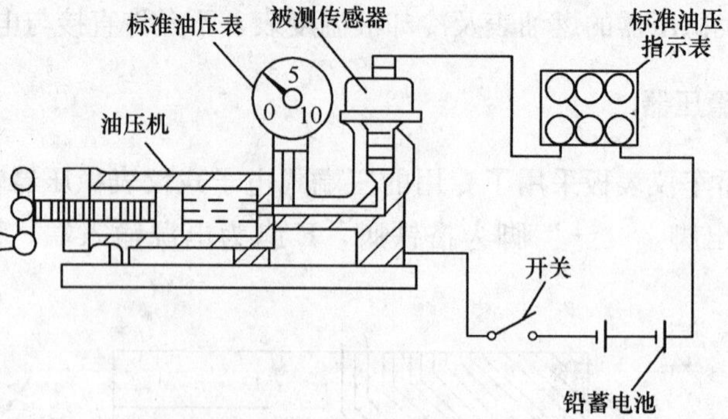

图 4-20 传感器的检测

③油压指示表的检测。将被试油压指示表串联在如图 4-21 所示的电路中，接通开关，调整可变电阻，当毫安表分别指在规定值时，指示表应对应指在规定的位置上。其误差应在允许的范围内。

(2) 燃油表及传感器的检测。检测电磁式燃油表时，可用万用表分别测量指示表线圈和传感器电阻的阻值，均应符合相应规定，否则应更换总成。

检测燃油指示表是否准确，可按如图 4-22 所示线路，将被试指示表与标准传感器进行连接，然后闭合开关 K，将标准传感器的浮子与垂直轴线分别成 31°和 89°，此时，指示表必须对应指在“0”和“1”的位置上，其误差不得超过 10%，否则应更换新表。

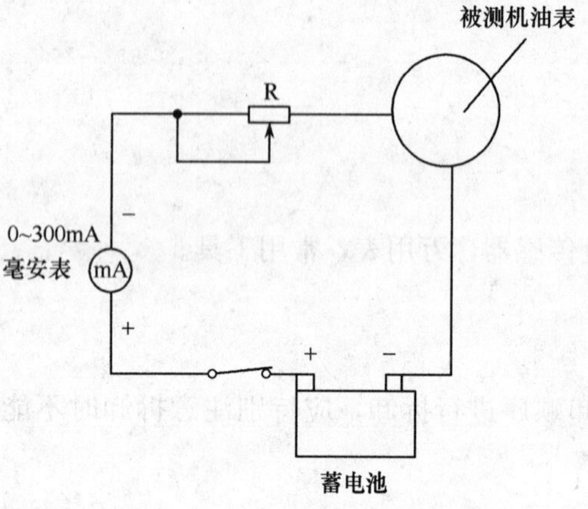

图 4-21 机油压力指示表的检测

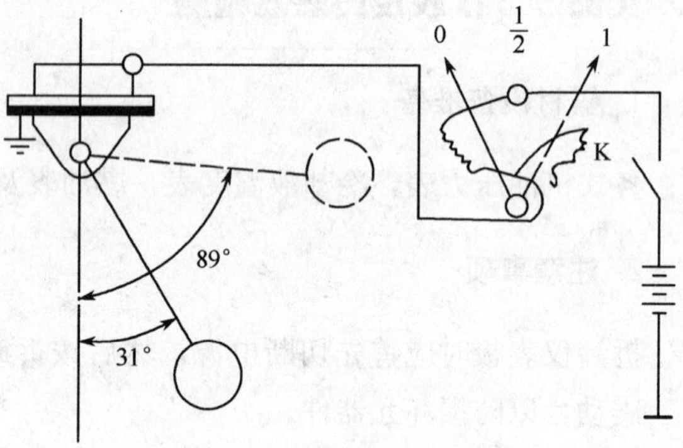

图 4-22 燃油指示表的检测

(3) 冷却液温度表及传感器的检测。用万用表分别测量指示表与传感器的电阻值，应符合相应规定，若电阻值小于规定值，则表示内部有短路；若电阻值很大，则表示内部有断路或接触不良。

将被测试指示表接在如图 4-23 所示的电路中，接通点火开关，调节可变电阻，当毫安表指示（80、160、240）mA 时，指示表应指在 100℃、80℃、40℃的位置上，其误差应符合规定。

将传感器和水银温度表放在正在加热的水槽中，并与标准的指示表相连接，如图 4-24 所示。将水加热到 40℃～100℃时，观察两个温度表的指示值，若两指示值一致或误差在允许范围内，则说明传感器正常。否则应更换新件。

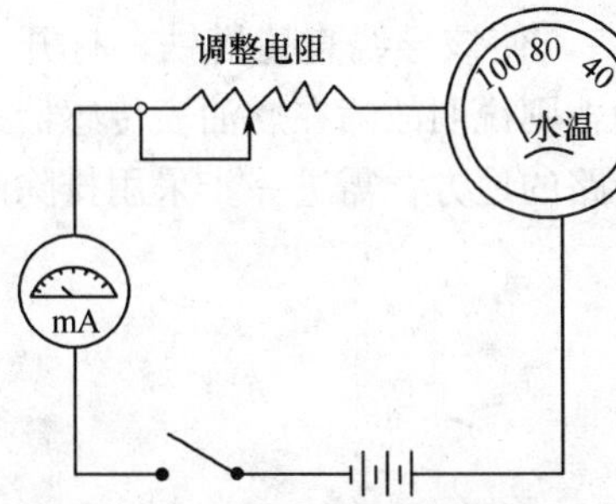

图 4-23 冷却液指示表的检测

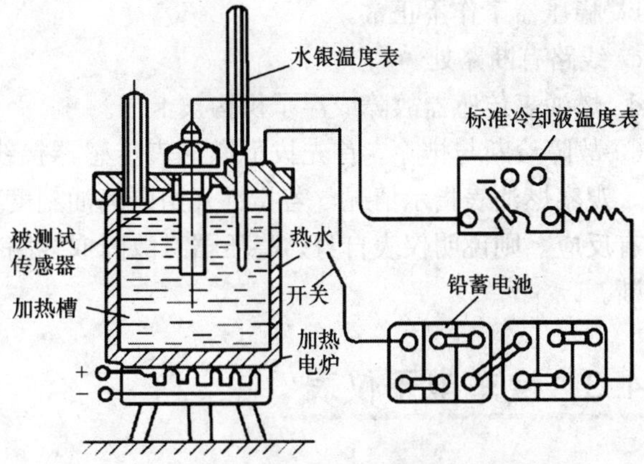

图 4-24 冷却液温度传感器的检测

实训二 汽车仪表常见故障的诊断与排除

1. 器材设备准备

实训车辆、试灯、万用表、常用工具等。

2. 注意事项

拆装时不要用力过猛，以防良好的元器件由于用力过猛而损坏。在拆装仪表板总成之前，脱开连接器或端子时，应先脱开蓄电池端子。

在检查电压、电阻时，应使用高阻抗仪器（不能使用简易仪表）。

3. 实施步骤

（1）冷却液温度表指针不动。

①故障现象：发动机工作时，冷却液温度表指针不动，反应不出发动机冷却液温度。

② 故障原因：

a. 稳压器工作不正常。

b. 冷却液温度自身故障（如双金属片发热线圈断路或脱落）。

c. 冷却液温度表传感器故障（如热敏电阻失效）。

d. 线路有断路。

③ 故障诊断与排除。将冷却液温度表传感器的接线插头拔下，使该导线直接搭铁，打开点火开关，观察冷却液温度表的指针情况，若指针开始移动，则说明故障在传感器；若指针仍无指示，则说明仪表自身、稳压器有故障或线路有断路。如果冷却液温度表与燃油表同时出现故障，则稳压器或线路出现故障的可能性较大，应首先检查稳压器工作是否正常，线路有无断路。在排除稳压器和线路故障之后即可断定故障发生在仪表自身。

（2）燃油表指针总指向无油位置。

① 故障现象：无论油箱内燃油多少，燃油表的指针总指向无油位置不动。

② 故障原因：

a. 燃油表自身故障。

b. 稳压器工作不正常。

c. 线路有断路处。

d. 燃油表传感器故障或浮子机构被卡住。

③ 故障诊断与排除。首先拔下燃油表传感器接线插头，使该导线直接搭铁，打开点火开关，观察燃油表指示情况，若指针开始向满油刻度移动，则说明故障在燃油表传感器；若仍没有反应，则说明仪表自身、稳压器有故障或线路有断路的地方，需进一步采用排除法进行诊断。

4.3 汽车电子仪表

现代汽车对显示装置的要求越来越高，不仅要求显示直观、清晰、稳定、响应速度快、显示精度高，而且要求体积小、重量轻、便于维护。随着汽车电子仪表的开发和使用，汽车仪表的显示技术也进入了电子化时代。汽车电子仪表的优点如下：

（1）能迅速、准确地处理各种复杂的信息，并以数字、文字或图形显示出来，供汽车驾驶员了解并及时处理。

（2）能满足小型、轻量化的要求。

（3）具有高精度和高可靠性。

（4）具有一表多用的功能。

4.3.1 电子仪表的组成

电子仪表板采用发光二极管或液晶显示技术，发动机熄火时，仪表板呈黑色，插入点火钥匙后，仪表板显示出各种参数值或模拟出传统机电仪表的指针指示值，如图 4-25 所示。

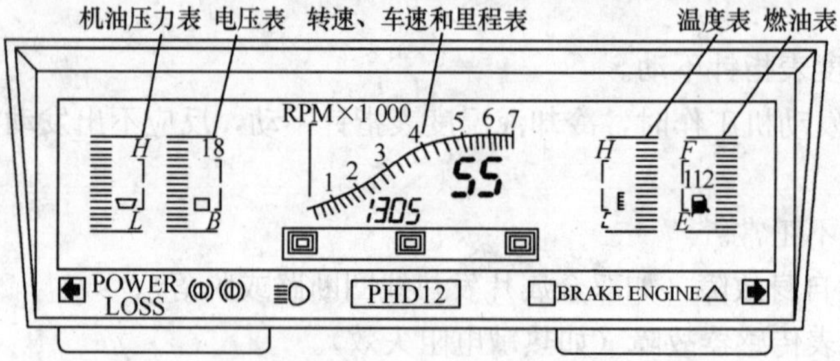

图 4-25 电子仪表板

电子仪表显示的数据来自各系统的传感器，其电路与多路传输系统各 ECU 和仪表测量微机系统连接。仪表测量微机系统将各测量系统组合在一起，形成总的仪表测量系统。

仪表测量微机系统包括 A/D 转换、多路传输、CPU、存储器及 I/O 接口等，测量时，各传感器的输出信号经 A/D 转换和多路传输输入微机信号处理，通过 I/O 接口与仪表板显示器相连，分时循环显示或同时在不同区域显示各种测量参数。

4.3.2 电子仪表的显示器件

目前在汽车上使用的电子仪表显示器件的类型较多，并各有特点，常用的器件可分为发光型和非发光型。发光型显示器件自身发光，容易获得鲜艳流行色显示，主要有发光二极管（LED)、真空荧光管（VFD)、阴极射线管（CRT)、等离子显示器件（PDP）和电致发光显示器件（ELD）等；非发光型显示器件靠反射环境光显示，主要有液晶显示器件（LCD）和电子变色显示器件（ECD）等。

1. 真空荧光管（VFD）

图 4-26 所示为真空荧光管（VFD）的结构。钨灯丝为阴极，接电源负极。涂有荧光物质的屏幕为阳极，接电源正极，其上制有若干字符段图形，每个字符段由电子开关单独控制通电状态。栅格置于灯丝和屏幕之间。整个装置密封在被抽真空的玻璃罩内。

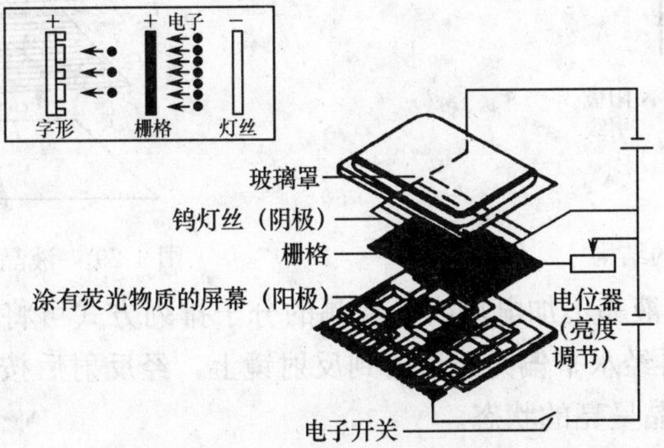

图 4-26　真空荧光管（VFD）的结构

其工作原理如图 4-27 所示。当阴极灯丝通电时，灯丝发热，释放电子，电子被电位较高的栅格吸引，并穿过栅格，均匀地打在电位最高的屏幕字符段上。凡是由电子开关控制通电的字符段受电子轰击后发亮，而未通电的字符段发暗，由此，通过控制字符段通电状态，就可形成不同的显示数字。

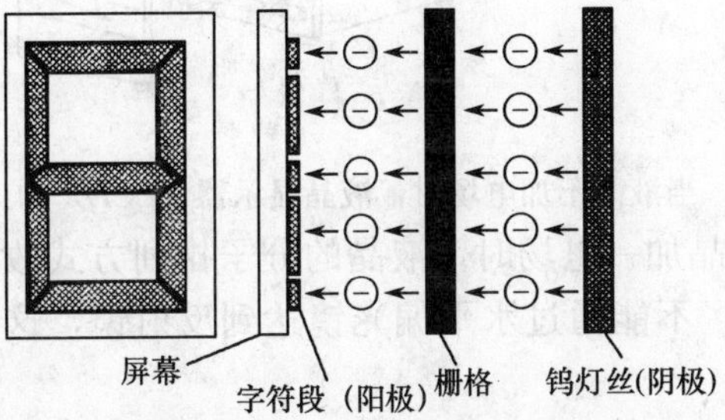

图 4-27　真空荧光管（VFD）的工作原理

2. 发光二极管（LED）

发光二极管是一种将电能转换成光能的固态发光器件，其结构如图 4-28 所示。

发光的颜色有红、绿、黄、橙，可单独使用，也可用来组成数字。在实际应用中，常将其焊接到印刷电路板上，以形成数字显示或带色光杆显示。

3. 液晶显示器（LCD）

液晶是一种有机化合物，在一定温度范围内，既具有普通液体的流动性质，也具有晶体的某些光学特性。

图 4-29 所示为液晶显示器的结构。前玻璃板和玻璃背板上涂有透明的导电材料，以形成电极图形，二者之间注入主层（5～20）μm 厚的液晶，再在两玻璃板的外表面分别贴上起偏振片和检偏振片，并将整个显示板完全密封。

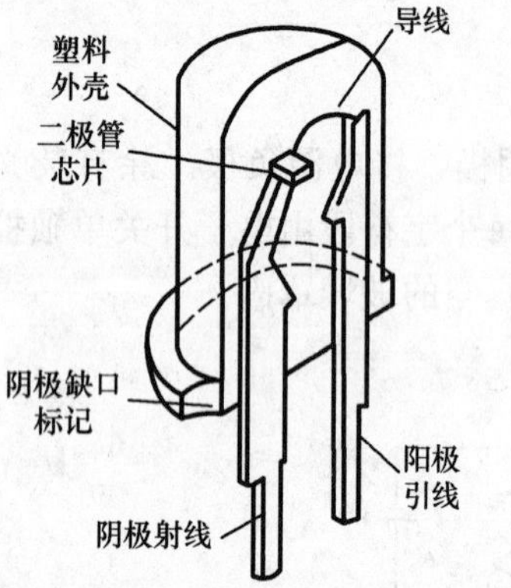

图 4-28　发光二极管的结构

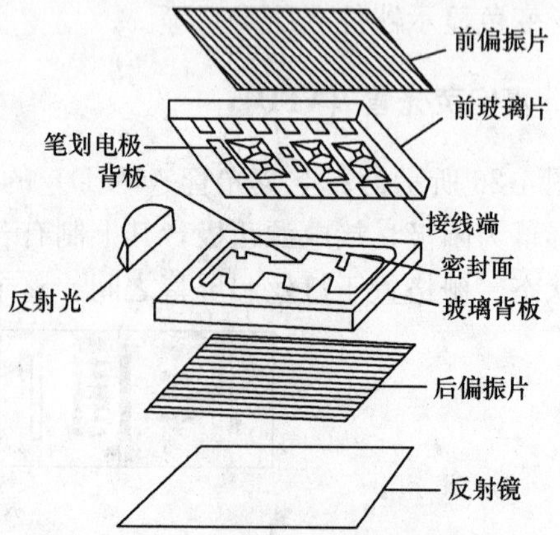

图 4-29　液晶显示器的结构

如图 4-30 所示，当液晶不加电场时，液晶的分子排列方式可将来自垂直偏光镜的垂直方向的光波旋转 90°，再经水平偏光镜后射到反射镜上，经反射后按原路回去，这时透过垂直偏光镜看液晶时，液晶呈亮的状态。

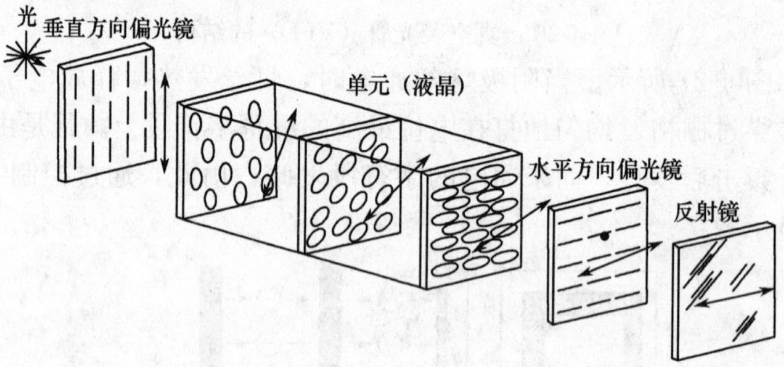

图 4-30　当液晶不加电场时，液晶显示器（LCD）的工作原理

如图 4-31 所示，当液晶加一电场时，液晶的分子排列方式改变，不能将来自垂直偏光镜的垂直方向的光波旋转，不能通过水平偏光镜达到反射镜，这时透过垂直偏光镜看液晶时，液晶呈暗的状态。

将液晶制成字符段，通过控制每个字符段的通电状态，就可使液晶显示不同的字符。

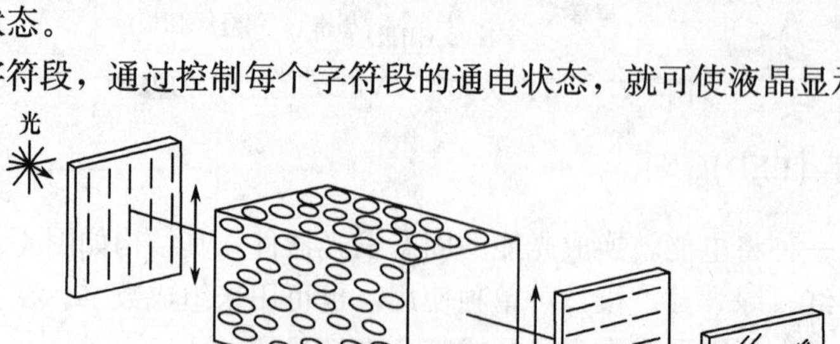

图 4-31　当液晶加电场时，液晶显示器（LCD）的工作原理

4.3.3　传感器

汽车电子仪表中的主要传感器有速度传感器、冷却液温度传感器、发动机转速传感器及开关信号等，如图 4-32 所示。

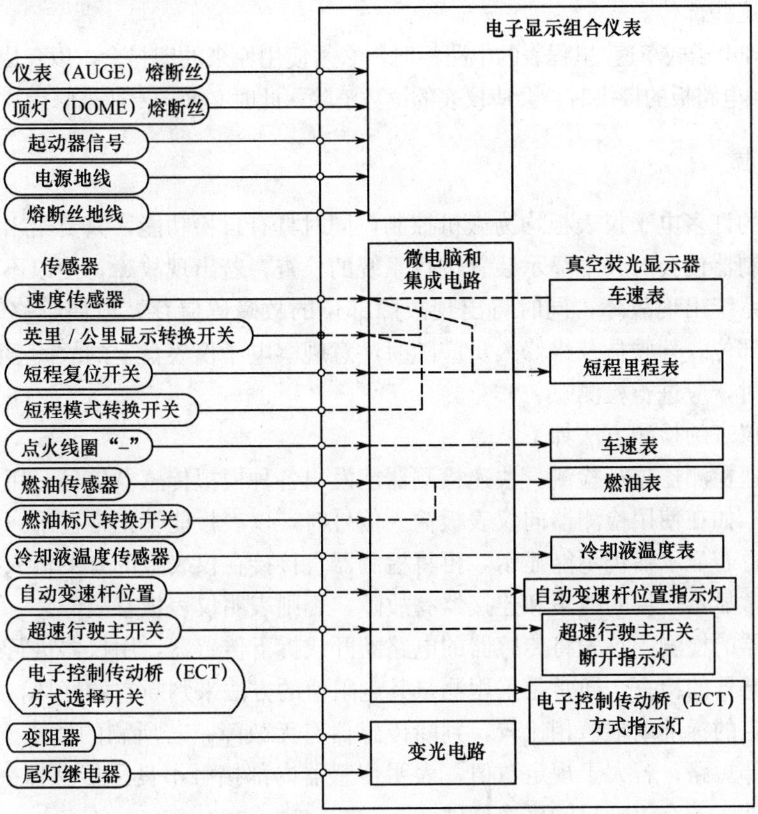

图 4-32　汽车电子仪表中的传感器

实训　汽车电子仪表的检测

1. 器材设备准备

各式电子式仪表及传感器，万用表，常用工具。

2. 注意事项

（1）现代汽车电子式仪表比较精密，对检修技术要求较高，检修时应遵照各汽车实用维修手册中的有关规定，必要时，电子式仪表装置应送专业维修单位检修。

（2）现代汽车电子式仪表显示板与母板（逻辑电路板）不仅较容易损坏，而且价格也较贵，因此在使用与检修时应多加小心，除非有特殊说明，否则不能将蓄电池的全部电压加在仪表板的任何输入端，在检查电压、电阻时，应使用高阻抗仪器。

（3）拆卸电子仪表板时首先应切断电源，然后按拆卸顺序进行拆卸，应特别注意拆卸时不能敲打、震动，以防损坏电子元器件。

（4）检修电子仪表板时，不论在车上或在工作台上作业，作业地点或维修人员都不能带有静电，为此，作业时应使用静电保护装置，通常使用一根与车身连接接铁的手腕带和放置一个电子部件的导电垫板。

（5）发动机运行时不能将蓄电池断开，因为这会引起瞬间的反电势，导致仪表损坏。

（6）电子仪表使用冷阴极管，应注意冷阴极管连接器上通电后存在高压交流电，因此通电后不得接触这些部位。

（7）在处理电子式车速/里程表的电路板时，必须使用原来的塑料盒，以免因静电感应而损坏。若不慎碰触电路板的接头时，会使仪表的读数消除，此时必须送专业维修后才能使用。

3. 实施步骤

现代汽车的许多电子仪表板均为微机控制，同时具有自检功能，只要给出指令，电子仪表板的电子控制器便会对其主显示装置进行系统的检查，若出现故障，便以不同的方式警告驾驶员，显示系统出现故障，同时将出现故障部位的故障码储存，以便维修时将故障码调出，指出故障部位。驾驶员及维修人员应随时注意观察电子仪表盘上的故障显示装置，当确认系统有故障时，应进行检测。

汽车电子仪表的检测方法如下：

（1）用快速检测器进行检测。快速检测器能发出各种模拟传感器信号，用它能够迅速测出故障的部位。如在使用检测器向仪表板输入信号时，仪表板能够正常显示，说明传感器或其电路有故障；若显示器仍不能显示，再将检测器直接接在仪表板的有关输入插座上，此时若显示器能正常显示，说明线束和连接器有故障，否则表明仪表板有故障。

（2）传感器的检测。首先将传感器的电路断开或拆下传感器，用仪器进行逐个检查。对各种电阻式传感器的检查，通常是采用测量其电阻值的方法来判断它的好坏，即把所测得的电阻值与其规定的标准电阻值相比较，判断传感器有无故障，若所测的值小于规定的数值，表明传感器内部短路；若大于规定数值，表明传感器内部接触不良。传感器一般是不可拆、不可维修的元件，若有故障只能更换新件。

（3）连接器的检查。采用电子仪表的汽车，往往需要很多连接器把电线束连到仪表板上去，这些连接器一般都采用不同颜色，以便辨认它属于哪一部分的连接。为保证其连接牢固、可靠，连接器上都设有闭锁装置。检查时可用眼看或手摸的方法进行，连接器装置要齐全、完好，插头、插座应接触可靠、无锈蚀。在仪表电路工作中用手触摸连接器，应没有明显的温度感觉，若温度过高，说明该连接器接触不良，应查明原因予以排除。

（4）显示器检测。若电子仪表板上的显示器部分笔画、线路出现故障，应将仪表板上显示器件调整到静态显示状态，仔细观察是否还有别的故障，对此时出现的故障，使用检测设备对与此相关的电路或装置进行认真检查，若仅有一、二笔画或线段不发亮或不显示，则说明逻辑电路板通过多路传输的脉冲信号正确，可能是显示装置的部分线段工作不正常，遇此情况应做进一步检查，属于接触不良的应加以紧固，确保其电路畅通；若是电子器件本身的问题，通常应更换显示器件或电路板。

4.4 报警装置

为了指示汽车某系统的工作状况，引起车外行人及车辆或本驾驶员的注意，保证行车安全，防止事故发生，所设置的灯光或声音信号装置称为报警装置，一般分为对内（车辆驾驶员）和对外（行人及其他车辆）两类报警装置。

对内报警装置通常由报警灯和报警开关组成，当被监测的系统或总成不正常时，开关自动接通而使指示灯发亮，用以提醒驾驶员注意，如机油压力报警灯、车门未关好报警、制动液压不足指示灯、燃油不足报警灯、发动机故障指示灯、变速器故障指示灯、制动系统故障报警、防盗报警等。

对外报警装置通常有危险报警闪光装置、转向蜂鸣器、倒车报警蜂鸣器、汽车防撞报警、座椅安全带报警、前照灯未关及点火钥匙未拔报警系统等，一般都带有声音信号或同时有灯光信号。

4.4.1 报警灯及报警开关

报警灯通常安装在仪表板上，灯泡的功率一般为（1～4）W，在灯泡前装有滤光片，使报警灯发出红光或黄光，滤光片上通常有标准图形符号。

现代汽车上报警灯光源大多采用发光二极管，其优点是结构简单、使用寿命长、耗电少、易于识别等。

1. 机油压力报警装置

机油压力的正常与否，直接影响汽车的使用性能与工作的可靠性，因此许多车辆设置了油压报警灯，用来表示机油压力低于或高于安全值的情况，当机油压力降低或升高到允许限度以外时，仪表板上的报警灯即亮，以引起汽车驾驶员注意。

图 4-33 所示为膜片式油压报警灯原理图。当机油压力正常时，机油压力推动膜片向上拱曲，推杆将触点打开，报警灯不亮；当机油压力过低时，膜片因弹簧压力作用下移，从而触点闭合，红色报警灯亮，以示警告。

图 4-34 所示为弹簧管式油压报警灯。接通点火开关，发动机尚未起动时，油压开关处于接通状态，报警灯点亮；发动机起动后，主油道压力升高，开关的触点断开，报警灯熄灭，表明润滑系统工作正常。

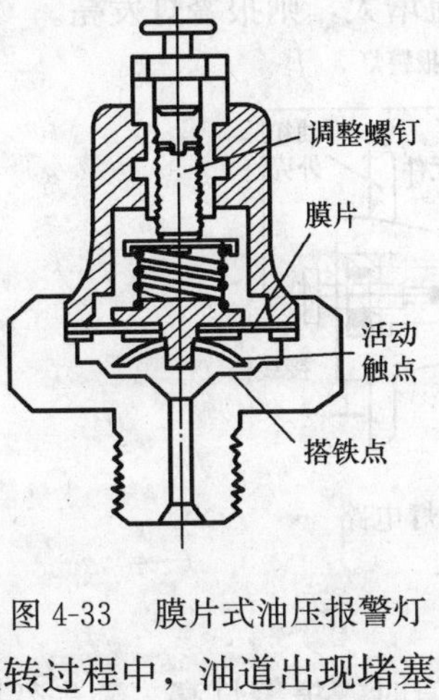

图 4-33　膜片式油压报警灯

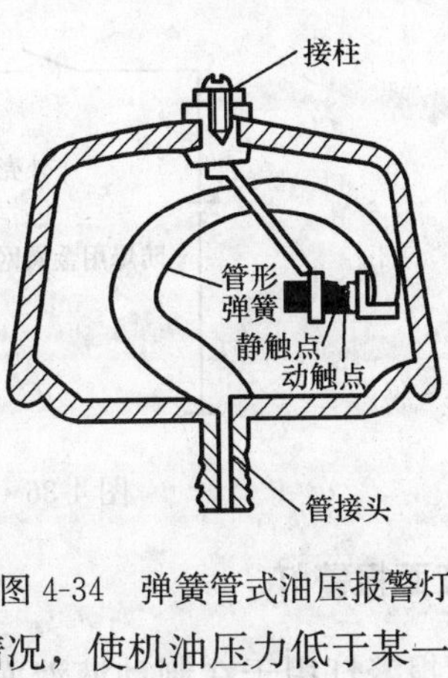

图 4-34　弹簧管式油压报警灯

如果在运转过程中，油道出现堵塞、泄漏等情况，使机油压力低于某一设定值，开关接通，报警灯点亮，以提醒驾驶员立即停车修理。另外，有的车辆设有低压、高压两个压力值，当机油压力低于低压值或高于高压值时，低压常闭开关打开或高压常开开关接通，点亮报警灯。

捷达车的机油压力报警系统由低压开关、高压开关、控制模块及机油压力报警灯组成。低压油压开关为常闭型，额定压力为 0.03MPa，当油压低于此值时开关闭合，反之则打开。高压油压开关为常开型，其额定压力值为 0.18MPa，当油压高于此值时，开关闭合，反之打开。

控制模块利用油压开关信号以及转速信号进行控制。当发生故障时，油压报警灯亮，同时蜂鸣器发出报警声；当发动机怠速时，若油压小于 0.03MPa，报警灯亮；当发动机转速超过 2 050r/min 时，如果油压小于 0.18MPa，报警灯亮 3s 后，蜂鸣器报警；转速下降到 2 050r/min以下时，蜂鸣器也保持报警，直到油压达到 0.18MPa 以上或关掉点火开关为止。

2. 冷却液温度报警灯

冷却液温度报警灯的作用是当冷却液温度升高至一定限度时，报警灯自动点亮，以示报警。

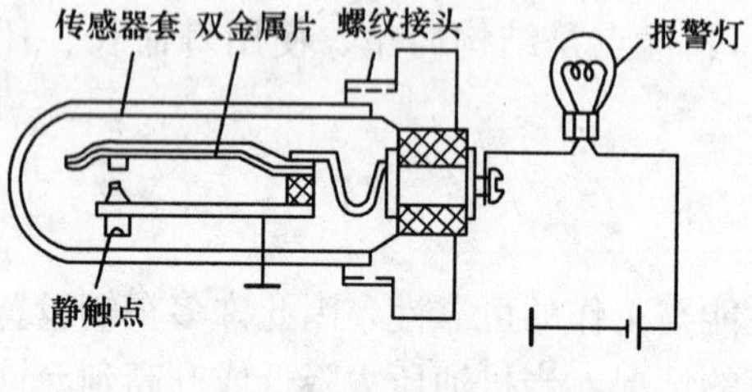

图 4-35 冷却液温度报警灯及传感器

图 4-35 所示为冷却液温度报警灯电路及传感器的结构。在传感器的密封套管内装有条形双金属片，其自由端焊有动触点，而静触点直接搭铁，当温度升高至限定值以上，双金属片向静触点方向弯曲，一旦两触点接触，便接通报警灯电路，红色报警灯点亮。

3. 燃油量报警灯

燃油量报警灯作用是当燃油箱内燃油减少到某一规定值时，报警灯亮，以警告驾驶员注意。

图 4-36 所示为燃油量报警灯电路，它由热敏电阻式燃油油量报警传感器和报警灯组成。当燃油箱内燃油量多时，负温度系数的热敏电阻元件浸没在燃油中散热快，其温度较低，电阻值大，电路中电流小，报警灯处于熄灭状态；当燃油量减少到规定值以下时，热敏电阻元件露出油面，散热慢，温度升高，电阻值减小，电流增大，则报警灯发亮。

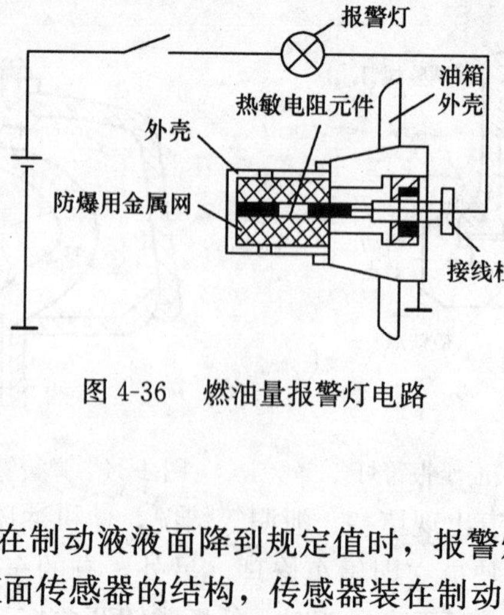

图 4-36 燃油量报警灯电路

4. 制动液液面报警灯

制动液液面报警灯用于在制动液液面降到规定值时，报警灯亮，警告驾驶员需进行维护。图 4-37 所示为制动液液面传感器的结构，传感器装在制动液储液罐中，外壳内装有舌簧管继电器，接线柱与液面报警灯相连，浮子上固定着永久磁铁。制动液面下降到规定值时，通过浮子带动永久磁铁使舌簧管触点闭合，接通报警灯，发出警告；当制动液面上升时，浮子上升，吸力减弱，舌簧管触点靠自身弹力张开，报警灯熄灭。

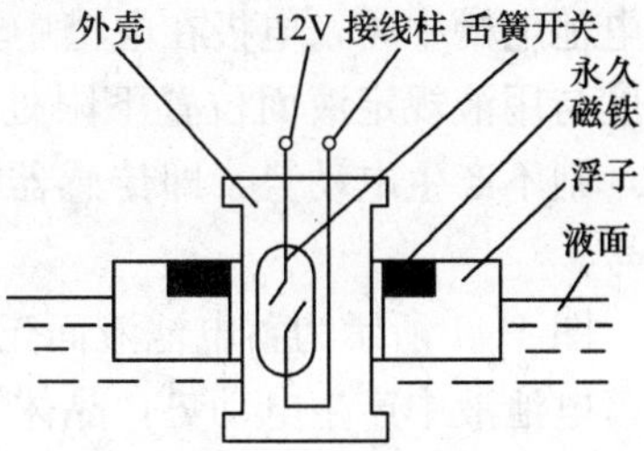

图 4-37 制动液液面传感器

5. 制动系统低气压报警灯

用气压制动的汽车上，当制动系统气压过低时，制动系统低气压报警灯即发亮，引起汽车驾驶员注意。低气压报警传感器装在制动系储气筒或制动阀压缩空气输入管路中，红色报警灯装在仪表板上。

图 4-38 所示为低气压报警传感器的结构。电源接通后，当制动系储气筒内的气压下降到 340kPa～370kPa 时，作用在报警传感器膜片上的压力减小，于是膜片在复位弹簧的作用下向下移动而使触点闭合，电路接通，低气压报警灯发亮；当储气筒中的气压升高到 400kPa 以上时，传感器中的膜片所受的推力增大，使复位弹簧压缩，触点打开，于是电路断开。

6. 真空度报警灯

为增大制动器上制动力，保证行车安全，同时减轻驾驶员的劳动强度，某些货车上安装了真空增压器，其真空度报警系统由安装在仪表板上的一个红色真空度报警灯与安装在真空筒上的真空度报警传感器组成。

图 4-39 所示为日野 400 型载重汽车的真空度报警传感器的结构示意图。当真空筒内的真空度下降到 53.2kPa 时，在压力弹簧的作用下，膜片向上拱曲，使触点与接线柱接触，接通报警灯电路，红色真空度报警灯发亮。

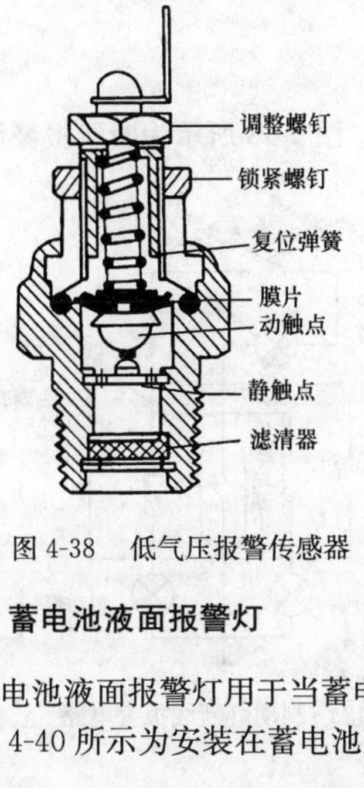

图 4-38 低气压报警传感器

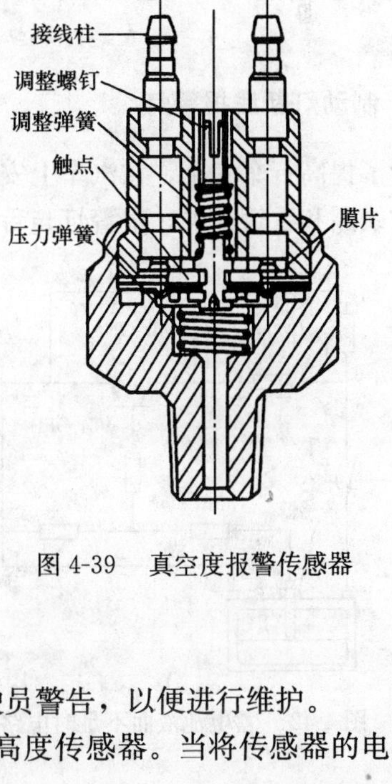

图 4-39 真空度报警传感器

7. 蓄电池液面报警灯

蓄电池液面报警灯用于当蓄电池液面下降时向驾驶员警告，以便进行维护。

图 4-40 所示为安装在蓄电池盖板上的电极式液面高度传感器。当将传感器的电极置于

蓄电池电槽中时，电极在电槽中具有与蓄电池阴极板相同的作用，也产生电动势。若使电极长度与用液规定液面位置下限处吻合，实际液面高于该位置时，产生电动势，低于该位置时，则不产生电动势，即传感器在蓄电池液量正常时可产生电压信号，异常时不产生电压信号。

图 4-41 所示为蓄电池液面正常时电路中电流的路径。当蓄电池液面正常时，传感器浸入蓄电池液中产生电动势，晶体管 VTr_1处于导通状态，蓄电池电流按图中箭头方向从正极经过点火开关、晶体管 VTr_1流向蓄电池负极。由于 A 点电位接近于零，晶体管 VTr_2处于 OFF 截断状态，报警灯不亮。

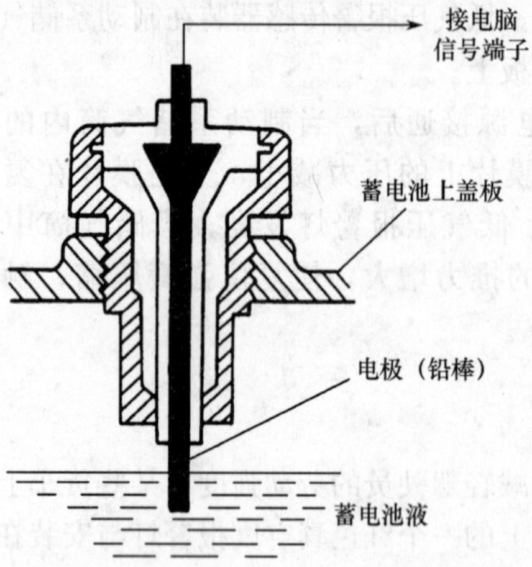

图 4-40 电极式液面高度传感器

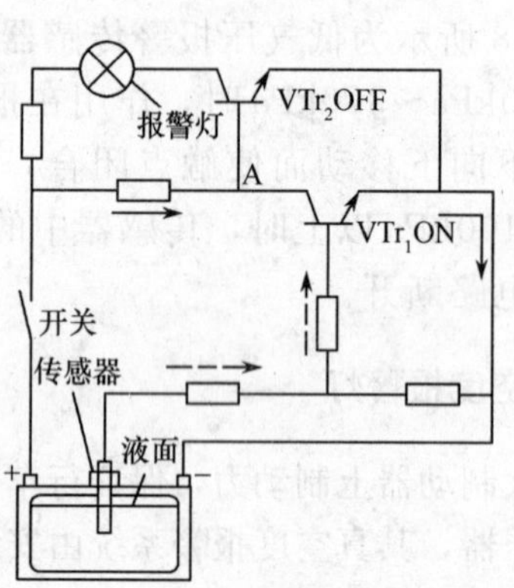

图 4-41 蓄电池液面正常时电路

图 4-42 所示为蓄电池液量不足时电路中电流的路径。由于此时传感器未浸入蓄电池液中，不能产生电动势，晶体管 VTr_1处于 OFF 状态，同时，又由于 A 点电位升高，电流按箭头方向流过晶体管 VTr_2基极，从而使 VTr_2处于 ON 状态，报警灯亮，警告驾驶员蓄电池液量不足。

8. 制动灯断线报警灯

为了提高行车安全，在汽车上安装制动灯断线报警灯，图 4-43 所示为断线报警灯电路，由电磁线圈和舌簧开关，报警灯与舌簧开关等组成。

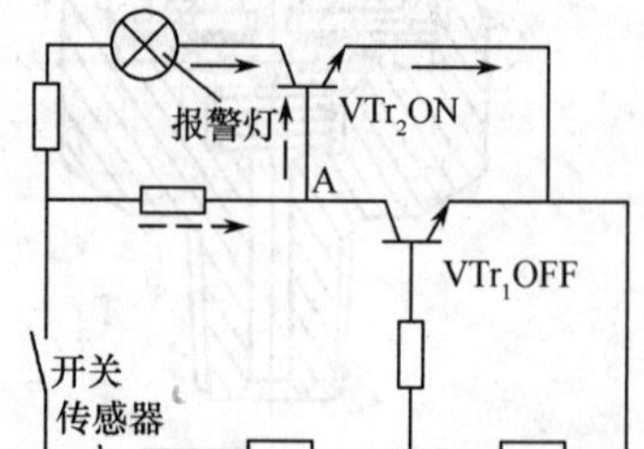

图 4-42 蓄电池液面不足时电路

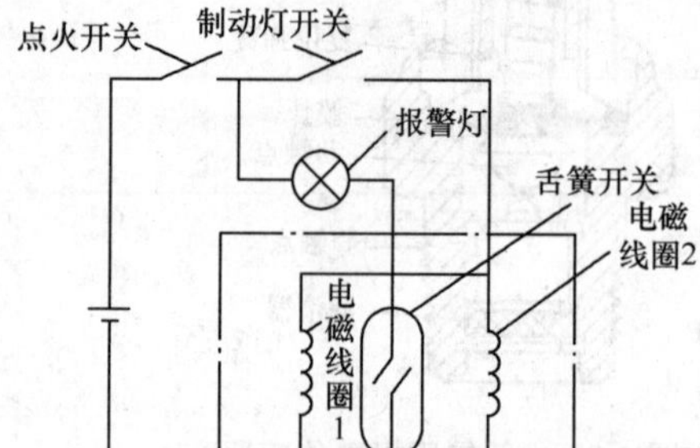

图 4-43 制动灯断线报警电路

在正常情况下制动时，踩下制动踏板，制动灯开关接通，电流分别经两电磁线圈，左右制动信号灯亮，这时，两线圈所产生的磁场互相抵消，舌簧开关在自身弹力作用下断开触点，报警灯不亮。

若在左（或右）制动信号灯灯线断路（或灯丝烧断）时制动，电磁线圈1（或2）无电流通过，通电的线圈所产生的磁场吸力吸动舌簧开关闭合，与舌簧开关串联的报警灯3亮。

9. 空气滤清器堵塞报警灯

空气滤清器堵塞报警灯用于在进气管堵塞时点亮报警灯，以示警告。

图4-44所示为东风货车的空气滤清器堵塞报警传感器内部结构，由外壳、膜片、触点1、触点2、弹簧座、导电插片等组成。外壳的前部装有感受压力差的膜片，并靠底板压固，底板上开有三个小孔与大气相通，外壳的后部设有输气管，通过输气管与空气滤清器的下部相通，从而使其壳内成为一个气盒。

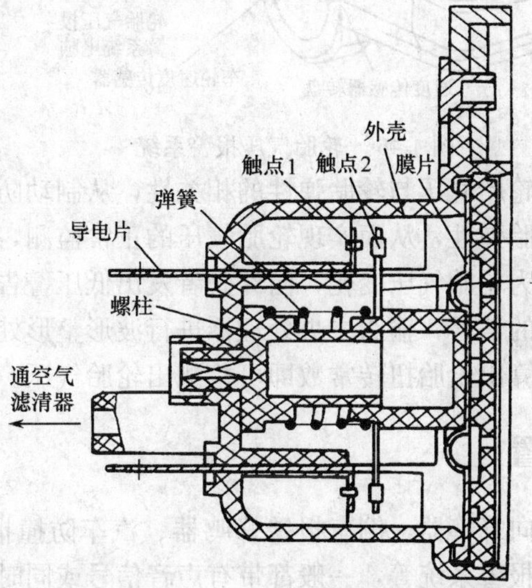

图4-44 空气滤清器堵塞报警传感器

当空气滤清器堵塞时，气盒内产生真空，当其真空度达到51kPa时，在大气压力的作用下，膜片推动弹簧座移动，使触点闭合，点亮报警灯。

10. 轮胎气压报警灯

轮胎气压报警系统用于在车辆行驶中，检测轮胎的气压状态，当轮胎气压降低时，使仪表板的报警信号灯点亮，向驾驶员发出警告。

图4-45所示为仪表板上轮胎气压报警信号灯的位置及符号。

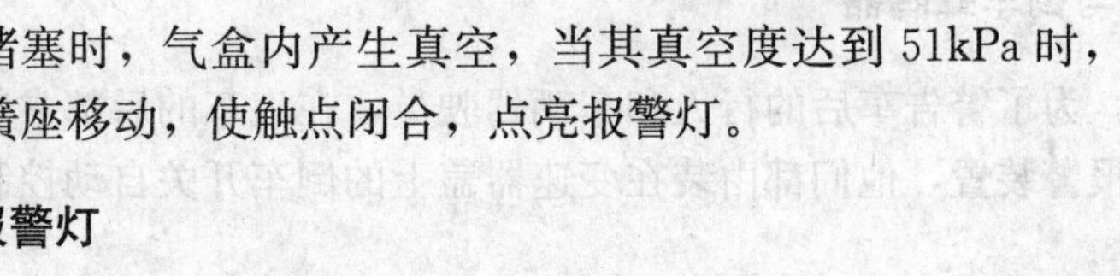

图4-45 轮胎气压报警信号灯的位置及符号

图 4-46 所示为轮胎气压报警系统的组成。发动机控制系统电脑可提供进气温度信号，驻车灯开关 2 检测制动信号，车轮速度传感器检测出车轮运行速度并将检测结果输入电脑，设定开关在交换轮胎等情况下进行系统初始设定，轮胎气压报警系统电脑接收车轮速度传感器信号，运算出轮胎气压并控制气压报警灯工作。

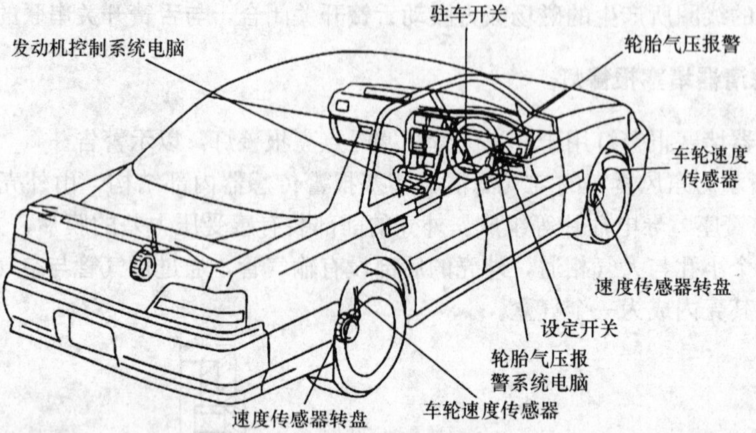

图 4-46　轮胎气压报警系统

轮胎气压报警系统利用轮胎气压与轮胎弹性的相关性，从制动防抱死系统的车轮传感器输出的轮胎信号来计算出轮胎弹性，从而实现轮胎气压的正常监测，再从轮胎弹性变化计算出共振频率的变化，以此作为轮胎气压变化，向驾驶者发出低压警告。

把车轮速度传感器输出的信号，输给中央处理器进行波形整形处理，用以计算轮胎的共振频率，再从该共振频率推算出轮胎扭转常数即可检测出轮胎气压。

4.4.2　声音报警装置

声音报警装置通常有转向蜂鸣器、倒车报警蜂鸣器、汽车防撞报警、坐椅安全带报警、前照灯未关及点火钥匙未拔报警系统等，一般都带有声音信号或同时有灯光信号。

1. 倒车开关与倒车蜂鸣器

汽车倒车时，为了警告车后的行人和车辆驾驶员，在汽车的后部常装有倒车灯、倒车蜂鸣器或语音倒车报警装置，他们都由装在变速器盖上的倒车开关自动控制。这些在信号系统章节已简述。

2. 坐椅安全带报警系统

坐椅安全带报警系统如图 4-47 所示。当接通点火开关而没有扣紧坐椅安全带时，坐椅安全带报警系统蜂鸣器发出报警声响并点亮报警灯约 8s。坐椅安全带扣环开关是一端搭铁的常闭式开关，当坐椅安全带被扣紧时，开关才张开，蓄电池电压随点火钥匙置于点火位时加至定时器，如果此时安全带未扣好，电路便通过常闭开关搭铁，接通蜂鸣器及报警灯电路；如果在安全带扣好的状态下接通点火开关，来自蓄电池的电流便通过加热器，使得双金属带发热，达到一定程度后，使触点张开从而切断电路。

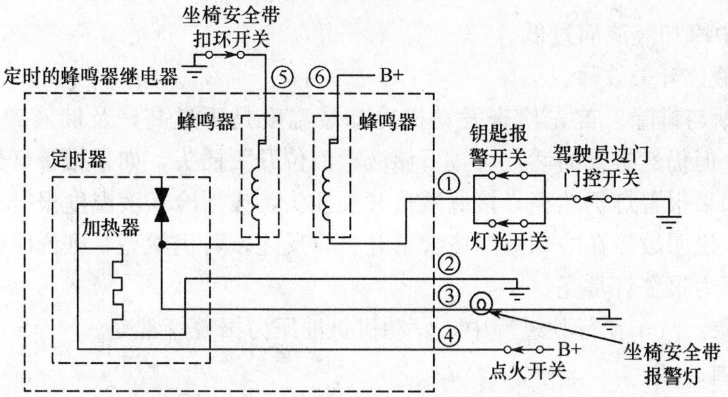

图 4-47　坐椅安全带报警系统

3. 前照灯未关及点火钥匙未拔报警系统

如果驾驶员在离开车辆打开车门时没有关闭前照灯，蜂鸣器或发音器便发出鸣叫提示。驾驶员门控制开关为常闭式，其中一端直接搭铁，只有当车门关闭时，开关才断开。如果前照灯开关在前照灯或停车挡，蓄电池电压经蜂鸣器和灯光开关加至驾驶员门控制开关，此时若驾驶员打开车门，蜂鸣器电路即被接通，于是发出鸣叫提示，直到前照灯关闭或驾驶员边门关闭才停止。

4. 防撞系统报警

为了提高行车安全，保护车辆及乘员，现代汽车装备了防撞系统，按照距离识别元件的不同，有红外线防撞系统、超声波防撞系统、激光防撞系统等，它们均采用单片机控制技术，能够自动检测并跟踪被测车辆与障碍物的距离，一旦该距离达到安全设置的极限距离时，便通过控制发出报警声音信号，并自动刹车，使车辆减速行驶乃至停车。

实训　报警装置常见故障的诊断

1. 器材设备准备

实训车辆、各式传感器、万用表、常用工具等。

2. 注意事项

汽车上的报警装置主要由报警灯和报警开关组成，报警灯通常安装在仪表盘上，拆装时不要用力过猛，以防本来良好的元器件由于用力过猛而损坏。在拆装仪表盘总成之前，脱开连接器或端子时，应先脱开蓄电池端子。

3. 实施步骤

（1）冷却液温度报警灯常亮。

① 故障现象：汽车在行驶过程中，发动机无论处在冷态还是热态，冷却液报警灯常亮。

② 故障原因：

a. 冷却液温度报警开关故障。

b. 线路有搭铁处。

c. 储液罐中冷却液液面过低。

d. 冷却液液位开关故障。

③ 故障诊断与排除。首先检查发动机冷却液温度是否过高，及储液罐液面是否过低，若这些都正常，但仍然报警的话，可拔下储液罐液位开关插头，如果报警灯熄灭，说明故障在液位开关；如果报警灯仍然亮，接好液位开关插头，拔下冷却液温度报警开关插头，若此时报警灯熄灭，说明故障在冷却液温度报警开关，反之，若仍然亮，则说明线路有搭铁处。

(2) 机油压力报警灯常亮。

① 故障现象：汽车在行驶过程中，发动机机油压力报警灯常亮。

② 故障原因：

a. 机油压力报警开关故障（有的车辆采用两个报警开关同时监控，如桑塔纳、捷达、奥迪轿车都装有低压 30 kPa 报警开关和高压 180 kPa 报警开关）。

b. 润滑油路压力达不到规定要求。

c. 线路故障。

③ 故障诊断与排除。当出现机油压力报警灯亮故障，首先要区分是润滑系故障还是报警系自身故障，通常采用测量油压的方法进行诊断。

a. 拆下低压开关（30kPa 开关），将其拧入检测仪。把检测仪拧到汽缸盖上的机油低压开关处，并将检测仪的褐色导线接地。

b. 用辅助导线将二极管测试灯 V. A. G1527 接到蓄电池正极及低压开关 A 上时，发光二极管被点亮。起动发动机，慢慢提高转速，当压力达到（15～45）kPa 时，发光二极管应熄灭，若不熄灭说明低压开关有故障。再令发动机怠速运转，机油压力应大于 45 kPa，发光二极管应熄灭，若压力低于 15 kPa，则说明润滑系有故障。

c. 将二极管测试灯连接到高压开关（180 kPa 开关）B 上，慢慢提高发动机转速，当机油压力达到（160～200）kPa 时，发光二极管应亮，若不亮说明高压开关有故障。进一步提高转速，当转速达到 2 000 r/min 时，油压至少应达到 200 kPa，若达不到则说明润滑系有故障。

小结

(1) 汽车仪表用于了解、观察汽车各系统的工作状况，常用的仪表包括机油压力表、冷却液温度表、发动机转速表和里程表、燃油表等。其主要类型有电热式和电磁式。

(2) 为了提高仪表显示精度，电热式冷却温度表和燃油表与可变电阻传感器配合使用时，应在电路中串入仪表稳压器。

(3) 汽车电子仪表具有许多优点，在汽车上的应用越来越广泛，其显示器主要有发光二极管、液晶显示器、真空荧光管等。

(4) 汽车报警装置用于保证车辆行驶的安全，常用的报警装置有蓄电池液面过低报警、机油压力报警、冷却液温度报警、燃油量报警、制动低气压报警等。

(5) 汽车仪表的常见故障有仪表无显示、仪表指示不准确等。诊断检测时，可将仪表与传感器分段检测。

习　题　4

一、选择题

1. 机油压力传感器上安装标记与垂直中心线偏角不得超过（　　）。

A. 50°　　B. 40°　　C. 30°

2. 发动机处于正常工作情况下，冷却液温度的指示值为（　　）。

A. 70℃～90℃　　B. 65℃～80℃　　C. 85℃～100℃

3. 若稳压器工作不良，则（　　）。

A. 只有电热式冷却液温度表和双金属式机油压力示值不准

B. 只有电热式燃油表和双金属式机油压力示值不准

C. 只有电热式冷却液温度表和电热式燃油表示值不准

4. 若将负温度系统热敏电阻式冷却液温度传感器电源线直接搭铁，甲认为冷却液温度表指示值最大，乙认为冷却液温度表指示最小，你认为（　　）。

A. 甲正确　　B. 乙正确　　C. 两人均正确　　D. 两人均不正确

5. 桑塔纳轿车在行驶过程中，当冷却液报警灯亮而冷却液温度表指示正常时，可能的故障是（　　）。

A. 冷却液温度过高　　B. 冷却液温度传感器坏

C. 冷却液报警灯电路坏　　D. 冷却液不足

二、判断题

1. 负温度系数热敏电阻传感器的电阻值与温度大小成反比。（　　）

2. 发动机转速表的信号通常来自凸轮轴。（　　）

3. 当发动机的机油压力过低时，机油压力报警灯应闪亮。（　　）

4. 当冷却液温度过高或液面过低时，冷却液温度报警灯应闪亮。（　　）

5. 对于电磁式燃油表，若传感器连接导线搭铁，则显示最大值。（　　）

三、问答题

1. 汽车常用仪表有哪些？各有何作用？

2. 电子式仪表有何优点？

3. 说明机油压力表及传感器的工作原理。

4. 汽车上常用的报警装置有哪些？各有何作用？

5. 汽车常用仪表有哪些常见故障？其原因分别是什么？

四、应会题

1. 对于普通仪表，当只有燃油表不工作时，下列说法哪个是错误的。（　　）

A. 可能是燃油表有故障　　B. 可能是燃油传感器有故障

C. 可能是燃油表及传感器的线路有故障　　D. 可能是仪表稳压器有故障

2. 在讨论仪表盘照明灯的诊断时，技师甲说，仪表盘照明灯的电源由灯光开关和变阻器提供；技师乙说，印制电路板是可修的。谁正确？（　）

A. 甲正确　B. 乙正确　C. 两人均正确　D. 两人均不正确

3. 在讨论仪表故障时，技师甲说，如稳压器失效了，只有一个表受影响；技师乙说，如果所有的仪表都不工作，应检查熔丝。谁正确？（　）

A. 甲正确　B. 乙正确　C. 两人均正确　D. 两人均不正确

4. 顾客抱怨车速表总是产生噪声，技师甲说，故障可能是软轴钢芯扭结；技师乙说，故障可能是驱动齿轮磨损。谁正确？（　）

A. 甲正确　B. 乙正确　C. 两人均正确　D. 两人均不正确

5. 技师甲说，在车速表软轴上使用润滑油会引起车速表指示不准；技师乙说，如果更换驱动齿轮，从动齿轮也应更换。谁正确？（　）

A. 甲正确　B. 乙正确　C. 两人均正确　D. 两人均不正确

6. 技师甲说，警告灯电路使用了可变电阻式传感器；技师乙说，仪表采用开关作为传感器。谁正确？（　）

A. 甲正确　B. 乙正确　C. 两人均正确　D. 两人均不正确

7. 所有的仪表读数都低，技师甲说，接到仪表上的插接器可能松脱或断开；技师乙说，仪表模块可能失效。谁正确？（　）

A. 甲正确　B. 乙正确　C. 两人均正确　D. 两人均不正确

第 5 章

辅助电气设备

知识目标	能力目标
• 正确描述风窗刮水器的组成、电路及工作过程； • 正确描述电动车窗的结构及工作过程； • 正确描述中控门锁的结构及工作过程； • 简述电动坐椅及电动后视镜的组成及工作过程。	• 正确完成风窗刮水器、电动车窗、中控门锁、电动坐椅及电动后视镜的日常维护作业； • 能完成风窗刮水器、电动车窗、中控门锁、电动坐椅及电动后视镜常见故障的诊断作业。

在汽车上，有些电气设备是为了进一步保证车上人员和汽车本身的安全设置，如安全气囊、中控门锁和汽车防盗系统；有些电气设备是为了使驾驶员和乘客增加乘车的舒适性而设置的，如电动坐椅、汽车空调和汽车音响；有些电气设备是为了使驾驶员和乘客方便而设置的，如电动车窗、风窗刮水器、挡风玻璃洗涤装置、电动后视镜。这些装置提高了汽车的档次，增加了驾车的乐趣和舒适度，已成为现代汽车中不可缺少的电气设备。

5.1 风窗刮水器

风窗刮水器用于清扫风窗玻璃上的雨水、雪或尘土，以确保驾驶员能有良好的视线。

刮水器有气压式、电动式等多种，现代汽车多数采用电动式。

如图 5-1 所示，电动刮水器主要由直流电动机、蜗轮箱、曲柄、拉杆、摆杆、摆臂和刮水片等组成。电动机与蜗杆箱结合成一体组成刮水器电机总成，电动机旋转时，带动蜗杆、蜗轮，使与蜗轮相联的曲柄、拉杆和摆杆带着左、右两刮片架做往复摆动，橡皮刷便刷去风窗玻璃上的雨水、雪和灰尘。

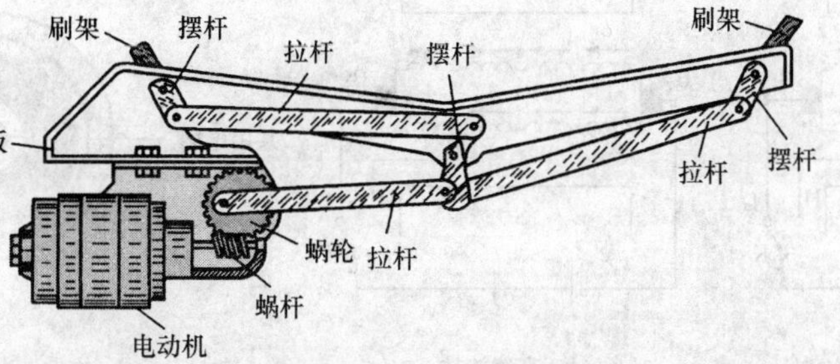

图 5-1 电动刮水器的组成

为了不影响驾驶员的视线，刮水器中常装有自动复位装置，以便在任何位置切断刮水电机电路时，刮水器的橡皮刷都能自动停止在风窗玻璃的下部。

5.1.1 刮水电动机的结构

刮水器电动机按其磁场结构不同可分为线绕式和永磁式。永磁式电动机具有体积小、重量轻、构造简单等优点，在国内外汽车上得到广泛采用。

图 5-2 所示为永磁式刮水电动机的结构，它主要由外壳及磁铁总成、电枢、电刷安装板及复位开关、输出齿轮及蜗轮、输出臂等组成。电枢通电后转动，经蜗轮和输出齿轮及输出臂后，把动力传给输出臂。

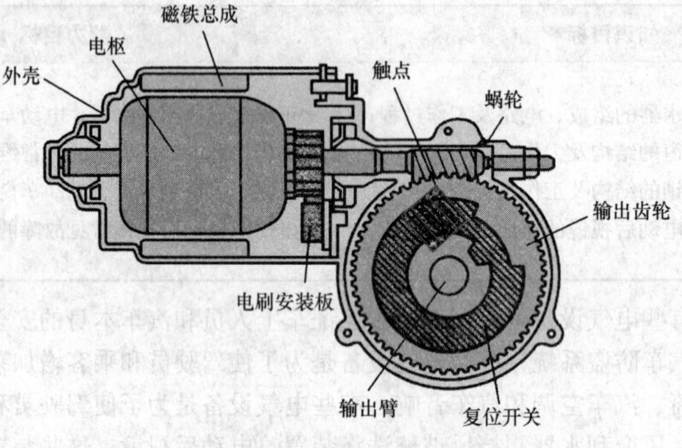

图 5-2 永磁式刮水电动机的结构

为了满足实际使用的需要，刮水电动机有低速刮水和高速刮水两个挡位。为了不影响驾驶员的视线，刮水器设置有自动复位装置，以便在任何位置切断刮水电机电路时，刮水器的橡皮刷都能自动停止在风窗玻璃的最下端。

5.1.2 永磁式刮水电动机的变速原理

永磁式刮水电动机是利用三个电刷来改变正、负电刷之间串联线圈的个数实现变速的，如图 5-3（c）所示。其原理是：刮水电动机工作时，在电枢内同时产生反电势，其方向与电枢电流相反，若要使电枢旋转，外加电压必须克服反电势的作用；当电动机转速升高时，反电势增高，只有当外加电压等于反电势时，电枢的转速才能稳定。

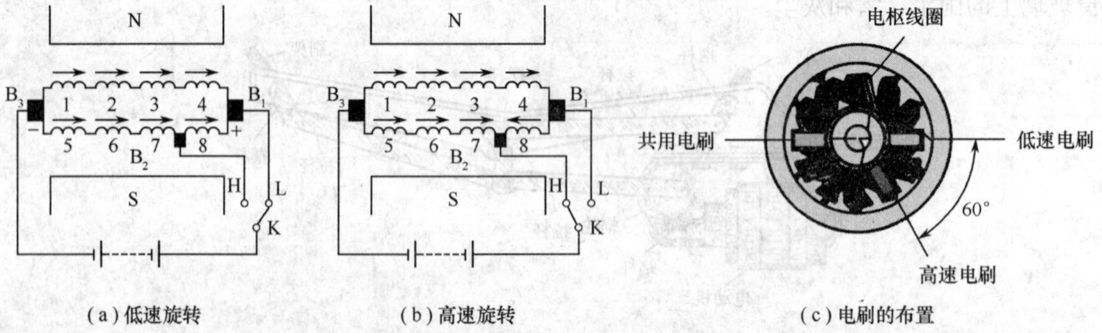

图 5-3 永磁式刮水电动机的变速原理

三刷永磁式刮水电动机工作时，电枢绕组产生的反电势的方向如图 5-3（a）中箭头所示。当将刮水器开关 K 拨向"L"（低速）时，如图 5-3（a）所示，电源电压 U 加在电刷 B_1 和 B_3 之间，

在电刷 B_1 和 B_3 之间的两条并联支路中，每条支路中各有四个串联绕组，反电势的大小与支路中反电势的大小相等，由于外加电压需要平衡四个绕组所产生的反电势，故电动机转速较低。

当将刮水器开关 K 拨向“H”（高速）时，如图 5-3（b）所示，电源电压 U 加在电刷 B_2 和 B_3 之间，绕组 1、2、3、4、8 同在一条支路中，其中绕组 8 与绕组 1、2、3、4 的反电势方向相反，相互抵消后，使每条支路变为三个绕组，由于电机内部的磁场方向和电枢的旋转方向没有变化，所以各绕组内反电势的方向与低速时相同，但是外加电压只需平衡三个绕组所产生的反电势，因此，电动机的转速增高。

5.1.3　刮水电动机的控制电路及自动复位原理

图 5-4 所示为铜环式刮水器控制电路，其工作过程如下所述。

刮水器开关有三个挡位，0 挡为复位挡，Ⅰ挡为低速挡，Ⅱ挡为高速挡。四个接线柱分别接复位装置、电动机低速电刷、搭铁、电动机高速电刷。复位装置是在减速蜗轮（由塑料或尼龙材料制成）上嵌有铜环，此铜环分为两部分，其中一铜环与电动机外壳相连（为搭铁），触点臂用磷铜片或其他弹性材料制成，一端铆有触点。由于触点臂具有一定的弹性，因此在蜗轮转动时，触点与蜗轮的端面和铜滑环保持接触。

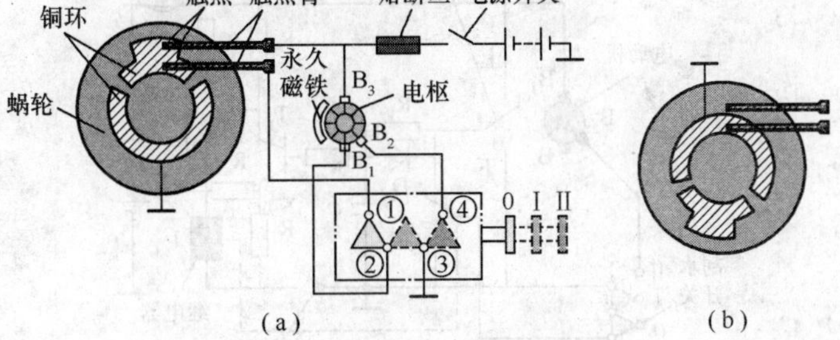

图 5-4　铜环刮水器控制电路

当接通电源开关，并将刮水器开关拉出到“Ⅰ”挡（低速）位置时，电流从蓄电池正极⟶电源开关⟶熔断丝⟶电刷 B_3⟶电枢绕组⟶电刷 B_1⟶刮水器开关接线柱②⟶接触片⟶刮水器开关接线柱③⟶搭铁⟶蓄电池负极，构成回路，电动机以低速运转。

把刮水器开关拉出到“Ⅱ”挡（高速）位置时，电流从蓄电池正极⟶电源开关⟶熔断丝⟶电刷 B_3⟶电枢绕组⟶电刷 B_2⟶刮水器接线柱④⟶接触片⟶刮水器接线柱③⟶搭铁⟶蓄电池负极，构成回路，电动机以高速运转。

当把刮水器开关退回到“0”挡时，如果刮水片没有停止到规定的位置，由于触点与铜环相接触，如图 5-4（b）所示，则电流继续流入电枢，其电流为蓄电池正极⟶电源开关⟶熔断丝⟶电刷 B_3⟶电枢绕组⟶电刷 B_1⟶接线柱②⟶接触片⟶接线柱①⟶触点臂⟶铜环⟶搭铁⟶蓄电池的负极，由此可以看出，电动机仍以低速运转直至蜗轮旋转到图 5-4（a）所示的特定位置，电路中断。由于电枢的运动惯性，电机不能立即停止转动，此时电动机以发电机方式运行。因此时电枢绕组通过触点臂与铜环接通而短路，电枢绕组产生强大制动力矩，电动机迅速停止运转，使刮水片复位到风窗玻璃的下部。

5.1.4　间歇刮水

现代汽车刮水器上都加装了电子间歇控制系统，使刮水器能按照一定的周期停止和刮水，这样在小雨或雾天中行驶时，不至于令玻璃上形成发黏的表面，使驾驶员获得更好的视线。

汽车刮水器间歇控制电路按照间歇时间是否可调可分为可调节型和不可调节型。

1. 不可调节间歇控制电路

刮水器的间歇控制一般是利用自动复位装置和电子振荡电路或集成电路实现的。

图 5-5 所示为同步间歇刮水器内部控制电路。当刮水器开关置于间歇挡位置（开关处于“0”位，且间歇开关闭合）时，电源通过自动复位开关向电容器 C 充电，其电流回路为：蓄电池正极⟶电源开关⟶熔断丝⟶自动复位开关常闭触点（上）⟶电阻 R_1⟶电容器 C⟶搭铁⟶蓄电池负极。随着充电时间的增长，电容器两端的电压逐渐升高，当电容器 C 两端的电压升高到一定值时，晶体管 T_1 和 T_2 相继先后由截止转为导通，从而接通继电器磁化线圈的电路，其电流回路为：蓄电池正极⟶电源开关⟶熔断丝⟶电阻 R_5⟶晶体管 T_2（e⟶c）⟶继电器磁化线圈⟶间歇刮水器开关 3⟶搭铁⟶蓄电池负极。在电磁吸力的作用下，继电器常闭触点打开，常开触点闭合，从而接通了刮水电动机的电路，其电流回路为：蓄电池正极⟶电源开关⟶熔断丝⟶B_3⟶B_1⟶刮水继电器常开触点⟶搭铁⟶蓄电池负极，此时电动机以低速旋转。

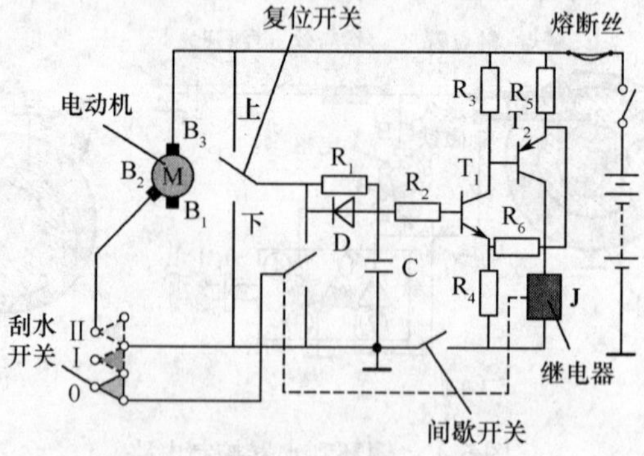

图 5-5　同步间歇刮水器内部控制电路

当复位装置将自动复位开关的常开触点（下）接通时，电容器 C 通过二极管 D、自动复位装置常开触点迅速放电，此时刮水电动机的通电回路不变，电动机继续转动。随着放电时间的增长，晶体管 T_1 基极的电位逐渐降低，当晶体管 T_1 基极的电位降低到一定值时，T_1 和 T_2 由导通转为截止，从而切断了继电器磁化线圈的电路，继电器复位，常开触点打开，常闭触点闭合。此时由于自动复位开关的常开触点处于闭合状态，电动机仍将继续转动，其电流回路为：蓄电池正极⟶电源开关⟶熔断丝⟶B_3⟶B_1⟶继电器常闭触点⟶复位开关的常开触点⟶搭铁⟶蓄电池负极。只有当刮水片回到原位（即不影响驾驶员视线位置），自动复位开关的常开触点打开，常闭触点闭合时，电动机方能停止转动。继而电源将再次向电容器 C 充电，重复以上过程，如此反复，实现刮水片的间歇动作，间歇时间的长短取决于 R_1、C 电路充电时间常数的大小。

2. 可调式间歇控制电路

可调式间歇控制电路是指刮水器的控制电路能根据雨量大小自动开闭，并自动调节间歇时间。

图 5-6 所示为刮水自动开关与调速控制电路。电路中 S_1、S_2 和 S_3 是安装在风窗玻璃上

的流量检测电极，若雨水落在两检测电极之间，使其阻值减小，水流量越大，其阻值越小。

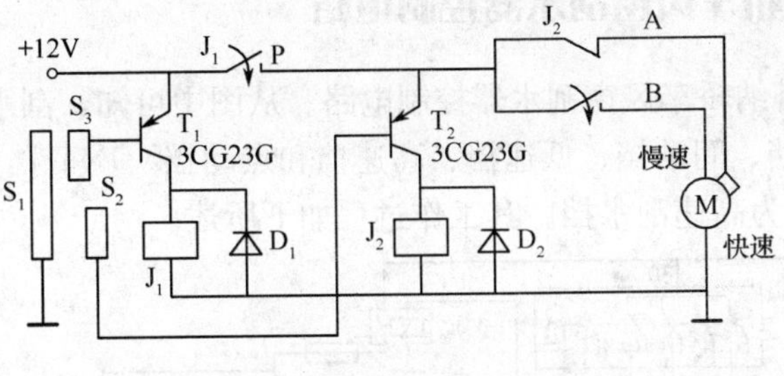

图 5-6　刮水自动开关与调速控制电路

S_1与S_3之间的距离较近（约 2.5cm），因此，晶体管T_1首先导通，继电器J_1通电，在电磁吸力的作用下，P 点闭合，刮水电动机低速旋转。当雨量增大时，S_1与S_2之间的电阻减小到使晶体管T_2也导通，于是继电器J_2通电，在电磁吸力的作用下，A 点断开，B 点接通，刮水电动机转为高速旋转。雨停时，检测电阻之间的阻值均增大，晶体管T_1、T_2截止，继电器复位，刮水电动机自动停止工作。

5.1.5　风窗洗涤装置

风窗玻璃洗涤装置与刮水器配合使用，可以使汽车风窗刮水器更好地完成刮水工作并获得更好的刮水效果。

图 5-7 所示为风窗洗涤装置，主要由储液罐、洗涤泵、输液管、喷嘴等组成。洗涤泵一般为永磁直流电动机和离心叶片泵组装成为一体，喷射压力可达（70～88）kPa。

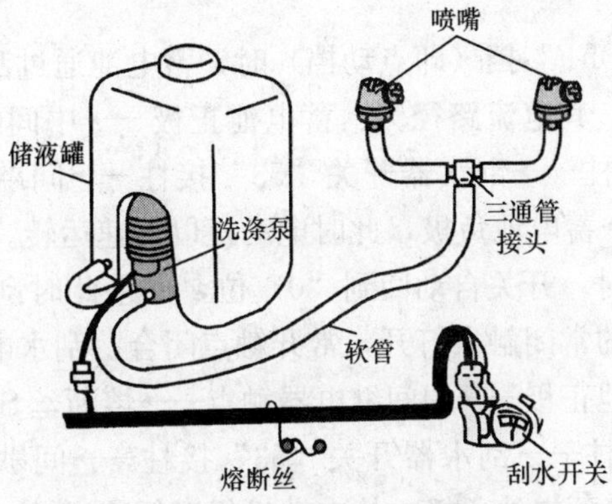

图 5-7　风窗洗涤装置

洗涤泵通常直接安装在储液罐上，在泵的进口处设有滤清器。洗涤泵喷嘴安装在挡风玻璃的下面，其方向可根据使用情况调整，喷水直径一般为（0.8～1.0）mm。洗涤泵的连续工作时间不应超过一分钟，对于刮水和洗涤分别控制的汽车，应先开洗涤泵，再接通刮水器。喷水停止后，刮水器应继续刮动 3～5 次，以便达到良好的清洁效果。

常用的洗涤液是硬度不超过 205ppm 的清水。为了能刮掉挡风玻璃上的油、蜡等物，可在水中添加少量的去垢剂和防锈剂。强效洗涤液的去垢效果好，但会使风窗密封条和刮片胶条变质，还会引起车身喷漆变色以及储液罐、喷嘴等塑料件的开裂。冬季使用洗涤器时，为了防止洗涤液的冻结，应添加甲醇、异丙醇、甘醇等防冻剂，再加少量的去垢剂和防锈剂，即成为低温洗涤液，凝固温度下降到−20℃以下。如冬季不用洗涤器时，应将洗涤管中的水倒掉。

5.1.6 桑塔纳轿车风窗刮水器控制电路

图 5-8 所示为桑塔纳轿车风窗刮水器控制电路。从图中可知，刮水器控制开关有五个挡位，分别为复位停止挡、间歇挡、低速挡、高速挡和点动挡。INT 挡为间歇刮水挡，LO 挡为低速刮水挡，HI 挡为高速刮水挡。其工作过程如下所述。

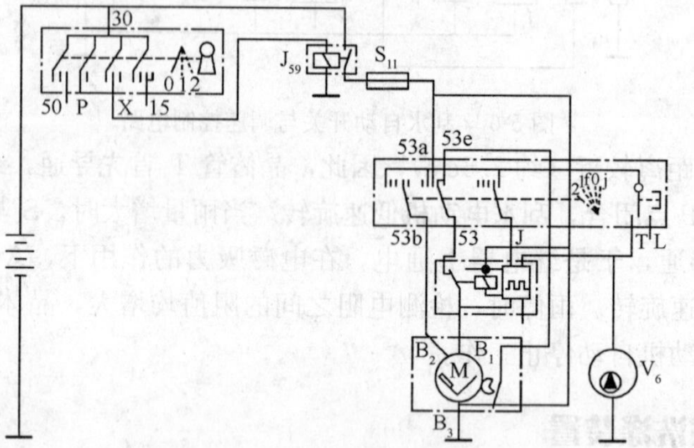

图 5-8 桑塔纳汽车风窗刮水器控制电路

将点火开关置于“ON”挡，接通了蓄电池至中间继电器磁化线圈放电的回路，其电流回路为：蓄电池正极⟶点火开关“30”接线柱⟶点火开关“X”接柱⟶中间继电器磁化线圈⟶搭铁⟶蓄电池负极。在电磁吸力的作用下，中间继电器触点闭合，为刮水电动机的工作做好准备。

将刮水器开关拨到“OFF”挡（即点动挡）时，蓄电池通过刮水器开关、间歇继电器常闭触点向刮水电动机供电，其电流路径为：蓄电池正极⟶中间继电器触点⟶熔断丝 S_{11} ⟶刮水器开关“53a”接柱⟶刮水器开关“53”接柱⟶间歇继电器常闭触点⟶电刷 B_1 ⟶电刷 B_3 ⟶搭铁⟶蓄电池负极，此时电动机以低速运转。

当手离开刮水器开关时，开关自动回到“0”位，如果此时刮水片处在影响驾驶员视线的位置上，自动复位装置的常闭触点打开，常开触点闭合，刮水电动机电枢内继续有电流通过，其电流路径为：蓄电池正极⟶中间继电器触点⟶熔断丝 S_{11} ⟶复位装置的常开触点⟶刮水器开关“53e”接柱⟶刮水器开关“53”接柱⟶间歇继电器常闭触点⟶电刷 B_1 ⟶电刷 B_3 ⟶搭铁⟶蓄电池负极，故电动机仍以低速运转，只有当自动复位装置处在图示位置时，刮水电动机方可停止运转。

当将刮水器开关拨到“1”挡（低速挡）时，蓄电池仍然是通过中间继电器、刮水器开关、间歇继电器、电刷 B_1 和 B_3 向刮水电动机放电（放电回路与点动时相同），电动机以（42～520）r/min的转速低速运转。

当将刮回器开关拨到“2”挡（高速挡）时，蓄电池向电动机的放电回路为：蓄电池正极⟶中间继电器触点⟶熔断丝 S_{11} ⟶刮水器开关“53a”接线柱⟶刮水器开关“53b”接线柱⟶电刷 B_2 ⟶电刷 B_3 ⟶搭铁⟶蓄电池负极，此时电动机以（62～80）r/min 的转速高速运转。

当自动复位装置切断电动机电路时，由于旋转惯性使电机不能立即停下来时，电动机以发电机运行而发电。电枢绕组中所产生的感应电动势的方向与外加电压的方向相反，通过刮水器开关、自动复位常闭触点构成回路，其电流路径为：电刷 B_1 ⟶间歇继电器常闭触点⟶刮水器开关“53”接线柱⟶刮水器开关“53e”接线柱⟶自动复位装置的常闭触点⟶电刷 B_3。电枢绕组中即会产生反电磁力矩（制动力矩），电动机迅速停止运转，使刮水片复位到风窗玻璃的下部。

当将刮水器开关拨到“J”（间歇）位置时，电子式间歇继电器投入工作。当间歇继电器的常闭触点打开，常开触点闭合时，蓄电池向电动机的放电回路为：蓄电池正极⟶中间继电器触点⟶熔断丝 S_{11} ⟶间歇继电器的常开触点⟶电刷 B_1 ⟶电刷 B_3 ⟶搭铁⟶蓄电池负极，电动机低速运转。当间歇继电器断电，其触点复位（常闭触点闭合，常开触点打开）时，电动机停止运转，在此过程中，自动复位装置的工作与制动力矩的产生与上述相同。在间歇继电器的作用下，刮水电动机每 6 秒钟使曲柄旋转一周。

当将洗涤开关接通时（将刮水器开关向上扳动），洗涤泵控制电路接通，其电流路径为：蓄电池正极⟶中间继电器触点⟶熔断丝 S_{11} ⟶洗涤开关⟶洗涤泵 V_5 ⟶搭铁⟶蓄电池负极。位于发动机盖上的两个喷嘴同时向风窗玻璃喷射清洗液，与此同时，也接通了刮水器间歇继电器的控制电路，其电流路径为：蓄电池正极⟶中间继电器触点⟶熔断丝 S_{11} ⟶洗涤开关⟶刮水器间歇继电器⟶搭铁⟶蓄电池负极，于是刮水电动机工作，驱动刮水片刮掉已经湿润的尘土和污物。当驾驶员松开控制手柄时，开关自动复位，切断洗涤泵的控制电路，喷嘴停止喷射清洗液，刮水电动机在自动复位开关起作用后，将刮水片停靠在挡风玻璃的下方。

5.1.7　丰田轿车风窗刮水器控制电路

图 5-9 所示为丰田轿车风窗刮水器控制电路。控制开关有五个挡位，分别是低速挡（LO）、高速挡（HI）、停止复位挡（OFF）、间歇刮水挡（INT）和喷洗挡。其工作过程如下所述。

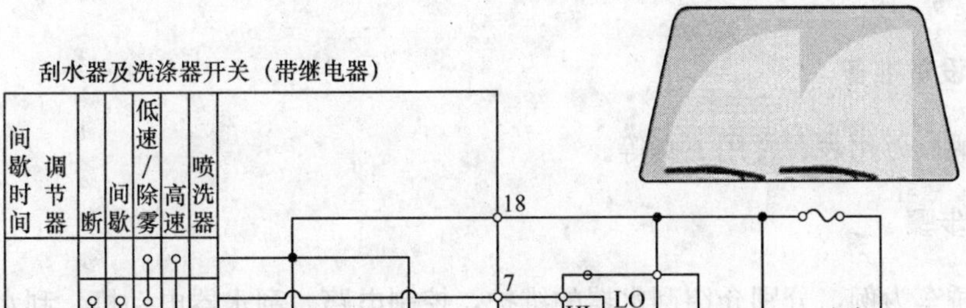

图 5-9　丰田轿车风窗刮水器控制电路

刮水开关在低速位置时，电流回路为：蓄电池“+”⟶端子 18 ⟶刮水器控制开关

“LOW/MIST”触点⟶端子7⟶刮水器电动机低速电刷LO⟶公共电刷⟶接地，此时电机低速运行。

当刮水开关在高速位置时，电流回路为：蓄电池“+”⟶端子18⟶刮水器控制开关“Hi”触点⟶端子13⟶刮水电动机高速电刷⟶公共电刷⟶接地，此时电机高速运转。

当刮水开关在间歇刮水（INT）位置时，晶体管电路Tr_1先短暂导通，此时电流路径为：蓄电池“+”⟶端子18⟶继电器线圈⟶Tr_1⟶端子16⟶接地。线圈中产生磁场，使得继电器常闭触点A打开，常开触点B关闭，这时电动机低速运转，电流回路为：蓄电池“+”⟶端子18⟶继电器触点B⟶刮水器开关“INT”触点⟶端子7⟶刮水器电动机低速电刷LO⟶公共电刷⟶接地。

然后Tr_1截止，继电器的触点B断开，触点A闭合，电动机转动时，凸轮开关的触点A断开，B闭合，所以电流继续流至电动机的低速电刷，电动机低速运转，此时的电流路径为：蓄电池“+”⟶凸轮开关触点B⟶端子4⟶继电器触点A⟶刮水器开关“INT”触点⟶端子7⟶刮水器电动机低速电刷LO⟶公共电刷⟶接地。当刮水器转至停止位置时，凸轮开关B断开，A接通，电动机停止运转。

刮水电动机停止运转一段时间以后，晶体管电路Tr_1再次短暂导通，刮水器重复间歇动作。间歇时间调节器可以调节间歇的时间长短。

喷洗器开关接通时，在喷洗器电动机运转时，晶体管电路Tr_1在预定的时间内接通，使刮水器低速运转1～2次。喷洗泵的电流回路为：蓄电池“+”⟶喷洗器电动机⟶端子8⟶喷洗器开关端子⟶端子16⟶接地。刮水器的电流回路为：蓄电池“+”⟶端子18⟶继电器触点B⟶刮水器开关“INT”触点⟶端子7⟶刮水器电动机低速电刷LO⟶公共电刷⟶接地。这样就边喷洗边间歇刮水。

实训一　风窗刮水器的维护与检测

1. 器材设备准备

实训车辆、万用表、常用工具等。

2. 实施步骤

以丰田轿车为例，分别介绍刮水器的维护，控制电路、刮水器电动机、刮水和洗涤开关的检查方法。

（1）刮水器性能检测。

①接通点火开关，起动发动机，使发电机正常供电；

②接通刮水器开关，选择不同挡位，检查每一只刮水器是否正常工作；

③刮水器工作挡位从上至下分别为“MIST”去雾、“LO”慢速、“Hi”快速、“INT”间歇。旋转刮水器开关，调节间歇时间，观察变化；

④关闭刮水器开关，检查刮水器是否能自动停止在规定位置；

⑤拨动刮水器开关，使洗涤器工作，检查喷射到挡风玻璃上的洗涤液是否在规定区域内，必要时检查喷嘴和储液罐，检查刮水器能否联动工作；

⑥检查刮水效果，是否出现条纹状的刮水痕迹等故障现象，必要时检查橡胶刮片是否需

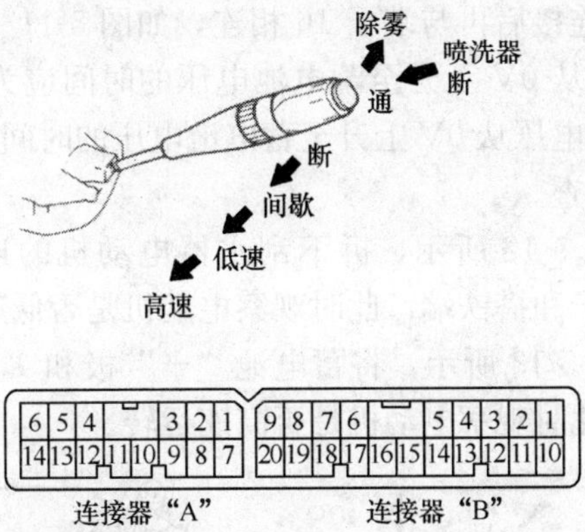

图 5-10　刮水器和喷洗器开关及连接器端子图

要更换。

（2）刮水器、洗涤器开关的检测。图 5-10 所示为刮水器和喷洗器开关及连接器端子图。检查时，将开关旋至不同的挡位，按表 5-1 的标准进行检查。若检查结果不符合标准，应进行更换。

表 5-1　刮水开关端子的检查

开关位置 \ 端子（颜色）		8-4 (L-R)	B-7 (L-B)	B-13 (L-O)	B-18 (L-W)	B-8 (L)	B-16 (B)
刮水器	MIST（除雾）		○		○		
	OFF（断）	○	○				
	INT（间歇）	○	○				
	LO（低速）		○		○		
	HI（高速）			○	○		
喷洗器	OFF（断）						
	ON（通）					○	○

（3）检查间歇性动作。

①刮水器的开关旋至“INT”位置；

②间歇时间控制开关旋至“FAST”位置；

③将蓄电池的正极和端子 18 相连，负极和端子 16 相连，如图 5-11（a）所示；

④将电压表正极与端子 7 相连，负极与端子 16 相连，电压表显示的电压应该为蓄电池电压；

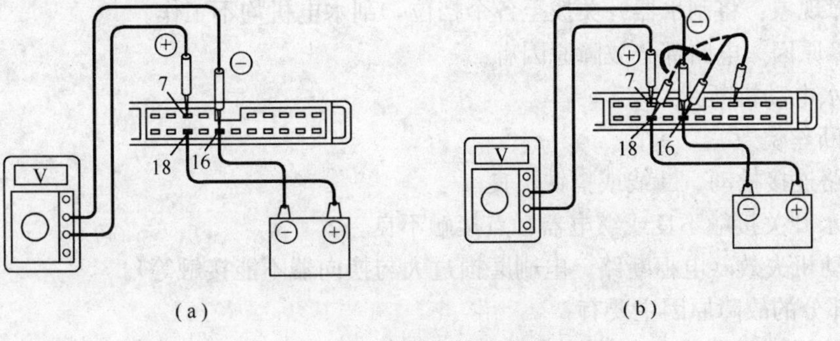

（a）　　（b）

图 5-11　间歇性检查方法

⑤将端子 4 与端子 18 连接后再与端子 16 相连，如图 5-11（b）所示。若间歇时间控制开关在快速挡位置，则电压从 0V 上升至蓄电池电压的时间应为（1.6±1）s；若间歇时间控制开关在慢速挡位置，则电压从 0V 上升至蓄电池电压的时间应为（10.7±5）s。

（4）刮水器电动机的检查。

①低速性能检查。如图 5-12 所示，拆下刮水器电动机的连接器，把蓄电池“＋”极和“－”极分别接在 2 号端子和搭铁端，此时观察电动机是否低速运转。

②高速性能检查。如图 5-13 所示，将蓄电池“＋”极和“－”分别接在 1 号端子和搭铁端（即高速电刷之间），此时观察电动机是否高速运转。

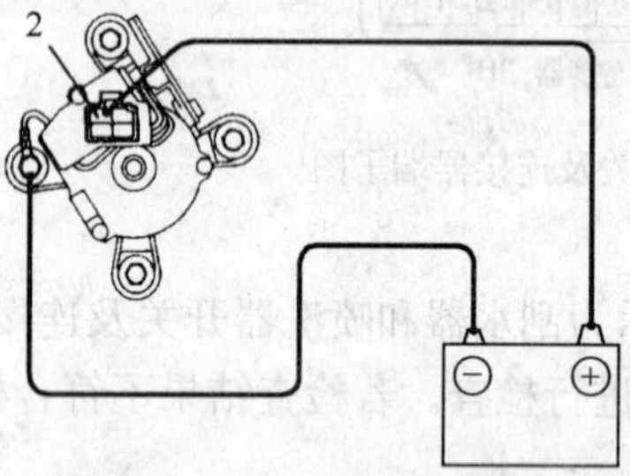

图 5-12　刮水器低速检查

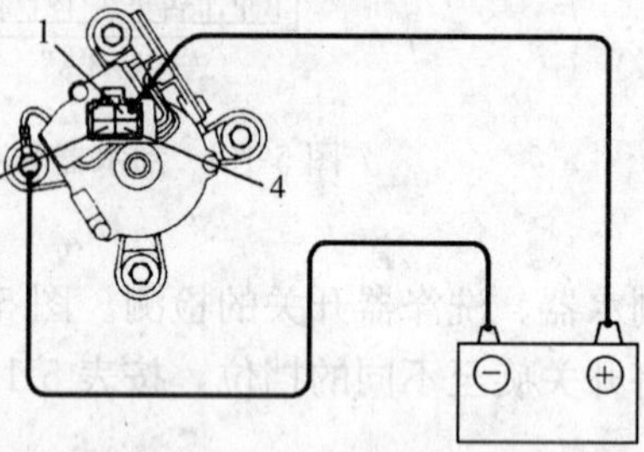

图 5-13　刮水器高速检查

③刮水器自动复位功能检查。拔动刮水器开关至低速挡，刮水器电动机低速转动，拆下刮水器电动机导线连接器，让电动机停在除了停止时的任意一个位置，用导线连接 2 号端子和 3 号端子，再将蓄电池“＋”极和“－”分别接在 4 号端子和搭铁端，刮水器电动机应自动回到原位并停止。

实训二　风窗刮水器/洗涤装置的故障诊断

1. 器材设备准备

实训车辆、万用表、常用工具等。

2. 实施步骤

风窗刮水器系统常见的故障有：刮水器不工作、间断性工作、持续工作不停及刮水片不能复位等。

下面以桑塔纳轿车为例，介绍风窗刮水器系统的故障诊断方法。

（1）刮水器不工作。

①故障现象：将刮水器开关拨至各个挡位，刮水电机均不工作。

②故障原因。电路部分故障原因有：

a. 刮水电动机断路。

b. 熔断丝烧毁。

c. 线路连接松动、断线或搭铁不良。

d. 刮水开关接触不良或继电器触点接触不良。

e. 电动机失效（电枢断路、电刷磨损过大与换向器不能接触等）。

机械部分的故障原因主要有：

① 蜗轮蜗杆脱离啮合或者损坏。

② 杆件连接松脱或损坏。

③ 刮水片、传动机构等被卡住等。

对系统故障进行诊断之前，首先要确定是电路故障还是机械故障，最简单的方法是从电动机上拆下联接刮水片的机械臂，接通刮水器系统，观察电动机的运行，如果电动机工作正常，则是机械故障。

具体诊断步骤如图 5-14 所示。

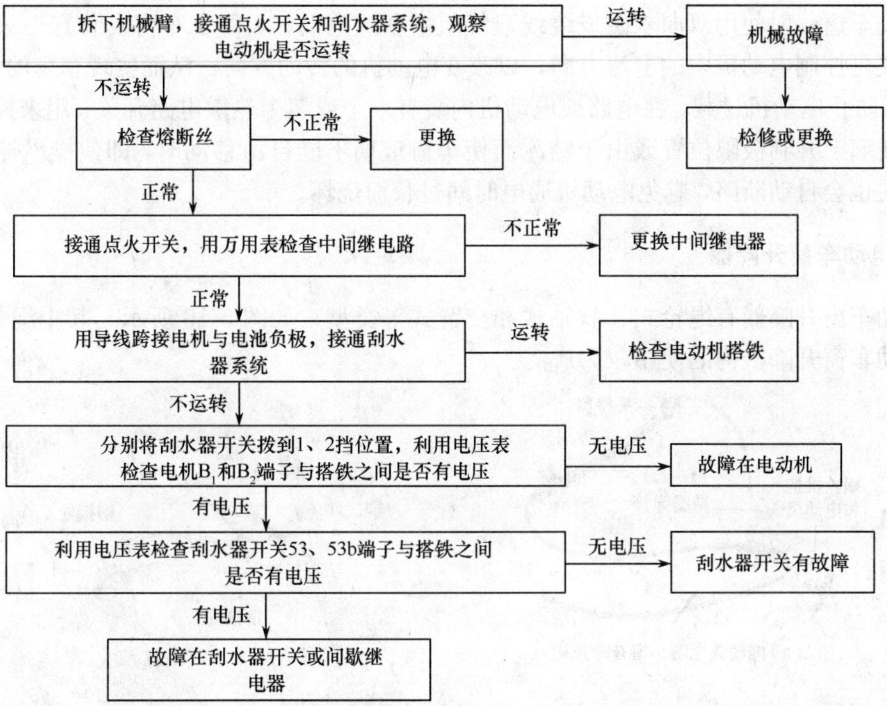

图 5-14　刮水器不工作的诊断步骤

(2) 刮水速度慢或刮水无力。导致刮水器刮水速度缓慢的原因可能是电路方面，也可能是机械方面。电路方面的原因一般是由于接触电阻大，若故障现象为高、低速挡的速度挡都慢，应检查电源至刮水器开关之间的中间继电器、熔断丝和刮水器开关连接线端子插接是否牢固可靠。若电源供电回路正常，则应检查刮水电动机的搭铁回路是否正常，检查方法是将电压表的正表笔接电动机的搭铁端（或电动机壳体），负表笔接到电池负极，电压降不应超过 0.1V，否则应修复电动机搭铁回路。

若电路方面检查正常，则应检查刮水电机的轴承和蜗轮组的润滑情况，刮水片与风窗玻璃间的阻力，连动机构是否卡滞等。

(3) 间歇刮水系统不正常。如果刮水系统在间歇挡位工作不正常，首先应检查间歇继电器的搭铁是否良好，如果搭铁正常，用欧姆表检查继电器至刮水器开关之间的电路，如果连接线路也是良好的，则应更换间歇继电器。

5.2　电动车窗

电动车窗可以使车窗的升降更加方便，操作简单且使用可靠，现代轿车中普遍安装了电动车窗。

5.2.1 电动车窗的组成

电动车窗主要由车窗玻璃、车窗玻璃升降器、电动机和控制开关等组成。

1. 电动机

电动车窗一般使用双向永磁或绕线双绕组串联式电动机，每个车窗安装有一只电动机，通过开关可控制电动机中的电流方向，以改变电动机的转动方向，从而实现车窗的升降。另外，为了防止电动机过载，在电路或电动机内装有一个或多个热敏电路开关，用来控制电流，当车窗玻璃上升到极限位置或由于结冰而使车窗玻璃不能自由移动时，即使操纵控制开关，热敏开关也会自动断路，避免电动机通电时间过长而烧坏。

2. 电动车窗升降器

电动车窗升降器有绳轮式、软轴式和交臂式等类型，如图 5-15 所示，其中绳轮式和交臂式电动车窗升降机构的使用较为广泛。

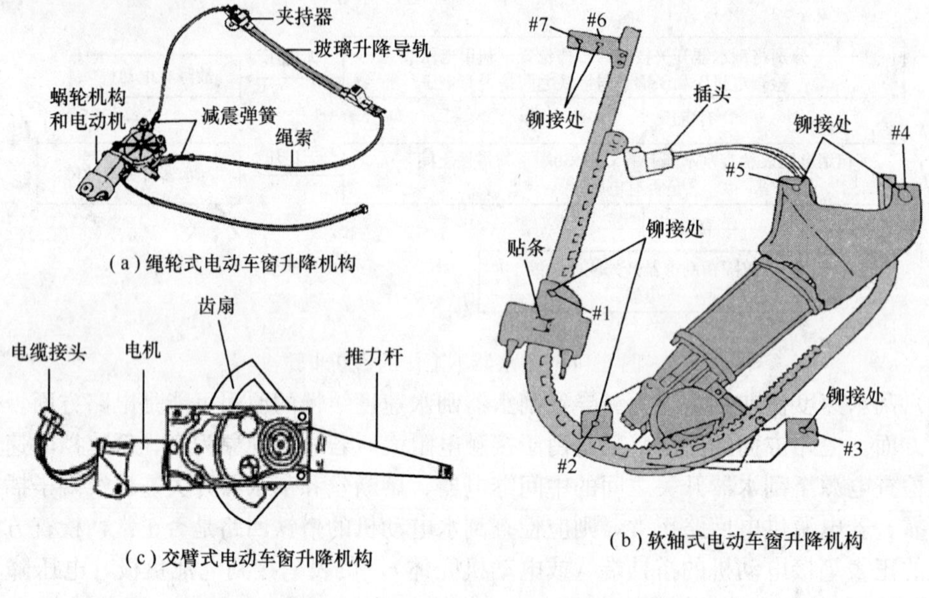

(a) 绳轮式电动车窗升降机构

(b) 软轴式电动车窗升降机构

(c) 交臂式电动车窗升降机构

图 5-15 电动车窗升降机构的形式

3. 电动车窗控制开关

电动车窗的控制开关一般有两套，一套为总开关，装在仪表板或驾驶员侧的车门上，驾驶员可以控制每个车窗玻璃的升降；另一套为分开关，分别安装在每个车窗上，乘客可以对各个车窗进行升降控制，如图 5-16 所示。

图 5-17 所示为四车门电动车窗的控制开关，图 5-18 所示为与之相配套的电动车窗控制电路。控制开关通过电路可以实现手动控制和自动控制。

手动控制是指按着相应的手动按钮，车窗可以上升或下降，若中途松开按钮，则上升或下降的动作立即停止；自动控制是指按下自动按钮，松手后车窗会一直上升至最高或下降至最低。

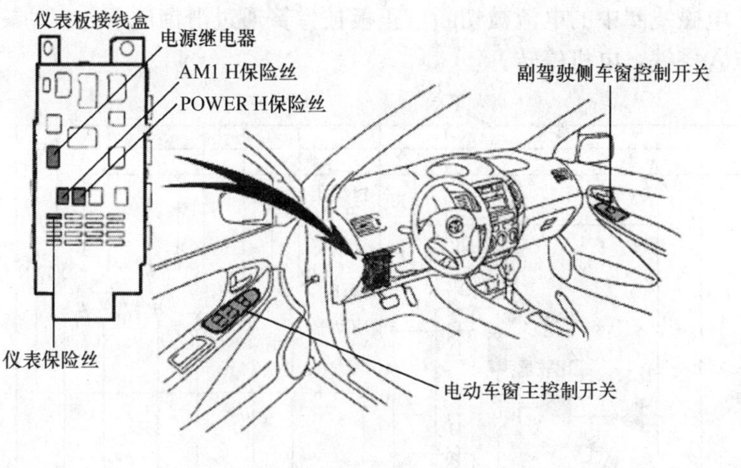

图 5-16 电动车窗开关在车上的布置

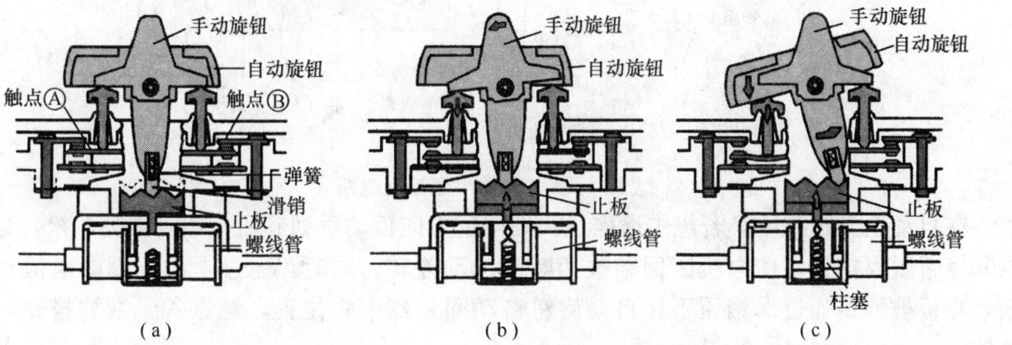

图 5-17 电动车窗控制开关

(1) 手动控制车窗升降。以驾驶员侧的玻璃升降为例，如图 5-17（b）所示，将手动旋钮推向车辆前进方向时，触点Ⓐ与 UP（向上）接点相连，触点Ⓑ处于原来状态，电机按 UP 箭头方向通过电流（如图 5-18 所示），车窗玻璃上升直至关闭，当将手离开旋钮时，开关利用其自身的回复力即回到中立位置；若将手动旋钮推向车辆后方，触点Ⓐ保持原位不动，而触点Ⓑ则与 DOWN（向下）侧相连，电机按 DOWN 箭头所示的方向通过电流，电机反转，以实现车窗玻璃向下移动，直至下降到底。

(2) 自动控制车窗升降。如图 5-17（c）所示，将自动旋钮向前方按下时，触点Ⓐ与 UP 侧相连，电动机按 UP 箭头方向通过电流，车窗玻璃上升；与此同时，检测电阻 R 上的电压降低，此电压加于比较器 1 的一端，它与参考电压 Ref. 1 进行比较，Ref. 1 的电压值设定为相当于电机制动时的电压。在通常情况下，比较器 1 的输出为负电位。比较器 2 的基准电压 Ref. 2 设定为小于比较器 1 的输出正电位，所以比较器 2 的输出电压为正电压，晶体管接通，电磁线圈通过较大的电流，其路径为：蓄电池“+”⟶点火开关⟶UP⟶触点Ⓐ⟶二极管 VD_1⟶电磁线圈⟶三极管⟶二极管 VD_4⟶触点Ⓑ⟶电阻 R⟶搭铁。此电流产生较大的电磁吸力，吸引驱动器开关的柱塞，于是把止板向上顶压，越过止板凸缘的滑销于原来位置被锁定，这时即使把手离开自动旋钮，开关仍会保持原来的状态。

当玻璃上升至终点位置，在电机上有锁止电流流过，检测电阻 R 上的电压降增大，当此电压超过参考电压 Ref. 1 时，比较器 1 的输出由低电位转变为高电位，此时，电容 C 开始充电，当C两端电压上升至超过比较器2的参考电压Ref. 2时，比较器2输出低电位，三极管立即截止，电磁线圈中的电流被切断，止板被弹簧通过滑销压下，自动旋钮自动回复到中立位置，触点Ⓐ搭铁，电机停转。

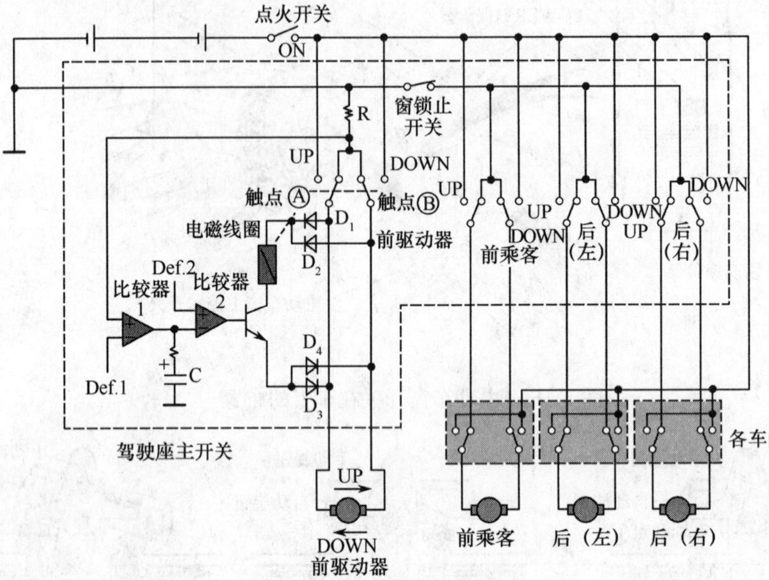

图 5-18　电动车窗控制电路

在自动上升过程中，若想中途停止，则向反方向扳动手动旋钮，然后立刻放松，这样触点Ⓑ短暂脱离搭铁，使电机因回路被切断而自动停转；同时，通过电磁线圈的电流也被切断，止板被弹簧通过滑销压下，自动旋钮自动回复到中立位置，触点Ⓐ、Ⓑ均搭铁，电机停转。

车窗玻璃自动下降的工作情况与上述情况相反，操作时只需将自动旋钮压向车辆后方即可。

5.2.2　电动车窗的控制电路及工作原理

1. 控制电路

图5-19所示为桑塔纳2000轿车电动车窗的控制电路。桑塔纳2000轿车在驾驶室中央通道面板开关盘上有按键开关E_{39}、E_{40}、E_{41}、E_{52}和E_{54}，其中按键开关E_{40}、E_{41}、E_{52}和E_{54}分别控制左前、右前和左后、右后车窗玻璃的升降。两后门又分别单独设置了E_{53}和E_{55}两个按键开关，由乘员单独控制两后车门玻璃的升降。为安全起见，在中央面板上的E_{39}为黄色按键开关，它为安全开关，只要将它按下，则两后门开关E_{53}和E_{55}均不起作用，玻璃升降器无法升降，以避免儿童由于误操作把身体伸出车窗外。V_{14}、V_{15}和V_{26}、V_{27}分别是左前、右前和左后、右后车窗电动机，为永磁直流电动机。

J_{51}为自动继电器，用于控制左前门车窗电动机，实现点动控制。J_{52}为延时继电器，保证在点火开关断开后，使车窗电路延时50秒后再断开，使用方便、安全。

2. 工作原理

接通点火开关，延时继电器J_{52}与C路电源相通，继电器的线圈得电后，常开触点闭合

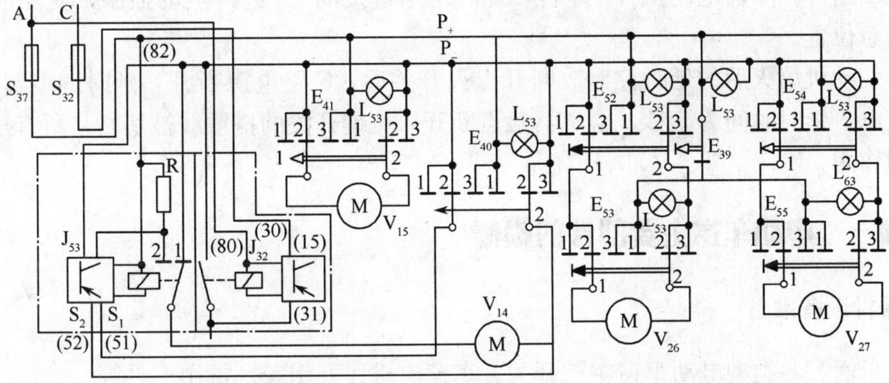

图 5-19 桑塔纳 2000 轿车电动车窗控制电路

搭铁，按键开关内的 P_- 通过该触点搭铁，而 P_+ 通过熔断器 S_{37} 与 A 路电源相通，此时，按动车窗按键开关可使车窗升降。

（1）后车窗玻璃上升。在安全开关 E_{39} 没有被按下情况下，将中央通道面板上 E_{52}（E_{54}）置上升位，控制左后（右后）车门玻璃上升，其电流回路为：A 路电源⟶熔断器 S_{37}⟶P_+⟶E_{52}（E_{54}）⟶左后（右后）车门电动机 V_{26}（V_{27}）⟶E_{53}（E_{55}）⟶P_-⟶J_{52} 触点⟶搭铁。如果分别将左后、右后各自的车窗玻璃按钮 E_{53}（E_{55}）置上升位，此时的电路为：A 路电源⟶熔断器 S_{37}⟶P_+⟶E_{39}⟶E_{53}（E_{55}）⟶左后（右后）车门电动机 V_{26}（V_{27}）⟶E_{53}（E_{55}）⟶E_{52}（E_{54}）⟶P_-⟶J_{52} 触点⟶搭铁。

（2）后车窗玻璃下降。在安全开关 E_{39} 没有被按下情况下，后车窗玻璃下降与上升情况相反，只是电动机反转，带动左后（右后）车门玻璃下降。

（3）前车窗玻璃上升。将中央通道面板上的按键开关 E_{41} 置上升位，控制电动机 V_{15} 正转，带动右前车窗玻璃上升，电流回路为：A 路电源⟶熔断器 S_{32}⟶P+⟶E_{41}⟶车窗电动机 V_{15}⟶E_{41}⟶P_-⟶J_{52} 触点⟶搭铁。

按下中央面板上按键开关 E_{40} 置上升位，P_+、P_- 经 E_{40} 分别接到自动继电器 J_{51} 输入端 S_2 和 S_1，此时，自动继电器 J_{51} 触点 1 闭合，触点 2 断开，车窗电动机 V_{14} 正转，带动左前玻璃上升，电流回路为：A 路电源⟶熔断器 S_{37}⟶P_+⟶E_{40}⟶V_{14}⟶ J_{51} 常闭触点 1⟶P_-⟶ J_{52} 触点⟶搭铁。E_{40} 复位时，电路切断，V_{14} 停转。

（4）车窗玻璃下降。将右前玻璃按键开关 E_{41} 置下降位，电动机 V_{15} 反转，车窗玻璃下降，电流与上升相反。

按下左前玻璃按键 E_{40} 置下降位，P_+、P_- 分别接到自动继电器，经 E_{40} 分别接到自动继电器 J_{51} 输入端 S_2 和 S_1，此时，自动继电器 J_{51} 触点闭合，触点 1 断开，车窗电机电流回路为：A 路电源⟶熔断器 S_{37}⟶P_+⟶取样电阻 R⟶ J_{51} 触点 2⟶V_{14}⟶P_-⟶ J_{52} 触点⟶搭铁，此时，流过电动机 V_{14} 电流的方向与上升相反，玻璃下降。

当按下左前车窗开关 E_{40} 置下降时间≤300ms 时，流过车窗电动机 V_{14} 的电流与正常下降操作相同，车窗玻璃下降。如果在下降期间 E_{40} 上升键不被按下，车窗玻璃一直下降到底，电动机 V_{14} 滞转，此时电枢电流将增大，当电流增至 9A 时，取样电阻 R 上的电压使继电器 J_{51} 动作，使触点又断开，切断电动机通电回路。

（5）点动控制。如果在玻璃下降期间，按下 E_{40} 上升位，继电器 J_{51} 判断为下降操作结束，触点 2 断开，车窗电动机 V_{14} 停转，此时可通过按动 E_{40} 进行点动控制，使左前车窗玻璃停在任意位置。

（6）发动机熄火后的延时控制。断开点火开关后，C 路电源断开，延时继电器 J_{52} 由 A 路电源供电，延时时间为 5 秒，继电器触点断开，按键开关的搭铁线被切断，所有按键开关失去控制作用。

实训一　电动车窗主要部件的检修

1. 器材设备准备

实训车辆、各类型电动车窗主控开关、车窗电机、万用表、常用工具等。

2. 注意事项

（1）不要为节省时间而同时操纵四个车窗的开关。这样会因为电动车窗系统负荷过大而烧坏保险。

（2）不要用力拉压车窗玻璃，否则会使升降机构变形及调节器损坏。

（3）平日在玻璃升降轨道内喷些 WD－40 来润滑玻璃升降轨道。

（4）给橡胶条涂上保养剂，以保持橡胶的韧性，减少干裂情况的发生。

3. 实施步骤

（1）电动车窗总开关的检修。从驾驶员侧装饰板上拆下电动车窗主控开关（图 5-20 所示为凌志 LS400 型轿车电动车窗主控开关及连接器的端子）。将开关拨至上升、下降和关闭状态，用万用表的欧姆挡按表 5-2 检查各状态下各个端子的导通情况，若测得结果与表不相符，说明车窗主开关损坏，应进行更换。

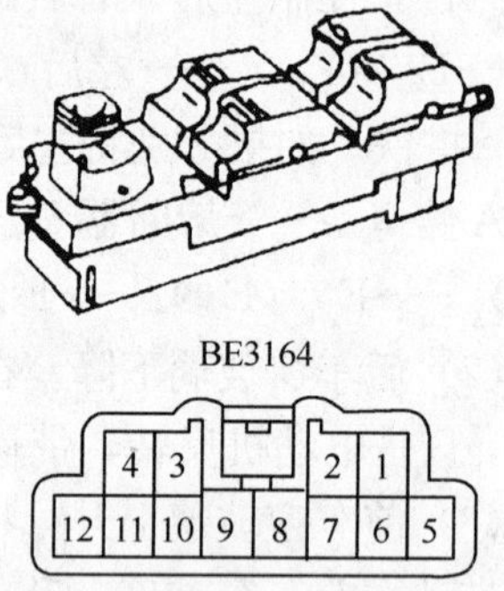

图 5-20　主控开关外形及连接器

表 5-2　主控开关工作情况的检修

检查条件		前								后							
		驾驶员侧				乘客侧				左				右			
开关位置 \ 连接端子		8	4	9	10	8	3	9	7	8	9	6	5	8	9	12	11
车窗未锁	UP		○	○		○	○			○		○		○			○
		○			○			○	○		○		○		○	○	
	OFF	○	○			○	○		○	○		○	○	○		○	○
	DOWN	○	○				○	○			○	○		○		○	
						○			○	○			○		○		○
车窗闭锁	UP		○	○				○	○		○		○		○	○	
		○			○												
	OFF	○	○	○			○		○			○	○			○	○
	DOWN	○	○				○	○			○	○			○		○
				○	○												

（2）电动车窗分开关的检修。如图 5-21 所示，拆下电动车窗分开关后，使开关分别处于上升、下降和关闭状态，用万用表的欧姆挡按表 5-3 检查分开关各状态时各个端子的导通情况。

表 5-3　电动车窗开关工作情况检查

连接端子 / 开关位置	1	5	3	2	4
UP	○	○	○	○	
OFF	○		○	○	○
DOWN		○	○	○	○

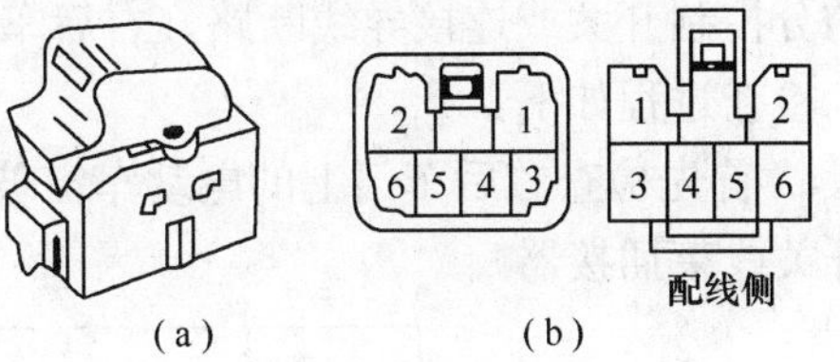

图 5-21　电动车窗开关外形及连接器

（3）车窗电动机的检修。拆下玻璃升降器电动机的线束插头，将蓄电池的正、负极分别接在车窗电动机的两个端子上并互换一次，电动机应能够正转、反转，且转速平稳，否则说明电动机有故障，应进行更换。

检测时应注意：在进行车窗电动机的测试时，若电动机停止转动，要立刻断开端子引线，否则会烧坏电机。

实训二　电动车窗常见故障的诊断

1. 器材设备准备

实训车辆、电动车窗主控开关、车窗电机、万用表、常用工具等。

2. 实施步骤

电动车窗常见的故障现象有：一个车窗只能向一个方向运动；一个车窗在两个方向都不能运动；两个后车窗的分开关不起作用；所有车窗都不能升降或有时不能升降等。诊断电动车窗故障时，可首先在不同方向轻轻摇动玻璃，若玻璃能向所有方向稍微运动，电动机就能使玻璃升降，通过此项检查可缩小检查的范围，之后再对有可能出现故障的部件做进一步的检查。

（1）总控制开关不能控制后车窗。

①故障现象。1993 款凌志 LS400 型轿车总控制开关可以控制左前、右前和右后车窗玻璃的升降动作，但不能控制左后电动车窗玻璃的升降动作。操作分开关时，右前门正常，而右后车门不能控制其车窗玻璃的升降动作，左后车门在电动车窗升起以后不能放下。

②故障原因：

a. 总控制开关中的左后车门控制开关触点烧蚀、断路。

b. 总控制开关至左后车门控制开关间的连接导线断路。

c. 左后车门控制开关触点烧蚀及连接导线断路。

d. 右后车门上的控制开关及连接导线断路。

e. 右后车门上的玻璃升降电动机损坏。

③故障诊断与排除。此车电动车窗玻璃升降控制系统可由驾驶员侧电动车窗总控制开关集中控制，也可由安装在各个车门上的分开关单独控制，因此，四个车门中只要一个车门上的电动车窗玻璃可以用总控制开关或各个车门上的分开关进行控制，说明电动车窗玻璃升降控制系统中的总供电电源线路是正常的。

此外，由故障现象分析可知，四个车门的电动车窗玻璃升降器中的电动机均为良好，因此，出现故障的部位可能是：总控制开关中的左后车门控制开关及连接导线断路，左后车门上的分控制开关或连接导线断路，右后车门上的分控制开关及连接导线断路。

检查过程如下：

a. 首先检查右后车门上的电动车窗玻璃升降控制电路（图 5-22 所示为右后车门升降控制开关线束插接器）。

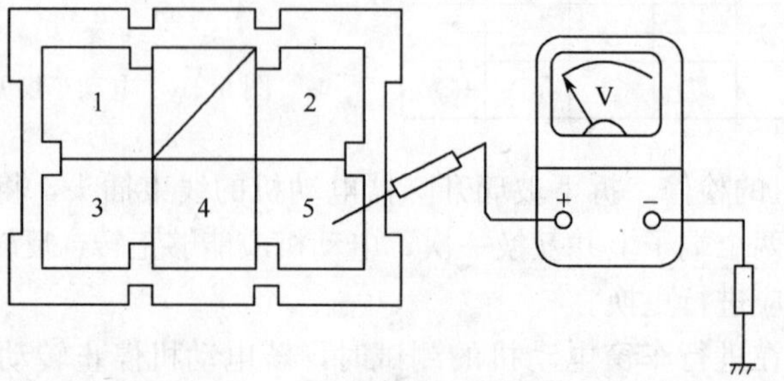

图 5-22 凌志 LS400 轿车右后车门升降控制开关线束插接器

b. 从右后车门内侧拆下车门装饰板及分控制开关，取下线束插接器，使开关分别处于上升、下降和关闭状态，用万用表的欧姆挡检查分开关各状态下各个端子的导通情况，若开关的某两接线柱间不导通，则应更换开关。

c. 将点火开关打开，用万用表的电压挡检查开关线束插接器 5 号端子上的电压，其值应为蓄电池的电压，若电压为 0V，说明右后车门电动车窗升降控制电路中的电源线断路。

d. 用同样的方法检测左后门分控制开关，若控制开关工作性能正常，则取下左后门电动车窗玻璃升降器的电动机线束插接器，直接用蓄电池 12V 的正极接电动机接线端子中的 1 号端子，负极接电动机接线端子中的 2 号端子，检查电动机是否正常转动，升降器运行是否正常，若电动机不能正常运转，则应更换电动机。

上述检查如正常，则故障为升降器总开关至分开关间的连接导线断路。

（2）总控制开关、分开关控制异常

①故障现象。1993 款丰田大霸王多用途车，用总控制开关只能控制左前车门电动车窗玻璃向上升起，不能使其下降；也不能控制右前车门电动车窗玻璃的上升动作，但用右前车门上的控制开关，能控制右前车门电动车窗玻璃的下降动作，而不能使其上升。

②故障原因。图 5-23 所示为丰田大霸王多用途车电动车窗控制电路。由电路图可知：该车的左、右两侧电动车窗玻璃的升降动作可以由总控制开关集中控制，而右前车门电动车窗玻璃的升降动作也可由分控制开关单独控制。但只要有任何一个车门的电动车窗玻璃可以用系统中的总控制开关或者是用右前车门上的控制开关进行控制，则说明电动车窗玻璃升降控制系统中供电电源电路正常。

由上述故障现象可以看出，两车门上电动车窗玻璃升降器中的电动机都是好的，因此出现故障的原因可能为：

a. 总控制开关中的某分开关触点烧蚀或断路。

b. 右侧车门分控制开关触点烧蚀或断路。

c. 总控制开关与分控制开关的连接导线断路。

③诊断与排除。从左前车门内侧拆下车门装饰板及总控制开关，取下线束插接器，使开关分别处于上升、下降和关闭状态，用万用表的欧姆挡检查开关各状态下各个端子的导通情况，如图 5-24 所示，若开关的某两接线柱间不导通，则应更换开关。

用同样的方法检测右前车门分控制开关。若开关正常，则选用一导线，将其一端插入总

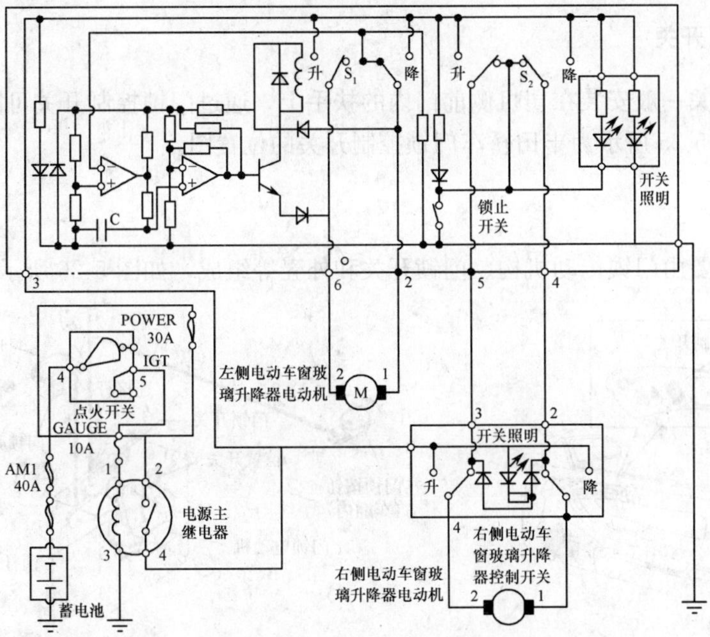

图 5-23　丰田大霸王多用途车电动车窗控制电路

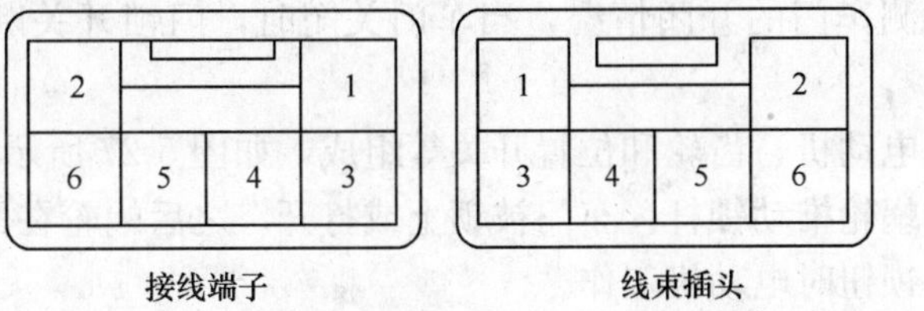

图 5-24　丰田大霸王多用途车电动车窗控制开关接线端子

控制开关线束插头中的 4 号端子，另一端接搭铁，然后将右前门电动车窗玻璃升降控制开关拨向“UP”位置，右前车窗玻璃应上升；再用导线的一端插入总控制开关线束插头中的 5 号端子中，另一端搭铁，将右前车门电动车窗玻璃升降器控制开关拨向“DOWN”位置，则右前车窗玻璃应下降。

若电动车窗玻璃升降器不能正常工作，则故障为总开关与分开关间的连接导线断路。

5.3　中控门锁

为方便司机和乘客开关车门，现在轿车均安装了中央控制门锁系统（中控门锁）。中控门锁可使司机在锁住或打开自己车门的同时，也可锁住或打开其他的车门。除了中控门锁控制外，乘客还可以利用各车门的机械式弹簧锁来开关车门。

5.3.1　中控门锁的组成

中控门锁系统一般由门锁控制开关、钥匙操纵开关、门锁总成、行李箱开启器及门锁控制器等组成。

1. 门锁控制开关

门锁控制开关一般安装在司机侧前门内的扶手上，通过门锁控制开关可同时锁上和打开所有的车门。图 5-25 所示为丰田轿车门锁控制开关的位置图。

2. 门锁总成

门锁总成主要由门锁传动机构、门锁开关和外壳等组成，如图 5-26 所示。

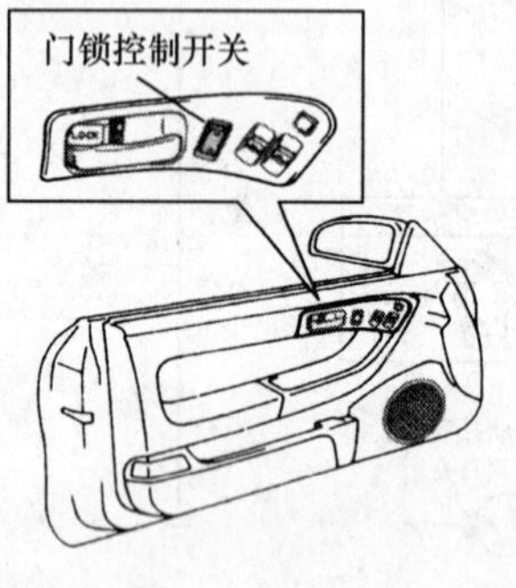

图 5-25 门锁控制开关的位置

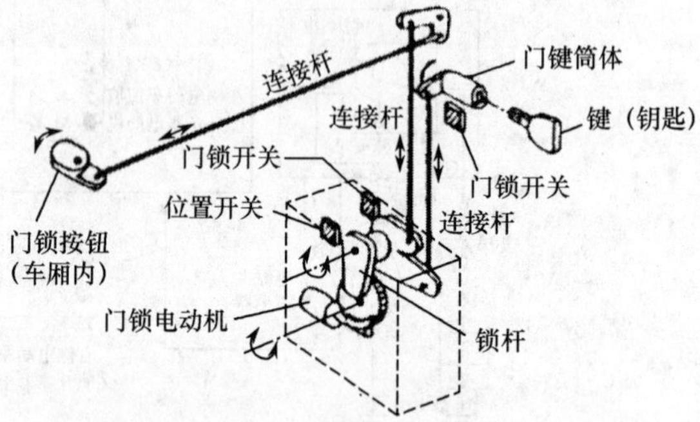

图 5-26 门锁总成

门锁开关用于检测车门的开闭情况，当车门关闭时，门锁开关断开；反之，门锁开关接通。

门锁传动机构由电动机、齿轮和位置开关等组成，如图 5-27 所示。当门锁电机转动时，蜗杆带动蜗轮转动，蜗轮推动锁杆，车门被锁上或打开，之后蜗轮在回位弹簧的作用下返回原位置，防止操纵门锁钮时电动机工作。

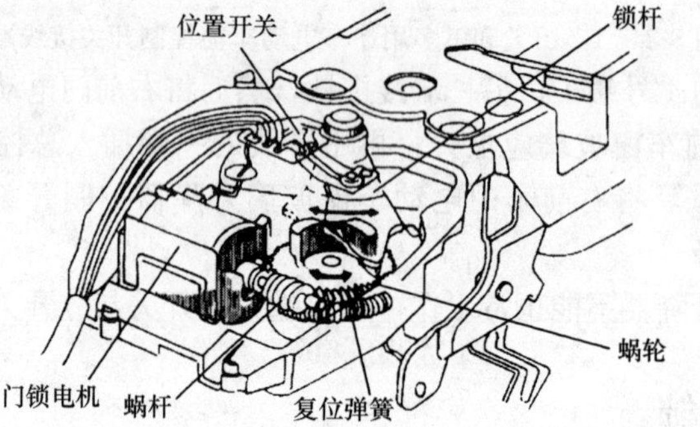

图 5-27 门锁传动机构

门锁位置开关位于门锁总成内，用来检测车门的锁紧状态，它由一个触点片和一个开关底座组成。当锁杆推向锁门位置时，位置开关断开，锁杆推向开门位置时，位置开关接通。即当车门关闭时，此开关断开，当车门打开时，此开关接通。

3. 钥匙操纵开关

钥匙操纵开关装在每个前门的钥匙门上，当从外面用钥匙开门或关门时，钥匙位置开关便发出开门或锁门的信号给门锁控制 ECU 或门锁控制继电器。钥匙操纵开关的位置如图 5-28所示。

4. 行李箱门开启器开关

行李箱门开启器开关位于仪表板下面或驾驶员坐椅左侧车厢底板上，如图 5-29 所示，钥匙门靠近其开启器，推压钥匙门，则断开了行李箱内主开关，此时再拉开启器开关也不能打开行李箱门。将钥匙插进钥匙门内顺时针旋转打开钥匙门后，主开关接通，此时，行李箱门开启器可打开行李箱。

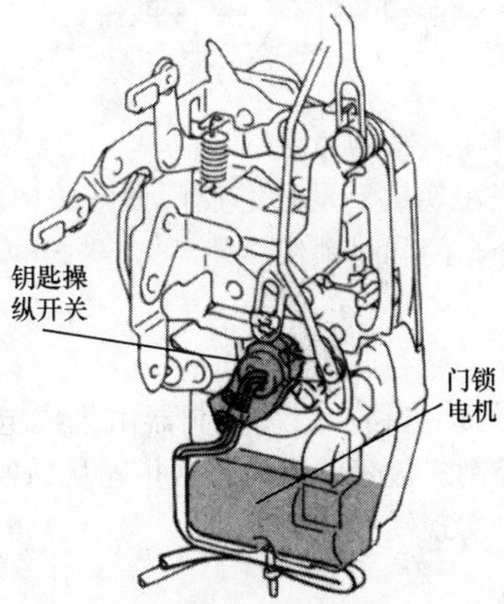

图 5-28　钥匙操纵开关的位置

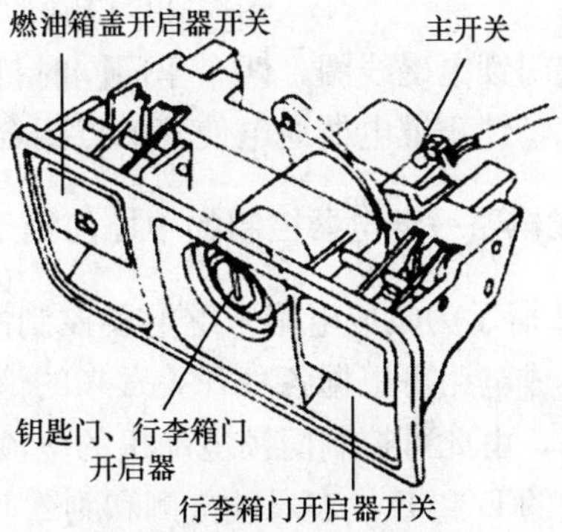

图 5-29　行李箱门开启器开关

5. 行李箱门开启器

行李箱门开启器装在行李箱门上，一般用电磁线圈代替电动机，由轭铁、插棒式铁芯、电磁线圈和支架组成，如图 5-30 所示，当电磁线圈通电时，插棒式铁芯将轴拉入并打开行李箱门。

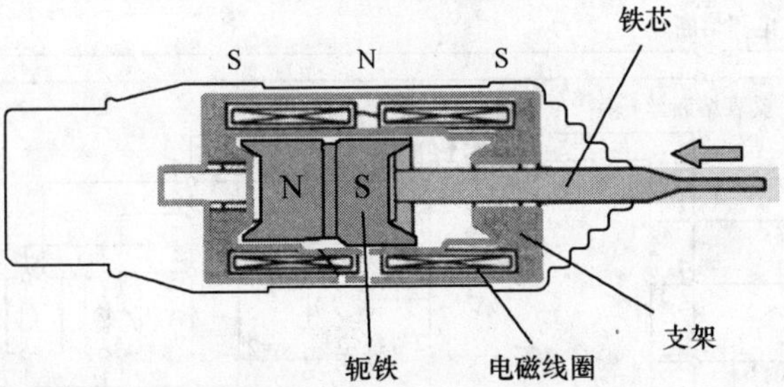

图 5-30　行李箱门开启器

5.3.2　中控门锁控制电路

1. 继电器控制的中控门锁电路

图 5-31 所示为用门锁继电器控制的中控门锁电路。

其工作过程如下：当用钥匙转动锁芯使门锁开关中的“开启”触点闭合时，电流便经过蓄电池的正极、熔断丝、开锁继电器线圈、门锁开关搭铁，开锁继电器开关闭合，电流经门

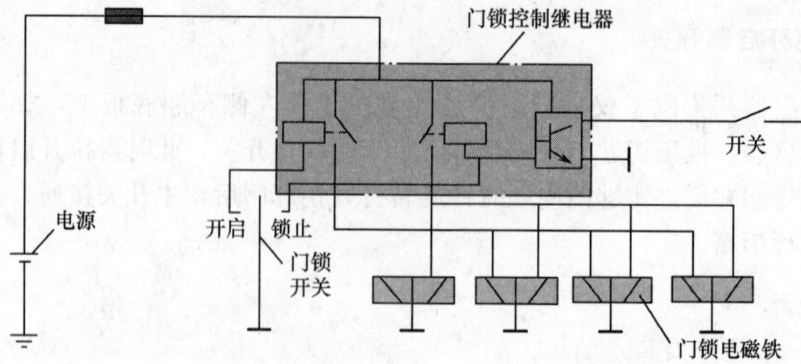

图 5-31 门锁继电器控制的中控门锁电路

锁电动机或门锁电磁线圈，四个车门同时打开；当用钥匙转动锁芯使门锁开关中的“锁止”触点闭合时，锁止继电器通电使其触点闭合，四个车门同时锁住。

2. 集成电路—继电器控制的中控门锁系统

图 5-32 所示为集成电路—继电器控制的中控门锁电路。门锁控制器由集成电路和继电器组成，集成电路可根据各种开关发来的信号，控制三极管的导通与截止，从而控制继电器的工作状态，由此可控制门锁电动机的电流方向，实现锁门和开锁。

电路中的 D 和 P 代表驾驶员侧和副驾驶员侧。

在通常情况下，驾驶员的开锁与锁门有两种方式，一种是当驾驶员进入车内，且车门关闭时，可用门锁控制开关锁门与开锁；另一种是当驾驶员即将离开车辆，且车门关闭时，钥匙操纵开关锁门和开锁。

当用门锁控制开关锁门与开锁时，控制电路的工作过程如下：

（1）锁门。将门锁控制开关推向“锁门”（LOCK）一侧时，门锁继电器的端子 10 通过门锁控制开关接地，使 Tr_1 导通。当 Tr_1 导通时，电流流至 1 号继电器线圈，1 号继电器触点闭合，电流流经门锁电动机，所有车门均被锁住，如图 5-32 所示。

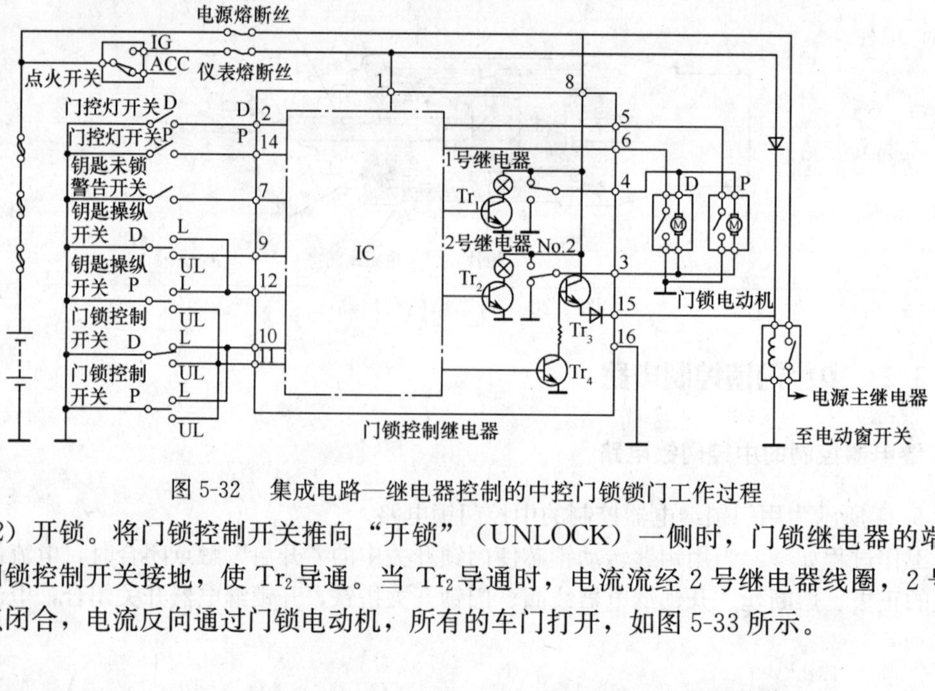

图 5-32 集成电路—继电器控制的中控门锁锁门工作过程

（2）开锁。将门锁控制开关推向“开锁”（UNLOCK）一侧时，门锁继电器的端子 11 通过门锁控制开关接地，使 Tr_2 导通。当 Tr_2 导通时，电流流经 2 号继电器线圈，2 号继电器触点闭合，电流反向通过门锁电动机，所有的车门打开，如图 5-33 所示。

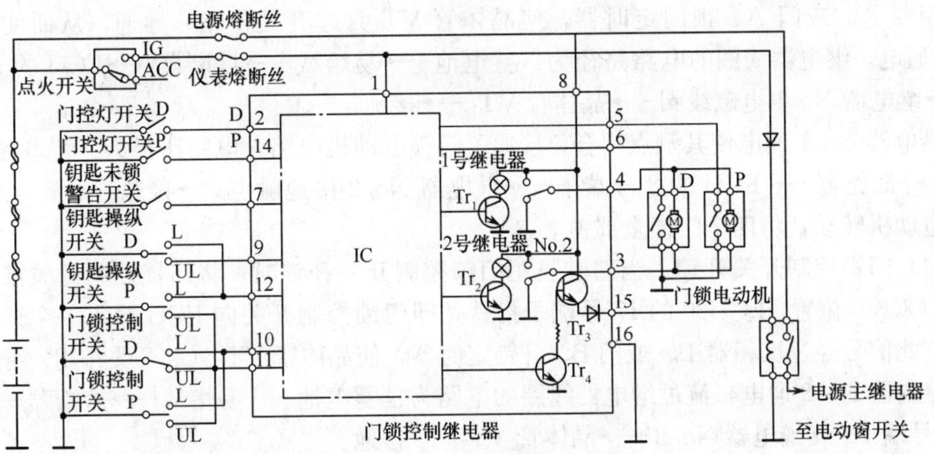

图 5-33　集成电路—继电器控制的中控门锁开锁工作过程

当用钥匙操纵开关锁门和开锁时，控制电路工作过程如下：

（1）锁门。将钥匙操纵开关转向“锁门”（LOCK）一侧时，门锁继电器的端子 12 通过门锁控制开关接地，使 Tr_1 导通。当 Tr_1 导通时，电流流经 1 号继电器线圈，1 号继电器触点闭合，电流流经门锁电动机，所有车门均被锁住。

（2）开锁。将钥匙操纵开关推向“开锁”（UNLOCK）一侧时，门锁继电器的端子 9 通过门锁控制开关接地，使 Tr_2 导通。当 Tr_2 导通时，电流流经 2 号继电器线圈，2 号继电器触点闭合，电流反向通过门锁电动机，所有的车门打开。

3. 电脑（ECU）控制的中控门锁系统

图 5-34 所示为防盗与中控门锁一体的电脑控制电路，其工作过程如下：

（1）钥匙控制开关锁门。当驾驶员用钥匙锁门，门锁的锁芯向锁门方向转动时，钥匙控制开关 16 将锁门侧（L）接通，ECU 端子 13 搭铁，相当于开关向 ECU 输入锁门信号。此信号经过反相器 C、或门 A、锁门定时器，使晶体管 VT_1（起开关作用）导通，继电器 No. 1 通电，电路路径为：蓄电池⟶易熔线⟶熔断器⟶ECU 的 24 号端子⟶继电器 No. 1 的电磁线圈⟶晶体管 VT_1 ⟶接地。

继电器 No. 1 号线圈通电使其触点闭合，接通了门锁电动机电路，电路路径为：蓄电池⟶易熔线⟶断路器⟶ECU 的 8 号端子⟶继电器 No. 1 接通的触点⟶ECU 的 4 号端子⟶门锁电动机⟶ECU 的 3 号端子⟶继电器 No. 2 接地触点⟶接地⟶蓄电池负极。门锁电动机转动，将四个门锁全部锁上。

（2）钥匙控制开关开锁。当驾驶员用钥匙开锁时，锁芯向开锁方向转动，钥匙控制开关向开门（UNLOCK）侧接通，ECU 的 9 号端子接地，即开关向 ECU 输入一个开锁请求信号，此信号经过反相器 D、或门 B、开锁定时器，使晶体管 VT_2 接地。

继电器 No. 2 的线圈通电使其触点闭合，接通了门锁电动机电路，电路路径为：蓄电池⟶易熔线⟶断路器⟶ECU 的 8 号端子⟶继电器 No. 2 接通的触点⟶ECU 的 3 号端子⟶门锁电动机⟶ECU 的 4 号端子⟶继电器 No. 1 接地触点⟶接地⟶蓄电池负极。门锁电动机反向转动全部开锁。

（3）门锁控制开关锁门。当驾驶员用门锁控制开关锁门时，门锁控制开关推向锁门

（LOCK）位置，ECU 的 16 号端子接地，即开关向 ECU 输入一个锁门请求信号。此信号经过反相器 A、或门 A、锁门定时器，使晶体管 VT_1（起开关作用）导通，从而使继电器 No. 1 通电。继电器线圈的电路路径为：蓄电池⟶易熔线⟶熔断器⟶ECU 的 24 号端子⟶继电器 No. 1 电磁线圈⟶晶体管 VT_1⟶接地。

继电器 No. 1 通电使其触点闭合，接通了门锁电动机电路，电路路径为：蓄电池⟶易熔线⟶断路器⟶ECU 的 8 号端子⟶继电器 No. 2 接地触点⟶接地⟶蓄电池负极。门锁电动机转动，将四个门锁全部锁上。

（4）门锁控制开关开锁。当驾驶员用门锁控制开关开锁时，将门锁控制开关推向开锁（UNLOCK）位置，ECU20 的 17 号端子搭铁，即门锁控制开关向 ECU 输入一个开锁请求信号。此信号经过反相器 B、或门 B、开锁定时器，使晶体管 VT_2（起开关作用）导通，从而使继电器 No. 2 通电，流过继电器线圈的电路为：蓄电池⟶易熔线⟶熔断器⟶ECU 的 24 号端子⟶继电器 No. 2⟶晶体管 VT_2⟶接地。

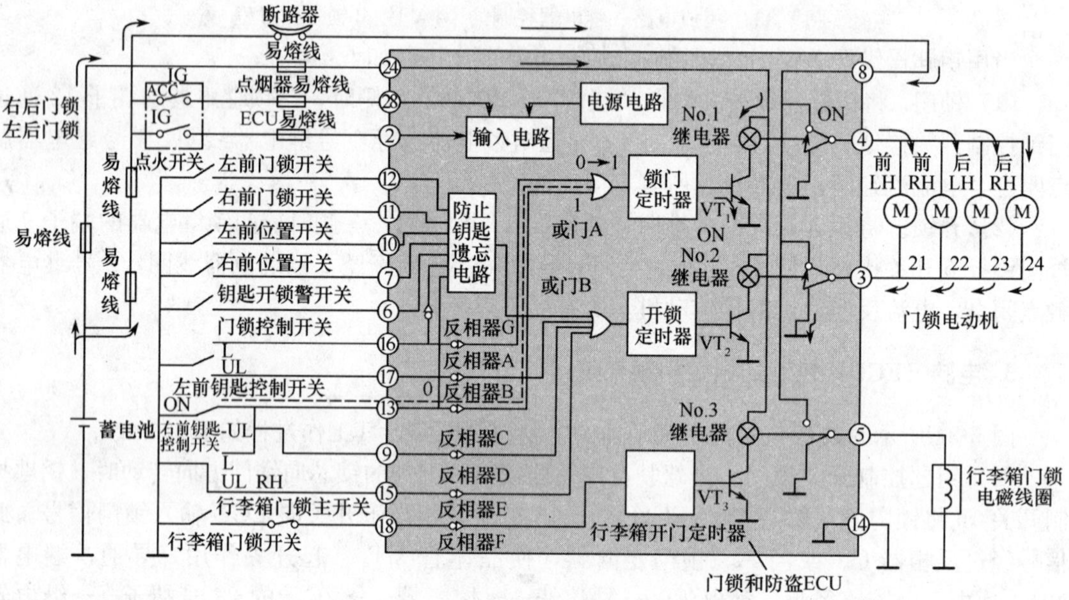

图 5-34 汽车中控门锁电脑控制电路

继电器 No. 2 通电使其触点闭合，接通了门锁电动机电路，电路路径为：蓄电池⟶易熔线⟶断路器⟶ECU 的 8 号端子⟶继电器 No. 2 接通的触点⟶ECU 的 3 号端子⟶门锁电动机⟶ECU 的 4 号端子⟶继电器 No. 1 接地触点⟶接地⟶蓄电池负极。门锁电动机反向转动，将四个门锁全部开锁。

（5）行李箱门锁的控制。当行李箱门锁主开关和行李箱门锁开关接通时，ECU 的 18 号端子接地，即向 ECU 输入一个行李箱开锁请求信号。此信号经过反相器 F 和行李箱开锁定时器，使晶体管 VT_3（起开关作用）导通，从而使继电器 No. 3 电磁线圈通电。通过继电器线圈的电流路径为：蓄电池⟶易熔线⟶熔断器⟶ECU 的 24 号端子⟶继电器 No. 3 的电磁线圈⟶晶体管 VT_3⟶接地。

继电器 No. 3 的线圈通电使其触点闭合，接通了行李箱门锁电磁线圈的电路，电流路径为：蓄电池⟶易熔线⟶断路器⟶ECU 的 8 号端子⟶继电器 No. 3 接通的触点⟶ECU 的 5 号端子⟶行李箱门锁电磁线圈⟶接地⟶蓄电池负极，从而使行李箱门锁打开。

(6) 点火钥匙遗忘功能。若驾驶员未从点火开关中拔出点火钥匙便打开前车门，准备离开，由于前车门打开和点火钥匙未拔出，门锁开关和钥匙警告开关均保持接通状态，并将信号送给 ECU 的防止钥匙遗忘电路，此时，当按下门锁按钮（或门锁控制开关）锁门时，门立刻被锁上，但位置开关（或门锁控制开关）经 ECU 的 10 号（或 16 号）端子，将此信号送给防止钥匙遗忘电路，再经反向器 D 或门 B、开锁定时器到晶体管 VT_2，使 VT_2 导通，继电器 No. 2 电磁线圈通电，因而使所有门锁开锁。

4. 车速感应式中控门锁

车速感应式中控门锁是指当车速超过 10km/h（针对不同车辆该数值有所差异）时，除驾驶座侧车门以外，其他三个车门锁扣会自动扣住，以确保行车安全。

图 5-35 所示为车速感应式中控电动门锁电路。若钥匙开关打开，IC 继电器闭合，车门警报灯即点亮。当车速小于 10km/h 时，装在车速表内的车速开关“接通”，电流经稳定电路到车速开关搭铁，Tr_1 无基极电流，故 Tr_1 “切断”，电动门锁不产生作用；当车速大于 10km/h 时，车速开关“断开”，电流由稳定电路流到 Tr_1 的基极，使 Tr_1 “接通”，门锁动作。当锁扣扣下后，警报灯熄灭。

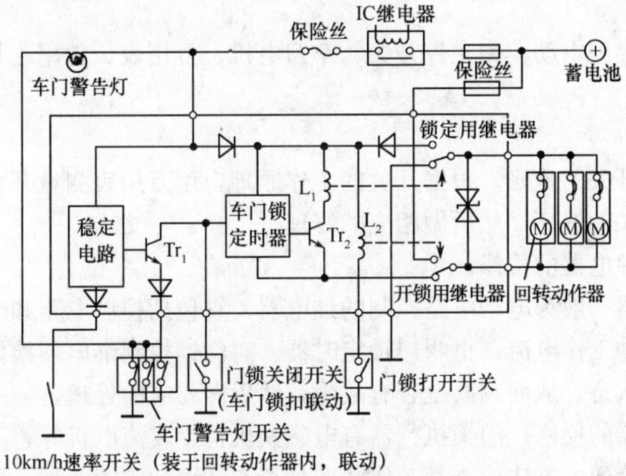

图 5-35　车速感应式中控电动门锁电路图

5.3.3 遥控门锁系统

为了便于操作，很多汽车的中控门锁系统均配备了遥控发射器来控制车门的开与锁、行李箱门的开与锁以及灯光、喇叭的控制等，极大地方便了驾驶员。车门锁是车身上被操作最多的部件之一，也是车身舒适性得以实现最基本的一环，但从防盗和安全的角度来讲，车门和车门锁更要坚固，遥控门锁系统使正常开启和非法侵入的操作途径分离开来，合法使用者可通过射频遥控进行操作享受它的便捷和舒适，而非法侵入者却只能面对坚固的机械机构束手无策。

遥控门锁的基本原理是通过遥控门锁的发射器发出微弱电波，此电波由汽车天线接收后送至中控门锁系统中的 ECU 进行识别对比，若识别对比后的代码一致，ECU 把信号送至执行器来完成相应的动作。工作过程如图 5-36 所示。

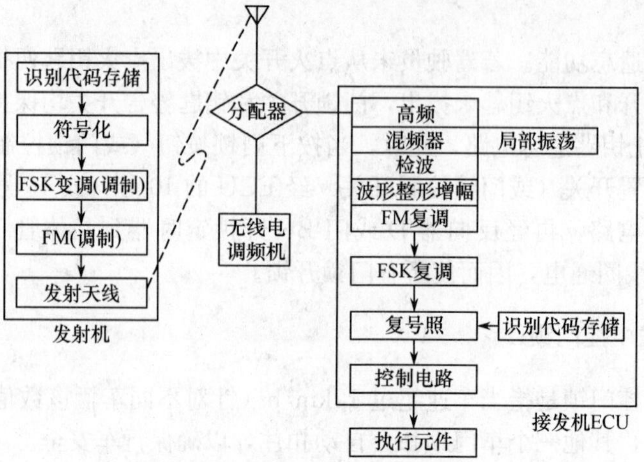

图 5-36 遥控门锁工作示意图

实训一 中控门锁主要部件的检修

1. 器材设备准备

实训车辆、各类型电动车窗主控开关、车窗电机、万用表、常用工具等。

2. 操作步骤

（1）门锁控制开关的检修。根据开关的工作原理，用万用表测量开关在不同位置时的工作状态，以判断开关的好坏，然后做相应的修理。

（2）门锁控制继电器的检修。

门锁控制继电器一般为电子电路控制的继电器，它包括控制电路和继电器两个部分，为门锁执行器提供脉冲工作电流，也叫门锁定时器。对门锁控制继电器检修时，可根据其工作原理，测量其输出状态，从而判断是否有故障，然后做相应的处理。

（3）门锁执行器的检修。门锁执行器有电磁铁机构、直流电机等，不论是哪种类型的执行器，都可以用直接通电方法检查其工作状态是否有开锁和闭锁两种，判断其是否损坏。

（4）门锁控制 ECU 电源电路的检修。门锁控制 ECU 电源电路如图 5-37 所示，电路为防盗和门锁控制 ECU 提供工作电源。当门锁控制 ECU 电源电路有故障时，其检查步骤如下：

①检查 DOME 熔断器。从 2 号接线盒上拆下 DOME 熔断器，检查 DOME 熔断器是否导通，若不通，检查所有接至 DOME 熔断器的配线和元件是否短路；若导通，继续下一步检查。

②检查门锁控制 ECU 插接器的端子 DOME 与 E 之间的电压。拆下后备箱左侧盖板，拆下门锁控制 ECU，测量门锁控制 ECU 插接器的端子 DOME 与 E 之间的电压，其标准值应为蓄电池电压。

③检查门锁 ECU 与车身接地之间的配线和插接器是否正常，如不正常，应修理或更换配线或插接器。

（5）执行器电源电路的检修。执行器电源电路如图 5-38 所示，其功能是为门锁电机和后备箱盖开启器电磁线圈提供电源。

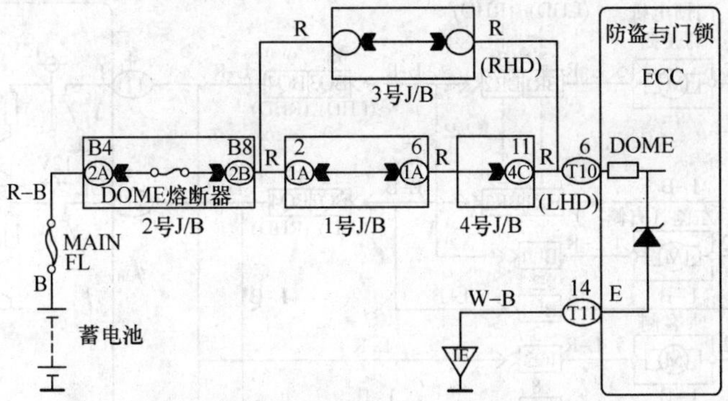

图 5-37　门锁控制 ECU 电源电路

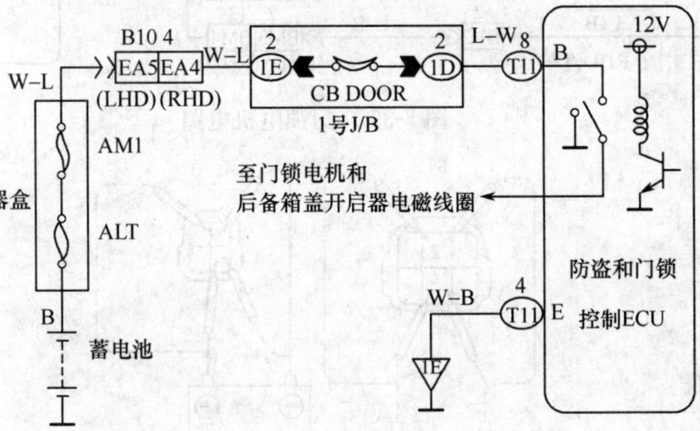

图 5-38　门锁控制执行器电源电路

当执行器电源电路有故障时，其检查步骤如下：

①检查 DOOR 电路断路器。从 1 号接线盒上拆下 DOOR 断路器，检查 DOOR 断路器是否导通，若不通，检查所有接至 DOOR 断路器的配线和元件是否短路。因为电源是通过 ECU（继电器）加到执行器（门锁电机、后备箱盖开启器电磁线圈）上的，因此若在执行器电路中发生配线或执行器短路，则断路器可能会断开，故也应检查执行器，若正常，继续下一步检查。

②检查门锁控制 ECU 插接器端子 B 与车身接地之间的电压。脱开门锁控制 ECU 的插接器，测量门锁控制 ECU 插接器的端子 B 与 E 之间的电压，其标准值为蓄电池电压，若不正常，检查和修理门锁控制 ECU 与蓄电池之间的配线和插接器。

（6）门锁电机电路的检查。门锁电机根据门锁控制 ECU 的信号锁住和打开车门，门锁电机电路如图 5-39 所示。当门锁电机电路有故障时，其检查步骤如下：

①检查门锁电机的运转声。当门锁控制开关按到锁住或打开位置时，能听到门锁电机的运转声，若正常，修理或更换门锁控制熔断器。

②检查门锁电机的工作状态。拆下车门内饰，脱开门锁电机插接器，检测电机工作状态，如图 5-40 所示。

检查锁住状态的方法为：将蓄电池正极与门锁电机插接器的端子 5（前）和 4（后）连接，负极与端子 2 连接，正常状态应为门锁电机锁住车门。检查打开状态的方法为：将蓄电池正极与门锁电机插接器的端子 2 连接，负极与端子 5（前）和 4（后）连接，正常状态应为门锁电机打开车门。必须注意，此项检查应在 2s 内完成。

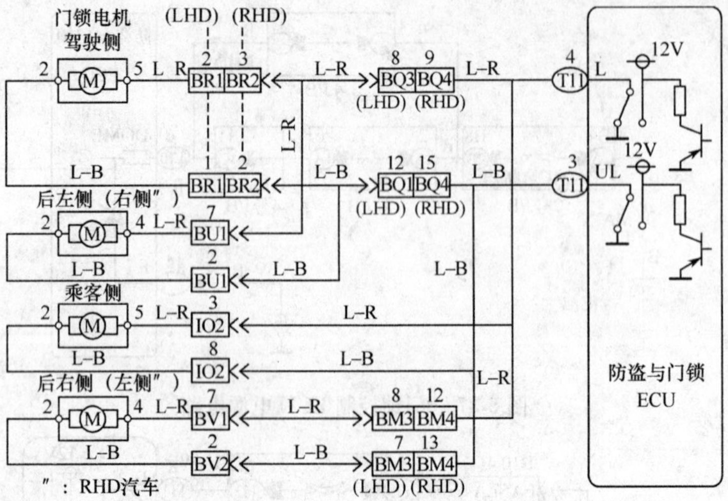

图 5-39　门锁电机电路

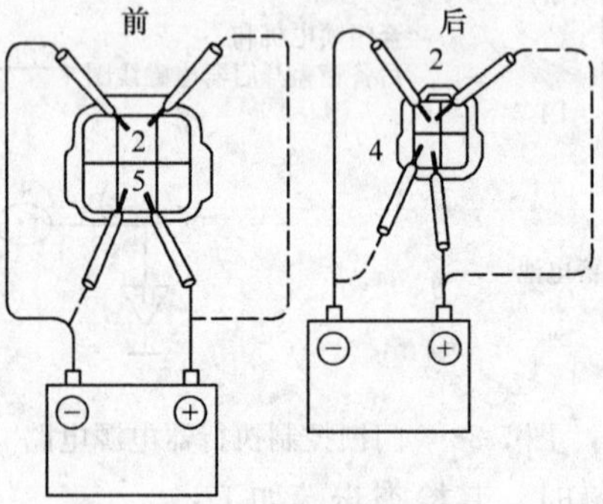

图 5-40　检测电机工作状态

若状态不正常，更换门锁电机。

③检查门锁控制 ECU 与门锁电机之间的配线和插接器，若不正常，应修理或更换配线或插接器。

实训二　中控门锁常见故障的诊断与排除

1. 器材设备准备

实训车辆、各类型电动车窗主控开关、车窗电机、万用表、常用工具等。

2. 操作步骤

中央控制电动门锁系统的常见故障有：操作门锁控制开关，所有门锁均不动作；操作门锁控制开关，不能开门（或锁门）；操作门锁控制开关，个别车门锁不能动作；速度控制失灵（如果有速度控制）。

（1）操作门锁控制开关，所有门锁均不动作。此故障一般出现在电源电路中。首先检查熔断器是否熔断，熔断器熔断应予更换；若更换熔断器后又立即熔断，说明电源与门锁执行器之间的线路有搭铁或短路故障，用万用表查找出搭铁部位，予以排除。若熔断器良好，检查线路接头是否松脱，搭铁是否可靠，导线是否折断，可在门锁控制开关电源接线柱和定时器或门锁继电器电源接线柱上测量该处的电压，判断输入电动门锁系统的电源线路是否良好。

（2）操作门锁控制开关，不能开门（或锁门）。此故障是因为开门（或锁门）继电器、门锁控制开关损坏所至，可能是继电器线圈烧断、触点接触不良、开关触头烧坏或导线接头松脱。

（3）操作门锁控制开关，个别车门锁不能动作。此故障仅出在相应车门上，可能是连接线路断路或松脱，门锁电机（或电磁铁式执行器）损坏，门锁连杆操纵机构损坏等。

（4）速度控制失灵。当车速高于规定车速时，门锁不能自动锁定。此故障是由于车速传感器损坏或车速控制电路出现故障所至。首先应检查电路中各接头是否接触良好，搭铁是否良好，电源线路是否有故障；然后检查车速传感器，车速传感器的检查可采用试验的方法进行，也可采用代换法，即以新传感器代换被检传感器，若故障消除，说明旧传感器损坏，若故障仍存在，则应进一步检查速度控制电路中各元件是否损坏。

在此以凌志 LS400 为例介绍中央控制电动门锁的故障诊断方法。

凌志 LS400 中央控制电动门锁的故障诊断见表 5-4。当电动门锁产生故障时，可根据故障诊断表中所列编号顺序，依次检查每个零部件及其控制电路，逐渐排除。若在任何电路中没有出现不正常，而故障仍然存在，最后应检查和更换防盗和门锁控制 ECU（门锁控制继电器）。

表 5-4　凌志 LS400 中央控制电动门锁的故障诊断表

故障现象 / 怀疑部位	门锁控制系统无动作功能	用门锁控制开、关和钥匙操纵开、关，所有车门或部分车门不能锁住或打开	用门锁控制开关时车门不能锁住或打开（用钥匙操纵开关锁门和开门正常）	用钥匙操纵开关时车门不能锁住或打开（用门锁控制开关锁门或开门正常）	不执行钥匙禁闭预防功能	不执行后备箱盖开启器功能	即使钥匙插入点火开关锁芯内并拨到 ACC 位置，门锁控制系统的安全功能未消除
ECU 电源电路	1						
执行器电源电路	2						
门锁电机电路	4	1					
后备箱盖开启器电磁线圈电路	3					2	
门锁控制开关电路			1				
钥匙操纵开关电路				1			
钥匙未锁警告开关电路					1		
位置开关电路（前）					2		
后备箱盖开启器主开关和开启器开关电路						1	
门锁开关电路					3		
门控灯开关电路					3		
点火开关电路							1
防盗系统和门锁控制 ECU（门锁控制继电器）	5	2			4	3	2

5.4 电动坐椅

汽车坐椅为驾驶员提供便于操作、舒适而安全的驾驶位置，为乘员提供不易疲劳、舒适而又安全的乘坐位置。为了满足不同乘客的乘坐位置，现代汽车坐椅已增加了位置自动调节、加热、立体音响、精神恢复、强身健体等功能，随着电动坐椅功能的增加，其类型也在不断增多。如按照调节方式的不同可分为手动调节式和动力调节式。其中动力调节按照动力源的不同又分为真空式、液压式和电动式三种，电动坐椅因操作方便，结构简单而被广泛使用。

按照坐椅电机的数目和调节方向数目的不同，电动坐椅又有两向、四向、六向、八向和多向可调等。

5.4.1 普通电动坐椅

普通的电动坐椅由坐椅开关、若干个双向电动机、传动装置及控制电路等组成，能实现包括前后滑动调节①、前后垂直位置调节②③、靠背位置调节④、头枕高度调节⑤、头枕前后调节⑦、腰部支撑调节⑥等位置的调节，如图 5-41 所示。各调节装置在坐椅上的位置如图 5-42 所示。

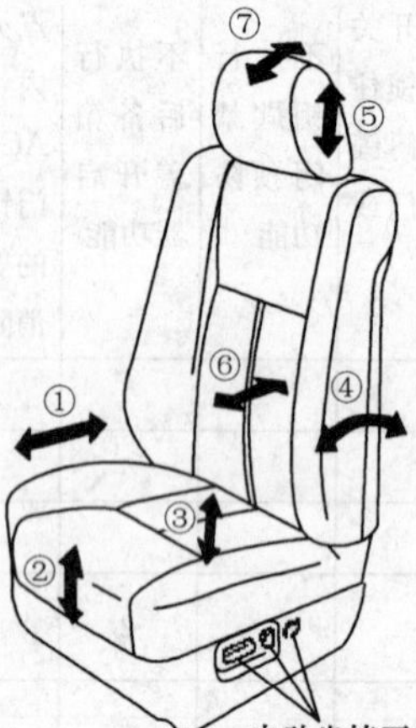

图 5-41 电动坐椅的基本结构

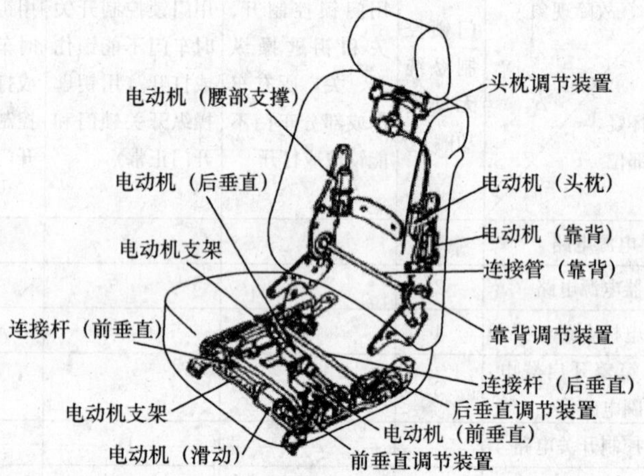

图 5-42 各调节装置在坐椅上的位置

1. 电动坐椅开关

电动坐椅开关主要有 3 种：滑动与垂直调节开关、靠背与头枕调节开关、腰部支撑调节开关，如图 5-43 所示。

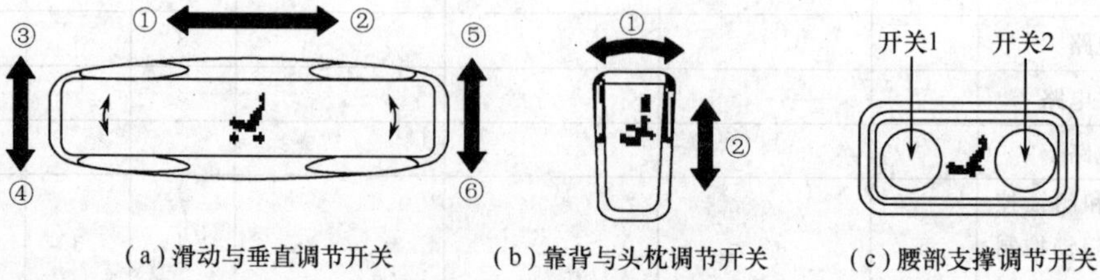

(a) 滑动与垂直调节开关　(b) 靠背与头枕调节开关　(c) 腰部支撑调节开关

图 5-43 电动坐椅开关

2. 电动机

电动坐椅中使用的电动机一般为永磁式双向直流电动机，可通过控制开关来改变流经电机内部的电流方向，从而实现转动方向的改变。

3. 传动装置

电动坐椅的传动装置主要包括变速器、联轴节、软轴及齿轮传动机构等。电动机轴与软轴相连，软轴再和变速器的输入轴相连，动力经过变速器降速增矩以后，从变速器的输出轴输出，变速器的输出轴与蜗杆轴或齿轮轴相连，最终蜗轮蜗杆或齿轮齿条带动坐椅支架产生位移，从而实现不同位置的调节。

4. 控制电路

如图 5-44 所示，当电动坐椅的开关处于倾斜位置时，如果要调整靠背向前倾斜，则闭合倾斜电机的前进方向开关，即端子 4 置于左位时。此时的电流路径为：蓄电池正极⟶FLALT⟶FLAM1⟶DOOR CB⟶端子 14⟶（倾斜开关“前”）⟶端子 4⟶1（2）端子⟶倾斜电动机⟶2（1）端子⟶端子3⟶端子 13⟶搭铁，此时坐椅靠背前移。

端子 3 置于右位时，倾斜电动机反转，坐椅靠背后移。此时的电流路径为：蓄电池正极⟶FLALT⟶FLAM1⟶DOOR CB⟶端子 14⟶（倾斜开关“后”）⟶端子 3⟶2（1）端子⟶倾斜电动机⟶1（2）端子⟶端子 4⟶端子 13⟶搭铁。

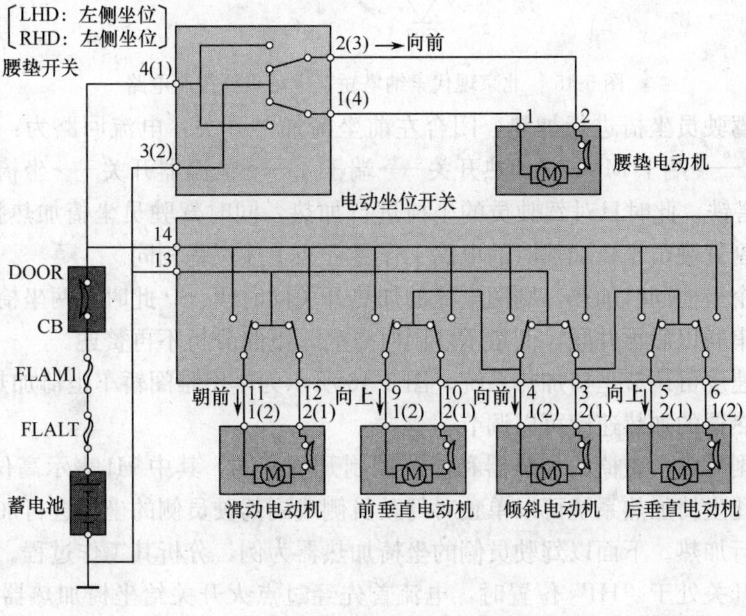

图 5-44　电动坐椅的控制电路

5. 坐椅加热系统

为改善驾驶员和乘客的乘坐环境，在一些轿车上设置了坐椅加热系统。汽车上的坐椅加热系统可分为加热速度可调和不可调式。

（1）加热速度不可调式坐椅加热系统。图 5-45 所示为北京现代索纳塔轿车坐椅控制电路。此电路可以对驾驶员和副驾驶坐椅同时进行加热，也可以分别加热，其中坐椅加热线圈和靠背加热线圈是串联连接的。其工作过程如下：

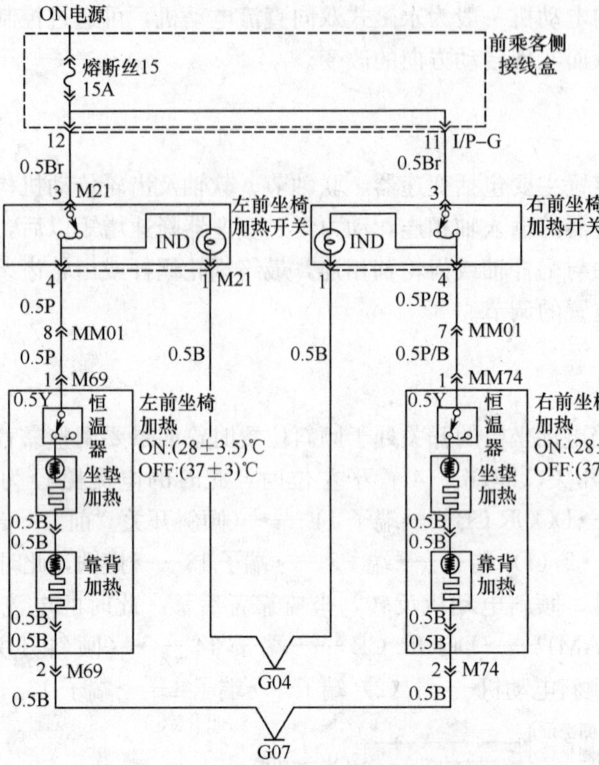

图 5-45 北京现代索纳塔轿车电动坐椅控制电路

若只需对驾驶员坐椅进行加热，闭合左前坐椅加热开关，电流回路为：电源⟶熔丝15⟶端子 12⟶端子 M_{21}⟶加热开关⟶端子 4⟶恒温器开关⟶坐椅加热丝⟶靠背加热丝⟶搭铁，此时只对驾驶员的坐椅进行加热，同时驾驶员坐椅加热指示灯（IND）点亮。单独对副驾驶员坐椅加热时的电路工作过程与上述过程相同。

若要对两个坐椅同时加热，则两坐椅的加热开关同时闭合，此时，两坐椅的坐椅加热丝和靠背加热丝串联以后再并联，两指示灯同时点亮，电路分析不再赘述。

（2）加热速度可调节坐椅加热系统。图 5-46 所示为本田雅阁轿车坐椅加热器控制电路，此电路坐椅加热器的加热速度可以调节。

驾驶员和副驾驶员坐椅的加热器和加热控制开关相同，其中 HI 表示高位加热，LO 表示低位加热。此坐椅加热系统可以单独对驾驶员侧或副驾驶员侧的坐椅进行加热，也可以同时对两座椅进行加热。下面以驾驶员侧的坐椅加热器为例，分析其工作过程。

当加热器开关处于“HI”位置时，电流首先经过点火开关给坐椅加热器的继电器线圈通电，线圈产生磁场使继电器开关闭合，此时加热器的电流回路为：蓄电池“+”⟶保险丝⟶继电器开关⟶加热器开关端子 5；然后电流分为三个支路：一路经指示灯⟶继电器端子 4⟶搭铁，指示灯点亮；另一路经加热器开关端子 6⟶加热器端子 A_1⟶节温器⟶断路器⟶靠背线圈⟶搭铁；第三路经加热器开关端子 6⟶加热器端子 A_1⟶节温器⟶断路器⟶坐垫线圈⟶加热器端子 A_2⟶加热器开关端子 3⟶加热器端子开关 4⟶搭铁。此时靠背线圈和坐垫线圈并联加热，加热速度较快。

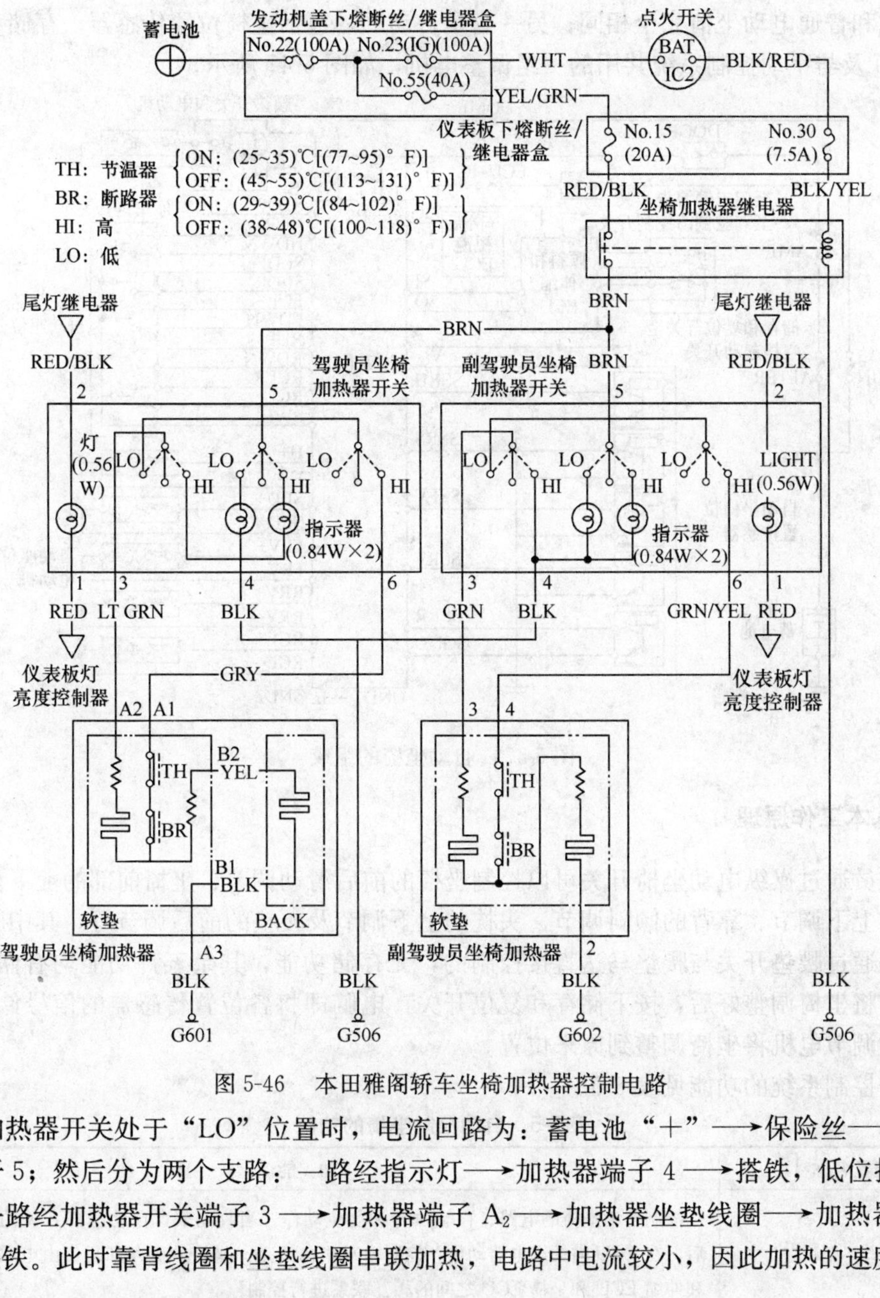

图 5-46　本田雅阁轿车坐椅加热器控制电路

当加热器开关处于“LO”位置时，电流回路为：蓄电池“+”──→保险丝──→继电器开关端子 5；然后分为两个支路：一路经指示灯──→加热器端子 4 ──→搭铁，低位指示灯点亮；另一路经加热器开关端子 3 ──→加热器端子 A_2──→加热器坐垫线圈──→加热器靠背线圈──→搭铁。此时靠背线圈和坐垫线圈串联加热，电路中电流较小，因此加热的速度较慢。

5.4.2　汽车自动坐椅

自动坐椅是在普通电动坐椅的基础上增加了一套具有存储记忆功能的电子控制系统。电子控制系统中可以存储不同驾驶员或乘客的坐椅位置，不同的驾驶员或乘客可以通过一个按钮调出自己的坐椅位置，使得坐椅的调整更加方便快捷。

1. 自动坐椅的组成

自动坐椅的电子控制系统有两套控制装置，一套是手动的，包括坐椅开关和一组坐椅位置调整电机等，司机或乘客可以根据自身需要通过相应的坐椅开关和腰垫开关来调整，它的控制方式和普通电动坐椅完全相同；另一套是自动的，包括坐椅位置传感器、存储和复位开关、ECU及与手动控制系统共用的一组调整电机，如图 5-47 所示。

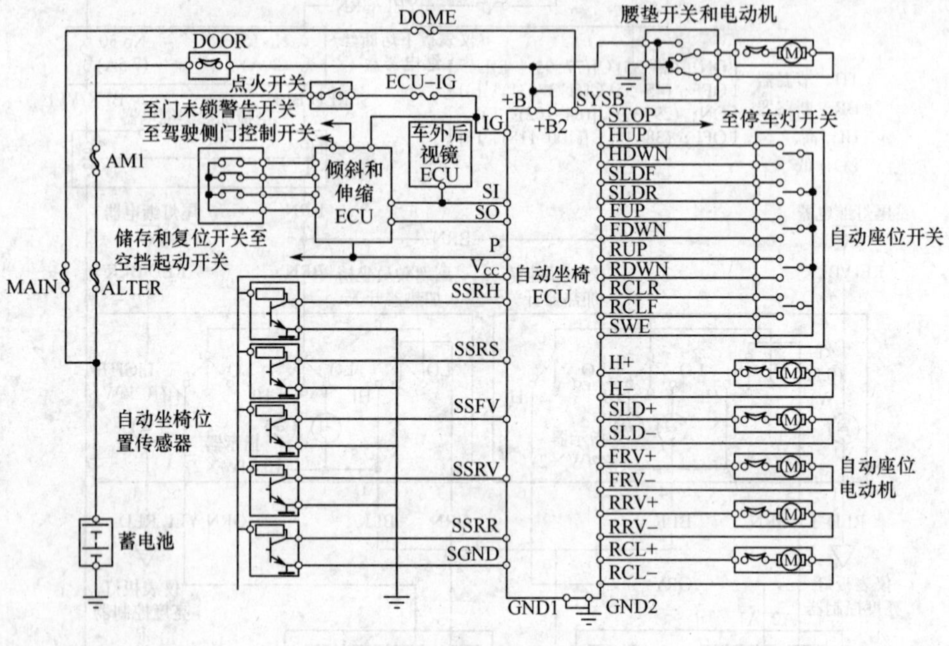

图 5-47 自动坐椅的组成

2. 基本工作原理

驾驶员通过操纵电动坐椅开关可以控制坐椅的前后滑动调节、坐椅前部的上下调节、坐椅后部的上下调节、靠背的倾斜调节、头枕的上下调节及腰垫的前后调节等。其中腰垫的前后调节是通过腰垫开关与腰垫马达直接控制的，无存储功能，其余五种功能均有储存功能。当驾驶员将坐椅调整好后，按下储存和复位开关，电脑即将各位置传感器的信号储存起来，以便驱动调节电机将坐椅调整到原来位置。

电子控制系统的功能见表 5-5。

表 5-5 自动控制坐椅的功能

装置名称	功 能
ECU	控制自动坐椅的电路、存储执行和复位动作。当收到来自自动坐椅开关的输入信号后，在ECU内的继电器动作，控制自动坐椅运动。坐椅的储存和复位由电驱动的倾斜和伸缩ECU和坐椅ECU之间的相互联系进行控制
自动坐椅开关	此开关接通时向ECU输入滑动、前垂直、后垂直、倾斜或头枕信号，位置储存和复位开关通过倾斜和伸缩ECU将记忆和复位信号输送给坐椅ECU
腰垫开关	此开关接受来自DOOR +B的电源。当开关接通时，电源输入腰垫电动机，开关控制电动机的转向和电流的接通与切断。此开关不接至ECU，而且调整位置不能储存在复位用的储存器中
位置传感器	此传感器将每个电机的位置信号送至ECU，用做存储和复位
电动机	由来自自动坐椅ECU或腰垫开关的电流驱动，用来直接驱动坐椅的各部分。每个电机具有内设电路断路器

自动坐椅的ECU通过A、B、C三个连接器与外部相连，如图 5-48 所示。

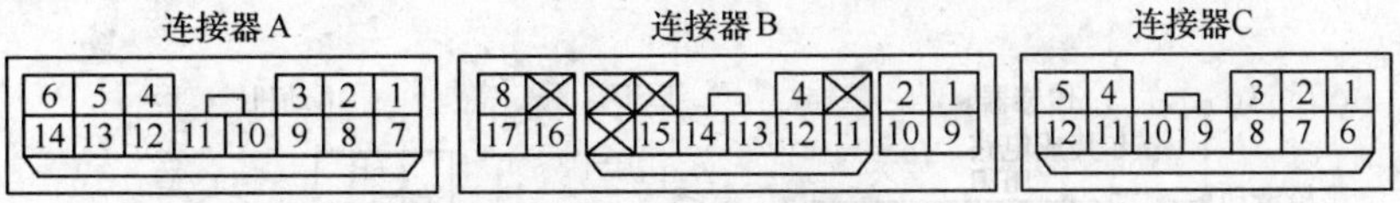

图 5-48　自动坐椅连接器

各端子的名称见表 5-6。

表 5-6　坐椅 ECU 各端子的名称

编号	代号	端子名称	编号	代号	端子名称	编号	代号	端子名称
A1	GND	搭铁	B2	SYSB	电源	B17	SO	串行通信
A2	H＋	头枕电动机（向上）	B3	—		B18	SGND	传感器搭铁
A3	SLD＋	滑动电动机（向前）	B4	SSRH	头枕传感器	C1	HUP	头枕开关（向上）
A4	FRV＋	前垂直电动机（向上）	B5	—		C2	SLDE	滑动开关（向前）
A5	RRV＋	后垂直电动机（向上）	B6	—		C3	RCLR	倾斜开关（向后）
A6	＋B	电源	B7	—		C4	FUP	前垂直开关（向上）
A7	GND2	搭铁	B8	SI	串行通信	C5	RUP	后垂直开关（向上）
A8	H－	头枕电动机（向下）	B9	P	空挡起动开关	C6	SWE	手动开关接地
A9	SLD－	滑动电动机（向后）	B10	VCC	位置传感器电源	C7	HDWN	头枕开关（向下）
A10	BCL－	倾斜电动机（向下）	B11	IG	点火开关	C8	SLDR	滑动开关（向前）
A11	RCL	倾斜电动机（向上）	B12	SSRR	倾斜传感器	C9	RCLF	倾斜开关（向前）
A12	FRV－	前垂直电动机（向下）	B13	SSRV	后垂直传感器	C10	—	
A13	RRV－	后垂直电动机（向下）	B14	SSFV	前垂直传感器	C11	FDWN	前垂直开关（向下）
A14	＋B2	电源	B15	SSRS	滑动传感器	C12	RDWN	后垂直开关（向下）
B1	STOP	停车灯	B16	—				

3. 自动坐椅的位置记忆与恢复

图 5-49 所示为自动坐椅电子控制电路，它由位置传感器、电子控制器 ECU 和执行机构的驱动电动机三大部分组成。传感器包括位置传感器、后视镜位置传感器、安全带扣环传感器以及方向盘倾斜传感器等；ECU 包括输入接口、微机 CPU 和输出处理电路等；执行机构主要包括执行坐椅调整、后视镜调整、安全带扣环以及方向盘倾斜调整等微电动机，这些电动机可灵活地进行正、反转，以执行各种装置的调整功能。另外，该系统还备有手动开关，当手动操作此开关时，各驱动电动机电路可接通，输出转矩而进行各种调整。

（1）坐椅位置传感器。要实现坐椅位置的记忆与恢复，必须有坐椅位置传感器，它主要有两种形式，一种是滑动电位器式，如图 5-50 所示；另一种是霍尔式，如图 5-51 所示。滑动电位器式位置传感器主要由坐椅电动机驱动的齿轮、电阻丝以及在其上滑动的滑块组成，工作原理是：当电动机驱动坐椅的同时，也驱动齿轮 2 带动螺杆，驱动滑块 1 在电阻丝 3 上滑动，从而将坐椅位置信号转变成电压信号输入给 ECU。

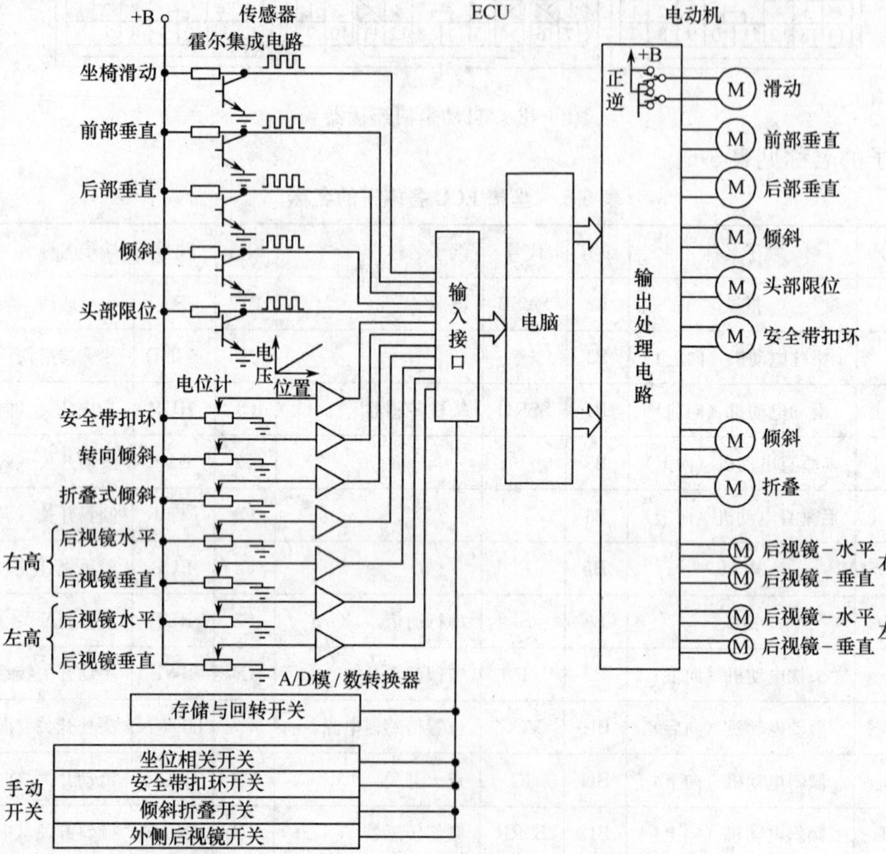

图 5-49 自动坐椅电子控制电路

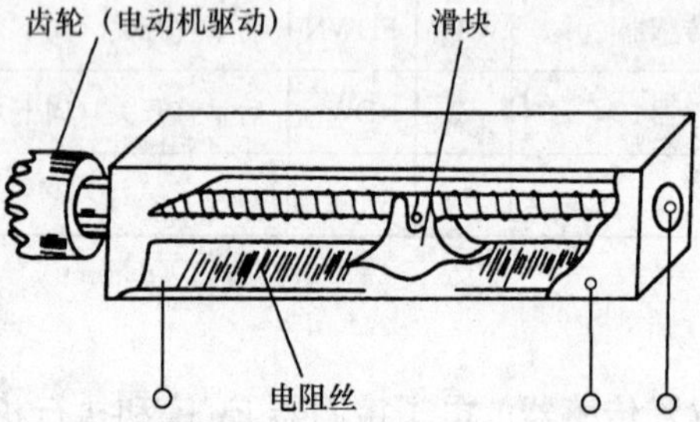

图 5-50 滑动电位器式位置传感器

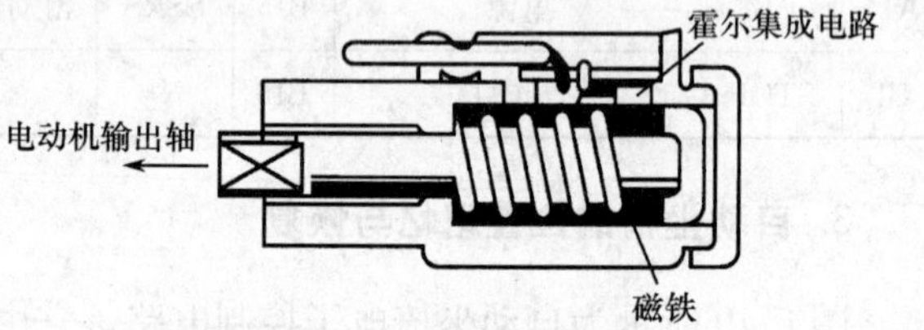

图 5-51 霍尔位置传感器

霍尔位置传感器主要由永久磁铁、霍尔集成电路等组成。永久磁铁安装在由电动机驱动的转轴上，由于转轴的旋转引起通过霍尔磁通量的变化，从而使霍尔件产生霍尔电压，再经霍尔集成电路进行放大处理，然后取出旋转的脉冲信号输入给 ECU。

(2) 工作过程。图 5-52 所示为自动坐椅位置的记忆与复位控制流程图。当坐椅位置调整好后，按下存储与复位开关，ECU 内存的脉冲计数器便调置为零，以此存储坐椅状态，并作为坐椅和传感器位置信号计数的基准，即坐椅位置在此前脉冲数＞0，在此后，脉冲数＜0，随后若未采用复位功能自动调节，而是用手动开关输入，电动机做正转或反转，坐椅在此基准位置上向前或向后移动，ECU 对位置传感器输出的脉冲信号进行计数。对于输出脉冲，当给电动机提供正转信号时脉冲加法计数，坐椅前移，而反转时脉冲做减法计数，坐椅后移。如此，就可以获得当前传感器滑动的位置和调置时的坐椅相对位置，但只要不按下存储与复位开关，ECU 便将此位置脉冲数进行存储；若按下，调置为零。若下次仍是手动开关输入，ECU 便将内存的脉冲数进行加减数运算，随后存储一个新的脉冲数作为当前内存。

利用存储器与回位开关进行重复操作时，若 ECU 内存的脉冲数＞0，则当前位置位于存储位置的前侧，所以电动机反转，坐椅向后方移动，这一动作一直持续到 ECU 计数脉冲数为零时，即一直到达存储位置为止；若 ECU 内存的脉冲数＜0，则坐椅向前侧移动，直到 ECU 计数脉冲数为零，到达存储位置为止。

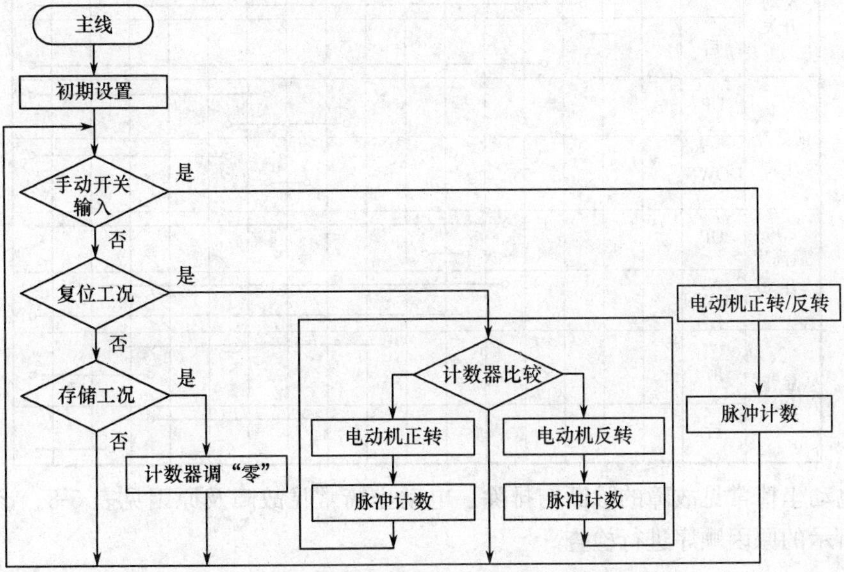

图 5-52　自动坐椅记忆与复位控制流程图

实训　电动坐椅的检修

1. 器材设备准备

实训车辆、万用表、试灯、常用拆装工具等。

2. 注意事项

检测坐椅电动机时，若电动机停止转动，要立刻断开电源，以免烧坏电动机。

3. 操作步骤

（1）电动坐椅主要元件的检测。

①电动坐椅控制开关的检测。图 5-53 所示为北京现代索纳塔轿车电动坐椅控制开关及连接器的端子。检测方法是：拔出控制开关的连接器后，按表 5-7 检查各端子的导通情况，如果不导通要更换控制

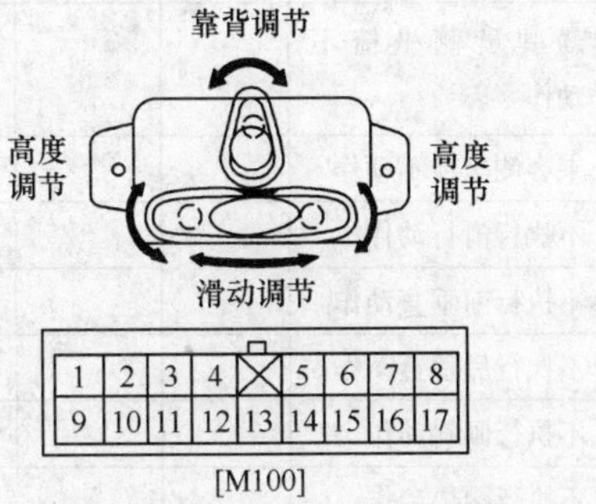

图 5-53　电动坐椅控制开关及连接器端子

开关。

②电动坐椅电动机的检测。电动坐椅电动机检查是拆下电动机的连接器，用蓄电池的正负极分别接某电机的两个端子，观察电机的运转情况，然后颠倒正负极的接法，再观察反转的情况。

表 5-7 电动坐椅控制开关的检查

开关位置 \ 端子号		1	2	3	4	5	6	7	8	9	10	11	12	13	14	15	16	17
滑动开关	前	○	—	—	○													
滑动开关	前			○	—	—	—	—	—	—	—	—	—	—	—	—	—	○
滑动开关	后		○	○														
滑动开关	后				○	—	—	—	—	—	—	—	—	—	—	—	—	○
前高度开关	UP											○	—	—	—	—	—	○
前高度开关	UP									○	—	—	○					
前高度开关	DOWN												○	—	—	—	—	○
前高度开关	DOWN										○	○						
后高度开关	UP					○	—	—	—	—	—	—	—	—	—	—	—	○
后高度开关	UP						○	○										
后高度开关	DOWN					○	—	—	—	—	—	—	—	—	—	—	○	
后高度开关	DOWN						○	—	—	—	—	—	—	—	—	—	—	○
靠背开关	前								○	—	—	—	—	—	—	○		
靠背开关	前														○	—	—	○
靠背开关	后								○	—	—	—	—	—	○			
靠背开关	后															○	—	○

（2）电动坐椅常见故障的诊断与排除。电动坐椅常见故障及原因见表 5-8。诊断故障时可按表中所示的原因顺序进行检查。

表 5-8 丰田 LS400 普通电动坐椅控制系统故障表

故障 \ 元件名称	FLAWE	CBDOOR	电动坐椅开关（D）	电动坐椅开关（P）	腰垫开关（D）	滑动电机（D、P）	前垂直电机（D）	后垂直电机（D）	倾斜电机（DP）	腰垫电机（D）	头枕电机（P）	配线
电动坐椅不动作（门锁不动）	1	2	4	4								3
电动坐椅不动作（门锁正常）		1	3	3								3
驾驶员侧坐椅不动作			1									2
乘客侧坐椅不动作				1								2
不执行滑行动作			1	1		3						2
不执行前垂直动作			1				3					2
不执行后垂直动作			1					3				2
不执行倾斜动作			1	1					3			2
不执行腰垫动作					1					3		2
不执行头枕动作			1	1							3	2

5.5　电动后视镜

后视镜是汽车必备的安全装置之一，驾驶员在行车过程中，通过后视镜来获取汽车后方和侧方等外部信息。驾驶员调整后视镜的位置比较困难，特别是乘客车门一侧的后视镜，用电力控制系统能方便地解决这个问题，驾驶员只需在驾驶位置上操纵电动后视镜开关，就可获得理想的后视镜位置。

5.5.1　后视镜的种类

1. 按照安装位置的不同

后视镜按照安装位置的不同可分为内后视镜、外后视镜（左、右后视镜）和下视镜三种。内后视镜一般装在驾驶室内的前上方，用于驾驶员观察车内部的情况或者透过后车窗观察汽车后方的道路状况；左、右后视镜一般装在车门或前立柱附近，用于驾驶员观察道路两侧后方情况；下视镜安装在车身外部的车前或车后部位，用于驾驶员观察车前或车后地面的情况。

2. 按照镜面形状不同

后视镜按照镜面形状不同可分平面镜、球面镜和双曲率镜。平面镜的镜面为一平面，用其观察到的物体映象不会失真，可以真实的反映车后物体的外形和实际距离，但是平面镜后视范围小，视觉盲区过大，常用其做内后视镜；球面镜的镜面为一球面，后视镜的范围大，但是后视物体映象失真，不能真实的反映车后物体大小和实际距离，常用其做外后视镜和下视镜；双曲率镜的球面部分采用较大的曲率半径，基本上解决了失真和盲区的问题，兼有前两者的优点，但其制造工艺复杂，成本昂贵，主要用做驾驶员侧的后视镜。

3. 按照操纵方式的不同

按照操纵方式不同外后视镜可分为普通后视镜和电控后视镜。普通外后视镜为机械式结构，驾驶员可用手来上、下、左、右调整后视镜的镜面角度，或者操纵车厢内的手柄，通过 2 至 3 根软轴的推拉传递力来改变外后视镜的角度；有的后视镜调整机构装在车门内板上，结构为杠杆式，驾驶员操纵车厢内的手柄，通过杠杆传递力来改变外后视镜的角度。电动后视镜的调整机构包括两个小型直流电动机、减速齿轮和离合器等，驾驶员通过车厢内的按钮即可调整外后视镜的角度，这种机构操作方便，但结构复杂，价格较高，多用于轿车上。

5.5.2　电动后视镜的组成

如图 5-54 所示，汽车的电动后视镜一般由镜片、驱动电动机、控制电路及操纵开关等组成。在每个后视镜镜片的背后有两个可逆电动机，可操纵其上下及左右运动。通常垂直方向的倾斜运动由一个永磁电动机控制，水平方向的倾斜运动由另一个永磁电动机控制。

5.5.3　电动后视镜的工作过程

图 5-55 所示为北京现代索纳塔轿车的双后视镜控制电路。图 5-56 所示为其电动后视镜

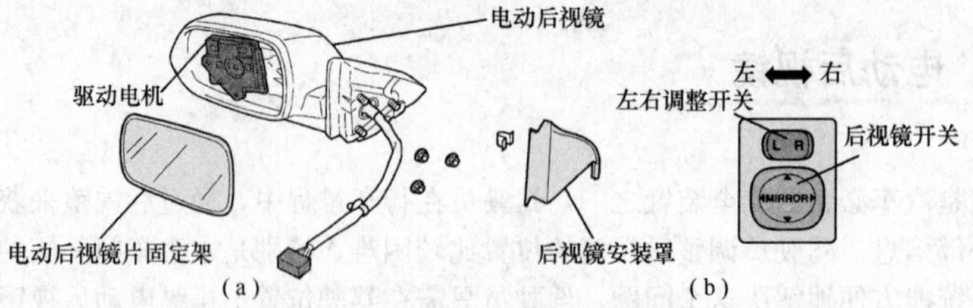

图 5-54 电动后视镜的结构和控制开关

的开关及连接器的端子。

图 5-55 中的实线框和虚线框分别表示操作电动后视镜开关时总开关内部的联动情况。以一侧后视镜中一个电动机的工作情况为例：如要调节左后视镜垂直方向的倾斜程度，则应按下“升/降”按钮。

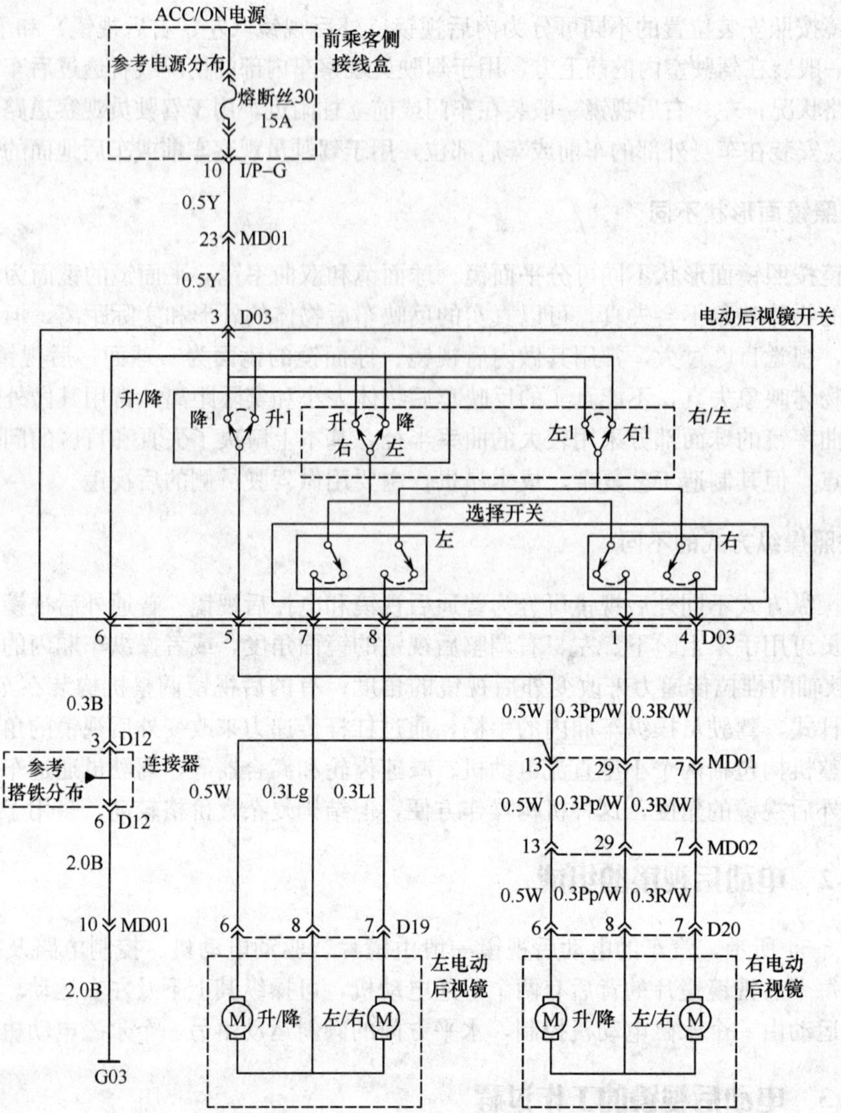

图 5-55 北京现代索纳塔轿车电动双后视镜控制电路

（1）“升”。实线框“升/降”开关中的箭头开关均和“升”接通，此时电流的方向为：电源⟶熔丝 30⟶开关端子 3⟶“升右”端子⟶选择开关中的“左”⟶端子 7⟶左电动后视镜连接端子 8⟶“升/降”电动机⟶端子 6⟶开关端子 5⟶升 1⟶开关端子 6⟶搭铁，形成回路，这时左后视镜向上旋转运动。

（2）“降”。实线框“升/降”开关中的箭头开关均和“降”接通，此时的电流方向为：电源⟶熔丝 30⟶开关端子 3⟶降 1⟶开关端子 5⟶左电动后视镜连接端子 6⟶升/降电动机⟶左电动后视镜连接端子 8⟶开关端子 7⟶选择开关中的“左”⟶“降左”端子⟶开关端子 6⟶搭铁，形成回路，此时后视镜向相反的方向旋转。

实训　电动后视镜的检修

1. 仪器设备准备

实训车辆、万用表、拆装工具等。

2. 操作步骤

（1）电动后视镜开关的检测。检测电动后视镜的开关时，可从开关上拔下连接器，用万用表的欧姆挡按表 5-9 检查各个端子的导通情况，如不导通，要更换开关。

表 5-9　电动后视镜开关的检测

后视镜	动作 \ 端子号	1	2	3	4	5	6	7	8
左	UP					○	○		
				○	—	—	—	○	○
	DOWN						○	○	○
				○	—	○			
	OFF			○	—	○	—	○	○
	LEFT					○	○	○	
				○	—	—	—	—	○
	RIGHT						○	—	○
				○	—	○	—	○	
右	UP					○	○		
		○	—	○	○				
	DOWN	○	—	—	○	—	○		
				○	—	○			
	OFF	○	—	○	○	○			
	LEFT	○	—	—	—	○	○		
				○	○				
	RIGHT				○	—	○		
		○	—	○	—	○			

（2）电动后视镜电动机的检查。将蓄电池的正、负极分别接至电动后视镜电动机连接器端子上，检查电动机的工作情况。后视镜电动机的端子如图 5-57 所示。

如图 5-58 所示，将蓄电池正极接到端子 7，负极接到端子 6，此时后视镜应转向上侧。将蓄电池电极交换，后视镜应转向下侧。

用同样的检测方法，将蓄电池正、负极分别与 6、7 相连，则后视镜应转向左或右侧。

（3）电动后视镜常见故障的诊断与排除。以北京现代索纳塔轿车电动后视镜为例，当电动后视镜出现故障时，首先检查熔丝、电路连接和搭铁情况，若仍不能排除故障，应检查开关和电动机是否良好。出现故障时要结合电路、元件检查和表 5-10 来分析故障的原因和排除方法。

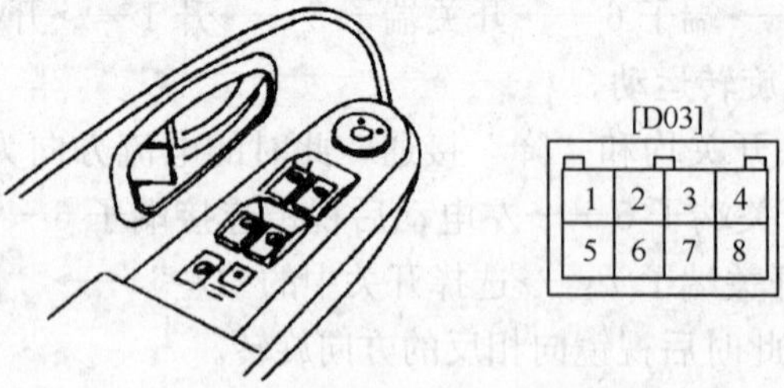

图 5-56　电动后视镜开关及连接器端子

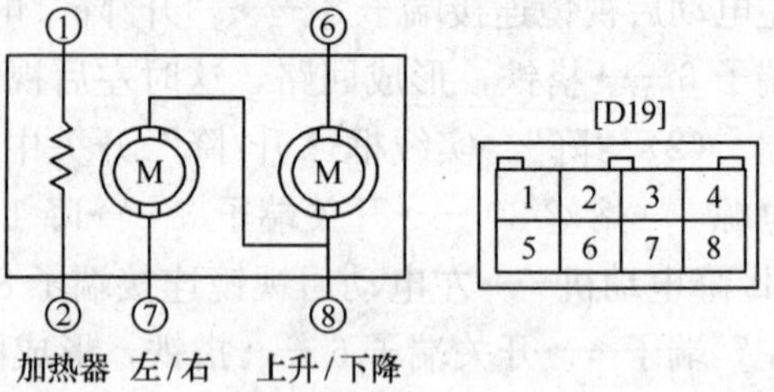

图 5-57　电动后视镜电动机的连接器端子

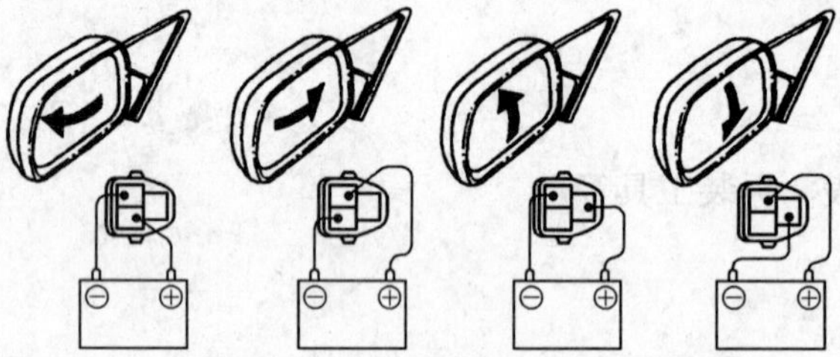

图 5-58　电动后视镜电动机的检查

表 5-10　电动后视镜故障诊断表

故障现象	故障原因	故障排除方法
电动后视镜均不能动	熔断丝熔断	检查确认熔断后更换
	搭铁不良	修理
	后视镜开关损坏	更换
	后视镜电动机损坏	更换
一侧电动后视镜不能动	后视镜开关损坏	更换
	电动机损坏	更换
	搭铁不良	修理
一侧电动后视镜上下方向不能动	上下调整电动机损坏	更换
	搭铁不良	修理
一侧电动后视镜左右方向不能动	左右调整电动机损坏	更换
	搭铁不良	修理

小结

(1) 风窗刮水器由直流电动机、传动机构、刮水臂和刮水片组成。电动机旋转经减速和传动机构的作用使刮片摆动，利用直流电动机的变速来实现刮水器的变速，有自动复位功能和间歇控制；风窗洗涤器主要由储液罐、洗涤泵、软管、喷嘴和三通等组成。

(2) 电动车窗主要由双向直流电动机、车窗玻璃升降器、控制开关、继电器等装置组成。通过开关控制电动机的电流或磁场方向，使车窗玻璃上升和下降。

(3) 电动后视镜主要由微型直流电动机、驱动器、控制开关三部分组成。微型直流电动机采有双向永磁式，每个后视镜后安装两个，上下方向一个电动动控制，左右方向由另一个电动机控制；通过改变电动机的电流方向，使反光镜上、下、左、右摆动。

（4）电动坐椅主要由双向直流电动机、传动机构和坐椅调节开关、控制器等组成。前后方向的调节量一般为（100～160）mm，座位上下的调节量约为（30～50）mm。全程移动所需时间约为（8～10）s。高档轿车的电动坐椅采用存储器，具有记忆功能。

（5）中控门锁系统一般由门锁控制开关、钥匙操纵开关、门锁总成、行李箱开启器及门锁控制器等组成。

习　题　5

一、选择题

1. 对于刮水器来说，下列说法哪个是错误的（ ）。

A. 雨刷器应该有高、低速挡　B. 雨刷器应该有间歇挡

C. 雨刷器应该能自动回位　D. 雨刷器应该能自动开启

2. 对于汽车单个门玻璃升降有故障时，下列说法哪个是错误的（ ）。

A. 应先检查保险丝　B. 应先检查继电器

C. 应先检查该车门的玻璃升降开关　D. 应先检查该车门的玻璃升降电机

3. 对于门玻璃升降电路来说，下列说法哪个错误的（ ）。

A. 每个车门必须设有一个分控制开关，但主控开关可不设

B. 在电路中必须设有断电器，当玻璃到到达上下极限位置时，自动切断电路

C. 玻璃升降电机是可逆的，改变通电方向，就可以改变转动方向

D. 多数车型的玻璃升降电路由点火开关来控制

4. 对于中央控制门锁系统来说，下列说法哪个是错误的（　）。

A. 电控门锁一般采用永磁电动机　B. 两个前门一般都设有门锁开关

C. 一般是每个车门都设有一个继电器　D. 控制电路一般都是在门锁继电器搭铁

二、判断题

1. 电动车窗一般装有两套开关，分别为总开关和分开关，这两个开关之间是互相独立的。（　）

2. 坐椅加热系统中可通过调整可变电阻调整坐椅的加热速度。（　）

3. 每个电动后视镜的镜片后面都有四个电动机来实现后视镜的调整。（　）

4. 永磁式刮水电动机是通过改变正、负电刷之间串联线圈的个数实现变速的。（　）

5. 检查电动刮水器的自动复位功能时，可以让电动机停在停止时的位置，然后进行相关的检查。（　）

三、问答题

1. 电动车窗主要由哪些部件组成？其中升降机构有哪几种？

2. 何谓电动车窗手动升降？何谓自动升降？

3. 结合电动车窗、电动坐椅、电动后视镜和中控门锁的相关知识，分析双向电动机的

检查思路。

4. 叙述电动刮水器的构造及工作原理。

5. 简述汽车刮水片设置定位停止机构的目的及工作原理？

6. 电动车窗控制电路有何特点，怎样进行电路分析？

四、应会题

1. 当刮水开关打到 OFF 挡时，刮水电机不复位，技师甲说，复位开关有故障；技师乙说，刮水开关有故障。谁正确？（ ）

A. 甲正确 B. 乙正确 C. 两人均正确 D. 两人均不正确

2. 间歇刮水功能不起作用，技师甲说，应检查车身计算机系统中模块的电阻；技师乙说，应检查间歇控制模块的搭铁连接。谁正确？（ ）

A. 甲正确 B. 乙正确 C. 两人均正确 D. 两人均不正确

3. 不管使用哪个开关（主开关或分开关），乘员侧电动车窗不能升降；技师甲说，故障出在失效的主开关；技师乙说，故障出在磨损的电动机。谁正确？（ ）

A. 甲正确 B. 乙正确 C. 两人均正确 D. 两人均不正确

4. 六方位的电动坐椅调整系统在任何开关挡都不工作，技师甲说，应检查电路断电器；技师乙说，应使用连通性表来检测开关。谁正确？（ ）

A. 甲正确 B. 乙正确 C. 两人均正确 D. 两人均不正确

5. 中央控制门锁已锁住了车门，但却不能解锁，技师甲说，电动机失效了；技师乙说，解锁继电器有故障。谁正确？（ ）

A. 甲正确 B. 乙正确 C. 两人均正确 D. 两人均不正确

第6章

汽车空调系统

知识目标	能力目标
1. 正确描述汽车空调系统的组成及基本工作过程； 2. 正确描述汽车空调制冷系统的组成、工作原理，主要元件的结构及工作过程； 3. 正确描述通风系统的组成及工作过程； 4. 简述汽车空调控制系统的功能、电路和基本工作原理。	1. 正确完成汽车空调系统的日常维护作业； 2. 正确完成汽车空调系统主要元件的拆装及检测作业； 3. 正确完成汽车空调制冷系统抽空，制冷剂的回收、充注及检漏作业； 4. 能利用电路图判断汽车空调电路故障。

6.1 概述

汽车空调系统能使车内空气的温度、湿度、流速和清洁度等达到驾驶员和乘客所希望的舒适程度，空调已成为现代汽车一种必要的装备，一方面它对驾驶员提高安全驾驶、减少交通事故有着重要的作用；另一方面，也满足了人们对车内舒适环境的要求。

6.1.1 汽车空调系统的功能

1. 调节车内温度

汽车空调利用制冷装置和加热装置调节车内空气的温度，使其保持在一个适宜的范围内。

2. 调节车内空气的流速和方向

车内空气的流速和方向对人体的舒适度影响较大。夏天，气流速度稍大，有利于人体降温，但过大的风速直接吹到人体上，会使人感到不舒服，舒适的气流速度一般为0.25m/s左右。冬季，风速过大，会影响人体的保温，一般在（0.15～0.25）m/s。根据人体生理特点，头部对冷比较敏感，脚部对热比较敏感，因而布置空调出风门时，应将冷风吹到乘员的头部，暖风吹到乘员脚部。

3. 调节车内湿度

汽车空调通过制冷装置进行冷却降温去除空气中的水分，再由采暖装置降低空气中的湿度。目前，汽车上一般未安装加湿装置，只能通过开车窗或通风设备进行车内、外通风调节。

4. 净化车内空气

因为车内空间较小，当人员较多时，车内易出现缺氧和二氧化碳浓度过高的情况，再加上发动机排出的废气和道路上的灰尘等都容易进入车内，因此，要求汽车空调具有补充车内新鲜空气和对车内、外空气进行过滤、净化的功能。

此外，汽车空调还能除去挡风玻璃上的雾、霜、冰、雪，给驾驶员一个清晰的视野，以确保行车安全。

6.1.2 汽车空调系统的组成

汽车空调系统通常由下列各个系统组成：

（1）制冷系统。对车内的空气或车外进来的新鲜空气进行冷却或除湿。

（2）采暖系统。对车内的空气和车外进来的新鲜空气加热，达到取暖、除湿的目的。

（3）送风系统。把车外的新鲜空气吸进车内进行换气，并配置适宜的气流。

（4）空气净化系统。用来除去车内的灰尘和异味。

另外，有些豪华型客车上还装有专门的加湿装置。

6.1.3 汽车空调系统的分类

1. 按照驱动方式不同

（1）非独立式。非独立式制冷系统的压缩机由发动机驱动，空调的工作状态受发动机工况的影响，一般多用于中、小型汽车上。

（2）独立式。独立式制冷系统的压缩机由专用的发动机（或称副发动机）驱动，具有工作稳定、制冷量大，不受主发动机工况的影响等优点，多用于大、中型客车上。

2. 按控制方式不同

（1）手动空调。手动空调一般设有开关键、调温键和调风键等，操纵机构一般为拉索式。

（2）半自动空调。半自动空调一般用拉钮控制，设有温度选择键和功能键等，操纵机构一般为气动式。

（3）自动空调。自动空调一般用按键控制，操纵机构大多是电控气动式。

（4）微机空调。微机空调一般用触摸开关控制，它用微机控制，操纵机构一般为电动式。

3. 按照热量的来源不同

（1）发动机冷却水采暖。在小型客车和轿车上，一般将上述各系统有机地结合起来，组成同时具有采暖、降温除湿，以及挡风玻璃除霜、除雾等功能的冷暖一体化空调系统（也称全空凋系统）。

（2）独立热源采暖。在大、小型客车上，空调各系统通常独立安装并可单独使用，如在车顶上安装两个或三个独立的强制换气扇用于车内通风换气。冬季用独立的燃油燃烧式加热器为车内供暖，而夏季则用专门的副发动机（空调发动机）驱动独立式制冷系统为车内提供冷气。

6.2　空调制冷系统

6.2.1　制冷基本原理

1. 制冷的基本思路

人们在游完泳时，会有冷的感觉，在手臂上涂抹酒精也有凉爽的感觉，这是因为液体的蒸发带走了热量，如图 6-1 所示。

由此，我们得到一个启发，利用液体的蒸发可以吸收周围环境的热量。制作一个如图 6-2 所示的装置，将一个带有开关的容器装在一个绝热良好的盒子内，容器中装有常温下容易挥发的液体，将开关打开时，容器内易挥发液体便开始蒸发，同时吸收绝热盒子内的热量，吸收了热量的液体转化为气体，从开关排出，盒内的温度便会低于盒外的温度。如果容器内的易挥发液体能得到不断的补充，冷却的效果便会持续下去。

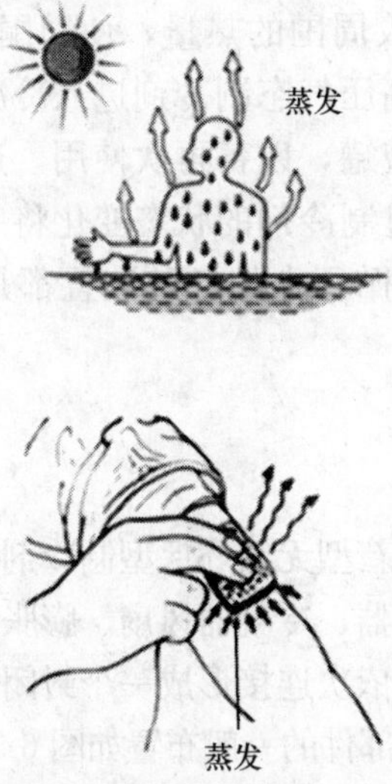

图 6-1　蒸发带走了热量

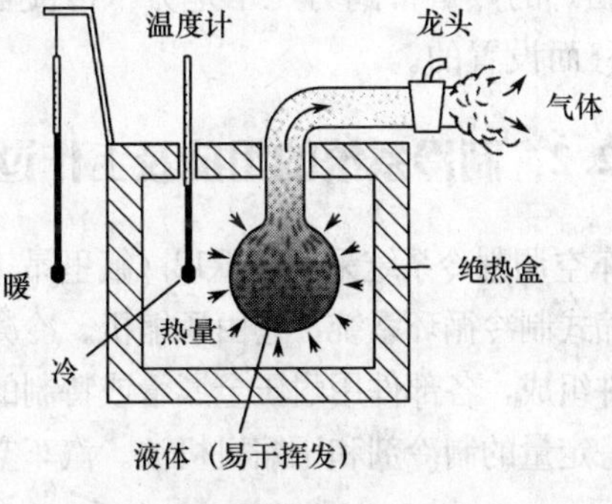

图 6-2　制冷装置

从制冷装置的运作情况看，制冷过程中热量的转移是靠液体的状态变化实现的，我们将这种液体称为制冷剂。

2. 制冷循环

为了使上述制冷装置的制冷过程持续下去，就必须不断地向容器中补充制冷剂，从开关放出的制冷剂也应回收加以反复利用。为此，有必要制作一套装置使制冷剂能够在装置中循环，不断地将热量带走。

根据物质沸点与压强的关系，降低压强可以使物质的沸点降低，使其更加容易蒸发而吸收热量；增加压强可以使物质的沸点升高，使其更加容易转化为液体而放出热量。为此，将上述装置从开关放出的气体制冷剂回收回来，使它进入一台压缩机，增加压强，再通过一个称为冷凝器的装置，经强制冷却放出热量后变为液体，并将这种液体制冷剂暂时存放在一个储液罐中以备再次使用，如图 6-3 所示。

高压的液体通过一个小孔，可以使其体积迅速膨胀而压强降低，在这种情况下，液体由于压强的降低而非常容易气化而吸热。因此将储液罐中的制冷剂通过一个小孔（膨胀阀）放出，让其进入一个称为蒸发器的容器，由于制冷剂的压强下降，所以很快便会蒸发，吸收蒸发器周围的热量，使蒸发器周围得到冷却，如图 6-4 所示。

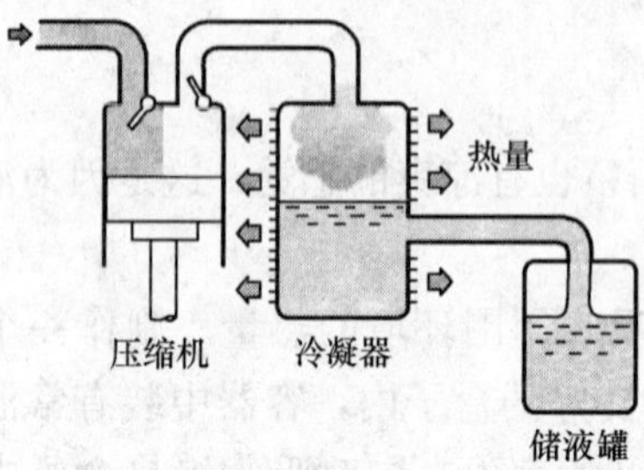

图 6-3 通过压缩使制冷剂转化为液体并放出热量

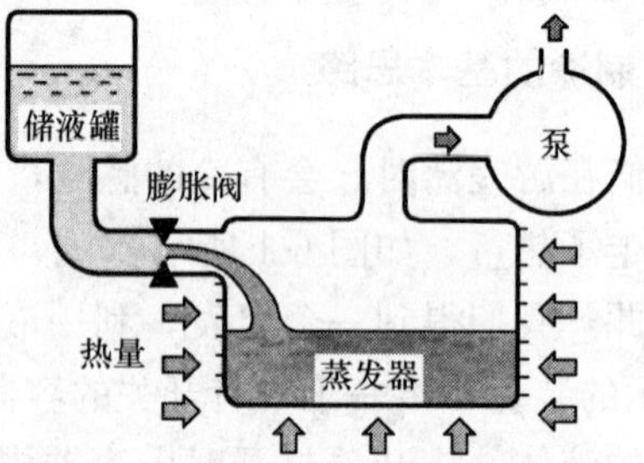

图 6-4 通过膨胀阀液体制冷剂转化为气体吸收热量

将上述两个过程组合起来，就可以形成一个制冷循环。储液罐中高压的液态制冷剂从膨胀阀喷出，压强下降，体积迅速膨胀，转化为气体，吸收周围的热量，使周围的温度下降，气态的制冷剂再经压缩机加压成为高压气态的制冷剂，高压气态制冷剂进入冷凝器冷却，从气态转变为液态，同时放出热量，液态制冷剂再进入储液罐，以备再次使用，这就是一个完整的制冷循环。从制冷循环可以看出，所谓制冷就是通过制冷剂的状态变化将一个地方（蒸发器周围）的热量带到另一个地方（冷凝器周围）。制冷循环中的各种装置都是围绕这种热量的转移而设置的。

6.2.2 制冷系统的组成及工作过程

汽车空调制冷系统采用以 R12（氟里昂 12）或 R134a（新型无氯环保型制冷剂）为制冷剂的蒸气压缩式制冷循环系统，它由压缩机、冷凝器、储液干燥器、冷凝器风扇、膨胀阀和蒸发器等主要部件组成，各部件用耐压金属管或特制的耐压橡胶软管依次连接形成一个封闭的系统，系统内充有一定量的制冷剂和压缩机机油。汽车空调制冷系统各部件的一般布置如图 6-5 所示。

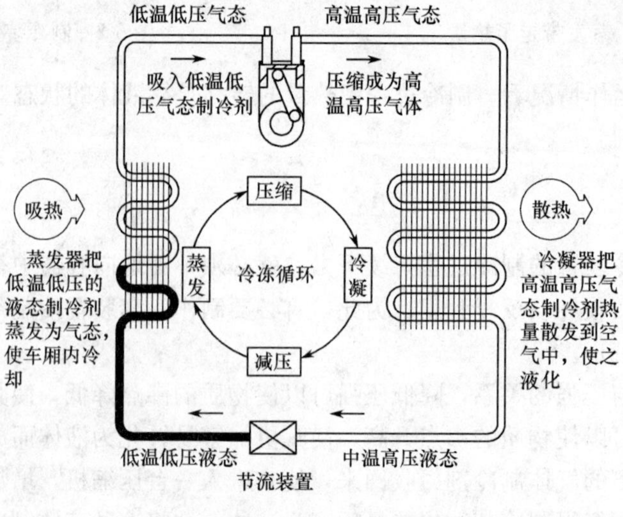

图 6-5 空调制冷系统的组成

汽车空调制冷系统的工作过程如图 6-6 所示。

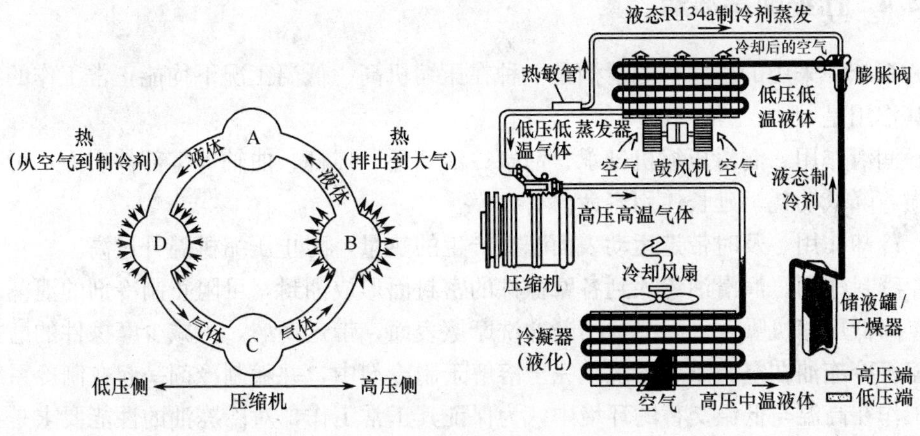

图 6-6 制冷系统工作过程

(1) 压缩过程。压缩机由发动机曲轴皮带轮驱动旋转，将蒸发器中因吸热而汽化的低温、低压制冷剂蒸气吸入后压缩成温度为 70℃左右，压力为(1.3～1.5)MPa 左右的高温、高压制冷气体，经高压管送入冷凝器。

(2) 冷凝过程。经冷凝器冷却，将高温、高压的制冷剂气体冷凝成温度为 50℃左右、压力为(1.1～1.4)MPa 的液态制冷剂后，再送入储液干燥器。

(3) 干燥过程。在储液干燥器中，将中温、高压的液态制冷剂过滤，除去制冷剂中的水分和杂质，然后经高压管送入膨胀阀。

(4) 膨胀过程。经过膨胀阀的制冷剂变为压力为(0.13～0.15)MPa、温度为－5℃左右的低温、低压湿蒸气，然后进入蒸发器。

(5) 蒸发过程。在蒸发器内由于容积增大、压力降低，制冷剂汽化，同时吸收大量热，从而使制冷剂温度变为(0～5)℃的气态，使蒸发器表面及其周围空气的温度降低。

当鼓风机将车外或车内空气强制吹过蒸发器表面时，便将空气冷却并送进了车厢内。在蒸发器内吸热汽化后的制冷剂蒸气再次被压缩机吸入，然后重复上述过程。

6.2.3 制冷剂

在制冷系统中用于转换热量并循环流动的物质称为制冷剂。目前，汽车空调系统中使用的制冷剂有 R12、R134a 两种，其中字母“R”是 Refrigerant（制冷剂）的简称。

R12 制冷剂无色、无味、无臭。当 R12 在空气中的浓度达到 20%时，人能嗅觉到；当其浓度达到 80%以上，则会引起窒息。R12 不会燃烧和爆炸，但与明火接触时能分解出有毒的光气。R12 沸点低，在 1 个大气压下为－29.8℃。R12 与水溶解性很小，但极易溶解压缩机润滑油，它对金属和橡胶一般无腐蚀作用，但会对大气臭气层起破坏作用，引起地球的温室效应。国际上制定了控制破坏大气层的“蒙特利尔协议”，我国于 1996 年起，汽车空调上的制冷剂改用 R134a。

与 R12 相比，R134a 具有不同的物理和化学性质。R134a 在一个大气压下，沸点为－26.18℃，具有无色、无味、无毒、渗透性强等特性。但它能腐蚀某些塑料，与聚烷乙二醇润滑油混合后会腐蚀钢件，在液态时能吸收少量的水分，气态时能吸收大量水分。R134a 不适合于 R12 的空调系统，如果将 R134a 误加注到 R12 空调系统中，会出现如压缩机工作不正常和制冷剂泄漏等问题。

6.2.4 压缩机冷冻油

空调系统中采用的压缩机润滑油是一种在压缩机高、低温工况下均能正常工作的特殊润滑油，其作用是：

(1) 润滑作用。润滑压缩机轴承、活塞、活塞环、连杆、曲轴等零部件表面，可减少阻力和磨损，降低功耗，延长使用寿命。

(2) 冷却作用。及时带走运动表面摩擦产生的热量，防止压缩机温升过高。

(3) 密封作用。润滑油渗入到各摩擦件的密封面形成油封，可阻止制冷剂的泄漏。

(4) 降低压缩机噪声。润滑油不断冲洗摩擦表面，带走磨屑，可减少摩擦件的磨损。

压缩机冷冻油在空调制冷系统中完全溶解于制冷剂中，并随制冷剂一起在制冷系统中循环，它工作在高温与低温交替的环境中，为保证其正常工作，对冷冻油的性能要求是：

(1) 凝固点要低，在低温下具有良好的流动性。若低温流动性差，润滑油会沉积在蒸发器内或凝结在压缩机底部部件上，影响制冷能力，或失去润滑作用而损坏运动部件。

(2) 应具有一定的黏度，且受温度的影响要小。冷冻油的黏度越大，压缩机运转克服的阻力增大，消耗的功就会增多，需要的起动力矩也会增大，起动困难；黏度过小，压缩机轴承不能建立起所需要的油膜，润滑条件变差。此外，与冷冻油互溶的制冷剂会使冷冻油变稀，若选用黏度较低的冷冻油，压缩机起动时会产生更多的泡沫，所以，冷冻油的黏度要选得适当。

(3) 与制冷剂的溶解性能要好。在制冷系统中，制冷剂与冷冻油混合在一起而循环流动，因此要求制冷剂与冷冻油能够互溶。若二者不能互溶，则冷冻油会聚集在冷凝器和蒸发器的底部，阻碍了制冷剂流动，降低了换热能力，同时，由于冷冻油不能随制冷剂返回压缩机，压缩机会因缺油而加剧磨损。

(4) 具有较高的热稳定性。即在高温下不氧化、不分解、不结胶、不积炭。

(5) 挥发性要差。即在制冷系统中不应有结晶状的石蜡析出，以保持良好的低温流动性。

(6) 化学性质要稳定。即与制冷剂和其他材料不起化学反应。

(7) 不含水分。若冷冻油中水分过多，则会在膨胀阀的节流口处结冰，造成冰堵，影响制冷剂的流动，同时，油中的水分会造成镀铜现象及某些材料的腐蚀。

目前，国产的压缩机冷冻油有13、18、25、30四种牌号；进口压缩机冷冻油中SUNISO系列有3GS、4GS、5GS等。R134a空调系统中使用的压缩机润滑油代号有PAG（聚烃乙二醇）及ESTER（聚酯类冷冻油）等。

使用冷冻油应注意如下事项：

(1) 冷冻油易吸水，用后应马上将盖拧紧。

(2) 不能使用浑浊变质的冷冻油，否则将影响压缩机的正常运转。

(3) 不允许向系统添加过量的冷冻油，否则会影响制冷系统的制冷量。

(4) 不同牌号的冷冻油不能混用，否则会变质。

(5) 在排放制冷剂时要缓慢进行，以免冷冻油和制冷剂一起喷出。

(6) 更换制冷系统部件时，应适当补充一定量的冷冻油。

(7) 在加注制冷剂时，应先加注冷冻油。

6.2.5　制冷系统的主要部件

汽车空调制冷系统由压缩机、冷凝器、储液干燥器、膨胀阀、蒸发器、风机及制冷管道等组成。

1. 制冷压缩机

制冷压缩机是汽车空调制冷系统的心脏，其作用是吸入来自蒸发器的低温、低压制冷剂蒸气，压缩制冷剂蒸气使其压力和温度升高，并将制冷剂蒸气送往冷凝器。

汽车空调压缩机常见的类型有曲轴连杆式压缩机、斜盘式压缩机、摆盘式压缩机、旋叶式压缩机、滚动活塞式压缩机、涡旋式压缩机等。

(1) 斜盘式压缩机。如图 6-7 所示，当主轴旋转时，斜盘也随着旋转，斜盘边缘推动活塞作轴向往复运动。如果斜盘转动一周，前后两个活塞各完成压缩、排气、膨胀、吸气一个循环，相当于两个汽缸作用。

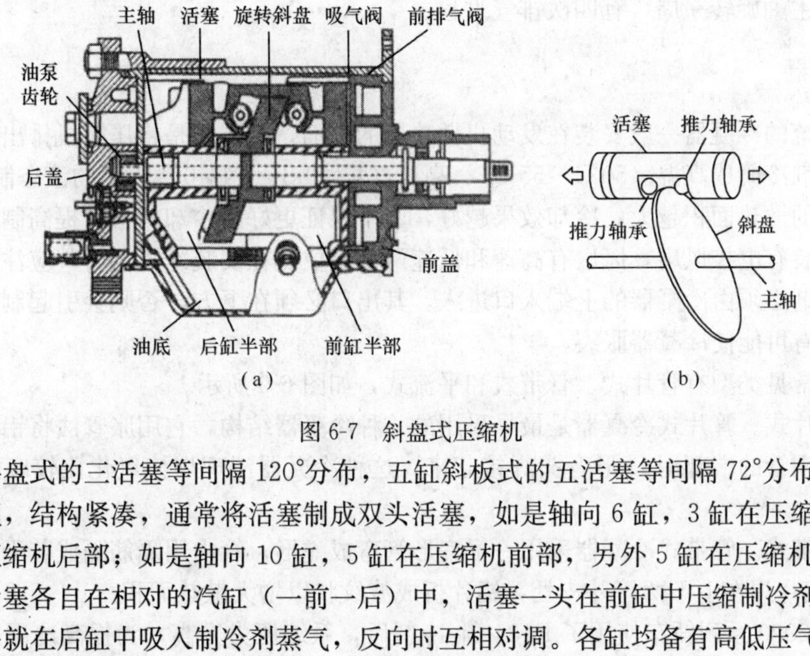

图 6-7　斜盘式压缩机

三缸斜盘式的三活塞等间隔 120°分布，五缸斜板式的五活塞等间隔 72°分布。为了使机器受力合理，结构紧凑，通常将活塞制成双头活塞，如是轴向 6 缸，3 缸在压缩机前部，另外 3 缸在压缩机后部；如是轴向 10 缸，5 缸在压缩机前部，另外 5 缸在压缩机后部。双头活塞的两活塞各自在相对的汽缸（一前一后）中，活塞一头在前缸中压缩制冷剂蒸气时，活塞的另一头就在后缸中吸入制冷剂蒸气，反向时互相对调。各缸均备有高低压气阀，另有一根高压管，用于连接前后高压腔。斜板与压缩机主轴固定在一起，斜板的边缘装合在活塞中部的槽中，活塞槽与斜板边缘通过钢球轴承支撑在一起。

这种压缩机不但结构紧凑、转动扭矩小、运动平稳性较高，并且效率高、性能可靠，最适合小型高速车辆使用。

(2) 旋叶式压缩机。旋叶式压缩机的汽缸形状有两种形状，一种是圆形，一种是椭圆形。如图 6-8 所示。

在圆形汽缸旋叶式压缩机中，叶轮是偏心安装的，叶轮外圆紧贴汽缸内表面的吸、排气孔之间。在椭圆形汽缸中，转子的主轴和椭圆中心重合，转子上的叶片和它们之间的接触线将汽缸分成几个空间。

当主轴带动转子旋转一周时，这些空间的容积发生“扩大—缩小—几乎为零”的循环变化，制冷剂蒸气在这些空间内发生了吸气—压缩—排气的循环。压缩后的气体通过簧片阀排出。

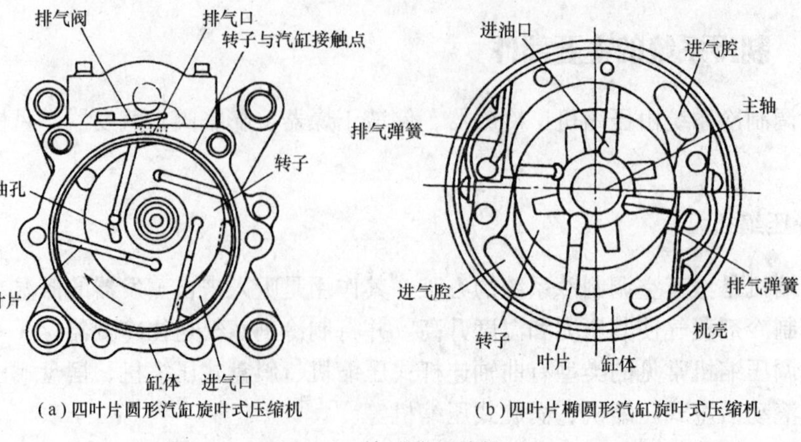

图 6-8 旋叶式压缩机

对于圆形汽缸而言，两叶片将空间分成两个空间，主轴旋转一周，即有两次排气过程；四叶片则有四次。叶片越多，压缩机的排气脉冲越小。对于椭圆形汽缸，四叶片将汽缸分成四个空间，主轴旋转一周，有四次排气过程。

2. 冷凝器

空调系统的冷凝器一般安装在发动机散热器的前面，其作用是将压缩机排出的高温、高压气态制冷剂冷凝成高温（50℃～55℃）、高压（1 100kPa～1 400kPa）的液态制冷剂。

冷凝器的散热面积越大，冷却效果越好，为了保证更好的冷却效果，提高制冷能力，常在冷凝器前装有电控风扇，风扇有高速和低速两个挡位。在安装冷凝器时，应注意从压缩机排出的制冷剂必须由冷凝器的上端入口进入，其出口必须在下方，否则会引起制冷系统压力升高，从而有可能使冷凝器胀裂。

冷凝器常见类型有管片式、管带式和平流式，如图 6-9 所示。

（1）管片式。管片式冷凝器是最早采用的一种冷凝器结构，它用胀管法将铝翅片胀紧在圆铜管上，铜管的端部用 U 形弯头焊接起来。这种冷凝器清理焊接氧化比较麻烦，而且散热效率较低。

（2）管带式。管带式冷凝器采用一根扁形管弯成蛇形，管内用隔筋隔成若干孔道，管外用 0.2mm 铝片焊在上下两管外皮处，铝片折成波纹状以增大散热面积。

桑塔纳 2000 系列轿车使用了 R134a 制冷剂后，系统压力升高，为提高冷凝效果，将管片式冷凝器改为全铝管带式冷凝器。

（3）平流式。平流式冷凝器由输入端接头进入圆柱形主管中，分别同时流入多个扁管中，并平行地流至对面的主管，再集中经过跨接管流至冷凝器输出端接头。

3. 蒸发器

空调系统的蒸发器和冷凝器一样，也是一种热交换器，一般安装在前排乘客座位一侧杂物箱下方，其作用是将来自膨胀阀的低温、低压湿气状制冷剂在其管道中蒸发，汽化成为气态制冷剂，吸收大量热量，使蒸发器及周围空气温度降低，同时对空气起除湿作用。

蒸发器的类型有管片式、管带式和层叠式三种，如图 6-10 所示。管片式结构简单、加工方便，但换热效率较差。管带式比管片式工艺复杂，效率可提高 10% 左右。层叠式加工难度最大，但其换热效率也最高，结构也最紧凑。

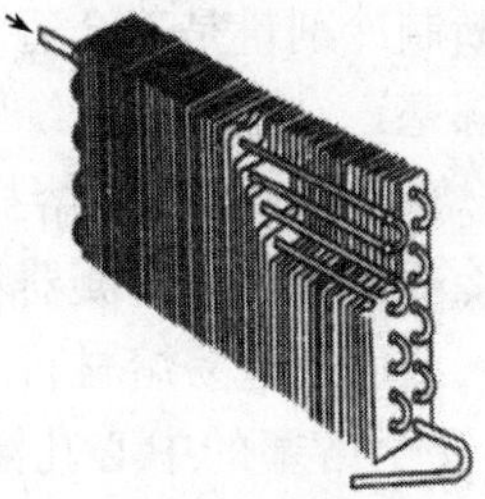

(a) 管片式

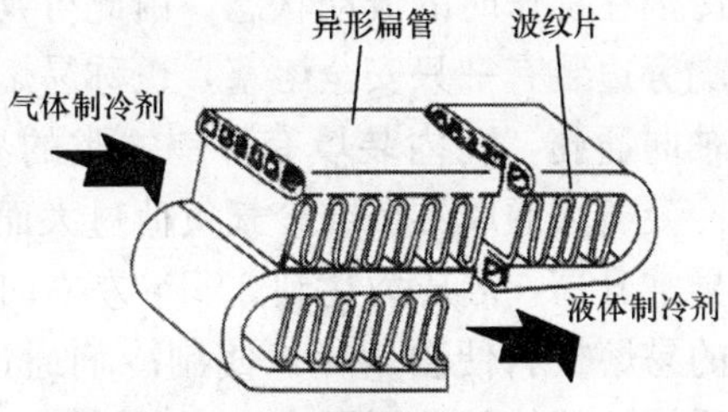

(b) 管带式

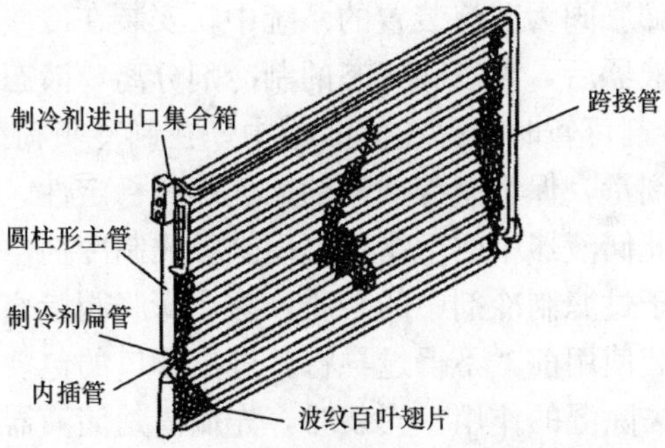

(c) 平流式

图 6-9　冷凝器

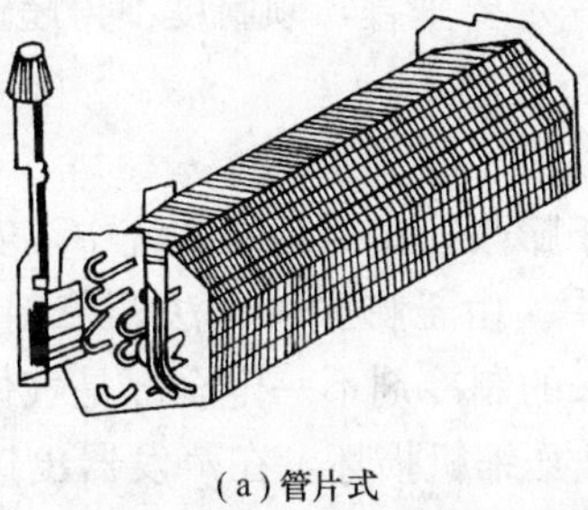

(a) 管片式

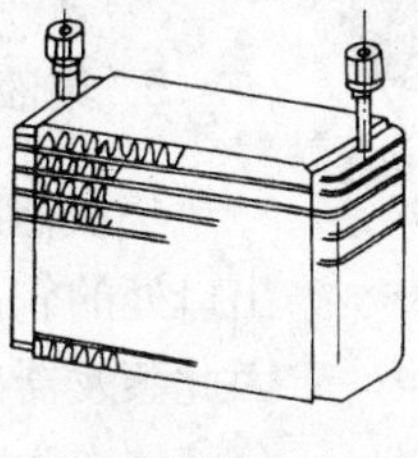

(b) 管带式

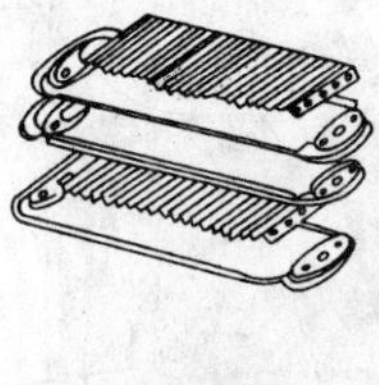

(c) 层叠式

图 6-10　蒸发器

蒸发器的工作过程是：进入蒸发器管内的低温、低压液态制冷剂，通过管壁吸收穿过蒸发器传热表面空气的热量，使之降温；与此同时，空气中所含的水分由于冷却而凝结在蒸发器表面，经收集排出，使空气减湿，被降温、减湿后的空气由鼓风机吹进车室内，就可使车内获得冷气。

4. 储液干燥器

储液干燥器简称储液器，其作用是储存制冷剂，吸收制冷剂中的水分及过滤制冷剂中的杂质。

若过多的液态制冷剂储存在冷凝器里，会使冷凝器的传热面积减小，散热效率降低，此外，若制冷剂中含有杂质和水分，则制冷系统管路会发生脏堵和冰塞现象，系统不能正常工作。

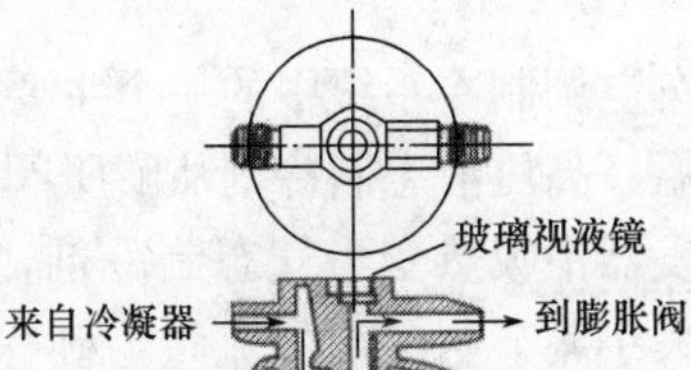

图 6-11　储液干燥器的结构

储液干燥器的结构如图 6-11 所示。它主要由外壳、视液镜、安全熔塞和管接头等组成。制冷剂在储液器中的流动情况如图中箭头所示，在储液器上部出口端装有一个玻璃视液镜，用于观察制冷剂在工作时的流动状态，由此可判断制冷剂量是否合适。

储液器出口端旁边装有一只安全熔塞，也称易熔螺塞，它是制冷系统的一种安全保护装置，其中心有一轴向通孔，孔内装填有焊锡之类的易熔材料，这些易熔材料的熔点一般为85℃～95℃。当冷凝器因通风不良或冷气负荷过大而冷却不够时，冷凝器和储液器内的制冷剂温度和压力会异常升高，当压力达到3MPa左右时，温度超过易熔材料的熔点，此时，安全熔塞中心孔内的易熔材料便会熔化，使制冷剂通过安全熔塞的中心孔溢出散发到大气中去，从而可避免系统的其他部件因压力过高而被胀坏。

储液干燥器用于以膨胀阀为节流装置的系统中，安装在冷凝器和膨胀阀之间。当含有蒸气的液态制冷剂进入储液器后，液态和气态的制冷剂分离，液态制冷剂通过膨胀阀进入蒸发箱（吸热箱），多余制冷剂可暂时储存在储液罐中，在制冷负荷变动时，及时补充和调整供给热力膨胀阀液态制冷剂量，保证制冷剂流动的连续和稳定性。同时，由于水分与制冷剂结合会生成酸或结冰，因此储液器中的干燥剂可用来吸收制冷剂中的水分，防止机件腐蚀或冰块堵塞膨胀阀。滤网用于过滤制冷剂中的杂质，防止膨胀阀堵塞。

直立式储液器在安装使用前，不得过早将其进出管口的包装打开，以免湿空气侵入储液器和系统内部，使之失去除湿的作用。安装时，先搞清楚储液器的进、出口端，在储液器的进出口端一般都打有记号，如进口端用英文字母IN，出口端用OUT表示，或直接打上箭头以表示进、出口端；安装角度一定要垂直，倾斜度不得超过15°。

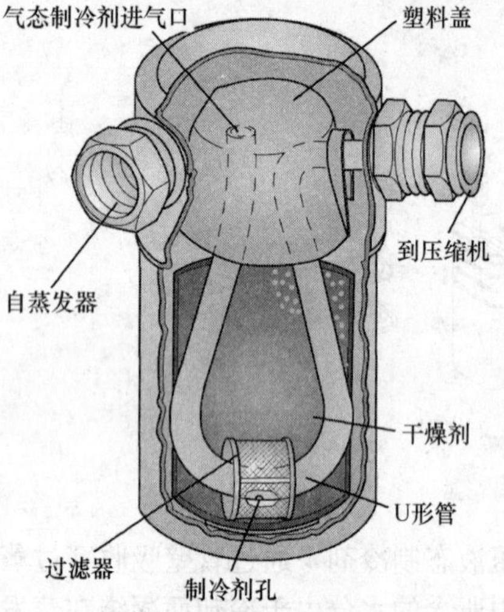

图6-12 集液器

5. 集液器

集液器用于膨胀管式的制冷系统中，安装在蒸发器出口处的管路中。由于膨胀管无法调节制冷剂的流量，因此蒸发器出来的制冷剂不一定全部是气体，可能有部分液体，为防止压缩机损坏，在蒸发器出口处安装集液器，一方面将制冷剂进行气液分离，另一方面起到与储液干燥器相同的作用，集液器的结构如图6-12所示。

6. 膨胀阀

膨胀阀也称节流阀，是一个感压和感温阀，是汽车空调制冷系统中的一个主要部件。它安装在蒸发器的入口处，作用是将储液干燥器来的高温、高压液态制冷剂从膨胀阀的小孔喷出，使其降压，体积膨胀，转化为雾状制冷剂，在蒸发器中吸热变为气态制冷剂，同时还可根据制冷负荷的大小调节制冷剂的流量，确保蒸发器出口处的制冷剂全部转化为气体。

膨胀阀的结构形式为外平衡热力膨胀阀、内平衡热力膨胀阀、H形膨胀阀和膨胀节流管（孔管）四种结构形式。下面分别予以介绍。

（1）外平衡热力膨胀阀。图6-13所示为外平衡热力膨胀阀的结构。膨胀阀的入口接储液干燥器，出口接蒸发器。

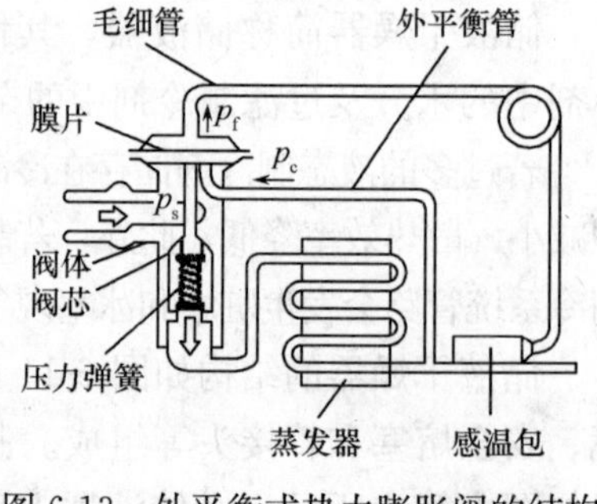

图6-13 外平衡式热力膨胀阀的结构

膨胀阀对来自储液干燥器的高压液态制冷剂节流降压，即将液态高压制冷剂从其孔口喷出，使之急剧膨胀，变成低压雾状体，以便吸热汽化。此外，它还调节和控制进入蒸发器中的液态制冷剂剂量，使之适应制冷负荷的变化，同时防止压缩机发生液击现象和蒸发器出口蒸气异常过热。

外平衡式膨胀阀的工作过程如下所述。

膨胀阀的上部有一个膜片，膜片上方通过一条细管接一个感温包，感温包安装在蒸发器出口的管路上，内部充满制冷剂气体，蒸发器出口处的温度发生变化时，感温包内的气体体积也会发生变化，进而产生压力变化，这个压力变化作用在膜片的上方。膜片下方的腔室还有一根平衡管通蒸发器出口。阀的中部有一阀门，阀门控制制冷剂的流量，阀门的下方有一调整弹簧，弹簧的弹力试图使阀门关闭，弹簧的弹力通过阀门上方的杆作用在膜片的下方。可以看出，膜片共受到三个力的作用，一个是感温包中制冷剂气体向下的压力，一个是弹簧向上的推力，还有一个是蒸发器出口制冷剂的压力，作用在膜片的下方，阀的开度取决于这三个力综合作用的结果。

当制冷负荷发生变化时，膨胀阀可根据制冷负荷的变化自动调节制冷剂的流量，确保蒸发器出口处的制冷剂全部转化为气体并有一定的过热度。当制冷负荷减小时，蒸发器出口处的温度就会降低，感温包的温度也会降低，其中的制冷剂气体便会收缩，使膨胀阀膜片上方的压力减小，阀门就会在弹簧和膜片下方气体压力的作用下向上移动，减小阀门的开度，从而减小制冷剂的流量。反之制冷负荷增大时，阀门的开度会增大，增加制冷剂的流量。当制冷负荷与制冷剂的流量相适应时，阀门的开度保持不变，维持一定的制冷强度。

感温包和蒸发器必须紧密接触，不能和大气相通，如果接触不良，感温包就不能正确地感应蒸发器出口的温度；如果密封不严，感应的温度是大气温度，所以，要用一种特殊的空调胶带捆扎和密封感温包。

(2) 内平衡热力膨胀阀。内平衡式膨胀阀的结构与外平衡式膨胀阀的结构大同小异，如图6-14所示，不同之处在于内平衡式膨胀阀没有平衡管，膜片下方的气体压力直接来自蒸发器的入口。

由于蒸发器内部会产生压力损失，蒸发器出口压力要小于进口压力。要达到同样的阀开度，外平衡式需要的过热度小些，蒸发器容积效率可以提高。

(3) H形膨胀阀。H形膨胀阀因其内部通道形同H形而得名，如图6-15所示。它取消了外平衡膨胀阀的外平衡管和感温包，直接与蒸发器进出口相连。它有四个接口通往空调系统，其中两个接口和普通膨胀阀一样，一个接储液干燥器出口，一个接蒸发器入口；另外两个接口，一个接蒸发器出口，一个接压缩机进口。感温元件处在进入压缩机的制冷剂气流中。H形膨胀阀具有结构紧凑、使用可靠、维修简单等优点，符合汽车空调的要求。

这种膨胀阀安装在蒸发器的进、出管之间，感应温度不受环境影响，也无须通过毛细管而造成时间滞后，调节灵敏度较高，由于无感温包、毛细管和外平衡管，不会因汽车颠簸使充注系统断裂外漏以及感温包包扎松动而影响膨胀阀的正常工作。

(4) 膨胀节流管（孔管）。膨胀节流管直接安装在冷凝器出口和蒸发器进口之间，用于将液态制冷剂节流降压。

膨胀节流管的结构如图6-16所示。它是一根细铜管，装在一根塑料套管内，在塑料套管外环形槽内，装有密封圈，有的还有两个外环形槽，每槽各装一个密封圈。把塑料套管连同膨胀节流管一起插入蒸发器进口管中，密封圈用于密封塑料套管外径和蒸发器进口管内径间的配合间隙。膨胀节流管两端都装有滤网，以防止系统堵塞。

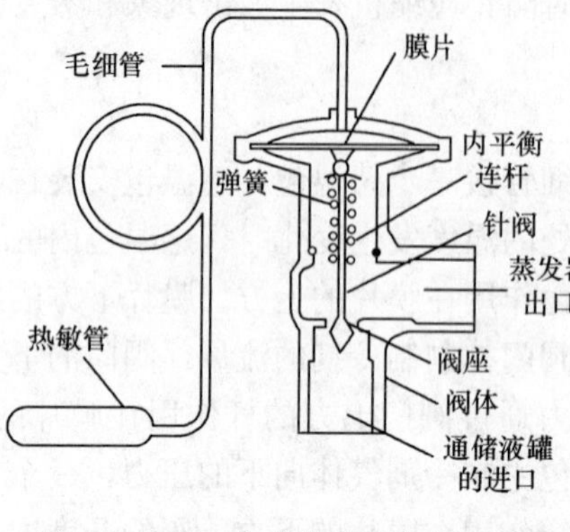

图 6-14　内平衡式热力膨胀阀的结构

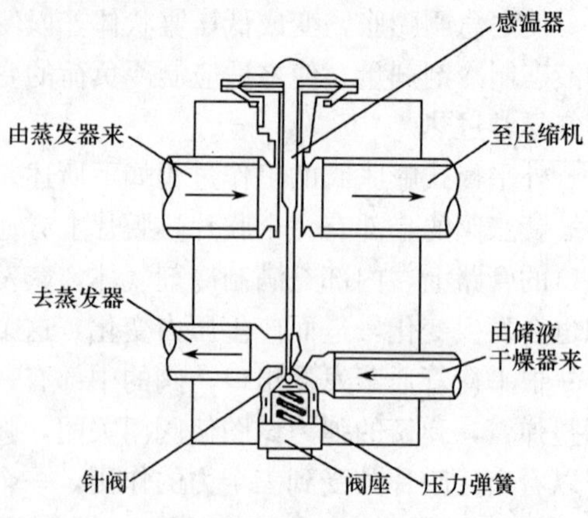

图 6-15　H 形膨胀阀的结构

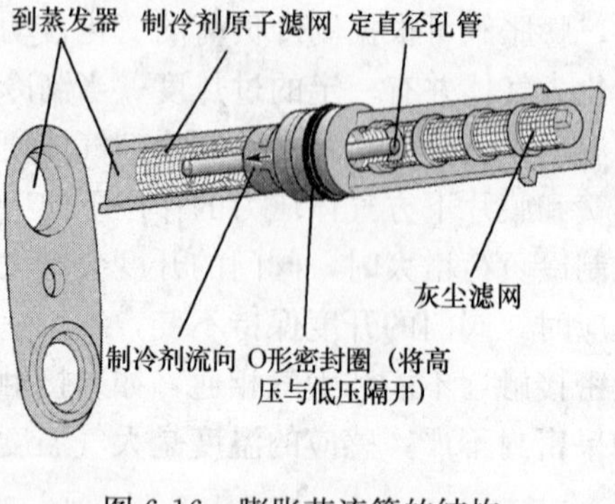

图 6-16　膨胀节流管的结构

由于膨胀节流管不能调节流量，液体制冷剂很可能流出蒸发器而进入压缩机，造成压缩机液击，因此，装有膨胀节流管的制冷系统，必须同时在蒸发器出口和压缩机进口之间安装一个集液器，实行气液分离，避免压缩机发生液击。

由于膨胀节流管没有运动部件，结构简单，可靠性高，同时节省能耗，很多高级轿车都采用这种方式，其缺点是制冷剂流量不能根据工况变化进行调节。

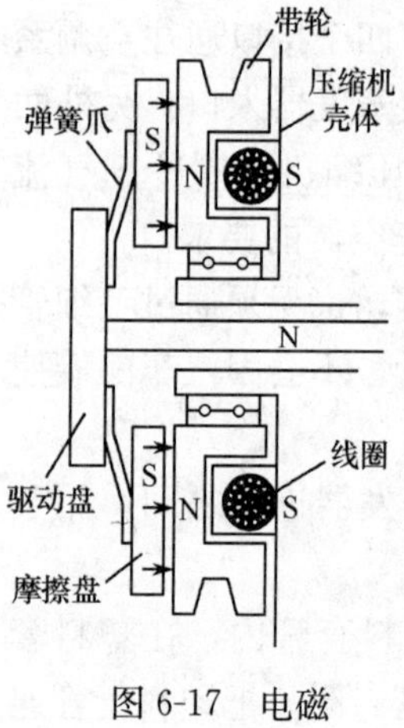

图 6-17　电磁离合器的结构

7. 电磁离合器

电磁离合器安装在压缩机上，其作用是控制发动机与压缩机的动力传递，空调制冷系统工作时，使发动机能驱动压缩机运转，制冷系统停止运行时，切断发动机到压缩机的动力传递。

电磁离合器的结构如图 6-17 所示，它由三大部件组成：带轮组件、衔铁组件、线圈组件。带轮由轴承支撑，可以绕主轴自由转动，其侧面平整，开有条形槽孔，表面粗糙，以便衔铁吸合后有较大的摩擦力，带槽有单槽、双槽和齿形槽等，带轮以冲压件居多，以使它的另一侧有一定空间可嵌入线圈绕组。线圈绕组用于产生电磁场，有固定式和转动式两种，固定式线圈被固定在压缩机壳体上，有引线引出供接电源使用。衔铁组件由驱动盘、摩擦盘、复位弹簧等组成，整个组件靠花键与压缩机主轴连接。

电磁离合器的工作过程是：

（1）当接通空调开关使制冷系统进入工作状态时，电磁离合器的定子线圈通电产生磁力，将驱动盘吸向皮带轮，使两者结合在一起，发动机的动力便通过皮带轮传递到驱动盘，带动压缩机运转。

（2）当空调制冷系统停止工作时，电磁离合器的定子线圈断电，磁力消失，驱动盘与皮带轮分离，此时皮带轮通过轴承在压缩机的壳体上空转，压缩机停止运转。

实训一　压缩机及电磁离合器的检修

1. 器材设备准备

实训车辆、多功能充注机、常用拆装工具等。

2. 注意事项

（1）在拆卸空调压缩机皮带之前，须做好运转记号；拆卸和安装压缩机支架及所属零部件时，不必打开制冷循环；安装皮带时，应注意将皮带上的筋条完全卡进带轮的楔槽内。

（2）在拆装压缩机过程中，若需要拆卸电器装置，则应先断开蓄电池的负极；若车辆装备有遥控装置，则在断开蓄电池负极之前应先激活控制器的维修模式。

（3）拆卸电磁离合器时应使用专用工具，以防止皮带轮、压盘等零件变形。

3. 操作步骤

空调压缩机和电磁离合器在使用过程中常见的故障有：电磁离合器打滑、线圈烧坏、压缩机卡死、泄漏、异响等。维修网点只承担压缩机皮带的更换、压缩机的检测与拆装、电磁离合器的检修与拆装等。现以桑塔纳3000型轿车的空调系统为例介绍。

（1）压缩机皮带的拆装。如图6-18所示，用内六角扳手旋松压缩机下方两个连接螺栓（箭头B所示），沿顺时针方向旋转皮带张紧调节螺栓（箭头A所示）直到皮带放松，用套筒扳手将皮带由带轮上向汽车前进方向脱出。若更换皮带，应拆卸发动机前悬置；若仅拆卸空调压缩机，可不拆卸发动机前悬置。

安装空调压缩机皮带如图6-19所示，将皮带套在带轮上（注意运转方向），用套筒扳手沿顺时针方向旋转调节螺栓（箭头所示），直至皮带张紧，用拇指按压皮带中部，变形量为（5～10）mm即可，用扭力扳手将空调压缩机下方两个连接螺栓拧紧。

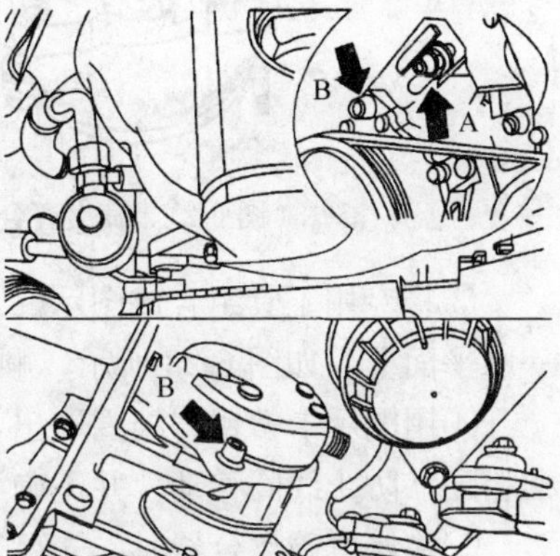

图6-18　拆卸空调压缩机皮带

（2）空调压缩机的拆装与检修。就车拆卸空调压缩机时，应先拆下蓄电池负极，拔下电磁离合器的插头，拆下空调压缩机高低压制冷管及附件（注意：拆卸高低压制冷管时，应先将系统内的制冷剂排放或回收），封闭高低压管口，防止异物进入；松开紧固调节装置，拆下皮带，将车辆举升到适当高度，旋出压缩机紧固螺栓，从压缩机支架上取下压缩机。如图6-20所示。

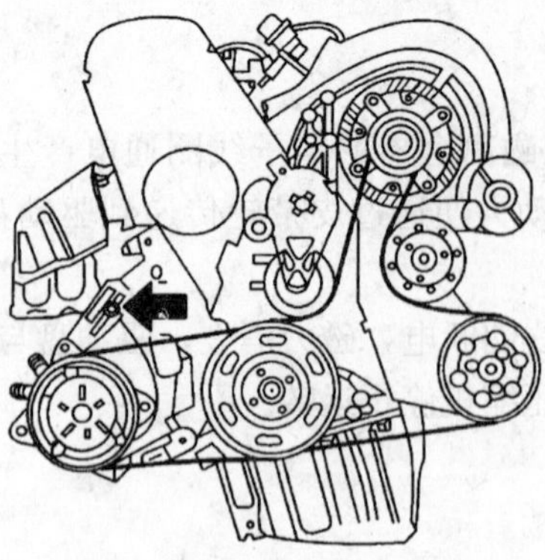

图 6-19 安装空调压缩机皮带

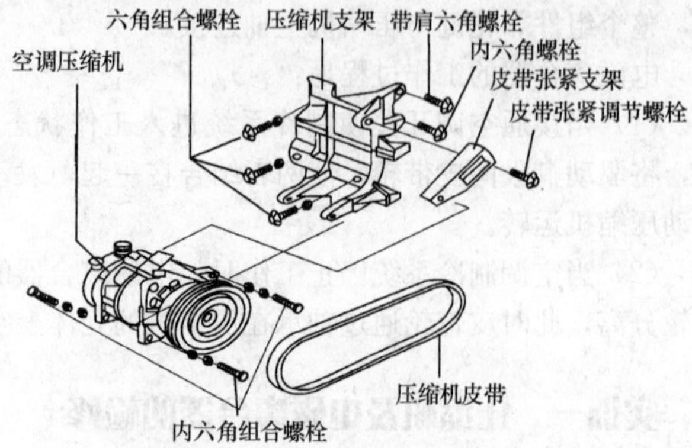

图 6-20 就车拆卸空调压缩机

将拆下的压缩机放在工作台上，即可进行必要的检测。检测方法如下：

在压缩机的吸、排气检修阀上接上歧管压力表；关闭高、低压手动阀，用手转动压缩机主轴，每秒转 1 圈，共转 10 圈，此时，歧管压力表显示的压力值应大于 0.345MPa。若压力过小，则说明压缩机内部漏气，应修理阀片或缸垫。

从低压侧注入 0.5kg 的制冷剂，然后用手转动主轴 5 圈；用检漏仪检测油封、端盖、吸排气阀口等处有无泄漏。

压缩机的安装步骤与拆装步骤相反，将压缩机安装到支架上，螺栓穿入相应的螺栓孔并用扭力扳手按规定力矩拧紧；更换高低压管的密封圈，并将高低压管安装到压缩机上，安装并调整皮带松紧度。

（3）电磁离合器的拆装与检修。

①如图 6-21 所示，用扭力扳手拆卸压缩机的六角组合螺母，旋出离合器吸盘；

②用卡簧钳取出轴承卡环，如图 6-22 所示；

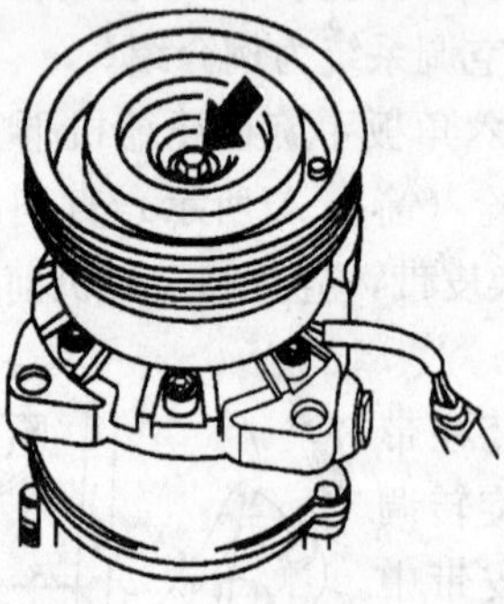

图 6-21 旋出离合器吸盘

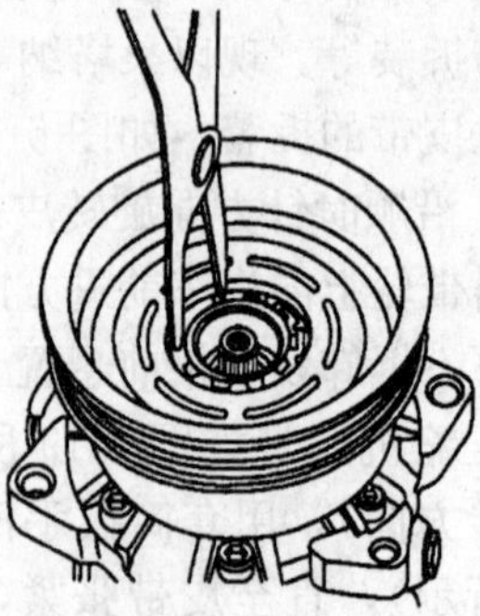

图 6-22 取出卡环

③将专用工具组合成图示二爪拉马式，轻轻钩住转子的下沿；注意两侧夹持部位应在同一水平面上，如图 6-23 所示，顺时针转动使转子脱出；

④用图示卡簧钳将挡圈取出，如图 6-24 所示，安装时线圈突缘须与压缩机前盖上的凹槽相配，防止线圈移动，并正确放置导线；

⑤检修电磁离合器时，先目视检查电磁离合器压盘是否变色、剥落或损伤，若有损坏，应更换离合器；

⑥用手转动皮带轮，检查带轮轴承的间隙和阻力，如图 6-25 所示，若出现噪音或发现

间隙过大、阻力过大，应更换离合器；

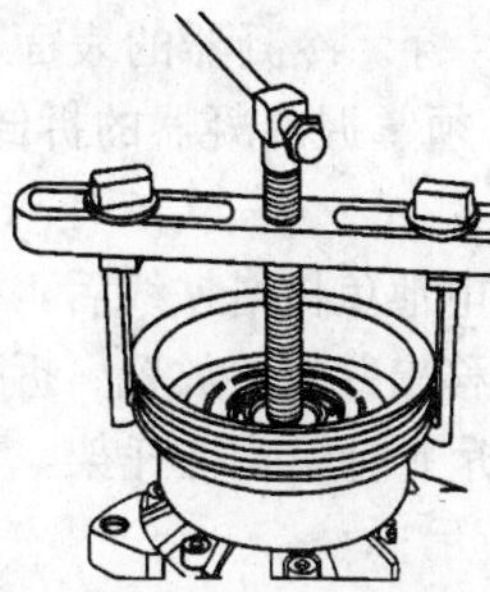
图 6-23　拆卸转子

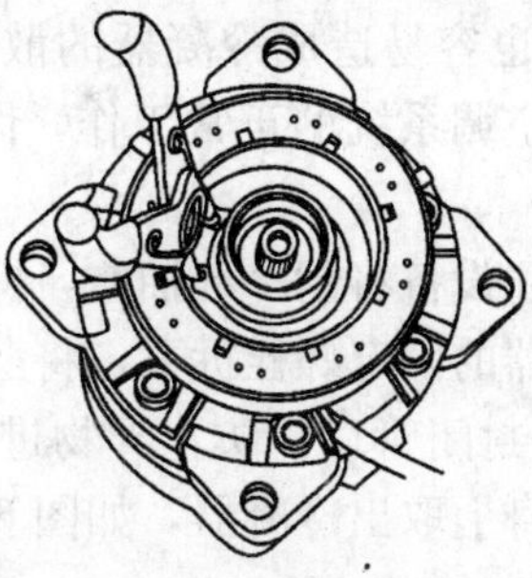
图 6-24　拆除前盖挡圈

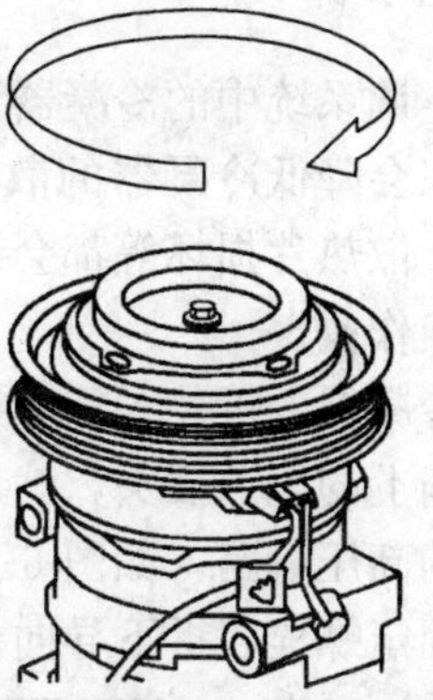
图 6-25　检查带轮轴承的间隙和阻力

⑦如图 6-26 所示，用百分表测量带轮与压盘之间的间隙，将百分表归零，在给电磁离合器施加电压的同时，测量压盘的位移；若间隙不在规定范围之内（间隙为 0.35mm～0.60mm），则需使用调整垫片进行调整；

⑧如图 6-27 所示，用万用表测量电磁线圈的阻值，正常电阻值为（4～5）Ω，若电阻无穷大，说明线圈断路，则应更换。

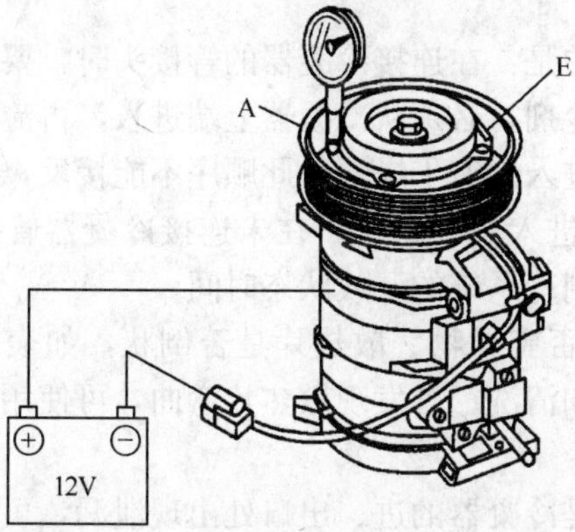

图 6-26　测量带轮与压盘之间的间隙

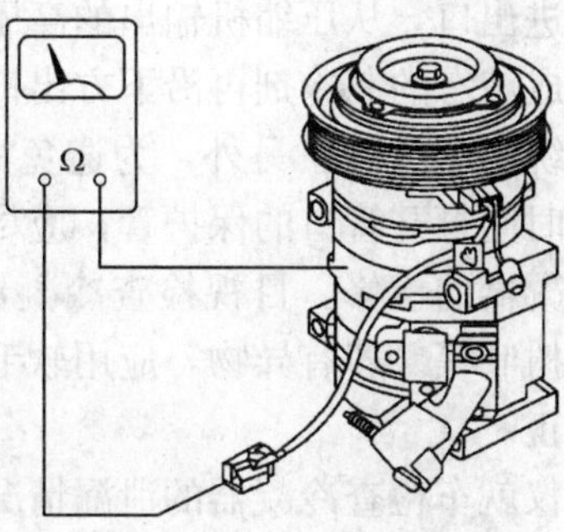

图 6-27　测量电磁线圈的阻值

实训二　冷凝器的检修

1. 器材设备准备

实训车辆、多功能充注机、常用拆装工具等。

2. 注意事项

（1）在拆卸之前，应将系统内的制冷剂用回收与充注设备抽空。在断开蓄电池的负极搭铁线的前提下进行拆装作业，以保证作业的安全性。

（2）安装冷凝器时应注意其上下部位置，冷凝器的上部与发动机罩的间隙应大于 25mm。

3. 操作步骤

汽车空调系统中的冷凝器大多布置在车头前部、侧面或车底，其表面经常会沾有地面的泥浆，泥浆会降低冷凝器的散热效率，也容易造成冷凝器的散热管烂穿。冷凝器的表面脏污、泄漏、散热片损坏等都会影响汽车空调系统的正常工作，因此必须掌握冷凝器的拆卸、检查及更换作业。

（1）冷凝器的拆装。用冷媒回收加注设备将制冷剂抽空，拆下蓄电池负极搭铁线后，拆下电控风扇上的电源插头，然后将散热器的固定螺栓拆下，将散热器移出并妥善放置。拆下冷凝器上的高压管路，如图 6-28 所示，封闭管口，防止异物进入。拆下前保险杠托架，旋出冷凝器固定螺栓，拆下导向件，从车身上取出冷凝器，如图 6-28 所示。

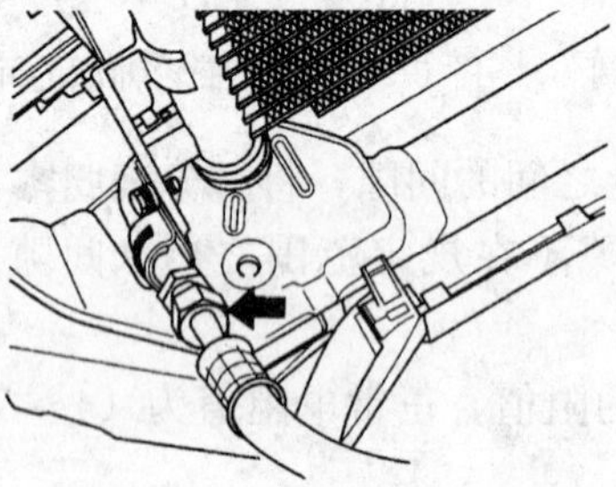

图 6-28　冷凝器管路拆装

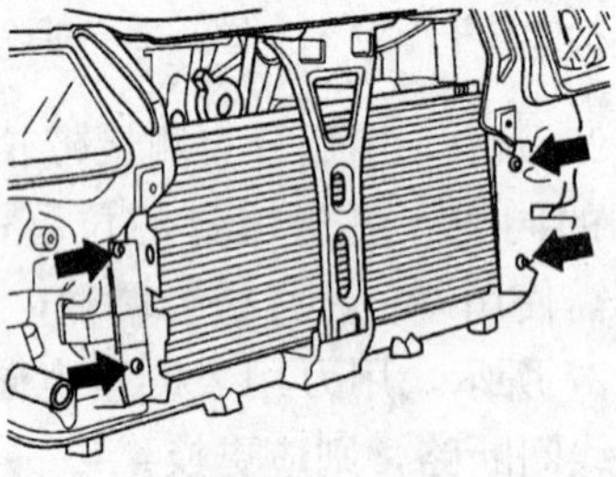

图 6-29　冷凝器拆装

冷凝器的安装步骤与拆卸时相反，但应注意的是：在连接冷凝器的管接头时，要注意分清制冷剂的进出口，从压缩机输出的高压气态制冷剂，必须从冷凝器上端进入，再流到下部管道，冷凝成液态的制冷剂再沿下方出口流出，进入储液干燥器。此顺序不能接反，否则会引起制冷系统压力升高。另外，为避免潮湿空气进入制冷系统，在未连接冷凝器管接头之前，不要长时间打开管口的保护管，应尽量缩短制冷系统的开放状态时间。

（2）冷凝器的检修。目视检查冷凝器表面是否有异物、散热片是否倒状，如表面有泥浆、昆虫、树叶等。若有异物，应用软毛刷刷去和清洗；若发现散热片弯曲，可使用旋具或手钳加以矫正。

用检漏仪就车检查冷凝器的泄漏情况：如果是冷凝器的进、出口处出现泄漏，可能是密封圈老化，需进行更换密封圈；如果是冷凝器本身泄漏，应拆下冷凝器进行修理。由于冷凝器承受高压、高温，泄漏处不宜自行采用焊接方法修理，通常由专业人员进行修理。

用歧管压力表就车检查冷凝器内部是否脏堵，如果发现压缩机高压过高、不能正常制冷、冷凝器导管外部结霜或下部不烫，则可能是冷凝器导管内部脏堵，可拆下冷凝器后，用压缩氮气吹洗，不能用水或压缩空气吹洗。

实训三　膨胀阀的检修

1. 器材设备准备

实训车辆、歧管压力表、多功能充注机、常用拆装工具等。

2. 注意事项

（1）膨胀阀一般应直立安装，安装位置应尽量靠近蒸发器。

（2）感温包一般应安放在蒸发器水平出口管且没有积液位置的上表面，要包扎牢靠，保证感温包与管子有良好的接触；接触面要清洁并要贴紧，还要用隔热防潮胶带包好。

（3）每一种膨胀阀只能适用于所指定的制冷剂，不得随意更换。

3. 操作步骤

膨胀阀是空调系统中灵敏度极高的元件，如果膨胀阀出现阻塞或节流作用失效，会造成系统不制冷或制冷不足。膨胀阀常见的故障有膨胀阀感温元件或膜片失效，毛细管安装位置松动移位、堵塞等。

检测膨胀阀的性能有两种方法，一是就车进行检测，二是为避免各种压力保护开关及调节阀对测量工作的影响而将膨胀阀拆下，在台架上检测。

（1）就车检测膨胀阀性能。就车检测膨胀阀性能时，可在发动机散热器前放置一轴流风扇，模拟汽车行驶时的迎面风速，并按以下步骤进行测试：

①将歧管压力表与空调系统相连，起动发动机，将转速调至（1 000～2 000）r/min，空调温控器调至最冷（MAX）位置，并运行（10～15）min。

②读取歧管压力表低压侧压力表的数值，其数值应在正常范围内。

a. 如果压力数值偏低，可在膨胀阀周围包上约52℃的抹布，继续观察压力读数，此时，若压力表数值能下升至正常值或接近正常值，说明系统内有水汽，应设法消除，其方法是更换储液干燥器，并用较长时间抽真空，再充注制冷剂，重新测试系统。

b. 如果低压侧压力未升高，可从蒸发器出口处小心卸下膨胀阀感温包，将感温包握在手中，观察压力表读数，若压力仍偏低，说明膨胀阀有问题，应将其卸下，在台架上进行检查。

c. 如果低压侧压力偏高，可从蒸发器出口处小心卸下膨胀阀感温包，将其放入冰水中，使温度降至0℃。若读数降至正常值，可能是感温包隔热包扎不严或安放位置不对，可重新进行定位并包扎再测定。若低压表读数仍偏高，则应卸下膨胀阀，在台架上进行检查。

（2）台架测试膨胀阀的性能。在台架上校验膨胀阀的性能时，先检查膨胀阀的过滤网上是否有污物，若有污物，应取下清洗干净。

①按图6-30所示的连接方式将歧管压力表组件与制冷瓶、膨胀阀连接好，软管与压力表之间接一个带开关的过渡接头；

②关闭压力表手动阀；

③在过渡接头上钻一个小孔，小孔直径为0.23mm，将其开关拧松，以降低通过进气管的压力；

④开启高压手动阀，将高压侧压力调整到490kPa左右；

⑤将感温包浸入水中，使水温变化，在读取低压表读数的同时，测量水温；

⑥对照图6-31，比较测得的温度与压力交点是否落在阴影区，若交点不在阴影区，应更换膨胀阀。

实训四　储液干燥器的检修

1. 器材设备准备

实训车辆、歧管压力表、多功能充注机、常用拆装工具等。

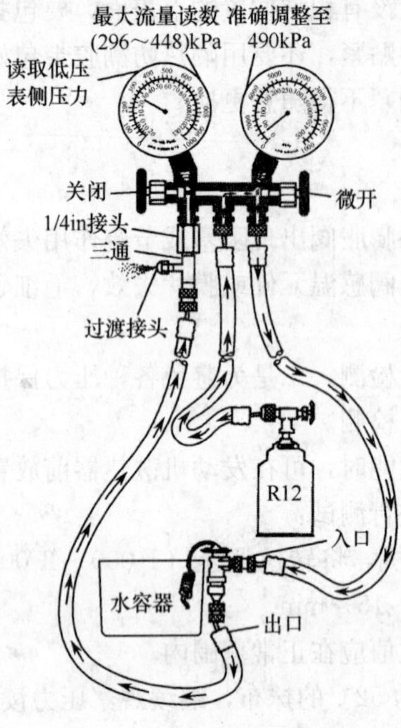

图 6-30 膨胀阀性能检测

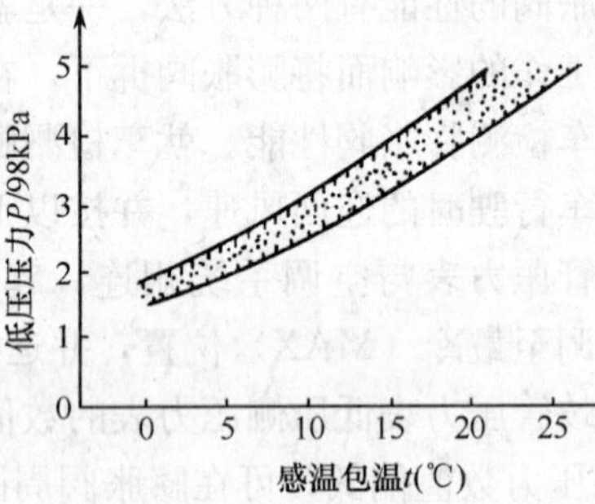

图 6-31 膨胀阀的特性

2. 注意事项

(1) 干燥器的拆装工具要合适，应保护好进、出口螺纹；对直立式储液干燥器，在安装时，其垂直倾斜度不得超过 15°；在安装新的储液干燥器之前，不得过早地将其进、出管口的包装打开，以免潮湿空气侵入储液干燥器和空调系统内部，使之失去干燥作用。

(2) 安装前一定要分清储液干燥器的进、出口端，防止装错，在储液干燥器的进、出口端一般都有记号，如进口端用英文“IN”，出口端用“OUT”表示，或直接打上箭头，以箭头方向表示进、出口端。如果进、出端接反，会造成制冷不足或不制冷。

3. 操作步骤

在制冷系统中，经常会由于各种原因产生杂质、脏物或进入含有水分的空气，造成储液干燥器堵塞，致使制冷系统的制冷效果下降。储液干燥器常见的故障是滤芯被脏物堵塞或吸水饱和，从而导致制冷剂流通不畅。

(1) 储液干燥器的检测。就车检测储液干燥器的性能时，可用手触摸干燥器进出管路，并观察视窗，如果进口很烫，且出气管接近大气温度，从视窗中看不到或很少有制冷剂流过，或者制冷剂很浑浊，则可能是储液干燥器中的滤网堵塞或干燥剂松散并堵住了干燥器的出口。

目视检查干燥器各接头处是否有油污，视窗是否有裂纹。

(2) 储液干燥器的拆卸。桑塔纳 3000 轿车储液干燥器的拆卸步骤是：

将系统内的制冷剂用回收加注设备回收并抽空后，拔下干燥器上的高低压开关连接插头，如图 6-32 中箭头 A 所示；拆下进、出口上的高压管路，并封住管口，如图 6-32 中箭头 B、C 所示；拆下固定螺栓，取下储液干燥器。

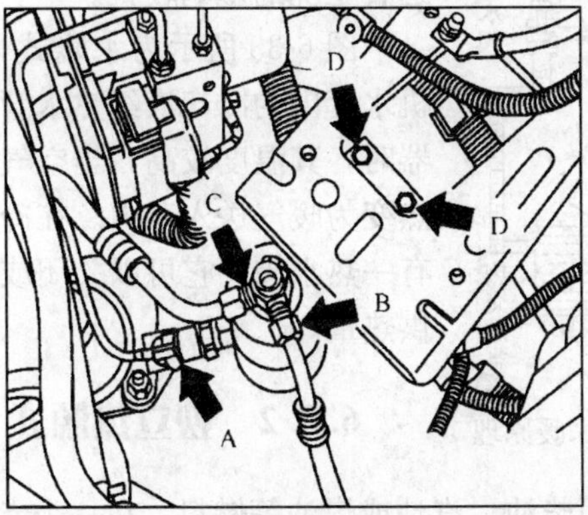

图 6-32　储液干燥器管路拆卸

6.3　空调采暖系统

现代汽车空调均配置采暖系统，其作用是在寒冷的季节为车内提供暖气；在车内、外因温差较大结霜或雾时，去除车窗玻璃上的霜或雾；与由蒸发器来的冷气相混合，调节车内的温度和湿度，满足乘员的舒适要求。

空调采暖系统按所使用的热源不同可分为：

(1) 水暖式暖风系统。利用发动机冷却液的热量提高空气的温度，多用于轿车。

(2) 独立燃烧式暖风系统。装有专门的燃烧机构，多用于客车和载货车。

(3) 综合预热式暖风系统。既利用发动机的冷却液热量，又装有燃烧预热的综合加热装置暖风，多用于大客车。

(4) 气暖式暖风系统。利用发动机排气系统的热量提高空气温度，多用于风冷式发动机上。

空调采暖系统根据空气循环方式不同可分为：

(1) 内循环式。内循环式是指利用车内空气循环，将车厢内部空气作为热载体，让其通过热交换的方式使其升温，升温后的空气再送入车内的取暖方式。此方式消耗热源较少，但从卫生标准方面看，是最不理想的。

(2) 外循环方式。外循环是指利用车外空气循环，将车外空气作为载体，通过热交换的方式使其升温，升温后的空气再送入车内的取暖方式。这种方式消耗热源大，不经济，只有特殊要求或高级豪华汽车的空调才采用。

(3) 内、外混合式。内、外混合式是指既利用车外新鲜空气，又利用部分车内的原有空气，以车内外空气的混合体作为热载体，通过热交换的方式使其升温，升温后的空气再送入车内的取暖方式。

6.3.1　水暖式暖风系统

水暖式采暖系统通常利用发动机工作时冷却液的余热（80℃～95℃）为车内提供暖气，它具有结构简单、成本低、不耗能、操作维修方便等优点，虽采暖量较小，但足以满足小型客车和轿车车内供暖的需要，故广泛用于小型客车和轿车上。其缺点是采暖量受汽车发动机

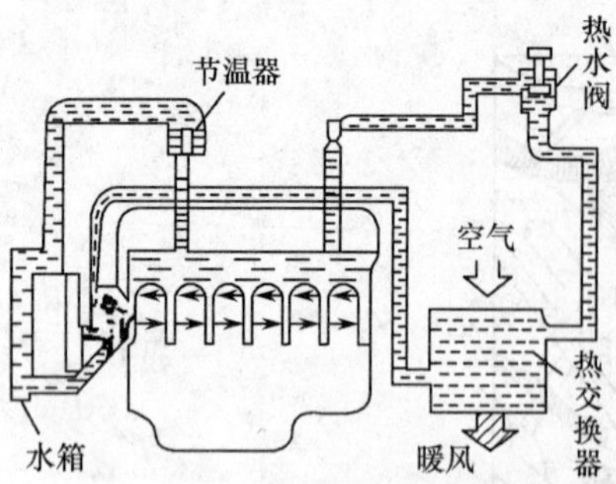

图 6-33 水暖式采暖装置的采暖原理

运转工况的影响较大。

图 6-33 所示为水暖式采暖装置的采暖原理。发动机水套内的冷却液经热水管道和热水阀进入采暖热交换器时，其温度较高，当空气吹过热交换器时，空气被加热变为暖气送入车内。在冷却液通往热交换器的管路上有一热水阀，它可以关闭或控制水量的大小，用来调节供热量。

6.3.2 独立热源式

独立热源式采暖系统用柴油、汽油或煤油等燃料，在一个专门燃烧器内燃烧，燃烧所产生的热量为车内提供暖气。其特点是供暖充分，不受汽车运行状态的影响，但结构复杂、耗能多，故主要用于需要较大供暖量的大、中型客车上。

6.4 空调的送风系统

目前汽车空调的送风系统一般由三部分组成，如图 6-34 所示。第一部分是空气进口段，主要由鼓风机和用来控制新鲜空气和室内循环空气的风门及伺服电机构成；第二部分是空气混合段，主要由加热器和蒸发器构成，用来提供所需温度的空气；第三部分是空气分配段，使空气吹向面部、脚部和挡风玻璃等。

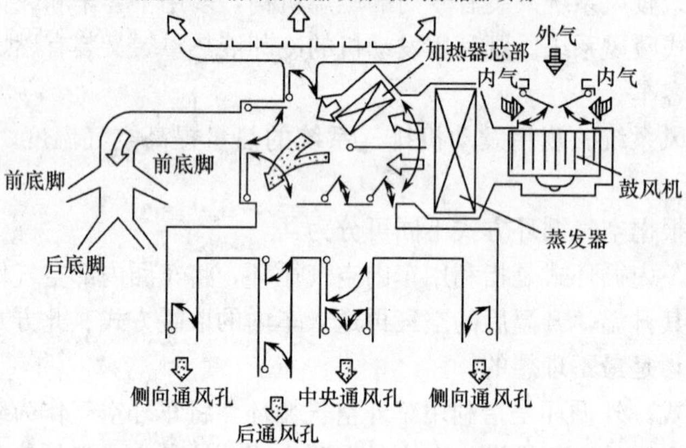

图 6-34 汽车空调的送风系统

空调送风系统的工作过程是：新鲜空气及车内循环空气──→鼓风机──→蒸发器冷却──→由空气混合风门调节进入加热器的空气量──→空气混合室──→各风门。

空气进口段的风门主要控制新鲜空气和车内循环空气的比例，夏天车外气温较高、冬天车外气温较低时，尽量多用车内空气，使压缩机运行时间减少；汽车长期运行时，车内空气品质下降，此时应定期开大风门，多采用车外新鲜空气。

加热器旁的空气混合风门主要用来调节通过加热器的空气量，从而确定向车内吹出的空气温度。当通向加热器的通路被关闭时，获得最大的冷却空气；当加热器旁通路关闭时，获得最暖的空气；当空气混合风门处于中间位置时，冷风与暖风混合，得到中间温度的空气。

汽车空调送风的形式很多，目前最常用的送风形式是空气混合式。

汽车空调送风口在车上的布置如图 6-35 所示，各通风孔风挡打开的情况，即决定了经过调节后的空气分配到车内的情况。

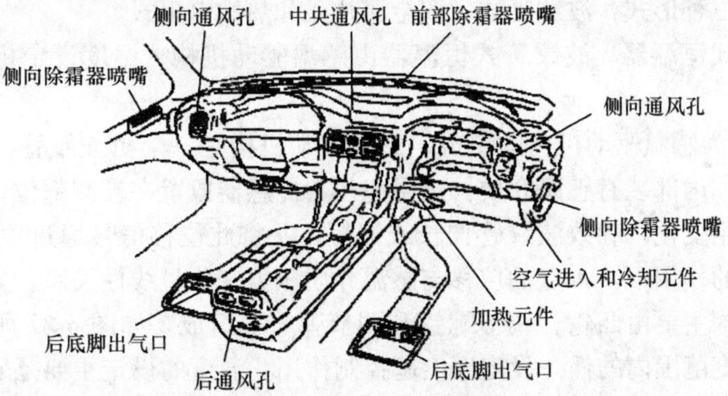

图 6-35　汽车空调送风口在车上的一般位置

当侧向通风孔风挡、中央及后通风孔风挡打开时，系统向中央、侧向及后通风孔吹出空调风；当脚风挡打开时，系统向前、后底脚出气口吹出空调风；当除霜风挡打开时，向挡风玻璃吹出空调风。这些风挡不是孤立工作的，如中央通风孔、后通风孔、侧向通风孔风挡位置都是联动的。

6.5　空调的控制装置

为使汽车空调系统正常工作，系统中设有一系列控制元件和执行机构。控制对象按参数划分可分为制冷温度控制、压力控制及转速控制等；按部件可分为蒸发器控制、压缩机电磁离合器控制、风门控制以及风机转速控制等。

汽车空调制冷温度的控制方法有两种：一种是控制蒸发器表面温度；另一种是控制蒸发器压力。

为保证空调系统在工作时，发动机也能正常工作，控制装置还对压缩机的运行及发动机供油系统采取相应的控制措施，如怠速继电器、怠速提升装置、超车停转继电器等。

现在很多高级车辆上采用了微型计算机控制，真正实现了空调的自动控制。全自动空调的实现（制冷、采暖、通风统一控制）使温度调节的内容和方法更加复杂。

6.5.1　蒸发器的温度控制

蒸发器温度控制的目的是防止蒸发器结霜。若蒸发器的温度低于 0℃，凝结在蒸发器表面的水分就会结霜或结冰，严重时会堵塞蒸发器的空气通路，导致制冷系统制冷效果降低，为了避免这种情况的发生，必须控制蒸发器的温度，使它在 0℃以上。

控制蒸发器温度的方法通常有两种，一种是利用温度传感器或温度开关控制压缩机的运转；另一种是利用蒸发压力调节器控制蒸发器的压力。

1. 蒸发器表面温度控制

蒸发器的表面温度控制有两种形式，一种是用温度开关（恒温器）直接控制压缩机电磁离合器；另一种是将热敏电阻安装在蒸发器的表面，当蒸发器表面的温度低于某一设定值时，热敏电阻的阻值变化，将信号传输给空调 ECU，空调 ECU 控制继电器切断压缩机电磁离合器电路，使压缩机停转，控制蒸发器温度不低于 0℃。

温度开关有三种形式：波纹管式、双金属片式和热敏电阻式。

(1) 波纹管式恒温器。波纹管式恒温器由感温驱动机构、温度设定机构和触点三部分组成。

图 6-36 所示为感温驱动机构的组成。感温驱动机构是一个由波纹管、毛细管和感温包组成的封闭系统，内部装有感温介质。感温包作为传感器放置在被测部位，温度的变化使得波纹管内压力发生变化，导致波纹管伸长或缩短，并将此位移信号通过顶端作用点 A 传递出去。在弹簧力的作用下，A 点的位移与感温介质压力变化呈线性关系。

温度设定机构主要由凸轮、调节螺钉和调节弹簧等组成，如图 6-37 所示，其功能是使恒温器在一定温度范围内的任一设定温度起控制作用。温度的设定主要是通过调节凸轮改变主弹簧对波纹管内作用力的大小，它的外部调节有刻度盘、控制杆和旋具调节等形式。当主弹簧被拉紧时，感温包内要有比较高的温度才能使触点闭合，即车厢内温度较高。恒温器内的另一个弹簧用于调节触点断开时的温度范围，此范围通常是 4℃～6℃，这样为蒸发器除霜提供了足够的时间。

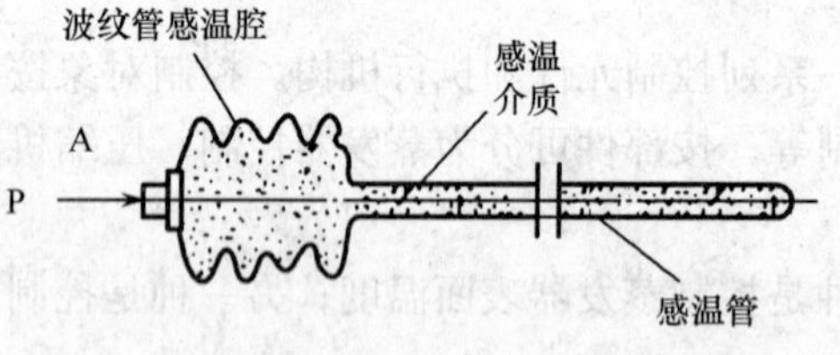

图 6-36　波纹管式恒温器感温驱动机构

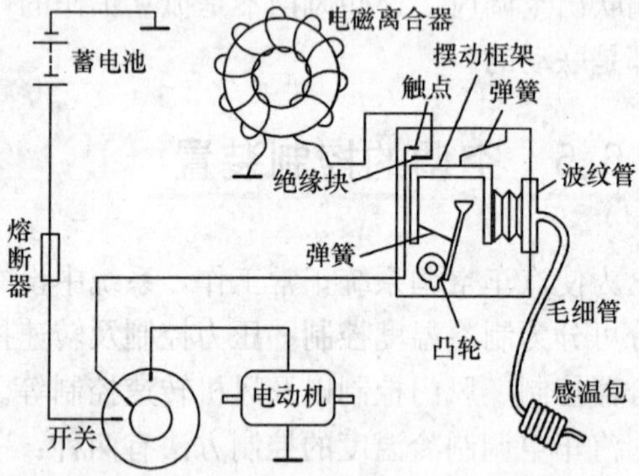

图 6-37　温度设定机构的工作原理图

(2) 双金属片式恒温器。双金属片恒温器结构如图 6-38 所示，在双金属片的端部有一动触点，在壳体上有一定触点。

当流过恒温器的空气温度在设定温度范围内时，双金属片平伸，两触点闭合，这时，电磁离合器电路接通，压缩机工作；随着车内空气温度的降低，流过恒温器的空气温度也降低，当空气温度低于恒温器所设定温度时，双金属片弯曲，触点断开，电磁离合器分离，压缩机停止工作；此后，车内温度会上升，当温度上升到设备恒温器设定温度范围内时，金属片受热后逐渐平伸，触点又闭合，从而接通电路。如此反复工作达到控温的目的。

双金属片式恒温器的特点是结构简单、不宜损坏且价格便宜，但作为直接感受温度的部件，须整体放置在蒸发箱内，造成安装不便，因此，波纹管式恒温器的应用要比双金属片式恒温器广泛。

(3) 热敏电阻式恒温器。热敏电阻是一种阻值随温度变化而改变的电阻元件，利用热敏电阻的温度—电阻特性，将其作为传感器放置在被测温度之处——如空调系统的风道内，同时用导线与晶体管放大电路系统相连，如图 6-39 所示。

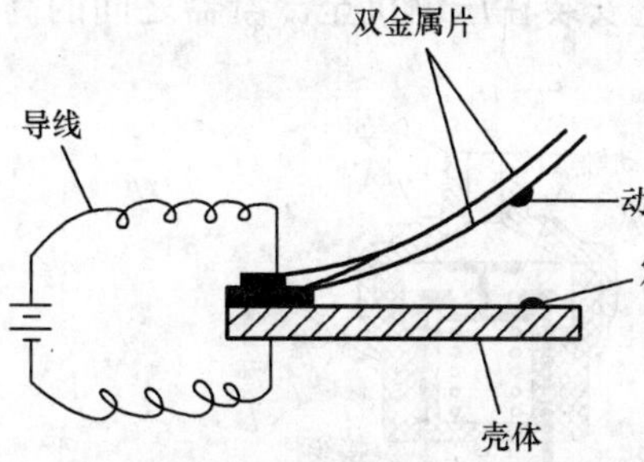

图 6-38　双金属片式恒温控制器的结构

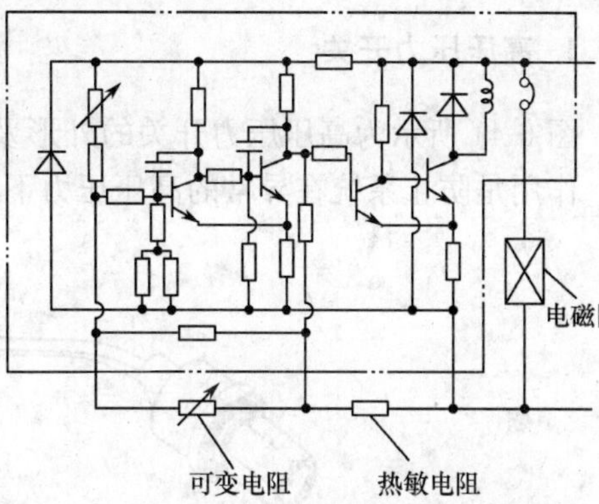

图 6-39　热敏电阻式恒温控制电路

由温度的变化转变为电阻值的变化，进而转变为电压的变化，通过放大器控制电磁离合器动作，由此达到控制温度的目的。

2. 蒸发器压力控制

由制冷剂的特性可知，只要制冷剂的压力高于某一数值，其温度就不会低于 0℃（对于 R134a，此压力大约为 0.18MPa），因而只要将蒸发器出口处制冷剂的压力控制在一定的数值，就可以防止蒸发器表面结霜或结冰。

蒸发压力调节器可根据制冷负荷的大小调节蒸发器出口处的压力，确保蒸发器出口的压力使制冷剂不低于 0℃。

如图 6-40 所示，蒸发压力调节器安装在蒸发器出口至压缩机入口的管路中。它主要由金属波纹管、活塞、弹簧等组成，相当于在管路中设置了一个可调节制冷剂流量的阀门。

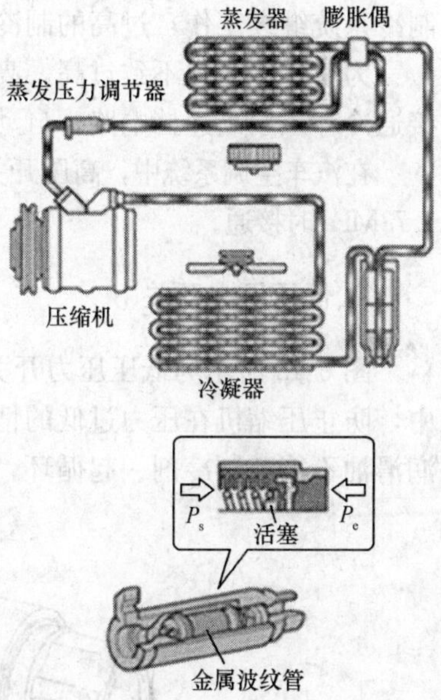

图 6-40　蒸发压力调节器

当制冷负荷减小时，蒸发器出口处制冷剂的压力会降低，作用在活塞上向左的力 P_e 减小，小于金属波纹管内弹簧向右的力 P_s 时，活塞向左移动，阀门开度减小，制冷剂的流量也随之减小；反之，在制冷负荷增大时，活塞可向右移动，阀门开度增大，增加制冷剂的流量，适应制冷负荷增大的需要。

6.5.2　空调系统的压力保护

制冷循环系统中若出现压力异常，会造成系统不同程度的损坏。若系统压力过低，制冷剂量过少，可造成润滑油不能随制冷剂一起循环，使压缩机缺油而损坏；若由于制冷剂量大或冷凝器冷却不良造成系统压力过高，有可能造成系统部件损坏。因此，在制冷系统工作时，必须对系统压力进行监测，防止出现上述两种情况。

压力控制部件有两种，一种是压力开关，可对所设定的压力执行通或断的指令，当系统中压力过高或过低时压力开关起作用，防止系统在异常压力情况下工作，起到保护作用；另一种是压力调节器，对于所设定的压力执行一个调节过程。

1. 高压压力开关

图 6-41 所示为高压压力开关的外形及结构，它安装在压缩机至冷凝器之间的高压管路上，作用是防止系统在异常的高压压力下工作。

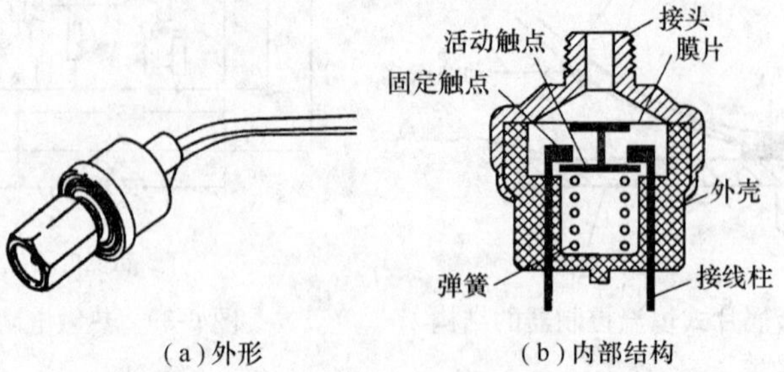

图 6-41 高压压力开关

若冷凝器散热不良、散热堵塞和风扇损坏，导致冷凝压力出现异常上升，这时，若空调制冷系统继续工作，过高的制冷剂压力会造成冷凝器或系统管路的破裂。

为使系统压力不致过高，高压压力开关自动切断电磁离合器的电路，使压缩机停转，或接通冷却风扇高速挡电路，自动提高风扇转速，以降低冷凝器温度和压力。

在汽车空调系统中，高压开关的压力控制范围为：2.82MPa～3.10MPa 时断开；1.03MPa～1.73MPa 时接通。

2. 低压压力开关

图 6-42 所示为低压压力开关的外形和结构。低压压力开关通常安装在系统的高压回路中，防止压缩机在压力过低的情况下工作。若系统高压回路中压力过低，说明缺少制冷剂，润滑油不能随制冷剂一起循环，久而久之将损坏压缩机。

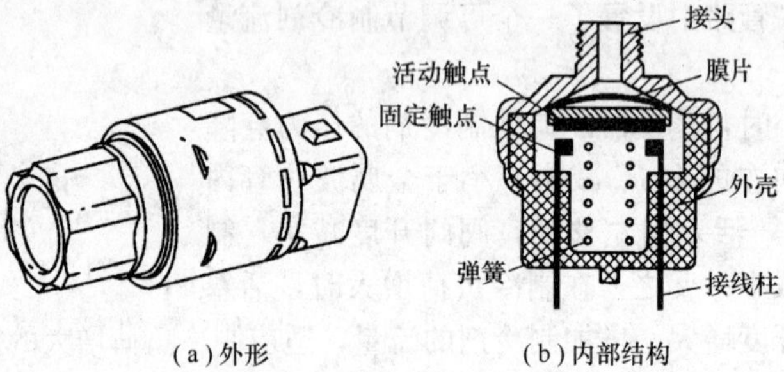

图 6-42 低压压力开关

在大、中型客车的空调制冷系统中，低压压力开关设置在低压回路中，直接由吸气压力控制，当低压低于某一规定值时，接通高压旁通阀（电磁阀），让部分高压蒸气直接进入蒸发器，以达到除霜的目的。

低压压力开关的工作范围一般为：80kPa～110kPa 时断开；230kPa～290kPa 时接通。

3. 高、低压复合压力开关

为使结构紧凑，减少接口，通常将高、低压力开关做成一体安装在储液干燥器上，如上海桑塔纳 2000 轿车、南京依维柯客车上的高、低压复合压力开关。

如图 6-43 所示，复合压力开关由金属膜片、弹簧及触点等组成。

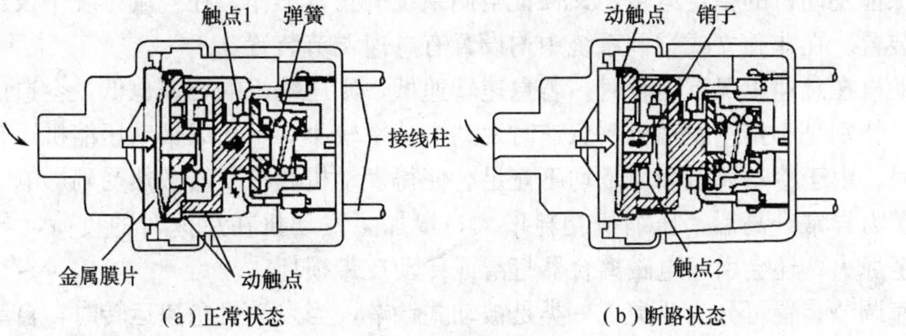

图 6-43　高、低压复合压力开关

其工作过程为：

（1）低压保护。当制冷剂压力低于低限值（196kPa）时，由于弹簧的压力大于制冷剂压力，触点 2 和触点 1 断开，电流中断，压缩机停止工作。

（2）正常工作。当制冷剂压力为正常值时（0.2MPa～3MPa），制冷剂压力超过弹簧力，弹簧受压缩，而金属膜片不变形，动触点向箭头方向移动，触点 1 接通，压缩机正常工作，冷凝器风扇低速运转，噪声低，节省动力。

（3）高压保护。当制冷剂压力高于高限值（3.14MPa）时，这时制冷剂压力不仅高于弹簧压力，而且高于金属膜片的弹力，金属膜片由拱形变平，推动销子向箭头方向移动，并使得高于触点 2，电路断开，压缩机停止工作。这时，冷凝器风扇高速运转，以改善冷凝器的散热条件，实现了风扇的二级变速。

4. 压力开关控制电路

图 6-44 所示为压力开关控制的基本电路。压力开关一般安装在储液干燥罐或高压管路上。

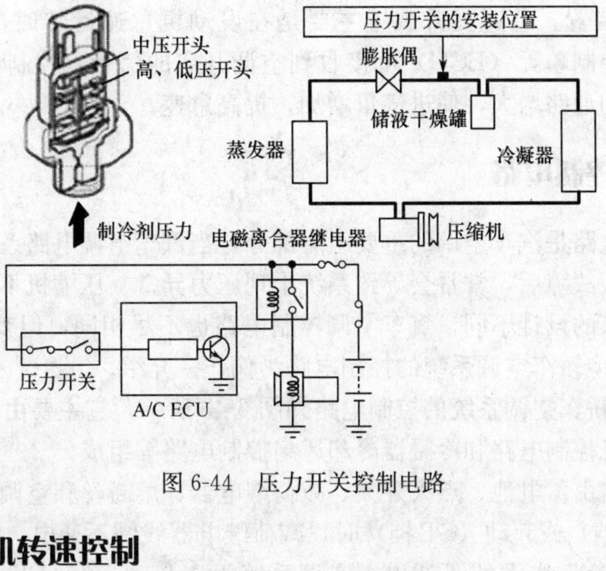

图 6-44　压力开关控制电路

6.5.3　发动机转速控制

非独立式空调系统的压缩机由发动机驱动，当发动机的功率一定时，空调系统的工作对发动机功率输出的分配有一定影响；反之，发动机转速的变化同样会影响空调系统的工作性能。为保证发动机的稳定运转，又保证空调系统的正常工作，在空调系统中设置了发动机转速控制装置。在非独立式空调系统中均设置有怠速调节装置。

发动机在怠速工况下运转时，若怠速转速低，则压缩机的转速也低，会造成系统的制冷量不足，特别是小排量发动机，怠速时发动机功率较小，不足以带动压缩机运转而增加的负荷；同时，由于冷却风压和风量均不充足，使得发动机和冷凝器散热受到影响。冷凝器温度和冷凝压力异常升高后，压缩机功耗增大，增加了发动机在怠速时的负荷，导致工作不稳定，甚至熄火，还会引起电磁离合器打滑或传动皮带损坏。

怠速调节装置可分为两类：一类是被动式调节，当发动机怠速运转时，自动切断压缩机离合器电路，压缩机停止运行，以减轻发动机的负荷，稳定发动机怠速，如系统中的怠速继电器；另一类是主动式调节，在发动机怠速运转时，加大油门，以增加发动机的输出功率，并使发动机转速稍有提高，此装置称为怠速提升装置。

（1）怠速继电器。如图 6-45 所示是一种测速与调温控制电路。当发动机转速低于规定转速时，三极管 T_1 导通，而三极管 T_3 截止，继电器触点分开，电磁离合器线圈电流被切断，压缩机停转；当蒸发器表面温度降至规定值，热敏电阻阻值升高到使三极管 T_2 导通时，三极管 T_3 截止，继电器触点分开，压缩机停转。

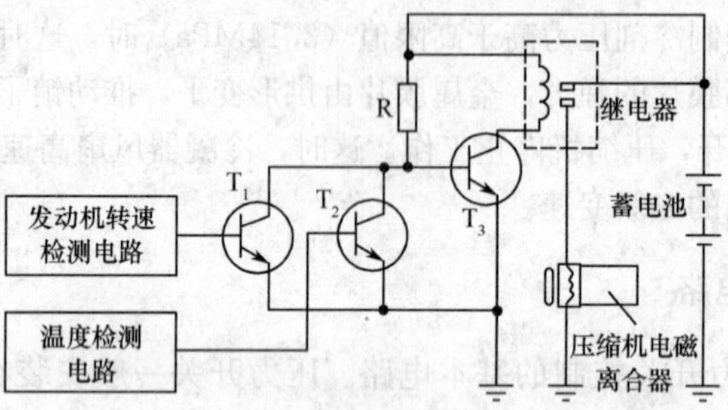

图 6-45 测速与调温控制电路

（2）怠速提升装置。怠速提升装置主要是在发动机怠速运转时，接通空调制冷开关（A/C），发动机的控制单元（ECU）可接收到空调开启的信号，控制单元便控制怠速控制阀将怠速旁通气道的通路增大，使进气量增加，提高怠速。

6.5.4 空调控制电路

汽车空调控制电路是汽车空调的重要组成部分，当汽车空调电路系统中的熔断器、继电器或连接线路等出现故障后，常常会导致系统出现压力异常、压缩机不工作等故障。

由于各制造厂家的设计不同，汽车空调控制电路也不尽相同，但其基本原理是相同的。下面以桑塔纳 2000 型轿车空调系统的控制电路为例作一介绍。

桑塔纳 2000 型轿车空调系统的控制电路如图 6-46 所示，它主要由电源电路、电磁离合器控制电路、鼓风机控制电路和冷凝器冷却风扇控制电路等组成。

图中，电源电路由蓄电池、点火开关、减荷继电器、熔断丝和空调主继电器组成。当点火开关断开（OFF 挡）或起动（ST 挡）时，减荷继电器线圈不通电，继电器触点断开，空调系统的供电线路“X”电源线不通电，空调系统无法起动运行。当点火开关接通（ON）挡时，减荷继电器线圈通电，触点闭合，“X”电源线通电，主继电器 J_{32} 中的 2 号继电器线

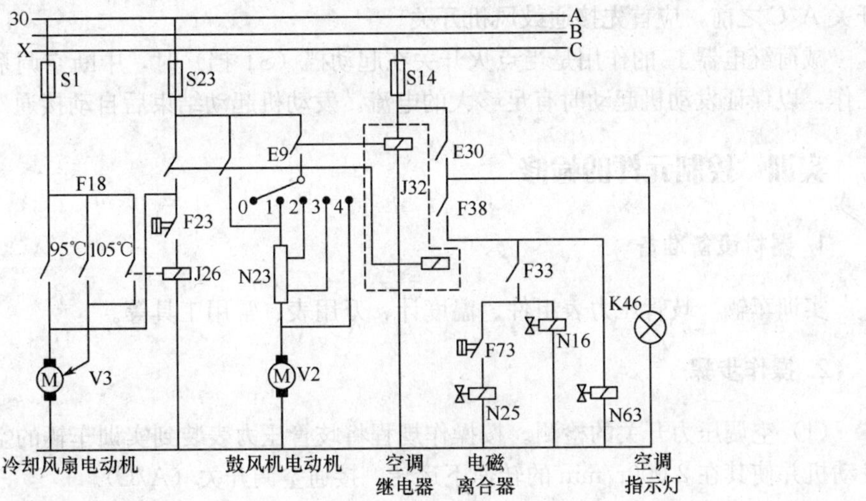

图 6-46　桑塔纳 2000 轿车的空调系统控制电路

圈经熔断丝 S_{14} 通电，使其触点闭合，接通了鼓风机电动机 V_2 的供电回路，鼓风机便可在鼓风机开关 E_9 控制下运转。鼓风机开关 E_9 在不同的挡位时，鼓风机电动机 V_2 的供电回路串入调速电阻的个数也不同，因而可得到不同的送风速度。鼓风机电动机 V_2 的供电回路为：蓄电池"+"极⟶熔断丝 S_{23}⟶主继电器 J_{32} 中的 2 号继电器触点⟶鼓风机开关 E_9⟶鼓风机调速电阻 N_{23}⟶鼓风机电动机 V_2⟶搭铁⟶蓄电池"−"极。

夏季需要获得冷气时必须接通空调 A/C 开关 E_{30}，电流从蓄电池"+"极⟶减荷继电器 J_{59} 的触点⟶熔断丝 S_{14}⟶空调 A/C 开关，一路经空调 A/C 指示灯 K_{46} 构成回路，当指示灯 K_{46} 亮时，表示空调 A/C 开关接通；另一路通向环境温度开关 F_{38}，经环境温度开关 F_{38} 后又分 3 路：

第一路经新鲜空气翻转电磁阀 N_{63} 构成回路，该阀动作接通新鲜空气翻板真空促动器的真空通路，鼓风机强制通过蒸发器总成的空气通道进风，以获得冷气；

第二路经蒸发器温控器 F_{33}，由 F_{33} 控制电磁离合器 N_{25} 和怠速提升电磁阀 N_{16} 供电；只有当蒸发器温度高于规定温度时，温控开关 F_{33} 触点才接通，电磁离合器电路通电吸合，压缩机运转制冷，同时怠速提升电磁阀 N_{16} 动作使发动机以较高转速运转，保证有足够的动力驱动压缩机工作；低压开关 F_{73} 串联在蒸发器温控器 F_{33} 和电磁离合器 N_{25} 之间的电路中，当制冷系统严重缺乏制冷剂使系统高压侧压力低于 0.2MPa 时，低压开关 F_{73} 触点断开，压缩机停止运转；

第三路经主继电器 J_{32} 的 1 号继电器线圈形成回路，主继电器两对触点吸合，其中一对触点用于控制冷凝器冷却风扇继电器 J_{26}，另一对触点用于控制鼓风机电动机 V_2，高压开关 F_{23} 串联在继电器 J_{26} 和主继电器 J_{32} 的 1 号继电器的第一对触点之间，当制冷系统高压侧压力低于 1.5MPa 时，高压开关 F_{23} 触点断开，电阻 R 串联在冷凝器冷却风扇电动机 V_7 的供电回路中，冷却风扇电机 V_7 低速运转；当制冷系统高压侧管路压力高于 1.5MPa 时，高压开关 F_{23} 触点接通，继电器 J_{26} 线圈通电，触点闭合，电阻 R 被短接，冷却风扇电机 V_7 高速运转以加强冷凝器和发动机的冷却强度；主继电器 J_{32} 中的 1 号继电器还控制鼓风机的一对触点，当空调开关接通时此触点即闭合，此时若鼓风机开关 E_9 未接通鼓风机电路，鼓风机电动机 V_2 通过这对触点获得电压，从而以低速旋转，可防止当接通空调开关 A/C，而忘记接通鼓风机电路时，无空气流过蒸发器表面，引起蒸发器表面温度过低而结冰，因此，在接通空调开关 A/C 之前，应首先接通鼓风机开关。

减荷继电器 J_{59} 的作用是当点火开关在起动挡（ST 挡）时，中断空调系统等附属电器的工作，以保证发动机起动时有足够大的电流。发动机起动结束后自动接通“X”线电路。

实训 控制元件的检修

1. 器材设备准备

实训车辆、歧管压力表组件、温度计、万用表、常用工具等。

2. 操作步骤

（1）空调压力开关的检测。按操作规程将歧管压力表装到实训车辆的空调系统中，起动发动机并使其在 2 000r/min 的转速下运转，接通空调开关（A/C）。

用万用表欧姆挡检测低压力开关的导通状况，当系统中制冷剂压力低于 0.196MPa 时，低压开关应断开；当系统中制冷剂压力高于 0.21MPa 时，低压开关应导通，否则为性能不良。

在系统正常工作的前提下，用纸板或其他物品挡住冷凝器的散热部位，以恶化其冷却效果，此时冷凝器的温度会逐渐下高，当高压侧压力达到（2.1～2.5）MPa 时，高压开关应不导通，电磁离合器应断电。之后拿开纸板，待高压侧压力降低到 1.9MPa 时，电磁离合器应通电工作。

（2）恒温器的检测。将歧管压力表组件接到制冷系统中，起动发动机并使其在 2 000r/min 的转速下运转，接通空调开关（A/C），运行（10～15）min，调整空调至最大制冷量位置。

检查视窗中有无气泡，并读取低压侧压力表读数（应为 0.19MPa），并观察恒温器的运行状况。应注意的是，若蒸发器结霜，恒温器应能将电磁离合器断开，待蒸发器上的霜消失后，恒温器应能使电磁离合器再次吸合。

在触点闭合前的瞬间，记录压力表的读数。在触点从断开到再闭合的过程中，系统内制冷剂压力值的变化应从 0.18MPa 升高到 0.22MPa。

恒温器的检测不能少于 3 次，以确定运行状况前后是否一致。

当需要对恒温器进行调整时，先拆除恒温器通道上的零件，打开至调整螺钉的通道，逆时针方向转动调整螺钉，可减少触点间的压力，温度降低；顺时针方向转动调整螺钉，可增加触点间的压力，温度升高。

6.6 空调自动控制

图 6-47 所示是空调自动控制装置的结构组成和控制示意图。控制装置主要由传感器、执行元件和空调电控单元组成。

6.6.1 传感器

传感器主要包括车内温度传感器、车外环境温度传感器、蒸发器温度传感器、光照传感器、冷却液温度传感器和压缩机锁止传感器等。

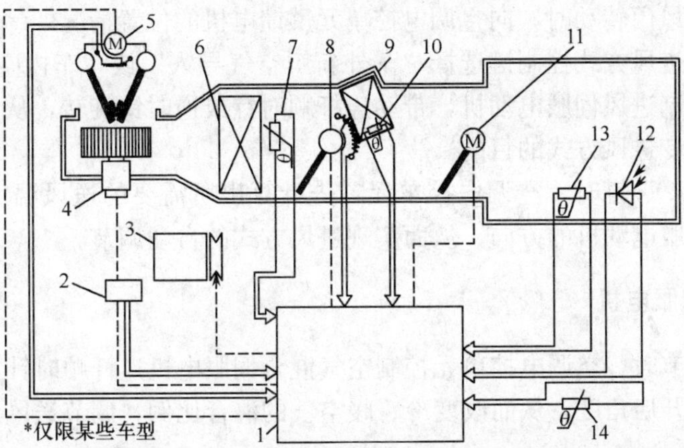

1—空调电控单元；2—功率晶体管；3—压缩机；4—鼓风机电动机；5—进气控制伺服电动机；
6—蒸发器；7—蒸发器传感器；8—空气混合控制伺服控制电动机；9—热交换器；10—冷却液温度传感器；
11—出风模式伺服电动机；12—阳光传感器；13—车内温度传感器；14—车外温度传感器

图6-47　空调自动控制装置的组成

1. 车内温度传感器

车内温度传感器是一个具有负温度系数的热敏电阻，当车内温度发生变化时，热敏电阻的阻值发生变化，从而向空调电控单元输送车内温度信号。它通常被安装在仪表盘后面的吸气装置内。

2. 车外环境温度传感器

车外环境温度传感器被安装在后视镜或保险杠下端，它也是一个热敏电阻，当车外环境温度发生变化时，热敏电阻的阻值发生变化，从而向空调电控单元输送车外环境温度信号。

车内温度和车外温度传感器传送给电控单元的信息用于确定混合门、进气门及模式门的位置，确定鼓风机的转速以及压缩机的工作状态。

当两传感器指示的车内、车外温度高时，混合门向“冷”的方向移动，送风系统中出风口的温度降低；反之，车内、车外温度低时，混合门向“热”的方向移动。

在制冷工况下，若车内、车外温度传感器输送的温度高，则鼓风机的转速就越高；反之，鼓风机的转速降低。

3. 冷却液温度传感器

冷却液温度传感器用于测量热交换器芯的温度，修正混合风门的位置，使压缩机在发动机处于高温状态下仍然工作。

6.6.2　执行器

执行器主要包括风门伺服电机、暖风电机及压缩机电磁离合器等。

1. 进风伺服电机

进风伺服电机控制空调的进风方式，电动机的转子经连杆与进风风门相连，内装一个电位计，当电机带动风门转动时，向空调电控单元反馈电机的位置情况。

当驾驶员使用进风方式控制键选择“车外新鲜空气导入”或“车内空气循环”模式时，空调电控单元即控制进风伺服电动机，带动连杆顺时针或逆时针旋转，从而带动进风风门闭合或开启，达到改变进风方式的目的。

当按下“AUTO”键时，空调电控单元首先计算出所需要的送风温度，并根据计算结果自动改变进风伺服电动机的方向，从而实现进风方式的自动调节。

2. 空气混合伺服电机

当进行温度调节时，空调电控单元控制空气混合伺服电机连杆顺时针或逆时针转动，改变空气混合风门的开启角度，从而改变冷、暖空气的混合比例，调节送风温度。

3. 送风方式控制伺服电机

当按下操纵面板上某个送风方式键时，空调电控单元便将电动机上的相应端子接通，而电动机内的驱动电路据此使电动机连杆转动，将送风控制风门转到相应的位置上，打开某个送风通道。

4. 最冷控制伺服电机

此电机操纵最冷风门有全开、半开和全闭三个位置。当空调电控单元使某个位置的端子接地时，电动机驱动电路使电动机转动，带动最冷控制风门处于相应位置。

5. 暖风电动机

暖风电动机转速可通过操作空调控制面板上的“高速”、“中速”和“低速”按键设定。

当按下“AUTO”键时，空调电控单元根据送风温度自动调整暖风电机转速，若冷却液温度传感器检测到冷却液温度低于40℃时，空调电控单元控制暖风电动机停止工作。

6.6.3 空调电控单元

空调电控单元与操纵面板成一体，它对输入的各种传感器信号和功能选择键的输入指令进行计算、分析比较后，发出指令控制各个执行器动作，使车内温度、空气流动状况等始终保持在驾驶员设定的水平上，极大地简化了操作。

空调自动控制具有以下功能：

(1) 温度控制。TAO是车内温度保持在设定温度所必需的鼓风机出风口的空气温度，是空调电控单元根据输入信号（车内温度传感器、车外环境温度传感器、阳光传感器）和温度设定计算出来的。空调电控单元参照TAO值对执行器进行控制。

TAO值由下面公式计算出：

$$TAO = A \times TSET - B \times TR - C \times TAM - D \times TS + E$$

式中：TSET——设定温度；

TR——车内温度；

TAM——车外温度；

TS——太阳辐射强度；

A、B、C、D、E——常数。

空调控制单元根据TAO值和蒸发器温度传感器信号（TE），计算空气混合控制风门的开度（SW）。

（2）鼓风机转速控制。空调电控单元通过控制功率三极管的基极电压来控制其输出电流的大小，从而改变鼓风机的转速，基极电压与电流的输出成正比，当基极电压为12V时，为自动控制下的最高转速。相邻两级的鼓风机转速，其基极电压差大约为0.1V。

当风量控制钮置于“AUTO”时，空调电控单元根据TAO值自动控制鼓风机的转速，如图6-48所示。只有将温度设置到最低时，鼓风机才以最高转速运转，其余状态下鼓风机转速在空调控制单元控制下在高和低之间自动改变。

（3）气流方式控制。空调电控单元会根据TAO值按照图6-49所示的方式进行气流控制。

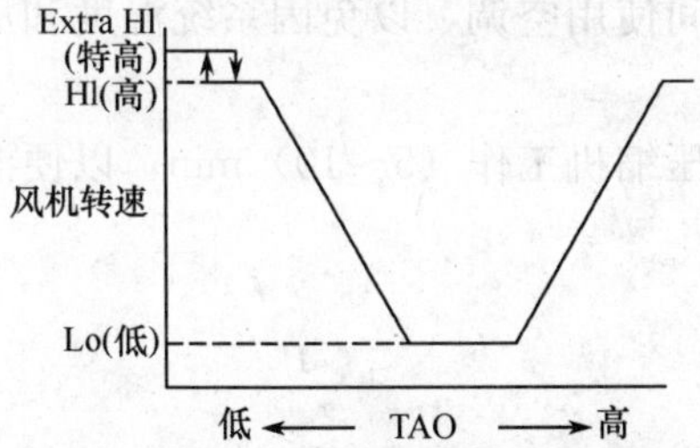

图6-48　鼓风机转速与TAO信号值的关系

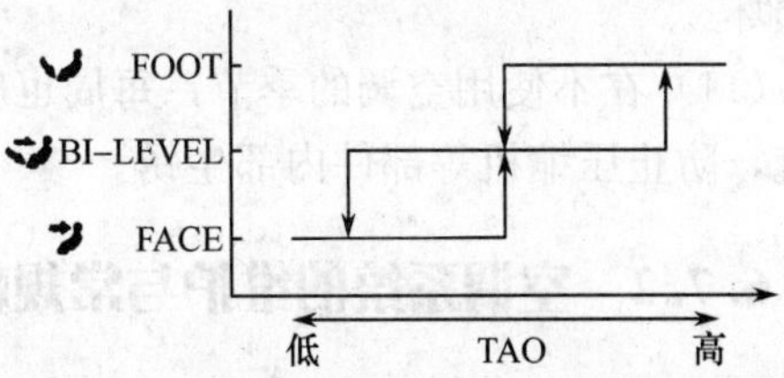

图6-49　气流控制方式

（4）进气控制。当用“TEMP”开关设定想要的温度时，根据输入信号（车内温度传感器、车外环境温度传感器和阳光温度传感器）和温度设定，空调电控单元决定进气和至进气伺服电动机的输出信号；进气伺服电动机接到从电控单元来的信号时，通过开启或关闭风门，从而改变进气。当进气改变到想要的设定温度时，由进气门位置传感器将信号传给电控单元，然后电控制单元停止伺服电动机的工作。

若方式开关设定在DEF（除霜），则电控单元强迫进气方式改变到FRS（引入新鲜空气）；当“AUTO”开关断开时，根据手动开关的位置，空调电控单元调整进气。

（5）故障诊断储存。当空调系统发生故障时，电控单元将故障部位用代码的形式存储起来，在需要修理时指示故障的部位。

（6）故障、安全报警。当制冷剂不足、制冷剂压力过高或过低时，系统会报警，以提醒驾驶员注意。

6.7　空调系统的使用与维护

6.7.1　汽车空调系统使用注意事项

正确地使用空调系统是保证其发挥最大效率的必要条件，也是节约能源，延长使用寿命的关键，使用与维护空调系统时，应注意以下事项：

（1）挡风玻璃前面的进风口应保持畅通，避免被树叶或其他物品遮盖，以便取暖和通风时，空调系统能正常工作。

（2）鼓风机应以低速工作，气流分布控制开关和温度选择开关置于各自行程的中央位置为宜。

（3）为避免有害气体进入车内，空调系统不使用时，气流分布控制开关应向中间靠拢，出风口应关闭。

(4) 车内的取暖效果取决于发动机冷却液温度，只有在发动机冷却液温度达到正常工作温度后，才能获得最佳取暖效果。

(5) 当汽车停放在太阳光下，车内温度较高时，应打开车窗，放出车内热空气。

(6) 当制冷量突然减小时，应断开空调控制开关（A/C），检查并排除空调制冷系统故障后再继续使用。

(7) 当环境温度高、湿度大时，冷凝器表面会形成水珠，这是正常现象。

(8) 发动机过热时，应停止使用空调的制冷功能，待发动机正常工作后再使用。

(9) 使用空调时必须保持系统的清洁，特别需经常清除冷凝器和蒸发器散热片中的灰尘，以保持良好的热交换效果。

(10) 应避免在停车时，在怠速、高温下长时间使用空调，以免因系统温度和压力过高而损坏。

(11) 在不使用空调的季节，每周也应使空调压缩机工作（5～10）min，以便润滑空调系统，防止压缩机等部件内部生锈。

6.7.2 空调系统的维护与常规检查

空调系统的维护，就是通过对系统的定期检查和调整，以维持其良好的技术状况和工作可靠性。

1. 空调系统的日常维护

(1) 保持冷凝器的清洁。冷凝器的换热状况与其清洁程度有很大关系，在使用过程中应经常检查冷凝器表面有无污物、泥垢，散热片是否弯曲或有被阻塞现象，若发现冷凝器表面脏污，应及时用压缩空气或清水清洗干净，以保持冷凝器的良好散热。

(2) 保持送风通道空气进口滤清器的清洁。送入车厢内的空气都要经过空气进口滤清器的过滤，因此应经常检查滤清器的滤芯是否被灰尘杂物堵塞，以保证进风量充足。

(3) 定期检查空调压缩机传动带的使用情况和松紧度。若皮带松弛应及时张紧，如发现皮带裂口或损坏应采用汽车空调专用带进行更换。另外，新装皮带在使用(36～48)h后会有所伸长，应重新张紧。

(4) 经常检查各管路的使用情况和各固定件的固定情况。要经常检查制冷系统各管路接头和连接部位、螺栓、螺钉是否有松动现象，是否有与周围机件相磨碰的现象，胶管是否老化，在进出翼子板孔的隔振胶垫是否脱落或损坏。

(5) 保持冷冻油的循环。在春、秋或冬季不使用冷气的季节里，应每半个月起动空调压缩机一次，每次(5～10)min，使系统的制冷剂在循环中将冷冻油带至系统的各个部分，从而防止系统管路中各密封胶圈、压缩机轴封等因缺油干燥而导致密封不良，并使压缩机、膨胀阀以及系统内各活动部件动作，不致结胶、黏滞或生锈。

2. 空调系统的定期维护

汽车空调在使用过程中，除了上述由驾驶员进行的一些日常维护和检查工作外，还应由汽车空调专业维修人员对空调系统各总成和部件做一些必要的定期维护和调整检查工作。

汽车空调系统的定期维护有两种类型，一类是与车辆维护同步进行的，见表6-1；另一类是按汽车空调专门制定的维护周期独立进行的，见表6-2。

表 6-1　汽车空调系统二级维护作业

类别	序号	作业项目	技术要求
制冷循环系统	1	检视高、低压管	高低压管道的螺栓紧固不松动，软管表面无起泡、老化或破损现象，硬管焊接处无裂纹或渗漏现象，管道上无与其他机件碰擦现象
	2	检视膨胀阀	膨胀阀应无堵塞，感温包作用正常，膨胀阀能根据温度的变化而自动调节制冷剂的供给量
	3	检视储液干燥器	在制冷系统正常工作时，其表面应无露珠或挂霜现象；乘用车空调在正常使用情况下，一般每 3 年更换一只储液干燥器，如因使用不当使系统进入水分后应及时更换；另外，如系统管路被打开时，一般也应更换储液干燥器
	4	检查、清洁蒸发器和冷凝器，检查固定螺母	蒸发器、冷凝器应无渗漏，散热片应无折弯、无尘土杂物堵塞现象，蒸发器、冷凝器应无裂纹，各固定螺栓、螺母应齐全、紧固、可靠
	5	检视制冷剂量	制冷系统工作时，观察视镜，应无气泡流动现象
	6	检视系统压力	在制冷装置进气风门的空气温度为 30℃～35℃，发动机转速为 2 000r/min，鼓风机以最高转速旋转和制冷选用最理想挡的条件下，系统的工作压力应为：低压侧（0.147～0.20）MPa；高压侧（1.4～1.5）MPa
压缩机	1	更换冷冻机油，并清洁或更换冷冻机油滤网	每年 4～5 月更换一次冷冻机油，要求冷冻机油液面高度应达到视镜的上部边缘或原厂规定标准，滤网应清洁、无杂物堵塞或缺损现象
	2	检视进、排气阀	进、排气阀开闭应灵活，作用正常
	3	检视轴封	轴封处不应有渗漏现象
电气系统	1	检视鼓风机	鼓风机各挡位工作应无异响，叶片无裂损，各固定螺栓、螺母齐全，牢固有效，冷凝器的风扇与散热片应无碰擦现象
	2	检视冷却液温度开关	冷却液温度开关在（100±2）℃时，应能自动接通声光报警电路
	3	检视高低压压力开关	高压开关在压力大于 2.2MPa 时，应能自动接通报警电路，并切断通向电磁离合器的电流，当压力小于 2.2MPa 时，应能自动回位；低压开关在压力小于 0.2MPa 时，应能自动接通报警电路，并切断通向电磁离合器的电流，当压力大于 0.2MPa 时，应能自动回位
	4	检视除霜温度控制器和车内温度控制器	除霜温度控制器在 2℃左右时应能自动接通旁通电磁阀，在 7℃时自动断开；车内温度控制器在 5℃～30℃的控制范围内作用应良好
	5	检查电磁离合器	电磁离合器应顺畅，无打滑现象，离合器轴承在旋转时应无偏摆拖滞现象出现

表 6-2　汽车空调系统独立维护项目

类别	维护项目	维护内容	维护间隔					
			每天	每周	每隔一季		每隔 2 季	每隔 3 季
					季初	季末	季末	季末
制冷循环系统	管路各接头	有无松动情况		●				
	制冷剂的注入量	通过视镜检查	●					
	冷凝器	检查冷凝器上是否有泥垢和夹杂物		●				
	蒸发器	检查是否有尘埃和夹杂物			●			
	储液干燥器	更换干燥剂或储液干燥器总成						●
	膨胀阀	检查膨胀阀动作是否正常以及滤清器是滞堵塞					◎	○

（续表）

类别	维护项目	维护内容	维护间隔					
			每天	每周	每隔一季		每隔2季	每隔3季
					季初	季末	季末	季末
电气系统	冷却液温度报警灯	超温时是否能亮		●				
	高压报警灯	超压时是否能亮		●				
	压力开关	检查其动作是否正常			●			
	冷却液温度开关	检查其动作是否正常			●			
	车内温度控制器	在温度控制范围内作用是否正常			●			
	热敏开关	检查其动作是否正常			●			
	鼓风机	检查其动作是否正常			●			
	电磁离合器	检查其动作是否正常			●			
	电磁阀	检查其动作是否正常					●	
其他	紧固件	检查各紧固件有无裂纹或损伤，若发出松动则要加以紧固		◎		○		
	传动带	检查其张力和磨损程度		●				
	V带张紧轮	检查其是否能圆滑旋转			●			
	空气滤清器	检查有无堵塞现象，必要时加以清洁		●				

注：●指所有车型；◎指商用车；○指乘用车

6.7.3 空调系统的维护、检修工具

维修汽车空调系统时，除了使用各类扳手、锉刀、万用表、电烙铁、电钻、钢锯等常用工具外，还必须具备一套专用的检修工具和设备，用于检测和维修作业的主要仪器和工具有歧管压力表、高低管软管、制冷剂罐注入阀、真空泵、制冷剂漏气检测仪、截止阀、T形接头等。

1. 检漏设备

在拆卸或者检修汽车空调系统管路、更换零部件之后，都要进行制冷剂的检漏，常用检漏设备包括卤素检漏灯、电子检漏仪及荧光检漏仪等。

（1）卤素检漏灯。如图6-50所示，卤素检漏灯是一种丙院（或酒精）气燃烧喷灯。当制冷剂（R12）气体进入安装在喷灯的吸管后，会使喷灯的火焰颜色发生改变，系统无泄漏时，吸管中的空气无制冷剂蒸气，火焰是无色的；当系统出现轻微的泄漏时，吸管将泄漏的制冷剂（R12）吸入到丙烷的燃烧室内，并在600℃～700℃温度的燃烧区内发生分解，形成氯化氢和氟化氢，这些气体在接触到烧红的铜时，会将火焰颜色变成绿色并增加火焰的高度。由此可判断系统的泄漏部位和泄漏程度。

表6-3 漏气量与火焰颜色

漏气量	火焰颜色
无漏气	橙红色
微量漏气	浅绿色
较多量漏气	浅蓝色

漏气量与火焰颜色的关系见表6-3。

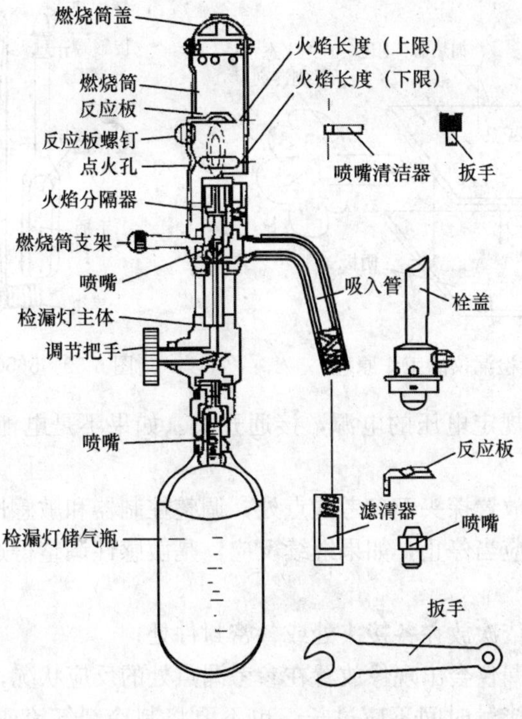

图 6-50　卤素检漏灯结构

卤素检漏灯的使用方法如下：

①检查储气瓶内液态丙烷是否装满；

②将储气瓶与漏气检测器主体连接；

③将划着的火柴插入检漏灯的点火孔里，同时朝逆时针方向缓慢转动调节手柄，让储气瓶内的丙烷汽化成气体溢出，将卤素检漏灯点燃；

④在反应板加热到红热状态后，将吸入管口靠近检测部位，并观察火焰的颜色。

在检漏过程中应注意：

①检漏时，应将燃烧的火焰调节到最小，火焰越小对制冷剂泄漏的反应越灵敏。

②卤素检漏灯只能用于 R12 等含有氯原子的卤素制冷剂的检漏，可测出空气中 R12 容积浓度为 0.1% 的泄漏位置，在 R12 浓度很大时，火焰可能熄灭。

③经燃烧后的 R12 蒸气有毒，检漏时应注意通风和保护。

（2）电子检漏仪。目前，电子检漏仪的种类较多，值得注意的是有些电子检漏仪只能检测单一型号的制冷剂泄漏，所以，在使用前应阅读相关的使用说明书。

电子卤素检漏仪是根据卤素原子在一定的电场下极易发生电离而产生电流的原理制成的，如图 6-51 所示，电子检漏仪由放在空气中的阳极、阴极组成，并由电极加热。由于空气的电离度很低，检测电路不能导通，电流表无电流指示。当有制冷剂气体流经阳极与阴极之间时，在铱合金催化下迅速电离，电路中有电流通过，制冷剂浓度越大，电离越大，电路的电流也越大。流经电路的电流大小可由串联在电路中的电流表反映出来，也可以由蜂鸣器反映出来，由此可检测出制冷剂气体的浓度。图 6-52 所示为一种常用的 5650 型制冷剂自动检漏仪。

检漏时，除应当遵照电子检漏仪制造厂家的有关规定外，一般按下列步骤进行：

①转动控制器或敏感性旋钮至断开（OFF）或 0 位置；

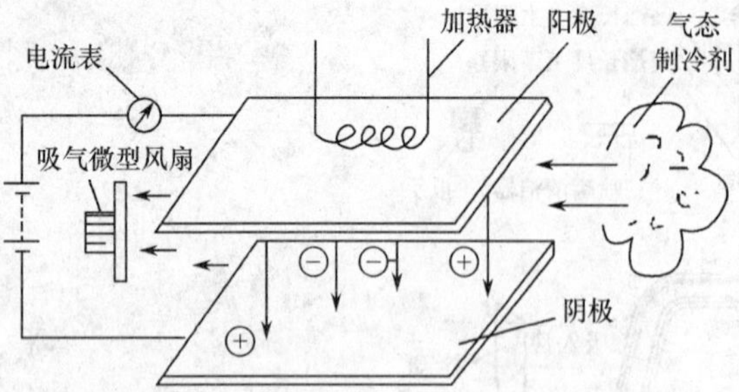

图 6-51　电子卤素检漏仪的工作原理

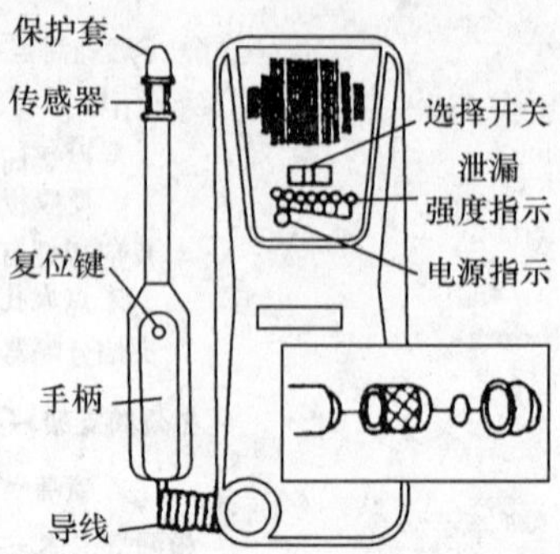

图 6-52　5650 型制冷自动检漏仪

②电子检漏仪接入规定电压的电源，接通开关。如果不是电池供电，应有 5 分钟的升温期；

③升温期结束后，放置探头于参考漏点处，调整控制器和敏感性旋钮至检漏仪有所反应为止，移动探头，反应应当停止，如果继续反应，是敏感性调整得过高，如果停止反应，则调整合适；

④移动寻漏软管，依次放在各接头处或各密封件处；

⑤若发生漏点，检漏仪会出现像放置在参考漏点处的反应状况；

⑥探头和制冷剂的接触时间不应过长，也不要将制冷剂气流或严重泄漏的地方对准探头，否则会损坏探测仪的敏感元件。

2. 歧管压力表组

歧管压力表组是汽车空调系统维修中必不可少的设备，它与制冷系统相接，可以进行制冷剂排空、抽真空、加注制冷剂、添加冷冻机油及诊断制冷系统故障等。

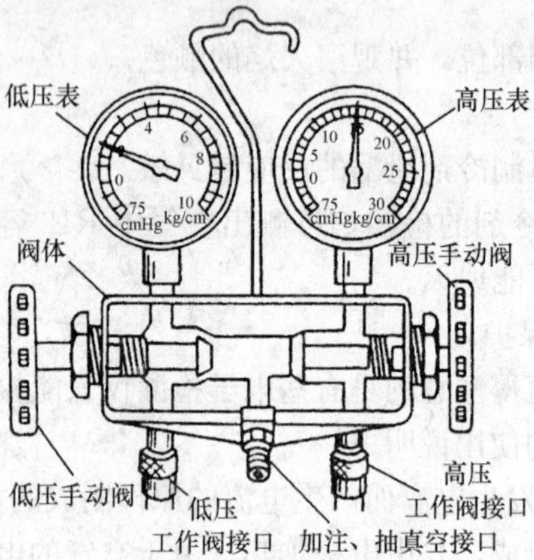

图 6-53　歧管压力表组

如图 6-53 所示，歧管压力表组是由高压表、低压表、高压手动阀（HI）、低压手动阀（LO）、阀体及三个软管接头组成。歧管压力表组配有不同颜色的三根连接软管，一般规定蓝色软管用于低压侧（接低压工作阀），红色软管用在高压侧（接高压工作阀），黄色（也有绿色）软管用在中间，接真空泵或制冷剂罐。

通过两个手动阀和三根软管的组合，可实现歧管压力表组件的各种功能。

歧管压力表组的使用方法如下：

（1）高压手动阀（HI）和低压手动阀（LO）同时关闭，可对高、低压侧压力进行检测，如图 6-54(a)所示。

（2）高压手动阀和低压手动阀同时打开，全部管道连通，这时接上真空泵则可对系统进行抽真空，如图 6-54(b)所示。

（3）高压手动阀关闭，而低压手动阀打开，可由低压侧充注气态制冷剂，如图 6-54(c)所示。

（4）高压手动阀打开，而低压手动阀关闭，可由高压侧充注液态制冷剂，也可排出制冷剂，使系统放空，如图 6-54(d)所示。

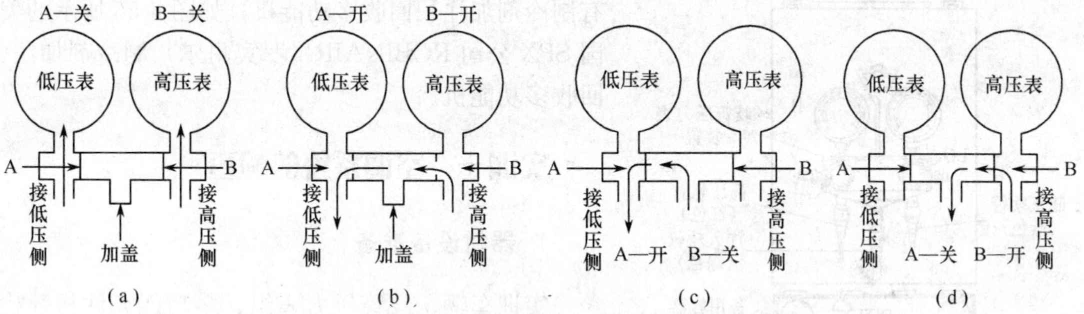

图 6-54　歧管压力表组的使用

使用歧管压力表时应注意：

(1) 歧管压力表是一件精密组件，须细心维护以防止损坏。

(2) 放置不用时，应防止软管中进入水分和脏物。

(3) 压力表头与软管连接时，只能用手拧紧，不能用工具拧紧。

(4) 当压力表指针不能指向零位时需要校准压力表。

3. 制冷剂注入阀

目前市场上仍有罐装制冷剂，为便于充注，须有一只注入阀配套才能开罐使用。注入阀的结构如图 6-55 所示，它主要由手柄、接头、板状螺母和阀针组成。

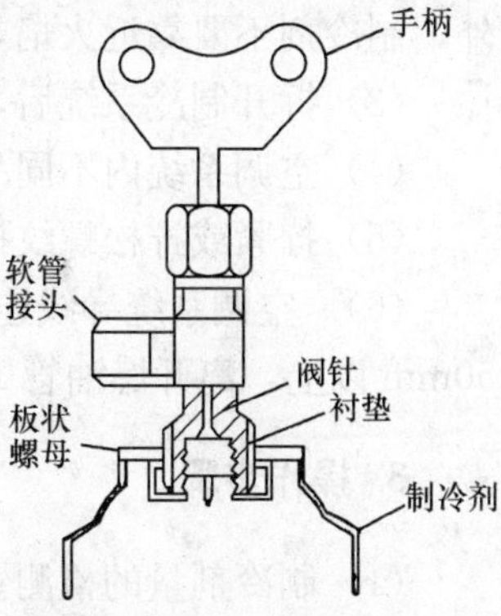

图 6-55　制冷剂注入阀

制冷剂注入阀的使用方法如下：

(1) 首先将注入阀手柄逆时针旋转，使阀针完全缩回，然后将板状螺母也旋至最高位置；

(2) 将注入阀装在罐的顶部，然后顺时针转动板状螺母，使其与罐顶上的螺纹连接，于是，注入阀便固定在罐的顶部；

(3) 将歧管压力表中间的软管与注入阀的接头连接，拧紧；

(4) 顺时针方向旋转手柄，阀针将罐顶刺破；

(5) 加注制冷剂时将手柄逆时针旋转，使阀针提起，与此同时打开歧管压力表相应的手动阀，开始向系统加注；

(6) 若要停止加注，可再顺时针转动手柄，使阀针下落将被刺穿的小孔封闭，同时关闭歧管压力表的手动阀。

4. 真空泵

在检修或安装空调系统时，会有一定量的空气和水分进入系统，导致膨胀阀发生冰堵、冷凝器温度升高和系统零部件发生腐蚀等现象，因此，须用真空泵对系统进行抽真空操作，然后才能充注制冷剂。抽真空的目的是把系统中的空气和水分排出。

5. 制冷剂加注、回收多功能机

在汽车空调系统的维修中常常要对系统抽真空或加注、回收制冷剂，为了提高维修质量，规范、简化操作程序，既防止造成环境污染，又减少经济损失，在规范的维修站中都配

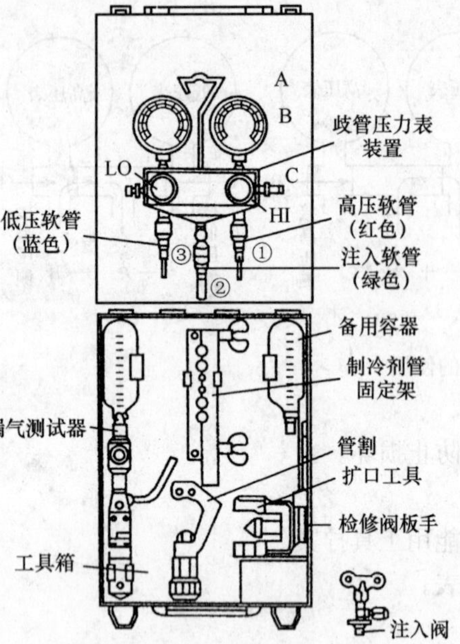

图 6-56 制冷剂加注、回收多功能机

有制冷剂加注、回收多功能机，如图 6-56 所示的美国 SPX 公司 ROBINAIR（罗宾耐尔）制冷剂加注、回收多功能机。

实训一 空调系统的检查

1. 器材设备准备

实训车辆、歧管压力表组、多功能充注机、检漏仪、常用工具等。

2. 注意事项

（1）在拆开制冷系统时，必须戴手套及防护眼镜，以免制冷剂冻伤皮肤。一旦皮肤上溅到制冷剂，要立即用大量冷水清洗，千万不可用手搓。

（2）制冷剂的排放应用空调加注回收一体机进行回收，无专用设备进行回收时，应选择在通风良好处进行排放，以避免工作场所人员的危险。另外，制冷剂不要靠近火焰，以免产生对人体有害的物质。

（3）拆开制冷系统后，要及时加盖或包扎密封，防止空气中的潮气或杂质进入。

（4）空调系统内不同品牌的冷冻油不能混用。

（5）拧紧或拧松螺纹接头时，为避免部件的损坏，应同时使用两把扳手。

（6） 空调系统导线连接必须可靠、固定，并且不应与尖锐物体接触，电线要远离热源 50mm 以上，离开燃油管 100mm 以上。

3. 操作步骤

（1）制冷剂量的检测。汽车空调制冷系统中制冷剂的量直接影响着制冷效果，制冷剂量的检查是空调系统检修的基本操作。制冷系统中制冷剂的量可以通过储液干燥器上的观察视窗观察，方法是：起动发动机，将发动机转速稳定在（1 500～2 000）r/min，将空调功能键置于最大制冷状态，鼓风机置于最高转速，开动空调系统 5 min 后，通过视窗进行观察，如图 6-57 所示。从视窗中可看到的情况主要有以下几种：

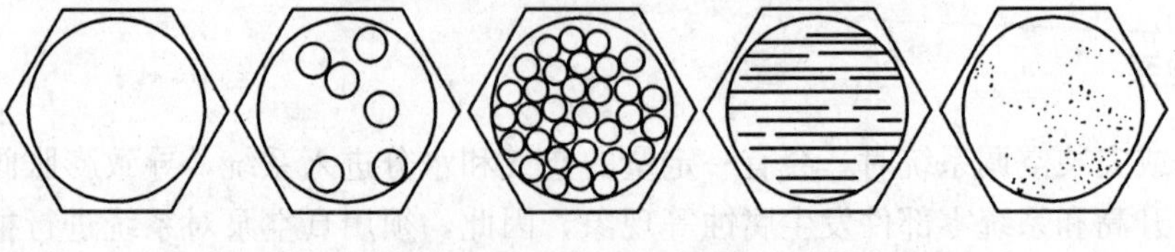

图 6-57 视窗观察迹象

①清晰、无气泡。若观察到的状态为清晰且无气泡，而出风口的风是冷的，说明系统内制冷量适当；若开、关空调的瞬间有泡沫，但随后变清，也说明系统内的制冷剂适当；若开、关空调时，从视窗内看不到制冷剂的流动，且出风口的风不冷，压缩机进出口之间没有温差，说明制冷剂已漏光；若关闭空调 45 秒后，视窗内仍然清晰无气泡流过，且压缩机高、

低管温差明显，则可认为是系统内制冷剂过量。

②偶尔有气泡。若偶尔有气泡，并且伴有膨胀阀结霜，说明系统中有水分；若膨胀阀无结霜现象，可能是制冷剂少量缺少或有空气进入系统。

③有气泡、泡沫不断流过。若有泡沫不断流过，说明制冷剂不足；如果泡沫很多，也可能是有空气存在；若判断为制冷剂不足，应查明原因，不要随便补充制冷剂；若是系统使用两年后发现制冷剂不足，则可以判断为胶管自然泄漏。

④出现机油条纹。若视窗玻璃上有条纹的油渍，则说明系统内冷冻油量过多，此时应想办法从系统内释放一些冷冻油，再加适量的制冷剂；若视窗上留下的油渍是黑色的或有其他杂物，则说明系统内的冷冻油已变质，必须清洗制冷系统。

（2）制冷系统工作压力的检测。汽车空调制冷系统中制冷剂的工作压力是否正常直接影响着制冷效果，制冷剂压力的检查是空调系统检修的基本操作，操作步骤如下：

①卸下系统高、低软管上的检修阀护帽；

②将歧管压力表组的高、低压手动阀关闭，蓝色的低压软管接低压检修阀，红色高压软管接高压侧维修阀，排除胶管内的空气，否则管内空气会跑到制冷系统内；

③将发动机转速稳定在（1 500～2 000）r/min，打开空调开关，将空调功能键置于最大制冷状态，鼓风机置于最高转速，开启空调系统运行 15 min 后，进行检测；

④通过歧管压力表组检测到的制冷剂压力正常范围是：

a. R134a 空调系统。低压侧（0.15～0.25）MPa；高压侧（1.37～1.57）MPa。

b. R12 空调系统。低压侧（0.15～0.20）MPa；高压侧（1.45～1.50）MPa。

车型不同，测试工况不同，压力范围略有差异。

操作中应注意：

①软管与维修处连接时，须用手而不要用其他工具紧固软管。

②如果加注软管的连接密封件损坏，应更换。

③软管和维修阀门连接时，将快速接头接到维修阀门上并滑动，直到听到“卡嗒”声，如图 6-58 所示。

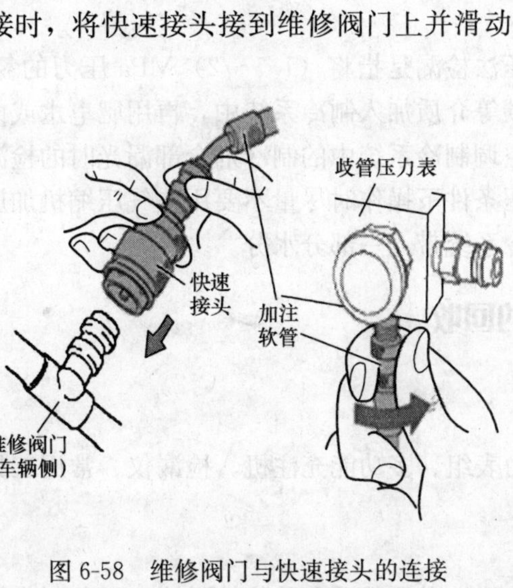

图 6-58　维修阀门与快速接头的连接

（3）制冷系统的检漏。汽车空调系统工作环境比较恶劣，其部件、管道一直随汽车工作在震动的工况下，极易造成部件、管道损坏和接头松动，使制冷剂发生泄漏；另外每次拆装或检修制冷管道、更换系统部件之后也可能造成制冷剂的泄漏，因此，制冷剂泄漏是汽车空调系统最常见的故障之一。制冷剂严重泄漏会导致系统不制冷。

由于制冷剂无色、无味，检查制冷剂的泄漏存在一定的困难。目前常用的检漏方法有观察法检漏、肥皂泡沫检漏、卤素检漏灯检漏、电子检漏仪检漏、染料示踪法检漏、加压法检漏和真空法检漏等。

①观察法检漏。观察法检漏是指目测制冷系统（特别是制冷系统的管接头）部位是否有润滑油渗漏痕迹的一种检漏方法。因为制冷剂通常与冷冻机油互溶，在泄漏处必然也带出润滑油，因此，制冷系统管道有油迹的部位可能就是泄漏处。

②肥皂泡沫检漏。肥皂泡沫检漏是指在检漏时，对施加了压力的制冷系统，用毛刷或棉纱蘸肥皂水涂抹在被检查部位，察看被检查部位是否有气泡产生的一种检漏方法。若被检查的部位有气泡产生，则说明这个部位是泄漏处（点）。肥皂泡沫检漏法简便易行，而且很有效，但现代汽车各种构件布置得越来越紧凑，有些部位及死角不易检查出来。

③卤素灯（检漏灯）检漏。卤素灯检漏是指在检漏时，利用卤素与吸入的制冷剂燃烧后产生的不同颜色火焰进行检漏的一种方法。

④电子检漏仪检漏。电子检漏仪分为 R12 电子检漏仪、R134a 电子检漏仪和多功能电子检漏仪等。在使用中要注意的是，R12 电子检漏仪对检测 R134a 是无效的，应使用专门的 R134a 电子检漏仪。多功能电子检漏仪可同时检测 R12 和 R134a 两种制冷剂。

⑤染料示踪法检漏。把黄色或红色的颜料溶液通过表座引入空调系统，若系统有泄漏的情况，由于染料也随之漏出，因此，染料能指出漏点的准确位置。因为存在染料的残留物与制冷剂相容的问题，所以一些厂家不同意用此法。

⑥真空法检漏。真空法检漏是指对制冷系统抽真空以后，保持一段时间（至少 60min），观察系统中的真空压力表指针是否移动（即指针是否发生变化）的一种检漏方法。若真空压力表的指针无变化，说明系统无泄漏；若指针回升，说明系统有泄漏处。

要指出的是，采用这种方法检漏，只能说明制冷系统是否泄漏，而不能确定泄漏的具体部位。

⑦加压法检漏。加压法检漏是指将（1.5～2）MPa 压力的氮气、二氧化碳或混有少量制冷剂的氮气、二氧化碳等介质加入制冷系统中，再用肥皂水或卤素检漏灯进行检漏的一种方法。这种方法常用于空调制冷系统中的制冷剂全部漏光时的检漏。

要注意的是，在高压条件下操作时尽量不要用空气压缩机加压或制冷系统本身的压缩机加压，因为这样会使制冷系统带入一部分水分。

实训二　制冷剂的回收

1. 器材设备准备

实训车辆、歧管压力表组、多功能充注机、检漏仪、常用工具等。

2. 注意事项

（1）在拆开制冷系统时，必须戴手套及防护眼镜，以免制冷剂冻伤皮肤。一旦皮肤上溅到制冷剂，要立即用大量冷水清洗，千万不可用手搓。

（2）制冷剂的排放应用空调加注回收一体机进行回收，无专用设备进行回收时，应选择在通风良好处进行排放，以避免工作场所人员的危险。另外，制冷剂也不要靠近火焰，以免产生对人体有害的物质。

(3) 拆开制冷系统后，要及时加盖或包扎密封，防止空气中的潮气或杂质进入。

(4) 拧紧或拧松螺纹接头时，为避免部件的损坏，应同时使用两把扳手。

3. **操作步骤**

维修汽车空调系统时，经常要拆开空调系统，这时需要将系统中的制冷剂回收或排放。对拆开维修的空调系统，在添加新的制冷剂之前必须要用真空设备对系统进行抽真空操作，目的是清除空调系统内的空气和水分；完成抽真空之后，在确认无泄漏的情况下，可对空调系统进行充注制冷剂的操作。

制冷剂的回收。制冷剂回收有两种方法，一种是传统回收法，另一种是利用回收与充注机进行回收。

①传统回收法。如图 6-59 所示，传统回收法是用表阀将空调制冷系统中的制冷剂引入回收到储液瓶。其中，高压软管连接系统的高压侧，低压软管连接系统的低压侧，中间软管连接直径 60mm、高 100mm 的钢瓶。操作步骤如下：

a. 将歧管压力表组与系统相连接后，起动发动机并使转速维持在（1 000～1 200）r/min，运行（10～15）min；

b. 鼓风机开至最高挡，将系统中所有的控制开关都放到最冷位置，使系统达到稳定状态；

c. 将发动机转速调到正常怠速状态；

d. 关闭空调的控制开关，关闭发动机；

e. 先慢慢拧开低压手动阀，让制冷剂慢慢流出而尽量不带出润滑油，当压力下降到 345kPa 时，再慢慢拧开高压手动阀，让制冷剂从中间软管流入回收装置中；

f. 歧管压力表组的高、低压力表指示为零时，说明系统内制冷剂已排空；

g. 钢瓶的底部有一个截止阀，用来放出制冷剂带出的冷冻机油。

在操作中应注意：回收场地应通风良好，不要使排出的制冷剂靠近明火，以免产生有毒气体；制冷剂排出而冷冻润滑油并非全部排出，因此应测定排出的油量，以便补充。

②用回收与充注机回收。图 6-60 所示为 AC350 型制冷剂回收与充注机控制面板，进行制冷剂回收时的操作步骤是：

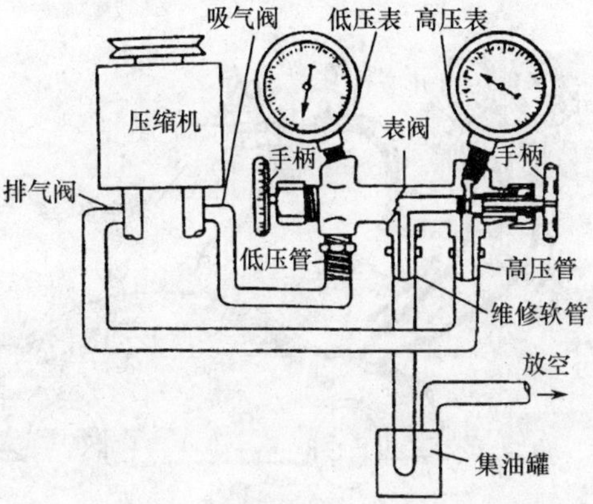

图 6-59　制冷剂传统回收法

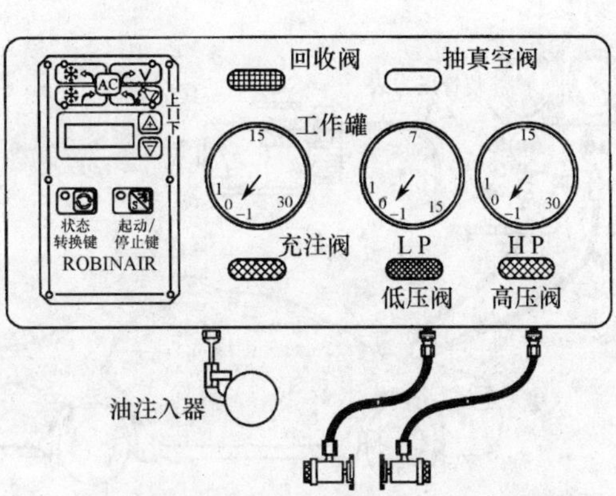

图 6-60　制冷剂回收与充注机控制面板图

a. 将快速接头装到设备的高、低压软管上，再将红色高压软管上的接头连接到空调系统的高压侧，蓝色低压软管上的接头连接到空调系统的低压侧；

b. 打开高、低压快速接头上的阀门，检查控制面板上“HP”和“LP”上端的高、低压表是否指示出正压，若压力表未指示正压，说明系统内无制冷剂可回收，若压力表上指示出正压，则继续进行以下操作；

c. 打开控制面板上的“HP”高压阀门和“LP”低压阀门；

d. 按状态转换键使回收指示灯亮，然后按起动/停止键；

e. 打开回收阀，回收正式开始，显示屏上显示回收制冷剂的质量，同时不凝气体自动排出，并且可听到泄压的声音；

f. 当压力表指针回到“0”时，关上回收阀，然后按住起动/停止键 3 秒，停止程序；

g. 为保证回收彻底，停机后静待 5 分钟，若压力表回升至“0”以上，则重复进行回收；

h. 打开排油阀，观察油分离器中是否有油排出，如果有，将油排进集油瓶中，然后关闭排油阀。

实训三　制冷系统的抽真空

1. 器材设备准备

实训车辆、歧管压力表组、多功能充注机、检漏仪、常用工具等。

2. 操作步骤

对系统进行抽真空的方法有两种，一种是利用多功能充注机，另一种是利用歧管压力表组件和真空泵。

图 6-61 所示为利用歧管压力表组和真空泵进行抽真空操作的管路连接。

操作过程如下：

(1) 将歧管压力表组上的高、低压软管分别接在系统的高、低压侧气门阀上，将其中间软管与真空泵相连接；

(2) 打开歧管压力表组上的高、低压手动阀，起动真空泵，观察低压表的指针，应该有真空显示，如图 6-62 所示；

图 6-61　歧管压力表组与真空泵的连接

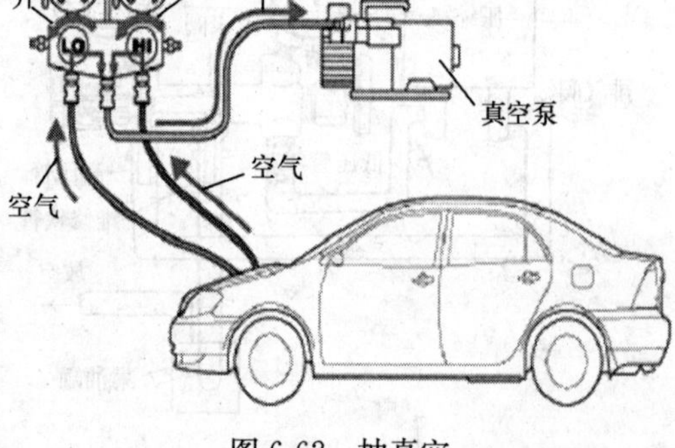

图 6-62　抽真空

（3）连续抽真 5min 后，低压表应达到 0.03MPa（真空度），高压表略低于零，如果高压表不能低于 0 刻度，表明系统内有堵塞，应停止操作。修复后，再抽真空；

（4）真空泵工作 15min 后，低压表指针应在(0.01～0.02)MPa 之间，如果达不到此数值，应关闭高、低压手动阀，观察低压表的指针，如果指针上升，说明真空有损失，系统有漏点，应停止工作，修复后才能继续抽真空；

（5）系统压力接近于真空时，关闭高、低压手动阀，保压(5～10)min，如低压表指针不动，则打开高、低压手动阀开启真空泵，继续抽真空，抽真空的时间不得少于 30min，如时间允许，可再长些；

（6）抽真空结束时，先关闭高、低压手动阀，再关闭真空阀，其目的是防止空气进入制冷系统。

实训四　制冷剂的充注

1. 器材设备准备

实训车辆、歧管压力表组、多功能充注机、检漏仪、常用工具等。

2. 注意事项

（1）在拧紧或拧松螺纹接头时，为避免部件的损坏，应同时使用两把扳手。

（2）空调系统导线连接必须可靠、牢固，并且不应与尖锐物体接触，电线要远离热源 50mm 以上，离开燃油管 100mm 以上。

3. 操作步骤

在制冷系统经过抽真空并确认无泄漏后，可开始对系统充注制冷剂。

充注制冷剂的方法主要有两种：一种是从高压端充注，另一种是从低压端充注。

（1）高压端充注法。高压端充注法充注制冷剂适用于为空的空调系统加注制冷剂，其操作步骤是：

①将歧管压力表组的高、低压软管分别接在系统的高、低压侧气门阀上；

②连接充注阀与制冷剂罐：如图 6-63 所示，检查加注罐连接部件的盘根，逆时针转动手柄升起针阀，逆时针转动阀盘升起阀盘；

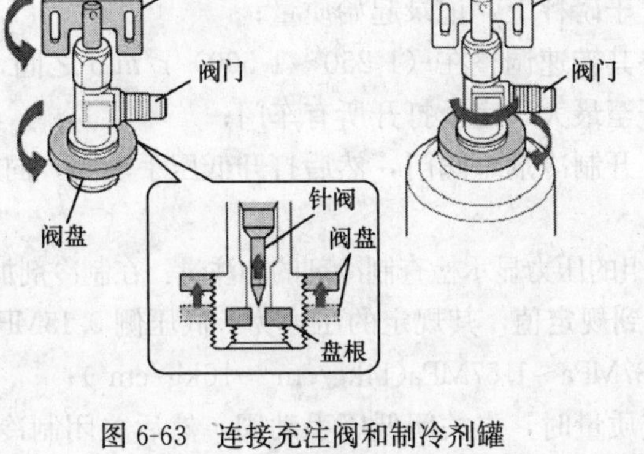

图 6-63　连接充注阀和制冷剂罐

操作中应注意：要在针阀升起后安装加注罐，否则针阀会插进加注罐导致制冷剂泄漏；

③把阀门旋进加注罐直到和盘根紧密接触，然后紧固阀盘以卡住阀门；

④将加注罐安装到歧管气压表组上：如图 6-64 所示，完全关闭歧管压力表组低压侧和高压侧的阀门，将制冷剂罐安装到歧管压力表组中间的绿色加注软管上，顺时针转动手柄直到针阀在制冷剂罐上钻个孔，再逆时针转动手柄退出针阀；

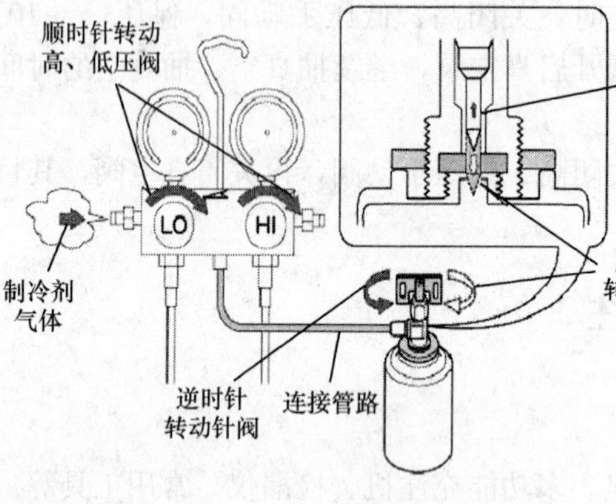

图 6-64 连接阀门和制冷剂罐

⑤按下歧管压力表组上的空气驱除阀放出空气直到制冷剂从阀门释出；若歧管压力表组上无空气驱除阀，则先关闭高、低压手动阀，拧松高压端检修阀和软管的连接，然后打开高压手动阀，最后打开制冷剂瓶罐上的阀门；当软管排出制冷剂气体后，迅速拧紧软管与检修阀连接处，并关闭高压手动阀；用同样的方法清除低压端连接软管内的空气，然后关闭高、低压手动阀及制冷剂瓶罐上的阀门；

⑥将制冷剂罐倾斜倒置于磅秤上，记录起始质量；

⑦发动机不工作时，缓慢打开高压手动阀，使制冷剂注入系统内，直到低压表指示大约 0.98MPa（$1kg/cm^2$）后，迅速关闭制冷剂阀门。

操作中应注意：高压端充入制冷剂时，一定不要让压缩机工作，也不要打开低压侧阀门，制冷剂在空调压缩机内通常为气体状态，如果从高压侧加注而低压侧阀门开着，液态制冷剂进入低压侧，此时若空调压缩机开始工作就会出现液击。

（2）低压端充注法。低压端充注法充注制冷剂适用于空调系统初加注或补充制冷剂，操作步骤是：

①将歧管压力表组与系统检修阀、制冷剂罐连接好，排除连接软管内的空气；

②将制冷剂罐直立于磅秤上，记录起始质量；

③起动发动机并将其转速调整在（1 250～1 500）r/min 之间，接通空调开关，把风机开关和温度控制开关开至最大，完全打开所有车门；

④关闭高压阀，打开制冷剂罐阀门，然后打开低压手动阀，向系统充注气态制冷剂，如图 6-65 所示；

⑤根据歧管压力表组的压力显示检查制冷剂的加注量：在制冷剂加注量达到规定量时，歧管压力表组的压力也应达到规定值，其规定的压力为：低压侧 0.15MPa～0.25MPa（$1.5kg/cm^2$～$2.5kg/cm^2$）；高压侧 1.37MPa～1.57MPa（$14kg/cm^2$～$16kg/cm^2$）；

当制冷剂充至规定质量时，先关闭低压手动阀，然后关闭制冷剂阀门，关闭空调开关，发动机停止运转；

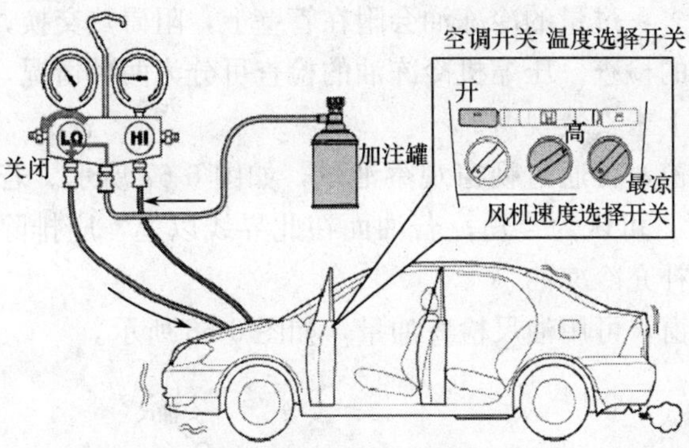

图 6-65　打开低压侧阀门加注制冷剂

⑥迅速将高、低压软管从检修阀上拆下。

当外部温度较高时，若加注制冷剂困难，可用空气或冷水降低冷凝器的温度；若外部温度较低，可用温水（40℃以下）加热制冷剂罐。如图 6-66 所示。

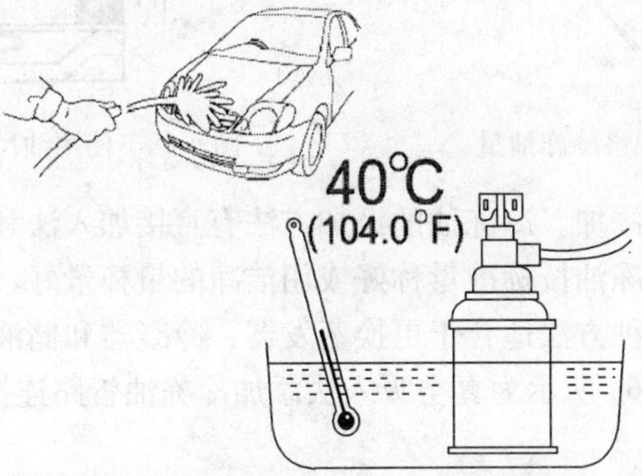

图 6-66　用温水加热制冷剂罐或用冷水冷却冷凝器

最后再一次检查制冷剂的加注量是否合适，空调系统运转是否正常，方法是通过观察孔检查加注量，检查是否漏气。

在进行上述操作时应注意：

①低压侧加注制冷剂时制冷剂罐倒置会使空调气以液态进入压缩机，压缩液体将损坏压缩机。

②加注不要过量，否则将导致制冷不足。

③更换加注罐时，关闭高低压两侧的阀门。

④更换加注罐后，打开驱气阀，从中部的软管（绿色）和歧管压力表中放出空气。

实训五　压缩机冷冻油的检查与加注

1. 器材设备准备

实训车辆、歧管压力表组、多功能充注机、检漏仪、常用工具等。

2. 操作步骤

如果压缩机内的冷冻油过少，则压缩机润滑不充分，会发生过热，甚至出现卡缸现象；

如果系统内的冷冻油过多，过量的冷冻油会附在管壁上，阻碍热交换，降低散热能力。

（1）压缩机冷冻油的检查。压缩机冷冻油的检查可分为两种情况，一种是压缩机上装有视窗，另一种是压缩机上未安装视窗。

若压缩机上装有视窗，可通过视窗观察油量，如图 6-67 所示。若压缩机冷冻油油面达到视窗高度的 80% 位置，可认为合适；若油面在此界线以上，应排除多余的冷冻油；若油面在此界线以下，则应补充冷冻油。

压缩机上未安装视窗，可用油尺检查油量，如图 6-68 所示。

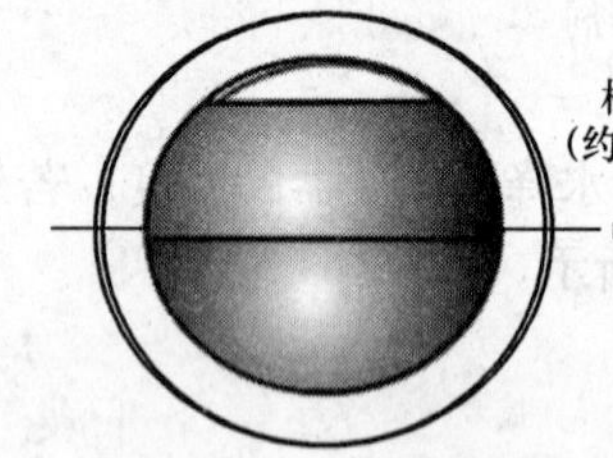

图 6-67 由视窗观察冷冻油量

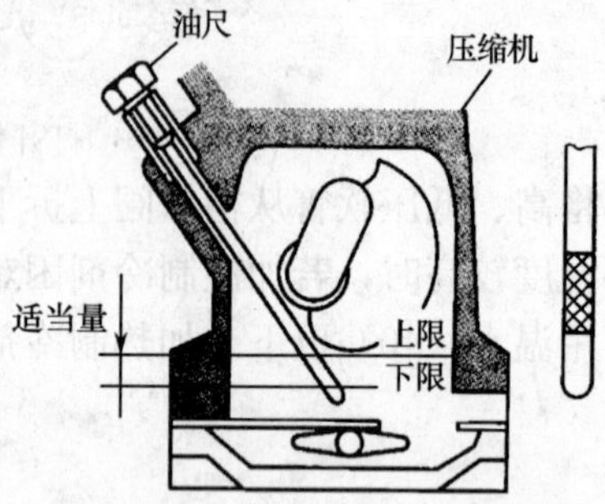

图 6-68 使用油尺检查冷冻油液面

（2）压缩机冷冻油的添加。冷冻油的添加方法有直接加入法和真空吸入法。

①直接加入法。将冷冻油按标准量称好或用洁净的量杯量好，用干净的量瓶从压缩机的旋塞口直接倒入即可，这种方法适合于更换蒸发器、冷凝器和储液干燥器时采用。

②真空吸入法。图 6-69 所示为真空吸入法添加冷冻油管路连接。

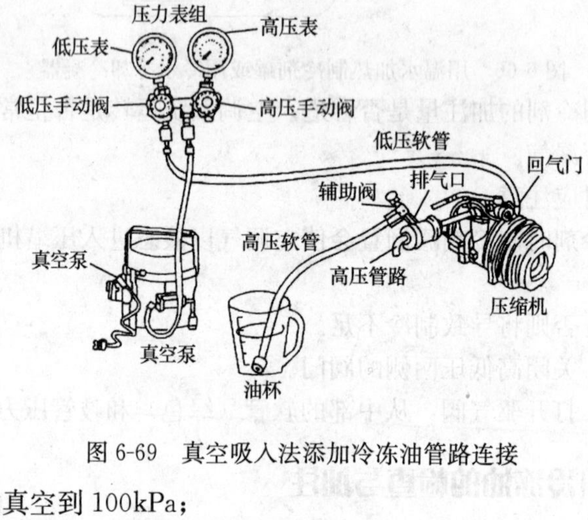

图 6-69 真空吸入法添加冷冻油管路连接

a. 首先将系统抽真空到 100kPa；

b. 关闭高压手动阀及辅助阀门，将高压软管一端从歧管压力表组上卸下，插入量杯中；

c. 打开辅助阀门，油从量杯内被吸入系统；

d. 当油面到达规定刻度时，立即关闭辅助阀门；

e. 将软管与歧管压力表组连接，打开高压手动阀，启动真空泵，先对高压软管抽真空，然后打开辅助阀门对系统抽真空，以便排除随油进入系统的空气，此时，冷冻油在高压侧，但在系统运行后，冷冻油就会回压缩机。

在操作过程中应注意：

a. 冷冻机油添加量应适当，不同型号的压缩机内充油量不同，具体可查看供应商手册。

b. 在新装空调系统中，只有压缩机内装有冷冻润滑油，油量一般为（280～350）g。

c. 在维修时，如果更换了系统部件或管路，由于这些部件中残存有冷冻机油，因此，在更换的同时应当向系统内补充冷冻油。

d. 如果更换压缩机，新压缩机内原有油量应减去上述部件残存油量上限之和。

e. R12 与 R134a 制冷剂所用冷冻润滑油牌号不同，因此，添加冷冻机油时应注意防止混淆。

f. 添加时应保证容器的洁净，防止水分或杂物混入油中。

实训六 空调系统常见故障的诊断与排除

1. 器材设备准备

实训车辆、歧管压力表组、多功能充注机、检漏仪、常用工具等。

2. 注意事项

（1）在拆开制冷系统时，必须戴手套及防护眼镜，以免制冷剂冻伤皮肤。一旦皮肤上溅到制冷剂，要立即用大量冷水清洗，千万不可用手搓。

（2）拆开制冷系统后，要及时加盖或包扎密封，防止空气中的潮气或杂质进入。

（3）拧紧或拧松螺纹接头时，为避免部件的损坏，应同时使用两把扳手。

3. 操作步骤

汽车空调制冷系统的故障大致有不制冷、制冷不足、间歇性制冷及异响等。机械元件故障部件一般为压缩机、鼓风机、皮带轮、离合器、膨胀阀、轴封、热交换器、轴承、阀片等；电气系统方面的故障常表现为电气元件损环、保险丝烧断、触头接触不良、过载烧坏、电动机不工作等，这些故障使制冷循环停止工作，并且常伴有异味、过热等现象。

针对汽车空调系统的常见故障，我们可以通过故障现象，根据制冷系统的工作原理分析原因，快速诊断并排除故障，确保空调系统正常工作。

（1）故障诊断方法。

①看。

a. 首先查看仪表板上的压力、水温、油压及各性能指示灯是否显示正常。

b. 观察冷凝器、蒸发器及管路连接处是否有油污，如有则说明制冷剂和冷冻润滑油泄漏。

c. 系统部件和管路接头处是否有结霜、结冰现象。

d. 从储液干燥器视窗观察制冷剂量。

②听。耳听压缩机、送风机、排风机是否有异常声音。作为维修人员，还应当仔细了解、听取驾驶人员对故障现象的描述。

③摸。开启制冷系统（15～20）min 后，用手触摸系统部件，感受其温度。

a. 压缩机进、排气管应有明显温差。

b. 冷凝器进、出口管应有温差，出口管温度应低于进口处温度。

c. 储液干燥器进、出口温度的比较：进口温度与出口温度相等时，表示冷气系统正常；

进口温度低于出口温度时，表示制冷剂不足；进口温度高于出口温度时，表示制冷剂过多。

d. 膨胀阀进、出口应有明显温差。

工作中应注意：在用手触摸高压区部位时要防止烫伤。如果压缩机高、低压侧之间没有明显温差，则说明制冷剂泄漏严重。

④压力表组检测。制冷系统工作时，内部压力变化与温度是密切相关的，这正是进行仪表诊断的依据。我们可根据压力的变化情况，进一步诊断出系统可能出现故障的原因及部位。对于制冷系统而言，歧管压力表组是最常用的工具。

(2) 系统不制冷故障的诊断。

①故障现象：启动发动机使转速稳定在 1 500r/min 左右运行 2 分钟，打开空调开关及鼓风机开关，冷气口无冷风吹出。

②故障原因：

a. 熔断器熔断，电路短路。

b. 鼓风机开关、鼓风机或其他电气元件损坏。

c. 压缩机驱动皮带过松、断裂、密封性差或其电磁离合器损坏。

d. 制冷剂过少或无制冷剂。

e. 储液干燥器（或积累器）、膨胀阀滤网（或膨胀管）、管路或软管堵塞。

f. 膨胀阀感温包损坏。

③故障诊断。系统不制冷的故障诊断流程如图 6-70 所示。

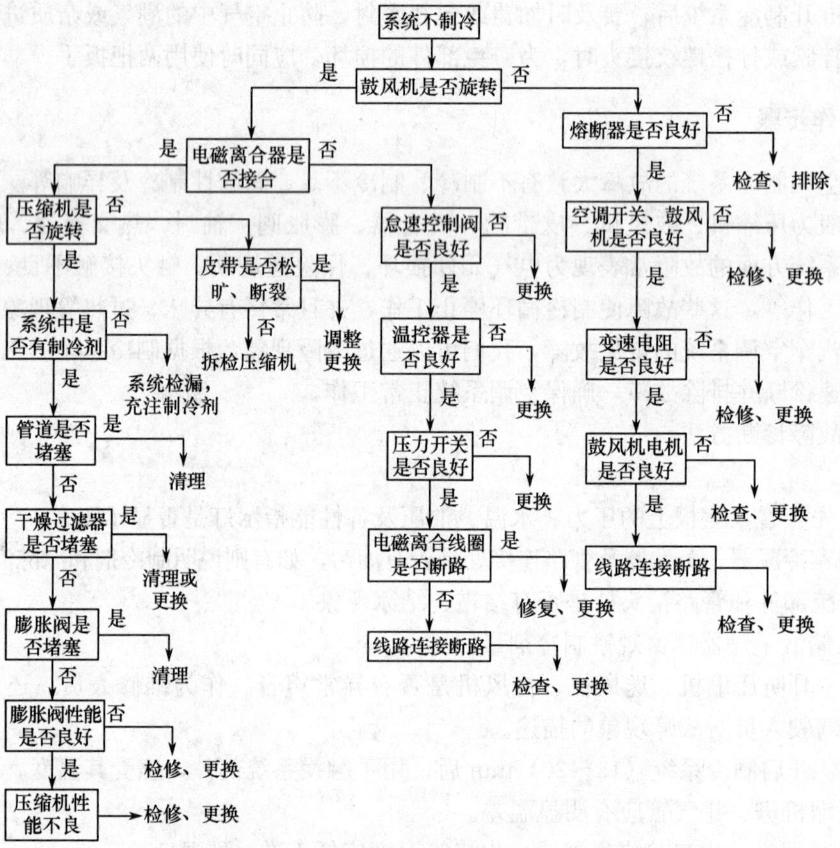

图 6-70 系统不制冷的故障诊断流程

(3) 系统制冷不足故障的诊断。

①故障现象：空调系统长时间运行，车厢内温度能够下降，但吹风口吹出的风不冷，没有清凉舒适的感觉。

②故障原因。当外界温度为34℃左右，出风口温度为0℃～5℃时，车厢内温度应达到20℃～25℃，若达不到此温度，说明空调系统有问题。凡是引起膨胀阀出口制冷剂流量下降的一切因素，均可以导致系统制冷不足，系统高低压侧压力、温度超过或低于标准值也会引起制冷不足。所以，引起制冷不足主要是制冷剂、冷冻机油和机械方面的原因。

a. 制冷剂注入量太多，引起高压侧散热能力下降，导致制冷效能不良。

b. 制冷剂和冷冻机油脏污，使储液干燥器膨胀阀发生堵塞，导致通向膨胀阀的制冷剂流量下降，引起制冷不足。

c. 制冷剂和冷冻机油中水分过多，导致膨胀阀节流孔出现冰堵，制冷能力下降。

d. 系统中含空气过多，使冷凝器散热能力下降。

e. 由于压缩机密封不良、驱动皮带松弛打滑、电磁离合器打滑等导致压缩机排气温度和压力降低，出现制冷不足。

f. 冷凝器表面积污太多、冷凝器变形等，导致冷凝器散热能力降低。

g. 膨胀阀开度调整过大，蒸发器表面结霜，膨胀阀感温包包扎不紧或外面的隔热胶带松脱，造成开启度过大，导致系统制冷不足。另外，膨胀阀开度过小，使流入蒸发器制冷剂量减少，也会引起制冷不足。

h. 送风管堵塞或损坏。

i. 温控器性能不良，使蒸发器表面结霜，冷风通过量减少，引起制冷不足。

j. 鼓风机开关、变速电阻、鼓风机电机、继电器、线路等工作不良，导致冷风量减少。

③故障诊断。系统制冷不足的故障诊断流程如图6-71所示。

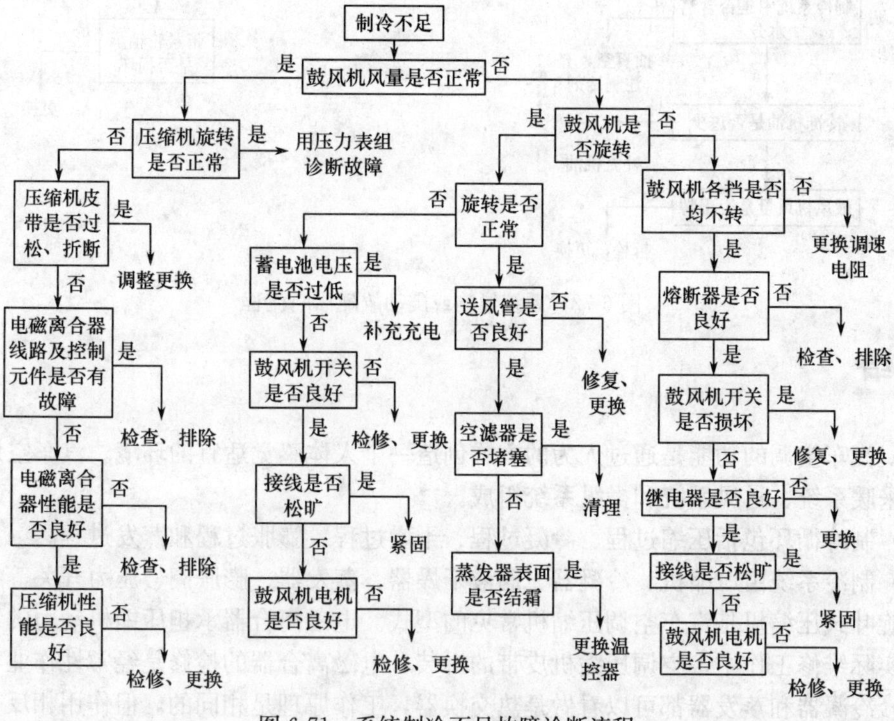

图6-71　系统制冷不足故障诊断流程

(4) 空调系统异响或震动故障的诊断。

①故障现象：空调系统在工作时，发出异常的声响或出现震动。

②故障原因：

a. 压缩机驱动皮带松动、磨损过度，皮带轮偏斜，皮带张紧轮轴承损坏等。

b. 压缩机安装支架松动或压缩机损坏。

c. 冷冻机油过少，使配合副出现干摩擦或接近干摩擦。

d. 由于间隙不当、磨损过度、配合表面油污、蓄电池电压低等原因造成电磁离合器打滑。

e. 电磁离合器轴承损坏，线圈安装不当。

f. 鼓风机电机磨损过度或损坏。

g. 系统制冷剂过多，工作时产生噪声。

③故障诊断。空调系统异响或震动的故障诊断流程如图 6-72 所示。

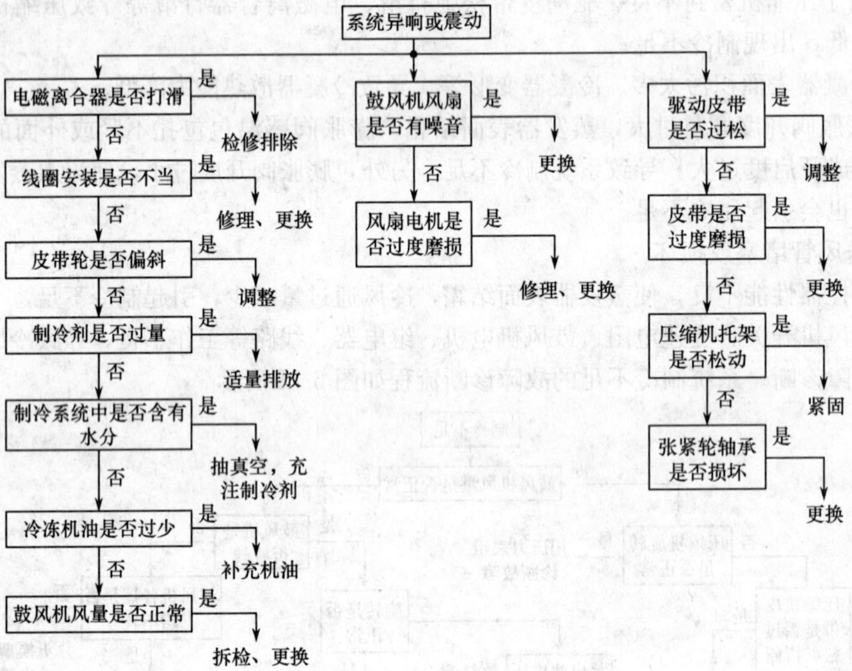

图 6-72 系统异响或震动故障诊断流程

小结

(1) 汽车空调的功能是通过人为的方式创造一个人体感觉适宜的环境。汽车空调由制冷系统、采暖系统、送风系统和操纵系统组成。

(2) 制冷循环包括压缩过程、冷凝过程、干燥过程、膨胀过程和蒸发过程。

(3) 制冷系统由压缩机、冷凝器、储液干燥器、蒸发器、膨胀阀、压力开关等组成。摇摆式和旋叶式压缩机是汽车空调压缩机常见的型式。电磁离合器承担压缩机动力的结合与分离。在实际维修工作中，空调压缩机皮带的拆装、电磁离合器的检修是经常性作业项目。

(4) 冷凝器和蒸发器都可以看做是热交换器，工作原理是相同的，但作用相反。冷凝器和蒸发器的泄漏、内部脏堵、外部折瘪、散热片变形等，都将影响汽车空调的正常工作。

(5) 膨胀阀是汽车空调系统的节流元件。在装有膨胀阀的空调系统中装有储液干燥器。

(6) 汽车空调系统中通常设有一个或几个压力保护开关。为防止蒸发器结冰，蒸发器采用压力调节装置。

(7) 空调自动控制装置利用各种传感器随时检测车内、车外温度，阳光温度等信号，电控单元根据按照预先编制的程序对传感器信号进行处理，并通过执行元件不断地对电动机转速、出风温度、送风方式及压缩机的工作状况等进行调节，从而使车厢内的温度和空气流动状况始终保持在驾驶员设定的水平上。

(8) 空调系统检修的专用工具与设备主要有歧管压力表组件、制冷剂注入阀、真空泵、制冷剂回收与充注机、制冷剂检漏仪等。

(9) 汽车空调检修的基本方法操作有：系统工作压力的检测、制冷剂量的检测、系统检漏、制冷剂回收、抽真空、充注制冷剂、加注冷冻油等。

(10) 汽车空调系统常见的故障有：制冷系统不制冷或制冷不足，系统有异响或震动。

习　题　6

一、选择题

1. 对于散热器的风扇，下列说法哪个是错误的（　）。

A. 一般是采用双风扇，或是采用高低速两个挡位

B. 冷却液温控开关可以控制风扇

C. 空调系统也可以控制风扇

D. 冷却液温控开关由点火开关来控制

2. 对于鼓风机来说，下列说法哪个是错误的（　）。

A. 前风窗除霜要用鼓风机

B. 后风窗除霜要用鼓风机

C. 车内制冷要用鼓风机

D. 车内空气净化要用鼓风机

3. 当汽车没有暖风时，下列说法不正确的是（　）。

A. 可能是小水箱有故障　　B. 可能是暖风开关有故障

C. 可能是压缩机有故障　　D. 可能是伺服机构有故障

4. 当汽车制冷效果不好时，下列说法哪个是不正确的（　）。

A. 可能是制冷剂不足　　B. 可能是压缩机功率下降

C. 可能是冷却风扇电路有故障　　D. 可能是空调开关有故障

5. 在为制冷系统重新加制冷剂时，系统要先抽真空，是因为什么（　）。

A. 防止系统空气中的水分在膨胀阀处结冰

B. 给系统多加注制冷剂

C. 将系统中的残余的制冷剂排净

D. 更容易向系统中加入制冷剂

6. 对于空调制冷系统来说，下列说法哪个是不正确的（　）。

A. 有些车型在汽车高速行驶时，系统压缩机自动停机

B. 有些车型的压缩机是始终不停机的

C. 为了使发动机怠速稳定，有些车型在发动机怠速时压缩机自动停机

D. 为了加强制冷效果，有些车型在打开空调开关时，冷却风扇立刻运转

7. 对于 R12 与 134a，下列说法哪个是正确的（ ）。

A. 同一台车，R12 与 134a 可以互换

B. R12 对人体有害，所以用 134a 替代 R12

C. R12 对环境有害，所以用 134a 替代 R12

D. R12 成本高且制冷效果差，所以用 134a 替代 R12

8. 对于空调制冷系统来说，下列说法哪个是正确的（ ）。

A. 制冷剂和冷冻油都应按标准加注，多了和少了制冷效果都不好

B. 制冷剂多了，对制冷效果有好处

C. 冷冻油多了对制冷效果有好处

D. 对于制冷剂没有严格要求，加足为止

二、判断题

1. 物质在状态发生变化时，所吸收或放出的热量称为显热。（ ）
2. 提高压强，可使液体更容易蒸发。（ ）
3. 冷凝器的作用是将制冷剂从气体转变为液体，同时放出热量。（ ）
4. 热力膨胀阀在制冷负荷增大时，可自动增加制冷剂的喷出量。（ ）
5. 低压开关的作用是在系统低压管路中压力过低时，切断压缩机电磁离合器的电路。（ ）
6. 冷凝器冷却不良时，可能会造成高压管路中压力过高。（ ）
7. 空调系统正常工作时，低压侧的压强应在 0.15MPa 左右。（ ）
8. 在制冷系统抽真空时，只要系统内的真空度达到规定值时，即可停止抽真空。（ ）

三、问答题

1. 以水为例，画出水的三态变化图。
2. 绘制制冷循环示意图。
3. 简述内平衡式膨胀阀的工作原理。
4. 如何区分冷凝器的进口和出口。
5. 简述压缩机的电磁离合器的作用及工作过程。

第 7 章

汽车防盗技术

知识目标	能力目标
• 正确描述汽车防盗系统的结构、种类及连接方式； • 正确描述汽车防盗系统的工作过程。	• 正确完成汽车防盗系统的设置； • 正确完成汽车防盗系统常见故障的诊断作业。

为防止汽车被盗，最初汽车上装备了门窗、门锁等机构阻止盗贼进入车辆，还采用了电动车窗、中央门锁系统、遥控门锁系统等，这些系统主要为用户提供便利而设计的，并不能防止车辆被盗。现代汽车都装备了专门的防盗系统，同时具备遥控、警报、防起动等功能。其中防起动系统是最有效的防盗方式，可以有效防止汽车在未授权的情况下靠自已本身的动力被开走。

汽车防盗系统是一种安装在车上，用来增加盗车难度，延长盗车时间的装置。当非法人员进入车内触发防盗系统后，系统发出刺耳的声音和闪光，恐吓盗贼，增加盗贼的心理压力，使其主动放弃，同时也提醒路人和车主及时采取相应措施。当非法人员企图起动车辆时，防盗系统使起动机或发动机电脑控制系统处于锁止状态，使其无法起动车辆，延长其盗车时间。随着科学技术的进步，为对付不断升级的盗车手段，人们研制出各种方式、不同结构的防盗技术，因而不同时期的防盗系统具有不同的结构及功能。

7.1 汽车防盗系统的种类

汽车防盗系统按结构不同可分为机械式、电子式和网络式；按设定方式不同可分为定码与跳码两种。

7.1.1 机械式汽车防盗系统

机械式汽车防盗系统大多为防盗锁，它通过锁定方向盘、制动器踏板、变速杆等主要操纵件，使盗车者无法将汽车开走。

(1) 转向柱锁。如图 7-1 所示，转向柱锁主要由锁杆、凸轮轴、锁止器挡块、开锁杠杆、开锁按钮等组成。驾驶员从钥匙筒拔出钥匙后，转向柱被锁住，使汽车无法驾驶。

(2) 方向盘防盗锁。如图 7-2 所示，此锁有两个锁栓，分别固定在方向盘的径向两个相对端，锁杆的另一头插在车厢内任意地方固定，以防止盗车者转动方向盘。

(3) 制动器防盗锁。如图 7-3 所示，此类型防盗锁锁住制动器踏板杆，使汽车处于制动状态，盗车者无法开走汽车。

(4) 变速杆防盗锁。如图 7-4 所示，此类型防盗锁可将方向盘和变速杆锁在一起，可以

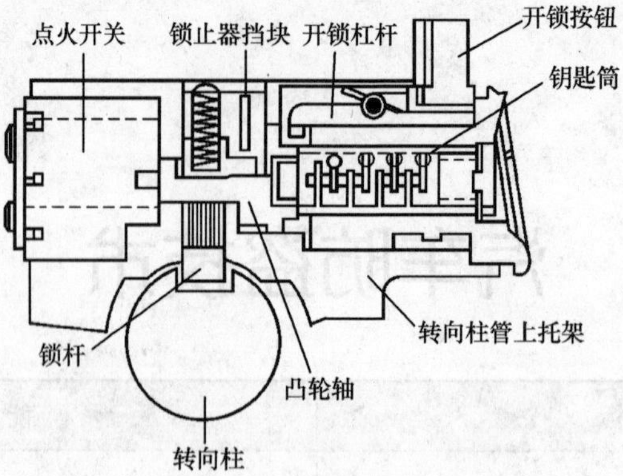

图 7-1　转向柱锁

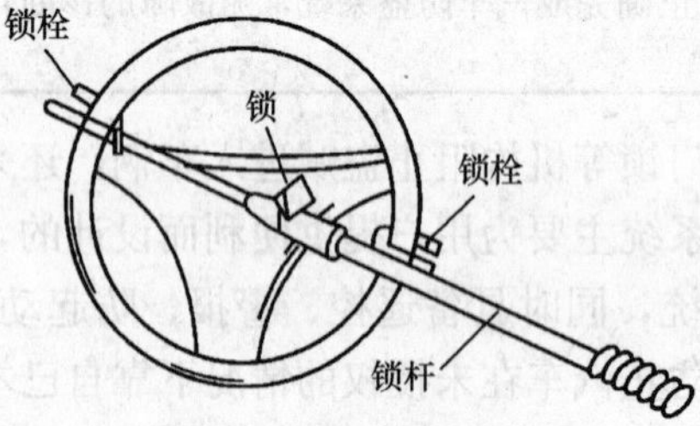

图 7-2　方向盘防盗锁

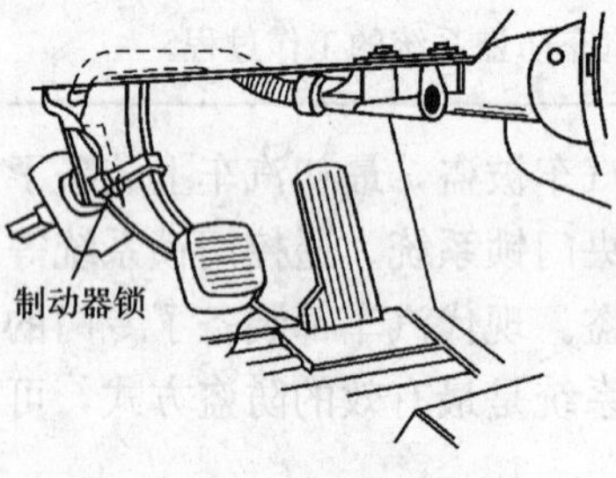

图 7-3　制动器防盗锁

同时防止盗车者转动方向盘和拨动变速杆。

（5）车轮防盗锁。如图 7-5 所示，此类型防盗锁锁住车轮，使车轮无法转动。

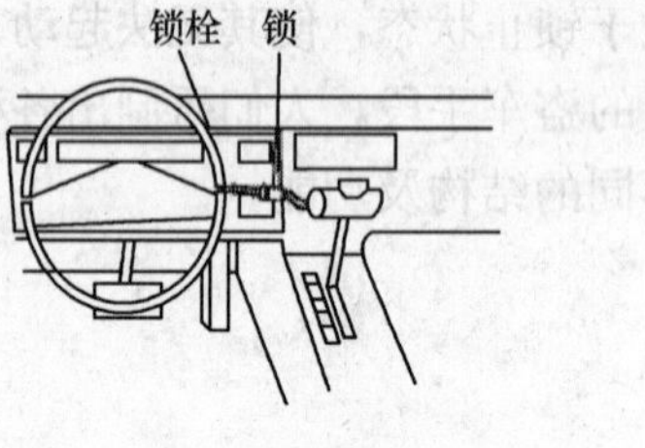

图 7-4　变速杆防盗锁

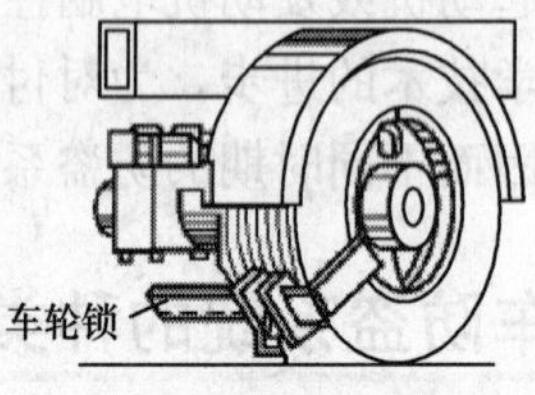

图 7-5　车轮防盗锁

机械式防盗发展至今经过数次技术升级，目前市场了已有了较可靠的护盘式转向盘锁，这类防盗锁为隐藏式，有一层防锯、防钻钢板保护，材质比传统的拐杖锁坚固，锁芯设计也更加周密。

7.1.2 电子式防盗系统

电子式防盗系统主要靠锁定发动机控制电脑或起动线路来达到防盗的目的，同时具有声音和灯光报警功能，系统触发时发动机无法起动，同时防盗喇叭鸣叫和外部灯光闪烁发出警报，既可吓跑盗车者，又可引起路人的注意。

电子式防盗系统（防盗器）的种类很多，分类方式不同，其类型也不同。

1. 按密码形式不同分类

电子式防盗系统根据密码发射方式的不同，主要分为定码防盗器和跳码防盗器两种。早期防盗器多采用定码方式，但由于其自身的缺点，现已逐渐被技术上较为先进、防盗效果较好的跳码防盗器所取代。

防盗器密码一方面记载着防盗器的身份资料（身份码），以区别各个防盗器的不同，另一方面，它内含防盗的功能指令资料（资料码或指令码），负责开启或关闭防盗器，控制完成防盗器的一切功能。

早期的遥控式汽车防盗器是主机与遥控器各有一组相同的密码，遥控器发射密码，主机接收密码，从而完成防盗器的各种功能，这种密码发射方式称为第一代固定码发射方式。

跳码防盗器同移动电话的工作原理相同，遥控器与防盗主机系统之间除了要有相同的发射和接收频率之外，还要有密码才能相互识别。其特点如下：

（1）遥控器的密码除身份码和指令码外，又多了一个跳码部分。跳码即密码依一定的编码函数，每发射一次，密码随即变化一次，密码不会被轻易复制或盗取，安全性极高。

（2）密码组合上亿组，从根本上杜绝了重复码。

（3）主机无密码，主机通过学习遥控器的密码，从而实现主机与遥控器之间的相互识别。若遥控器丢失，可更换遥控器，既安全、成本低，又无后顾之忧。

2. 按输入密码的方式分类

电子式防盗系统按输入密码的方式不同可分为按键式电子门锁、拨盘式电子门锁、电子钥匙式电子门锁、触摸式电子门锁以及生物特征式电子门锁。

按键式电子门锁采用键盘输入开锁密码，操作方便，内部控制电路常采用电子锁专用集成电路。

拨盘式电子门锁采用拨盘方式输入开锁密码。

电子钥匙式电子门锁的特点是使用电子钥匙输入开锁密码，电子钥匙可通过声、磁、电和光等多种形式与主控电路联系。

触摸式电子门锁的特点是采用触摸方法输入开锁密码，相对于按键开关，触摸开关使用寿命长，造价低，电子锁控制电路优化。

生物特征式电子门锁的特点是将声音、指纹等人体生物特征作为密码输入，由电脑进行模式识别控制开锁。

3. 按控制方式分类

电子防盗系统按控制方式分类可分为遥控式和无遥控式防盗系统。

遥控式防盗系统是通过遥控控制防盗器的全部功能，可靠方便，带有振动侦测、门控保护及微波或红外探头等功能。

4. 按防盗的结构不同分类

电子防盗系统按防盗的结构分类如下：

（1）电子声光类。遇到非正常、开门、振动等情况，通过电子感应便会发出喇叭长鸣、车灯闪烁等报警信号。

（2）机电结合类。当遇到盗、劫时，汽车不仅可以发出声光报警信号，还能够自动锁住油路、电路、电脑。有的中高档轿车还使用电子钥匙，只有当密码相符时才能起动发动机。

（3）网络报警类。是一种建立在以城市为中心的网络化产品，具有遇盗自动报警、跟踪定位、遥控停车等功能。

5. 按防盗的功能分类

（1）断油断电装置。它靠切断点火线路或者燃油供应系统而使汽车不能开动，是十分简单有效的防盗设计方案。但这种装置不能防止小偷打破车窗，也对整车拖走的偷盗束手无策。

断油断电装置可分为三种，分别是燃油切断装置、蓄电池切断装置及发动机点火切断装置。蓄电池切断装置安装在蓄电池旁，只需转动旋钮，车上的电力系统便全被切断。发动机点火切断装置有多种，有的需按固定的密码才能起动，即使被人破坏，发动机的起动依然失灵；有的装置还会发出红色的灯光。燃油切断装置可安装在供油系统的任何部位，一般在发动机罩下的输油管路上，只要将此装置关闭，发动机便会因为缺油而无法起动，是较直接而简便的方法。

（2）无线电跟踪装置。此装置是在车上安装一个小型的无线电发射器，一旦车辆被偷走，此装置能够协助警方探测出车辆的下落，较快地找回车辆。

（3）遥控中央门锁。当遥控器发射正确信号时，中央门锁自动开启或关闭。

（4）车身防盗识别系统。利用特殊工艺在全车玻璃、前后大灯和轮辋等重要部件上蚀刻车辆号码，车辆被盗走后，盗贼需要更换全车的重要部件，方可脱手。

7.1.3 网络式防盗系统

网络式汽车防盗系统是利用 GPS 卫星定位系统，对汽车进行监控，以达到防盗目的。此防盗系统不但可以锁定汽车点火或起动，还可以通过 GPS 卫星定位系统（或其他网络系统），将报警信息和报警汽车所在的位置传送到报警中心。

这个系统还可以具有交通事故、防盗系统意外失效、抢劫等自动报警功能。

7.2 汽车防盗系统的组成

如图 7-6 所示，汽车防盗系统一般由报警调置/解除装置、传感器、防盗电控单元（ECU）、报警装置、防止发动机起动和防止汽车移动装置等组成。

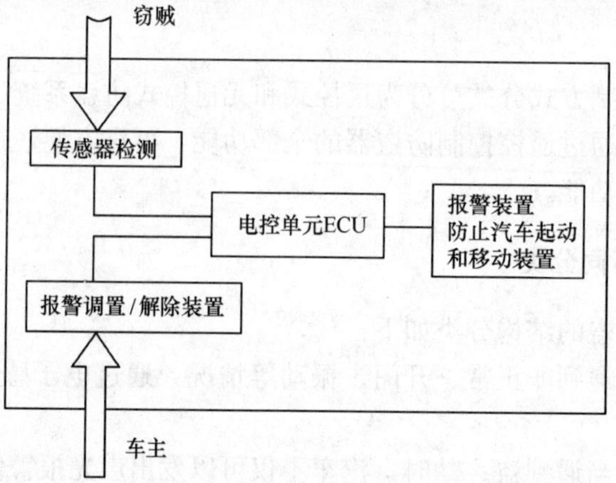

图 7-6 汽车防盗系统的组成

7.2.1　报警调置/解除装置

当所有的车门、发动机底部及行李舱关闭时，车主通过报警调置/解除装置锁住车内所有的车门，汽车防盗报警系统进入预警状态。当汽车防盗报警系统起动时，设在车内可见位置的工作显示灯开始工作，以保证防盗报警系统正确无误地开始工作。

报警调置/解除装置设置的方法可分为主动式与被动式。主动式是指对装置起动的特别操作方式，具有暗号开关或密码电源开关板，典型的方式是无线电或红外线遥控方式，优点是安装上通用性强，缺点是容易忘记调置，发生疏漏；被动方式不要求驾驶员操作，当车门关闭后，防盗报警装置能自动进行工作，不会发生忘记装置起动的疏漏，能够提高防盗效果。

7.2.2　传感器

传感器的功用是当报警系统工作时，传感器检测汽车有无异常情况发生，当汽车被移动或车门被打开时，传感器将检测到的信号传送给防盗电控单元 ECU，防盗电控单元 ECU 根据其内部储存的数据进行比较，判断汽车是否正在被盗，如汽车被盗，防盗电控单元 ECU 输出信号控制报警装置发出声光报警信号，阻止汽车起动。

若汽车被盗，传感器检测到以下异常现象：车门开启操作不正常；后备箱盖、油箱盖或发动机盖被非法打开；汽车被非法移动而产生振动；车辆整体倾斜；窗玻璃被打破。

7.2.3　电控单元

防盗电控单元的功能如图 7-7 所示，主要功能是接收各种传感器发送的信号，根据电控单元中预先储存的数据和编制的程序，通过数学计算和逻辑判断，确定车门是否锁定、车辆是否非法移动、被盗，以便控制各个执行器，从而使汽车处于报警状态。此外，电脑还具有故障自诊断功能。

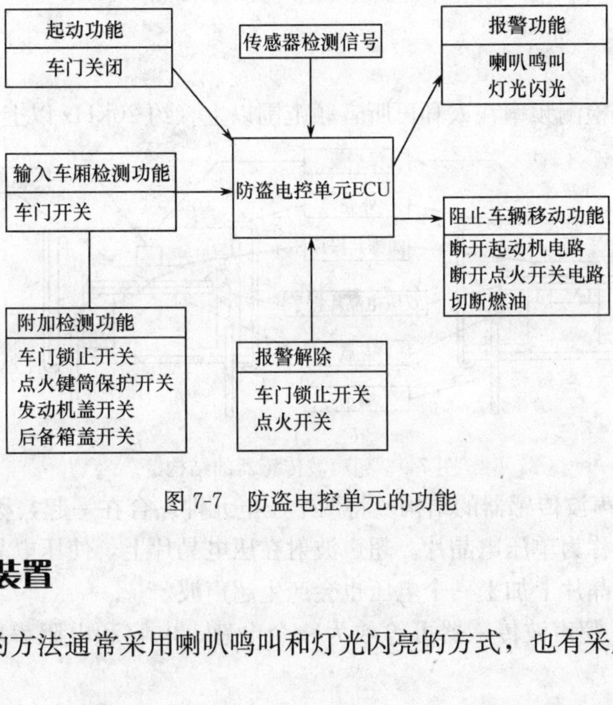

图 7-7　防盗电控单元的功能

7.2.4　报警装置

防盗系统报警的方法通常采用喇叭鸣叫和灯光闪亮的方式，也有采用专用喇叭与普通喇叭进行组合的报警方法，此外，还设有专用警笛或者向车主用电波报警的方式。

7.3 汽车防盗系统主要部件的结构与原理

7.3.1 防盗传感器

防盗传感器的作用是检测汽车是否被盗。汽车防盗系统用的传感器主要有以下几种：热释电式红外线传感器、超声波传感器、振动传感器（检测汽车的冲击）和玻璃破碎传感器。

1. 热释电式红外线传感器

热释电式红外线传感器也称红外探头，通常安装在汽车内部驾驶员附近，它通过红外辐射变化来探测是否有人侵入车内。

图 7-8 所示为热释电式红外线传感器的结构，主要由具有高热电系数的红外热释电体晶片和配合滤光镜片窗口组成，它能以非接触形式，检测出物体放射出来的红外线能量变化，将其转换成电信号输出。热释电式红外线传感器的内部电路如图 7-8（b）所示，当车内的红外线无变化或变化较小时，无电信号输出或输出电信号较低；当红外线能量变化较大时，则输出较高的电信号。

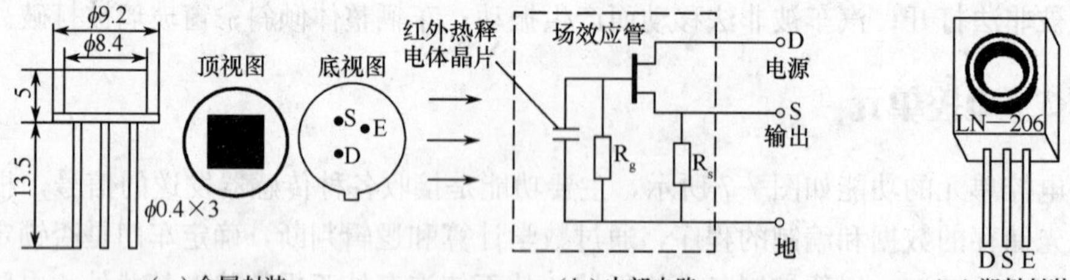

图 7-8 热释电式红外线传感器

2. 超声波传感器

超声波传感器是检测频率在人耳可听音频范围以上（约 20kHz 以上）超声波的传感器。

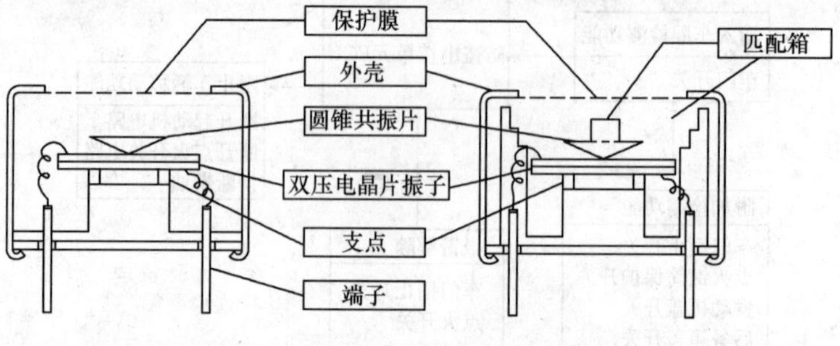

图 7-9 超声波传感器的结构

图 7-9 所示为超声波传感器的结构。将两个压电元件黏合在一起，称为双压电晶片；由一个压电元件构成的称为单压电晶片。超声波射在压电晶片上，使压电晶片振动，产生电压信号；反之，在压电晶片上加上一个电压也会产生超声波。

如图 7-10 所示，超声波传感器可等效为一个电感、电容和电阻串联的（共振）电路。

超声波传感器有两个共振频率，低端的共振频率 f_D 叫串联共振频率，在电阻（R）、电感（L）和电容（C）的串联电路中振荡，此时传感器的阻抗最低，如图 7-11 所示；而在高频处的共振频率 f_G 称为逆共振频率，在 L、C 和 C′的并联电路中产后共振。试验证明：发送超声波传感器的灵敏度在串联共振频率上最高；接收超声波传感器在逆共振频率上具有最高灵敏度。

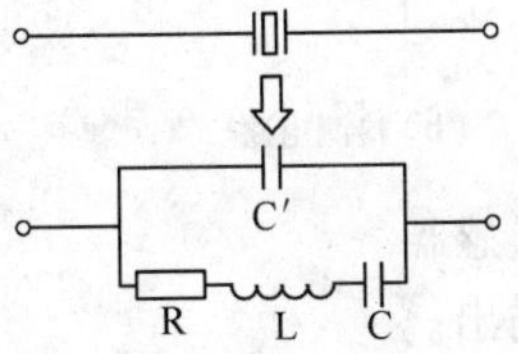

图 7-10　超声波传感器的等效电路

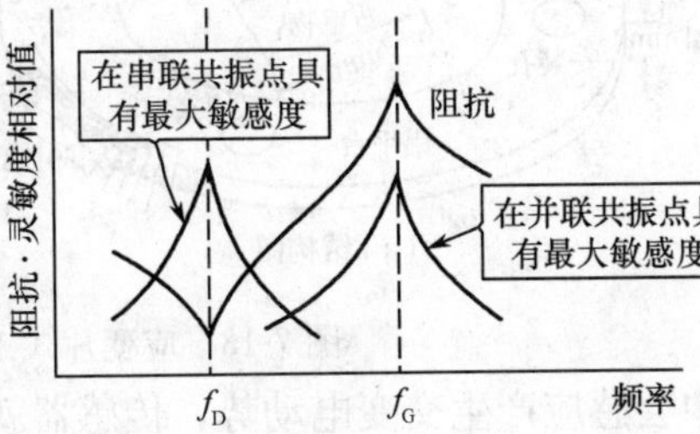

图 7-11　超声波传感器的阻抗特性和敏感性曲线

3. 振动式传感器

振动式传感器主要用来检测汽车受到的冲击。当汽车受到冲击，其振动达到一定强度时，防盗电控单元输出信号，控制报警装置报警。

振动传感器主要有压电振动传感器、压阻式振动传感器和磁致伸缩式振动传感器。

图 7-12 所示为利用压电陶瓷的压电效应构成不同使用要求的压电振动传感器。图 7-12（a）所示是压缩型结构的振动传感器，通过调整中心孔的螺栓形质量块，即能检测出微小的振动；图 7-12（b）所示是剪切型结构的振动传感器，它是将两块压电片对称地固定在轴的两侧；图 7-12（c）所示是弯曲型结构的振动加速度传感器，这类传感器结构简单、体积小、重量轻、灵敏度高，但压电材料阻抗高、脆性大，难于与金属黏结。

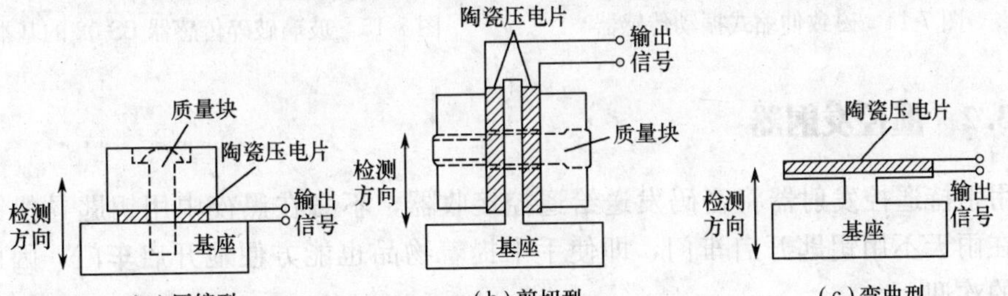

图 7-12　压电振动传感器的结构原理

压阻式振动传感器是利用半导体应变片的压阻效应制成的，图 7-13 所示为应变片式三维振动加速度传感器结构。图中互相垂直的三块弹簧钢制作的振动板的板面分别平行于 X、Y、Z 轴，振动板的顶端安装铅制的质量块，半导体应变片黏于振动原点附近，外壳为半球形的玻璃罩，当汽车承受某一振动时，图 7-13（b）所示的电路可检测出振动的强度，并输出电压信号。

图 7-14 所示为磁致伸缩式振动传感器的结构，它主要由永久磁铁、磁致伸缩杆、感应线圈和外壳等组成。伸缩杆用高镍合金制成，在其一端设置有永久磁铁，另一端安放在弹性部件上。感应线圈绕制在伸缩杆的周围，线圈两端引出电极与控制线路连接。当汽车产生振动时，传感器的伸缩杆随之产生振动，感应线圈中的磁通量就发生变化，由电磁感应原理可

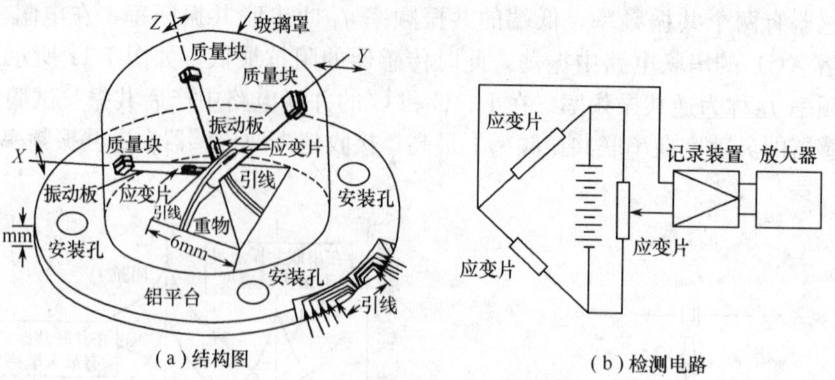

图 7-13　应变片式三维震动加速度传感器

知，线圈中会感应产生交变电动势，传感器就有信号电压输出。

4. 玻璃破碎传感器

如图 7-15 所示，玻璃破碎传感器利用压电陶瓷对振动敏感的特性来接收玻璃受撞击和破碎时产生的振动波，然后转换成电信号输出，并将此信号输送给控制单元。

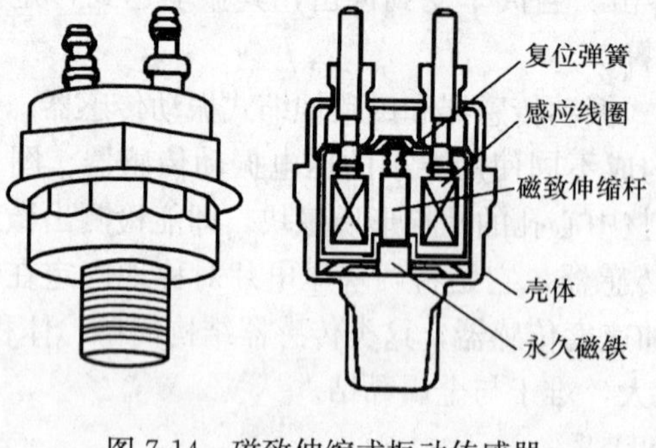

图 7-14　磁致伸缩式振动传感器

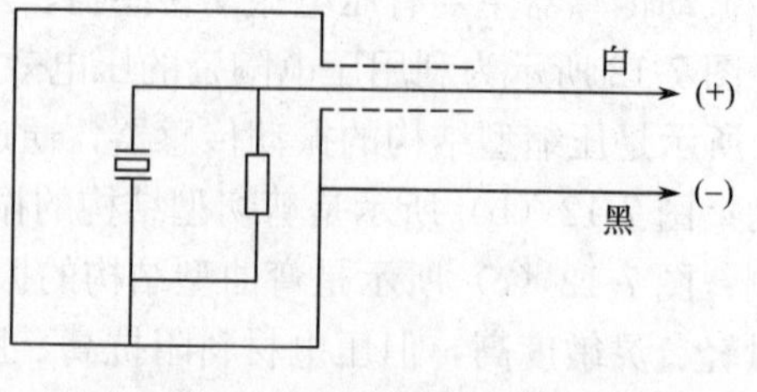

图 7-15　玻璃破碎传感器 BS-02 的基本原理

7.3.2　遥控发射器

利用手持遥控发射器将密码发送给遥控接收器，不必在黑夜中用钥匙寻找钥匙孔的位置，在雨天不用钥匙开启车门，即使手中提着物品也能方便地开启车门，因此，它颇受用户的欢迎。

近年来，遥控装置不仅能代替车门钥匙，而且也用于防盗系统、后备箱开锁、车窗或滑动车顶的开闭功能。作为遥控信号的载体一般采用红外线、无线电波以及超声波等。

汽车上的无线遥控装置是在远离车辆的地方，对汽车车门开闭装置的执行器进行无线遥控的装置。无线遥控装置主要由遥控发射器和遥控接收器组成，如图 7-16 所示。

1. 遥控发射器（简称遥控器）

遥控器的功能是：当遥控操作开关接通时，读出存储在存储器中的功能代码和身份鉴定代码（固定代码加可变代码），经信号调制处理后，转换为红外线或无线电波的遥控信号，并对外输出（在红外线方式中，脉冲调制后驱动发光二极管，而在无线电波方式中，高频调制后向发射天线供电）。其中，身份鉴定固定代码有 100 多万种，可变代码有 1 000 多种，

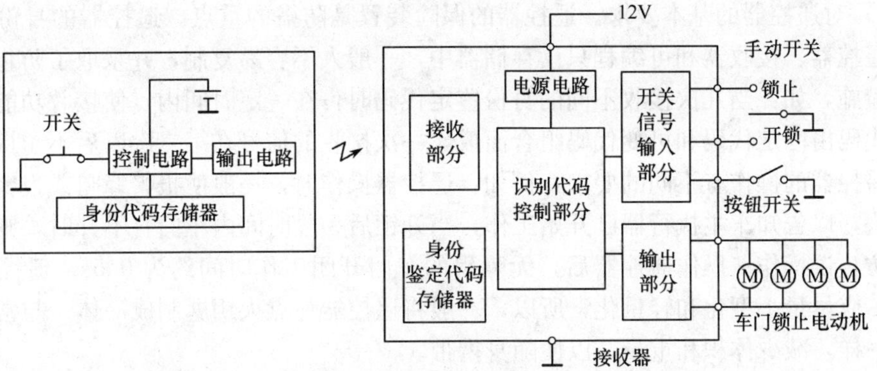

图 7-16　无线遥控装置的基本组成

功能代码 4 种，这些代码按照需要被存储在只读存储器或随机存储器中。

遥控器按遥控信号的载体不同可分为红外线式遥控器、无线电波式遥控器以及超声波式遥控器。

(1) 红外线式遥控器。图 7-17 所示为红外线式遥控器的组成，它主要有发光二极管、控制电路、身份代码存储器、开关按钮和电池等。

为延长红外线式遥控器和电池的寿命，通常采用脉冲方式调节驱动发光二极管，此时的调制频率大多为 38kHz。

(2) 无线电波式遥控器。图 7-18 所示为无线电波式遥控器的组成，它主要有输出部分、控制电路、身份代码存储器、开关按钮和电池等。输出部分包括调制电路、高频振荡电路、高频放大电路以及发射天线等。

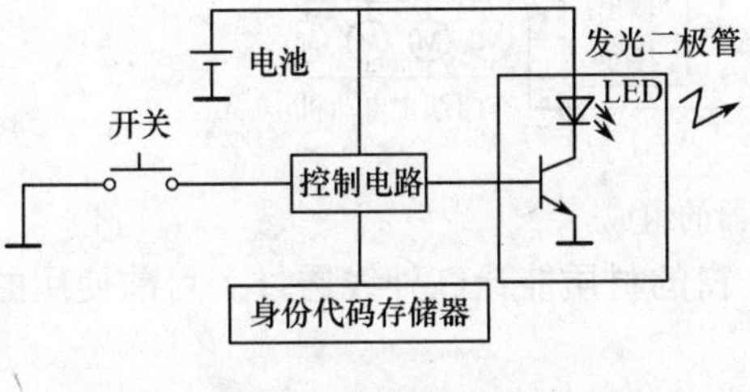

图 7-17　红外线式遥控器的组成

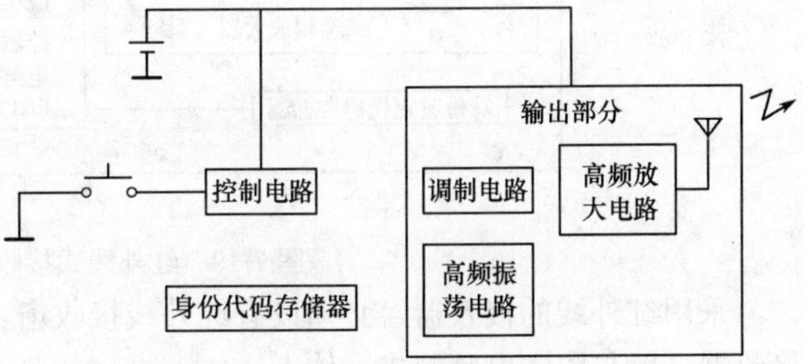

图 7-18　无线电波式遥控器的组成

红外线式遥控器与无线电波式遥控器的性能比较见表 7-1。

表 7-1　红外线式遥控器与无线电波式遥控器的性能比较

项目	红外线式遥控器	无线电波式遥控器
操作距离	(2～5) m	(3～10) m
方向性	大（光的直线直射性）	小（无线电迁移性）
接收器安装位置	受光可能部位（仪表板等）	任意
干扰信号	太阳灯、荧光灯	全盘不同频带的其他电波
环境干扰因素	车窗积雪、结冰	根据气候条件、地点发生距离变化
响应性	(0.2～0.3) s	(0.2～0.3) s
法规	无	有

（3）对遥控器的基本要求。遥控器的保险装置是防盗的重点。遥控器的身份鉴定代码存储在遥控器、接收器和可编程只读存储器中，一般人不容易复制，并采取了防止非法行为的加密措施，如：当几次接收不同的身份鉴定代码时，在一定时间内，使接收功能停止；身份鉴定代码由固定代码和可变代码组合而成，一次接收的信号在第二次以后不予接收等。另外，对遥控器的操作有不同的要求，例如：遥控器操作时，一般使报警蜂鸣或报警灯闪亮一次的方法，以告知车主执行器已开始工作，当开锁后一段时间内车门打不开时，则再予以锁止，以防止误操作；操作遥控器后，无障碍的车门开闭工作时间约为 0.5s。遥控器需要经常携带，应尽量小型化和轻量化，所以，一般将遥控器与点火钥匙制成一体，与常用普通点火钥匙一样，减少体积和重量，以便随身携带。

2. 接收器

接收器的作用是对接收的信号进行放大和调制，检查身份鉴定代码是否相符，当代码一致时，判别功能代码，并驱动相应的执行器。

（1）红外线式接收器。图 7-19 所示为红外线式接收器的组成，它主要有电源电路、接收部分、身份鉴定代码存储器、身份鉴定控制电路、开关信号输入电路以及输出电路等。接收部分主要由接收遥控器信号的光敏二极管、放大器、选频放大器、检波器等组成；开关信号主要是指车门的手动开关的输入信号；输出电路主要是控制车门锁电动机。

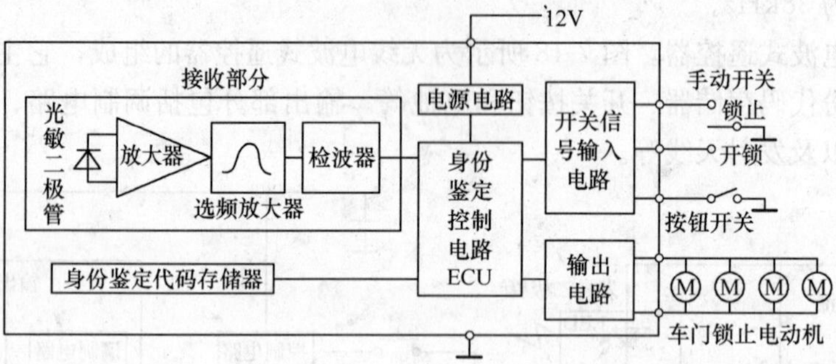

图 7-19　红外线式接收器的组成

采用红外线的接收器，必须设有红外线接收窗，窗的材质能让红外线透过。目前使用的接收器一般与防盗电脑制成一体。

（2）无线电波式接收器。图 7-20 所示为无线电波式接收器的组成，它主要有电源电路、接收部分、身份鉴定代码存储器、身份鉴定控制电路、开关信号输入电路及输出电路等。

（3）接收器的性能

①身份鉴定代码的设定。当接收到来自遥控器的遥控信号时，把这种代码存储在 EPROM 中，用户遗失遥控器时，不必重新装备与遗失的遥控器具有相同鉴定代码的遥控器，如果同种类的遥控器到位，就能很快重新使用无键式遥控开关进行遥控。

②降低暗电流。接收器在车辆驻车时处于常时间的待机状态，红外线方式与无线电波方式的接收电路与 CPU 电路必须保证通电，但是，在车辆上对容许的暗电流必须加以限制，因此，实施了低电流化措施，包括接收电路的低电流化，电源的间断驱动，CPU 的待机动作。对于这些降低电流的措施，以及辨别遥控信号与噪声的 CPU 程序处理，存在着接收灵敏度降低、遥控响应时间滞后等问题，需要进行综合判断。

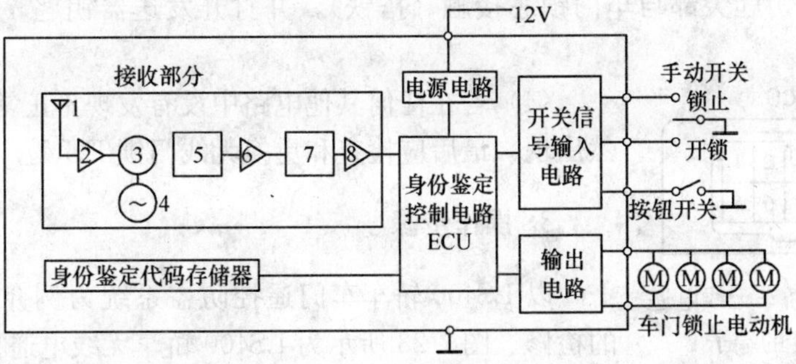

1—接收天线；2—射频放大器；3—局部振荡器；4—混频器；5—选频放大器；6、8—功率放大器；7—滤波器

图 7-20　无线电波式接收器的组成

3. 天线

遥控系统中的天线有发射天线和接收天线两种。发射天线可由钥匙兼作，而不必设置专用天线。接收天线一般采用遥控专用天线，与收音机共用一个天线，采用镶嵌在汽车后风窗玻璃内的加热电阻作为天线等。

与收音机共用一个天线的遥控装置的组成如图 7-21 所示，遥控装置接收天线信号后，由分配器将信号分检出遥控信号和收音机接收信号。分配器的电路如图 7-22 所示。

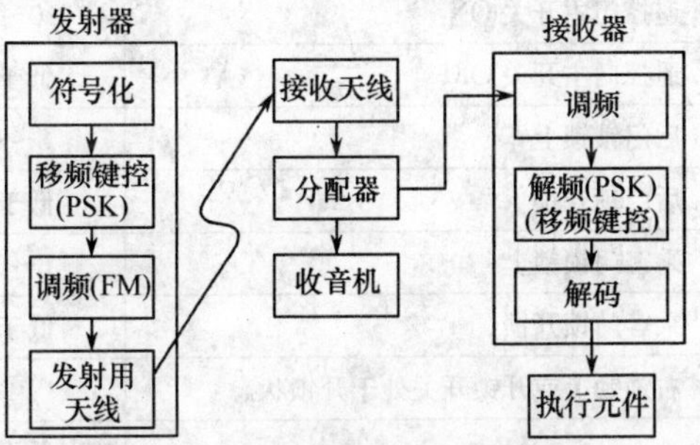

图 7-21　与收音机共用一个天线的遥控装置的组成

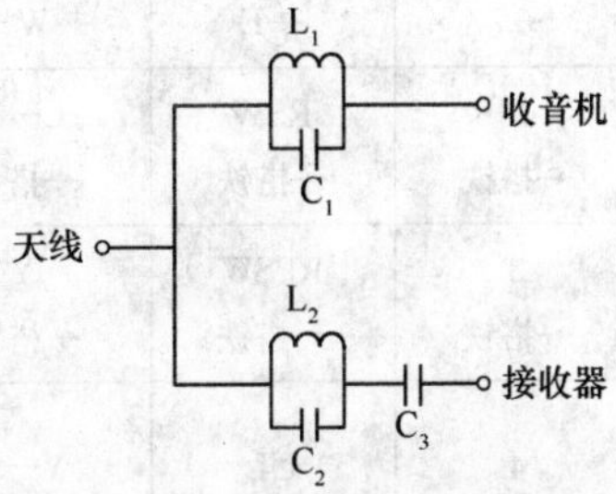

图 7-22　分配器电路

实训　防盗系统的检测

1. 器材设备准备

实训车辆、现代汽车诊断仪器、万用表、常用拆装工具等。

2. 注意事项

(1) 门锁无线控制系统的故障排除是以车门锁控制系统工作正常为前提的，因此，在对门锁无线控制系统进行故障排除前，应首先确信门锁控制系统工作正常。

(2) 由于发送器采用微弱的电磁波，很容易受到噪声的影响，使得在正常范围内的遥控变得困难。

(3) 为了减小噪声的影响，应使发送器尽可能靠近汽车的后窗玻璃（天线部位），或使发送器的带槽钥匙尖部与车门锁芯接触（搭铁），并打开发送器钥匙，就能实现门锁的遥控操作。

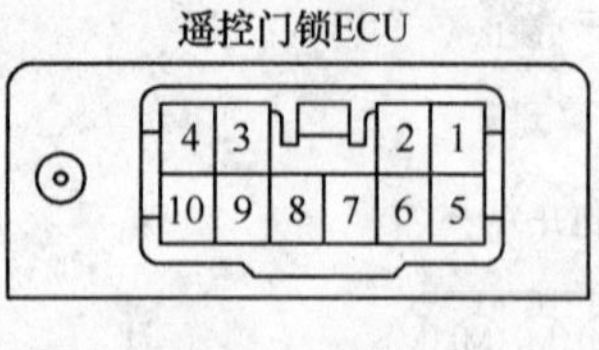

图 7-23　LS400 轿车无线电遥控系统 ECU 的端子

（4）若在任何其他电路中没有发现不正常现象，而故障仍然出现，最后应检查和更换无线门锁 ECU。

3. 操作步骤

以 LS400 轿车车门遥控防盗系统为例介绍汽车防盗系统的检修。图 7-23 所示为 LS400 轿车无线电遥控系统 ECU 的端子，各端子的名称见表 7-2。ECU 接柱的标准值参见表 7-3。

表 7-2　ECU 端子名称

序号	代号	接柱名称	序号	代号	接柱名称
1	＋B	电源	6	KSW	钥匙开锁警报开关
2	RSW	后门锁电动机	7	GND	搭铁
3	RPSW	左前门锁电动机	8	FDSW	左前门锁电机
4	UL	锁门和门锁开关	9	—	
5	L	锁门和开锁开关	10	CTY	门饰灯开关

表 7-3　ECU 接线柱的标准值

序号	代号	线色	测试条件	标准值
1→ ←7	＋B ←E	R−Y ←W−B	遥控门主开关 ON	10～14V
			遥控门主开关 OFF	低于 1V
2 ←搭铁	RSW ←搭铁	L−Y ←搭铁	后门锁锁上	8～10V
			后门锁开锁	低于 1V
3 ←搭铁	RPSW ←搭铁	Y ←搭铁	乘客门锁锁上	8～10V
			乘客门锁开锁	低于 1V
4 ←搭铁	UL ←搭铁	Y−L ←搭铁	右锁锁上或开锁开关处于开锁状态	低于 1V
			除以上所述外	8～10V
5 ←搭铁	L ←搭铁	Y−R ←搭铁	左门和右门锁上和开锁开关锁上	低于 1V
			除以上所述外	8～10V
6 ←搭铁	KSW ←搭铁	L−B ←搭铁	点火开关插入锁匙	低于 1V
			点火开关抽出锁匙	8～10V
7 ←搭铁	GND ←搭铁	W−B ←搭铁	通常情况下	低于 1V
8 ←搭铁	FDSW ←搭铁	P ←搭铁	司机门锁手把锁上	8～10V
			司机门锁手开锁	低于 1V

（1）设定防盗系统。

①关闭所有车门；

②关闭发动机罩盖和行李箱门；

③从点火开关锁芯拔出点火钥匙；

④完成以下任一操作时，防盗指示灯亮，30s 后防盗指示灯闪烁，防盗系统进入工作状态，即此时车门锁开关不能控制门锁打开或锁住，行李箱门不能由开启器开关打开：

a. 用钥匙锁住右侧或右侧前门，所有车门也由联锁动作锁住；

b. 用天线遥控器锁上全部车门；

c. 锁上后门和一个前门，不用钥匙锁上另一个前门（无钥匙门锁）。

（2）消除已设定的防盗系统。检查防盗指示灯是否在闪烁，当完成以下任一操作时，防盗系统即被消除，防盗指示灯熄灭。

①用钥匙打开左侧或右侧前门。

②用无线遥控器打开所有车门。

③将点火钥匙插入点火开关锁芯，并转至"ACC"或"ON"位置，此方法适用于没有工作过的防盗系统。

④用钥匙打开行李箱门，但如果行李箱门关闭 2s 后，防盗系统会重新返回工作状态。

（3）检查防盗系统的工作状况。检查防盗指示灯是否闪烁，当完成以下任一操作时，电喇叭和防盗喇叭发声，大灯和尾灯会闪烁大约 30s 或 1min 作为示警，同时，该系统切断起动电动机电路，并将所有车门锁住（如果车门未锁住，系统会在示警期间内每隔 2s 锁门一次）。

①用发动机罩盖开启器打开发动机罩盖。

②不用钥匙操纵使一扇前门或后门打开。

（4）检查发送器。

①拆下发送器螺钉；

②拆下盖板；

③拆下 O 形圈和电池；

④将干电池正极端子连接至电池槽外侧的端子上，干电池负极端子连接至槽底端子上，向发送器提供 3V 电压；

⑤压住发送器壳体侧上的门锁无线遥控开关，遥控操纵车门锁住；

⑥如果可以实现遥控操纵，则为正常；

⑦如果不正常，应拆下汽车上的 ECU，并拆下 ECU 上的 ROM 和消声器；

⑧将新印刷板（ROM）沿两侧导轨插入，并用手指将它推至末端的端子直到完全插入为止；将盖板装到插装 ROM 用的孔上，给新 ECU 装上消声器，将新 ECU 装入汽车。

小结

（1）汽车防盗系统按结构不同可分为机械式、电子式和网络式；按设定方式不同可分为定码与跳码两种。

（2）汽车防盗系统一般由报警调置/解除装置、传感器、防盗电控单元（ECU）、报警装置、防止发动机起动和防止汽车移动装置等组成。

（3）防盗传感器的作用是检测汽车是否被盗。它主要有：热释电式红外线传感器、超声波传感器、振动传感器（检测汽车的冲击）和玻璃破碎传感器。

（4）防盗电控单元主要由输入电路、微型计算机、输出回路、A/D 转换器等组成。

（5）防盗装置的报警方法通常采用喇叭鸣叫和灯光闪亮两种方式。

习 题 7

一、选择题

1. 汽车防盗系统是一种安装在车上，用来（ ）装置。

A. 增加盗车难度，延长盗车时间的　　B. 用于增加汽车性能的

C. 用于满足驾驶员要求的　　D. 用于保护车辆的

2. 防盗器密码记载着防盗器的身份资料，还含有（ ）。

A. 指令资料　　B. 车辆的 VIN 码　　C. 发动机防盗码　　D. 用户码

3. 汽车防盗系统一般由（ ）组成。

A. 解除装置、传感器、防盗电控单元（ECU）、报警装置

B. 传感器、防盗电控单元（ECU）、报警装置

C. 传感器、防盗电控单元（ECU）、报警装置、报警调置/解除装置

4. 热释电式红外线传感器能以（ ）形式检测出物体放射出来的红外线能量变化，并将其转换成电信号输出。

A. 非接触　　B. 接触式　　C. 机械式　　D. 电子式

5. 振动式传感器主要用来检测汽车受到（ ）。

A. 冲击　　B. 振动　　C. 加速　　D. 起步

二、判断题

1. 当所有的车门及发动机盖关闭时，车主通过报警设置/解除装置使所有的车门进行锁止。（ ）

2. 防盗电控单元能接收传感器的信息，并能发送信号使汽车处于报警状态。（ ）

3. 当车门处于全部关闭状态时，车辆即处于防盗设置。（ ）

4. 发动机防起动措施与汽车防盗无关。（ ）

5. 遥控防盗装置的遥控器丢失后无法配置新的遥控器。（ ）

三、问答题

1. 电子式防盗系统是如何分类的？

2. 汽车防盗系统的传感器有哪几种？

3. 汽车防盗电控单元的功能和作用是什么？

4. 汽车防盗系统如何设定和解除？

第8章

安全气囊

知识目标	能力目标
• 正确描述汽车安全气囊的组成、结构及各部件间的相互关系； • 正确描述安全气囊系统及主要部件的工作过程。	• 正确完成安全气囊系统的主要部件检修的作业； • 正确完成安全气囊系统常见故障的诊断作业。

汽车安全气囊系统（Supplemental Restraint System，SRS）是轿车上的一种安全保护系统，与坐椅安全带配合使用，可以为驾乘人员提供十分有效的防撞保护。

汽车在行驶过程中，由于一些意外交通情况的出现，往往会导致交通事故，而且交通事故发生的时间一般较短，驾乘人员没有足够的反应时间来主动保护自已，只能采用被动安全保护装置来减小事故对人体的伤害。在现代汽车中普遍安装有安全气囊，以减少汽车发生正面碰撞时对驾驶员所造成的伤害。

安全气囊的基本工作过程是：当汽车行驶速度超过 30km/h 发生前碰撞事故时，控制系统若检测到碰撞冲击力超过设定值，安全气囊电控单元立即接通充气元件中的电雷管引爆火药粉和气体发生剂，产生大量气体，气囊就会迅速充气膨胀，冲破缓冲垫（装饰板），在 30ms 内迅速在乘员与车辆之间形成一道柔软的弹性屏障，使乘员免受伤害。当撞击发生后，气囊随即自动放气，它不会妨碍车内人员出逃，也不会影响他们的视线。

有些汽车在驾驶员副座前的杂物箱上端也装有安全气囊，以保护副座乘客免受伤害。高级汽车还同时装有侧向安全气囊，在汽车发生侧向碰撞时，减小对驾乘人员的伤害。

8.1 安全气囊的类型

8.1.1 按照碰撞类型分类

根据碰撞类型的不同，安全气囊可分为正面防护安全气囊、侧面防护安全气囊和顶部碰撞防护安全气囊。正面碰撞安全气囊系统是目前应用最广泛的一种，而侧面碰撞安全气囊和顶部碰撞安全气囊正在逐渐普及。

8.1.2 按照安全气囊数目分类

按照安全气囊安装数目可分为单气囊系统（只安装在驾驶员侧）和双气囊系统（驾驶员侧和副驾驶员侧各有一个安全气囊）两种。

8.1.3 按照安全气囊控制类型分类

按照安全气囊控制类型可分为机械式和电子控制式安全气囊，现代汽车大部分采用了电子控制式安全气囊。

8.2 对安全气囊的要求

安全气囊是在汽车发生碰撞时才工作的安全装置，所以它的可靠性显得尤为重要，也就是说，汽车在发生碰撞时，根据不同车速，确保安全气囊可靠地工作。汽车在紧急制动或在高低不平的路面上行驶时，也会产生较大的减速度和激烈的振动，这时要求安全气囊不工作。此外，由于现代汽车安全气囊大多是电子控制式的安全气囊，这就要求安全气囊系统在汽车发生碰撞、电源出现故障的短时间（20s）内，应能够正常工作，因此，在一般情况下，安全气囊系统采用双电源，在电源断电的情况下，安全气囊控制系统电路中的备用电源可引爆安全气囊。在技术上，对安全气囊的要求主要有以下几个方面：

（1）可靠性高。在汽车未发生碰撞事故的情况下，安全气囊的使用年限为7～15年。若在碰撞事故中安全气囊开启后，安全气囊系统要全套更换。

（2）安全可靠。安全气囊要能正确区分制动减速度和碰撞减速度的区别。

（3）灵敏度高。当汽车发生碰撞时，安全气囊系统要在二次碰撞（指驾驶员或乘客与转向盘、仪表板、风挡玻璃碰撞）前，正确快速打开气囊，并能正确泄气，起到缓冲作用。

（4）有防误爆功能。安全气囊系统一般采用二级门限控制，减速度的控制门限要合理，如果过低，轻微碰撞下安全气囊就会引爆；过高，汽车发生碰撞时，安全气囊打不开，或者打开过晚。

（5）有自动诊断功能。安全气囊系统能及时发现故障，并以报警灯的形式报告驾驶员。

8.3 安全气囊的工作过程

8.3.1 碰撞过程

物体受到作用时间极短的力，而改变其运动状态，这种现象在物理上称为“碰撞”。我们对碰撞过程做一下分析：在汽车匀速行驶时，假设碰撞到垂直、不能移动、不变形的、直立的平坦刚性壁面上，那么，可以认为汽车的动能只消耗在汽车结构的塌陷变形上，初始时，汽车的速度等于初速度，而塌陷变形与减速度均为零，此时的碰撞称为“一次碰撞”。一次碰撞后，汽车速度下降，但车内乘员由于惯性的作用，仍以原来的初速度向前运动，与汽车室内固定物体产生相对位移和相对速度，因乘员的相对位移受到室内物体的限制，即乘员以一定的相对速度与室内物体接触，产生另一次碰撞，通常称为“二次碰撞”。由此可见，一次碰撞没有直接造成人员受伤，而二次碰撞才是乘员受伤的原因。由于乘员身体的不同部位与汽车室内的距离不同，身体的不同部位在汽车室内的位置相对移动和二次碰撞发生的时间也不相同，例如：乘员膝部首先与仪表板下部接触，继而是胸部与转向盘接触，最后是头部与风挡玻璃接触。

图 8-1 所示为德国博世公司在奥迪轿车上进行的安全气囊系统的动作时序图。

当汽车以 50km/h 的车速与前面的障碍物碰撞时，安全气囊的动作时序为：

（1）碰撞约 10ms 后，安全气囊系统达到引爆极限，气囊组件中的电雷管引爆点火剂并产生大量热量，使充气剂（叠氮化钠药片）受热分解，驾驶员尚未动作，如图 8-1（a）所示；

（2）碰撞约 40 ms 后，气囊完全充满，体积最大，驾驶员向前移动，系在驾驶员身上的安全带倾斜并收紧，部分冲击能量已被吸收，如图 8-1（b）所示；

（3）碰撞约 60 ms 后，驾驶员头部及身体上部压向气囊，气囊背面的排气孔在气体和人体压力作用下排气，利用排气节流作用吸收人体与气囊之间弹性碰撞产生的动能，如图 8-1（c）所示；

（4）碰撞约 110ms 后，大部分气体已从气囊溢出，驾驶员身体上部回到坐椅靠背上，恢复汽车前方视野，如图 8-1（d）所示；

（5）碰撞约 120ms 后，碰撞危害解除。

由此可见，在安全气囊系统动作过程中，气囊动作时间极短，从开始充气到完全充满的时间约为 30ms，从汽车遭受碰撞开始到气囊收缩为止的时间约为 120ms，而人的眼皮眨一下所用时间约为 300 ms，因此，安全气囊动作的状态和经历的时间无法用肉眼来确认。

由于碰撞时间极短，碰撞力极大，在这极短的时间内使汽车改变运动状态，其减速度也极大。汽车以 50km/h 的速度碰撞，碰撞前的速度是 13.9m/s，如果按作用的时间约 1 ms 计算，其减速度为 13 900 m/s。此时质量为 1kg 重的物体受到的力约为 1 418kg。汽车碰撞后速度为零，在这一瞬间，车内乘员仍以 13.9m/s 的速度前进，最后撞在转向盘及车厢等物体上而停下来，乘员因此而受到严重伤害。

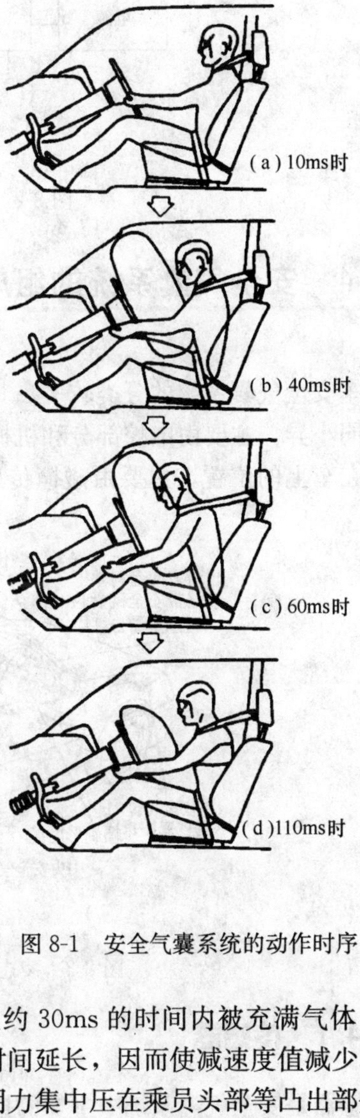

图 8-1 安全气囊系统的动作时序

在汽车碰撞至乘员碰撞之间有一时间间隔，约 50ms，这为安全气囊系统提供了工作时间。气囊在约 30ms 的时间内被充满气体，在乘员前面形成一道柔软的弹性屏障，弹性体使力的作用时间延长，因而使减速度值减少，作用力也减小，柔软接触面使力的作用面积加大，防止作用力集中压在乘员头部等凸出部分。

8.3.2 工作过程

如图 8-2 所示，当汽车时速超过 30 km/h 发生前碰撞事故时，装在汽车前端的碰撞传感器和装在汽车中部的安全传感器可检测到车速突然减速，由碰撞传感器将撞击信息传给电子控制单元电脑 ECU，经微处理器判断撞击的严重程度，并在几毫秒内决定是否起动气囊。若需要则发出点火信号，使气体发生器在极短的时间内向气囊充气（气体的数量是经过严格设计计算的)，当人体脸部一接触气囊，气囊的泄气孔就逐渐泄气，从而起到对驾驶员和乘客的缓冲保护作用。

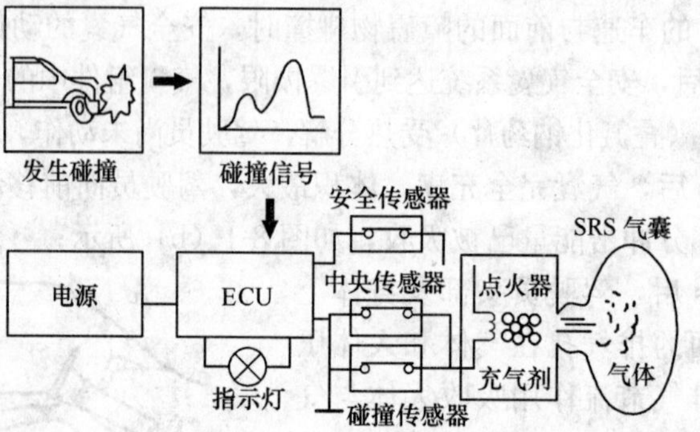

图 8-2 安全气囊系统的工作原理

8.4 安全气囊系统的组成

汽车安全气囊系统的分类较多，其实际结构和位置因车型不同而有所差别，基本结构与原理大同小异，主要由电控部分和机械部分组成。图 8-3 所示为凌志 LS400 轿车安全气囊系统组件在车上的位置，主要由碰撞传感器、电子控制单元、警告灯、气体发生器和气囊等组成。

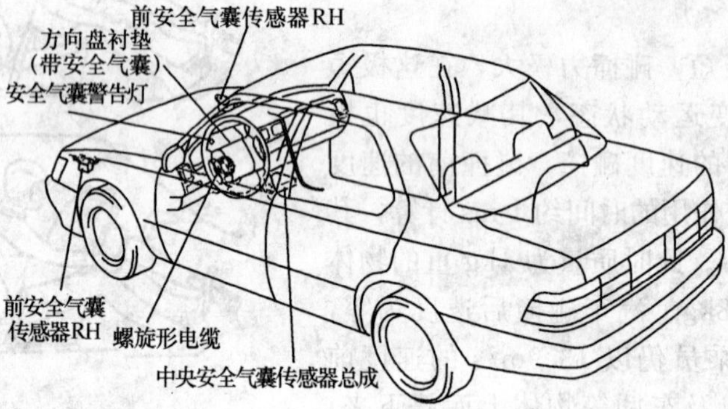

图 8-3 凌志 LS400 轿车安全气囊系统组件

8.4.1 传感器

传感器是安全气囊系统中主要的控制信号输入装置，作用是在汽车发生碰撞时，检测汽车碰撞的强度信号，并将信号输入电子控制单元（ECU），ECU 根据传感器的信号判断是否引爆充气元件给气囊充气。

安全气囊气系统用传感器按功用不同可分为碰撞传感器和防护碰撞传感器两大类。碰撞传感器按安装位置分为前碰撞传感器和中心碰撞传感器。如果汽车以 40km/h 的车速撞到一辆正停放的同样大小的汽车上，或者以不低于 22km/h 的车速迎面撞到一个不可变形的固定障碍物上，碰撞传感器会接通电路。防护碰撞传感器又称安全碰撞传感器，其闭合的速度稍小一些，起保险作用，防止因碰撞传感器短路而造成安全气囊误打开。

碰撞传感器按总体结构不同可分为机电结合式碰撞传感器、电子式碰撞传感器和水银开关式碰撞传感器。机电结合式碰撞传感器又分为滚球式、滚轴式和偏心锤式三种。

在安全气囊系统中，一般设有3～4只碰撞传感器，分别安装在车身前部和中部，如车身两侧的前翼子板内侧，两侧前照灯支架下面，发动机散热器支架左、右两侧等。

碰撞传感器的种类不同，其结构特点和工作原理也不同，下面给予分别介绍。

1. 机械式安全气囊系统用传感器

机械式安全气囊系统所用传感器主要有扭力螺栓式和杆式，二者对冲击车的反应没有差别，但由于结构不同，安全装置的调整方法有所不同。丰田公司在1991年所生产的花冠E-100系列轿车上采用了杆式传感器，在1995年开始生产的花冠E-110系统轿车上则采用了扭力螺栓式传感器。

(1) 扭力螺栓式传感器。图8-4 (a) 所示为汽车正常行驶时传感器的状态，扭力螺栓的弹力限制了重块的移动，以防止安全气囊误爆。当两辆汽车发生碰撞，由碰撞而引起的作用于重块的减速度超过扭力螺栓的弹力时，重块开始移动。当保持在极高的减速度时，凸轮与发火销相互脱离，此时，发火销依靠扭力螺栓的弹性力而射出，使气体发生器内的点火销点火，如图8-4 (b) 所示。重块在移动过程中减速度下降，并由扭力弹力使重块回复非工作状态。

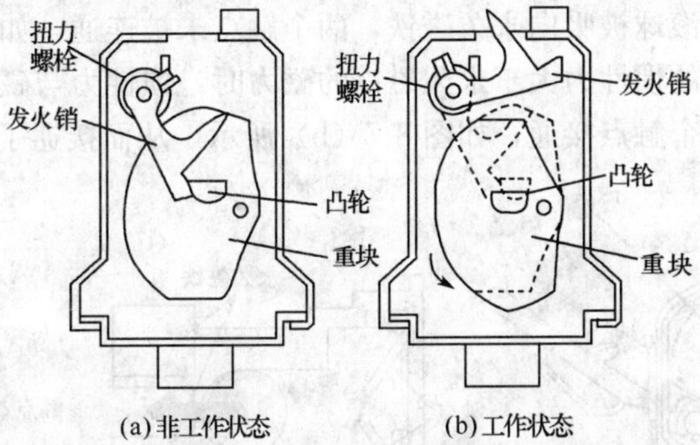

图8-4 扭力螺栓式传感器的工作过程

(2) 杆式传感器。杆式传感器主要由滚柱、圆柱体、驱动轴、偏置销、偏置弹簧、发火销弹簧等构成。在传感器组件内设有两个传感器，当一个传感器失灵时，另一个传感器作为应急之用；两传感器的工作原理相同，当车辆碰撞时的减速度由传感器获得信息，并挤推驱动轴，由驱动轴限制发火销移动，如果此时发火销被射出，便会使气体发生器内点火剂点火。在汽车正常行驶时，驱动轴与发火销处于配合状态，发火销不能射出。在恶劣路面上行驶时以及越过路面凸起物时，发生的冲击由于在偏置弹簧的弹力及滚珠与汽缸间隙间发生的空气流动阻力，限制滚珠的移动，以防止误爆，如图8-5 (a) 所示。当车辆碰撞时，车辆的减速度急剧增加，偏置弹簧的弹力超过阻力时，滚珠开始移动，当维持在极高的减速度情况下，滚珠便推挤驱动轴，并使之旋转，处于发火销脱离配合状态，此时发火销由于发火销弹簧的弹力而被射出，使气体发生器的点火剂点火，驱动轴在旋转过程中减速度降低，这时偏置弹簧的弹力使驱动轴回复到通常状态，如图8-5 (b) 所示。

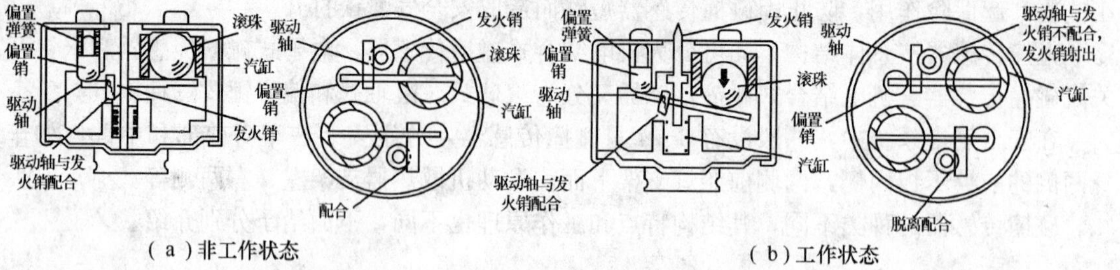

图 8-5 杆式传感器的工作过程

2. 电子式安全气囊用传感器

电子式安全气囊系统用传感器把车辆碰撞时的减速度转变为电信号并输入系统的电控单元。常用的碰撞传感器有以下六种：

(1) 滚球式碰撞传感器。如图 8-6 所示，滚球式碰撞传感器主要由滚球、磁铁、导缸、触点和壳体组成。两个触点固定不动，并分别与传感器的引线端子连接；磁铁为永久磁铁；铁质滚球用来感测惯性力或减速度的大小，可在导缸内移动或滚动；壳体上印有箭头标记，安装时必须按使用说明书规定方向进行安装，箭头指向与传感器的结构有关，有的规定指向汽车前方（如丰田凌志 LS400 型轿车的碰撞传感器），有的规定指向汽车后方。

滚球式碰撞传感器的工作原理如图 8-7 所示。当传感器处于静止状态时，在永久磁铁的磁力作用下，导缸内的滚球被吸向永久磁铁，两个触点未被连通，如图 8-7（a）所示；当汽车遭受碰撞时，使滚球的惯性力大于永久磁铁的磁力时，惯性力与磁力的合力就会使滚球沿着导缸向左运动，将两个触点接通，如图 8-7（b）所示，从而接通了电控单元搭铁回路。

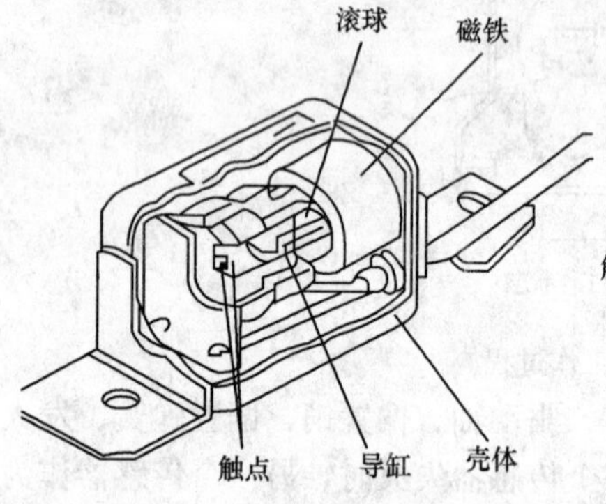

图 8-6 滚球式碰撞传感器结构

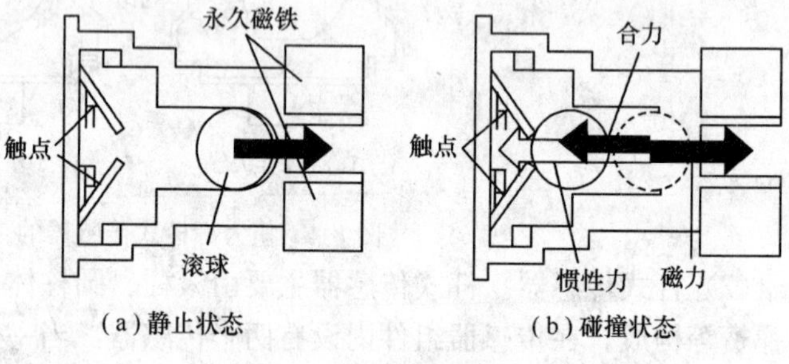

图 8-7 滚球式碰撞传感器的工作原理

(2) 滚轴式碰撞传感器。丰田、本田和三菱汽车安全气囊系统采用了滚轴式碰撞传感器，其结构如图 8-8 所示。它主要由止动销、滚轴、滚动触点、底座和片状弹簧组成。片状弹簧与传感器的一个引线端子连接，一端固定在底座上，另一端绕在滚轴上，滚动触点固定在滚轴部分的片状弹簧上，并可随滚轴一起转动；固定触点与片状弹簧绝缘固定在底座上，并与传感器的另一个引线端子连接。

当传感器处于静止状态时，滚轴在片状弹簧的弹力作用下滚向止动销一侧，滚动触点与固定触点处于断开状态，如图 8-8（a）所示；当汽车遭受碰撞时，使滚轴的惯性力大于片状弹簧的弹力时，惯性力就会克服片状弹簧弹力使滚轴向前滚动，使滚动触点与固定触点接触，如图 8-8（b）所示，从而接通电控单元的搭铁回路。

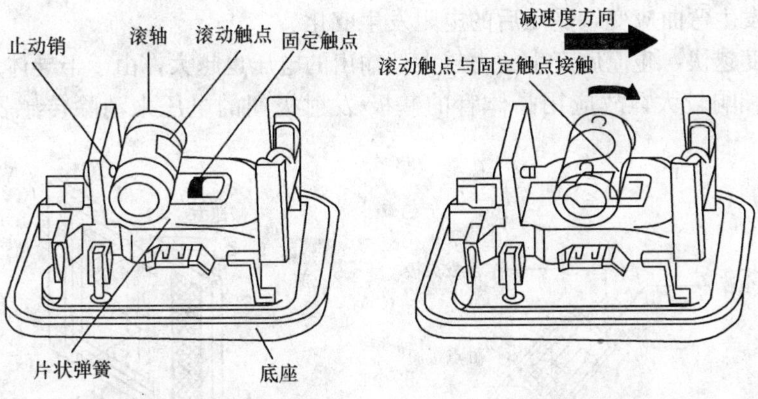

(a) 静止状态　　(b) 碰撞状态

图 8-8　滚轴式碰撞传感器的结构及原理

(3) 偏心锤式碰撞传感器。图 8-9 所示为偏心锤式碰撞传感器的结构，它主要由偏心重块、偏心转子、旋转触点、固定触点、复位弹簧、挡块和壳体等组成。转子安装在传感器轴上。偏心锤式传感器的减速度以 10km/h 的碰撞速度为基准。

不发生碰撞时，如图 8-9 (a) 所示，偏心转子在螺旋弹簧力作用下处于图中位置，固定触点和旋转触点不接触；当发生正面碰撞，且作用在偏心重块上的减速度超过预定值时，偏心重块、偏心转子和旋转触点作为整体向左移动，使固定触点和旋转触点接触，碰撞传感器输出信号。

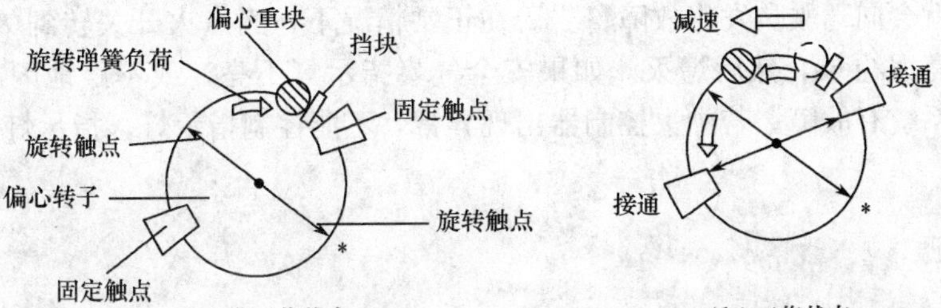

(a) 非工作状态　　(b) 工作状态

图 8-9　偏心锤式碰撞传感器

(4) 水银式安全传感器。图 8-10 所示的传感器是一个水银常开开关，此传感器用来防止系统在非碰撞状态引起气囊的误动作，它一般装在中央控制器内。当发生碰撞时，足够大的惯性力将水银上抛，接通传爆管电路。

(5) 电子式传感器。电子式传感器对汽车碰撞时的减速度进行连接测量，并将结果输送给微处理器，微处理器内有一套复杂碰撞信号处理程序，能够判定气囊是否需要打开，如需要，微处理器便会接通点火电路，如果防护碰撞传感器闭合，则点火器接通，气囊打开。这种传感器多为中央安全气囊传感器，装在中央控制器内，用来感知高速碰撞的信息，并将其输送到电控单元，引爆气囊传爆管，使气囊打开，同时前方另有一个传感器也引燃了预紧器的点火器，即安全带预紧器和气囊同时起作用。有的前方传感器有两对动、静触点，在低速碰撞时，第一对触点闭合引爆安全带预紧器，在高速碰撞时第二对触点接通，安全带预紧器及气囊同时动作。中央安全气囊传感器的作用是增加可靠性。

电子式传感器是一个半导体压力传感器，具有稳定性好、应变灵敏系数高及压敏电阻效应好等特点，其结构如图 8-11 所示。当汽车发生碰撞时，半导体应变电阻在悬臂梁减速惯性力的作用下发生弯曲应变，受压后的电阻发生变化。

汽车的速度越快，碰撞后产生的力越大，输出的电压也越大，由于半导体压力传感器输出特性受温度影响较大，故应用晶体管的基极-发射极间的电压来消除传感器输出特性的变化。

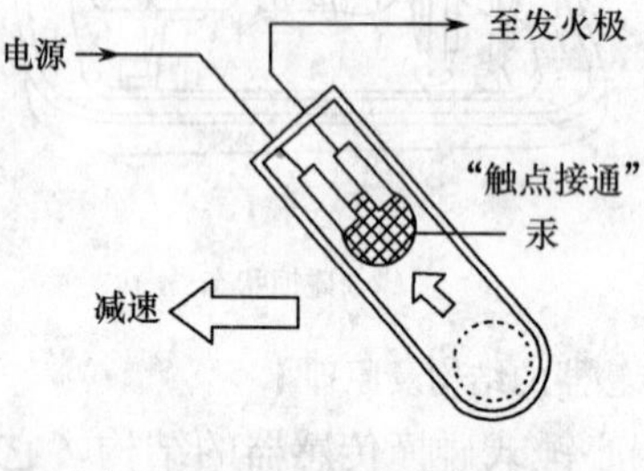

图 8-10 水银式安全传感器

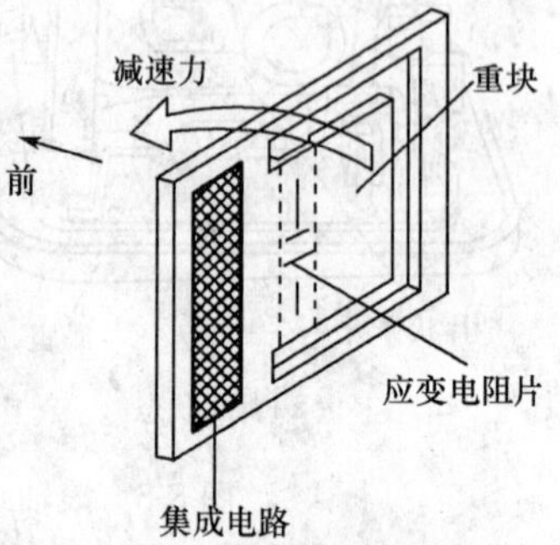

图 8-11 电子式传感器

8.4.2 安全气囊警告灯与安全气囊电源

1. 安全气囊警告灯

安全气囊警告灯位于组合仪表上。当中央安全气囊传感器总成自诊断机构检测出某一故障时，警告灯就会向驾驶员发出故障警告。在正常情况下，当点火开关转到 ACC 或 ON 位置时，警告灯亮大约 6s，然后熄灭。如果安全气囊指示灯不亮，或不停地闪耀或常亮，则说明安全气囊系统有故障。若中央控制器出现异常，不能控制指示灯，指示灯便由其他电路直接控制。

2. 安全电源

安全气囊系统有两个电源：一个是汽车电源（蓄电池和交流发电机）；另一个是备用电源，又称后备电源或紧急备用电源。

备用电源电路由电源控制电路和若干个电容器组成。在单安全气囊系统的控制组件中，设有一个电脑备用电源和一个点火备用电源；在双安全气囊系统的控制模块中，设有一个电脑备用电源和两个点火备用电源，即两条点火电路各设一个备用电源。点火开关接通 10s 之后，如果汽车电源电压高于电控单元的最低工作电压，电脑备用电源和点火备用电源即可完成储能任务。

备用电源的功用是：当汽车电源与电控单元之间的电路切断后，在一定的时间（一般为 6s）内，维持安全气囊系统的供电，保持安全气囊系统的正常功能；当汽车发生碰撞而导致蓄电池和交流发电机与电控单元之间的电路切断时，电脑备用电源能在 6s 之内向电脑供给电能，保持电脑测出碰撞、发出点火指令等正常功能；点火备用电源能在 6s 之内向点火器供给足够的点火能量引爆点火剂，使充气剂受热分解给气囊充气，时间超过 6s 之后，备用电源供电能力降低，电脑备用电源不能保证电脑测出碰撞和发出点火指令；点火备用电源不能供给最小点火能量，安全气囊不能充气膨开。

8.4.3 电气连接件

气囊系统的电气连接件包括螺旋电缆线盘、连接器（插接器）和线束。

1. 螺旋电缆线盘

由于驾驶员侧气囊是安装在转向盘上的，而转向盘要能转动，为了实现这种静止端与旋转端的电气连接，采用了螺旋电缆线盘，如图 8-12 所示。螺旋电缆线盘用转向盘上的电气开关接到转向柱及车身侧，它由旋转接线、螺旋电缆线盘壳、螺旋电缆、点火器连接器等组成。扁平电缆线长 4.8m，卷成一盘置于螺旋电缆盘内，一端与可以转动的螺旋电缆线盘壳上的插接器头相连接，另一端与盘壳上固定件的插接头相连接，即使向左或向右转动 3 圈也不会使电缆有任何被拉紧的现象，使用寿命一般要求不低于 10 万次循环。螺旋电缆的电阻决定于电缆的材料和长度。电缆长度由转向盘最大旋转圈数和转向柱安装轴的最小内径决定。由于与螺旋电缆串接的点火器阻抗很小，螺旋电缆的阻抗偏差要控制得很小，偏差过大会影响诊断点火器故障的判断。

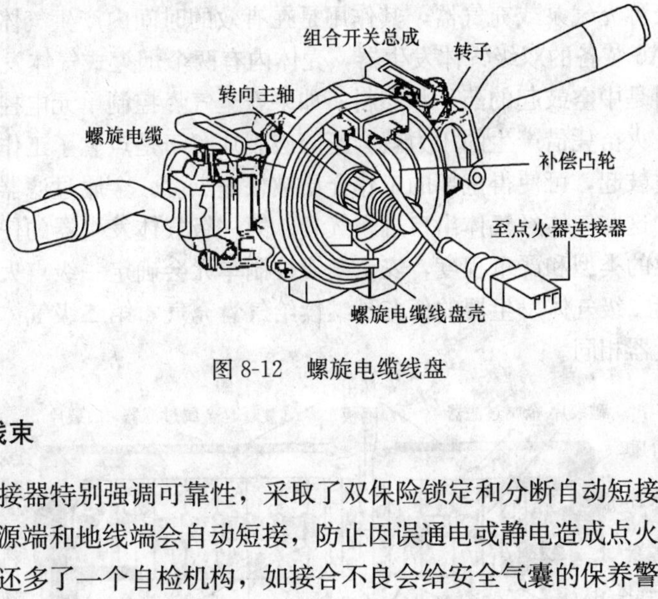

图 8-12 螺旋电缆线盘

2. 连接器和线束

气囊系统的连接器特别强调可靠性，采取了双保险锁定和分断自动短接等措施。连接器分断后，点火器的电源端和地线端会自动短接，防止因误通电或静电造成点火器误触发。连接中央控制器的连接器还多了一个自检机构，如接合不良会给安全气囊的保养警示灯发出信号。

8.4.4 中央控制器（ECU）

中央控制器由 CPU、RAM、EOM、接口、驱动器等电子电路组成，它多数是由单片机加上其他电路所构成，一般做成两块印刷电路板，外壳由金属制作，一方面加强机械强度，另一方面是为了屏蔽外界的电磁波干扰，通过外面的插接件将传感器等输入信号及引爆器、报警器等输出信号和中央控制器连接起来。

中央控制器中还包括诊断电路。诊断电路并不控制气囊的动作，仅监视气囊装置的故障并开通气囊指示灯。它有一个微处理器，对监视的电路进行自检并显示气囊系统存在的故障。诊断电路每次开机都要对气囊系统进行一系列测试，监控气囊系统是否处于准备状态，这些测试不会造成气囊的误触发，也不会妨碍气囊的正常触发。若测试中发现故障，中央控制器会记下相应的故障代码，此时点亮指示灯。测试一般分为：

（1）起动诊断测试。开机时进行测试，包括ROM、RAM、A/D转换器、电子加速度计功能、储能等测试。

（2）连接诊断测试。诊断电路在工作中还要对一些重要的参数进行连续监测，以判断系统是否发生故障。连续监视的内容有：点火输入电压是否正常；点火器是否对地或对电池正极短路；驾驶员侧点火器阻值是否超差；乘员侧点火器的阻值是否超差；乘员侧充气器低压开关电路是否正常；外界碰撞传感器有无故障。

诊断电路有备用电源，即使蓄电池及其线路在传感器闭合前损坏，也能使气囊打开。每接通点火线路0.5s后气囊指示灯点亮，若6s后熄灭，表明系统无故障。

8.4.5 机械部分

气囊机械部分主要由气体发生器、点火器、气囊、饰盖和底板组成。

驾驶员侧气囊组件位于转向盘中心处；乘员侧气囊组件位于仪表板右侧手套盒的上方。

1. 气体发生器

气体发生器又称充气泵或充气器，其作用是在有效的时间内产生气体，使气囊膨胀。图8-13所示为奥迪A6装备的双级气体发生器，壳体内有两个烟火式气体发生器，中间用隔板隔开，使用的燃料是中空鼓起的药片状燃料。如果安全气囊控制单元电控起动了点火器，就会点燃点火介质，火苗凭借产生的压力就会压碎破裂片，于是点燃了工作介质。由于工作介质是药片状且中空鼓起，可使得全部的工作介质被快速点燃。金属过滤器对产生出来的气体进行冷却并净化，这些气体经气体出口进入气囊。第一级气体发生器的任务是展开气囊并充气，根据交通事故的类型和严重程度，安全气囊控制单元会确定一级点火器和二级点火器的点火间隔时间。第二级气体发生器的任务是继续给气囊充气，第二级气体发生器的工作过程与第一级气体发生器相同。

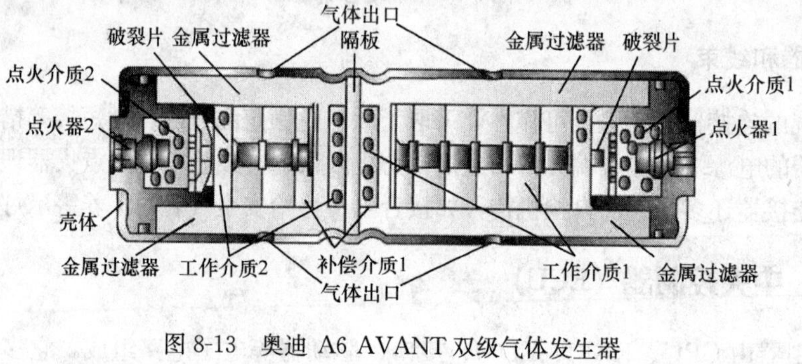

图8-13 奥迪A6 AVANT双级气体发生器

气体发生器只能用专用工具进行装配。金属过滤器的作用一是使生成的气体冷却，二是用以过滤充气剂和点火剂燃烧产生的渣粒，一般采用金属纤维毡加陶瓷纤维过滤介质。气体发生器是利用热效反应产生氮气而充入气囊的。在点火器引爆点火剂的瞬间，点火剂会产生大量热量，叠氮化钠药片受热立即分解，产生氮气并从充气孔充入气囊。虽然氮气是无毒气体，但是叠氮化钠的副产品有少量的氢氧化钠和碳酸氢钠，这些物质是有害的，因此在清洁膨胀后的气囊时，应保持良好的通风并采取防护措施。气体发生器是气囊组件中非常重要而又复杂的一部分，特点是有易燃、易爆品，在极短的时间内可使环境发生剧烈变化。气体发生器通常分为固体燃料和混合燃料式两种。

固体燃料式气体发生器所产生的气体全部来自气体发生剂的燃烧，所以气体灼热。

2. 点火器

点火器装置封装在一个用铝箔封起的带孔的圆筒中，其结构如图 8-14 所示。点火器安装在充气泵中，可接收安全气囊电脑的低电平信号，发热点燃充气泵中的叠氮化钠。

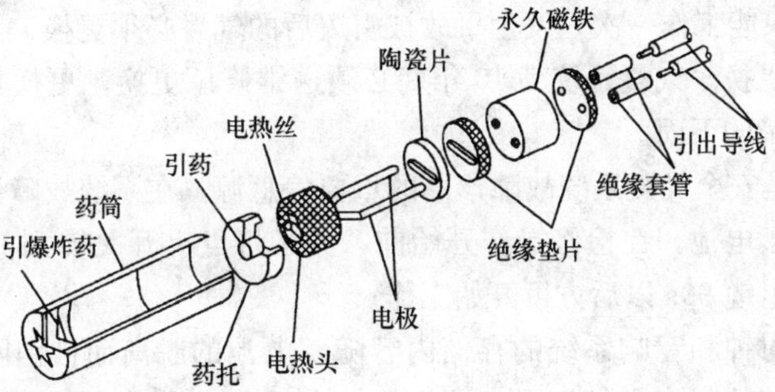

图 8-14 点火器

由于点火器负责起动并促使气囊膨胀，因此必须采取一定的预防措施确保电流信号通过其电路。点火器内安装着一个大约 2Ω 的电阻，安全气囊电脑用此电阻来调节电路，点火器的接点电阻为 0.08Ω。修理时绝不能用指针式电压—电阻表来测量电路，否则气囊会膨胀。点火器在传感器动作时，响应来自电源的低电平信号使点火系统触发。点火器由传爆管总成和尼龙壳体组成，传爆管由电热头、药托、药筒等组成。连接器中设有短接条，连接器摘下或未完全接合时，短接条将引线短接，防止因静电、感应电造成气囊误开。

点火器的工作过程是：点火器引线端通电，电流通过电热头，加热头加热，引燃引药，生成的压力和热量冲破药筒将充气器的点火系统点燃。

3. 气囊

气囊按布置位置可分为驾驶员侧气囊、乘员侧气囊、后排气囊、侧面气囊等；按体积可分为保护整个上身的大型气囊和主要保护面部的的小型护面气囊。护面气囊成本较低，但一定要和坐椅安全带配合使用才有保护作用。气囊采用聚酰胺织物制成，内涂有聚氯丁乙烯。

安全气囊要求具有良好的耐热性，在规定的温度变化范围其体积大小稳定。在汽车发生碰撞后，气囊膨胀的延迟时间不超过 10ms，如果使气囊以爆炸速度直接展开，则有可能撞击到驾驶员，使之受到伤害，为此，气囊的后部和侧面带有缝隙或排气口，从而实现气囊可控地展开。理想的情况是：气囊应在汽车发生碰撞之后，驾驶员或乘员开始前扑之前瞬时展开，此时，驾驶员或乘员头部移动须小于 15cm，接着驾驶员或乘员扑向气囊，而气囊也立即冷却和泄漏，在气囊收缩的同时吸收冲击能量，保护驾驶员和乘员免受危害。

实训一 安全气囊系统的解除与复原

1. 器材设备准备

实训车辆、解码仪、万用表、拆装工具等。

2. 注意事项

安全气囊内有火药及电雷管等易爆品，故在维修操作时必须按正确顺序进行，否则，可能会使安全气囊系统在维修中发生意外，从而导致严重事故。因此，在检修中应注意以下几点：

(1) 气囊系统只能工作一次，发生事故被引爆后的气囊必须更换，为安全起见，气囊系统的所有元件也需更换。气囊系统满 10 年期必须送维修厂更换，更换日期一般贴在工具箱的标签上或在遮阳镜的下面。

(2) 故障代码是安全气囊系统故障诊断的重要信息源，在系统故障诊断时应首先读取故障码，然后再脱开蓄电池。在检修操作开始前，务必将点火开关转到 LOCK 位置，并在蓄电池负极端子拆下电缆 90s 以后方可开始工作。

(3) 由于车内时钟和音响系统的存储内容随蓄电池的脱离而被消除，所以在开始检修前，应将各存储系统的内容做好记录，在检修结束后，应将音响系统和时钟重新设置或调准。对具有方向盘电动倾斜和伸缩的转向系统、电动坐位、电动车外后视镜和电动安全肩带系紧装置，由于它们都有存储参数的记忆功能，在检修后都必须重新设置。所以在检修结束后必须告知用户，需按其个人的需要和习惯进行调整并重新设置存储器内容。

(4) 若车辆发生轻微碰撞，气囊装置没有触发，也应检查方向盘衬垫、前座乘客安全气囊总成、座位安全带收紧器和安全气囊传感器。

(5) 若碰撞车辆的气囊装置已经触发，除需更换已经引爆的气囊与安全带预紧装置外，还必须同时更换全部碰撞传感器和中央气囊传感器总成，并检查线束与接头状况。不允许拆卸和修理被更换下的碰撞传感器、中央气囊传感器总成、方向盘衬垫、前座乘客安全气囊总成或座位安全带收紧器以供重新使用。

凡需要更换零件时，应装用新零件。不可用其他车辆的气囊装置零件，只能使用原厂所设计的零件，包括接线；不允许乱拉线或随意换线，以免影响安全气囊的可靠性。

(6) 检查碰撞传感器、气囊电脑或方向盘衬垫、前座乘员安全气囊总成或座位安全带收紧件等系统部件，如发现在外壳、托架或连接器有裂纹、凹陷或其他缺陷，应换装新品。在修理过程中，如果会对传感器产生冲击作用，在修理前应先拆下安全气囊传感器，严禁机械撞击传感器和安全气囊。

(7) 不要让碰撞传感器、气囊电脑、方向盘衬垫、前座乘员安全气囊总成或座位安全带收紧器直接暴露在热空气中或接近火源；在使用喷灯或焊接设备时，不得靠近充气装置，以防引起安全气囊自动充气；维修工作完成后，应检查气囊警告灯。

(8) 安装碰撞传感器时，传感器上的箭头应朝向车辆前方，碰撞传感器的定位螺栓是经过防锈处理的，当传感器拆下后，必须换用新的定位螺栓；接上连接器时必须将电气检测机构可靠锁住，否则诊断系统上会检测出故障码。

(9) 拆卸方向盘安全气囊总成时，应将方向盘衬垫顶面向上正置，不可翻转倒置，在搬动新的方向盘衬垫时也务必注意将其顶面朝上；方向盘衬垫上不得涂润滑脂，不得用任何类型的洗涤剂清洗；方向盘衬垫总成应放在环境温度低于 93℃、湿度不高且远离电场干扰的地方；车辆报废或仅报废方向盘衬垫机构时，在废弃前用专用工具使气囊触发张开，操作时应选择在远离电场干扰的地方进行。

(10) 切不可用万用表去测量安全气囊电雷管的电阻，因为微小电流即可引爆电雷管，使安全气囊充气；安装螺旋接线器时，必须将其预置在中间位置，使方向盘由中间位置向左右两个方向各转两圈半时不致拉断螺旋导线或引起其他故障。

(11) 存放拆下的或新的安全带时，双锁式连接器锁柄应处于锁定位置，务必注意不能损坏连接器；切不可用万用表测量座位电动安全带收紧器的电阻，以防收紧器被触发；安全带上不得沾油或水，不得用任何类型的洗涤剂清洗；必须先脱开连接器后才可电弧焊，连接器安装在前车门框板下和地毯下面；车辆报废或仅报废安全带时，在报废前应使安全带收紧器起作用，此项操作应在远离电场干扰的地方进行；已发生过碰撞且 SRS 已经触发的 SRS 系统电控单元不可重复使用；拆卸 SRS 电脑前，务必将点火开关转到 LOCK 位置，并在拆下蓄电池搭铁线 90s 后才可开始操作。

3. 操作步骤

对安全气囊系统进行检查和更换元件的操作之前，必须对系统进行解除处理，以避免发生气囊的误爆事故。操作步骤如下：

(1) 拆下蓄电池负极电缆；
(2) 卸下气囊组件与转向盘的紧固螺母；
(3) 拆下驾驶员侧气囊连接器；
(4) 短接螺旋电缆线盘接气囊组件的线端，使系统仍保留有自诊断功能；
(5) 打开手套盒并完全翻下来；
(6) 拆下乘员侧气囊连接器；
(7) 短接线束侧的气囊线端；
(8) 重新接上蓄电池负极电缆。

解除驾驶员侧的气囊按 (1)、(2)、(3)、(4)、(8) 步骤进行，解除乘员侧气囊按 (1)、(5)、(6)、(7)、(8) 步骤进行。

完成检查与修理后，按如下程序进行系统复原：

(1) 拆下蓄电池负极电缆；
(2) 卸下螺旋电缆线盘的跨接线，接驾驶员侧气囊连接器；
(3) 按保养手册的说明将驾驶员侧气囊安装到转向盘上，调准位置并加以固定；
(4) 除去连接器上的跨接线；
(5) 接上乘员侧气囊的连接器，合上手套盒；
(6) 接上蓄电池负极电缆；
(7) 查验保养指示灯工作是否正常；
(8) 重新接上蓄电池负极电缆。

实训二 安全气囊的检修

1. 器材设备准备

实训车辆、解码器、万用表、拆装工具等。

2. 注意事项

同实训一。

3. 操作步骤

(1) 气囊的检修。

①没有受到碰撞的汽车

a. 进行诊断系统检查。

b. 对安装在汽车上的方向盘衬垫（带安全气囊）用目测检查：方向盘上的表面凹槽部分是否有刻痕、微小裂纹或明显的污渍。

②受到碰撞而安全气囊未张开的汽车

a. 进行诊断系统检查。

b. 对从汽车上拆下的方向盘衬垫（带安全气囊）进行下述项目的目测检查：

- 检查方向盘衬垫上的表面凹槽部分是否有刻痕、裂纹或明显的污渍。
- 检查连接器和配线是否有切痕、裂纹或碎片。
- 检查方向盘喇叭按钮接触板是否变形。

③受到碰撞而安全气囊已张开的汽车

a. 进行诊断系统检查。

b. 对从汽车上拆下的方向盘衬垫进行下述项目的目测检查：

- 检查方向盘喇叭按钮接触板是否变形。
- 检查螺旋型电缆连接器和配线是否损坏。

④更换要求：在下述情况下，需更换方向盘衬垫、方向盘或螺旋型电缆。

a. 安全气囊已张开。

b. 在故障排除中发现方向盘衬垫或螺旋型电缆有毛病。

c. 在项目①b. 和②b. 检查中发现方向盘衬垫、方向盘或螺旋型电缆有毛病。

d. 方向盘衬垫已脱落。

(2) 前安全气囊传感器的检修。

①对于没有受到碰撞的汽车，进行诊断系统检查。

②受到碰撞的汽车

a. 进行诊断系统检查。

b. 如果轿车的前翼子板或外围损坏，即使安全气囊没有张开也要用目测检查有无下述损坏：托架变形；托架上油漆剥落；传感器壳体上的裂纹、凹陷或碎片；连接器上的裂纹、凹陷或碎片和划痕；标签的剥离或系列编号的损坏。

c. 参照车身图，并检查安装前安全气囊传感器部位的尺寸和车身的表面角度，如果传感器的安装尺寸或角度不正确，安全气囊就有可能失效或根本不能工作。

③ 更换要求。在下列情况下，需更换前安全气囊传感器：

a. 如果在碰撞中安全气囊已经张开（更换左右两个前安全气囊传感器）。

b. 如果在进行项目检查故障排除中发现前安全气囊传感器失效。

c. 如果前安全气囊已脱落，更换前安全气囊。

(3) 中央安全气囊传感器总成的检修。

①对于没有受到碰撞的汽车，进行诊断系统检查。

②受到碰撞的汽车，进行诊断系统检查；如果安全气囊已张开，还应进行下述检查：

a. 进行诊断系统检查。

b. 对中央安全气囊传感器总成进行下述项目检查：托架或壳体是否损坏；乙烯树脂座位是否损坏；连接器是否破坏。

在检修时应注意：为防止中央安全气囊传感器总成与其他的零件相干涉，应在修理后进行检查。

③更换要求。在下列情况下，需更换前安全气囊传感器：

a. 在故障排除中发现中央安全气囊传感器总成失效。

b. 在检查中发现中央安全气囊传感器总成已失效。

c. 中央安全气囊传感器已脱落。

（4）配线和连接器。

①没有受到碰撞的汽车，进行诊断系统检查。

②受到碰撞的汽车：

a. 进行诊断系统检查。

b. 安全气囊系统配线上是否有破裂，导体是否已暴露出来。

c. 安全气囊系统配线连接器是否被撞毁或撞碎。

③更换要求。在下列情况下，需更换配线或连接器：

a. 在故障排除中发现安全气囊系统配线或连接器任一零件失效。

b. 在进行项目检查时发现安全气囊系统配线的任一零件失效。

在检修时应注意：如果安全气囊系统使用的配线损坏，应将整个配线总成更换。如果连到安全气囊传感器的连接器可单独修理好（若配线上没有任何损坏），应使用为此而专门设计的修理用扒线。

实训三　帕萨特轿车安全气囊系统故障诊断与排除

1. 器材设备准备

实训车辆、解码器、万用表、常用拆装工具等。

2. 注意事项

同实训一。

3. 操作步骤

安全气囊系统大部分具备故障自诊断功能，在使用中如果气囊系统出现故障，系统就会自动检测出故障发生的部位，并能以故障码的形式储存起来，由气囊指示灯显示出来，供维修人员查询并排除。

在发动机起动前，点火开关转到ON位置时，气囊控制单元会对系统进行一次检测，此时仪表板上气囊指示灯应该是亮的，若系统无故障，大约6s以后，气囊指示灯便熄灭，且在发动机起动后及正常行驶中，气囊指示灯都不再亮；若打开点火开关后，气囊指示灯一直亮或闪烁，说明气囊控制单元已经检测出系统的故障并存储了故障码；若打开点火开关，气囊灯不亮或行车时亮起，也表示系统有故障，此时须读取故障码进行维修。

以帕萨特轿车安全气囊系统的故障诊断与排除为例。点火开关置于ON位，气囊故障指示灯点亮大约4s后关闭，如果指示灯发亮并持续，控制模块检测到系统有故障，用解码器读取诊断故障代码；如果闪光延长了15s，表明乘员侧气囊已解除；如果灯不亮，需检查灯泡；如果灯泡良好需进行下一步诊断。

(1) 检查和清除诊断故障代码。连接解码器（VAG 1551），点火开关置于ON位，按下“1”键，选择快速数据传送；按下“1”和“5”，选择气囊代码15，按“Q”键确认输入；用右箭头键通过程序向前滚动，大约5s以后，显示“RAPID DATA TRANSFER（快速数据传送）和SELECT FUNCTION（选择功能）”；按下“0”和“2”键，选择“Check DTC Memory（检查诊断故障代码存储器）”功能02，按“Q”键确认输入（关于显示代码诊断，参见“诊断故障代码”）；按下“0”和“5”键，选择“Erase DTC Memory（清除诊断故障代码存储器）”功能05，按“Q”键确认输入；读码器屏幕右侧“/SP”指示是间歇性故障；按压“Print（打印）”键，读码器完成打印输出操作；为应用自动测试程序，输入“00”并按“Q”键确认输入。

(2) 诊断故障代码（DTC）。

①DTC 00532：供给电压信号过低。

a. 原因：蓄电池放电或存在故障；控制模块导线连接不良。

b. 排除方法：充电或更换蓄电池；更换控制模块导线连接。

②DTC 00588：驾驶员侧气囊电阻过高或过低，对电源或对地短路。

a. 原因：导线连接不良；盘簧或驾驶员侧气囊故障。

b. 排除方法：更换不良的导线；检查盘簧，更换驾驶员侧气囊。

③DTC 00589：乘员侧气囊电阻过高或过低，对电源或对地短路。

a. 原因：导线连接不良；乘员侧气囊故障。

b. 排除方法：更换不良的导线；更换乘员侧气囊。

④DTC 00595：存储碰撞数据。

a. 原因：正面碰撞。

b. 排除方法：根据需要更换气囊、控制模块及其他部件。

⑤DTC 01025：多功能指示灯不良。

a. 原因：电路断路，对地短路或对电源短路；气囊故障指示灯泡、组合仪表不良；气囊控制模块不良。

b. 排除方法：修理导线；修理断路点；更换故障指示灯泡；修理组合仪表；更换气囊控制模块。

⑥DTC 01217：驾驶员侧侧面气囊电阻过高或过低；对电源短路或对地短路。

a. 原因：导线连接不良；气囊故障。

b. 排除方法：更换不良的导线；更换气囊。

⑦DTC 01218：乘员侧侧面气囊电阻过高或过低；对电源短路或对地短路。

a. 原因：导线连接不良；气囊故障。

b. 排除方法：更换不良的导线；更换气囊。

⑧DTC 01221：驾驶员侧侧面气囊碰撞传感器电阻过高或过低；对电源短路或对地短路。

a. 原因：导线连接不良；碰撞传感器或控制模块故障或不匹配。

b. 排除方法：更换不良的导线；更换碰撞传感器或控制模块。

⑨DTC 01222：乘员侧侧面气囊碰撞传感器电阻过高或过低；对电源短路或对地短路。

a. 原因：导线连接不良；碰撞传感器或控制模块故障（或不匹配）。

b. 排除方法：更换不良的导线；更换碰撞传感器或控制模块。

⑩DTC 01280：乘员侧气囊开关关闭。

a. 原因：控制模块自适应性发生变化。

b. 排除方法：改变控制模块自适应性，使两个气囊功能恢复正常。

⑪代码 65535：控制模块故障。

a. 原因：控制模块不良或电干扰。

b. 排除方法：检查控制模块线路与连接；检查控制模块代码。

小结

(1) 汽车安全气囊系统是车辆上一种与坐椅安全带配合使用可为驾乘人员提供十分有效的防撞保护的安全装置。

(2) 安全气囊按照不同的类型可分为正面防护安全气囊、侧面防护安全气囊和顶部碰撞防护安全气囊；还可分为单气囊系统和双气囊系统以及机械式和电子控制式安全气囊系统。

(3) 车辆上的安全气囊应具有可靠性高、安全可靠、灵敏度高、有防误爆功能以及自动诊断功能等性能。

(4) 电子控制安全气囊系统主要由碰撞传感器、电子控制单元、警告灯、气体发生器和气囊等组成。

(5) 碰撞传感器的作用是在汽车发生碰撞时，检测汽车碰撞的强度信号，并将信号输入电子控制单元。其类型有机电结合式、电子式和水银开关式。机电结合式碰撞传感器又分为滚球式、滚轴式和偏心锤式传感器。

(6) 气囊机械部分主要由气体发生器、点火器、气囊、饰盖和底板组成。

习题 8

一、选择题

1. 安全气囊的碰撞传感器感应的是（　　）。

A. 碰撞冲击力　　B. 碰撞破坏力

C. 碰撞减速度　　D. 碰撞加速度

2. 安全气囊产生的气体是（　　）。

A. 氢气　　B. 氮气

C. 氧气　　D. 氯气

3. 以下哪项不属于汽车防盗装置的类型（　　）。

A. 机械式　　B. 电子式

C. 磁电式　　　　　　　　D. 卫星定位监控

4. 安全气囊系统包括以下哪些零件。（　　）

A. 碰撞传感器　　　　　　B. 安全气囊组件

C. 安全气囊指示灯　　　　D. 安全气囊开关

5. 安全气囊警告灯位于组合仪表上，当自诊断机构检测出某一故障时，警告灯就会向驾驶员发出故障警告。在正常情况下，当点火开关转到 ACC 或 ON 位置时，警告灯会亮大约（　　）秒钟，然后熄灭。

A. 2　　B. 4　　C. 6　　D. 10

二、判断题

1. 安全气囊的气袋可用加热的方法进行打开。（　　）

2. 安全气囊的有效期一般为 8～10 年。（　　）

3. 在安全气囊的维护过程中，安全气囊可以用水直接冲洗。（　　）

4. 汽车上的安全气囊不与坐椅安全带配合使用即可为驾乘人员提供十分有效的防撞保护。（　　）

5. 汽车上的安全气囊系统均设置有防误爆装置。（　　）

6. 只有当车辆时速超过 50 km 发生碰撞事故时，电子控制单元电脑 ECU 才能接收传感器的信息。（　　）

三、问答题

1. 叙述安全气囊的碰撞过程。

2. 叙述安全气囊的组成及工作过程。

第 9 章

车载网络系统

知识目标	能力目标
• 正确认识车载网络系统的组成和结构； • 掌握车载网络系统的工作过程。	能正确选择仪器进行网络系统的基本检测。

车用电气设备越来越多，从发动机控制到传动系统控制，从行驶、制动、转向系统控制到安全保障系统及仪表报警系统控制，从电源管理到为提高舒适性而做的各种努力，使汽车电气系统成为一个复杂的系统，此外，近年来新型电子通信产品的出现，数字通信、媒体、导航、定位、娱乐等电子设备在汽车上得到越来越广泛的运用，对汽车的综合布线和信息共享、交互提出了更高的要求。

从布线角度分析，传统的电气系统大多采用点对点的单一通信方式，相互之间少有联系，这样必然造成布线系统庞大。据统计，一辆采用传统布线方法的高档汽车，其导线长度达 2 000m，电气节点达 1 500 个，据资料介绍，这项数据大约每 10 年增长 1 倍，加剧了粗大的线束与汽车有限的可用空间之间的矛盾。无论从材料成本还是工作效率来看，传统布线方法不能适应汽车的发展。

为满足电控燃油喷射、防抱死、废气再循环控制、巡航控制和空调等系统的实时性要求，有必要对汽车公共数据实行共享，如发动机转速、车速、油门踏板位置等。但每个控制单元对实时性的要求是因数据的更新速率和控制周期不同而不同的，这就要求其数据交换网是基于优先竞争的模式，且本身具有较高的通信速率，而车载网络技术恰能满足这些要求。

9.1 车载网络系统的概念

9.1.1 多路传输

在同一通道或线路上同时传输多条信息即为多路传输。

这听起来好像不可能，但在某种意义上讲却是可能的。事实上数据是依次传输的，但传输速度非常之快，似乎就是同时传输的。在日常生活中 1/10s 算是非常快了，但对一台运算速度相对慢的计算机来说，1/10s 还是太长。如果将 1/10s 分成许多时间间隔，每个时间间隔叫做一个时间片，每个时间片由其中的一个信号占用，这样利用每个信号在时间上的交叉，便可在同一物理通信线路上传输多个数字信号。

9.1.2 模块

模块是一种电子装置，简单的有温度和压力传感器，复杂的有计算机（微处理器）。在计算机多路传输系统中一些简单的模块常常被称为节点。

9.1.3 数据总线

模块间运行数据的通道称为数据总线，即所谓的信息“高速公路”。如果一个模块可以通过总线发送数据，又可以从总线接收数据，这样的数据总线称为双向数据总线。汽车上的数据总线实际是一条导线或两条导线。

为了抗电子干扰，双线制数据总线的两条线是绞在一起的（双绞线）。各汽车制造商一直在设计各自的数据总线，如果与国际标准不兼容，就称为专用数据总线；如果是按照某种国际标准设计的，就是非专用的，一般应用的都是专用的数据总线。

9.1.4 网络

为了实现信息共享而把多条数据总线或者把数据总线和模块当做一个系统连在一起。

9.1.5 通信协议

通信双方控制信息交换规则的标准、约定的集合。要实现车内各 ECU 之间的通信，必须制定规则，即通信方法、通信时间、通信内容，保证通信双方能相互配合，使通信双方能共同遵守可接受的一组规定和规则，就好像现实生活中的交通规则一样。

所谓优先权的处理机制是当模块 A 检测到发动机已接近过热时，相对于其他不太重要的信息（如模块 B 发送的最新的大气压力变化数据）有优先处理权。

9.1.6 总线速度

数据总线的速度通常用比特率表示。比特率是每秒传输的二进制的位数，其单位是位每秒（b/s）。高速数据总线及网络容易产生电噪声（电磁干扰），这种电噪声会导致数据传输出错。一般设计总线的传输速度有三种基本形式：低速型、中速型和高速型。

9.2 车载网络可用的传输介质

车载网络可用的传输介质主要有双绞线、同轴电缆、光纤电缆和无线介质。

9.2.1 双绞线

双绞线是由两根各自封装在绝缘塑料套内的铜线扭绞而成，它可分为屏蔽型（STP）和非屏蔽型（UTP）两类，如图 9-1 所示。STP 是在 UTP 外面加上一层由金属丝纺织而成的屏蔽层构成的，以提高抗电磁干扰能力。双绞线的特点是价格低，连接方便、可靠，但其屏蔽相对较差，传输距离较短。目前，CAN 总线大多使用双绞线。

9.2.2 同轴电缆

如图 9-2 所示，同轴电缆的中央是一条单根的铜导线，其外部被一层绝缘材料包围着，

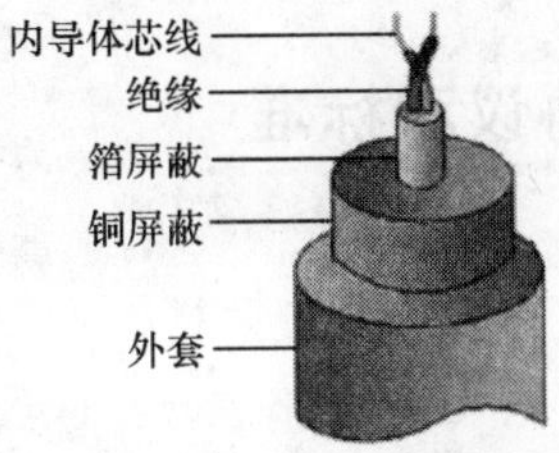

(a) 结构示意图

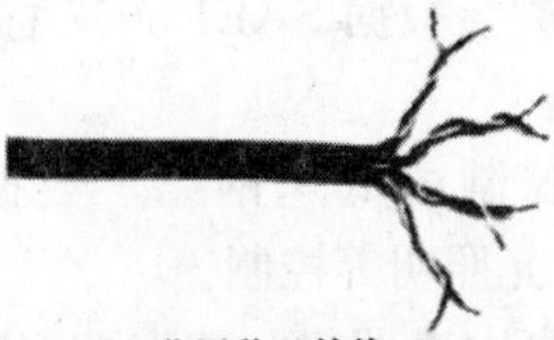

(b) 非屏蔽双绞线

(c) 屏蔽双绞线

图 9-1　双绞线

这种绝缘介质的外部是一个网状金属屏蔽层，网状金属屏蔽层既可以屏蔽噪声，也可做信号的地线，最外面的一层是塑料封套。同轴电缆有较好的抗干扰性和较高的数据传输速率，但在同轴电缆中传输数字信号时，必须将其转换成模拟信号。

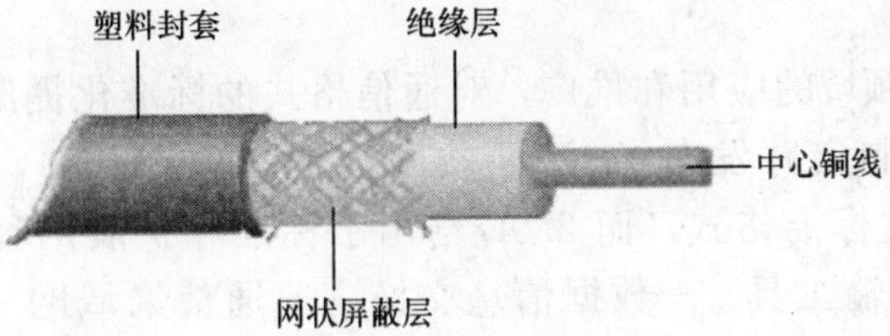

图 9-2　同轴电缆

9.2.3　光纤电缆

光纤是有线传输介质中性能最好的一类，它可以传输光信号，利用光电转换原理可以很容易地实现电信号与光信号之间的转换。在发送端，用发光二极管或半导体激光器将电信号转换成光信号；在接收端，用光电管将光信号转换成电信号。

光纤是石英玻璃抽成的细丝，一般包括纤芯和包层两部分。由于纤芯与包层采用了不同的材料，因而对光纤的折射率不同，使得光线以全反射方式在光纤中传播。

光纤电缆具有抗电磁干扰、信号传输速率快和音频响应好的优点，因而逐渐取代传统的同轴电缆和双绞线。

9.2.4　无线介质

无线介质是不需要传输电缆的一种空间介质，特别是短程无线通信标准——蓝牙技术在汽车中的应用，使汽车网络更加丰富多彩。蓝牙技术实质内容是建立通用的无线通信空中接口及其控制软件的公开标准，使通信和计算机进一步结合，使车载电话、移动通信、手提电脑等在不用电线或电缆的情况下，能在近距离内进行互相通信、相互操作。当用户在驾车时将移动电话与个人电脑相连接，通过移动电话屏蔽随时阅读电子邮件，并下载音频和视频内容，车主在任何时间、任何地点都可以了解汽车的状况，给予必要的控制，而且它可以帮助汽车各部分的数据处理器实现无线链接，使车上所有信息装置实现数字化。

9.3 车载网络分类、协议和标准

9.3.1 车载网络的分类

美国汽车工程师协会（SAE）车辆网络委员会根据 SAEJ 2057 标准将汽车数据传输网划分为 A、B、C 三大类。

A 类汽车数据网是面向传感器/执行器控制的低速网络，数据传输速率通常小于 10kb/s,主要应用于后视镜调整，电动门窗、灯光照明等控制。

B 类汽车数据网是面向独立模块间数据共享中速网络，速率在（10～125）kb/s，主要应用于车身电子舒适性模块、仪表显示等系统的控制。

C 类汽车数据网是面向高速、实时闭环控制的多路传输网，速率在 125 kb/s～1Mb/s 之间，主要应用于牵引控制、发动机控制、ABS 等系统的控制。

9.3.2 车载网络协议和标准

随着 CAN 在各种领域的应用和推广，对通信格式的标准化提出了要求。1991 年 9 月 Philips Semiconductor 制定并发布了 CAN 技术规范（Version2），包括 A 和 B 两部分。2.0A 给出了 CAN 报文标准格式，而 2.0B 给出了标准和扩展两种格式。1993 年 11 月，ISO 颁布了道路交通运输工具——数据信息交换高速通信局域网（CAN）国际标准 ISO 11898，为控制局域网的标准化和规范化铺平了道路。美国汽车工程师协会（SAE）于 2000 年提出的 J1939，成为货车和客车中控制器局域网的通用标准。

1. CAN 标准

控制器局域网 CAN（Controller Area Network）是由德国博世公司于 1986 年提出并推广应用的。按照 ISO 有关部门规定，CAN 拓扑结构为总线式，因此也称 CAN 总线。

最初的 CAN 总线为 1.0 版，1990 年推出 CAN 总线 1.2 修订版，1991 年推出 CAN 总线 2.0 版。目前，CAN 总线不但已经成为汽车总线的主要互联规范，而且被公认为最有前途的几种工业现场总线之一，已由 ISO TC22 技术委员会批准为国际标准，是唯一被批准为国际标准的现场总线。1993 年国际 CAN 用户及制造商组织（简称 CIA）在欧洲成立，主要作用是解决 CAN 总线实际应用中的问题，提供 CAN 产品及其开发工具，推广 CAN 总线的应用。

目前，CAN 总线在汽车上主要有两条：低速（L）与高速（H）CAN 总线。低速 CAN 总线工作在 125kb/s 以内，主要控制车身及舒适系统；高速 CAN 总线工作在 125kb/s 以上，主要控制动力系统。随着汽车技术的发展，总线的数量会越来越多，功能越来越强大。近年来大众公司（VW）已经由 A-BUS（最高速率为 500kb/s）转向 CAN 总线。亚洲汽车厂商的汽车网络尽管没有自己的开发规范，但多数厂商的汽车网络规范选择了 CAN，在中国 CAN 也占多数。

2. J1850 标准

J1850 标准是美国汽车的车内联网标准，包含两个不兼容的规程。通用汽车公司和戴姆勒·克莱斯勒汽车公司采用 10.4kb/s 可变规程的类似版本，在单根线的总线上通信；福特汽车公司采用 46.1kb/s 的 PWM 行，在双线的差分总线上通信。

J1850 也是采用载波传感、多路存取/碰撞分辨的仲裁规程。当多个节点同时发送数据时，优先级低的节点信息重新发送，优先级高的节点信息则连续传送至目的地。J1850 的速率远低于 CAN，目前部分北美的发动机和变速器系统使用了速率更高的 CAN 进行通信。但美国大量的检测工具都是按照美国加州空气资源委员会和环境保护局（EPA）规定的 J1850，这就需要有一个网关将 J1850 的检测工具接入 CAN，因此，SAE 正在调研将测试工具改为 CAN 的可能性。

3. J1939 标准

J1939 是一种支持闭环控制的，在多个 ECU 之间高速通信的网络协议，主要运用于货车和客车上，它以 CAN2.0 为网络核心。J1939 通信的核心是负责数据传输的传输协议，它有如下功能：

（1）数据的拆分打包和重组。

（2）对节点之间连接的建立和关闭、数据的传送进行管理。其中定义了五种帧结构：发送请求帧、发送清除帧、结束应答帧、连接失败帧以及用来全局接收的广播帧。

4. IDB 标准

智能交通系统 ITS 使汽车运行更加安全、便利。汽车上的电子装备越来越多，包括传输、计算、导航、定位、娱乐和办公设备等，随着车载多媒体和办公设备在车辆应用方面的快速发展，一种新型总线 IDB 已经出现，它能满足对导航、GPS、电话、音响、电视、DVD 等通信要求，原有的 CAN 总线或 J1850 总线无法达到这些装置的通信要求，因为传输地理信息、数字音频信息或车辆位置信息至少需要 5Mb/s 的网络速度，IDB—1394 可以支持 100Mb/s、200Mb/s、400 Mb/s 的通信速度。

9.4 CAN 总线

CAN 即控制器局域网络，属多路传输系统的一种，是德国博世公司为了解决现代汽车中众多的控制与诊断仪器之间的数据交换而开发的一种串行数据通信协议。

CAN 总线分为高速和低速两种，高速 CAN 总线速率为 250kb/s～1Mb/s，低速 CAN 总线速率为（10～125）kb/s。高速 CAN 总线应用在发动机、变速箱、ABS 等实时性要求较强的控制模块，低速 CAN 总线主要运用在车身控制模块。

9.4.1 CAN 总线的特点

CAN 作为一种多主总线，支持分布式实时控制的通信网络，其通信介质可以是双绞线、同轴电缆或光纤，在汽车发动机的控制部件、传感器、防滑系统中应用，总线的传输速率最高可达 1Mb/s。CAN 总线属于总线式串行通信网络，由于其采用了许多新技术及独特的设计，与一般的通信总线相比，CAN 总线的数据通信具有突出的可靠性、实时性和灵活性。其特点如下：

(1) CAN 为多主工作方式，网络上每个节点均可在任意时刻主动地向网络上其他节点发送情息，而不分主从，通信方式灵活，且无须站地址等节点信息。

(2) CAN 网络上的节点信息分成不同的优先级，可满足不同的实时要求，高优先级的数据最多可在 134 μs 内得到传输。

(3) CAN 采用非破坏性总线仲裁技术，当多个节点同时向总线发送信息时，优先级较低的节点会主动地退出发送，而最高优先级的节点可不受影响地继续传输数据，从而大大节省了总线冲突仲裁时间，在大负荷下表现出良好的性能。

(4) CAN 只需通过报文的标识符滤波即可实观点对点、一点对多点及全局广播等几种方式传送和接受数据，无须专门的“调度”。

(5) CAN 采用 NRZ 编码，直接通信距离最远可达 10km（速率为 5kb/s）；通信速率最高可达 1Mb/s（此时通信距离最长为 40m）。

(6) CAN 上的节点数主要取决于总线驱动电路，目前可达 110 个，标识符可达 2 032 种，而扩展标准的标识符几乎不受限制。

(7) CAN 采用短帧结构传输，每帧有效字节为 8 个，传输时间短，受干扰的概率低，并且每帧信息均有 CRC 检验和其他检验措施，数据出错率极低。当节点发生严重错误时，具有自动关闭功能，但总线上的其他节点不受影响。

(8) CAN 的通信介质可为双绞线、同轴电缆或光纤，可灵活选择。

9.4.2 CAN 总线的构成

CAN 数据总线的构成如图 9-3 所示，CAN 数据由一个 CAN 控制器，一个 CAN 收发器，两个数据传输终端及以及两条数据总线组成。

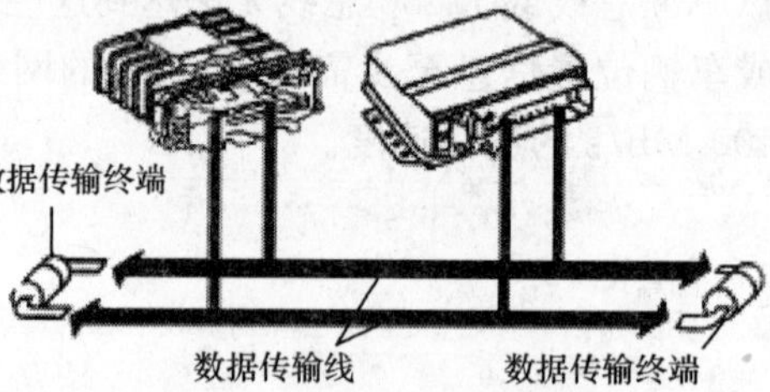

图 9-3 CAN 数据总线的组成

(1) CAN 控制器用于接收控制单元中微处理器发出的数据，处理数据并传给 CAN 收发器，同时，CAN 控制器也接收收发器收到的数据，处理数据并传给微处理器。

(2) CAN 收发器是一个发送器和接收器的组合，它将 CAN 控制器提供的数据转化成电信号并通过数据总线发送出去，同时，它也接收总线数据，并将数据传到 CAN 控制器。

(3) 数据传递终端实际上是一个电阻器，其作用是避免数据传输终了又反射回来，产生反射波而使数据遭到破坏。

(4) CAN 数据总线用以传输数据的双向数据线分为 CAN 高位（CAN－high）和低位（CAN－low）数据线。数据设有指定接收器，通过数据总线发送给各控制单元，各控制单元接收后进行计算。为了防止外界电磁波干扰和向外辐射，CAN 总线采用两条线缠绕在一起，如图 9-4 所示，两条线上的电位是相反的，如果一条线的电压是 5V，另一条线就是 0V，两条线的电压和等于常值。通过这种办法，CAN 总线得到保护而免受外界电磁场干扰，同时 CAN 总线向外辐射保持中性，即无辐射。

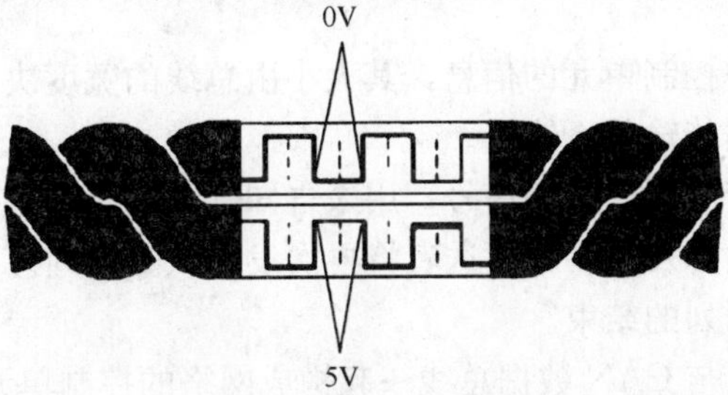

图 9-4　CAN 数据总线传输线

9.4.3　CAN 数据总线的基本传输原理和过程

CAN 数据总线的数据传输原理在很大程度上类似电话会议的方式。一个用户控制单元向网络中“说出”数据，而其他用户“收听”到这些数据。从此控制单元认为这些数据对它有用，它就接收并且应用这些数据，而其他控制单元也许不会理会这些数据。故数据总线中的数据并没有指定的接收者，而是被所有的控制单元接收并计算。数据具体的传输过程如图 9-5 所示。

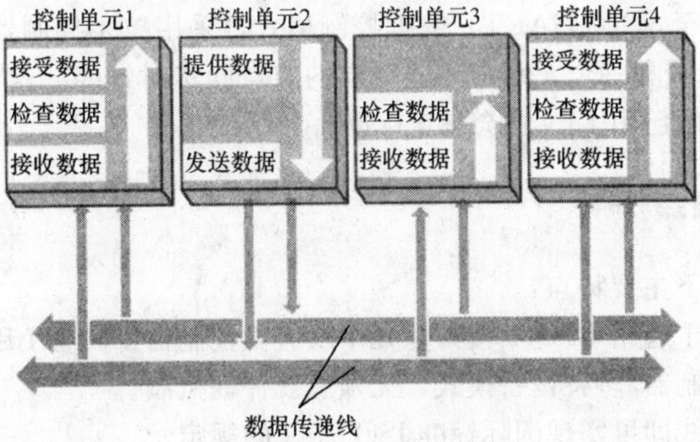

图 9-5　数据传输过程

（1）提供数据。控制单元向 CAN 控制器提供数据用于传输。

（2）发出数据。CAN 收发器从 CAN 控制器处接收数据，将其转化为电信号发出。这些数据以数据列的形式进行传输，是由一长串二进制数字组成，如：0110100100111011。其数据格式如图 9-6 所示。

开始区	状态区	检验区	数据区	安全区	确认区	结束区

图 9-6　数据格式

数据列包括开始区、状态区、检验区、数据区、安全区、确认区、结束区。各个区的作用如下：

①开始区：标志数据列的开始。

②状态区：确认数据列的优先级别。如果两控制单元想同时发出其数据列，优先级较高

的数据列先传输（控制单元的程序已设置好）。CAN 驱动装置数据总线系统优先级依次为 ABS/EDL 控制单元、发动机控制单元、自动变速器控制单元。

③检验区：显示数据区中包含的数据数目。该区可以让接收者检验其是否收到传输来的全部信息。

④数据区：传给其他控制单元的信息，其大小由总线的宽度决定。

⑤安全区：检验数据传输是否错误。

⑥确认区：接收者传给发送者的信号，用来告知已正确收到数据列。若有错误数据列被检验到，则接收者迅速通知发送者，发送者将再次发出该数据列。

⑦结束区：标志数据列的结束。

（3）接收数据。所有与 CAN 数据总线一起构成网络的控制单元成为接收器。

（4）检验数据。控制单元对接收到的数据进行检测，检验是否为功能所需。

（5）认可数据。如果所接收的数据是重要的，它被认可及处理，反之将其忽略。

9.5 LIN 总线

LIN 总线是一种低成本的串行数据网络，适用于汽车中如车门、转向器、坐椅、空调、照明灯等控制。LIN 总线不需要总线的宽带和多功能，从而使其成本大大节省。

在 LIN 总线技术规范中，除定义基本协议和物理层外，还定义了开发工具和应用软件接口。LIN 通信是基于 SCI（UART）数据控制格式，采用单主控制器/多种设备模式，仅使用一根 12V 信号总线和一个无固定时间基准的节点同步时钟线。这种低成本的串行通信摸式和相应的开发环境已由 LIN 协会制定标准。

9.5.1 主要特点

LIN 总线具有以下主要特点：

（1）低成本。基于通用 UART 接口，几乎所有微控制器都具备 LIN 必需的硬件。

（2）采用单主控制器/多种设备模式，无须总线仲裁机制。

（3）极少的信号线即可实现国际标准 ISO 9141 的规定。

（4）保证传输信号的延迟时间。

（5）传输速率最高可达 20kb/s。

（6）从节点不需要晶振或陶瓷振荡器就能实现同步。

（7）不需要改变 LIN，从节点的硬件和软件就可以在网络上增加节点。

（8）通常一个 LIN 网络上节点数目小于 12 个，共有 64 个标识符。

9.5.2 通信规则

一个 LIN 总线是由一个主节点、一个或多个从节点组成。所有从节点都有一个从通信任务，此通信任务分为发送任务和接收任务。主节点则有一个主发送任务。一个 LIN 网络上的通信总是由主节点的主发送任务发起的，主控制器发送一个起始报文，该起始报文由同步断点、同步字节、消息标识符所组成。相应地在接受并且滤除消息标识符后，一个从任务被激活并且开始本消息的应答传输，该应答由 2（或 4 或 8）个数据字节和一个校验码组成。

起始报文和应答报文构成一个完整的报文帧。

由于 LIN 报文帧由报文标识符组成，所以这种通信规则可以采用如下多种方式进行数据交换：

（1）由主节点到一个或多个从节点。

（2）由一个从节点到主节点或其他的从节点。

（3）通信信号可以在从节点之间传播，而不经过主节点或者通过主节点广播到网络中所有的节点。

9.6　MOST 总线

MOST（面向媒体的系统传输）总线可连接多种设备，包括汽车导航、数字视频、显示、蜂窝电话以及 CD/DVD 等。MOST 技术针对光纤媒体而优化，可支持高达 24.8Mb/s 的数据传输速率，并且向器件层提供高度可靠和可扩展性。MOST 总线是一种同步网络，网络中所有时钟均工作于正常状态，具有相同的长期频率准确度。MOST 控制单元的组成如图 9-7 所示。

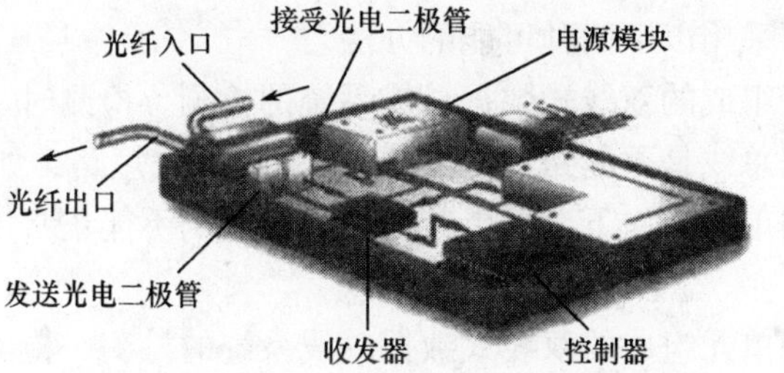

图 9-7　MOST 控制单元的组成

MOST 总线提供了对实时音频和压缩视频的完全支持。MOST 总线受到德国汽车制造商和供应商的支持，它的支持者包括 BMW、戴姆勒·克莱斯勒、Harman/Beeker 等公司。

在物理层上，传输介质为具有塑料保护套、内芯为 1mm 的光纤，可以将一束光纤像电线一样捆成光缆。光纤传输采用 650nm 的 LED 发射器，数据的最高传输速率为 24.8Mb/s。其网络上各节点的控制单元由发送光电二极管、接受光电二极管、电源模块、收发器、控制器等组成。

MOST 网络允许采用多种拓扑结构，包括星形和环形。大多数汽车装置都采用环形布局。一个 MOST 网络中最多可以有 64 个节点。一旦汽车接通电源，网络中的所有 MOST 节点就全部激活，包括系统处在这种状态下的功耗量以及如何进入状态，这对低功耗、停电模式设计是一大重点。MOST 节点在通电时的默认状态是直通，即进入的数据从接收器直接传送至发射器，以保持环路的畅通。

实训　CAN 双线式总线系统的检测

1. 仪器设备准备

实训车辆、万用表、拆装工具等。

2. 注意事项

（1）仪器、机具、工具根据要求正确使用。

（2）避免器件坠地，器件放置应规范有序。

（3）操作时应互相协作，及时提醒，防止出现不安全事故。

3. 操作步骤

CAN 双线式数据总线系统是一个由两条线组成的总线系统，通过这两条数据总线，数据便可按顺序传到与系统相连的控制单元，这些控制单元是通过 CAN 总线彼此相通的。国产一汽宝来、一汽大众 A6 轿车上均不同程度地采用了 CAN 双线式数据总线系统。

在检查数据总线系统之前，须保证所有与数据总线相连的控制单元无功能故障。功能故障指不会直接影响数据总线连接，但会影响某一系统的功能流程的故障，如传感器损坏，其结果是传感器信号不能通过数据总线传递，这种功能故障对数据总线系统有间接的影响，会影响需要该传感器信号的控制单元。如果存在功能故障，应先排除，并记录下该故障并消除所有控制单元的故障代码。

排除所有的功能故障后，如果控制单元间数据传递仍不正常，应检查数据总线。检查数据总线故障时，须区分采用以下两种可能的办法。

（1）两个控制单元组成的双线式数据总线系统的检测。检测时，关闭点火开关，断开两个控制单元。检查数据总线是否断路、短路或对正极/搭铁短路。如果数据总线无故障，拆下较易更换的一个控制单元试一下，如果数据总线系统仍不能正常工作，则更换另一个控制单元。

（2）三个以上控制单元组成的双线式数据总线系统的检测。检测时，先读出控制单元内的故障代码。如果控制单元 1 与控制单元 2 及控制单元 3 之间无法通信，则关闭点火开关，断开与总线相连的控制单元，检查数据总线是否断路。如果总线无故障，应更换控制单元。

小结

（1）车载网络系统能满足电控燃油喷射、防抱死、废气再循环控制、巡航控制和空调等系统的实时性要求，并能对公共数据实行共享。

（2）多路传输、模块、数据总线、网络、通信协议等是车载网络传输系统的基本概念。

（3）车载网络中的传输介质有双绞线、光纤、同轴电缆和无线传输介质。

（4）车辆网络委员会根据 SAE J2057 标准将汽车数据传输网划分为 A、B、C 三大类。A 类主要应用于后视镜调整，电动门窗、灯光照明等控制；B 类主要应用于车身电子舒适性模块，仪表显示等系统的控制；C 类主要应用于牵引控制、发动机控制、ABS 等系统的控制。

（5）车载网络标准有：CAN 标准、J1850 标准、J1939 标准、IDB 标准等。

（6）CAN 总线由 CAN 控制器、收发器、数据传输终端和数据传输总线组成。汽车中各控制单元通过 CAN 总线进行通信。

习　题　9

一、选择题

1. 在车载网络结构中，车身系统的控制单元可采用（　　）的总线连接。

A. 低速　　B. 中速　　C. 高速

2. 在车载网络结构中，信息与车载媒体系统的控制单元可采用（　　）的总线连接。

A. 低速　　B. 中速　　C. 高速

3. 在汽车网络中，用（　　）来约定各模块的优先权。

A. 数据总线　　B. 通信协议　　C. 总线速度

4. CAN 的直接通信距离在速率为 5kb/s 下，最远可达（　　）。

A. 10km　　B. 20km　　C. 5km　　D. 5km

5. 在通信距离不超过 40m 时，CAN 的通信速率最高可达到（　　）。

A. 1 000kb/s　　B. 500kb/s　　C. 250kb/s　　D. 100kb/s

6. 在 CAN 总线各部分中，能对单片机和 CAN 收发器传来的数据进行处理的是（　　）。

A. CAN 数据传输线　　B. CAN 数据传输终端电阻

C. CAN 控制器

二、判断题

1. 在通常的汽车网络结构中，可采用多条不同速率的总线分别连接不同类型的控制单元。（　　）

2. 多路传输线路比常规线路简单、系统所用导线减少。（　　）

3. 在车载网络系统中，数据总线相当于各模块间进行信息传输的“高速公路”。（　　）

4. CAN 到目前为止还没有成为国际标准。（　　）

5. CAN 总线的汽车网络中，其上的节点数实际是没有限制的。（　　）

6. CAN 总线中，位速率越高，传输距离越大。（　　）

7. CAN 总线中数据传输终端电阻的作用是防止数据在线端被反射。（　　）

8. CAN 控制器对控制单元传输的数据不处理直接传给 CAN 收发器。（　　）

9. 在双线式总线系统的故障检测中不需要关闭点火开关。（　　）

10. 在 LIN 总线中，数据总线可采用单线。（　　）

三、问答题

1. 车载网络的分类有几种，分别是什么？目前的车载网络协议和标准有几种，分别是什么？

2. 试说明 CAN 总线的数据传输原理。

3. 试说明 CAN 总线的数据传输过程。

第 10 章

全车线路

知识目标	能力目标
• 正确描述汽车全车电路元件的结构、种类及连接方式； • 正确描述汽车全车电路图的种类、组成、连线规律及读识方法。	• 正确完成汽车全车电路的连接； • 正确完成汽车全车电路常见故障的诊断作业。

10.1 汽车电路元件

汽车电路是由导线、熔断器、插接器、各种开关和继电器等元件组成的。

10.1.1 汽车导线

汽车电气元件的连接导线有低压导线和高压导线两种。低压导线中有普通低压导线、起动电缆和蓄电池搭铁电缆、屏蔽线等；高压导线包括铜芯线与阻尼线。

1. 低压导线

（1）普通低压导线。普通低压导线为铜质多股软线，导线的横截面积是根据用电设备的工作电流大小进行选择的。对功率很小的用电设备，如果仅根据工作电流的大小来选择导线，则导线的截面积较小、机械强度较低，容易折断，因此汽车电气线路中所用的导线截面积最小不得小于 0.5mm²。我国汽车低压导线的允许负荷电流见表 10-1，汽车 12V 电气系统主要电路导线横截面积的推荐值见表 10-2。

表 10-1　低压导线标称截面积所允许的负载电流值

导线标称截面积/mm²	0.5	0.8	1.0	1.5	2.5	3.0	4.0	6.0	10	13
允许载流量/A			11	14	20	22	25	35	50	60

表 10-2　汽车 12V 电气系统主要线路导线截面积推荐值

电路名称	标称截面积/mm²
尾灯、指示灯、仪表灯、牌照灯、刮水器电动机	0.5
转向灯、制动灯、停车灯	0.8
前照灯的近光、电喇叭（3A 以下）电路	1.0
前照灯的近光、电喇叭（3A 以上）电路	1.5
其他 5A 以上电路	1.5～4
柴油车电热塞电路	4～6
电源电路	4～25
起动电路	16～95

屏蔽线又称同轴射频电缆，在外层绝缘层中带有金属纺织网管或很多股导线装在一层编

织金属网内，再在网外套装一层护套，称为屏蔽网，其作用是将导线与外界磁场隔离，避免导线受外界磁场的影响而产生干扰。屏蔽线常用于低压弱信号电路，如在氧传感器信号电路、曲轴位置传感器电路中普遍使用。

（2）起动电缆。起动电缆是带绝缘包层的大截面积铜质或铝质多股软线，连接蓄电池正极与起动机电源端子。为保证起动机正常工作并能产生足够的驱动力矩，要求起动线路上每100A电流产生的压降不得超过（0.1～0.5）V，且允许电流达（500～1 000）A，因此，起动电缆的横截面积比普通低压导线的横截面积大得多，常用的起动电缆横截面积有25mm^2、35 mm^2、50mm^2、70mm^{2}等多种规格。

（3）蓄电池搭铁电缆。蓄电池搭铁电缆又称搭铁线，一种是由铜丝编织成的扁形软铜线，另一种外形同起动机电缆，覆有绝缘层。搭铁电缆常用于蓄电池与车架、车架与车身、发动机与车架等总成之间的连接。国产汽车常用的搭铁线有300mm^2、450mm^2、600mm^2、760 mm^{2}四种规格。

2. 高压导线

高压导线用来传送高压电，由于工作电压很高（一般在15kV以上），电流强度较小，因此高压导线的绝缘包层很厚，耐压性能好，但线芯截面积很小。国产汽车使用的高压导线有铜芯线与阻尼线两种。

为衰减火花塞产生的电磁波干扰，目前广泛使用高压阻尼点火线。

3. 导线的颜色

为便于维修，低压导线常以不同的颜色加以区分。

各国汽车厂商电路图上多以字母（主要是英文字母）表示导线颜色及其条纹颜色。日本常用单个字母，个别用双字母表示，其中后一个是小写字母，中国标准与此相同。美国常用2～3个字母表示一种颜色，如果导线上有条纹，则字母较多。德国各公司，甚至各牌号汽车都不一致，如奥迪、宝马、奔驰、桑塔纳电路图导线颜色代号各不相同，在读图时要注意。

导线常用颜色有黑、白、红、绿、蓝、灰、棕、紫；其次有粉红、橙、棕褐；再次有深蓝、深绿、浅绿。在导线上常采用对比强烈的条纹标志，如黑/白（黑为主色，白为条纹辅色，下同）、白/红、白/绿等。

4. 导线标志

在汽车电气设备的电路中，导线上一般都标注有符号，该符号用来表示导线的截面积和颜色。各国虽采用不同的导线标志，但总的来讲主要有以下四种：

（1）以颜色作为导线标志。按电路的重要程度将导线编号，重点线路导线选用醒目的颜色。

（2）用具有一定含义的颜色作为导线标志。目前，我国汽车导线双色标已广泛使用，这种标志的优点是能较快地识别导线属于哪个电路系统，并大致找到控制开关，如果一个开并控制的电气元件属于一个系统，则底色就全都相同，靠条纹来区分，当电路特别复杂时，查线、配线不是很方便。

（3）用数字和字母作为主要标志，颜色作为辅助标志。当电路特别复杂时，仅用颜色作为导线标志容易混淆，因此在导线上印上数字或字母作为各条电路识别标志，可做到确切无误。但目前大多数国家的数字、字母标准不统一，而随车型而异，有的一种车型一种编号，给实际应用带来诸多不便。

(4) 用有一定含义的数字和字母作为导线主要标志，颜色作为辅助标志。对汽车电气设备上各种接线柱实行了有不定期含义的数字或字母标记，比如 30 表示蓄电池正极直接相连的接线柱，50 表示起动机电磁开关线圈接线柱，31 表示搭铁接线柱等。欧洲许多国家都沿用这些接线柱标记。

10.1.2 汽车线束

为使汽车上的线路整齐、安装方便，保护导线的绝缘层，汽车整车线路除高压线、蓄电池电缆和起动电缆外，一般都将同区域不同规格的导线用棉纱或薄聚氯乙烯带缠绕包扎成束，称为线束。

汽车线束在汽车电气设备中占有重要位置，尤其是近年来，随着汽车电气设备与电子设备的增多，线束总成的结构与电路也越来越复杂，因此对线束的结构、功能、适用性、可靠性都提出了更高的要求。

现代汽车的线束总成由导线、端子、插接器，护套等组成。

汽车有多个线束，主要由发动机（点火、电喷、发电、起动）、车身、仪表、照明等分线束组成。线束有主线束和分线束之分。仪表板位于中央位置，一般汽车线束以仪表线束为核心，进行前后延伸，分线束与分线束之间、线束与终端电器之间采用插接器连接。线束上各端头均标注数字和字母，以标明导线的连接对象，便于正确地连接导线和电气设备。

现代轿车的线束间采用了插接器，线束设计的自由度增加，给安装、检修和更换带来了方便。为保证插接器的可靠连接，插接器上配有一次锁紧、二次锁紧装置。为了避免装配和安装中出现差错，插接器还可制成不同的规格型号、不同的形状和颜色。

10.1.3 插接器

插接器是汽车电路中简单但不可缺少的元件，使用方便，连接可靠，尤其适用于大量线束的连接。插接器的种类很多，可供几条到数十条导线使用，有长方体、多边体等不同形状，图 10-1 所示为插接器的形式。

插接器由插座和插头、导线接头和塑料外壳组成。壳上有几个或多个孔位，用以放置导线接头，在导线接头上带有倒刺，当嵌入塑料壳后自动锁止，在塑料壳上也有锁止结构，当插头和插座接合后自动锁止，防止脱开，如图 10-2 所示。在检查及更换插接器时，要注意先打开锁止机构，避免强行拉动导线。

10.1.4 控制开关

汽车电路是通过各种控制开关使电源与用电设备之间接通或断开。控制开关有机械式和电磁式两类。

1. 电源总开关

车辆上装有电源总开关，用于切断蓄电池与外电路的连接，以防止车辆行驶过程中蓄电池经外电路漏电。电源开关主要有闸刀式和电磁式两种，闸刀式电源开关直接由手动切断或

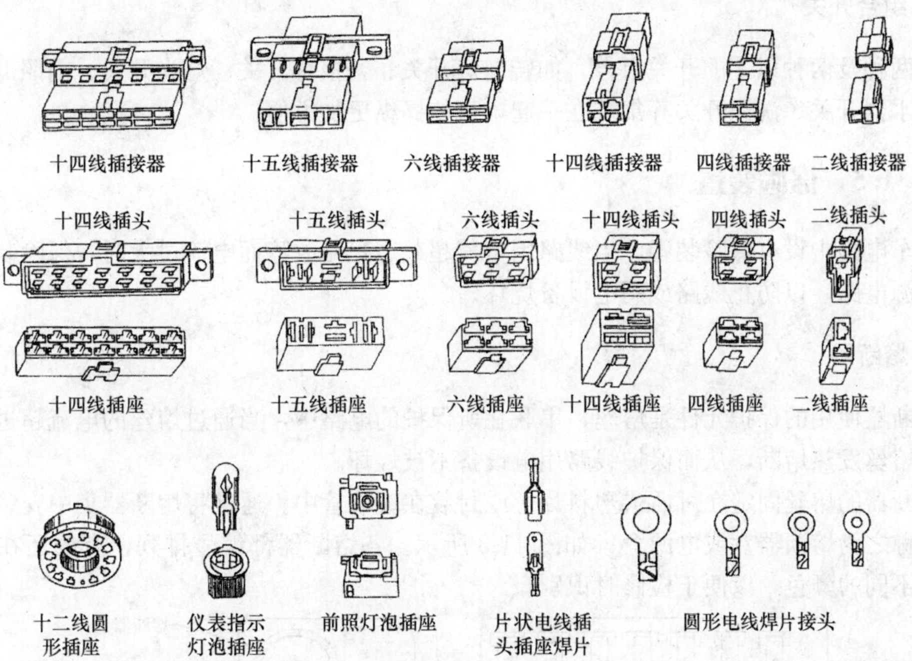

图 10-1 不同形式的插接器

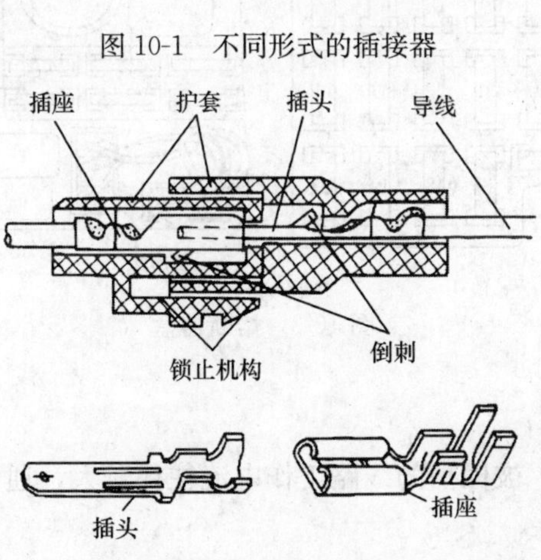

图 10-2 插接器的结构

接通电源，电磁式电源开关是由电磁力吸力控制触点的吸合或断开而实现通断的。

2. 点火开关

点火开关是一个多挡开关，需用相应的钥匙才能对其进行操纵。点火开关通常用于控制点火电路、仪表电路、发电机励磁电路、起动电路及一些辅助电器电路等。

3. 灯光开关

灯光开关通常是两挡式开关，按操纵的形式分主要有推拉式、旋转式、组合式三种。灯光开关Ⅰ挡接通示廓灯、尾灯、仪表照明灯等；Ⅱ挡接通前照灯、尾灯、仪表照明灯等。

4. 组合开关

由两种及两种以上的开关组合，如转向灯开关、警报灯开关、灯光开关、前照灯变光开关、刮水器开关、洗涤开关等集装在一起，可使操纵更加方便。

10.1.5 保险装置

汽车电路中设有保险装置，当线路因负荷超载、短路故障而电流过大时，保险装置自动断开电源电路，以防止线路或用电设备烧坏。

1. 熔断器

熔断器使用的保护元件是熔丝，串联在所保护的电路中，当通过熔丝的电流超过其规定值时，熔丝发热熔断，从而保护线路用电设备不被烧坏。

熔断器的熔丝固定在可插式塑料片上或封装在玻璃管中。通常将熔断器集中安装在一个盒中，称之为熔断器盒或电源盒，如图 11-3 所示。各熔断器都编号排列，有的还在熔断器上涂以不同的颜色，以便于检修时识别。

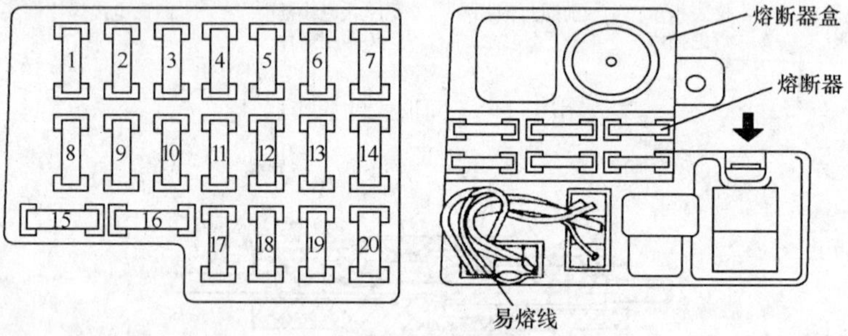

图 10-3 熔断器盒

2. 易熔线

易熔线比熔丝粗一些，被保护的线路工作电流往往较大，通常连接在通过电流较大的线路上。

3. 断路器

断路器起保护作用的主要元件是双金属片和触点，有自恢复式和按压恢复式两种。

图 10-4 所示为自恢复式断路器的结构及工作过程：当被保护线路中的电流超过规定值时，双金属片受热弯曲使触点张开而切断电路，电路断电后，双金属片因无电流通过而逐渐冷却伸直，触点又重新闭合，接通电路；如果线路电流过大的原因未及时排除，自恢复式断路器就会使电路时而接通，时而切断，以限制通过线路的电流，起到了线路过载保护的作用。

图 10-5 所示为按压恢复式断路器的结构。当被保护线路中的电流超过规定值时，双金属片受热向上弯曲，使双金属片两端的触点张开而切断电路；向上弯曲的双金属片冷却后不能自行恢复原形，若要重新接通电路，必须按下按钮才能使双金属片复位。

这种断路器的限定电流是可调的，需要调整时，松开紧固螺母，旋动调整螺钉，改变双金属片的挠度即可。

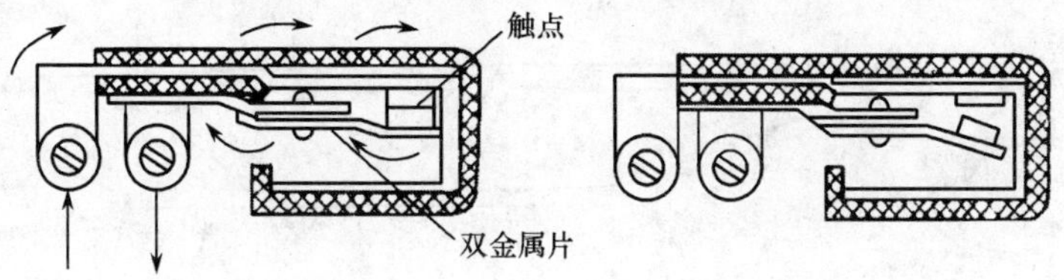

图 10-4　自恢复式断路器

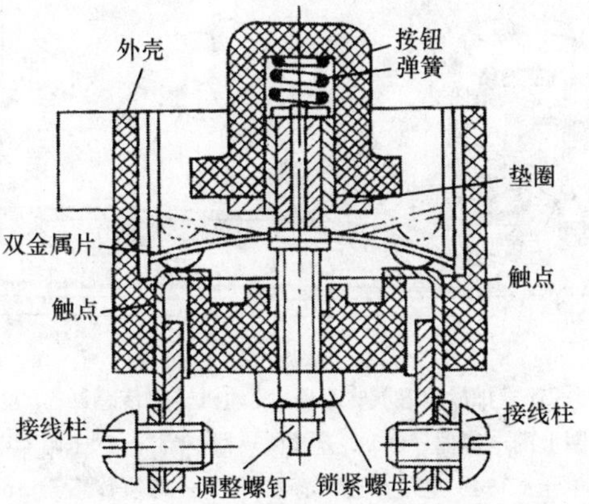

图 10-5　按压恢复式断路器

10.2　汽车电路图的种类

随着汽车性能的提高，汽车上装备的电气设备日益增多，汽车电路也日趋复杂。与此相适应，汽车电路图的表达方法也在发生变革，简化、规范已是当今世界汽车电路图表达方法总趋势。汽车电路图一般有布线图、电路原理图和线束图三种。

10.2.1　布线图

布线图是导线在车上、线束中的分布图，它是按照电器在车身上的大致位置布线，具有整车电器数量准确，导线走向清楚、有始有终，便于循线跟踪，故障查找起来比较方便等特点。它按线束编制将导线分配到各条线束中去，与各个插接件的位置严格对应。在各开关附近用表格法表示了开关的接线与挡位控制关系，表示了熔断器与电线的连接关系，表明了电线的颜色与截面积。图 10-6 所示为东风雪铁龙轿车布线图。

布线图的优点是电气设备的外形、安装位置与实际情况一致，因此可循线跟踪查线；缺点是图中导线密集、纵横交错，版面小不易分辨，读图费时费力，不易抓住电路重点、难点，读图和查找、分析故障不便，不易表达电路内部结构与工作原理。

10.2.2　电路原理图

电路原理图是用简明的图形符号，按电路原理将每个系统由上到下合理地连接起来，再将每个系统排列而成。电路原理图既表达了电器元件之间的连接，又体现了电气设备内部的电路情况，容易分析各电器元件工作时电流的路径。图 10-7 所示为东风 EQ1090 型汽车电气系统电路原理图。

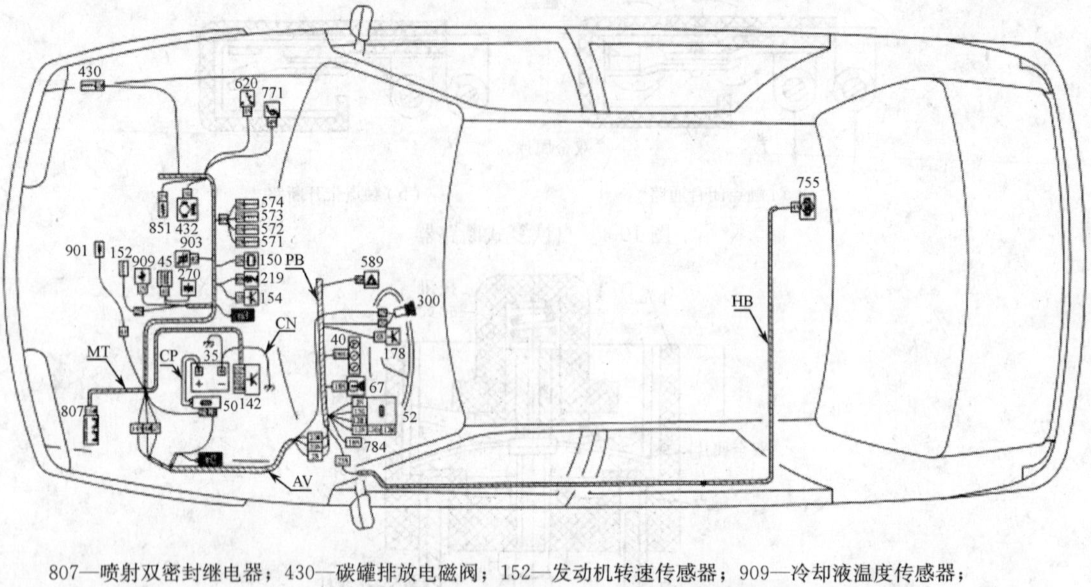

807—喷射双密封继电器；430—碳罐排放电磁阀；152—发动机转速传感器；909—冷却液温度传感器；45—点火线圈；270—点火线圈上的电容器；861—进气预热器；432—怠速调节电磁阀；35—蓄电池；50—电源盒；142—电喷电控单元；154—电子车速传感器；150—爆震传感器；620—惯性开关；300—点火开关；178—应答器模拟模块；67—防盗控制盒；40—仪表盘；784—16 通道诊断插头；755—燃油泵

图 10-6　东风雪铁龙轿车布线图

电路原理图分为整车电路原理图和局部电路原理图，可根据实际需要进行绘制或展示。

1. 整车电路原理图

为生产与教学的需要，常常需要尽快找到某条电路的始末，以确定故障分析的路线。在分析故障原因时，不能孤立地仅局限于某一部分，而要将这一部分电路在整车电路中的位置及与相关电路的联系都表达出来。整车电路图的优点如下：

（1）对全车电路有完整的概念，它既是完整的全车电路图，又是互相联系的局部电路图，重点突出、繁简适当。

（2）在此图上建立起电位高、低的概念：其负极“－”接地（俗称搭铁），电位最低，可用图中的最下面一条线表示；正极“＋”最高，用最上面的一条线表示。电流的方向基本上是由上而下，路径为电源的正极“＋”→开关→用电器→搭铁→电源负极“－”。

（3）尽可能减少电线的曲折与交叉，布局合理，图面清洁、清晰，图形符号考虑到元器件的外形与内部结构，便于联想、分析，易读易绘。

（4）各局部电路相互并联且关系清楚，发电机与蓄电池间、各个子系统之间的连接点尽量保持原位，熔断器、开关及仪表等的接法基本符合原图。

2. 局部电路原理图

为弄清汽车电器的内部结构，各个部件之间的相互连接关系，弄懂某个局部电路的工作原理，常从整车电路图中抽出某个需要研究的局部电路，参照其他相应的资料，必要时根据实地测绘、检查和试验记录，将重点部位进行放大、绘制并加以说明。这种电路图的优点是用电器少、幅面小，看起来简单明了，易读易绘；其缺点是只能了解电路的局部。

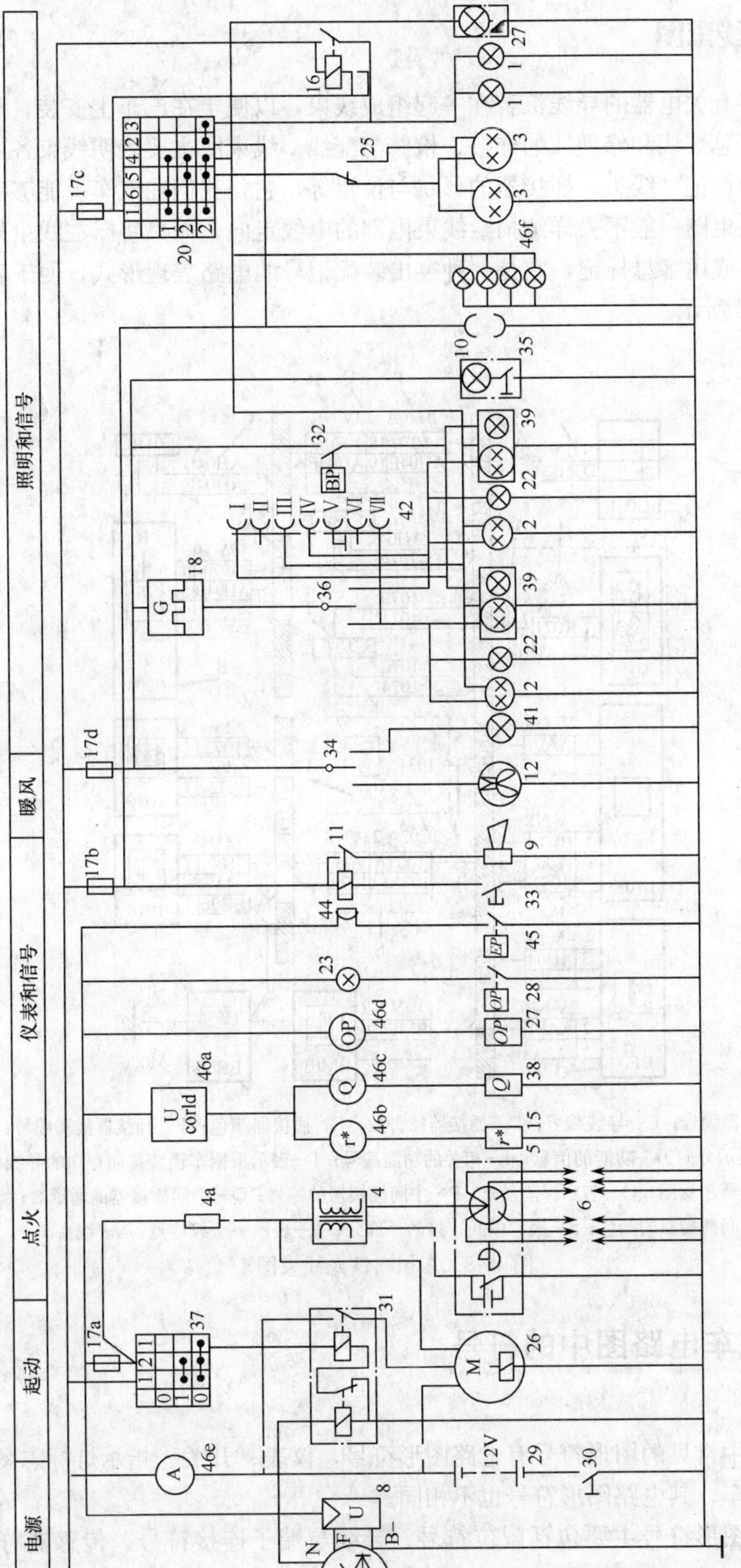

图10-7 东风EQ1090型汽车电气系统电路原理图

10.2.3 线束图

线束图是将有关电器的导线汇合在一起组成线束，以便于在汽车上安装。整车电路线束图常用于汽车厂总装线和修理厂的连接、检修与配线。线束图主要表明线束各用电器的连接部位，接线柱的标记，线头，插接器的形状与位置等，它是我们在汽车上能够实际接触到的汽车电路图。线束图一般不去详细描绘线束内部的电线走向，而只将露在线束外面的线头与插接器详细编号或用字母标记，它是一种突出装配记号的电路表现形式，便于安装、配线与检修，如图 10-8 所示。

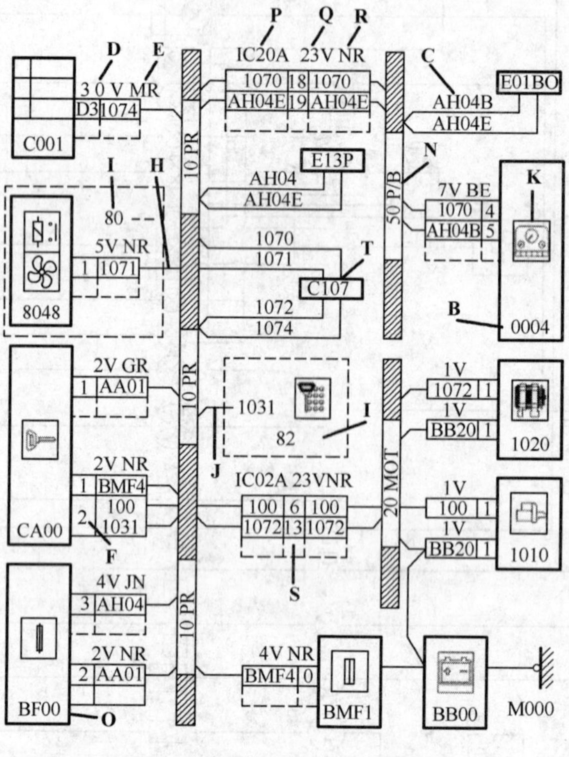

B—电器编号；C—导线编号；D—插接器插脚数；E—插接器颜色；F—插接器插脚编号；
H—表示分向另一功能的信息；I—相关的功能编号；J—表示根据车辆装备而存在的导线；
K—电器示意图；O—表示保险丝盒；P—中间插接器的编号；Q—中间插接器的通道数；
R—中间插接器的颜色；S—表示中间连接的一部分；T—表示一个绞接点；N—线束

图 10-8 东风雪铁龙线束图

10.3 汽车电路图中的符号

汽车电路图中常见的图形符号有电路图形符号，仪表、开关、指示灯标志图形符号。不同厂商生产的汽车，其电路图形符号也不相同。

汽车电路图图形符号主要包括限位符号、导线与端子连接符号、传感器符号等，见表 10-3。

表 10-3　汽车电路图图形符号

序号	名　称	图形符号
1	交流	~
2	直流	—/— —
3	正极	+
4	负极	−
5	中性点	N
6	磁场	F
7	搭铁	E/⊥
8	交流发电机输出端子	B
9	磁场二极管输出端子	D^+
10	接点	●
11	端子	○
12	插头的一极	
13	插座的一个极	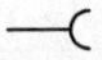
14	插头与插座	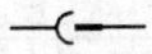
15	多级插头与插座	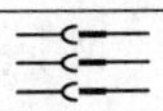
16	边界线	
17	可拆卸的端子	∅
18	导线的连接	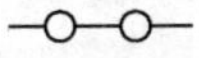
19	导线的跨越	
20	导线的交叉连接	
21	接通的连接片	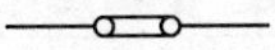
22	断开的连接片	
23	屏蔽	
24	屏蔽导线	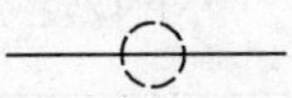
25	动合（常开）触点	
26	动断（常闭）触点	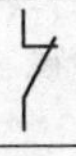
27	先断后合的触点	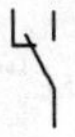
28	中间断开的双向触点	
29	双动合触点	
30	双动断触点	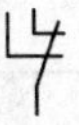
31	单动断双动合触点	
32	手动控制的一般符号	
33	导线的分支连接	
34	拉拔操作	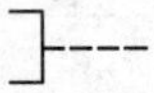
35	旋转操作	
36	推动操作	
37	一般机械操作	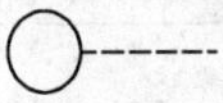
38	钥匙操作	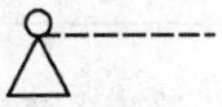
39	热执行器操作	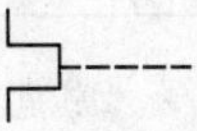
40	温度控制	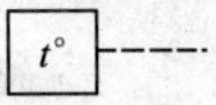
41	压力控制	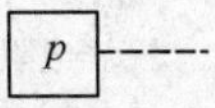
42	制动压力控制	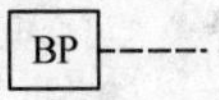
43	液位控制	

续表

序号	名　称	图形符号	序号	名　称	图形符号
44	凸轮控制	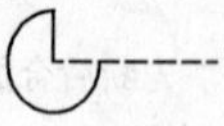	62	热敏电阻器	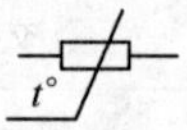
45	联动开关	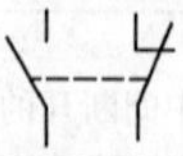	63	滑线式可变电阻器	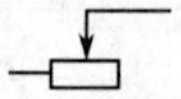
46	手动开关的一般符号	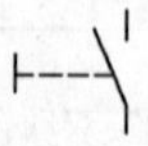	64	滑动触点电位器	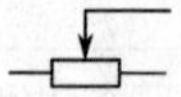
47	按钮开关	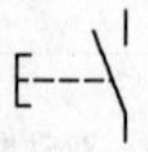	65	仪表照明调光电阻	
48	拉拔开关	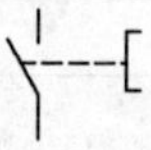	66	光敏电阻器	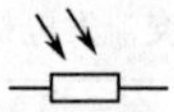
49	旋转开关	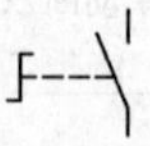	67	加热元件	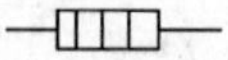
50	液位控制开关	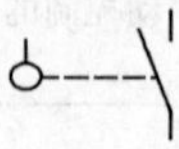	68	电容器	
51	机油滤清器报警开关	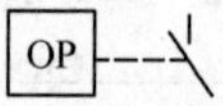	69	可变电容器	
52	热敏开关动合触点	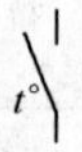	70	极性电容器	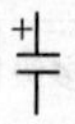
53	热敏开关动断触点	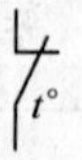	71	穿心电容器	
54	热继电器触点	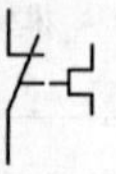	72	二极管一般符号	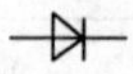
55	旋转多挡开关位置		73	稳压管符号	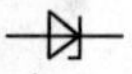
56	推拉多挡开关位置	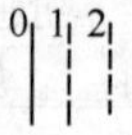	74	发光二极管	
57	钥匙开关	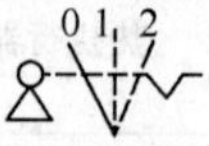	75	光电二极管	
58	节流阀开关		76	PNP 型三极管	
59	电阻器	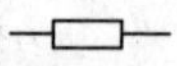	77	NPN 型三极管	
60	可变电阻器	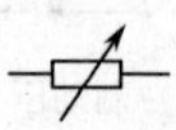	78	电感器、线圈、绕组	
61	压敏电阻器	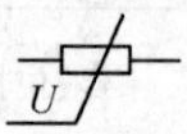	79	带磁芯的电感器	

续表

序号	名 称	图形符号	序号	名 称	图形符号
80	熔断器	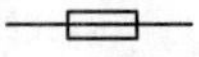	98	传感器的一般符号	
81	易熔丝		99	温度表传感器	t°
82	电路断电器		100	水温传感器	t°_{W}
83	永久磁铁		101	空气温度传感器	t°_{A}
84	常开触点继电器	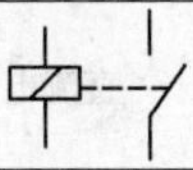	102	燃油表传感器	Q
85	常闭触点继电器	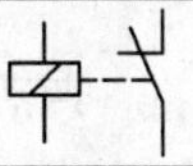	103	油压表传感器	OP
86	电压表	V	104	空气质量传感器	m
87	电流表	A	105	空气流量传感器	AF
88	电压电流表	A/V	106	氧传感器	λ
89	欧姆表	Ω	107	爆震传感器	K
90	瓦特表	W	108	转速传感器	n
91	油压表	OP	109	速度传感器	v
92	转速表	n	110	空气压力传感器	AP
93	温度表	t°	111	制动压力传感器	BP
94	燃油表	Q	112	单丝灯	
95	车速里程表	v	113	双丝灯	
96	时钟		114	荧光灯	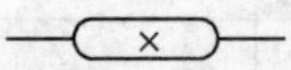
97	数字式时钟		115	组合灯	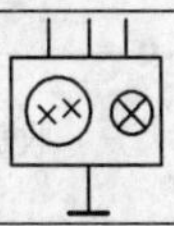

续表

序号	名　称	图形符号	序号	名　称	图形符号
116	预热指示	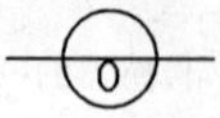	135	点火线圈	
117	电喇叭	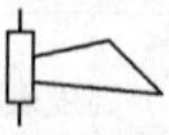	136	分电器	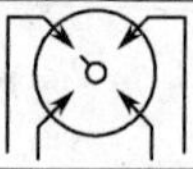
118	扬声器		137	火花塞	
119	蜂鸣器		138	电压调节器	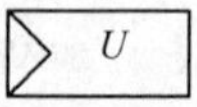
120	警报器		139	直流电动机	
121	信号发生器		140	起动机	
122	脉冲发生器	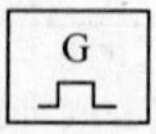	141	蓄电池	
123	闪光器		142	喷油嘴	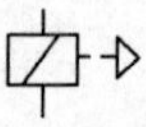
124	霍尔信号发生器	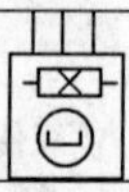	143	门窗驱动电机	
125	磁感应信号发生器	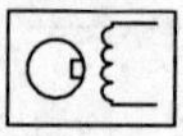	144	加热定时器	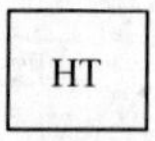
126	电磁阀一般符号	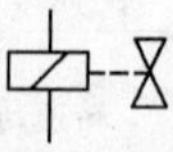	145	自动阻风门	
127	常开电磁阀	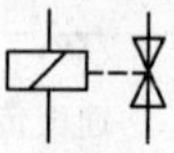	146	功率放大器	
128	常闭电磁阀	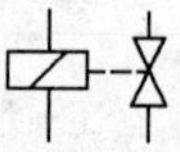	147	空调控制器	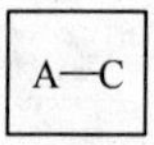
129	电磁离合器	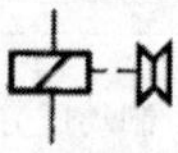	148	汽油机燃油喷射控制系统	
130	点烟器		149	柴油机燃油喷射控制系统	
131	间隙刮水继电器		150	防抱死制动系统	
132	防盗报警		151	门锁驱动电机	
133	天线		152	永磁直流电动机	
134	收放机	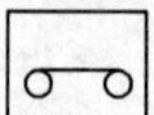			

仪表板上常用控制符号见表 10-4。

表 10-4 仪表板上常用控制符号

序号	图形标志	含 义	序号	图形标志	含 义
1		点火开关	15		冷却液位指示灯
2		柴油机电源开关	16		发动机引擎盖拉手标志
3	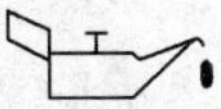 OIL–P	机油压力过低报警指示	17		行李箱盖拉手标志
4	 FUEL	燃油量不足报警指示	18		车门未关报警灯
5	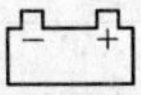 CHARGE	蓄电池充电指示灯	19		喇叭按钮标志
6	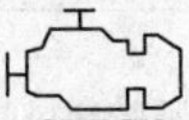 CHECK	发动机故障指示灯	20	O/D OFF	超速挡开关指示灯
7	 WATER OVER HEAT	冷却液温度过高指示灯	21	SRS	安全气囊指示灯
8		阻风门关闭指示灯	22	AIR SUSP	电子空气悬架指示灯
9	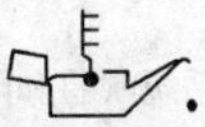	机油温度过高指示灯	23	TRAC	驱动力控制指示灯
10	r/min RPM	发动机转速表	24	CRUISE	自动巡航指示灯
11	20:08	数字时钟显示	25	EXP TEMP	排气温度高指示灯
12	km/h	车速表	26		前照灯远光指示灯
13		制动系统指示灯	27		灯光开关标志
14	 PKB	停车制动指示灯	28		危险警报开关标志

续表

序号	图形标志	含 义
29		转向信号指示灯
30		示宽灯开启指示灯
31		前雾灯开关标志
32	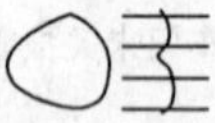	后雾灯开关标志
33		顶灯开关指示
34		防抱死制动故障灯
35		制动蹄片磨损超限指示灯
36		坐椅加热器指示灯
37		安全带指示灯
38	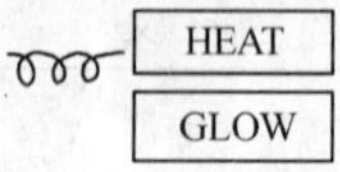	预热指示灯
39		点烟器标志
40	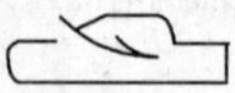	车外空气循环指示
41		车内空气循环指示
42	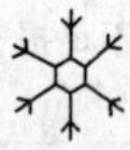	空调系统压缩机开关
43		空调系统鼓风机开关
44		空调系统通风吹脸挡指示
45		空调系统通风吹脚挡指示
46		空调系统通风上冷下热挡指示
47		空调系统吹脸和除霜挡指示
48		前挡风玻璃除霜除雾挡指示

10.4 汽车电路图识图方法

因各国汽车电路图的绘制方法、符号标识及文字、技术标准等不同，汽车电路图有很大差异，甚至同一国家不同公司的汽车电路图也存在着较大的差异。要想读懂一种车型的整车电路图，特别是较复杂的轿车电路图，并非是一件轻松的事情，因此，掌握读汽车电路图的基本方法是十分必要的。

当拿到一张汽车电路图时，大多是接线图或电路原理图，由于图中线条密集、纵横交错、头绪多而杂，所以不容易看懂。在认识了汽车电路图中的图形符号及有关标志，知道了汽车电路图的种类后，可以按照以下方法对整车电路图进行阅读。

1. 善于化整为零

要读懂汽车电路图，首先要掌握组成电路各个电器元件的基本功能和电器特性，在基本掌握全图基本原理的基础上，按整车电路系统的功能及工作原理将整车电气系统划分成若干个独立的电路系统，分别进行分析。通常将整车电路分解成电源、起动、点火、照明、信号、仪表、警报等系统来进行分析，这样可化整为零，有重点地进行分析，针对各个单元电路自身的一些特点，以其自身的特点为指导去分析电路，就会减少一些盲目性。为了阅读方便，现在多数汽车的电路原理图都是按各个分系统进行绘制的。

2. 认真读几遍图注

在阅读局部电路图时，首先要认真地阅读图注。图注说明了该汽车所有电气设备的名称及数码代号，通过阅读图注可初步了解汽车装配了哪些电气设备，然后通过电气设备的数码代号在电路图中找出该电气设备，再进一步找出相互连线、控制关系。

3. 熟悉电器元件及配线

在分析某个电路系统时，要清楚此电路中所包括的各部件的功能和作用、技术参数等。

现代汽车电路如同人的神经一样分布在各个区域，其复杂程度与日俱增，而线路中的插接器、接线盒、继电器、接地点等如同神经的“节点”，熟悉这些电器元件在电路图中的表示符号、位置、连接方式、内部电路，对阅读汽车电路图会有很大帮助，因此，在阅读电路图时，要正确判断接点标记、线型和色码标志。需要指出的是，各国采用的标记颜色的字母不尽相同。

4. 注意开关的作用

开关是控制电路通断的关键，继电器不但是控制开关也是被控制对象。

我们通常按操纵开关的功能及不同工作状态来分析电路的工作原理，如点火系统的供电，点火开关应处于点火挡或起动挡。在标准画法的电路中，开关总是处于零位，即开关处于断开状态；电子开关的状态则视具体情形而定。

在一些复杂的控制电路中，对多层、多挡接线柱的开关，要按层、按挡位、按接线柱逐级分析其各层各挡的功能。有的电气设备受两个以上单挡开关（或继电器）的控制，有的受两个以上多挡开关的控制，其工作状态比较复杂。当开关接线柱较多时，首先抓住从电源来的一两个接线柱，再逐个分析与其他各接线柱相连的电气设备处于何种挡位，从而找出控制关系。

对于组合开关，实际线路是在一起的，而在电路图中又按其功能画在各自的局部电路中，遇到这种情况必须仔细研究识读。

分析汽车电路时应注意以下几个问题：

（1）蓄电池（或发电机）的电流是通过什么路径到达这个开关的？中间是否经过其他的开关和熔断器？这个开关是手动还是电控的？

（2）这个开关控制哪些用电器，每个被控制电器的作用是什么？

（3）开关的许多接线柱中，哪些是直通电源的？哪些是接用电器的？接线柱旁是否有接线符号，这些符号是否常见？

（4）开关共有几个挡位？在每一挡中，哪些接线柱有电？

(5) 在被控制的用电器中，哪些用电器应经常通电？哪些用电器应短暂通电？哪些应先通电？哪些应当单独工作？

5. 了解继电器的工作状态

现代汽车电路中经常采用各种继电器对一些复杂电路进行控制，了解继电器的工作状态，特别是一些电子继电器的工作状态，对分析电路会有很大帮助。

阅读电路图时，可以将含有线圈和触点的继电器，看成是由线圈工作的控制电路和触点工作的主电路两部分组成的，主电路中的触点只有在线圈电路中有工作电流流过后才能动作，在电路图中画出的继电器线圈是处于失电状态的。在识图时，不能完全按原始状态分析，否则很难理解电路的工作原理，因为大多数用电设备都是通过继电器触点的变化而改变回路，进而实现不同的电路功能的，所以，必须进行工作状态的分析。

6. 牢记回路原则

任何一个完整的电路都是由电源、熔断器、开关、控制装置、用电设备、导线等组成，电流流向必须从电源正极出发，经过熔断器、开关、控制装置、导线等到达用电设备，再经过导线（或搭铁）回到电源负极，才能构成回路，因此读电路图时，可以依据以下三种思路：

思路一：沿着电路电流的流向，由电源正极出发，顺藤摸瓜查到用电设备、开关、控制装置等，回到电源负极。

思路二：逆着电路电流的方向，由电源负极（搭铁）开始，经过用电设备、开关、控制装置等回到电源正极。

思路三：从用电设备开始，依次查找其控制开关、连线、控制单元，到达电源正极和搭铁（或电源负极）。

在实际应用时，可视具体电路选择不同思路，但有一点值得注意：随着电子控制技术在汽车上的广泛应用，大多数电气设备电路同时具有主回路和控制回路，读图时要兼顾这两种回路。

汽车电子控制系统越来越多，其读图方法除以上所述要领外，以下方法与步骤对汽车电子控制系统的读图也很有帮助。

要以电控系统的 ECU 为中心，因为这是整个系统的控制中心，所有电器部件都必然与这里发生关系；对 ECU 的各个接脚有大致印象，弄清楚分为几个区域，各区域接脚排列的规律；找出该系统为 ECU 供电的电源线有哪些，弄清楚各电源线的供电状态（如常火线或开关控制）；找出该系统的搭铁线有哪些，注意分清哪些是在 ECU 内部搭铁，哪些是在车架上搭铁，哪些是在各总成机体上搭铁；找出哪些是系统的信号输入传感器，各传感器是否需要电源，并找出相应的电源线，该传感器那里搭铁；找出系统的执行器有哪些，弄清电源供给和搭铁情况，以及电脑控制执行器的方式。

10.5 汽车电路识图实例

现以解放 CA1092 汽车整车电气系统电路为例，介绍汽车整车电路的分析方法。解放 CA1092 汽车整车电路原理图如图 10-9 所示。

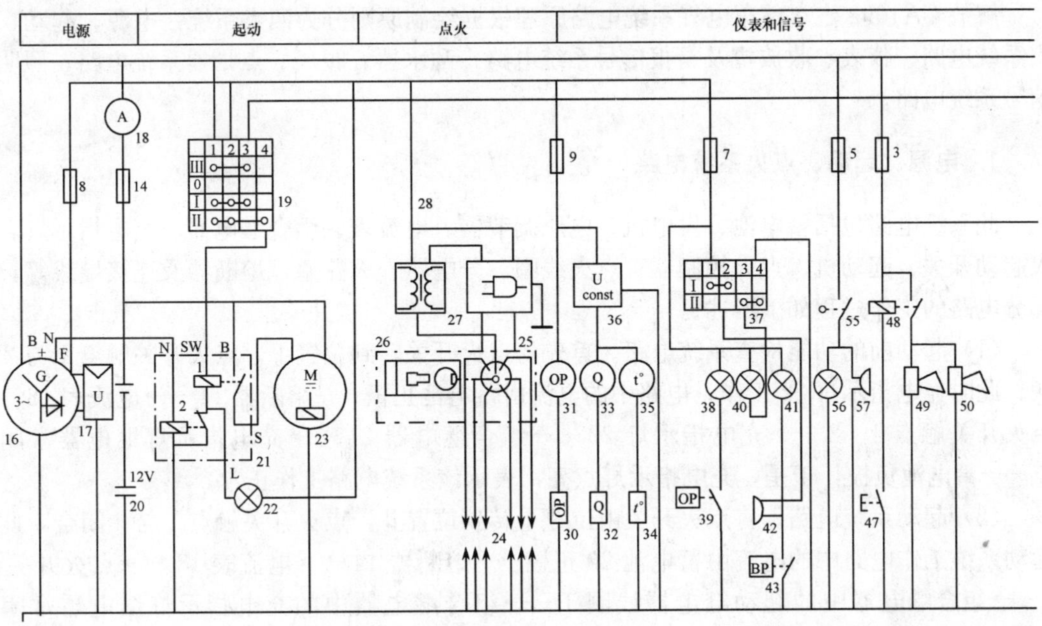

（a）

3、5、7、8、9、14—熔断器；16—交流发电机；17—晶体管调节器；18—电流表；19—点火开关；20—蓄电池；21—组合继电器；22—充电指示灯；23—起动机；24—火花塞；25—分电器；26—点火信号发生器；27—点火控制器；28—点火线圈；30—油压表传感器；31—油压表；32—燃油表传感器；33—燃油表；34—温度表传感器；35—温度表；36—稳压器；37—停车灯开关；38—机油压力警告灯；39—机油压力报警开关；40—停车指示灯；41—低气压报警灯；42—低气压报警蜂鸣器；43—低压报警开关；47—喇叭按钮；48—喇叭继电器；49、50—喇叭；55—倒车灯开关；56—倒车灯；57—倒车蜂鸣器

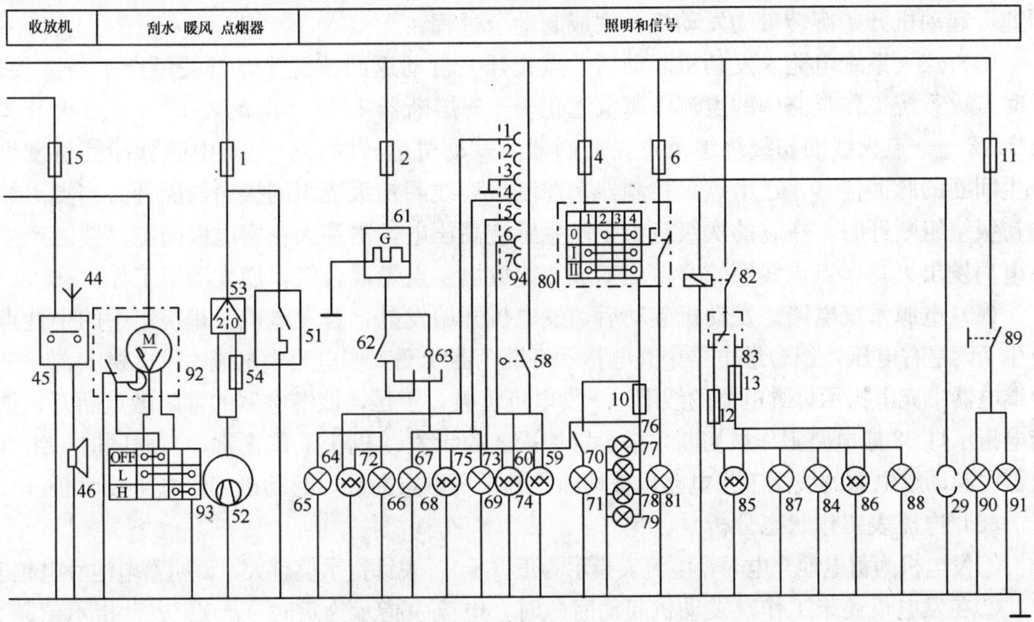

（b）

1、2、4、6、10、11、12、13、15—熔断器；29—工作灯插座；44—收放机天线；45—收放机；46—扬声器；51—点烟器；52—暖风电动机；53—暖风电动机开关；54—暖风电动机变速电阻；58—制动灯开关；59、60、74—制动灯；61—闪光器；62—危险报警开关；63—转向灯开关；64、65—左转向信号灯；66—左转向指示灯；67、68—右转向信号灯；69、73—右转向指示灯；70—发动机罩下灯开关；71—发动机罩下灯；72、75—示宽灯；76、77、78、79—仪表灯；80—车灯开关；81—室内灯；82—灯光继电器；83—脚踏变光开关；84—远光指示灯；85、86—前照灯（远近光）；87、88—前照灯（远光）；89—雾灯开关；90、91—雾灯；92—刮水器；93—刮水器开关；94—七孔挂车插座

图 10-9　解放 CA1092 型汽车整车电气系统电路原理图

解放CA1092汽车整车电气系统电路原理根据绘制原则分为四大系统：电源、起动、点火系统电路；仪表、收放机及警报信号系统电路；刮水器、暖风、点烟器系统电路；照明和信号系统电路。

1. 电源、起动、点火系统电路

此系统电路包括蓄电池、发电机、电压调节器、电流表、组合继电器、充电指示灯、点火起动开关、起动机、点火控制器、点火线圈、分电器、火花塞、熔断器及连接导线等，各部分电路的工作过程如下所述。

(1) 起动前的功能检查系统电路。首先将点火开关转到位置Ⅰ，点火开关触点1与2接触，此时充电指示灯22工作，电路中的电流由蓄电池正极⟶熔断器14⟶电流表18⟶点火开关触点1、2⟶充电指示灯22⟶组合继电器21⟶充电指示灯继电器常闭触点⟶蓄电池负极，于是，充电指示灯点亮，表示该系统电路工作正常。

(2) 起动系统电路。将点火开关由位置Ⅰ转到位置Ⅱ，点火开关触点1与4闭合，此时起动系统工作电路中的电流由蓄电池20正极⟶熔断器14⟶电流表18⟶点火开关1、4⟶组合继电器中的起动继电器线圈1⟶组合继电器中的充电指示灯继电器常闭触点⟶蓄电池20负极，组合继电器中的起动继电器开始工作，常开触点闭合；于是，起动机电磁开关线圈电路被接通，工作电路中电流由蓄电池20正极⟶组合继电器21中的起动继电器常开触点⟶起动机电磁开关线圈⟶蓄电池20负极；于是，起动机电磁开关闭合使起动机接通电源，其工作电路中电流由蓄电池20正极⟶起动机23⟶蓄电池20负极；因此，起动机开始旋转带动发动机，完成起动全过程。

(3) 点火系统电路。发动机起动后，点火开关自动返回位置Ⅰ，开关触点1与2接通，此时点火系统工作电路中的电流由蓄电池正极⟶熔断器14⟶电流表18⟶点火开关触点1、2⟶点火线圈初级绕组及点火控制器。发动机运转时，分电器中的脉冲信号发生器产生间断的脉冲信号，送给点火控制器来控制点火线圈初级绕组的接通与断开。当点火线圈的初级绕组断开时，在它的次级绕组中产生感应高压电，击穿火花塞电极间隙，使之产生气体电离发出火花，点火线圈储存电能变成热能放出，点燃混合气，使发动机工作。

(4) 电源系统电路。发动机起动后，发电机开始发电，若发电机三相绕组中的中性点N产生7V左右电压，组合继电器中充电指示灯继电器线圈工作电路中电流由发电机N端⟶组合继电器中充电指示灯继电器的线圈⟶发电机负极，于是，该继电器的常闭触点断开，使得充电指示灯22原电路工作被切断，指示灯熄灭，表示发动机1工作正常；与此同时，组合继电器中起动继电器的线圈工作电路也被切断，其常开触点断开，起动机工作电路被切断。

(5) 电流表工作状态分析

①发电机为蓄电池充电时，电流表指示为正（+），表针指示值越大，说明蓄电池亏电越多。

②在发电机还未工作（发动机起动时）时，电流表指示为负时（−）、表针指示值越大，说明蓄电池向外供电量越多。

③在正常行车时，电流表的指示几乎是零，说明整车的电源系统正常，发电机调节器及蓄电池工作状态良好。

2. 仪表、警报信号、收放机系统电路

此系统电路包括熔断器、稳压电源、仪表、传感器、停车灯开关、警报信号及开关、倒

车警报灯及开关、喇叭、喇叭继电器及按钮开关、收放机及扬声器等电气元件，各部分电路的工作过程如下所述。

(1) 仪表及传感器系统电路。当发动机起动后，点火开关处在位置Ⅰ，触点 1 与 2 闭合，油压表工作电路中的电流由发电机正极⟶点火开关触点 1、2⟶熔断器 9⟶油压表 31⟶油压表传感器 30⟶负极搭铁；燃油表工作电路中电流由蓄电池正极⟶熔断器 14⟶电流表⟶点火开关触点 1、2⟶熔断器 9⟶稳压电源 36⟶燃油表 33⟶燃油表传感器 32⟶蓄电池负极；水温表工作电路中电流由蓄电池正极⟶熔断器 14⟶电流表⟶点火开关触点 1、2⟶熔断器 9⟶稳压电源⟶冷却液温度表 35⟶冷却液温度传感器 34⟶蓄电池负极。

(2) 警报信号系统电路。在发动机润滑机油压力低于 0.0686 MPa 时机油压力警报开关 39 触点闭合，这时机油压力警报信号灯系统工作电路中电流由蓄电池正极⟶熔断器 14⟶电流表⟶点火开关触点 1、2⟶熔断器 7⟶机油压力警报灯 38⟶机油压力警报开关 39⟶蓄电池负极，机油压力警报灯亮。

停车指示灯 40 电路：当停车拉紧手制动杆时，停车灯开关 37 触点 3 与 4 闭合，此时停车指示灯工作电路中电流由蓄电池正极⟶熔断器 14⟶电流表⟶点火开关触点 1、2⟶熔断器 7⟶停车指示灯 40⟶停车开关触点 3、4⟶蓄电池负极，停车指示灯亮。

气压警报灯 41 和气压警报蜂鸣器 42 电路：在行车时，停车开关 37 的触点 1 与 2 闭合；当制动气压低于 441.3kPa 时，气压警报开关 43 触点闭合，此时气压警报灯和气压报警蜂鸣器工作电路中的电流由蓄电池正极⟶熔断器 14⟶电流表⟶点火开关触点 1、2⟶熔断器 7⟶停车灯开关触点 1、2⟶气压警报蜂鸣器 42⟶低压警报开关 43⟶蓄电池负极，气压报警蜂鸣器鸣叫，同时气压警报灯亮。

倒车灯和倒车蜂鸣器电路：当变速器操纵杆放在倒挡位置时，倒车开关 55 触点闭合，此时倒车灯和倒车蜂鸣器工作电路中电流由蓄电池正极⟶熔断器 14⟶电流表⟶熔断器 5⟶倒车开关 55⟶倒车蜂鸣器 57、倒车灯 56⟶蓄电池负极，于是倒车灯点亮、倒车蜂鸣器鸣叫。

(3) 收放机系统电路。当打开收放机电源开关时，收放机工作电路中电流由蓄电池正极⟶熔断器 14⟶电流表⟶点火开关触点 1、3⟶熔断器 15⟶收放机⟶蓄电池负极，收放机开始工作。

(4) 喇叭声响系统电路。当按下喇叭按钮 47 时，将喇叭继电器 48 的线圈电路接通，使其常开触点闭合，这时喇叭工作电路中电流由蓄电池正极⟶熔断器 14⟶电流表⟶熔断器 3⟶喇叭继电器触点⟶喇叭 49 与 50⟶蓄电池负极，于是，喇叭鸣叫。

3. 刮水器、暖风、点烟器电路

(1) 刮水器系统电路。当把刮水器开关 92 拉到 L 挡（低速挡时）时，其开关触点 1 与 4 闭合，此时刮水器电机工作电路中电流由蓄电池正极⟶熔断器 14⟶电流表 18⟶熔断器 3⟶刮水器电机 92⟶刮水器开关触点 3、4⟶蓄电池负极，于是，刮水器电机以慢速旋转刮洗前风窗；当把刮水器开关拉倒 H 挡（高速挡）时，其开关触点 3 与 4 闭合，刮水器电机工作电路中的电流由蓄电池正极⟶熔断器 14⟶电流表 18⟶熔断器 3⟶刮水器电机 92⟶刮水器开关触点 3、4⟶蓄电池负极，于是，刮水器电机以快速旋转刮洗前风窗。

刮水器电机的自动停位靠刮水器开关触点 1 与 2 接通，使刮水器电机进行能耗制动，让刮片停在风窗玻璃下部的固定位置上。

（2）暖风电机系统电路。当把暖风电机开关扳到位置 1（低速挡）时，暖风电机工作电路中电流由蓄电池正极熔断器 14 ⟶电流表⟶熔断器 1 ⟶暖风电机开关触点⟶暖风电机变速电阻 54 ⟶暖风电机 52 ⟶蓄电池负极，于是，暖风电机以低速旋转。

当把暖风开关扳到位置 2（高速挡）时，暖风电机工作电路中电流由蓄电池正极⟶熔断器 14 ⟶电流表 18 ⟶熔断器 1 ⟶暖风电机开关触点⟶暖风电机 52 ⟶蓄电池负极，于是，暖风电机以高速旋转。

（3）点烟器工作电路。当按下点烟器时，其触点闭合，这时点烟器工作电路中电流由蓄电池正极⟶熔断器 14 ⟶电流表 18 ⟶熔断器 1⟶点烟器 51 ⟶蓄电池负极，于是，点烟器将流过的电流转变成热能用于点烟。

4. 照明和信号灯系统电路

该系统电路中包括熔断器、闪光器、转向开关、危险报警灯开关、转向灯、制动灯开关、制动灯、七孔挂车插座、车灯开关、前大灯、变光开关、灯光继电器、雾灯开关、雾灯等电气元件。

（1）前大灯系统电路。首先将车灯开关拉到位置Ⅰ，开关触点 1 与 3、4 接通，这时在示宽灯 72、73、74、75 和仪表照明灯 76、77、78、79 系统工作电路中，电流由蓄电池正极⟶熔断器 14 ⟶电流表 18 ⟶车灯开关触点 1、4 ⟶熔断器 10 ⟶示宽灯 72、73、74、75 和仪表照明灯 76、77、78、79 ⟶蓄电池负极，于是，上述各灯同时亮。

当需检查发动机机舱内部件时，只要打开发动机罩盖，发动机罩下灯开关 70 触点自动闭合，于是，发动机罩下灯亮。

当把车灯开关拉到Ⅱ位置时，开关触点 1 与 2、4 接通，灯光继电器 82 线圈电路被接通，电流由蓄电池正极⟶熔断器 14 ⟶电流表 18 ⟶车灯开关触点 1、2 ⟶灯光继电器线圈⟶蓄电池负极；于是，灯光继电器工作，常开触点闭合，这时前大灯系统工作电路中的电流由蓄电池正极⟶熔断器 14 ⟶电流表 18 ⟶灯光继电器触点 82 ⟶变光开关 83 触点⟶熔断器 12 ⟶四个前大灯远光 85、86、87、88 及远光指示灯 84 ⟶蓄电池负极，于是，前大灯远光灯点亮。

当把脚踏板变光开关 83 切换到另一位置，另外一对触点闭合，在前大灯系统工作电路中，电流由蓄电池正极⟶熔断器 14 ⟶电流表 18 ⟶灯光继电器触点⟶变光开关触点⟶熔断器 13 ⟶两个前大灯近光 85、86 ⟶蓄电池负极，于是，前大灯近光亮。

当把车灯开关转动使其室内灯开关触点闭合时，室内灯 81 亮。

（2）雾灯系统电路。当把雾灯开关 89 拉动使其触点闭合时，雾灯工作电路中的电流由蓄电池正极⟶熔断器 14 ⟶电流表 18 ⟶熔断器 11 ⟶雾灯开关 89 ⟶两个前雾灯 90、91 ⟶蓄电池负极，两个前雾灯同时亮。

实训一 导线的连接与修复

1. 器材设备准备

导线、剥线钳、电铬铁、焊剂、绝缘胶布、凡士林、连接器、胶带等。

2. 操作步骤

(1) 铜导线的连接与修复。图 10-10 所示剥线钳为一种连接器压接工具，是进行导线连接的专用工具，其他工具不能实现足够牢固的连接。

方法一：

①使用剥线钳剥线，剥线长度为使用导线线芯能完全进入连接件；

②将线芯放入连接件内，用剥线件压接区压接，为钳压适度，把连接件的开口面向砧座放置，一定让导线线芯被压在钳口下；

③将另一根剥去绝缘端头的导线线芯插入连接件内，用相同的方法压接；

④用电工胶布或热缩管附加保护。

方法二：

①用剥线钳剥去要连接的两导线端头约 1cm；

②如图 10-11 所示，两线打结后铰接；

③用电工胶布或热缩管附加保护。

方法二比较简单，但效果不一定很好，在条件需可下，尽可能用压接或焊接进行连接。

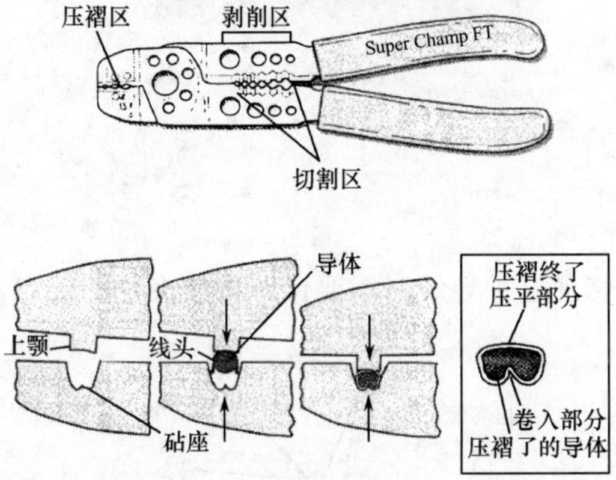

图 10-10　剥线钳

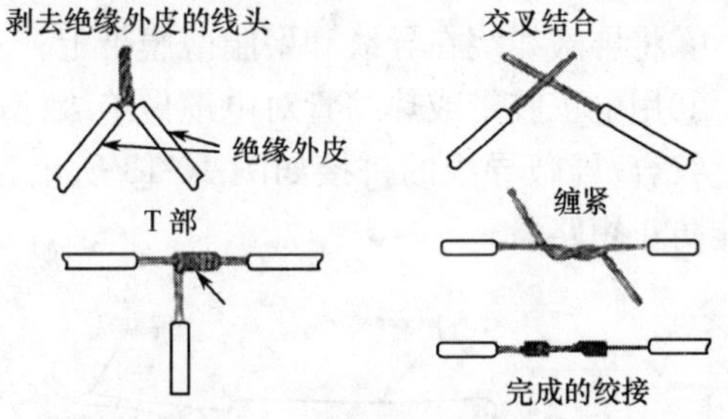

图 10-11　导线的绞接

方法三：

①剥线后将两导线铰接在一起；

②把导线焊接在一起；

③用电工胶布或热缩管附加保护。

(2) 端子的连接。如图 10-12 所示，根据图中步骤完成端子的连接。

(3) 绞合/屏蔽导线的拼接。

①找出并切掉损坏的导线线段；

②小心不要切到聚脂薄膜带或切断屏蔽线，从电缆的末端除去大约 6mm 长的外层套管；

③拆开聚脂膜带，但不要从电缆上除去聚脂薄膜带；

④拆开绞合的导线，剥去其端头的绝缘外皮；

⑤用拼接夹片连接两根导线线芯，然后焊拼接点；

⑥用聚脂薄膜带捆扎导线露出的线芯，但不要把屏蔽线捆扎进去；

⑦拼接屏蔽线并焊拼接点；

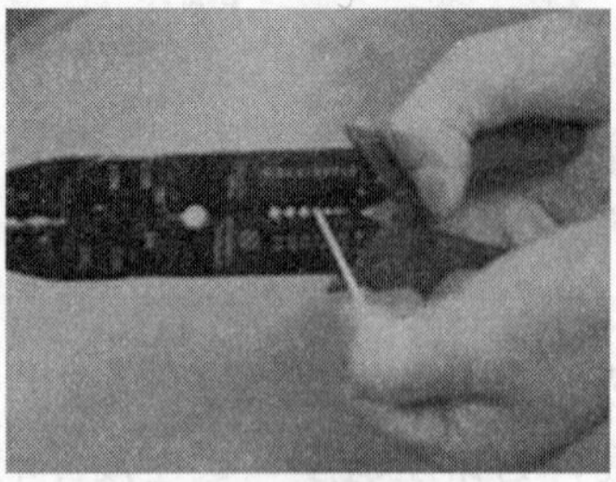

（a）用剥线钳剥线

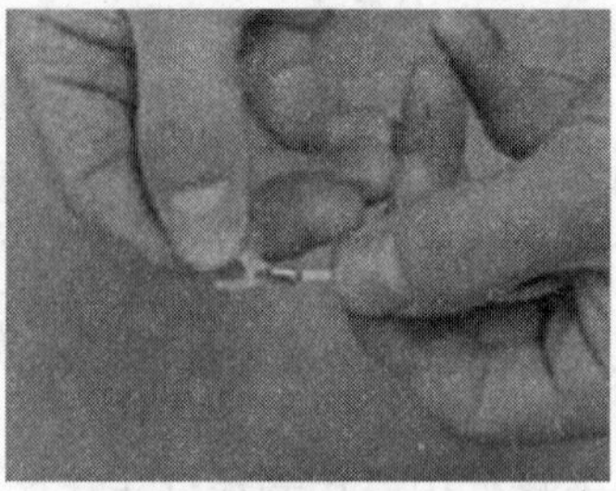

（b）裸线插入端子孔

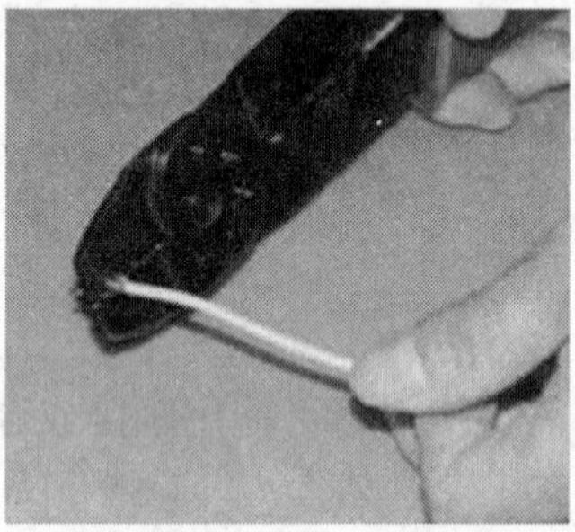

（c）用剥线钳前端压接

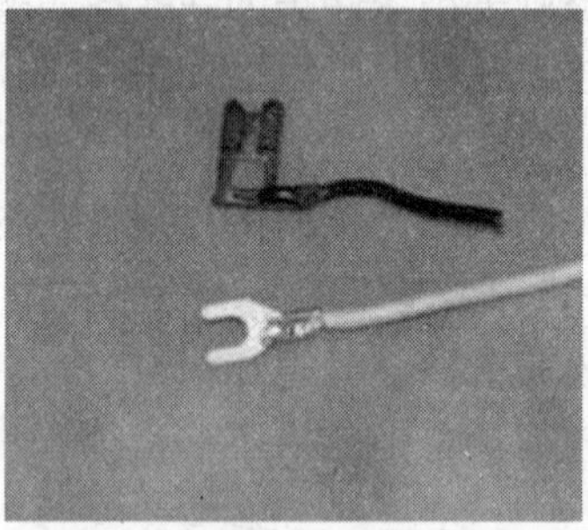

（d）成形成品

图 10-12　端子的连接

⑧将屏蔽线绕在导线和聚脂薄膜带上；

⑨用电工胶带或热缩管对电缆做绝缘处理。

绞合/屏蔽导线的拼接如图 10-13 所示。修理这种导线时，要错开拼接夹片的接点，这样能防止短路。

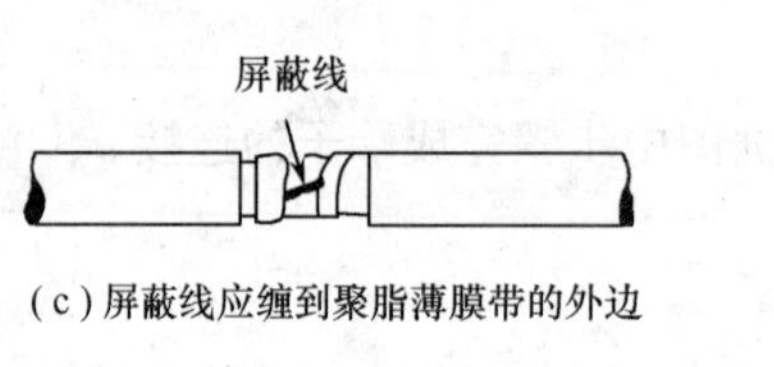

（a）用于计算机电路的绞合/屏蔽导线

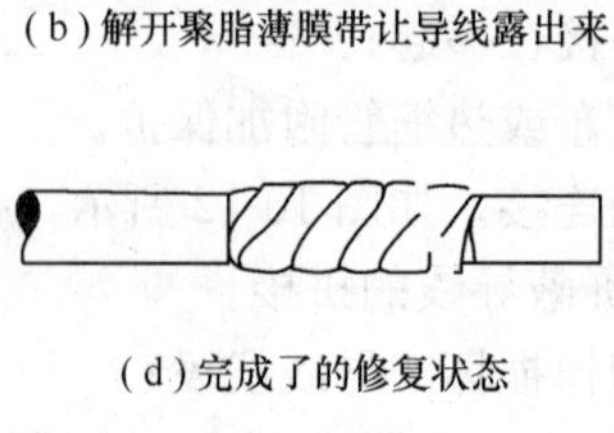

（b）解开聚脂薄膜带让导线露出来

（c）屏蔽线应缠到聚脂薄膜带的外边

（d）完成了的修复状态

图 10-13　绞合/屏蔽导线的连接

实训二　全车线路连接

1. 器材设备准备

（1）桑塔纳全车线路实验台架，线束和各系统电器等。

（2）常用工具、万用表、导线、电路图等。

2. 注意事项

（1）拆卸蓄电池时，总是最先拆下负极（—）电缆；装上蓄电池时，总是最后连接负极（—）电缆。拆下或装上蓄电池电缆时，应确保点火开关或其他开关已断开，否则会导致半导体元器件的损坏。

（2）拆卸和安装元件时，应切断电源。

（3）更换烧坏的熔断器时，应使用相同规格的熔断器。

（4）在实训过程中应按系统的步骤进行，在指导教师检验无问题后，方可通电试验，以免因线路接错而导致事故。

3. 操作步骤

大众公司车系在我国占有率很高，下面以大众车系为例，介绍全车线路的连接方法。

图 10-14 所示为大众车系的电路图，图中各个符号的解释见表 10-5。

表 10-5 大众车系电路图符号解释

图　例	含　义
1—三角箭头	表示接下一页电路图
2—熔断丝代号	图中 S5 表示该熔断丝位于熔断丝座第 5 号位，10 安培
3—继电器板上接头连接代号	表示多针或单针插头连接和导线的位置，例如 D13 表示多针插头连接，D 位置触点 13
4—接线端子代号	表示电器元件上接线端子数/多针插头连接触点号码
5—元件代号	在电路图下方可以查到元件的名称
6—元件的符号	
7—内部接线（细实线）	该接线并不是作为导线设置的，而是表示元件或导线束内部的电路
8—指示内部接线的去向	字母表示内部接线在下一页电路图中与标有相同字母的内部接线相连
9—搭铁点的代号	在电路图下方可查到该代号搭铁点在汽车上的位置
10—线束内连接线的代号	在电路图下方可查到此不可拆式连接位于哪个导线束内
11—插头连接	例如 $T_{8a/6}$ 表示 8 针 a 插头触点 6
12—附加熔断丝符号	例如 S_{123} 表示在中央电器附加继电器板上第 23 号位熔断丝，10 安培
13—导线的颜色和截面积	例如棕/红 2.5 表示线束为棕红相间颜色，线束直径为 2.5mm^2
14—三角箭头	指示元件接续上一页电路图
15—指示导线的去向	指示框内的数字指示导线连接到哪个接点编号
16—继电器位置编号	表示继电器板上的继电器位置编号
17—继电器板上继电器或控制器接线代号	该代号表示继电器多针插头的各个触点，例如 2/30 表示：2＝继电器板上 2 号位插口的触点 2，30＝继电器/控制器上的触点 30
18—中央电器继电器和熔断丝座	标有“30”字样的导线直接与蓄电池正极相连接，中间不经过任何开关，不论汽车处于停车或发动机处于熄火状态均有电，其电压为电源电压（12V 或 14V）；“30”字样导线所连接的用电设备均为发动机熄火时所需要用电的电器，如停车灯、报警灯、制动灯、顶灯、冷却风扇电动机等；标有“15”字样的导线为小容量用电设备的电源正极线，受点火开关控制，只有在点火开关接通后，用电设备才能通电使用；标有“X”字样的导线为大容量用电设备的电源正极线，受点火开关控制，只有在点火开关接通后、卸荷继电器触点闭合、车辆起步运行中才能使用大容量电器所用电源线；标有“31”字样的为中央线路板内搭铁点

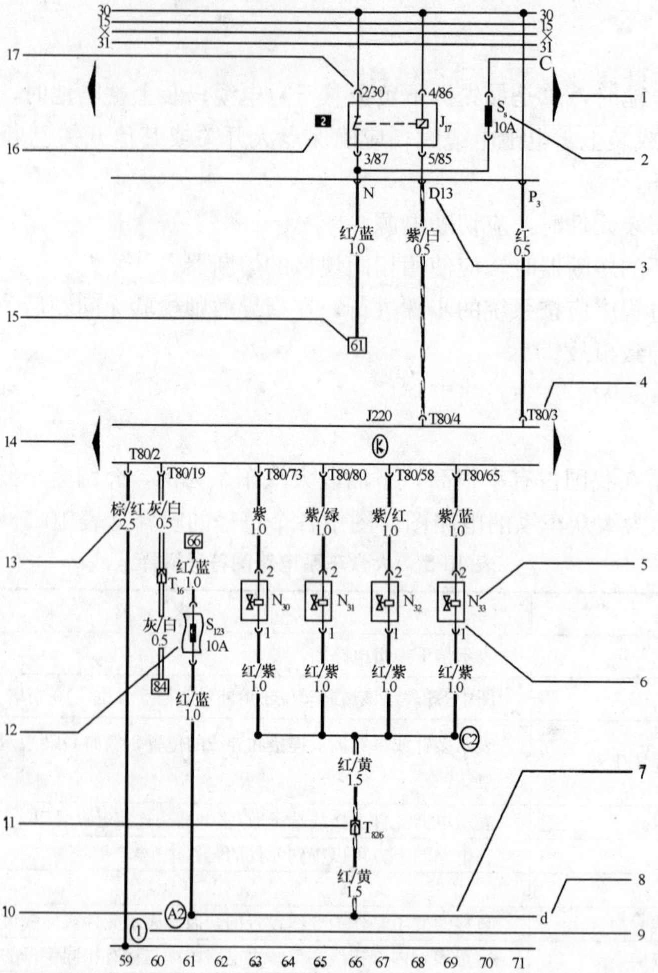

图 10-14 大众车系电路图

（1）大众车系电路图的特点。

①外线部分在电路图上以粗实线画出，集中在图的中间部分，每条线上都有导线的颜色、导线的截面积的标注，线端均有接线柱号或插口号表示其连接关系，颜色标记以字母表示。导线的截面积以数字标示在导线上方，单位是 mm^2，例如 0.5、1.0、1.5、2.5、4.0 等。

②内部连接部分在图上以细线画出，连接是存在的，但线路是不存在的，标示线路只是为了说明这种连接关系，同时，使电路图更加容易被理解。

③电器元件在图中用框图附以相应的标号表示，每一个元件都有一个代号，如 A 表示蓄电池，N 表示电磁阀等。电器元件的接线点都用标号标出，标号在元件上可以找到。

④继电器、熔断器及其连接件部分表示在图的上部，反映的内容有继电器的位置号、继电器名称、中央配电盒上插接件符号、中央配电盒上连接件符号、熔断器座标号及熔断器容量等。

⑤电路接续号在图的最下方，此标号只是制图和识图的标记号，数字的大小没有实际的物理意义。它有两个作用，一是可顺序表达整个车的全部电路内容，便于每一部分既相对独

立又相互联系；另一个作用是便于反映在一部分电路图中难以表达的接续部分。

⑥接点标记具有固定的含义。在大众汽车电路图中经常遇到接点标记的数字及字母，它们具有固定的含义，如数字30代表的是来自蓄电池正极的供电线；数字31代表搭铁线；数字15代表来自点火开关的点火供电线；数字50代表点火开关在起动挡时的起动供电线；X代表受控的大容量用电设备供电线（来自卸荷继电器的供电线）等。无论这些标记出现在电路的什么地方，相同的标记都代表相同的接点。

⑦所有电路都是纵向排列，不互相交叉。采用了断线代号法来处理线路复杂交错的问题，例如，假设某一条线路上半段在电路续号为61的位置上，下半段在电路接续号为84的位置上，这时，在电路上半段的终止处画一个标有84的小方格，在下半段电路的开始处也有一小方格，内标有61，通过61和84就可以将上、下半段电路连在一起了。

⑧整个电路以中央配电盒为中心。大众公司汽车电路图在表示线路走向的同时，还表达了线路的结构情况。中央配电盒的正向插有各种继电器和熔断器，在电路图上的继电器标有2/30、3/87、4/86、6/85等数字，其中分子数2、3、4、6是指中央配电盒插孔代号，分母30、85、86、87是指继电器的插脚代号，分子分母配合就表示出了继电器插脚与插孔的配合关系。

(2) 电源系线路分析。桑塔纳轿车电源系采用11管的硅整流发电机，它集整流器和电压调节器于一体，采用内置结构，其线路连接如图10-15所示。

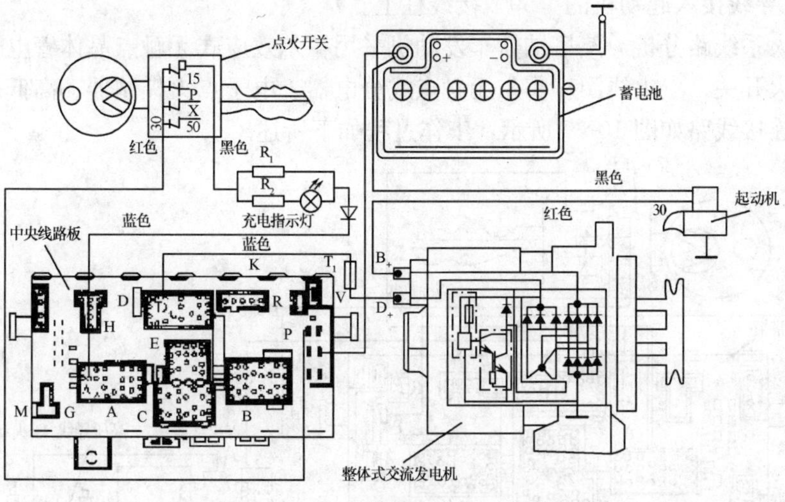

图10-15 桑塔纳轿车电源系电路

当点火开关接通时，电流由蓄电池“+”接线柱经电缆到中央接线板P后与点火开关“30”接线柱接通，经点火开关“15”由黑色导线进入仪表板14孔黑色插接件，经过仪表板印刷线路板到R_2和充电指示灯串接后与R_1并联电路，经过一只二极管再接到仪表板14孔黑色插接件，由蓝色导线与中央接线板A_{16}连接，经内部连通D_4节点，又经T_1插件后，用蓝色导线接到发电机D_+接线柱；发电机B_+接线柱经红色导线接到起动机“30”接线柱后，由电缆接至蓄电池的“+”极。

(3) 起动系线路分析。桑塔纳起动系主要由蓄电池、点火开关、起动机和导线组成，其线路连接如图10-16所示，工作过程如下：

蓄电池“+”接线柱引出黑色火线直接与起动机的“30”接线柱连通，以便向起动机供电起动；同时，由蓄电池“+”接线柱引出红色火线接入中央接线板P区的一个接线柱，

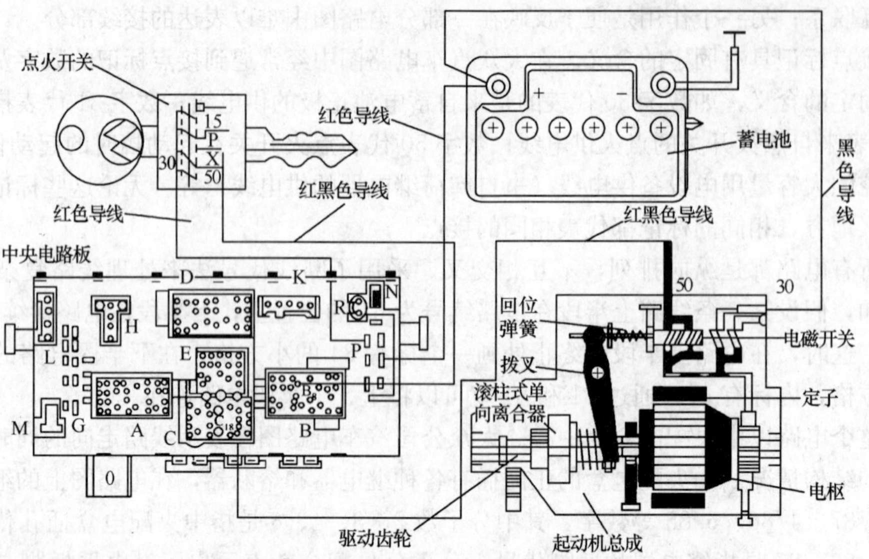

图 10-16 桑塔纳轿车起动系电路

经内部连通 P 区的另一接线柱后经红色火线与点火开关“30”接线柱连通，经点火开关起动位“50”引出的“红/黑”色导线接入中央接线板 B_8 接线柱，经内部连通 C_{18}，由 C_{18} 再引出红/黑”色导线接入起动机的“50”接线柱上。

（4）点火系线路分析。桑塔纳轿车发动机采用霍尔效应式无触点晶体管电子点火系，由蓄电池、点火开关、点火线圈、霍尔无触点式分电器、电子点火控制器、高低压导线及火花塞等组成，连接线路如图 10-17 所示，工作过程如下所述。

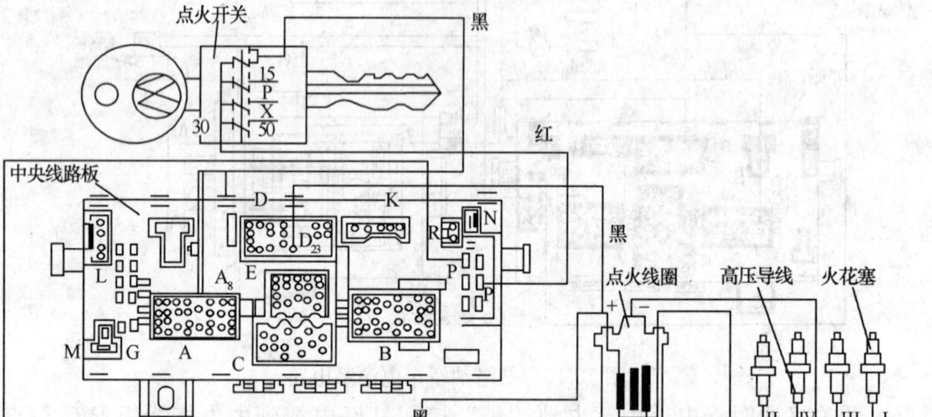

图 10-17 桑塔纳采用霍尔效应式无触点点火系线路

通过点火线圈初级线圈电流的通断，在次级线圈上感应出高压电，通过高压线路及时分配使各缸火花塞跳火，初级电流的通断受点火控制器的控制，而点火控制器依靠霍尔传感器的信号来控制。

低压电流路径为蓄电池“+”接线柱⟶起动机“30”接线柱⟶中央接线板 P⟶另一 P 接线柱⟶点火开关“30”接线柱⟶点火开关“15”接线柱⟶中央接线板 A_8 接线柱⟶D_{23} 接线柱⟶点火线圈“+”接线柱；然后分两路：一路进入点火线圈内部经初级线圈“-”接线柱⟶点火控制器“1”接线柱⟶点火控制器内部⟶点火控制器“2”接线柱⟶发动机机体搭铁⟶蓄电池“-”接线柱；另一路向点火控制器供电，从点火线圈“+”接线柱⟶点火控制器“4”接线柱⟶点火控制器内部⟶点火控制器“2”接线柱⟶发动机机体搭铁⟶蓄电池“-”接线柱。另一方面第一路的导通和断开受分电器霍尔式点火器的信号控制，当产生霍尔电压时，霍尔分电器使该线路搭铁，当点火控制器检测到该信号是低电位时，便断开初级电流，从而在点火线圈中感应出高压电来，该信号在高电位和低电位之间来回变化，以使初级电流通、断、通、断，从而使点火线圈中的次级线圈感应出高压电。

(5) 燃油表与冷却液温度表电路分析。

①仪表供电线路。如图 10-18 所示，仪表供电电路的电流路径为蓄电池“+”接线柱⟶起动机的“30”接线柱⟶中央接线板 P⟶另一 P 接线柱⟶点火开关“30”接线柱⟶点火开关“15”接线柱⟶仪表板 14 黑色插接件，进入仪表印刷线路板内部向各仪表供电，其中燃油表、冷却液温度表及温度液位指示灯电源由稳压器输出端 A 供给，一端接地，稳压电源输出电压为 (9.5～10.5) V，各仪表的负极汇总一条负极线，从仪表板 14 孔插接件接出⟶发动机机体搭铁⟶蓄电池“-”接线柱。

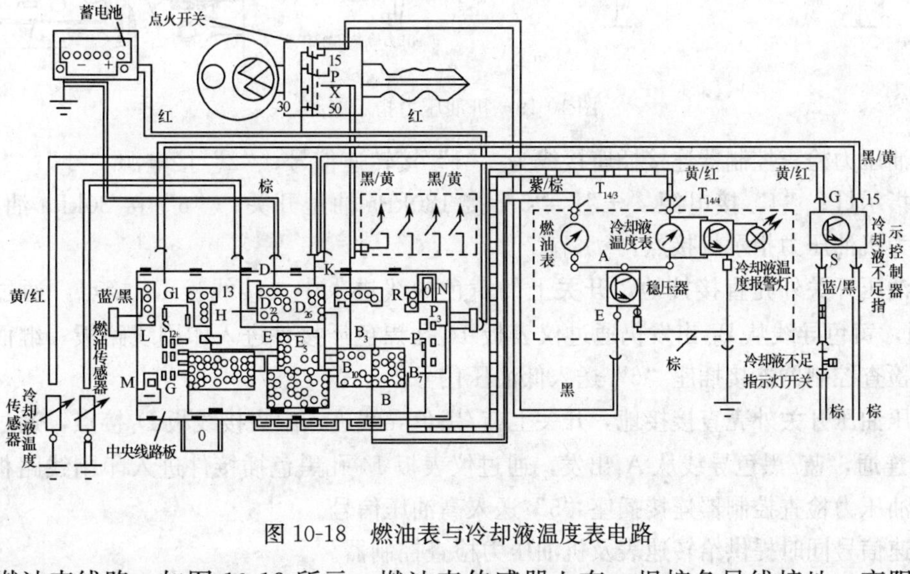

图 10-18 燃油表与冷却液温度表电路

②燃油表线路。如图 10-18 所示，燃油表传感器上有一根棕色导线接地，变阻信号经蓝/黑色导线进入中央接线板 E_5 接点，通过其内部与 B_3 点接通，经紫/黑色导线到仪表板 14 孔白色插接件，进入仪表印刷线路板内部，接向燃油表。

③冷却液温度表线路。如图 10-18 所示，冷却液温度传感器外壳直接接地，有一黄/红色导线进入中央接线板 D_{29} 接点，通过内部与 B_7 接点接通；与 B_7 接点相连的黄/红线通过仪

表板处 14 孔白色插接件进入仪表板印刷线路与冷却液温度表连接，也经 B_7 与冷却液不足指示控制器相连，冷却液不足指示控制器“15”接线柱接点火开关控制的电源，从位于中央接线板 8 号位的减荷继电器上获得，经中央接线板的接点由黑/黄色导线与控制器的“15”接脚相连，而控制器“S”接线柱经蓝/黄色导线串接冷却液不足指示器开关后接地，控制器“31”接线柱由棕色导线接地。

④机油压力指示电路。如图 10-19 所示，机油压力指示电路由低压油压开关、高压油压开关、机油压力检查控制器、机油压力指示灯组成。

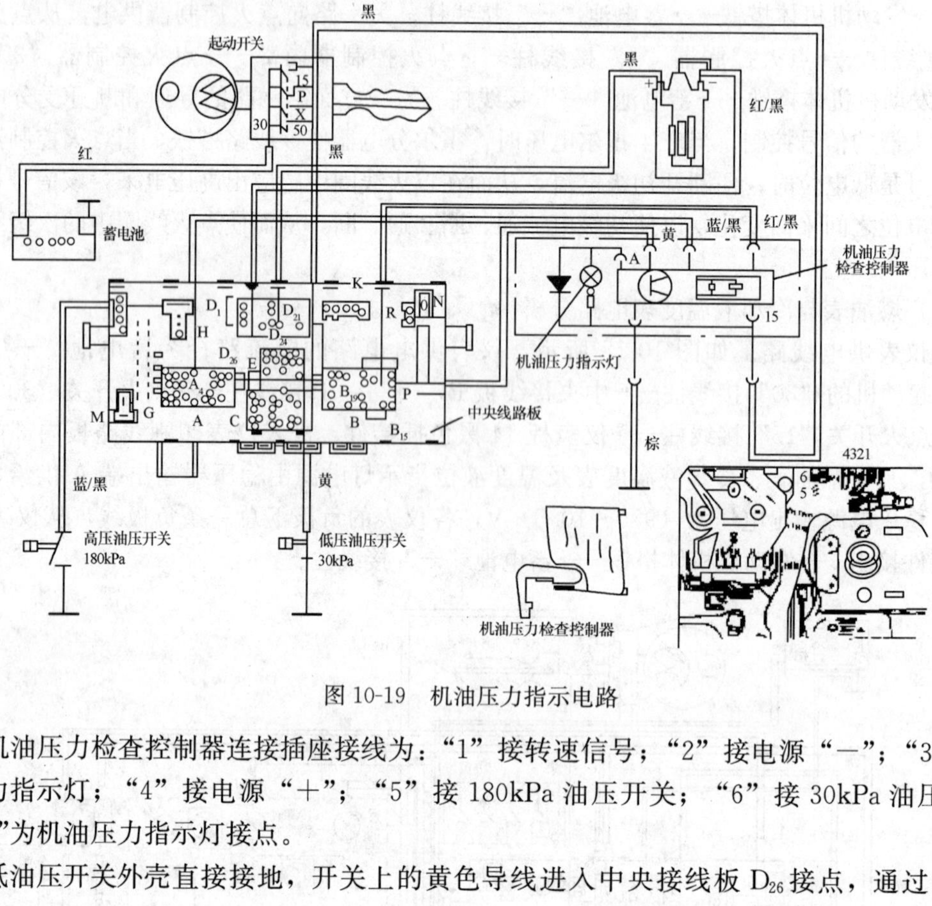

图 10-19　机油压力指示电路

机油压力检查控制器连接插座接线为：“1”接转速信号；“2”接电源“－”；“3”接机油压力指示灯；“4”接电源“＋”；“5”接 180kPa 油压开关；“6”接 30kPa 油压开关；“7～8”为机油压力指示灯接点。

低油压开关外壳直接接地，开关上的黄色导线进入中央接线板 D_{26} 接点，通过内部与 B_{15} 连通，黄色导线从 B_{15} 出发仍通过仪表板 14 孔黑色插接件进入印刷线路板，继而进入机油压力检查控制器连接插座“6”送入低油压信号。

高压油压开关外壳直接接地，开关上蓝/黑色导线进入中央接线板 D_1 接点，通过内部与 A_4 接点连通，蓝/黑色导线从 A_4 出发，通过仪表板 14 孔黑色插接件进入印刷线路板，继而进入机油压力检查控制器连接插座“5”送入高油压信号。

转速信号同时提供给转速表及机油压力检查控制器。

⑤转速表线路。转速表是取自点火线圈中初级电流中断时产生的脉冲信号，在点火线圈中转换成电压脉冲，经转速表中的数字集成线路计算后，显示发动机的转速的。

如图 10-20 所示，转速表线路电流路径为蓄电池“＋”接线柱⟶起动机的“30”接线柱⟶中央接线板 P ⟶另一 P 接线柱⟶点火开关“30”接线柱⟶点火开关“15”接线柱⟶中央线路板 A_8 接线柱⟶D_{23} 接线柱⟶点火线圈“＋”接线柱⟶点火线圈“－”

接线柱，然后分两路，一路去向点火控制器，一路从点火线圈“－”接线柱⟶中央线路板 D_{26} 接线柱⟶中央接线板 B_{19} 接线柱⟶14 孔白色插接件，进入仪表印刷线路内部，接向转速表，向转速表提供信号。

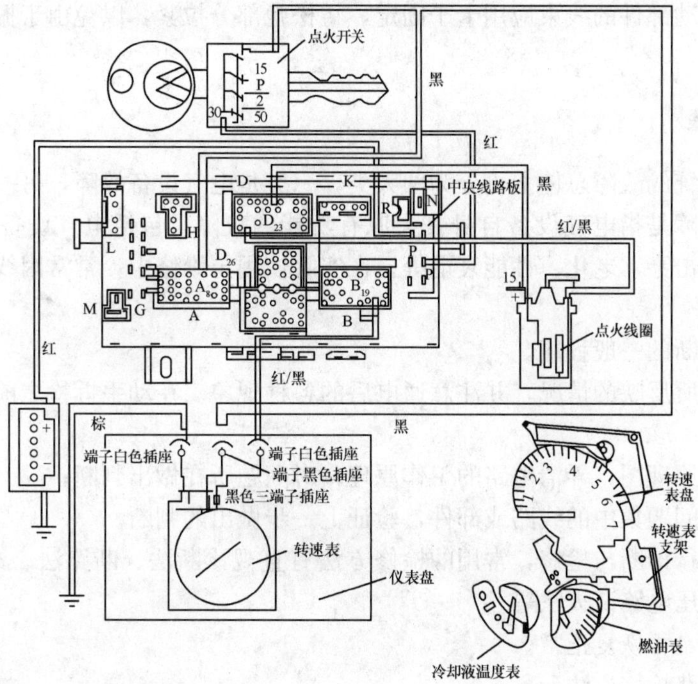

图 10-20　桑塔纳 LX 轿车发动机转速表电路

实训三　全车线路的检修

1. 器材设备准备

（1）桑塔纳全车线路实验台架，线束和各系统电器等若干。

（2）常用工具、万用表、导线、电路图等。

2. 注意事项

（1）拆卸蓄电池时，总是最先拆下负极（－）电缆；装上蓄电池时，总是最后连接负极（－）电缆。拆下或装上蓄电池电缆时，应确保点火开关及其他开关都处于断开状态，否则会导致半导体元器件的损坏。

（2）不允许使用欧姆表及万用表的 R×100Ω 以下低阻欧姆挡检测小功率晶体三极管，以免电流过载而损坏。更换三极管时，应首先接入基极，拆卸时，应最后拆卸基极。

（3）拆卸和安装元件时，应切断电源。

（4）更换烧坏的熔断器时，应使用相同规格的熔断器。

（5）正确拆卸导线插接器。为防止插接器在汽车行驶中脱开，所有的插接器均采用了闭锁装置，要拆开插接器时，首先要解除闭锁，然后将插接器拉开，不允许在未解除闭锁的情况下用力拉导线。

（6）在检修装有电子设备的汽车上，不允许用“试火”方法，否则会使某些电路和电子元件造成意想不到的损害。

（7）在发动机工作时，不要拆下蓄电池的接线。对于装有电控装置的车辆也不要采用该方法判断发电机是否发电。

（8）靠近振动部件的线束应用卡子固定，将松弛部分拉紧，以免由于振动造成线束与其他部位接触。

3. 操作步骤

汽车电气系统的故障总体上可分为两大类，一类是电气设备故障，另一类是线路故障。

电气设备故障是指电气设备自身丧失原有功能的故障，包括电气设备的机械损坏、烧毁，电子元件的击穿、老化、性能衰退等。在实际使用与维修中，常常因线路故障而造成电气设备故障。

（1）故障诊断的一般程序。

①验证用户所反映的情况，并注意通电后的各种现象。在动手拆检之前，尽量缩小故障产生的范围；

②分析电路原理图，弄清电路的工作原理，对问题所在做出判断；

③重点检查问题集中的线路或部件，验证上一步做出的判断。

④进一步进行诊断与检修，常用的检修方法有直观诊断法、断路法、试灯法、仪表法、高压试火法和低压电路试火法等；

⑤验证电路是否恢复正常。

（2）汽车电路检修方法

①直观诊断法。汽车电路发生故障时，有时会出现冒烟、火花、异响、焦臭、发热等异常现象，这些现象可通过人的眼、耳、鼻、身感觉到，从而直接判断出故障所在部位。

例如，汽车在行驶中，突然发现转向灯与转向指示灯均不亮，用手摸，感觉闪光器发热烫手，说明闪光器已被烧坏。

④断路法。汽车电气设备发生搭铁故障时，可应用断路法，即将怀疑有搭铁的电路段断路后，根据电气设备中搭铁故障是否还存在，判断电路搭铁的部位和原因。

如汽车行驶时，听到电喇叭鸣，则可以将继电器“按钮”接线柱上的导线拆开，此时如果喇叭停鸣，则说明喇叭按钮到继电器这段电路中有搭铁故障。

③短路法。汽车电路中出现断路故障，还可以用短路法判断，即用导线将被怀疑有断路故障的电路短接，观察仪表指针的变化或电气设备工作状况，从而判断出该电路中是否存在断路故障。

例如，怀疑汽车电路中和各种开关有故障，可用导线将开关短接来判断开关是否正常。

④试灯法。试灯法就是用一只汽车用灯泡作为试灯，检查电路中有无断路故障。

例如，用试灯的一端和交流发电机的“电枢”接线柱连接，另一端接铁，如果灯不亮，说明蓄电池至交流发电机“电枢”接线柱间有断路现象；如果试灯亮，说明该段电路良好。

⑤仪表法。观察汽车仪表板上的电流表、冷却液温度表、燃油表等的指示情况，判断电路中有无故障。

例如，发动机冷态，接通点火开关，冷却液温度表指示满刻度位置不动，说明冷却液温度表传感器有故障或该线路有搭铁。

⑥仪器法。随着汽车电气设备的日趋复杂，在维修中，特别是维修装置电子设备较多的

车辆，使用一些专用的仪器是十分必要的。

如维修奥迪、桑塔纳轿车电控燃油喷射系统时，经常使用解码器 V·A·G1552 或 V·A·G1551 等。

小结

(1) 汽车电路的基础元件主要包括导线、熔断器、插接器、各种开关和断路器等。它们是汽车电路的基本组成部分。

(2) 汽车电系的连接导线有高压导线和低压导线两种，低压导线在电路图中一般具有颜色与编号特征。

(3) 熔断器在电路中起保护作用，通常情况下，将很多熔断器组合在一起安装在熔断器盒内，在熔断器盒盖上注明各熔断器的名称、额定容量和位置，并用不同的颜色来区别熔断器的容量。

(4) 汽车电路图常见的有布线图、电路原理图和线束图。

(5) 汽车电路图中常用的图形符号有限定符号，导线、端子和导线的连接符号，触点与开关符号，电气元件符号，仪表符号，各种传感器符号，电气设备符号。

(6) 采用特定的图形标志或英文字母来表示各种开关、报警灯和指示灯的功能。

(7) 阅读电路图时要善于化整为零，要认真阅读图注，要熟悉电器元件及配线，要注意开关的作用，了解继电器的工作状态，要牢记回路原则。

习　题　10

一、选择题

1. 一般工作电流大、工作时间短的用电设备的电流不经过（　　）。

A. 开关　　B. 熔断器　　C. 继电器　　D. 电流表

2. 起动机电缆线为（　　）。

A. 高压线　　B. 低压线　　C. 屏蔽线　　D. 网线

3. 大部分用电设备都通过（　　），形成许多条并联的支路。

A. 继电器　　B. 配电器　　C. 电容器　　D. 熔断器盒

4. 汽车上一般的低压导线根据机械强度要求，其标称截面积不得小于（　　）。

A. $0.3mm^2$　　B. $0.5mm^2$　　C. $0.85mm^2$

二、问答题

1. 简述汽车线路遵循的一般原则。
2. 汽车线束安装时应注意哪些问题?
3. 汽车电路大体由哪几部分组成?
4. 汽车电路读图的基本方法是什么?
5. 简述汽车全车电路由哪几部分组成?

6. 汽车电气设备的故障特点是什么？

7. 检修汽车电器系统应注意哪些事项？

三、应会题

1. 在讨论绞合/屏蔽导线的修复时，技师甲说，绞合/屏蔽导线可以承载大电流；技师乙说，因为绞合/屏蔽导线承载小电流，修理导线时一定不要增加电路电阻。谁正确？（ ）

A、甲正确　B、乙正确　C、两人均正确　D、两人均不正确

2. 在讨论更换易熔线时，技师甲说，并非所有的易熔线都能靠目测检查就能发现断路；技师乙说，应检测易熔线两端的蓄电池电压，确认它的状况。谁正确？（ ）

A. 甲正确　B. 乙正确　C. 两人均正确　D. 两人均不正确

3. 技师甲说，故障查找是查找并认证故障原因的诊断过程；技师乙说，故障查找是利用因果关系一步步排除故障的过程。谁正确？（ ）

A. 甲正确　B. 乙正确　C. 两人均正确　D. 两人均不正确

4. 技师甲说，易熔线备件至少应是 gin 长；技师乙说，如果损坏的易熔线给两根线束馈电，用一根易熔线备件即可。谁正确？（ ）

A. 甲正确　B. 乙正确　C. 两人均正确　D. 两人均不正确

5. 在讨论插接器的修复时，技师甲说，铸塑插接器是一体式设计，因而不能拆开修理，技师乙说；在修复全密封式插接器时应更换密封件。谁正确？（ ）

A. 甲正确　B. 乙正确　C. 两人均正确　D. 两人均不正确

6. 技师甲说，所有的半密封式插接器都用公端子，技师乙说；两种半密封式插接器分别被称为拉入座式或推入座式，是为了描述将端子装到插接器护套中所用的方式。谁正确？（ ）

A. 甲正确　B. 乙正确　C. 两人均正确　D. 两人均不正确

7. 技师甲说，每种车型或许有不同的电路图，技师乙说；有必要使用 VIN 号码以取得正规的汽车电路图。谁正确？（ ）

A. 甲正确　B. 乙正确　C. 两人均正确　D. 两人均不正确

参考文献

[1] 李春明.汽车电气设备与维修.西安:西安电子科技大学出版社,2006
[2] 胡光辉.汽车电器设备构造与维修.北京:机械工业出版社,2006
[3] 吴涛.汽车电气设备与维修.西安:西安电子科技大学出版社,2006
[4] 周建平.汽车电气设备构造与维修.北京:人民交通出版社,2002
[5] 于万海.汽车电气设备原理与检修.北京:电子工业出版社,2005
[6] 赵福堂.汽车电器与电子原理.北京:高等教育出版社,2004
[7] 梁家荣.汽车空调.北京:机械工业出版社,2008
[8] 任惠珠.汽车空调构造与维修.北京:中国劳动社会保障出版社,2007
[9] 董宏国.汽车防盗系统维修图解.北京:电子工业出版社,2004
[10] 冀旺年.汽车车身电气设备系统及附属电气设备.北京:电子工业出版社,2005

反侵权盗版声明

举报电话：(010)88254396；(010)88258888
传　　真：(010)88254397
E-mail：　dbqq@phei.com.cn
通信地址：北京市万寿路173信箱
　　　　　电子工业出版社总编办公室
邮　　编：100036